落ち

本书出版获得大连外国语大学
2016 年学科专项经费资助

朱铁城 著

陨 落

战后日本国家转型失败
及其历史后果的政治经济学

中国政法大学出版社
2017·北京

声　　明　　　1. 版权所有，侵权必究。

　　　　　　　2. 如有缺页、倒装问题，由出版社负责退换。

图书在版编目（CIP）数据

陨落:战后日本国家转型失败及其历史后果的政治经济学/朱铁城著.—北京:中国政法大学出版社，2017.6（2020.9重印）

ISBN 978-7-5620-7590-5

Ⅰ.①陨…　Ⅱ.①朱…　Ⅲ.①政治经济学－研究－日本　Ⅳ.①F131.30

中国版本图书馆CIP数据核字(2017)第124610号

出 版 者	中国政法大学出版社	
地　　址	北京市海淀区西土城路25号	
邮寄地址	北京100088 信箱8034分箱　邮编100088	
网　　址	http://www.cuplpress.com (网络实名：中国政法大学出版社)	
电　　话	010-58908524(编辑部) 58908334(邮购部)	
承　　印	北京中科印刷有限公司	
开　　本	720mm×960mm　　1/16	
印　　张	27.5	
字　　数	460千字	
版　　次	2017年6月第1版	
印　　次	2020年9月第2次印刷	
定　　价	69.00元	

序

这是一部在国际政治经济学（IPE）框架下研究日本问题的书，历经了几年的时间，如今终于付梓。在倍感欣慰之余，我还是想通过这篇序对本书的写作动机做一个简单交待以及对某些问题做一点儿必要说明，同时，也想借此向为本书写作和出版提供过帮助的人表示感谢。

本书的写作动机，主要有二：第一，在东亚/东北亚局势动荡变幻的当代，对于日本这个国家的研究显得越来越重要了。但遗憾的是，相对于美国或者欧洲，我们对于日本这个近邻国家的政治、经济以及社会，不得不说仍然缺乏深度的认知。正像有人所说的那样，"日本把中国放在解剖台上进行研究，而我们对日本却所知甚少"。这种现状不能不令人感到忧虑。至少在我看来，中国国内的日本研究（包括教育）仍显得有些狭隘和肤浅，长久以来过度地偏重于语言、文化、文学，涉及日本经济、政治以及社会方面的研究又往往流于表面的"事像论"，少有对深层结构进行挖掘的作品，更多的仍只是停留在描述与归纳的层次。其结果是，国人对日本这个国家的了解也很难真正触及深处而多属于"雾里看花"，更有甚者对日本的认识则根本上是错误的，并由此衍生出了一种令人反感的"媚"的倾向。在本书中，我不敢大言不惭地说自己彻底研究"透"了日本，但自始至终秉承着理性批判的精神，可以说是一部"日本国家批判论"。在能力所及的范围内，我真诚地表达了自己对于日本这个国家的认识和理解。这是一次努力的尝试，尽管仍存在着许多有待完善之处，但希望可以借此为国内稍显"定型化"了的日本研究提示出一个新的视角，并热切期盼未来会有更具深度的研究作品可以出现，我也会为此继续努力。

第二，正像我在本书"研究意义"中所说的那样，研究他国问题的根本目的还是在于为本国的现实服务，无论是属于"积极的经验借鉴"，还是属于"消极的教训汲取"。在我看来,日本就像一面镜子,时常拿来照一照,会对认识和理解中国的现实极有帮助。对于已经成为经济大国、正面临"国家转型"这一艰巨课题的中国来说,日本"镜子"的重要性就更加不言而喻了。我个人虽是平庸之辈,却自觉骨子里还是有一份舍不却的家国情怀,始终期待着未来中国可以走上一条真正的"富民强国"之路。

到本书最后完成和付梓,这期间发生了许多重要的事件,让我觉得很有必要在此强调说明两件事:其一,在对外层面上,本书始终把欧洲的区域合作模式(从欧共体到欧盟)作为标杆,借此反照出日本的对美依附给亚洲(尤其东亚)区域合作带来的阻碍甚至破坏。对此,或许有人会说:"欧盟现在不正面临着诸如英国脱欧、难民以及民粹主义兴起等问题而岌岌可危了吗?"关于这个问题,这里我还是要重申一下在书中已经阐明了的个人看法,那就是:不应以短期、中期的"(流变的)事件"和"(不确定的)局势"作为依据而轻易地唱衰欧洲。这些事件的确剧烈地冲击着欧盟,或许会带来严重的"历史倒退",再往更糟方面说,也许情况将继续恶化并有可能导致历史悲剧的重演,但即便如此,灾难过后,区域合作这条路终究还是要重新来走,这就是历史的"螺旋式的前进"。其二,在国内层面,我在本书中始终把欧洲的"三方制"福利国家模式作为"理想型",从而反观日本福利国家充分发展阶段的缺失以及这一缺失与日本国内危机程度之间的因果关系。有人也许会对此提出异议,认为欧洲的福利国家也出现了许多问题。这的确不错,但我想要说明的是,本书虽然把欧洲的"三方制"福利国家作为标杆,却并不认为这就是终极模式,而是将其定位成"迄今为止发展最为完善的类型"。我在书中竭力想要强调的是,福利国家的建设与完善是工业化历程中无论如何都不能逾越的环节。就正处在"国家转型"历史节点上的中国而言,这其中的警示意义极大,是继续长期以来的经济至上的发展主义模式,还是转向构建福利国家?毫不夸张地讲,这将是决定中国未来国家命运的重大抉择。

本书在写作以及出版过程中得到了许多人的帮助,在此,我必须做出如下真诚致谢:

感谢我的导师、北京大学王正毅教授,正是受益于老师的教诲,我才会致力于寻求一个自己的研究框架并因此受益无穷。我要把这本书献给他,希望老师也会为此感到些许欣慰。

我所供职的大连外国语大学为本书的出版提供了经费资助,尤其是日本语学院的孟海霞副院长为此而积极奔走，我在此深表谢意。

我的好友、大连外国语大学的张宇澄老师在百忙之中牺牲了大量休息时间，帮我完成了书中所有表格的制作，凡事有求必应，这份友情让我感到无比温暖。

感谢中国政法大学出版社的刘海光主任，您的平易和热情让我印象深刻，希望再有机会与您合作；感谢编辑项玮老师，得益于您的耐心和细致，书中文字才变得更加准确和流畅。

最后，我要把这本书献给我所有的家人。没有你们的支撑，我无法想象如何能够熬过那些艰难孤独的时光，我别无所有，希望这本书的问世会让你们感到欣慰。我也要特别把它作为小小的礼物送给家中的两个小家伙儿，期盼你们健康成长，未来可以迎接一个更好、更进步的时代，我在此所做的一切其实也都源自于这一期待。

我自知才疏学浅，书中错漏之处在所难免，敬请读者批评指正，文责由我自负。

朱铁城
2017年3月于大连

目 录

Ⅰ│序

1│导 论
    一、问题提出 ／1
    二、研究意义 ／2
    三、文献回顾 ／4
    四、研究方法及研究视角 ／22

33│第一章　对美依附下的高速经济增长与日本型大众社会的形成
        （1945–1968/1973年）
    第一节　美国的民主化改革与日本国内的社会民主转型 ／34
    第二节　冷战和日本保守国家体制的形成与确立 ／45
        一、冷战与日本的"1955年体制" ／46
        二、"1955年体制"的特征 ／56
    第三节　布雷顿森林体系与日本型资本积累结构 ／62
        一、日本型资本积累结构的主体：垄断企业集团 ／64
        二、形成"长期费用递减趋势"的诸要素分析 ／71
    第四节　企业组合主义、利益诱导政治与日本型大众社会 ／81
        一、企业组合主义与日本的生产社会关系结构 ／82
        二、企业组合主义与利益诱导政治的社会统合 ／91

110│第二章　日本国家转型的失败与保守依附发展主义国家体制的强化
        （1968/1973–1982年）
    第一节　日本国家转型的内外契机：作为重要历史节点的
        1960年代末与1970年代初 ／111

第二节 "1955 年体制"的重构与强化 / 130
　一、《美日安保条约》的自动延长 / 130
　二、保守统治集团的外部危机：从"保革伯仲"到"保守回归" / 138
　三、保守统治集团的内部危机：从"椎名裁定"、三木改革到"三木讨伐" / 145

第三节 日本型资本积累结构的强化 / 150
　一、垄断企业集团的水平扩展 / 151
　二、垄断企业集团的垂直深化 / 156
　三、日本型融资体系、劳动力政策及出口的强化 / 164
　四、日本型资本积累结构强化的后果 / 169

第四节 企业组合主义主导的社会关系结构的固化与利益诱导政治的扩大 / 171
　一、"全民春斗"路线和革新自治体运动 / 172
　二、"企业社会"的强化及其结果 / 174
　三、福利国家路线的挫折和利益诱导政治的扩大 / 184

199 | 第三章　新保守主义/新自由主义反动与经济泡沫的膨胀（1982—1990/1991 年）

第一节 中曾根政权下的"战后政治清算"："第二临调·行政改革"及其挫折 / 201
　一、"增强对国际社会的贡献"："对美依附下的民族主义" / 203
　二、"建设有活力的福利社会"：从"不增税的财政重建"到"释放民间活力" / 210
　三、"第二临调·行政改革"的挫折及其原因 / 216

第二节 日本型资本积累结构的动摇及经济泡沫的膨胀 / 221
　一、日本型资本积累结构的动摇：金融自由化、生产跨国化及其影响 / 222
　二、新·旧保守主义的纠结和经济泡沫的膨胀 / 242

第三节　企业组合主义的动摇、"新日本列岛改造计划"及"福利社会论"的泛滥　/252

一、"减量经营"的强化和企业组合主义的动摇　/252

二、"福利社会论"的泛滥与"新日本列岛改造计划"　/264

第四章　混沌的时代：日本经济社会停滞局面的形成及其长期化（1990/1991年至今）　275

第一节　新保守主义/新自由主义主导权的确立及日本政治的"漂流"　/278

一、国家体制的重构：小泽一郎的"日本改造计划"和"1955年体制"的解体　/278

二、"1996年体制"的确立和"漂流的政治"　/290

第二节　日本型资本积累结构的全面解体和长期经济停滞　/305

一、银行信贷功能的弱化　/306

二、企业设备投资的萎缩与国民消费的低迷　/312

第三节　"结构改革"冲击下社会危机的累积与深化　/329

一、企业组合主义的崩溃和劳动条件的恶化　/329

二、利益诱导政治的后退和边缘社会的衰颓　/341

三、国家社会保障与福利制度的弱化和社会危机的深化　/348

第五章　革新政治/社会力量与日本国家转型　362

第一节　日本社会党的"左倾僵化症"及其原因　/369

第二节　战后日本劳动阵线的大分裂及其后果　/380

结　论　392

参考文献　411

附录：二战后日本历届内阁　427

导　论

一、问题提出

翻开研究当代日本经济、政治以及社会问题的日文文献，"歧路"（中文语义为"十字路口"）一词已经成为愈来愈频繁出现的字眼。可见，认为今天的日本又处在一个历史转折点、亟待重塑国家方向的时代认知已然成为诸多学者们的共识。的确，自1990年代初经济泡沫破灭以来，曾经创造了"经济奇迹"而被赞颂为"NO.1"的经济大国却步履蹒跚，好似年迈的老人，以至于有人发出了"日本英年已过"的悲叹。[1] 国内经济长期低迷，陷入了被经济学家保罗·克鲁格曼（Paul Krugman）称作"增长型衰退"[2] 的困境之中而无法自拔。中小企业大量关门倒闭、农业日渐凋敝、银行不良债权愈减愈多、国债赤字则一路攀升；社会层面的诸多问题也全面显现，失业及不安定就业者（亦称作"非正式雇佣劳动者"）不断增加并进而导致贫困人口的骤增和贫富差距的急剧扩大。更为严重的是，随着跌入社会底层的国民数量不断攀升，物质层面的差距正在慢慢演化成为精神层面的差距。换言之，那些被称作"失败者"（loser）的社会群体对个人以及社会未来的不安感与无望感在日益加剧，从而成为日本社会整体安定的潜在威胁，[3] 而诸如少子化问题的加剧、自杀率的上升以及恶性犯罪事件的频发等现象则不过是具体显现

---

[1]　田中景：《日本经济：过去、现状、未来》，中国经济出版社2004年版，第273页。
[2]　[美] 保罗·克鲁格曼：《萧条经济学的回归和2008年经济危机》，刘波译，中信出版社2009年版，第57页。
[3]　山田昌弘『希望格差社会："負け組"の絶望感が日本を引き裂く』筑摩書房2004年版，15–16ページ。

出来的社会事实（social facts）而已。可以说，在经济大国看似依旧繁华的物质表象背后，日本国内的社会危机却正在悄然地累积与深化；至于国家政治层面，整体朝向"右倾化"、"军事大国化"方向的无约束"漂流"——或如渡边治等学者所谓的"帝国主义化"——已不再只是一个趋势的问题，而是愈来愈充满了现实意味。

曾几何时，日本作为后发工业化国家，遵循着（对外）和平主义与（对内）民主主义的发展理念，一跃成为世界经济大国并广受赞誉，成为众多发展中国家争相效仿的典范。然而自1990年代初经济泡沫破灭以来，日本却一路衰颓，长期的经济停滞最终演变成了"世界历史上特异的社会停滞"；[1]同时亦由于其无法摆脱"美国追随绝对主义"以及"美国依附之下的民族主义"[2]而陷入难以真正融入亚洲区域发展的困局，进而制约了自身经济社会的发展，严重阻碍了国内经济社会的有效复苏。这一切都使人在唏嘘的同时不由得要发出这样的疑问：这究竟是如何发生的？导致这种结局的根源何在？这也正是本书所要探究的问题，而这无疑是一项艰辛的工作。因为，对于危机根源的挖掘，首先必须要"放宽历史的视界"，超越当下的时空束缚，重新追溯日本战后发展的整个历史脉络；同时也必须立足于批判的立场，对这一历史过程中日本国家体制的深层结构进行剖析，才有可能透过眩惑的表象发现一个"真正的"日本形象，而这样一个"真正的日本"的发现对正确理解日本当下所面临的内外危机来说，可谓至关重要。正如阿列克斯·科尔（Alex Kerr）在其著作《犬与鬼：现代日本的坠落》中所阐述的那样，在看似拥有"先进的技术"和"优良的发展模式"的日本背后，其实"还存在着另一个日本，一个真正的日本"，而这个日本"非但不是我们一直以来所认为的现代成功国家，而且在有些方面不啻为当代的失败案例，这种局面由来已久，只不过迹象显示缓慢，因为使日本今日滞后的很多原因正是它一度成功的源泉"。[3]

二、研究意义

勿需赘言，对政治经济学这门实用性很强的学科而言，一项有意义的研

---

[1] 内橋克人『同時代への発言7：九 年代不況の帰結』岩波書店1999年版，6ページ。
[2] 山口二郎『戦後政治の崩壊』岩波書店2004年版，63-65ページ。
[3] [美]阿列克斯·科尔：《犬与鬼：现代日本的坠落》，周保雄等译，中信出版社2006年版，序言第1页。

究必须要从现实出发，为现实服务。所谓为现实服务这一目的，在政治经济学的语境当中，无非就是强国富民。而所谓从现实出发，并非只局限于研究者本国的现实，而是同时包含着他国的现实。因为，作为在同一个资本主义世界体系中谋求发展的民族国家，尽管存在着诸多互有差异的国家社会类型，但不可否认的事实是，有些国家被认为是成功的，有些国家不算太成功，而有些国家则只能被遗憾地称作"失败国家"（failed state）。饶有趣味的问题便是：在共同的体系背景下，为何有些国家会获得成功而有些国家却落得失败？或者说，为何有些国家会持久兴盛而有些国家却终归于衰败呢？因此笔者认为，从国制角度进行案例研究，其意义有二：其一，从成功国家的发展历史当中寻找并发现那些具有共通性的普遍性要素，或可构成马克斯·韦伯（Max Weber）所谓的"理想型"（ideal type）即普遍模式，这会成为积极的"经验借鉴"；其二，从那些并不太成功的国家甚至失败国家的历史进程中剖析出导致其衰败或失败的根源（这当然需要"理想型"的映照），而这同样可以成为消极的"教训汲取"。所谓"他山之石，可以攻玉"，这一说法所表达的也无非就是上述两个意思。

本书以日本作为案例，旨在对造成1990年代以来日本经济社会长期停滞危机的成因进行政治经济剖析，并期待这一努力能够为类似中国的后发工业化国家带来一些警示性的参考作用。[1] 从结论上说，笔者认为，导致1990年代以来日本经济社会长期停滞的根本原因在于1960年代末至1970年代初日本完成经济赶超之后国家转型的失败。如果这一论断成立的话，那么，日本的教训无疑对今天的中国来说具有重大的警示作用。经过三十余年的急速

---

〔1〕 我们经常会听到"应该学习邻国日本"这一类的笼统论调，即鼓励中国借鉴日本国家工业化发展过程中的各种机制（即所谓的"日本模式"）。可以说，这一论调基本上是建立在"日本的国家工业化发展是成功的"认识前提之上的产物，在此意义上，笔者在本书中所要阐述的观点可以说是在"唱反调"。尽管笔者并不全然否定所谓"日本模式"中存在的一些合理性因素，但同时却也认为，对日本国家工业化发展历史的总体评价应该更多一些超越表象的深入剖析和理性批判，片面地肯定、颂扬及"应该学习邻国日本"一类的笼统结论其实隐藏着令人忧虑的巨大危险性，极有可能对中国的国家未来发展造成误导。笔者这里要强调的是，如果有一个所谓"日本模式"的话，那么，这一模式中其实存在着太多阴暗的和落后的要素，对于类似中国这样的后发工业化国家来说，这些要素不仅不是值得借鉴的，反而是应当加以批判和抛弃的。如果对此缺乏深刻认知的话，以长期视野来看，将会给中国的国家发展带来严重的负面影响，日本自身所面临的现实困境就是很好的例证。所以，在笔者看来，研究邻国日本虽然意义重大，但整体说来，它更应当成为中国谋求国家健康发展过程中的反面教材而非正面学习对象，相对于积极的"经验借鉴"，中国应当更多地从其发展方式中"汲取教训"。

工业化赶超，从 GDP 总量上来看，中国已经超越日本成为世界第二经济大国，与此同时外部世界体系以及中国国内社会却也在显然地或悄然地发生着重大变化。譬如，以 2008 年的金融危机为契机，世界经济体系由于生产过剩——一般利润率下降而开始进入下行区间。美国由于其自身不断加剧的双赤字，开始不再容忍中国的长期不对称贸易，人民币兑美元的汇率摩擦愈演愈烈；此外，以石油为代表的世界能源资源由于储量不断减少而呈现价格上涨的长期趋势，这些都直接导致了中国高度依赖美国的出口导向型经济发展方式，以及以能源资源消耗型工业为主导的产业结构的不可持续。与此同时，全球化自由市场主义（或叫作"市场原教旨主义"）的肆虐使我国国内社会贫富分化不断加剧，社会矛盾日趋尖锐；长期工业化所带来的诸如空气污染、水污染、城市交通拥堵、住宅拥挤等负面社会效应也全面显现。许多国民基于自身的生活感受开始质疑长期以来 GDP 至上的经济发展主义，发出了诸如"幸福了吗"、"幸福到底是什么"一类的追问。一言以蔽之，今天的中国，虽然经济上已经跻身大国之列，但国内社会与经济发展却处于非均衡状态。通过对比考察，我们会惊诧地发现，这些情势与 20 世纪 60 年代末 70 年代初日本所面临的情形是何其相似！毫不夸张地讲，反思经济发展与社会福祉之间的关系并实施国家转型，已经成为摆在中国面前的刻不容缓的重要课题。在这样一个关键的历史时期，重新研究邻国日本，剖析其战后国家转型失败的原因及其历史后果，对中国来说无疑将从中获得极其宝贵的财富，而这也正是本书的意义所在。诚如保罗·克鲁格曼所言："日本的成功之处对我们有多少意义，它的失败之处就有多少价值。"[1] 无独有偶，日本研究家阿列克斯·科尔同样强调指出："对于日本今天所面临的困境，中国其实并不应该认为事不关己从而采取一种'隔岸观火'式的漠然态度，因为日本许多方面的失败其实可以为中国提供足够的教训。"[2]

三、文献回顾

如同 1970、1980 年代人们争相探究日本经济奇迹之谜一样，1990 年代初泡沫破灭以来，日本经济社会停滞的长期化——日本学者通常称作"平成

---

[1] [美] 保罗·克鲁格曼：《萧条经济学的回归和 2008 年经济危机》，刘波译，中信出版社 2009 年版，第 47 页。

[2] [美] 阿列克斯·科尔：《犬与鬼：现代日本的坠落》，周保雄等译，中信出版社 2006 年版，序言第 2 页。

萧条"——也成了"谜"一般的东西,引发了日本国内外众多学者的关注及论争。有关这方面的研究论著也可谓达到了汗牛充栋的地步,因此,将所有研究观点网罗殆尽即便可能,也大大超出了笔者的能力范围。所以,这里笔者将主要对具有代表性的几种观点做一个批判性的回顾与归纳,并在此基础上提出本书的研究视角以及研究框架。

观点(一):流动性陷阱论

对于"平成萧条"成因的解释,这一观点可能是最为人们所熟知的了,其主要代表人物就是著名经济学家保罗·克鲁格曼。针对日本的长期低迷,他援引其惯用的"托儿合作社"的比喻性故事解释道:照顾婴儿服务的供求状况也许存在一种季节性变化,即冬天人们倾向于待在家里照顾他人的孩子以积累票券,而夏天却倾向于使用票券换取别人对自己孩子的照顾。那么,合作社管理者就应当冬天设定低利率而夏天设定高利率,以此来保持照顾婴儿服务的供需平衡。但如果季节变化非常明显,譬如冬天极为寒冷,那么这种做法也可能失效,因此,1990年代对日本来说就是"愤懑之冬"。也就是说,经济泡沫破灭之后,由于太过萧条,即使日本政府将利率降到接近于零,国民仍然不愿意消费。因此,日本的情况属于典型的"流动性陷阱"。至于对策,克鲁格曼认为,虽然巨额的财政赤字和国债赤字已经让日本政府的财政状况几近穷途末路,利率也一路降至接近于零,但仍可采取一切必要措施,通过"预期通货膨胀"这种反常规手段来拉动经济复苏。[1] 然而,按照另外两位经济学家罗纳德·麦金农(Ronald I. McKinnon)和大野健一的看法,其实日本政府一直以来采用的正是这种"预期通货膨胀"的做法。两位学者指出,由于日本经济对日元兑美元汇率极为敏感,一旦日元升值,就会给日本经济带来致命影响。因此,每当遭遇日元升值所带来的国内经济萧条时,日本银行就会采取降低利率的扩张性货币政策来制造一时的泡沫加以缓解,这已然成为日本政府避免日元升值萧条的一种机制。并且,按照上述两位学者的解释,1980年代末至1990年代初的经济泡沫也是这种机制作用下的结果。因为"广场协议"(Plaza Accord)之后,1985-1986年日元兑美元汇率急剧上升,日本国内经济遭遇严重打击,物价及名义工资的下降使日本银行已经近乎陷入了"流动性陷阱"的状态,于是日本银行便通过金融缓和并制造了经济泡沫以求摆脱萧条。两位学者最终认为——与克鲁格曼认为"通货膨胀是

---

[1] 参见[美]保罗·克鲁格曼:《萧条经济学的回归和2008年经济危机》,刘波译,中信出版社2009年版,第58-66页。

个好东西"的观点正好相反——这种做法作为景气对策终究是一种"邪道",充满了危险性。1990年代初,经济泡沫破灭所带来的破坏与1993年以及1995年日元的两度升值所引发的萧条相互叠加,加之日元仍将继续升值的长期预测,使日本银行将利率降至接近于零。结果导致日本既跌入了"流动性陷阱",又失去了进一步降低利率来制造另一次经济泡沫的空间。此外,泡沫破灭后股价及地价的下跌导致以银行为首的金融机构背负上巨额的不良债权(即呆账、坏账),日本银行担心这有可能招致另一次剧烈的经济泡沫并无法实施积极的金融缓和。在此意义上,罗纳德·麦金农和大野健一将造成"平成萧条"的根本原因最终归结为"日元升值综合症"。[1] 其实,从现象分析层面来说,上述两位学者的看法也可以归于"流动性陷阱论",只不过他们更进一步,挖掘出了导致这种状态的深层机制而已。可问题是,尽管他们找到了"日元升值"这一主要变量并借此给出了一个简洁而前后连贯的解释,也解释不了更多的问题。譬如说,为什么在发达国家中,唯独日本对其本国货币与美元之间的汇率变化显得尤为敏感和脆弱呢?正像上述两位学者曾说过的那样:"在工业化国家中,日本尤其容易受到日元兑美元汇率波动的影响。"[2] 如果结合罗伯特·基欧汉(Robert O. Keohane)与约瑟夫·奈(Joseph S. Nye)对于"敏感性依存"(sensitivity interdependence)以及"脆弱性依存"(vulnerability interdependence)的阐释,[3] 可以说,日美两国虽然在二战后结成了相互依存的关系。但毋庸置疑的是,在这其中,日本对于美国的依存既是"敏感的",又是"脆弱的"。日元的持续升值只是日美经济摩擦不断升级的产物。而问题是,日美两国的经济摩擦为何会不断升级?日本却又为何只能对美国步步屈从呢?所以,更深层次的探讨必然要牵涉到日本出口导向型的经济发展方式以及日美之间经济政治关系的结构性失衡。

至于对付萧条的手段,总体说来,"流动性陷阱论"的支持者们基本上站在重视短期需求管理的传统凯恩斯主义的立场,主张通过宽松的财政以及金融政策——甚至如克鲁格曼所主张的,通过"预期通货膨胀"的办法——来拉动经济复苏。事实上,日本政府在宫泽(喜一)、细川(护熙)、村山

---

[1] 参见[美]罗纳德·I. 麦金农、[日]大野健一:《美元与日元:化解美日两国的经济冲突》,王信译,上海远东出版社1998年版,第12-22页。

[2] 参见[美]罗纳德·I. 麦金农、[日]大野健一:《美元与日元:化解美日两国的经济冲突》,王信译,上海远东出版社1998年版,第81页。

[3] See Robert O. Kohane, Joseph S. Nye, *Power and Interdependence* (Third Edition), Beijing: Peking University Press, 2004, pp. 9-17.

（富市）、小渊（惠三）以及麻生（太郎）等政权时期，都在"紧急景气对策"的大义名分下践行了这种做法，具体而言便是降低利率和大兴土木。然而，这种典型的旧式保守主义的做法更多情况下是形成了旧保守派利益网络之下的利益分肥。日本著名经济学家林直道就尖锐地批判道："倡导以公共投资推动景气恢复的凯恩斯（John Maynard Keynes）指出要以中低收入层的消费增加为重要条件来增加公共投资，具体办法是依靠高额累进税来提高中低收入阶层的收入；而旧式保守主义的做法执着于'挖坑埋坑'式的公共工程以从中攫取私利，牺牲的却是国民消费这一最大的需求源泉。"[1] 这种重"量"而不重"质"的撒钱路线最大的"贡献"，就是一大堆的烂尾工程或无用工程、不断攀升的国债赤字以及权钱交易下蔓延滋生的腐败。另外，虽然日本政府已经向银行注入了巨额公共资金以充实其实力，但政治上的新保守主义/新自由主义势力对"责任自负"的宣扬与强调使得银行依然为保全自身而惜贷，信用持续紧缩；企业为自保而抑制投资并大规模解雇劳动者；个人则为自保而抑制消费。由此带来的结果便是，国家经济的整体低迷难以得到缓解。[2] 如此观看，克鲁格曼式的"流动性陷阱论"及其对策主张终归只能是褊狭于经济学视野的机械性分析，认为只要解决了货币的流动性问题，也就可以顺理成章地让日本走出困境。然而，这种纯经济学的观点却忽视了泡沫破灭以来日本经济社会结构的巨变以及政治权力结构所带来的种种现实扭曲。应该说，日本经济上的问题远远不是依靠单纯的经济对策就能解决的，其根本上关涉的是整体社会层面乃至国家政治层面的问题。

观点（二）：制度改革滞后论

20世纪七八十年代对日本式制度的评价，以哈佛大学教授傅高义（Ezra F. Vogel）1979年出版的《日本名列第一》一书为主要代表。可以说，"赞美论"是其主要基调，研究领域涉及日本高效率的官僚制、"护航舰队"式的融资体系、日本式经营等诸多方面。研究者们认为这些制度的集合是造就"日本经济奇迹"的奥秘所在，转瞬之间，长期以来曾被许多日本国内学者批判为"前现代残余"的诸多要素纷纷被冠以"日本特色"之名，堂而皇之地成为被人顶礼膜拜的对象。然而，1990年代初经济泡沫破灭之后，那些一度被大

---

[1] [日] 林直道：《危机与萧条的经济理论：对日、美及东亚经济衰退的剖析》，江瑞平等译，中国人民大学出版社2005年版，第102页。

[2] 金子勝『新・反グローバリズム：金融資本主義を超えて』岩波書店2010年版，16ページ。

肆赞美的所谓"日本式制度"一夜之间又成了众矢之的,"赞美论"变成了"批判论",着实让人感慨研究者们的短视与善变。

就日本自身而言,经济泡沫的破灭其实是对战后以来主导经济社会发展的种种制度的一次清算。也就是说,正是泡沫的破灭才让日本式制度下长期累积的诸多弊端完全显露了出来,改革已经成为必须之举。然而,此时高举批判大旗的却是将新古典主义经济学理论奉为圭臬的新自由主义学者们。这其中又以2001—2006年在小泉内阁中担任财政金融大臣的庆应大学教授竹中平藏为主要代表。竹中著述不多,但他从学界跨入政界,从而有机会将其观点贯彻于现实的国家政策之中,影响不可谓不大。笔者手头的《解读日本经济与改革》是一本由竹中演讲记录整理而成的书,虽然篇幅不大,却可以从中清晰地窥见其主要理念。在这本书中,竹中首先总结了促成日本经济高速增长的三个条件:一是大量的资本投入,这得益于日本"护航舰队"式的融资体系;二是设备投资,即不断更新设备,采用最先进的机器,形成"投资呼唤投资"式的增长循环;三是充足而优秀的劳动力保障。被尊称为"高速增长之父"的日本经济学家下村治就是在评估这些条件的基础上提出了"资本增加,GDP就增加"、"设备投资越高效,经济就越增长"的下村式经济增长理论,从而造就了日本的经济奇迹。然而,泡沫破灭之后,银行的不良债权严重影响了货币的流动性,造成日本经济的血脉不畅;企业于泡沫期间获取的金融资产在泡沫破灭后由于"逆资产效果"的作用而转化成了累累负债,同时还持有大量的老旧设备,这些都严重削弱了企业的投资能力。因此,竹中认为日本必须尽快解决银行的不良债权问题,认为旧保守派政客们通过撒钱大搞公共事业的所谓"紧急景气对策"就好比是不断"注射营养剂以替代手术的处方",终究无法清除不良债权这个"癌细胞"。[1] 客观地讲,竹中对解决银行不良债权问题紧迫性的看法及其对旧保守派政客们所谓的"景气对策"治标不治本的批评无疑是正确的;但他同时认为,要解决日本问题最重要的就是增加货币量,其逻辑就是:只要血脉畅通了,一切就会运转良好。这是典型的弗里德曼(Milton Friedman)"货币主义学派"的观点,而且是纯粹经济学的观点。然而事实上,经济泡沫破灭之后,日本的主要问题在于社会结构发生了巨变。在经济全球化的背景下,由于大企业加速了向海外生产体制的转移,旧保守派们的利益诱导政治遭到了大规模清算,战后至今统

---

[1] 参见[日]竹中平藏:《解读日本经济与改革》,[日]林光江译,新华出版社2010年版,第22—32页。

合日本社会的两大支柱（即大企业的企业组合主义以及利益诱导政治，笔者将在后文对此做详尽阐述）由此崩溃。而健全劳动市场的缺乏以及国家层面社会保障与福利制度的脆弱，致使大量失业以及不安定就业劳动者自此被抛进了冰冷无情的市场之中，无奈地承受着凄风苦雨，从而酿就了整体社会的不安状态，现实生存状态的艰难以及对未来的不安则又进而导致了国民消费的持续低迷。所以，单纯增加货币量与旧保守派们依靠撒钱搞土建的方式本质上并没有什么区别，都是治标而非治本的做法，最终增加的恐怕也只能是国债赤字了。实际上，国家遵循着社会组织原则规范劳动市场、致力于社会结构的重建，夯实社会保障与福利制度，才是真正解决日本问题的根本之道。

对于企业所面临的困境，竹中的主张就是"削减法人税"，认为"只让所得多的个人缴纳更多的税金，即累进税率，一定会对社会带来不良影响"。[1] 这又是典型的"供给学派"的观点，恍惚让人想起旨在拆散福利国家的"里根经济学"。如果说，泡沫破灭让日本长期以来累积的三个"过剩"问题——银行借贷过剩（over-loan）、企业设备投资过剩以及大企业的雇佣过剩——全面显露，从而沉重打击了日本经济的话，那么，以竹中为代表的新自由主义学者的关注点则主要集中在前二者，即有关"钱"与"物"的主要隶属于经济范畴的层面。而对于"人"的问题，进一步说，对于由"人"所构成的社会层面的关注明显不够。正如社会学家卢曼（Niklas Luhmann）的"系统论"所显示的那样，经济乃是社会的经济，单纯经济问题的解决并不意味着整体社会问题的解决。至于对"人"的观点，竹中一再强调的则是"优质的人力资源"，并宣扬教育民营化的重要性，认为这样才可以培养出具有竞争力的人才；同时，他引用赫克歇尔—俄林的"生产要素价格均等化"理论（Heckscher-Ohlin Model），强调世界范围内劳动力价格的统一化趋势。[2] 综合其主要论点，简单说便是：廉价劳动力到处都有，企业在全球化背景下可以很容易地确保低端劳动力的供给，国家要做的就是通过教育的民营化实现精英教育，从而为企业提供"优质的人力资源"。这是不折不扣的将教育和人"商品化"、一切为资本积累服务的观点，是与经济为社会服务、社会为人服务的人类社会组织原则背道而驰的，试图以经济功利主义原则来组织

---

[1]［日］竹中平藏：《解读日本经济与改革》，［日］林光江译，新华出版社2010年版，第128页。

[2]［日］竹中平藏：《解读日本经济与改革》，［日］林光江译，新华出版社2010年版，第114-119页。

整个社会的极端危险的观念。对照日经连（日本经营者团体连盟）在1995年《新时代的日本经营》中提出的对于劳动力三个层次的划分（详见本书第四章），我们可以很明显地看到，竹中的这一主张归根结底是日本国内垄断大资本的学术以及政治代言。

在中小工商业以及农业普遍凋敝、失业加剧、犯罪率和自杀率逐年攀升、社会不安不断累积、社会安全网迫切需要强化的情况下，竹中对于社会保障的观点依然停留在狭隘的经济学——确切地说就是新古典主义经济学——的范畴，认为"保护国家脆弱的部分，在政治上来说是非常重要的，但在经济上却只能被看作是保留效率低的部分。在经济上，淘汰效率低的部分才能获得发展，这是十分严峻的现实"，而"我们要做的不是感叹淘汰的不合理性，谁都有抓住商机的可能性，人人平等"，因此，要培养"自助自立的精神"和"建设小政府"。[1] 然而，这里必须回答的问题是：谁是脆弱的部分呢？就当下的日本社会而言，这些所谓"脆弱的部分"无非就是农民、中小工商业者、劳工阶层、学生、妇女以及老人。那么，淘汰这些弱势群体究竟又是为谁的利益服务呢？2003年垄断大资本的利益代言机构经团连发表了题为《建设充满活力与魅力的日本》的报告书，其中指出，"日本若要实现可持续性成长的话，不可欠缺的是必须打破一切'神圣领域'，进行包括社会保障支付在内的经费削减"，同时"分阶段地调高消费税率"。[2] 由此我们可以清楚地看到，竹中的主张从本质上是在为维护日本国内垄断大资本的利益而奔走呼号的。"淘汰脆弱部分"便是削减包括社会保障在内的对于上述弱势群体的社会保护；培养"自助自立精神"、"废除累进税率和削减法人税"的另一面就是提高消费税率，实现所谓的"人人平等"，其为强者服务、以市场原理统合社会的意图一目了然。而竹中的所谓"强者与弱者的相互转化"以及"机会平等"的主张虽然婉转动听，其中却隐藏着经不住推敲的巨大欺骗性。自由放任市场强调"机会均等"，其中虽不乏个别成功案例，但并不具有普遍性，毕竟主导自由市场的根本逻辑是达尔文进化论式的"生存竞争"和"优胜劣汰"。正如著名经济评论家内桥克人所言，在一个绝大多数属于普通人——或者说绝大多数人都只是"脆弱的个体"——的社会中，不能够期待每个人都成为比尔·盖茨。这种以"强个人假定"为前提的所有推

---

[1] [日] 竹中平藏：《解读日本经济与改革》，[日] 林光江译，新华出版社2010年版，第132-135页。

[2] 都留重人『市場には心がない：成長なくて改革をこそ』岩波書店2006年版、96ページ。

论都将是危险的。因此,在所谓"自由"与"机会均等"之外,保证一定程度的"结果平等"是维系社会安定团结所必不可少的要素[1]。至于"强者与弱者的相互转化",则更是不着边际的理想论。以教育为例,如果遵循市场逻辑将学校普遍民营化,那么,企业化了的私营学校将不可避免地遵循利润至上的经济理性而实行精英化教育,大多数社会弱势群体的后代将因付不起学费而对私立学校望而却步,其结果不但没有促进强者与弱者的相互转化,反而将造成国家教育事业的整体荒废以及阶层代际遗传所带来的强者愈强、弱者愈弱的两极分化,以及社会流动性的消失,最终导致的恐怕只会是社会不安的日益加剧。

另一位颇具影响力的"制度改革滞后论"代表人物是被许多企业经营者视作"神"、"佛"的田边昇一,其激进的改革论调甚至被奉为了"田边主义"。在其所著的《挑战明天——创造性的毁灭》一书中,他总结了日本经济面临的三个关键词:①通货紧缩;②全球化;③再结构化(Restructure)。"通货紧缩"概括了泡沫破灭之后的日本经济所面临的困境;"全球化"则是日本企业所身处的体系环境;而"再结构化"便是田边所主张的日本经济为摆脱困境而应该采取的具体对策。田边认为,"再结构化"涉及以下内容:其一,"产业再结构化",即实现多元化经营;其二,"减量式再结构化",即淘汰过剩设备及削减人力成本;其三,"经营流程再结构化",即以顾客为中心,在质量、成本、服务及速度方面全面审视并刷新经营的整个流程。这其实就是后工业化论者们所谓的"消费者中心"和"弹性积累"的主张,其主要背景就是经济的全球化。在全球化将世界"拉平"的情况下,企业通过跨国外包将原本垂直一体化的生产和销售流程全面分散化,从而达到"瘦身"和降低成本的效果。对应企业经营的这一要求,田边主张全面改革日本已经滞后于时代要求的"护航舰队"式的融资体系以及"政—官—财"三位一体的指挥体系,强调"不改变日本企业的经营体系、金融体系以及政治和行政体系,在经济全球化时代就没有出路",因此日本必须全面"放松管制"[2]。田边将自己的上述主张用熊彼特(Joseph A. Schumpeter)式的语句包装起来,称其为"创造性的毁灭"。然而令人担忧的是,这种全面迎合全球化市场逻辑的"经济至上、企业至上"的主张最终带来的结局或许只能是创造了企业,

---

[1] 关于这方面的探讨,读者可以参阅[美]约翰·罗尔斯:《正义论》,何怀宏、何包钢、廖申白译,中国社会科学出版社2009年版。

[2] 田辺昇一『創破し明日へ挑む』タナベ経営1994年版,7-8ページ。

却毁灭了社会。设备可以抛弃，厂房也可以抛弃，而对"人"的大量抛弃则会给整个社会带来灾难。因此，早稻田大学的金子胜等拥有社会视野的经济学家把这种无视社会结果的"再结构化"痛斥为"没有创造的毁灭"。[1] 如果借用上述竹中的比喻，将日本比作一个癌症患者的话，那么，竹中以及田边式的站在供给方立场上的所谓"结构改革"——"再结构化"——无疑更像是做着摘除癌细胞的手术，却严重忽视了需求方面的"止血"和"输血"的要求，[2] 也就是一边极力推进市场逻辑的扩张，另一边则加紧拆除社会安全网，这无疑是违逆社会组织原理的极端危险的选择。近七十年前，英国学者卡尔·波兰尼（Karl Polany）就已经区分了市场与社会的不同组织逻辑，指出所谓"自我调节市场逻辑"的肆虐是导致19世纪欧洲文明崩溃的元凶。他警告说，如果任由市场逻辑统治社会，最终只会招致社会的毁灭。[3] 如此看来，自以为是如田边者以及对其主张趋之若鹜者，对于历史的理解即使不能说是无知，也只能说是过于浅薄了。

有意思的是，著名日本问题研究家荷兰人卡莱尔·范·沃尔夫伦（Karel van Wolferen）在其《无法让人幸福的日本体系》一书中，同样强调了今天的日本亟需实施制度改革，但是将日本问题的症结归于日本特有的统治结构及其制度体系。他批判地指出：日本特有的统治结构及其制度体系造就了日本这一"巨大的生产机器"，同时也"阉割"了社会民主主义的社会根基（主要是劳工阶层），导致日本无法孕育出真正的"市民"以及"市民社会"。因此，他疾呼日本可以出现对自身生活负责并不断质疑国家政策的真正的对立力量，改变逆来顺受的"臣民"习气，唯有如此，才可以实现真正的制度改革并形成真正的"市民社会"。[4] 对比那些囿于单纯经济学（主要是新古典主义经济学）狭隘视野的制度改革论者们，不得不说，沃尔夫伦对于日本问题的体察认知要深刻得多。

1990年代初冷战结束以来，随着世界体系经济全球化的加速，泡沫破灭

---

〔1〕 金子勝、藤原帰一、山口二郎编『東南アジアで生きよう！経済構想・共生社会・歴史認識』岩波書店2003年版，203ページ。

〔2〕 金子勝、藤原帰一、山口二郎编『東南アジアで生きよう！経済構想・共生社会・歴史認識』，204ページ。

〔3〕 ［英］卡尔·波兰尼：《大转型：我们时代的政治与经济起源》，冯钢、刘阳译，浙江人民出版社2007年版，第3页。

〔4〕 参见カレル・バン・ウオルフレン著、藤原勝訳『人間を幸福にしない日本というシステム』毎日新聞社1994年版，38ページ、53-58ページ、259-260ページ。

之后陷入低迷状态的日本在垄断大企业的推动下，开始全面向跨国生产体制转移。因此，认为日本式制度体系已经不符合时代要求而主张进行激进改革的新自由主义学者们便开始得到全面迎合全球化的新保守主义政治势力的青睐而步入政界，并得以将其改革方案付诸政策实践。其中的代表自然首推竹中平藏，上文对于他的改革理念已做了分析。还有一位不能不提到的人物就是中谷岩。作为新自由主义改革的急先锋，中谷岩曾是"1993 年政变"之后诞生的细川内阁"经济改革研究会"——又称"平岩委员会"——的主要成员，后又与竹中平藏一起成为小渊内阁下主导经济改革的"经济战略会议"的成员，并在其中担任代理议长一职。然而有趣的是，竹中平藏后又担任了小泉内阁的财政金融大臣，可谓官运亨通，并大张旗鼓地实施其一再鼓吹的"结构改革"。而相对于竹中的"执迷不悟"，中谷岩面对"结构改革"所带来的巨大经济社会破坏，则开始反思自身的理念并最终完成了思想转变，转而认为新自由主义改革才是泡沫破灭以来导致日本社会不安加剧并最终促成"平成萧条"的真正元凶。在 2008 年出版的名为《资本主义为什么会自我崩溃？新自由主义者的忏悔》的著作中，中谷岩彻底反省了自己曾经的"市场至上、经济至上"的理念，进而在波兰尼的社会经济学框架下，猛烈批判了所谓的"结构改革"，认为"结构改革"本质上乃是全面迎合全球化市场逻辑而无视社会价值，致使日本社会丧失了安心感与安全感，剥夺了人与人之间的信任与和谐。他指出："小政府"、"放松管制"的结果是使"责任自负"成为口号，社会福利后退，医疗服务质量下降，出现大量无法接受紧急医疗的"难民"；同时，环境破坏和食品污染范围扩大、收入差距扩大、人与人之间变得冷漠，从而导致人心的荒芜乃至恶性犯罪的增加。[1]因此他认为，要让日本真正走出低迷停滞的局面，就必须遵循波兰尼的理念，将社会整体纳入视野。中谷岩的自省精神令人钦佩，其痛彻的自我批判也显示出一个有良心的知识分子不断追求真与善的品格。然而，对于理想社会的前景，中谷还是采取了一种缅怀旧时代的浪漫主义态度，在书中极力赞美日本传统社会以及传统文化的美好。[2]但这种向后看的浪漫主义憧憬其实是反波兰尼的，因为波兰尼的主旨在于通过分析自由市场的虚构性来批判以自由放任逻

---

[1]〔日〕中谷岩：《资本主义为什么会自我崩溃？新自由主义者的忏悔》，郑萍译，社会科学文献出版社 2010 年版，第 56 页。

[2]〔日〕中谷岩：《资本主义为什么会自我崩溃？新自由主义者的忏悔》，郑萍译，社会科学文献出版社 2010 年版，138－190 页。

辑统合社会的乌托邦性与危险性。他的主张是向前看的现实主义，即要通过国家遵循社会组织原则、使用权力去规制市场，在发挥市场功能的同时，透过国家层面社会安全网的构筑来保护社会，也就是战后欧洲福利国家普遍遵循的改良资本主义或者说社会民主主义道路。缅怀式的浪漫主义或许可以描绘出一幅不同于残酷现实的美好图画，但毕竟是消极的和逃避现实的，终究无法成为解决问题的现实方案。而真正能够改变不合理现实的途径则只能是通过社会力量的有效集结，进而实现国家政治权力层面的有效制衡。

观点（三）：需求不足论

"需求不足论"观点的代表人物是日本经济学家吉川洋与林直道。二者的观点从结论以及政策主张上来看虽然十分相似，都可以称作"需求不足论"，但所采取的论证路径却不尽相同。简单地讲，前者主要是基于凯恩斯主义立场展开其论证的，而后者则属于传统马克思主义的分析。

先来看吉川洋的观点。吉川反击了所谓正统经济学的供给主义立场，认为"由于需求不足，资本活跃性低下，投资不振，资本蓄积减缓，劳动投入量也由于失业率以及非正式就业率的上升而下降"，所以，"不只是两三年的短期，日本的情况充分证明了，即使是从十年的长期来看，需求也是决定宏观经济动向的最重要的要素"，而"日本的长期萧条充分证明了这一点"。[1] 由此，吉川批判了竹中平藏等激进的"结构改革"派，认为他们站在新古典主义经济学的供给主义立场，一味试图提高日本经济的所谓"潜在增长率"（吉川称其为"潜在增长率低下论"），为此而极力推动"雇佣的流动化"，造成了劳动市场的恶化，即失业与不安定就业的增加。而同时，劳动者为确保就业又不得不接受工资的下降，工资下降又导致消费低迷和物价下跌，从而形成了恶性的紧缩循环。[2] 对于"结构改革"派们积极推进的"雇佣流动化"政策，吉川这样评价道："'雇佣流动化'应该是经济增长带来的结果而非造成经济增长的原因，因此，将其作为提高经济增长率的手段只能说是本末倒置。"[3] 另外，吉川认为，包括税制、社会保障等在内的收入再分配本应该实施从强者向弱者的财富转移，然而日本的财政却混乱不明，缺少基于社会正义的制度构架。[4] 吉川的批判矛头同时也指向了克鲁格曼的"预期

---

[1] 吉川洋『転換期の日本経済』岩波書店1999年版，208－209ページ。
[2] 吉川洋『転換期の日本経済』，161ページ。
[3] 吉川洋『転換期の日本経済』，155－156ページ。
[4] 吉川洋『転換期の日本経済』，191－193ページ。

通货膨胀"的主张,认为"要使'预期通货膨胀'有效,劳动市场就必须成为卖方市场,而劳动市场成为卖方市场则意味着经济已经形成了景气的局面",也就是说,"'预期通货膨胀'必须以其将要实现的目的作为条件,这里存在着根本性的(逻辑)矛盾"。[1] 吉川最终的主张是摆脱"挖坑埋坑"式的公共投资,使得公共投资真正成为可以让企业发现新的设备投资领域的桥梁。而这一新的发展领域便是住宅、城市环境、交通、通信、信息以及医疗等与国民生活幸福息息相关的领域,这些方面的基础设施建设将为日本带来转机,也会给国民带来真正的丰裕。[2] 总体来说,吉川对于"平成萧条"的分析依然局限在经济学范畴,相对缺少政治层面的剖析。他对于"结构改革"所推进的"雇佣流动化"给日本经济与社会造成了巨大破坏的论证无疑是精辟的;而关于财政,他也指出了1990年代以来日本的政策导向一直在"财政重建"与"景气对策"之间摇摆,"强者"与"弱者"的区分不明,没有起到有效的财富再分配的作用。主张克服既得利益,实施真正的财政重建。然而,上述吉川所指出的诸多问题都有其深刻的政治根源。缺少对主导国家发展方向的政治势力及其意识形态的剖析与批判的纯粹经济学分析终究显得力道不足。或许,吉川论点中最具洞察力的部分应该是他如下的阐述,他认为"在超过半个世纪的战后日本经济发展历史中,最大的转折点是1970年前后经济高速增长的终结",在这一历史转折点上,日本应该调整方向,"创造健全的需求,即能够给国民生活带来真正丰裕的国内需求",然而"日本却将这一任务拖后而选择了出口。1985年'广场协议'之后,开始了内需主导的时代,但拉动内需增长的实质却是资产泡沫和土地泡沫;进入1990年代,则开始了长期萧条,其根本原因在于日本创造新的国内需求的失败"。[3] 吉川这一论点的价值在于,众多学者人为地割裂了历史的连续性,将"平成萧条"的研究视野仅仅局限于泡沫破灭之后。这种做法仅仅让人明白了日本在应对萧条方面的不成功,却无法促使人们就经济发展与社会发展关系的问题进行更加深入的反思。而吉川的洞见则让我们真正明白,泡沫破灭以来的萧条更多的是"人祸",其发生的根源早在泡沫之前,而泡沫不过只是一个结果而已。同时,我们也可以就此提问:1970年代初日本在完成赶超成为经济大国之后,为什么没有及时地实施转型呢?而这样的提问也就拓宽了有关

---

[1] 吉川洋『転換期の日本経済』,161-162ページ。
[2] 吉川洋『転換期の日本経済』,224-227ページ。
[3] 吉川洋『転換期の日本経済』,222-223ページ。

"平成萧条"的研究视野，我们也可以期待从中获得更具价值的东西。

如前所述，另一位持"需求不足论"观点的是著名经济学家林直道。他从马克思主义经济学的角度出发，认为资本主义本身是一种充满矛盾的经济体制，所以必然会发生周期性的动荡。因为资本主义生产的目的在于获得尽可能多的利润，因此会带来社会生产总量的不断扩大。然而，生产总量的扩大面临着两个障碍：一是生产部门之间的平衡被严重破坏，二是生产与消费之间的差距不断扩大。[1] 繁荣阶段以大规模设备投资为特征的资本积累冲动破坏了生产各部门之间均衡的条件，并接连不断地波及相关部门，从而导致了商品和资本的全面生产过剩危机。所谓泡沫就是"过度紧张与过度投机的时期"。伴随着银行信用的极度膨胀，它可以延长繁荣时间，然而一旦破裂，就会结束虚假繁荣而进入萧条阶段。[2] 所谓的"平成萧条"就是长期生产过剩所导致的萧条。而导致萧条长期化的原因，林直道认为除去日本未能及时处理银行的不良债权以外，主要在于日本国民个人消费低迷所带来的需求不足。对于新保守主义/新自由主义激进势力大肆鼓吹的"结构改革"，林直道认为，其本质是在追随美国主导的国际标准，目的则在于"强化供给方"。其极力推进的"雇佣流动化"以及对社会保障的削减，导致了需求进一步被压缩，失业率和自杀率攀升，从而形成社会不安与萧条的长期化。而假借"紧急景气对策"之名的旧保守派们大兴土木式的公共事业投资，则不过是徒增了诸多大而不当的工程建设，产生了极大的浪费以及权钱交易之下的腐败，而忽视了生活关联型的公共投资，牺牲了民间需求。[3] 作为让日本走出萧条的对策，林直道主张日本摆脱对美国的过度依赖，抑止"结构改革"，培养大众购买力及拓宽市场，发展以内需为中心的经济。为此，他主张资本主义框架下的政治民主改革。[4] 可以说，就萧条对策而言，吉川洋与林直道的主张非常相似。但是，马克思主义的社会整体结构视野则让林直道进一步看到了国家政治层面改革对于日本走出经济与社会萧条的极端重要性。

---

[1] [日] 林直道：《危机与萧条的经济理论：对日、美及东亚经济衰退的剖析》，江瑞平等译，中国人民大学出版社 2005 年版，第 10 页。

[2] [日] 林直道：《危机与萧条的经济理论：对日、美及东亚经济衰退的剖析》，江瑞平等译，中国人民大学出版社 2005 年版，第 18–23 页。

[3] [日] 林直道：《危机与萧条的经济理论：对日、美及东亚经济衰退的剖析》，江瑞平等译，中国人民大学出版社 2005 年版，第 94–126 页。

[4] [日] 林直道：《危机与萧条的经济理论：对日、美及东亚经济衰退的剖析》，江瑞平等译，中国人民大学出版社 2005 年版，第 126–133 页。

观点（四）：制度悖论

这一论点的主要代表是美国学者高柏。在其2001年（中译本2004年）出版的著作《日本经济的悖论：繁荣与停滞的制度性根源》中，高柏从制度矛盾的角度对"平成萧条"的成因作出了具体阐释。从某种意义上说，高柏的"制度悖论"观点与前面的"制度改革滞后论"具有某些相似性，都强调日本战后经济高速增长时期形成的诸多制度已经不再符合经济全球化时代的要求。但二者的区别在于：以竹中平藏为代表的"制度改革滞后论"拥护者们旨在通过新自由主义方向的"结构改革"全面推翻日本旧有的制度体系，具有很强的意识形态色彩；相较之下，高柏的"制度悖论"则重在解释，因此，他将制度设定为一组解释变量，并将其放在"中立"的位置上。而这也是笔者将其作为一种独立观点单独进行讨论的原因所在。

高柏的论证逻辑如下："一个国家的经济体制是一套制度的集合，如果这个体制形成时的环境保持不变，构成体制的制度就会与其运行机制相适应，制度之间就有一种互补性从而使该体制得以维持"，然而，"当环境发生巨大变化时，制度与其运行机制可能不再互补，在这种情况下，国家经济系统的制度逻辑可能会发生故障，进而导致一场重大的制度危机"。[1] 高柏这里所说的"环境"主要指"国际体系的体制变化"，其逻辑简单说就是：世界体系中的民族国家必须对应体系环境的变化，不断调整自身体制，使之与环境相契合，契合则意味着繁荣；反之，如果国家体制由于其"惰性"或"刚性"而与体系环境不相契合时，国家就会陷入停滞或萧条。就日本来说，高柏认为"日本经济高速增长的秘密在于'过度竞争'，这是以削弱对企业的监控为代价来加强协调的做法所产生的副作用；日本福利社会的秘密是'全体就业策略'，这是以丧失快速调整经济结构的能力为代价来换取稳定"，而"这两个特征的存在是基于特定的历史条件，包括布雷顿森林（Bretton Woods）体系和关贸总协定（GATT）体系下与美国的不对称合作"。但是，1970年代初，布雷顿森林体系开始崩溃，"资本主义体系从生产和贸易扩张转向了金融与财政扩张，从社会保障转向了释放市场力量；美国不再容忍与日本的不对称合作，开始对其施加越来越大的压力，维持过度竞争与福利社会稳定的条件消失"，于是，曾经造就日本繁荣的国内制度开始与体系环境产生矛盾，"协调与稳定原则产生的结果开始变得与以前不同"。即重协调原则所导致的

---

[1] [美]高柏：《日本经济的悖论：繁荣与停滞的制度性根源》，刘耳译，商务印书馆2004年版，第17页。

监控被削弱，以及在重稳定原则下所形成的经济结构快速升级换代能力的丧失最终把日本引向了泡沫经济，泡沫经济崩溃之后便是长期萧条。[1] 高柏将此称作"制度悖论"，即同一组制度变量，既成就了日本经济的高速增长，也导致了其长期萧条。

高柏理论的长处在于，他将民族国家的"战略选择"放在了世界体系长期运动的大背景之中，体现出宽广的长期历史视野。的确，国家不是在真空之中发展，世界体系环境的变化限制了所有国家自主选择的范围，所以，一味专注于国内要素而忽视体系要素的分析都无法完整地解释日本问题。然而，高柏"制度悖论"的最大问题在于他将制度设定为"中立"；换言之，制度成了自变量，这样也就看不到制度的创造主体及其能动性了。设问：日本为什么没有能够根据世界体系的环境变化及时地改革其国内制度呢？这就不能不考虑制定以及维护这些制度的主体是谁，或者说这些制度的受益者是谁的问题。单纯用"制度惰性"或"制度刚性"来敷衍是无法看清事实真相的，而更深入的探究就必然涉及日本政治权力结构中诸种力量的消长变迁。归根结底，制度只是一个因变量而已。因此，高柏的制度主义框架中缺少对于日本国家政治层面的深入探讨。事实上，日本从1980年代初的中曾根政权时期就已经开始了顺应体系全球化的国内改革。进入1990年代，伴随着冷战的结束以及全球化的加速，日本国内从小泽一郎导演的"1993年政变"到桥本龙太郎提出"六大改革"再到小泉纯一郎时期的"结构改革"烈度不断升级。改革虽在不断深化，然而日本的经济与社会非但没有复苏，反而正如高柏自己所言，"日本经济泡沫破灭之后，1990年代前半期对稳定的需求还在持续，而在1996年，协调的制度逻辑却突然发生逆转"，而这些最终"将日本经济引向停滞"。[2] 按照高柏的逻辑，顺应体系环境变化的国内制度改革本应该将日本引向复苏和繁荣才对，但为何却反而让日本走向了长期停滞呢？这或许可以叫作高柏"制度悖论"的悖论吧。因此，对任何国家而言，应对世界体系的变迁，实施国内制度的调整与变革是必要的而且是必需的。然而，改革的理念与方向却更为重要，这就需要考察引领国家体制改革的政治主导力量的性质。正是因为1990年代以来主导日本国家体制改革的主要推手是所谓

---

[1] [美]高柏：《日本经济的悖论：繁荣与停滞的制度性根源》，刘耳译，商务印书馆2004年版，第28-30页。

[2] [美]高柏：《日本经济的悖论：繁荣与停滞的制度性根源》，刘耳译，商务印书馆2004年版，第29页。

的新保守主义/新自由主义势力，一面推进"结构改革"从而拆散了日本既有的经济社会结构，另一面又一味地强调"放松管制"和"责任自负"，才致使日本一步步陷入了长期萧条的困境最终难以自拔。之所以出现了高柏所谓的1996年之后的"逆转"，也正是因为在桥本政权之下，新保守主义/新自由主义势力确立了其政治上的霸权——日本学者渡边治将其定义为"1996年体制"。[1] 所以，高柏将制度设定为"中立"的做法，从结果上讲，很容易与前面持"制度改革滞后论"的新自由主义论者的"结构改革"主张合流。由此可以说，忽视制度背后的政治要素/权力结构——或者说缺少对主导制度改革的政治力量属性的批判——是高柏"制度悖论"的最大缺陷。

观点（五）：复合萧条论

"复合萧条论"是日本著名经济学家宫崎义一在其1992年出版的《复合萧条：后泡沫时代对策的探索》一书中提出的对于泡沫破灭后日本经济低迷状况成因的解释，颇具影响力和说服力。他认为日本经济泡沫的破灭首先对金融部门形成重创，进而波及实体经济以及个人消费层面，最终形成了"复合型萧条"。具体来说就是：泡沫破灭导致的股价和地价暴跌使得金融机构拥有的有价证券溢价减少，泡沫时期面向不动产行业和建筑行业的贷款变成了巨额不良债权。同时，金融自由化的推进使得银行必须满足国际清算银行关于从事国际业务的金融机构必须将自有资本保持在8%以上的规定（BIS规制），从而造成银行的"信用收缩"；银行惜贷以及泡沫破灭后"逆资产效果"的产生波及实体经济层面，也即恶化了企业的资金流动性从而抑制了企业的设备投资，同时也导致了个人层面消费的低迷。[2]

针对宫崎的解释，另一位极具影响力的经济学家野口悠纪雄则认为，宫崎观点的主旨在于强调金融部门所遭受的打击乃是造成萧条的主因，因此称作"金融萧条论"才更准确。[3] 野口进而认为，造成泡沫破灭后日本陷入萧条状态的主要原因"是由于过剩积累的存量调整所造成的经济循环"，而"这种现象本不是什么新鲜东西，因为本次调整的规模很大，所以完成调整

---

[1] 渡辺治、後藤道夫編『講座現代日本4：日本社会の対抗と構想』大月書店1997年版，32ページ。

[2] 参见宫崎義一『複合不況：ポスト・バブルの処方箋を求めて』中央公論社1992年版，243-247ページ。

[3] [日]野口悠纪雄：《泡沫经济学》，曾寅初译，生活·读书·新知三联书店2005年版，第173页。

所需的时间也就较长"。[1] 野口的观点自身或可以定义成"过剩存量调整论"或者"经济循环周期论",但之所以将它列入"复合萧条论"的大框架之中,是因为笔者认为宫崎和野口各自强调了虚拟经济和实体经济二者中的一个侧面,只有将二者结合起来,才有可能形成一个"复合萧条论"的解释。然而这样做依然不够。如果说宫崎和野口的论述主要集中在泡沫破灭对"钱"与"物"的层面——经济层面——所造成的影响的话,那么就日本国内的现状来说,已经远远不只是单纯的经济萧条问题了,而是还呈现出整体社会层面的低迷和衰颓。野口悠纪雄在其1992年出版的《泡沫经济学》一书中曾认为泡沫破灭是件好事,虽然过剩库存的处理会花费较长时间,日本经济也不得不为此忍受疼痛,但只要调整结束,日本经济将继续增长。[2] 然而,日本其后的状况发展却违背了野口当初的乐观预测,"失去的10年"论之后紧接着又是"失去的20年"论。日本经济依旧低迷不振,而社会的不安与危机却在缓缓加剧,从而证明了野口经济学视野的局限性。

要探究萧条逐步加剧的缘由,就必须关注日本雇佣制度的变化及其带来的社会效应。在这方面对"复合萧条论"作出延展与深化的则是日本早稻田大学的经济学家金子胜教授。他认为银行不良债权、BIS规制以及新的国际会计标准造成了银行的"信用收缩",进而抑制了企业的设备投资。更严重的是,这些最终都归结到了劳动市场的"弹性化、流动化",即失业以及不安定就业的增加,[3] 形成了"银行惜贷→企业抑制投资并大量解雇→失业及社会不安加剧→消费低迷→企业进一步缩小投资和扩大解雇……"式的恶性循环。[4] 这样,金子胜就将此前主要集中于"钱"与"物"层面的"复合萧条论"深化到了对"人"的层面的关注,"复合萧条论"也由此超越了单纯的经济学范畴,成为一个将社会整体纳入视野的理论,其解释力也大大增强。[5] 不仅如此,金子胜的分析进一步触及了国家政治层面,认为旧保守派

---

[1] [日]野口悠纪雄:《泡沫经济学》,曾寅初译,生活·读书·新知三联书店2005年版,第189页。

[2] [日]野口悠纪雄:《泡沫经济学》,曾寅初译,生活·读书·新知三联书店2005年版,第22、189页。

[3] 参见金子勝『長期停滞』筑摩書房2002年版,78-80ページ。

[4] 金子勝『新・反グローバリズム:金融資本主義を超えて』,16ページ。

[5] 作为"复合萧条论"首倡者的宫崎义一教授本人之后又发表了题为《后复合萧条:21世纪日本经济的选择》的小册子,对自己此前的"复合萧条论"作出了补充性阐述。指出日本的长期萧条是在日本国内经济泡沫破灭及资本主义经济全球化背景下由日本经济以及社会层面的结构性巨变所引发的,关注的视野也从经济层面延展到了社会层面。

们投入巨额财政资金进行公共事业开发的做法只是在救助其利益网络之中的土建业，实际的经济波及效果极为有限；而竹中平藏等"制度改革滞后论"的拥护者——或曰新保守主义/新自由主义激进改革势力——则一味强调"放松管制"和"责任自负"，致力于削弱社会保障与福利安全网，致使银行为了自保而惜贷，企业为了自保而扩大解雇，个人则为了自保而抑制消费。如此一来，萧条状态只能不断加剧。金子胜认为这两种政策的循环往复"不会产生任何积极的成果"，并大声疾呼着"对抗理念"的出现，其实就是在呼唤可以发挥制衡作用的政治力量的出现。金子胜教授对"复合萧条论"的另一个重要的发展就是他指出了日本对美国主导的世界体系的一味迎合与顺从给日本自身所带来的负面影响。他认为 BIS 规制也好，新的国际会计标准也好，都是美国制定的旨在维护其自身利益的产物，而对日本经济来说却有着巨大的破坏作用。而日本政府却只知道一味地迎合取悦美国，结果陷入了所谓的"主体性丧失症候群"。[1] 这样，宫崎义一、野口悠纪雄、金子胜这三者的观点前后贯穿起来才会形成更为完整的"复合萧条论"，其长处在于对泡沫破灭之后导致日本长期萧条的机制分析非常具有说服力。

  但上述三者对于日本萧条原因的阐释当中仍存在着一个共同的缺点，那就是都把 1990 年代初的经济泡沫破灭作为分析的起点，侧重于对泡沫破灭后果的分析，而对泡沫产生的根本原因仍显分析不足。笔者认为，泡沫破灭其实是对过往错误的一种清算机制，而单纯将经济泡沫看作人性的贪婪和非理性的产物只会掩盖对过往错误的追究，从而失去研究它的真正意义。历史是一个连续体，将日本战后的发展历史人为地以经济泡沫作为分界点，割裂成泡沫前与泡沫后本身就存在着研究方法上的问题。如同上述的"复合萧条论"，尽管可以对某一特定阶段作出有价值的分析，却可能无法洞悉到更深层的结构性要素。就日本来说，如前所述，经济泡沫的破灭清算了"过剩借贷"（钱）、"过剩设备投资"（物）以及"过剩雇佣"（人），那么，这三个"过剩"又是如何产生的呢？要回答这个问题，就必须将日本战后至今的发展历史作为一个统一的、连续的整体加以考察。著名经济评论家内桥克人正是在这样的整体视野下，对 1990 年代以来日本困局的成因给出了尖锐而深刻的解答。他认为，经济泡沫不过是引发萧条的直接原因，而更深层的原因则是主导日本战后经济发展的结构性原因，那就是：①生产力的过度扩大，其支持因素是美国巨大的市场；②企业至上的国家政策；③为企业服务的土地

---

  [1] 参见金子勝『新・反グローバリズム：金融資本主義を超えて』，46-50ページ。

政策。这些要素聚合在一起，造就了上述的三个"过剩"，并最终催生了经济泡沫，而泡沫的破灭则对这些"过剩"进行了彻底清算，从而形成了"世界史中特异的社会停滞"。[1] 简单地说，内桥观点的核心在于对日本发展主义偏执的批判，认为"物极必反"、"过犹不及"，正是生产力的过度发展才造成日本今天的经济社会困局。他进而指出，生产力过度发展的根源在于根本上具有"反社会性"的"政—官—财"勾结体制。[2] 笔者在这里之所以将内桥的观点也并入"复合萧条论"中来讨论，是因为以整体连续的长期历史视野来看，内桥、宫崎、野口、金子这四者的分析只有结合在一起，才真正可以形成一个完整的、一以贯之的"复合萧条论"。它包含了对经济泡沫生成的前因解释和对泡沫破灭的后果分析，同时也涵盖了世界体系、国家政治、经济以及社会层面的分析，可以让人更加深入地理解"平成萧条"产生的机制，而研究的结果也会更具价值。

四、研究方法及研究视角

以上，笔者批判性地回顾了围绕着日本经济社会长期停滞成因及其对策所提出的几种颇具代表性的观点。可以说，尽管迄今为止已经出现了许多有分量的分析著作，但正如笔者在前文中所指出的，其中仍然存在着这样或那样无法令人满意的缺陷或不足。笔者认为，造成这些问题的根源在于研究者们观察分析问题的视角及其所采用的研究方法，也就是研究框架的问题。针对日本经济社会的长期停滞，在相关研究文献已然浩如烟海，却"迄今为止没有找到令人信服的原因"[3] 的情况下，对日本问题的研究亟待形成突破既有模式的崭新的研究框架。鉴于此，在对问题进行具体探讨之前，笔者试图寻求并阐明这样的研究方法和研究视角，以搭建起新的研究框架，从而可以站在既有研究成果的基础之上，尝试对日本问题的成因作出一个"重新解读"。

（一）关于本书的研究方法

首先，笔者在本书中将尝试采用长时段的历史研究方法。所谓"历史的"，首先指的是它在时间上的含义，而这种时间又包括短时段、中时段和

---

[1] 参见内桥克人『同時代への発言7：九　年代不況の帰結』，2－14ページ。
[2] 参见内桥克人『同時代への発言7：九　年代不況の帰結』，102－103ページ。
[3] [美] 保罗·克鲁格曼：《萧条经济学的回归和2008年经济危机》，刘波译，中信出版社2009年版，第48页。

长时段的划分。法国年鉴学派历史学家费尔南·布罗代尔（Fernand Braudel）认为，短时段反映的是"事件"，中时段展现"局势"，而唯有长时段可以显现出深层的"结构"。在其论文集《论历史》的前言中，他这样写道："我已经说过，而且还要坚持再说，我们应该认识到，研究历史的主要途径就是将它视为一个长时段。这当然不是唯一的途径，但借助它，可以揭示出无论过去的还是现在的所有重大的社会结构问题。它是唯一一种可以将历史与现实结合成一个密不可分的整体的语言。"[1] 就有关日本"平成萧条"的研究来说，笔者认为，要探究导致其形成的更为深层的根源，极有必要将其放入日本战后整体发展的历史情境中去考察，而自1945年日本战败迄今已近七十年的历史纵深也允许进行这样的长时段研究。因此，我们首先需要在时间层面上摒弃人为割裂历史的做法，树立起"历史是一个统一的连续体"的观念。而目前存在于日本问题研究中的最大时间裂隙就是几近于偏执的关于泡沫前与泡沫后的划分，并已经形成这样的误导，即泡沫破灭前的日本是后发工业化国家应当效仿的成功典范，而泡沫破灭后的日本则是失败的。这种看法反映在学者们的研究中，便形成了前文已经提到过的1970、1980年代的"日本赞美论"与1990年代以来"日本贬低论"这样的两极分化。如此一来，日本问题生成的根本原因便被归结为1990年代初经济泡沫的崩溃以及其后经济全球化背景下新保守主义/新自由主义的肆虐。笔者针对这种结论的质疑是：经济泡沫难道是不可避免的么（小泉内阁时期的金融财政大臣竹中平藏就认为"明知道是泡沫，也是没有办法的"）？又是什么样的根本性动力最终催生出了巨大的经济泡沫呢？经济全球化背景下新保守主义/新自由主义意识形态的兴起是一个体系性的现象，欧洲国家同样深受其害，而为何相对于欧洲国家的"微震"（这并不是说欧洲没有受到冲击，但就经济社会整体遭受破坏的剧烈程度而言，相对于日本，欧洲的情况显然要好得多），日本的经济社会结构却出现了日本国民自称为"地壳变动"式的全面崩塌，从而形成了"世界史中特异的社会停滞"现象呢？笔者认为，要回答这些问题，就必须超越时间上对于泡沫前和泡沫后的划分，对日本战后整体的经济发展模式、社会组织模式、政治权力结构特征及其变迁作一个整体评析。在这样的历史视野之中，我们能够看到，日本自1980年代后半期开始鼓胀的经济泡沫其实不过是过往错误长期累积的结果，而其后的泡沫破灭亦可以说是对过往错误

---

[1]　[法]费尔南·布罗代尔：《论历史》，刘北成、周立红译，北京大学出版社2008年版，前言。

的一种清算,其经济与社会后果直至今天仍未能完全消除,而且以笔者管见,这种状况仍将继续延续。新保守主义/新自由主义的肆虐对经济泡沫的生成以及泡沫破灭之后危机的深化所起到的则是助推与加剧的作用。唯有在这样的历史视界中,才有可能更为深刻地理解战后日本国家工业化进程中的得与失,研究结论也才会更具穿透力和现实意义,从而为其他类似于日本的后发工业化国家提供可以避免重蹈日本覆辙的另一条可能途径。而这种意义也将不再是消极的"事后主义"式的,而是积极的"事前规避"式的。

另外,既然属于历史研究,自然要以对历史事实的阐释以及对历史文献的分析为主要手段。笔者无意狂妄地要去做布罗代尔所说的"历史重构"工作,但仍将始终坚持以批判的角度来审视这些历史事实和文献,并力图超越对有关历史现象和历史事件的描述去探究这些现象与事件中所蕴含的本质性含义,坚持现象描述为本质剖析服务的原则。同时,需要指出的是,虽然本书总体侧重于规范性分析,但笔者仍将努力做到实证性分析与规范性分析相结合,在诸多必要之处将辅以实证数据,因为对于一项政治经济学的研究来说,这既是必不可缺的,又将有助于增强本书的说服力。

其次,在空间层面,笔者尝试采用历时性将世界体系、国家以及国内社会三个层次相联系的综合分析方法,同时在历时性的时间演变中考察这三者的结构及其互动的动态变迁。关于体系,笔者认同并采用了伊曼纽尔·沃勒斯坦(Immanuel Wallerstein)在"世界体系论"(World System Theory)中的定义,认为现代世界体系在其根底上是一个资本主义经济主导的体系,其长期运行遵循着康德拉季耶夫经济周期。[1] 此外,笔者亦赞同另一位杰出的世界体系论者杰奥瓦尼·阿锐基(Giovanni Arrighi)对这一体系长期变迁规律的总结,认为它所遵循的模式是在生产过剩/过度积累危机的作用下,从以生产/贸易为主导的资本积累向以金融为主导的资本积累转移,这其实也与战后世界体系从布雷顿森林体系向经济全球化方向转移的事实相契合。同时,与资本主义经济体系相并行或者说树立其上的则是霸权国主导下的民族国家体系,其中贯穿着一部民族国家间的关系史——所谓的国际关系史。霸权国出于自身资本积累需要而实施的政治经济政策将给体系中的其他国家带来重大冲击。所以,国家并非在真空之中发展,而是无可避免地要受到来自于世界体系变迁的影响与冲击,世界体系状况的变幻构成了所有民族国家政策选择的外部

---

[1] 康德拉季耶夫周期是指 40-60 年的长经济周期,其中包括上行期(A段)与下行期(B段)。

环境或曰大背景。

相对于世界体系这一外部环境而存在的,便是民族国家的"国内社会"这一内部环境了。"社会"一词含义宽泛,因此,对于所谓社会结构的把握是一项非常棘手的工作。社会学家埃米尔·迪尔凯姆(Emile Durkheim,又译为涂尔干)认为:"构成社会的有两种成分,一种是物,另一种是人",并接着指出,"无论哪一种物都不能产生决定社会变革的力量,因为它们没有任何驱动力,……因此,只有所谓的人间环境才是驱动的因素"。[1] 涂尔干的正确之处在于指出了构成社会的两个主要支柱,也就是物的生产与人的生活;更在于认识到只有"人"才是社会的构成主体。另一位社会学家马克思与涂尔干相同,敏锐地提炼出了物与人这两个社会构成的主要成分,却更进一步看到了二者之间紧密的关联。对马克思来说,物质的生产亦即生活资料的获取是一切社会生活的基础,它展现的是生产力侧面;而同时在物的生产背后隐藏着的又是人与人的关系,也就是生产关系的侧面。在马克思看来,正是这些在物的生产过程中所衍生出来的人的相互关系构成了基本的社会关系,即"生产关系总和起来就构成为所谓社会关系,构成为所谓社会"。[2] 可是,马克思尽管找到了"生产关系的总和"这一社会构成的基础,但并未致力于将社会加以结构化。在这一方面,当代新马克思主义理论家、加拿大人罗伯特·考克斯(Robert. W. Cox)做出了卓越贡献。同马克思一样,他遵循唯物主义的观点,以生产作为出发点,关注物质生产过程中所衍生出来各种社会关系(他称之为"生产的社会关系"),以此来把握社会构成并致力于将其结构化。考克斯将历史上存在过的及依然存在于现代世界中的生产关系提炼为12种具有普遍性的模式,[3] 用他的话说,每一种模式都类似于莱布尼茨所谓的"单子",有其自身的发展历史。但这些模式之间又并非简单的横向并列关系,而是存在着主导与附属的等级制。主导模式从附属模式身上吸取盈余,这一架构便形成了生产的社会关系结构,也就是社会整体结构的根基。

---

[1] [法] E. 迪尔凯姆:《社会学方法的准则》,狄玉明译,商务印书馆1995年版,第127页。
[2] 中共中央马克思恩格斯列宁斯大林著作编译局编:《马克思恩格斯选集》(第1卷),人民出版社1972年版,第363页。
[3] 这些模式包括:生存农业(subsistence)、农民—领主型农业(peasant - lord)、原始劳动力市场(primitive labor market)、家庭生产(household)、个体经营(self - employment)、企业劳动力市场(enterprise labor market)、两方制(bipartism)、企业组合主义(enterprise corporatism)、三方制(tripartism)、国家组合主义(state corporatism)、公社(communal)、中央计划(central planning)。参见 [加拿大] 罗伯特·W. 考克斯:《生产、权力和世界秩序:社会力量在缔造历史中的作用》,林华译,世界知识出版社2004年版,第16页。

从物的生产角度来看，我们可以从中发现一个社会的资本积累结构，而如果从人的关系的角度来看，则可以发现附着在各种生产关系模式中的各个社会集团或者说社会群体之间的关系。为论述方便起见，笔者在本书中采用日本社会学家富永健一的做法，把整体社会作为一个"广义"的系统（System），将其中所包含着的物的生产层面与人的关系层面分别看作两个子系统（Sub-system），即经济/市场子系统和"狭义"的社会子系统。[1] 另外，尤为重要的是，对于广义社会系统的稳定来说，这两个子系统——简言之，即经济与社会——之间均衡发展的维系是必不可少的，如果用卡尔·波兰尼式的语言来表述的话，就是经济发展（它伴随着自我调节市场的不断扩大）必须嵌入社会整体发展的逻辑之中。

关于国家，笔者以为它终究像是一个处于世界体系与国内社会之间的"调节器"。这样的比喻也许并不十分准确，但笔者想要表达的意思是：对应着世界体系的历史变迁，民族国家要建立起相应的体制，在对外对内两个层面上做出政策选择。就对外层面来说，简言之，针对来自世界体系的冲击——包括经济的以及政治的，国家必须做出某种反应：是一味地迎合顺从？还是完全地拒斥？亦或是合理地应对？这些都成为国家的选择项。就对内层面而言，国家面临的任务简单说就是如何维系经济的发展以及社会的安定团结，也就是上文所说的物的生产和人的关系两个方面。国际关系学者彼得·古勒维奇（Peter Gourevitch）在其著作《艰难时世下的政治：五国对应世界经济危机的政策比较》中重点关注的是世界体系的动态变化对国家内部生产层面——他的用语则是"生产剖面"——的影响，这种影响引发了国内各生产主体为各自的实际利益而分别通过代言集团试图影响国家政策的游说活动。虽然在对有关代言集团或利益集团（interest groups）行为的论述中必然会涉及一些社会关系方面的内容，但在他的分析框架之下却并不能很好地把握体系冲击之下国家内部社会结构以及社会组织形态的变迁。在这一方面，遵循马克思主义传统的考克斯的分析方法则显得更为全面和细致。在其语境下，关注物的生产或者说资本积累、财富创造层面，国家的应对涉及资本积累的主导力量、经济发展方式以及产业结构的设定；而关注社会统合层面，则涉及社会关系结构以及社会统合方式的设定。对应不同的历史时期，国家会将前面考克斯所说的生产关系模式中的一种确定为主导的、最正规的、霸权性的

---

[1]［日］富永健一：《日本的现代化与社会变迁》，李国庆、刘畅译，商务印书馆2004年版，第25页。

模式，而将其余模式置于附属地位，从而形成一种等级制的社会关系结构。如前文所述，主导模式将不断地从附属模式中吸取盈余，如果主导模式与附属模式之间的这种榨取与被榨取的增强被放任不顾，长此以往，整个社会必将由于财富分配的不公正而最终陷于动荡混乱。因此，从维系社会安定团结即统合社会的角度来说，国家是否构筑以及如何构筑一个利益还流或曰财富分配机制就显得尤为关键。在世界体系的大背景下，国家采取某种体制来兼顾内外属于"战略选择"，而国家究竟会做出何种"战略选择"将最终取决于掌握国内政治霸权的政治势力——历史集团（Historical Bloc）[1]或曰统治联盟[2]——的性质。正如考克斯所指出的那样，国家性质或国家体制的形成取决于掌握政治霸权的历史集团的性质，"说明了某个'历史集团'的性质，也就弄清了国家的性质"[3]。简言之，政治系统乃是国家诸系统之中的核心，其对国家整体的作用正如大脑对人体的作用，它担负着根据内外情势做出判断与选择的功能，从而控制着国家整体的运行方向。

综上所述，在具有了一定历史纵深的今天，通过这样的结构性框架来分析日本，可以更清楚地看到其战后至今的历史发展脉络及其成败得失，同时也可以评估其未来的大致走势。这样的综合分析，笔者认为，一方面避免了单纯强调世界体系要素的"体系客观决定论"，另一方面也避免了单纯强调国内要素的"主观唯意志论"。

（二）关于本书的研究视角

在此，笔者认为上文提到的日本经济学家吉川洋的洞见可以给我们带来一些有益的启发。他认为1970年前后是日本战后工业化发展过程中的重要转折点，在这一转折时期，日本未能及时调整方向，朝着"创造健全的需求，即能够给国民生活带来真正丰裕的国内需求"的路径发展，而"1990年代（以来）日本问题的出发点应该向此寻求"[4]。从这种意义上说，日本的经济泡沫以及泡沫破灭之后的长期萧条原本是可以避免的。那么，我们要问的是：1970年前后日本完成经济赶超之后，应该如何转型以及为什么最终未能

---

[1]　"历史集团"是葛兰西首先使用的概念，罗伯特·W. 考克斯将其沿用。

[2]　"统治联盟"是美国日本研究家 T. J. 彭佩尔（Pempel）所使用的词语。参见［美］彼得·J. 卡岑斯坦（Peter J. Katzenstein）编：《权力与财富之间》，陈刚译，吉林出版集团有限责任公司2007年版，第176页。

[3]　［加拿大］罗伯特·W. 考克斯：《生产、权力和世界秩序：社会力量在缔造历史中的作用》，林华译，世界知识出版社2004年版，第12页。

[4]　参见吉川洋『転換期の日本経済』，222 - 225ページ。

成功地实施转型呢？这样的提问向我们展示出了一个崭新的研究视角，即"国家转型视角"。立足于这一视角的日本问题研究也将会为类似中国这样正面临转型的国家提供更多具有重要价值的结论。保罗·克鲁格曼认为："日本的成功之处对我们有多少意义，其失败之处就有多少价值。"他这样说的本意在于强调日本应对萧条失败的反面教训可以帮助经济学家们重新发现应对1930年代大萧条的有效办法，然而这种观点还是稍显消极了些。笔者以为，透过国家转型视角对日本案例进行研究，更重要的意义在于可以让我们规避走向泡沫经济的歧途，因为经济泡沫的滋生并非经济发展的必然结果，反而是不折不扣的"人祸"！对于类似中国这样正面临转型的国家来说，或许这才是研究日本问题真正积极的价值之所在。

那么，何谓"国家转型"（state-transition）呢？这里首先有必要对笔者在本书中所使用的这一概念的含义加以界定。经济学家厉以宁先生在其《工业化和制度调整》一书中，区别了"制度更替"和"制度调整"两个概念。他指出，"制度调整"是资本主义框架内的"体制转换"或曰"体制改革"，目的在于保证国家在促进资本积累/经济发展的同时，又可以实现社会的安定与团结；而"制度更替"则意味着类似于资本主义取代封建制或未来可能出现的社会主义取代资本主义式的对既有经济社会体制的彻底颠覆。[1]在此，我们可以简单比较一下马克思和波兰尼分别代表的两种主张。马克思认为资本主义体制虽然带来了物质生产的极大飞跃，但同时也造成了社会的两极分化以及人的精神异化（alienation），因此，他对资本主义体制进行了痛彻的批判。他反对德国古典哲学式的纯粹精神上的自我陶醉和自我完成，而是从唯物主义出发，以政治经济学为武器，对资本主义物质至上的所谓"商品拜物教"体质发起批判，其根本目的在于求得社会自身的彻底解放与自治，即取消国家、用社会主义取代资本主义，实现"制度更替"。马克思的这种主张可能更多的迫于当时欧洲激进的社会斗争情势，笔者以为，他的另一种关于生产力与生产关系之间关系的表述更能说明他对于资本主义命运的认识。尽管自称马克思主义者的众多理论家们一直在谈论资本主义的终结，但历史的发展却证明，虽然资本主义危机不断，但在可预见的未来，其所具有的生产潜力还远未枯竭。[2]这就意味着我们还将必须与资本主义长期共存，而如何

---

[1] 厉以宁：《工业化和制度调整：西欧经济史研究》，商务印书馆2010年版，第505页。
[2] 有关这一点的阐述，可以参阅[英]梅格纳德·德赛：《马克思的复仇：资本主义的复苏和苏联集权社会主义的灭亡》，汪澄清译，中国人民大学出版社2008年版。

共存呢？对此，卡尔·波兰尼清晰地提出了现实的途径。波兰尼虽然对资本主义"万物商品化"——尤其是对作为社会构成主体的"人"的商品化——的"虚构性"进行了批判，认为如果任由经济（自我调节市场）逻辑泛滥，将最终导致社会自身的毁灭；但同时他也更为现实主义地主张在资本主义制度框架内通过国家权力对其实施改良，即通过"制度调整"或曰"体制转换"，将经济（自我调节市场）逻辑嵌入社会整体的组织原则当中，从而实现经济与社会的均衡发展。笔者在本书所使用的"转型"概念便属于资本主义体系框架内的"体制转换"、"制度调整"的范畴。不过，厉以宁先生在探讨"制度调整"或者说"体制转换"时主要集中于对国内经济、社会以及政治层面变迁的阐述，认为欧洲国家基于自身工业化发展过程中的惨痛教训，最终在二战后完成了从19世纪式的"夜警国家"向"福利国家"的转型，实现了超越野蛮资本主义发展模式的自我完善，并强调这是国家在资本主义框架中寻求可持续发展的必然要求。但笔者也认为，这种国家体制的调整或转型同时关涉对外层面，譬如是走向帝国主义式的国际掠夺型发展还是走向和平主义的国际协作型发展，其实不也与国家体制的不同设定息息相关吗？如果说国内经济社会的组织管理形式属于国家体制的"内涵"，那么，对外政策则属于其自然的"外延"。日本学者加藤哲郎认为欧洲国家在战前属于"战争国家"，战后则转向了寻求区域协调型发展的"福利国家"的说法[1]中，其实也隐含着国家体制的转换同时关涉对国内以及对体系两个层面的意思。

具体到本书的研究对象日本，笔者所谓的"国家转型"主要是指日本作为资本主义世界体系中的后发工业化国家，应当在适当的历史节点上，积极扬弃自身资本积累至上的经济赶超型国家体制（关于日本这一体制的对内对外特征，笔者将在后文中作出具体阐释），或者用大野健一和罗纳德·I.麦金农的话说就是，"（适时地）告别经济赶超（国家）模式"，[2]向相对成熟的欧洲式福利资本主义国家体制转型，从而完成自身的自我超越和自我进化，说到底是在宏观层次对国家发展方向的探讨。而能否成功地实施转型，联系笔者前面业已阐明的分析框架，则主要关涉作为国家"头脑"的政治层面权力结构的转换。换言之，由于不同政治势力（包括政党及其支持母体）所秉

---

[1] 参见加藤哲郎『シャパメリカの時代に』花伝社1988年7月。
[2] 参见［美］罗纳德·I.麦金农、［日］大野健一：《美元与日元：化解美日两国的经济冲突》一书中译本的相关内容。

持的理念——在考克斯的语境下来讲，就是"性质"——不同，因此，掌握国家政治霸权的政治势力或者说历史集团的更替将造就不同的国家体制并进而引导国家走向不同的发展道路。所谓的国家转型失败，则是指在日本战后的发展史中虽然存在着重要的历史转折点，日本却最终未能完成这一自我超越和自我进化，欧洲式的福利资本主义国家阶段在日本至今的工业化发展史中始终是缺失的一环。对此，日本福利研究专家二宫厚美就直言不讳地指出，相对于欧洲的福利资本主义国家，日本充其量只能算是一个"未发育成熟的半福利国家"。[1] 类似地，社会学家加藤哲郎将战后日本定义为"企业国家"（即由企业尤其是垄断企业掌握着核心权力的国家），渡边治以及后藤道夫等学者将战后日本社会定义为"企业社会"（即以企业尤其是垄断企业为轴心组织起来的社会）的说法也都具体阐明了这一事实。而导致这种转型失败的原因，如前所述，主要牵涉到日本国家政治层面权力结构转换的失败（关于其中原因以及日本国家转型失败所带来的历史后果，笔者将在后文中进行具体论述）。

立足于这样的国家转型视角，可以看到，日本战后至今的发展历史中其实存在着三个明显的历史节点。第一个节点是战败初期，第二个节点是1960年代末1970年代初，而第三个节点则是1990年代初。笔者以为，这其中最为关键的一个历史转折点就是1960年代末1970年代初，导致1990年代以来日本经济社会危机不断深化的真正根源就是在这一历史节点上日本国家转型的失败。换言之，其后的经济泡沫也好，1990年代以来不断深化的经济社会危机也罢，皆是这一转型失败的历史后果。日本在战后美苏对峙的世界体系大背景下确立起来的保守主义国家体制，是通过对外全面依附于霸权国美国、对内高度依附于垄断大资本的一切为资本积累服务的极端发展主义的国家体制，从根本上说是一个为实现经济赶超而设定的应当具有时限性的国家体制。1960年代末1970年代初，日本尽管迎来了对外摆脱对美依附、获得独立自主，对内克服经济至上的发展主义、走向经济与社会均衡发展的欧洲式福利国家的转型契机，但最终却在保守主义政治势力的主导下延续甚至是强化了保守主义国家体制，在世界体系政治经济大背景已然发生重大变化的情况下，这一做法不仅招致了来自美国的愈来愈大的政治经济压力，也导致了日本国内严重的生产过剩/过度积累危机（因此，经济评论家内桥克人将这种做法

---

[1] 参见二宫厚美『日本経済の危機と新福祉国家への道』新日本出版社2002年2月。

评价为"自己勒自己脖颈",[1] 可谓既准确又形象),并最终引发了1980年代后半期巨大的经济泡沫。同时,上述内外压力亦在日本国内催生出了新保守主义/新自由主义反动,这一反动始自1980年代的中曾根内阁时期,它助推了经济泡沫的膨胀,并借助1990年代初国内经济泡沫破灭以及资本主义体系经济全球化之势最终取得了政治上的霸权,进而在日本国内掀起激进的"结构改革"浪潮,导致既有经济社会体制的全面解体;而对外"寄生于美国的民族主义"[2] 路线则又极大地阻碍了日本融入亚洲区域发展的进程,从而加剧了日本经济的脆弱性,束缚了日本经济社会的发展空间,使之经济社会困局由此固化。

以上,笔者阐述了本书具体的研究方法以及研究视角,接下来有必要对本书的基本脉络作一扼要说明。第一章将透视二战后在由美苏冷战以及布雷顿森林体系所构成的世界体系大背景下,日本国内形成的政治权力结构、资本积累结构、社会关系结构及其特质。笔者旨在阐明,这些结构根本上都是在发展主义意识形态的指导之下为经济赶超服务的,它虽然造就了日本的高速经济增长(即所谓的"日本经济奇迹"),但对外存在着对霸权国美国过度依附的弊病,对内则存在着经济与社会发展严重失衡的问题。相对于强势的资本积累结构而言,其社会关系结构以及社会统合机制之中存在着明显的前现代性,经济的过剩体质与社会保障和福利制度的贫困形成鲜明对照。第二章将指出,1960年代末1970年代初的世界体系背景出现了结构性变动,同时,日本亦完成了经济赶超成为世界经济大国,国内社会出现了诸多需求变化。这些变化都要求日本对外适时摆脱对美过度依附、获得独立自主并融入亚洲以拓展未来发展空间;对内克服发展至上主义、向成熟的欧洲制度型福利国家转型。但日本最终未能成功地实施国家转型,反而延续乃至进一步强化了美国依附之下的赶超发展主义路线,结果引发了愈演愈烈的美日经济摩擦以及国内严重的生产过剩/过度积累危机,陷入"自己勒自己脖颈"式的恶性循环。第三章将阐明,在世界体系向全球化转向的背景之下,上述危机催生了日本国内新保守主义/新自由主义的自然反动。这一反动旨在消解美日摩擦、谋求重构国内经济社会体制,从而为日本垄断资本突破积累的困境开

---

[1] 内橋克人『同時代への発言7:九〇年代不況の帰結』,62ページ。
[2] "寄生于美国的民族主义"是著名政治学家山口二郎对日本1990年代以来对外路线实质的定义。社会学家渡边治在其一系列著作中将日本的这一对外路线称作"帝国主义化"的一部分,并指出日本从中曾根时代便开始偏离旧保守派的"小国和平主义"对外路线,逐步走向"帝国主义化"。

辟道路。新保守主义/新自由主义势力虽然终究未能夺取国内政治霸权，但在其助推下，旧的保守主义发展体制最终在1980年代后半期鼓胀起巨大的经济泡沫。笔者试图强调，巨大的经济泡沫乃是日本战后保守依附发展主义路线的最终归结，而新保守主义/新自由主义反动非但不是这一路线的对立面，反而是这一路线的内部衍生物或可称为这一路线的强势版本，其根本目的在于突破资本积累的困境，从而进一步深化了日本的对美依附以及国内经济与社会发展之间的不平衡。在第四章中笔者将阐明，冷战结束后经济全球化的加速发展形成了这一时期世界体系的大背景；而与此同时，日本国内由于经济泡沫的破灭而导致旧保守派政治霸权的失坠及新保守主义/新自由主义势力的全面得势。为追求资本积累，新保守主义/新自由主义势力全面倒向以美国为主导的经济全球化及作为其上层建筑的"帝国"秩序，对外加速了美国依附之下的"政治大国化"进程，对内则加速了既有经济社会体制的肢解，这最终导致了日本经济社会萧条状态的长期化。在第五章中，笔者将进一步从政治层面探讨导致日本在1960年代末1970年代初国家转型失败的原因。最后在结论部分，笔者将再次强调，对于目前日本国家危机状况的形成，单纯批判1990年代以来新保守主义/新自由主义的肆虐其实并未抓住问题的实质。以战后欧洲的发展模式作为"理想型"映照，笔者将指出，从长时段的历史视野来看，1960年代末1970年代初国家转型的失败才是导致90年代以来日本经济社会深陷长期停滞困境的根源所在，而归根结底，国家政治中社会民主主义革新势力的极端脆弱则又是日本国家转型失败的主因。作为展望，笔者将进一步指出，日本在关键历史节点上国家转型失败所带来的更为悲剧性的后果则又是其国内社会民主主义革新政治力量/社会力量的进一步被销蚀以至于近乎覆灭，从而无法形成有效的抗衡力量。这也致使日本虽然面临着如今日益深化的危机状况，却依然只能在错误而危险的国家方向上愈行愈远，其未来重生的希望也变得极为渺茫。

第一章
对美依附下的高速经济增长与日本型大众社会的形成
（1945－1968/1973 年）

本章关注日本如何在战后世界体系的政治经济大背景下形成并确立起国内保守自民党的政治霸权，并在其主导的保守主义国家体制下完成明治维新以来"赶超欧美"的国家目标，进而深入剖析这一保守主义国家体制下的资本积累结构及其社会组织形态（包括生产的社会关系结构以及社会统合机制）。笔者将详细阐明这一时期的日本国家权力结构、资本积累结构及社会组织结构中所具有的经济赶超特质，在高速经济增长这一炫目"光环"的背后，其实存在着巨大的"阴影"。首先，日本国家在对外层面上存在着对体系霸权国美国过度的政治经济依附，这造成了两国之间经济、政治关系的严重失衡。对此，澳大利亚学者加文·麦考马克（Gavan McCormack）就毫不客气地把战后日本称作美国的"附庸国"；[1] 其次，国家政治层面对垄断大资本（垄断大企业）的高度依附则造成日本国内经济与社会发展之间的严重失衡，即相对于经济中极为强势的资本积累结构——这一结构中亦存在着生产过剩/过度积累的长期趋势——而言，国内社会组织形态中依旧残存着明显的"前现代性"或者说"后进性"。这些"阴影"或曰"失衡"的存在成为这一特定历史时期日本实现经济赶超的有力促进因素，但以长期历史视野来看，这些也是阻碍日本国家未来健康发展的巨大隐患。

---

[1] 参见〔澳〕加文·麦考马克：《附庸国：美国怀抱中的日本》，于占杰、许春山译，社会科学文献出版社 2008 年版。

陨落：战后日本国家转型失败及其历史后果的政治经济学

第一节　美国的民主化改革与日本国内的社会民主转型

毫无疑问，战后日本国内保守主义政治霸权的形成应该确定在1955年，也就是日本研究者通称的所谓"1955体制"成立的年份。"1955体制"这一说法是著名历史学家升味准之辅的造语，他在1969年发表的《现代日本的政治体制》一文中写道："如果有人问现在的政治体制是何时形成的，我会毫不犹豫地说是在1955年，正是这一年秋天社会党的统一和保守党的统一形成了目前政治体制的框架。当然，媾和条约也好、占领体制也好、太平洋战争也好，如果追溯开去的话，无疑是数不清的人和事造就了现在，但所有这些汇聚起来从而形成一个巨大政治堤坝的准确时间，还应该说是1955年。"[1]

而日本的保守主义势力之所以能够最终取得国内政治的霸权，一个必须首先考虑的要素便是战后世界体系政治经济环境的变迁，尤其是战后的日本作为战败国被主导体系发展方向的霸权国美国所直接占领，亦即处于被彼得·古勒维奇称为"极端状况"的"外国占领"之下，这种影响就更具决定性了。用宫崎义一教授的话说，美国占领军总司令部（以下简称GHQ）的权力是"绝对的"，在这一背景之下，"存在着一个统治能力被严重削弱了的日本政府"[2]。而这种影响的直接体现就是美国的对日政策，换句话说，也就是美国如何定义日本在其世界战略中的位置。这种定位的变化无疑将对日本国内各种政治势力的力量消长带来根本性的影响，并最终左右政治霸权的归属。自然地，不同政治势力将由于理念相异而构筑起不同的国家体制，从而引领国家走向不同的内外发展方向。

战后世界体系环境最大的分水岭无疑就是美苏之间冷战的爆发。在美苏正式决裂之前，按照富兰克林·罗斯福当初的设想，美国欲建立由包括苏联与中国在内的大国之间协调共管的政治秩序以及布雷顿森林体系下的经济秩序，并在世界范围内普及其"新政"理念。因此，对于曾经挑起战争的两个战败国德国与日本，美国（以及苏联）政策的基调是通过带有"惩罚"性的各项改革改变其旧有的国家体制，实现"非军事化"和"民主化"。撇开德

---

[1]　大嶽秀夫『高度成長期の政治学』東北大学出版会1999年版，42ページ。
[2]　[日]宫崎义一：《日本经济的结构与演变：战后40年日本经济发展的轨迹》，孙汉超等译，中国对外经济贸易出版社1990年版，第8页。

第一章　对美依附下的高速经济增长与日本型大众社会的形成（1945－1968/1973 年）

国不谈，冷战爆发前的这段时期，主导日本国内改革的主要是 GHQ 中"新政派"汇聚的民政局，在 1945－1947 年间实施了以农地改革、劳动改革和解散财阀为核心的"经济民主化"改革及以 1946 年 11 月制定的《日本国宪法》作为主要标志，旨在实现"政治民主化"和"社会民主化"的一系列激进改革。目的是从根本上改变以天皇、地主和财阀作为统治主体的半封建性的旧的国家体制，具有浓厚的"社会民主主义革命"的色彩。[1] 如果从国家转型视角来看的话，冷战爆发前的这段时期应该看作日本国家战后发展史中遇到的第一个转型期。

战后日本国内的政治势力虽然可谓多党林立，但就其所秉持的基本理念而言，大致可以划分为三股力量：一是以吉田茂自由党为代表的保守派势力；二是共产党所代表的指向苏联式社会主义的政治势力；三是以社会党——主要是片山哲等所代表的社会党右派。该党左派从理念上更靠近共产党，但在有关社会主义正统性问题上，社会党左派与共产党却处于水火不容之势——为代表的中间派，即类似于欧洲国家中的社会民主主义政治力量。至于何种势力可以在纷杂混乱的政治斗争中成为主导性力量，就当时日本处在美国占领之下这种"极端情况"来说，关键取决于他们各自所持的理念与美国"新政派"的社会民主主义理念相契合的程度。

保守主义势力对旧国家体制的迷恋及对自由市场经济和垄断大资本的信奉，导致其极端敌视战后劳动运动的复兴（这一点从吉田茂 1947 年 1 月 1 日广播讲话"不逞之徒"的发言中可见一斑），尤其对"新政派"改革的"丰碑"——《日本国宪法》总体持否定态度。吉田茂本人"对于宪法内容甚至可以说完全漠不关心，他认为新宪法不过是外国强加于日本的近似于国际条约之类的国际制约而已。当 GHQ 将宪法草案呈示给他看的时候，当时作为外交大臣的他唯一关心的问题只是天皇制的问题（即天皇制的存废问题）"，[2] 因此，尽管在战后初期的混乱当中曾一度成立了第一届吉田内阁，但其治下

---

〔1〕　日本著名政治学家大嶽秀夫比较了战后初期由同盟国在德国和日本实施的"民主化"改革，认为其内容上具有鲜明的社会民主主义革命色彩。他这样写道："在日本，二战前以及二战期间已经涌现出各种各样的社会矛盾，为了解决这些矛盾，'革新官僚'以及'军部'通过土地改革和财阀改革等尝试试图进行疑似的社会民主改革；而在德国，1918 年革命诞生的魏玛体制虽然一时间实现了社会民主主义革命，但基础尚弱，因此在纳粹的反革命冲击下便土崩瓦解了。同盟国主导的战后初期的占领改革扮演了在两国真正推进社会民主主义革命并使其完成的角色。"参见大嶽秀夫『二つの戦後：ドイツと日本』日本放送出版協会 1992 年版，108 ページ。

〔2〕　大嶽秀夫『二つの戦後：ドイツと日本』，119－120 ページ。

35

的日本不仅经济无法走上正轨，社会动荡也不断加剧。相对于保守主义势力的极右路线，日本共产党所代表的极左势力则以全日本不同产业劳动组合会议（产别会议）为核心，在全国各地展开了轰轰烈烈的旨在"剥夺资本家经营权，（通过）劳动工会直接进行经营以扩大生产"的"生产管理斗争"，短期目标是谋求夺取政权，而终极指向则是彻底废除资本主义体制。[1] 如此看来，非左非右的社会党最终得到 GHQ 民政局"新政派"们的青睐和支持，成为其民主化革新理念的具体承担者实属自然。日本社会党在战前的无产阶级运动中已经实践了"新政派"所推行的诸多改革，因此毫不犹豫地将新宪法精神视为积极的社会价值并加以接受。社会党的实践可以追溯到大正民主时期，是近代日本"内生式发展"的继承者，[2] "对于 GHQ 的民主的政策，社会党亦是以一种'仿佛同时迎来了盂兰盆节和新年这种双重节日的心情'来表示出极大的欢迎，同时将其视作可以实现自身政策的机遇而积极地加以了接受"。[3] 也正是这样的契合最终催生了 1947－1948 年由社会党组阁的片山（哲）政权以及包括社会党参加的芦田（均）政权。尤其在片山政权时期，社会党对日本的经济和社会各个方面实施了重要的转型努力，从根本上动摇了旧的国家体制。

首先是对外政策层面。1947 年 7 月，麦克·阿瑟提议召开对日和平预备会议，参加国包括美国、苏联、英国等 11 个远东委员会成员国，社会党片山内阁对此展示出了欢迎和响应的姿态，将战后日本的独立问题提到了国家层面进行讨论并积极准备实现之。1947 年 8 月，时任外务大臣的芦田均会见了美国的艾奇逊大使，并提交了关于对日和平条约的请愿书；与此同时，日本成立了以外务次官为会长的国内筹备委员会。正是在此意义上，曾任日本外务省国际情报局局长的孙崎享称赞片山内阁是一个"不同寻常的内阁"。[4]

其次是经济层面。日本当时面临的状况是工业生产水平下降至战前的 30% 以下，生产不足导致了物资的极度缺乏和政府的财政困难。黑市盛行，通货膨胀，进而则是社会的动荡不安。日本政府第一次发表的《经济白皮书》中清楚地阐明了对于当时日本国民经济状况的认识，即①政府财政，②民间企业，③国民家庭开支这三个部门都是亏损状态。结果导致：①资源

---

[1] 福永文夫『占領下中道政権の形成と崩壊：GHQ 民政局と日本社会党』岩波書店 1997 年版、93ページ、102ページ。

[2] 福永文夫『占領下中道政権の形成と崩壊：GHQ 民政局と日本社会党』、279－280ページ。

[3] 福永文夫『占領下中道政権の形成と崩壊：GHQ 民政局と日本社会党』、1ページ。

[4] ［日］孙崎享：《日美同盟真相》，郭一娜译，新华出版社 2014 年版，第 91－92 页。

第一章　对美依附下的高速经济增长与日本型大众社会的形成（1945－1968/1973 年）

和材料的储备减少，②为维系经济运行而必须实施的补充无法正常进行，③外债增加，这三点使得再生产的规模日益缩小。[1] 针对日本的这种国内状况，经济学家有泽广巳主张以"倾斜生产"作为起点，"一边收缩通货膨胀，一边恢复可以忍受稳定危机的生产水平"，以"防止社会混乱和谋求经济稳定"。[2] 而另一位对片山内阁经济政策起到关键性影响的经济学家则是都留重人，他在认同"倾斜生产"的同时，又强调要排除介入流通过程的垄断利润和黑市利润，解决工资和物价的不平衡问题，确立流通秩序，实现资源和资金供给的公平化。因此必须向"体制"插足，触动垄断资本主义的本质和垄断利润，提出具体问题（如物价问题、公害问题等）并将解决办法诉诸国民，由此着手解决体制问题。否则，就无法摆脱"老实人被愚弄、辛勤劳动的人总是吃亏的现实"。[3]

比较来看，有泽的"倾斜生产论"重在突破眼下生产停滞的困窘局面，进而重建日本经济，属于短期的应急之策；都留的"体制变革论"则着眼长远，认为根本目标是要实现日本经济的民主化。然而，都留重人并非是无视现实的空想主义者，他认为"体制变革"是可能的，却并不认为急剧的变革是可能的。[4] 也就是说，作为过渡性的应急对策，实施重要产业（如煤炭、钢铁）的国有化，在国家统制之下实施"倾斜生产"也是必要之举。故而，在由其执笔的第一次《经济白皮书》中，他这样写道："煤炭要增产二成，工业生产增加四成，增加的工业生产能力可以为煤炭生产的进一步扩大提供资材和机器设备。这样，以增产促进增产，从煤炭的增产中可以看出解决日本经济矛盾的一些头绪来"（即"倾斜生产论"）。最终，日本要建立这样一个体制，即"确保劳动者以自己的汗水来增加劳动果实，并以此来丰富自己生活的体制"（即消除垄断资本主义的"体制变革论"）。[5] 实质上这是融合了有泽广巳和他本人的理念。

---

[1]　［日］宫崎义一：《日本经济的结构与演变：战后 40 年日本经济发展的轨迹》，孙汉超等译，中国对外经济贸易出版社 1990 年版，第 20 页。
[2]　［日］宫崎义一：《日本经济的结构与演变：战后 40 年日本经济发展的轨迹》，孙汉超等译，中国对外经济贸易出版社 1990 年版，第 16 页。
[3]　［日］宫崎义一：《日本经济的结构与演变：战后 40 年日本经济发展的轨迹》，孙汉超等译，中国对外经济贸易出版社 1990 年版，第 21、22 页。
[4]　［日］宫崎义一：《日本经济的结构与演变：战后 40 年日本经济发展的轨迹》，孙汉超等译，中国对外经济贸易出版社 1990 年版，第 21 页。
[5]　［日］宫崎义一：《日本经济的结构与演变：战后 40 年日本经济发展的轨迹》，孙汉超等译，中国对外经济贸易出版社 1990 年版，第 20－21 页。

此外，关于日本究竟应该确立什么样的整体经济结构的问题，1945年8月至1946年3月期间，由各派优秀经济学家所组成的特别调查委员会经过长期讨论，最终拿出了一份报告书。其中围绕日本经济整体结构的问题，曾出现过主张振兴贸易、积极参加国际分工的"外向型"观点与主张开发利用国内资源及开拓国内市场的"内向型"观点的对立。就有泽广巳和都留重人来说，二者虽然皆主张日本经济的独立自主，但还是稍有不同的。作为"倾斜生产"倡导者的有泽广巳是坚定的国内开发论者，主张以"倾斜生产"作为起点，最终用日本人自己的双手重建日本经济，颇有些自力更生的味道。都留重人则认为，所谓"独立"，就是尽快完全停止接受约占国民收入5%－10%的美国援助，争取国际收支平衡；而所谓"自主性"，就是日本经济在受到外国景气变动等影响时，不要发生过大的摆动。[1] 从这种论述中，我们可以清晰地看到都留重人寻求内外均衡发展的理念。

这里，笔者之所以选取上述两位学者的观点进行分析，是因为这二者的理念对片山内阁经济政策的制定皆产生了关键性的影响，而负责将这些理念付诸实践的就是著名的经济安定本部。虽然迫于当时严峻的经济形势，经济安定本部最终重点实施了"倾斜生产"政策，并为日本经济的重建打下了重要的基础，但在体制变革、确立对外贸易与国内开发均衡发展的经济结构方面并无很大建树，究其原因还在于都留重人的这两个理念显然都着眼于长远，而当时日本国内紧迫的经济形势及占领之下的日本对外贸易受到美国严格控制的现实，都严重制约了这些理念的实践空间。理念是实践的先导，但理念本身也需要可以容纳它生存并培育它生长的政治空间。都留本人也清楚地知道，自己旨在实现经济民主化和内外均衡发展的革新理念只有在同样指向体制革新的政治容器里才有可能开花结果。因此，当后来美国的占领政策发生转变从而导致片山内阁崩溃时，他敏锐地感觉到了体制变革可能性的破灭并毅然辞职。[2] 除此以外，片山内阁又在1947年的12月间连续颁布了两项重要的经济复兴法案。一是《过度经济力量集中排除法案》，其实是对"新政派"经济民主化的扩大和具体化。解散财阀是对财阀本身组织形式实施的民主化，可以说是相对狭义的经济民主化；而《过度经济力量集中排除法案》

---

〔1〕 [日] 宫崎义一：《日本经济的结构与演变：战后40年日本经济发展的轨迹》，孙汉超等译，中国对外经济贸易出版社1990年版，第17、21页。

〔2〕 [日] 宫崎义一：《日本经济的结构与演变：战后40年日本经济发展的轨迹》，孙汉超等译，中国对外经济贸易出版社1990年版，第26页。

第一章　对美依附下的高速经济增长与日本型大众社会的形成（1945－1968/1973年）

则指向一般性的国家经济整体的民主化，谋求"将大企业分解为多数单位，把（经营）交予中小企业家之手"，是1947年4月"新政派"主导颁布的《反垄断法》（旨在确保自由竞争、保护中小企业和消费者，被称作"经济宪法"，由公正交易委员会作为执法机关）的具体化。二是《临时煤矿业管理法》，即为了实现煤炭增产，临时将其收归政府管理。片山首相本人对于法案的实施表明了"渐进性地采取健全的社会主义政策"的基本立场。[1] 这种"渐进性地"实现社会主义的立场，换言之，也就是改良资本主义或者说社会民主主义的立场。

最后，便是社会变革层面。1947年6月片山内阁成立之后，便开始着手推进于同年2月建立的"经济复兴会议"的运作，"期待其成为实践劳资协调的场所，并加强其与政府的合作"，[2] 实质上就是要使其成为国家层面政府、资本方和劳动方谈判协商的机制。对于战后初期的日本来说，最大的社会不安定因素就是由生产停滞、物资短缺所引发的劳工运动的风起云涌。因此，维系社会安定的重中之重就是解决劳资纠纷，平息劳工风潮。在第一届吉田内阁下，生产的停滞直接打击着国民生活，经济危机不断加重，这又导致了劳工运动的激进化，并使经济危机向政治危机转化。其中，日本最大的全国性工会便是日本共产党领导下的产别会议和社会党领导下的总同盟。共产党及其产别会议遵循着德田球一的"革命主义"路线，主张"打倒吉田反动内阁，建立人民政府"，最终废除资本主义体制。这种极左路线不能不引起GHQ的担忧，于是出现了1947年麦克阿瑟对日本共产党主导的"二·一大罢工"的强令终止。此后，"共产党和产别的'革命主义'路线被打上了休止符，对劳动运动的影响力也逐渐衰弱。产别内部出现了反对共产党政治斗争导向的民主化运动，……取而代之的是，主张基于劳资协调的改良主义路线的总同盟成为劳动运动的主流"。[3] 伴随着片山内阁的成立，此前将"打倒吉田内阁"作为劳工运动的一环因而极力避免与政府发生关系的总同盟和产别会议也转换了原来的姿态，在"对于新内阁，能够期待其实施较此前为进步的民主政策，因此，对于'经济复兴会议'也当以积极的姿态给予合作"方面达成了意见的统一。[4]

---

[1] 坂野潤治、宮地正人、高村直助、安田浩、渡辺治編『シリーズ日本近現代史—構造と変動4：戦後改革と現代社会の形成』岩波書店1994年版，146ページ。
[2] 福永文夫『占領下中道政権の形成と崩壊：GHQ民政局と日本社会党』，166ページ。
[3] 福永文夫『占領下中道政権の形成と崩壊：GHQ民政局と日本社会党』，118ページ。
[4] 福永文夫『占領下中道政権の形成と崩壊：GHQ民政局と日本社会党』，163ページ。

另外，对于第一届吉田内阁下劳工运动的激进化，作为代表资本方的经济同友会做出了敏锐的反应。经济同友会成立于1946年4月，是日本财界中革新派的汇聚之所，志在实行资本所有权与经营权的分离，实现劳资协调，推行修正资本主义路线[1]。与吉田内阁发出的"生产管理斗争非法"的声明相反，经济同友会则主张"在企业合理化过程中，第一应该做出牺牲的是资本家，其次是经营者，劳动者的牺牲应当放到最后，比资本积累效率更应当受到重视的是对雇佣的保障"，因此"全面否定生产管理斗争并非妥当"，倡导改良资本主义。它进而提出"企业民主化"的口号及其具体构想，即将劳动者对企业经营的参与制度化，建立由资本家、经营者和劳工三方构成的"经营协议会"，将其作为企业的最高决策机构，并拥有选举企业最高责任人的权限以及承担将企业利润在三方之间平等分配的任务[2]。不只局限于企业层面的民主化，经济同友会对更大规模的"经济复兴会议"同样表示出了极大的热情，不仅参与了"经济复兴会议"的筹备，还在片山内阁成立之前发表了《新内阁成立之际的寄望》一文，表示"希望新内阁强化经济安定本部，确立突破危机的连贯性政策。由此，期待以新内阁成立为契机，超越官僚统制方式，以'经济复兴会议'式的国民运动为主体展开各项政策"。片山内阁亦是积极接近"经济复兴会议"，二者交流频繁，仅在1947年6月至12月期间，包括与首相的3次谈话在内，双方共举行了21次恳谈会。除此以外，二者之间还积极地进行人员方面的交流[3]。

由此我们可以说，片山政权时期的日本，尽管仍很微弱，但确实可以隐隐地感受到以"三方制"为主导重塑国家生产社会关系结构的胎动。学者高桥彦博在其评论片山以及芦田内阁的论文中就认为，片山内阁时期的日本毫无疑问出现了以"经济复兴会议"为主体的早熟的"劳资合作主义"或曰"法团主义"（corporatism）[4]。劳资合作本身包括企业层面的劳资合作以及国家层面的劳资合作，二者之间有很大的区别。片山内阁将"经济复兴会议"作为其政治基盘，积极推进劳资协调和官民之间协调的做法，很明显是有意在推动超越企业层次的国家层面的劳资合作机制。鉴于此，笔者认为使用罗

---

[1]［日］正村公宏：《战后日本经济政治史》，上海社会科学院世界经济研究所日本经济研究室译，上海人民出版社1991年版，第148页。

[2] 福永文夫『占領下中道政権の形成と崩壊：GHQ民政局と日本社会党』，103ページ。

[3] 福永文夫『占領下中道政権の形成と崩壊：GHQ民政局と日本社会党』，164–166ページ。

[4] 坂野潤治、宮地正人、高村直助、安田浩、渡辺治編『シリーズ日本近現代史—構造と変動4：戦後改革と現代社会の形成』，140ページ。

第一章　对美依附下的高速经济增长与日本型大众社会的形成（1945—1968/1973 年）

伯特·考克斯的"三方制"（即由国家、资本和劳动三方共同参与的劳资合作机制）这个概念，意思表达得要更清晰一些。

此外，片山内阁时期又实施了诸如废除内务省、警察制度改革、民法刑法改革等一系列重要改革，将《日本国宪法》中"主权在民"的原则制度化。一改战前"主权在天皇"、依靠内务省和警察对"臣民"实施高压统治的《大日本帝国宪法》框架下的旧的国家体制，新的国家体制则是通过雇佣保障以及国家层面社会保障的充实来践行新宪法中所宣示的对于国民劳动权和生存权的尊重。社会党在其建党伊始就曾发表过以"设置劳动省"、"确立劳动权并保障劳动者生活"以及"实施以完全就业为目标的失业政策"为内容的劳动政策，同时极力倡导实施改良资本主义式的广泛的社会保障政策，认为"我们对于社会政策的热情和努力是关系到今后日本共产党势力能否继续扩大的重大问题，因此，必须为此倾注全力"。[1] 虽然不能否认其中有一点儿和日本共产党"斗气"的味道，但相比于保守主义势力极端敌视劳工的反动本质来说，这种政策指向的进步性和积极性是毋庸置疑的。片山内阁成立后，在国家财政极端匮乏的赤字状况下依然在劳动政策及社会保障的法制化方面做出了巨大的努力。1947 年 9 月设立劳动省（虽然设置劳动省是 GHQ 的基本方针并曾向吉田内阁发出过劝告，但吉田内阁对此一直持抗拒态度），同年 11 月《失业保险法》开始实施。对于《失业保险法》，学者福永文夫这样评价道："尽管受到当时财政状况、经济状况以及保险技术等方面的制约，但从支付水准、支付内容和权利保护等许多侧面来看，都可以说是优厚的。"[2] 如果说战后在西欧普遍出现的所谓福利国家本身就是社会民主主义理念的产物，其核心在于对全体国民的劳动权和生存权实施制度化保障[3]的话，那么，片山内阁以及其后的芦田内阁时期，日本的经济社会状况虽然还远远不能算作福利国家。但笔者认为，在这两届或由日本社会民主主义政治势力主导（片山内阁），或包括社会民主主义势力共同执政（芦田内阁）的时期，至少可以说日本已经出现了建设福利国家的理念和指向性。

继片山内阁之后成立的芦田内阁基本上沿袭了片山时期的政策方向，当然，根据当时国际国内形势的发展，芦田内阁也在经济和社会政策方面做出

---

[1] 福永文夫『占領下中道政権の形成と崩壊：GHQ 民政局と日本社会党』，150－152ページ。
[2] 福永文夫『占領下中道政権の形成と崩壊：GHQ 民政局と日本社会党』，153ページ。
[3] 東京大学社会科学研究所編『福祉国家 5：日本の経済と福祉』東京大学出版会 1985 年版，52ページ、165ページ。

了一些调整和发展。第一，基于计划经济原理的"倾斜生产"虽然并未完全达到当初预期的效果，且带来了剧烈的通货膨胀，但毋庸置疑的是，它为日本的生产扩大打开了缺口，为其后的经济发展奠定了基础，历史作用不容低估。及芦田时期，面对"倾斜生产"所带来的生产形势的见好，1948年5月发表的《经济形势报告书》指出，为了（全面）恢复生产，不仅是恢复重点产业，而且还必须使各种主体所承担的产业活动全面恢复，从而指出了"倾斜生产"的限度。[1] 基于对这种现状的认知，经济安定本部认为"倾斜生产"可以告一段落，并在经济学家稻叶秀三（有泽广巳的学生）的主导下推出了新的经济长期计划，旨在推动"全民规模"的经济复兴。这一计划淡化了"倾斜生产"式的指令经济色彩，欲引入市场机制，但并非是向市场原理的单纯回归。用经济学的术语来说，应该属于"混合经济"理念（有泽广巳本人其实也只是将"倾斜生产"视为过渡性的做法，其最终指向也是"混合经济"[2]）。高桥彦博认为，片山内阁是将经济复兴计划提升到计划原理的高度并具体实施的担当者，而芦田内阁则担负了将经济复兴计划从计划原理的高度向市场经济的大地实现软着陆的重任。[3]

第二，由于"倾斜生产"的实施，进入1948年度后，日本的工矿业生产加速上升。在这种情况下，前面提到的《经济形势报告书》也指出了摆脱占领下的封闭体制，恢复正常的对外贸易，建立一个能够自由输入原材料的体制的紧迫性。[4] 因此，相对于片山内阁时期以"倾斜生产"为代表、偏重国内开发、自力更生味道浓厚的经济政策，芦田内阁则着手引入外资和恢复对外贸易，开始寻求内外平衡发展之路。经济安定本部同样为此提出了"中间稳定计划"，期待在国际市场和国内生产恢复到战前水平之前，彻底切断工资与通货膨胀之间的恶性循环，振兴出口和生产。[5]

第三，片山内阁时期作为"三方制"胎动的"经济复兴会议"虽然于1948年7月解散，但芦田时期的"经济复兴计划委员会"承担了相同功能，

---

[1] [日]正村公宏：《战后日本经济政治史》，上海社会科学院世界经济研究所日本经济研究室译，上海人民出版社1991年版，第182-183页。

[2] [日]正村公宏：《战后日本经济政治史》，上海社会科学院世界经济研究所日本经济研究室译，上海人民出版社1991年版，第169页。

[3] 坂野潤治、宮地正人、高村直助、安田浩、渡辺治編『シリーズ日本近現代史—構造と変動4：戦後改革と現代社会の形成』，150-152ページ。

[4] [日]正村公宏：《战后日本经济政治史》，上海社会科学院世界经济研究所日本经济研究室译，上海人民出版社1991年版，第183页。

[5] 樋渡展洋『戦後日本の市場と政治』東京大学出版会1991年版，36ページ。

第一章　对美依附下的高速经济增长与日本型大众社会的形成（1945－1968/1973年）

以推动全民式的经济复兴。1948年5月，该委员会召开第一次综合委员会，"参加这一'全民规模'会议的有内阁、执政党、除共产党之外的在野党、经济团体、经营者团体、左右两派劳动工会的全国组织等，以及学者"[1]。可以说，建立以"三方制"为主导的生产社会关系结构的指向性依然清晰明确。

在此，笔者之所以用较大篇幅来描述片山—芦田内阁时期具有鲜明社会民主主义色彩的经济与社会政策。一方面是因为，如果我们不了解这段时期日本曾经出现的社会民主主义理念，也就无法深入地认识最终引导日本实现经济高速增长的保守主义政治体制的本质之所在；另一方面则是想要说明，这段时期乃是战后日本迎来的第一个国家转型时期，就其总体指向性而言，是1947年新宪法框架所规定的社会民主主义方向。新宪法虽然以古典的自由主义、民主主义为基础，但同时它又包含了一个新的社会制度，即为了处理资本主义经济现实中出现的深刻社会问题和欧美国家也正在摸索和引进的体系。这里体现的一方面是国家对国民负责的福利国家思想，另一方面是通过劳动者的组织化来提高他们交涉能力的方法论[2]。经济安定本部主导的生产复兴、以经济同友会中持有进步革新观念的财界人士和主张改良主义的产业横断工会总同盟为核心所推进的劳资协商机构的组织化，以及形成分别代表劳资的两大政党或多党对立的议会政治等，都属于社会民主主义的选择[3]。概观其对外对内政策，可以看到：其一，面对战后世界体系环境的变化，日本社会党始终坚持全面媾和的和平主义路线。社会党首届片山内阁努力争取全面媾和，极力避免卷入国际冷战之中并寻求和平共处的可能性。或如都留重人教授所言，全面媾和还是单独媾和本身并不是根本问题，比媾和更重要的基本问题是和平的问题[4]。这其实就是社会党内阁下日本所采取的应对世界体系的基本态度，即保持中立与维护和平。其二，在日本国内经济层面，虽然迫于当时严峻的经济形势被迫采取了统制色彩浓厚且偏重国内开发的"倾斜生产方式"，但这毕竟是为突破危机状态而采取的应急之策。正如后来

---

[1] 坂野潤治、宮地正人、高村直助、安田浩、渡辺治編『シリーズ日本近現代史—構造と変動4：戦後改革と現代社会の形成』，149ページ。
[2] [日]正村公宏：《战后日本经济政治史》，上海社会科学院世界经济研究所日本经济研究室译，上海人民出版社1991年版，第66页。
[3] 樋渡展洋『戦後日本の市場と政治』，253－254ページ。
[4] [日]宫崎义一：《日本经济的结构与演变：战后40年日本经济发展的轨迹》，孙汉超等译，中国对外经济贸易出版社1990年版，第27－28页。

芦田内阁时期的经济复兴计划所体现的那样，其长期指向的则是混合经济体制。另外，这一时期极具代表性和影响力的经济学者都留重人的观点亦清晰地展示出了寻求国内开发与对外贸易均衡发展的独立自主的发展理念，而且这种理念在芦田内阁时期已经开始有所体现。更为重要的是，这一时期颁布的《过度经济力量集中排除法案》将经济民主化改革从具有特殊性的解散财阀扩展到一般经济体制，具体化了美国"新政派"们主导制定的《反垄断法》，也是对前面提到的都留重人教授所主张的"体制变革论"——消除日本经济中的垄断体制——的实际践行。其三，在社会组织与统合方式方面，如前所述，我们同样可以感受到二战后在西欧得以普遍化的"三方制"福利国家模式在日本的隐隐胎动。

学者高桥彦博认为，近代日本社会存在着"社会的现代化"和"社会的社会化"两股地下水脉，这两股水脉的流量和流速有差别，前者在战后伊始便喷涌而出，而后者却处于若隐若现的状态。[1] 而克服这种"若隐若现"的状态，将其作为国家未来发展方向加以彰显的无疑就是日本国内社会中民主主义政治势力占据主导的1947－1948年间的片山—芦田内阁时期。然而，站在今天回顾这段历史，虽然不免有"事后诸葛亮"之嫌，我们也只能说，日本这一时期出现的指向社会民主主义方向的国家改造其实主要是借助了美国"新政派"这一"助产婆"之力而诞下的"早产儿"。正如宫崎义一教授所言，虽然这一时期日本的国家前途出现了另一个"强有力的选择"，但从结果来看也只能是可能性而已。[2] 究其原因，宫崎教授强调了当时日本处于霸权国美国直接占领之下的这一严峻现实，"日本政治的力量对比关系是双重权力结构，即以总司令部的绝对权力为背景，又存在一个统治能力被严重削弱了的日本政府"。[3] 宫崎教授无疑是正确的，作为霸权国的美国根据战后世界体系形势的变化制定其世界战略，而如何定义日本在其世界战略中的作用将直接反映在其对日政策上，从而最终决定日本的国家走向。从这种意义上说，美国的权力毫无疑问是"绝对的"。正村公宏同样指出，这一时期"旨在实现（日本国家）体制变革的社会、政治运动都无法逃脱美国军政的

---

[1] 坂野潤治、宮地正人、高村直助、安田浩、渡辺治編『シリーズ日本近現代史—構造と変動4：戦後改革と現代社会の形成』，144ページ。

[2] [日] 宫崎义一：《日本经济的结构与演变：战后40年日本经济发展的轨迹》，孙汉超等译，中国对外经济贸易出版社1990年版，第9页。

[3] [日] 宫崎义一：《日本经济的结构与演变：战后40年日本经济发展的轨迹》，孙汉超等译，中国对外经济贸易出版社1990年版，第8页。

第一章　对美依附下的高速经济增长与日本型大众社会的形成（1945－1968/1973年）

压制，这规定了日本体制选择的方向"。[1] 因此，冷战的爆发以及美国对日政策的急转弯随即带来了日本国内的连锁反应。起初是GHQ中民政局主导地位的失落以及参谋二部（保守派）的得势，最终则是日本国内片山以及芦田内阁的解体。高桥彦博所谓的"社会的社会化"这股水脉在不足两年的时间里昙花一现般地露出地表，却又复归于地下了。而除去美国因素（体系因素），笔者认为，当时日本国内糟糕的经济和财政状况也是一个极大的掣肘因素。就建立欧洲式的"三方制"福利国家而言，坚实的经济基础和充裕的财政收入是必要条件，而对于尚处在经济赶超阶段（甚至由于战争的破坏，经济尚未回复到赶超轨道）的日本来说，着实有些勉为其难，这一点从片山内阁时期围绕"0.8个月生活补助金"的预算问题所产生的纠纷中即可见一斑。究其根本，其实是糟糕的经济状况导致国家财政的捉襟见肘，从而引发有关财源问题的内阁内纠纷，并最终成为片山内阁倒台的一个重要原因。最后，笔者还要再次强调的是，片山以及芦田内阁时期社会民主主义方向的日本国家转型是在内外条件皆未完全成熟和稳定的情况下所诞生的脆弱的"早产儿"，最终难逃伴随内外环境的巨变而被保守主义势力扼杀于摇篮之中的命运——过早了，也只能说是过早了！高桥彦博认为日本战后史中这一段时期所具有的重要意义未能作为正史得到应有的评价，令人遗憾。[2] 然而，更加令人遗憾的是，这种社会民主主义理念自此便深潜地下不得彰显并最终归于枯竭，给日本后来的国家发展带来严重的负面影响。

第二节　冷战和日本保守国家体制的形成与确立

战后由美国"新政派"主导的民主化改革同时催生了日本国内以片山和芦田内阁为代表的朝向社会民主主义方向的国家转型尝试，然而如前所述，在战后初期内外条件的制约之下，这一转型最终难逃"流产"的结局。伴随着美苏冷战的爆发、"新政派"的失势以及美国对日政策的转变，日本国内的保守主义政治势力加紧集结并最终夺取了国内政治的主导权，继而建立了保守依附发展主义的国家体制。下面，笔者将具体阐述伴随世界体系的背景

---

[1] 正村公宏『経済体制の選択』東洋経済新報社1972年版、3ページ。
[2] 坂野潤治、宮地正人、高村直助、安田浩、渡辺治編『シリーズ日本近現代史—構造と変動4：戦後改革と現代社会の形成』、152ページ。

转变,日本国内保守主义国家体制从形成到确立的过程,并进而对其特征加以阐明。

一、冷战与日本的"1955年体制"

1947年3月"杜鲁门主义"的发表标志着美苏冷战的开始,战后短暂的美苏协调氛围随即被美苏对峙所取代。如果说,此前美国作为世界体系霸权国的世界战略是推行罗斯福式的大国共管政治、布雷顿森林体系下的世界自由贸易以及"新政"理念的世界性普及,当务之急则是通过与战胜国共同合作对战败国实施惩罚性改造以实现其非军事化和民主化的话,冷战的爆发则从根本上改变了美国的想法并促使其开始制定新的世界战略。这一战略简而言之就是从政治军事上遏制苏联共产主义的扩张,努力扶植欧洲以及亚洲日本的复兴,并最终通过布雷顿森林体系促进整个资本主义世界经济的繁荣。自此,社会民主主义色彩浓厚的"新政"理念被信奉实力原则的保守理念所取代,对战败国的政策基调也从"民主化改造"变为"经济复兴"。

世界体系环境变化所带来的美国世界战略的转折,在其对欧洲与对亚洲的政策体现上存在着一定的时间差。在美国看来,欧洲直接面临着苏联共产主义的威胁,因此在"杜鲁门主义"出台之后,很快便有了1947年6月"马歇尔计划"的提出及实施,旨在促进包括德国在内的整个欧洲的经济复兴,以防止欧洲的共产主义化。相较于欧洲,美国对于战后亚洲形势的变化则反应迟缓,这也直接反映在其对日政策转变的相对滞后上。虽然关于美国对日政策转变的确切时间,日本学者之间存在一定的意见分歧,但比较有力的观点是,以美国国家安全保障会议(NSC)的正式文件通告作为美国对日政策正式转变的标志,时间则确定在1948年10月。从"杜鲁门主义"出台到1948年10月这一期间,虽然华盛顿的政策制定者中没有形成稳定一致的意见,甚至还出现了所谓的"日本放弃论",但抛弃理想主义的民主化改革、在冷战前提下重新修订美国对日政策的现实主义观点却已经暗潮涌动。1947年9月,新任陆军次官德雷伯访日并提出了《考夫曼报告》,激烈批评了"新政派"实施的民主化政策"过火",特别将矛头对准了劳动改革和解散财阀,认为改革的整体倾向是"披着民主主义外衣的社会主义";[1] 同年10月,时任国务院政策企划室负责人的乔治·凯南(George Kennan)指出,非军事化和民主化改革是建立在美苏协调这一前提之上的对日政策,而美苏两国

---

[1] 福永文夫『占領下中道政権の形成と崩壊:GHQ民政局と日本社会党』,170ページ。

第一章　对美依附下的高速经济增长与日本型大众社会的形成（1945－1968/1973 年）

在远东地区对立情绪严重，中国国内处于国共内战状态。作为美国，最好能扶植日本并利用之，[1] 明确要求将日本纳入冷战视野。上述两者的理念最终汇聚成为 1948 年 1 月陆军部长罗亚尔的旧金山演说，主张缓和民主化改革，转而扶植日本的再工业化，将其纳入美国的冷战战略，即"让日本担负起阻止今后在远东可能产生的新极权主义威胁的堡垒作用"。罗亚尔演说标志着美国对日政策转变的表面化，并最终正式体现在 1948 年 10 月的美国国家安全保障会议文件（NSC13－2）中[2]（1949 年，美国国防部在艾奇逊的授意下又出台了 NSC48 文件，旨在将杜鲁门的遏止主义扩展到整个远东地区，构建一个以日本为中心、包括东北亚与东南亚的"大新月形防线"[3]）。随着美国对日政策转变的逐步清晰化，GHQ 内部"新政派"主导的民政局与冷战派（大多数是保守军人）聚集的参谋二部之间的力量对比也产生了根本性逆转，此前欲在日本实现彻底的民主化改革并全力支持片山以及芦田内阁的民政局的主导权最终被参谋二部所取代，其直接后果就是芦田内阁 1948 年 10 月的总辞职。虽然导致芦田内阁解体的直接原因是所谓的昭和电工事件，但背后则是参谋二部要终止社会党参加的政府，成立保守政权，因而力求使昭和电工事件表面化。[4] 其实，1948 年 1 月罗亚尔在其旧金山演说中就已经暗示了对（当时）片山首相的嫌忌态度，说道："这虽是日本的内部问题，但从思想倾向和能力来看是摇摆不定的，当此远东发生社会主义威胁之际，由一位不像是能起堡垒作用的人物继续掌握政权将是危险的。"[5] 冷战派青睐的对象自然是能够贯彻美国冷战意图的日本保守派政治势力。而日本国内以吉田茂为代表的保守派们在片山和芦田内阁时期作为在野党，也一刻未曾停止倒阁运动，并竭力重组保守力量以待机夺权。对于 GHQ 民政局主导的民主化改革，吉田茂本人一直持批判态度，认为"改革过了头就会招来赤色革命"，因此很招民政局的嫌弃。随着冷战的逐步深化，GHQ 内保守派军人占

---

[1]　[日] 中村隆英：《日本昭和经济史》，刘多田译，河北教育出版社 1992 年版，第 158－159 页。

[2]　三宅一郎、山口定、松村岐夫、進藤栄一編『日本政治の座標：戦後四十年の歩み』有斐閣 1985 年版，72 ページ。

[3]　[美] 特伦斯·K. 霍普金斯、[美] 伊曼纽尔·沃勒斯坦等：《转型时代：世界体系的发展轨迹 1945－2025》，吴英译，高等教育出版社 2002 年版，第 22 页。

[4]　[日] 正村公宏：《战后日本经济政治史》，上海社会科学院世界经济研究所日本经济研究室译，上海人民出版社 1991 年版，第 205 页。

[5]　[日] 宫崎义一：《日本经济的结构与演变：战后 40 年日本经济发展的轨迹》，孙汉超等译，中国对外经济贸易出版社 1990 年版，第 26－27 页。

大多数的参谋部的发言力增强了,这对于吉田的复权是极有利的。正村公宏这样写道:"当美国为了冷战而修改其路线时,根植于日本社会底层的保守派在政治舞台上便占据了稳定的多数。"[1] 而昭和电工事件所导致的芦田内阁的总辞职,则意味着吉田茂的民主自由党掌握政权的机会来了。[2]

随着 GHQ 内"新政派"的失势和现实主义势力主导权的确立,1948 至 1954 年间统共成立了四届保守的吉田内阁。学者福永文夫认为民政局与片山及芦田内阁之间形成了一种跨国的"美日革新政治同盟",[3] 那么我们同样也可以说,GHQ 内的参谋部与日本保守派势力之间的契合亦形成了某种"美日保守政治同盟"。

美国的目标有三:其一,实现美日单独媾和,从政治军事上将日本纳入美国的冷战战略,发挥其"反共防波堤"的作用。此外,对美国来说,这种捆绑亦可以防止日本的独走(类似于 1955 年美国将德国纳入 NATO 时所要达到的目的)。其二,整备日本国内经济环境,渐次将其纳入布雷顿森林体系以促进其再工业化。为此,则必须有其三:复兴资本、打击日本国内反对力量——尤其是日本共产党及其领导下的劳动工会——以确立保守主义势力的政治主导权。对美国的冷战战略而言,这三个目标之间是息息相关的。因为欲使日本承担起远东地区"反共防波堤"的功能,就需要将其纳入布雷顿森林体系这一促进资本主义经济发展的体系,实现其经济上的强大以防止共产主义的渗透。为此则必须复兴日本国内的保守主义势力,将其作为这一功能的承载主体。而对日本来说,加入美国主导的布雷顿森林体系无疑将使自己搭上资本主义体系经济发展的快车,从而有利于自身的经济复兴。但正所谓"天下没有免费的午餐",这也意味着它必须付出政治军事上全面依附于美国的代价。保守主义政治家吉田茂可谓"识时务"之"俊杰",在真正的国家独立自主与经济利益之间,他最终选择了后者。所谓"轻武装、重经济"的路线,实质上就是以对美国的政治军事依附换取经济利益的极端功利的依附发展主义路线。对此,政治学者浅井基文就直言不讳地说道:"战后日本的保守政治彻底追随美国,唯经济利益是图。"[4] 可悲的是,这一选择虽然让

---

[1] [日]正村公宏:《战后日本经济政治史》,上海社会科学院世界经济研究所日本经济研究室译,上海人民出版社 1991 年版,第 201 页。

[2] [日]正村公宏:《战后日本经济政治史》,上海社会科学院世界经济研究所日本经济研究室译,上海人民出版社 1991 年版,第 217-220 页。

[3] 福永文夫『占領下中道政権の形成と崩壊:GHQ 民政局と日本社会党』,281ページ。

[4] [日]浅井基文:《日本新保守主义》,刘建平译,新华出版社 1998 年版,第 47 页。

第一章　对美依附下的高速经济增长与日本型大众社会的形成（1945－1968/1973年）

日本如愿以偿地最终变成了经济上的"孙悟空"，却也在其后的国家发展进程中给自己套上了难以摆脱的"紧箍咒"。1951年9月，旧金山媾和条约和《美日安全保障条约》同步签署。此举不仅把日本划归到了西方阵营，也确定了在美国的军事保护伞下追求经济发展的战后日本的基本发展模式——依附发展模式。[1] 日本在获得了所谓"独立"的同时，又容许美国在其领土上全面驻军，形成了"永久基地化"的事实，从而使日本成为形式上独立的主权国家而实为澳大利亚学者加文·麦考马克所说的"附庸国"，自此便也只能在美国这个"如来佛的掌心里跳舞"。[2] 日本学者保坂正康同样指出："这一纸媾和条约意味着美国利用其强大的政治力量，实质上站在了作为日本'宗主国'的立场上。"[3]

作为经济回报，从1948年的"经济九原则"到1949年的"道奇方针"，美国扶助日本完成了对其国内经济环境的整备，为日本加入布雷顿森林体系作好了铺垫（具体言之，就是道奇所说的砍掉美国援助和复兴金融金库融资这两条"竹腿"，一举消除日本经济中的通货膨胀以实现货币稳定。相对于芦田内阁时期"中间稳定论"的渐进性做法，此举亦被称作"一举安定论"）。经过1950年的"朝鲜特需"——实际上相当于美国对日本的"马歇尔计划"，再到1952年日本加入国际货币基金组织（IMF）、国际复兴开发银行（IBRD）以及1955年加入关贸总协定（GATT），日本成功地融入了美国主导的资本主义经济发展体系。

至于日本国内社会，伴随美国对日政策的转变，解散财阀和对过度经济力量集中的排除最终草草收场。以1949年《反垄断法》的修改为契机，旧财阀系企业全面复活，开始重新集结并改头换面成了现代企业集团。紧接着，又在1950年爆发的朝鲜战争中大发其财——所谓的"朝鲜特需"——实力得到恢复。其后又在保守主义政府的支持下加紧了对经营权的夺回，借所谓"产业合理化"之名行大批解雇工人之实。关于劳工政策，以1948年7月公布实施"政令二〇一号"、否定公务员的罢工权以及团体交涉权作为开始，1948－1949年间，GHQ对民间的工会活动进行了全面干涉；1949年3月，GHQ指示停止向专门搞工会工作的人支付工资；同月，又规定凡反对修改劳

---

[1]　[日] 石原享一：《世界往何处去？》，梁憬君译，世界知识出版社2013年版，第152页。
[2]　[澳] 加文·麦考马克：《附庸国：美国怀抱中的日本》，于占杰、许春山译，社会科学文献出版社2008年版，第7页。
[3]　保坂正康『占領下日本の教訓』朝日新聞出版2009年版，266ページ。

动法规的罢工皆属违反占领政策,因而一律禁止等。劳动对策的主导权也从倡导"经营民主化"的经济同友会转移到了主张"经营权夺回"的日经连手中(日经连成立于1948年4月,是专管劳务问题的经营者团体,它提出的口号是"经营者们,强大起来!"[1]),并在1949年6月公布了《工会法》和《劳资关系调整法》的修正案,对工会、团体交涉以及闹工潮等都详细地重新制定了法规,使工会在战后劳资斗争中已经获得的行动自由受到了一定限制。[2] 同时,"产业合理化"路线下大批工人的被解雇,也给劳工力量造成极大的打击。

另外,美日保守派势力对于左翼政党尤其是对日本共产党的全面封锁和围攻也全面展开,因为战后日本共产党对以产别会议为中心的劳工运动具有强大的影响力,对当时日本唯一的铁路交通动脉国铁等公营企业、政府机关及公共机关的工会具有左右其行动的威力。此外,正如1949年1月的大选结果所表明的,对于社会党政权的失望(特别是昭和电工事件带来的不良影响)使得日本共产党的得票率和议席大为增加(得票率从3.7%上升到9.7%、议席从4席猛增至35席[3])。这对美国政府和GHQ来说,确是件头痛的事,吉田茂也本能地厌恶共产主义。从1949年的"团体等限制令"(团规令)到1952年的《防止破坏活动法案》(破防法),名义上是限制搞暴力主义破坏活动的团体,取缔左右两个极端的运动,其实政治上都是以限制日本共产党的运动为目的。除去这种通过法律法规实施的限制和打压之外,诸如1949年夏天发生的下山、三鹰以及松川事件这几宗原因不明的神秘事件,甚至也被吉田内阁拿来充分利用,假借媒体之力故意将其描画成日本共产党的蓄意犯罪,借此诱导舆论以诋毁共产党的形象。如此这般,在内外保守派政治势力的围剿之下,日本共产党的活动沦为半合法状态,越来越陷入窘迫的境地,也强化了其激进的革命路线以及德田球一的党内专制,政策上进一步滑向破灭的方向。[4] 而社会党在1949年1月的大选中议席数剧减,遭受

---

[1] [日]正村公宏:《战后日本经济政治史》,上海社会科学院世界经济研究所日本经济研究室译,上海人民出版社1991年版,第163页。

[2] [日]正村公宏:《战后日本经济政治史》,上海社会科学院世界经济研究所日本经济研究室译,上海人民出版社1991年版,第206-207页。

[3] [日]正村公宏:《战后日本经济政治史》,上海社会科学院世界经济研究所日本经济研究室译,上海人民出版社1991年版,第218-221页。

[4] [日]正村公宏:《战后日本经济政治史》,上海社会科学院世界经济研究所日本经济研究室译,上海人民出版社1991年版,第251页。

第一章　对美依附下的高速经济增长与日本型大众社会的形成（1945－1968/1973年）

了沉重打击。此后，社会党内部围绕政治路线陷入了激烈的对立并最终在1951年分裂为左右两派，力量遭到分散。

反观以吉田茂为首的保守派政治势力，尽管在 GHQ 的支持下维系着政权，其内部却也是离合聚散，并非固若金汤。而且随着鸠山一郎、岸信介等一些战前与推行大日本帝国相关的政治人物在1952年之后陆续被解除处分而复归政界，保守派势力内部又出现了对美协调路线与民族主义路线之间的严重对立；另外，虽然日本经济在美国的帮助下开始逐步走上复兴的轨道，但社会状况依然动荡不安，日本为融入美国主导的国际经济秩序而在国内实施"产业合理化"所导致的大批工人被解雇以及政府对于劳工力量的压制成为社会动荡的主因。虽然到了1955年，在左右两派社会党实现统一因而保守主义政权受到威胁的情况之下，保守派势力为排除左翼势力掌权的危险（尤其是左派社会党在总评支持下力量的不断伸张让保守派势力感到恐惧）而加速集结，最终合并成为自由民主党（以下简称自民党），并形成了数量上保守主义政治势力占据优势的所谓"1955年体制"（"1955年体制"成立后的第一次总选举在1958年举行，自民党得票率为57.8%，议席获得率为61.5%，社会党得票率为32.8%，议席获得率为35.5%）[1]但并未改变上述状况。在此意义上，我们只能说"1955年体制"是保守派势力政治霸权开始形成的体制，但尚不能说这一霸权已经最终确立。因为政治霸权的确立除了需要数量上的优势之外，还需要执掌政权的政治势力内部的相对稳定。此外，更重要的是要获得绝大多数国民的肯定与支持。用"权力资源动员"理论来阐述的话，就是应该可以将绝大多数国民（各种社会集团）统合到其体制当中，否则该体制就难以稳定持久。然而，"1955年体制"在这两个方面显然都存在着缺陷。首先，保守派势力内部依然存在着激烈的路线冲突，主要表现就是吉田路线和鸠山一郎/岸信介路线的对立。相对于吉田茂的对美协调路线——换言之即依附于美国的发展主义路线——鸠山、岸等民族主义分子则主张民族独立路线。其次，从社会统合层面来说，作为日本战后主要的社会集团，农民、中小企业经营者以及自营业者都是保守派势力的传统同盟，如何将不断扩大的城市劳工阶层纳入到体制之中将是关键中的关键。而以吉田茂为首的保守主义政府的专制统治却只能让战后一直困扰日本社会的劳工运动不断激化，社会也因此一直处于动荡不安的状态之中。

---

[1] ジェラルド・カーティス著、山岡清二訳『日本型政治の本質：自民党支配の民主主義』TBSブリタニカ，1987年版，28ページ。

就保守派势力内部的路线对立来说，其实分歧主要集中在如何应对美国主导的世界体系的问题上。吉田茂的路线是通过"顺从"、"依附"以获取经济利益，而其后的鸠山、石桥和岸几届内阁都主张民族主义的政治军事独立路线，这无疑是在触动霸权国美国这只老虎的胡须。虽然岸信介打着"自主国民外交"的旗号，最终达到了让美国修改《美日安保条约》的目的，但不过是要求增加条约的所谓"双边性"，以减少旧条约中"明显的"不平等性。对此，美国尚可容忍，出于美日同盟对于其冷战战略的重要性考虑而对此"采取了暧昧的表示承认的表达方式"。[1] 由于驻日美军基地与当地居民之间的纠纷以及驻日美军无辜枪杀日本人的事件屡有发生，从1950年代中期开始，日本全国各地又爆发了反基地运动。美国对于修约的许可主要是为缓和这种反美风潮，避免影响两国关系进而影响美国的远东战略利益。通过保持可容许范围内的修约，可以将日本"打扮成"美国的"平等伙伴"，既可以继续保持驻日美军基地，又能消除日本统治集团中（民族主义分子）的不满，维持和加强对日本的控制，[2] 其实是"退一步进两步"的策略。正村公宏评价道："岸的外交路线虽然高唱'自主国民外交'，但并没有充分的'自主性'，岸本身并没有离开日美同盟的范畴来独自考虑日本的和平战略。"[3] 其实，所谓"双边性"的增加、不平等性的减少，无非是为这些民族主义政治家挽回一丝颜面而已，丝毫没有改变吉田茂所设定的日本政治军事上依附于美国而沦为附庸国的事实，这便是日本保守主义政治势力整体的局限性所在。对此，正村公宏的评价可谓中肯。他写道，"要避免这种事态（对美依附）的发生，除取消日美同盟外别无他法。可是保守政治势力及支持他们的产业经营者们，对共产主义抱有警戒心。他们为了防止苏联直接间接的'侵

---

[1] [日] 正村公宏：《战后日本经济政治史》，上海社会科学院世界经济研究所日本经济研究室译，上海人民出版社1991年版，第517页。有关这一点，曾任日本外务省国际情报局局长的孙崎享指出：对于日本提出修改《美日安保条约》的要求，美国的态度是"可以修改安保条约，但'行政协定'不能动"。而所谓"行政协定"，是作为对条约的重要补充而与《美日安保条约》同时签署的一份"不便公开"的政府间协定，其目的在于"确保美军在日本的权力，即在美国希望的任何时间、任何地点派驻美国想要派驻的任何军队"。所以，岸信介虽然实现了所谓修约，但实际上却未能触动条约的核心。参见 [日] 孙崎享：《日美同盟真相》，郭一娜译，新华出版社2014年版，第三章。

[2] 方连庆、王炳元、刘金质主编：《国际关系史》战后卷·上册，北京大学出版社2006年版，第337、339页。

[3] [日] 正村公宏：《战后日本经济政治史》，上海社会科学院世界经济研究所日本经济研究室译，上海人民出版社1991年版，第541页。

第一章　对美依附下的高速经济增长与日本型大众社会的形成（1945 – 1968/1973 年）

略'而不肯放弃与美国结盟的政策。要取消日美同盟，实现日本的中立化，其不可缺少的前提是美、苏、中等相关各国确立相互信赖，签订关于日本安全保障的国际协定……日本保守势力的民族主义并没有对美国的世界形势观进行明确的批评，也没有根据独自的世界形势观来追求独自的外交政策"，"战争结束后已经 10 年的这一时期，在西欧出现了重新评价对美关系的动向。它意味着，随着经济复兴的进展，出现了对第二次世界大战结束后美国在西方世界确立的压倒性优势的反作用，并且开始出现政治、外交的多极化倾向……然而，日本保守势力的民族主义在重新评价对美关系这一点上，与西欧相比，具有相当的不彻底性"[1]。因此，在吉田内阁时期，随着旧金山媾和条约与《美日安保条约》的同时签署，保守主义势力已经设定了日本对美国主导的世界体系的顺从依附路线，其后从鸠山一郎直至岸信介的民族主义逆反，不过类似于网中之鱼的无谓挣扎罢了。实际上，正如岸信介本人作为甲级战犯被关押在巢鸭监狱时所认识到的那样，"冷战的发展是我们这些在巢鸭的人的唯一寄托，美苏关系继续恶化，我们就能幸免一死"，正是为了对抗苏联共产主义，岸信介等战犯才成为美国所利用的对象，由此纷纷回归政界[2]。美国乃是护佑日本战后保守主义政治势力崛起的一棵"大树"，所以，任凭日本如何做出一些所谓的民族主义姿态，都无法真正超越其自身存在的前提条件的局限。

尽管保守派势力内部对于日本应如何应对世界体系的问题上存在着分歧，但在统合日本国内社会的方式上却是出奇的一致，那就是传统的道德教化加上政治主义的高压统治。吉田、鸠山以及岸内阁时期分别通过了教育两法案（1954 年）、新教育委员会法案（1956 年开始推行对教师的勤务评定）以及勤务评定在全国范围的实施（1958 年），其主要目标就是大幅修改占领初期美国在日本实施的教育改革的内容（在美国看来，战前式的道德教化乃是日本军国主义和国家主义的温床），重建社会生活秩序和生活伦理体系[3]。另外，从吉田内阁时期 1949 年的"团规令"到 1952 年的"破防法"，以及岸内阁时期 1958 年对《警职法》的修改，皆是政治主义高压统治理念的产物。而为融入美国主导的资本主义发展体系所实施的"产业合理化"运动，则导

---

[1] [日] 正村公宏：《战后日本经济政治史》，上海社会科学院世界经济研究所日本经济研究室译，上海人民出版社 1991 年版，第 427 – 428 页。

[2] 参见 [日] 孙崎享：《日美同盟真相》，郭一娜译，新华出版社 2014 年版，第 57 – 61 页。

[3] [日] 正村公宏：《战后日本经济政治史》，上海社会科学院世界经济研究所日本经济研究室译，上海人民出版社 1991 年版，第 501 页。

致了劳工的薪金削减和大量被解雇。经济生活的困顿加之政治权利的被压制便自然引发了"宁愿被子弹打死,也不愿饿死"式的争取经济政治权利的劳工反抗运动的高涨;同时,日本社会党和共产党以及它们领导下的工会都主张全面媾和与保持中立,强烈反对将日本变成美国反共基地的《美日安保条约》。所有这些社会积愤,从1958年反对勤务评定的斗争和反对修改警职法的斗争(即反对传统道德教化与政治主义高压的社会统合方式)最终聚合成了1959－1960年的反对修订《美日安保条约》(即反对日本对美国的依附)的政治运动,并与1960年三井三池煤矿的经济斗争(日本国内劳动与资本的总对立)合流,从而形成反对保守主义政府的全民性斗争。可以说,自美国对日政策转变以来,日本国内保守主义政治势力极端功利主义的对美依附路线及其复古的社会统合方式所激发的社会矛盾在1960年得到了总爆发,并严重威胁到保守主义政治势力在"1955年体制"下开始形成的政治霸权。

保守主义势力所面临的政权危机,直到池田勇人的上台才最终得到了化解。池田的过人之处在于,能够准确地把握当时危机产生的原因并有着灵活的变通能力。他清楚地知道,战后经历过"剥笋"式艰难生活的日本国民对于经济的发展和生活的改善不可能存有异议,导致国民抗议的焦点在于:虽然保守主义政府以政治军事上依附于美国的方式换取了美国对日本经济发展的支持和扶助,但这种交换换来的只是资本家的日渐发达,而劳工们的生活却在资本家的"产业合理化"方针下变得愈发动荡和贫困,同时又要遭受来自政府的对其反抗权利的压制。他也清楚地看到,当时从根本上反对资本主义制度的日本共产党由于其极左的冒险主义路线已经招致了自身的衰败,而作为当时保守主义政权主要威胁力量的社会党的主要支持母体,总评的斗争路线在1954－1955年间已经发生了从高野实的左倾政治斗争路线向太田熏—岩井章的争取经济利益路线的转变,企业中主张协调路线的第二工会的势力也在不断扩大。基于这种认识,池田采取的化解社会矛盾从而挽救保守主义政权的方法是"政治上的低姿态"、"宽容与忍耐"。何谓"政治上的低姿态"?说白了,就是悬置对于国家独立自主还是对美依附的政治层面或曰理念层面的争论,将国民的注意力引向经济利益的获取方面。换言之,就是将"政治经济化";"宽容"所指的无非就是劳资之间的相互妥协,意在通过经济利益的许诺,将城市劳工阶层纳入资本主义经济发展体制之中;而"忍耐"则更像是说"忍一时依附之辱,经济上的强大自然会带来日后真正的独立自主;忍眼下之艰难,待经济发展之后自然会带来生活上的改善"。这些凝缩性号召性语言的最终有形归结就是著名的《国民收入倍增计划》,其中

第一章　对美依附下的高速经济增长与日本型大众社会的形成（1945－1968/1973年）

的"做蛋糕"理论——用池田本人的话说，就是"在劳资之间分配蛋糕之前，首先必须将蛋糕做大"——所体现的是典型的经济发展至上的价值观和意识形态。[1] 但这种实实在在的经济承诺对于战后一直在艰难生活中挣扎的日本国民尤其是城市劳工来说，无疑就像一剂镇静药。而其倡导劳资协调、以利益分配的经济主义代替政治高压的社会统合理念对于动荡不安的日本社会来说，也确是一贴有效的黏合剂。正如正村公宏所言，《国民收入倍增计划》向国民表明了靠经济增长来实现生活改善的可能性，将"政治季节"转换成了"经济季节"，从而修复政治舞台产生的深刻裂痕，增强现行体制的社会凝聚力，消除政治对立及混乱因素，直接为保守政权实现长期稳定服务。[2]

如此，作为"吉田学校"[3]的优等生，池田遵循了恩师吉田茂的对美依附路线，既获得了布雷顿森林体系的发展红利，又通过经济主义的国内社会统合方式巧妙化解了严重的社会矛盾，将国民意志统一在追求经济发展的目标之下。可以说，池田不仅是保守主义政权的挽救者，更是保守主义势力政治霸权的确立者。及至池田勇人，所谓"保守本流"的政治框架已经形成（保利茂是所谓"保守本流"的命名者，他将"保守本流"定义为"清除旧政党的残渣，以新宪法精神运营政治"，并"以旧金山和约、《美日安保条约》作为日本骨架的政治"；加茂利男则将"保守本流"政治简单归纳为"不修宪、对美协调、经济重视的政治"[4]）。吉田茂通过《美日安保条约》构建了对美依附从而让保守主义政治得以复兴的国家整体骨架及经济发展至上的路线，但其战前式的国家主义思想却与战后的大众民主氛围格格不入，因而失败于对国内社会的统合；[5] 池田一方面继承了吉田依附于美国的经济

---

[1] 藤井光男、丸山惠也编『日本的経営の構造：日本資本主義と企業』大月書店1985年版，46ページ。
[2] ［日］正村公宏：《战后日本经济政治史》，上海社会科学院世界经济研究所日本经济研究室译，上海人民出版社1991年版，第556、564页。
[3] 战后民主改革期间，由于众多战前的保守政治家被解除公职和关押，导致政界人才严重缺乏。为填补空白，吉田茂曾大量启用年轻的官僚入党，从而培养出众多官僚出身的政治家，被称为"吉田学校"。池田勇人、佐藤荣作就是其中的优等生。
[4] 坂野潤治、宮地正人、高村直助、安田浩、渡辺治編『シリーズ日本近現代史—構造と変動4：戦後改革と現代社会の形成』，358ページ。
[5] 社会学家渡边治认为，吉田茂的国内社会统治理念依旧是复古式的，他的"贡献"在于确立了日本对应国际体系的路线，即对美依附结构。参见渡辺治『現代日本の支配構造分析』花伝社1988年版，100ページ。

发展主义路线，另一方面则修正了吉田、鸠山以及岸的复古式社会统合路线，完成了向新宪法所规定的社会民主主义框架的回归。新川敏光从"权力资源动员"理论的观点出发，认为"1955 年体制"不过是政治上的一个象征，1960 年池田上台后，保守政权才真正将劳工纳入其体制之内，因而称作"1960 年体制"更为合适。[1] 在此，笔者不执着于追问究竟哪一种说法更为合适，依然沿用"1955 年体制"这一通用说法。只是想要强调指出，1955 年保守主义势力的合并只是从数量上"形成"了并非稳固的政治主导权，而随着 1960 年池田内阁的成立，保守自民党才真正解决了其内外危机，既确保了依附于美国从而获取经济利益的对外路线，又通过经济发展主义意识形态获得了国民对其保守主义体制的认可与支持，从而"确立"了政治上的霸权。

二、"1955 年体制"的特征

相比于如何称呼，笔者更关心的则是这一体制本身所具有的特征。关于这一点，许多日本学者从各个角度已多有论述。譬如，神岛二郎认为，所谓"1955 年体制"实际上是 1947 年宪法体制和《美日安保条约》体制叠加而形成的政治体制；升味准之辅将该体制定义为"与吉田茂的'外交作品'相对应的国内政治体制"；井山嘉宪进一步将这一国内政治体制定性为"保守独裁体制"；猪口孝则从政治经济学的角度将该体制视为"重启 1930 年代重化学工业化路线的新兴工业国家（日本）的民主主义体制"。[2] 综合起来看，这些具有代表性的观点其实已经从三个层面阐明了"1955 年体制"的基本特征。

第一，在如何应对世界体系的层面，该体制遵循了吉田茂的全面依附于美国的路线，升味准之辅所谓"吉田茂的'外交作品'"无疑指的就是这种对美依附路线的设定，其主要象征便是 1951 年签署并在 1960 年修订的《美日安保条约》。如前所述，鸠山、岸等人的所谓民族主义逆反并未超越这一依附性框架。社会学家渡边治指出，现代日本国家是在特殊的国际性框架中形成的，而这一特殊的国际性框架就是日本对美国的政治军事依附。[3]

---

〔1〕 新川敏光『戦後日本政治と社会民主主義：社会党・総評ブロックの興亡』法律文化社 1999 年版，101ページ。

〔2〕 三宅一郎、山口定、松村岐夫、進藤栄一編『日本政治の座標：戦後四十年の歩み』，83 ページ、84ページ、85ページ。

〔3〕 渡辺治『企業支配と国家』青木書店 1991 年版，23ページ、24ページ。

第一章　对美依附下的高速经济增长与日本型大众社会的形成（1945－1968/1973年）

　　第二，在经济层面，正如猪口孝所看到的，该体制重在重启因战争而中断的重化学工业化，实现明治维新以来"赶超欧美"的国家目标，为此不惜付出政治军事上附庸于美国的代价。因此，该体制具有极端功利的经济发展至上主义的天然倾向，而这一倾向也由于保守主义政治势力在政治资金上对国内垄断大资本的高度依附而得到了强化和固化。（对日本战后的保守主义政治势力来说，财界成为其筹集政治资金的唯一来源。曾经是战前许多政治家后盾的农村地主势力，随着战后的土地改革和通货膨胀而没落；而随着大产业的急速复兴，经营者阶层的社会地位加强了。在政治资金来源方面，财界起着决定性的作用。而产业经营者阶层为促进产业合理化和日本经济的现代化，自然支持保守主义政治势力以对抗左翼势力，确保政局的稳定性。财界的要求对1955年保守主义势力的合并起到了至关重要的作用。[1]）

　　第三，在日本国内社会统合层面则是遵循社会民主主义。正如正村公宏所言，美国修改了对日政策，但并不意味着对战后改革的全盘否定。而且，即使到了想把日本作为"反共防波堤"而着眼于日本作为工业国的潜力的阶段，美国也没有全面否定其占领初期所实施的非军事化和民主化路线，而只是想要阻止共产主义者试图从革命主义的立场出发利用民主化成果的活动。[2] 吉田、鸠山以及岸的复古式统治所导致的社会矛盾的激化，其实既不符合美国的意愿，也轻视了战后初期的民主化改革对日本国民意识的影响，1960年这些矛盾的总爆发也最终促使保守主义势力开始改变其社会统治方式。池田勇人倡导秉持"宽容与忍耐"的精神与国民进行对话，同时又通过《国民收入倍增计划》从经济上承诺对国民实施利益还流所体现出的对于国民人权和生存权表示尊重的姿态，其实是对1947年宪法所规定的社会民主主义框架的回归。当然，我们后面将会看到，由于社会民主主义并非日本保守主义势力的内生理念——借用美国学者肯特·考尔德（Kent Galder）的话说，这不过是其应对政权危机的功利性产物，[3] 所以它实施的社会统合也徒具社会民主主义的经济外壳及其所带来的社会稳定效果，而其内里却是极端保守主义的，且具有明显的前现代属性。就像政治学家山口二郎所说的，这种民

---

〔1〕　参见［日］正村公宏：《战后日本经济政治史》，上海社会科学院世界经济研究所日本经济研究室译，上海人民出版社1991年版，第429－432页。

〔2〕　参见［日］正村公宏：《战后日本经济政治史》，上海社会科学院世界经济研究所日本经济研究室译，上海人民出版社1991年版，第196页。

〔3〕　ケント・E.カルダー著、淑子カルダー訳『自民党長期政権の研究：危機と補助金』文芸春秋1989年版，13ページ。

主主义充其量只能算是"疑似社会民主主义"。[1]

那么，"1955年体制"缘何拥有上述特征呢？这就涉及主导这一体制的"历史集团"或者说"统治联盟"的性质，也就是众所周知的由保守自民党、官僚（尤其是经济官僚）以及日本国内垄断大资本这三者之间紧密的勾结关系所形成的所谓"政—官—财"三角同盟（亦称作"政—官—财"复合体），三者之间权钱交换式的相互依存关系对"1955年体制"上述特征的形成起到了决定性的作用。首先，作为执政党的保守自民党战后既没有建立拥有众多党员的组织，也没有确立依靠党员的党费或由党员去筹集资金这种现代化大众政党的体制。因此，要获得足够多的选票和议席，就只能依靠财界[2]（主要是代表垄断大资本的经团连[3]）所提供的政治献金（亦称作"体制维持费"），从而形成在政治资金上高度依附于日本国内垄断资本的体质。而作为一种强有力的社会力量，经营者阶层（尤其是垄断大企业）出于维护自由经济体制以满足自身资本积累的需求，则通过行使其影响力——主要是政治献金——来谋求建立保守主义的稳定政权，以对抗左翼势力。美国对日政策的转变对于在战后初期民主化改革中遭到解体的日本国内垄断大资本来说，可谓"枯木逢春"；而1950年朝鲜战争中美国的"特需"对日本的垄断资本来说，更不啻为"久旱"之后的"甘霖"，也让其切身感受到了美国市场的巨大魅力。因此，以资本积累为主要目的及以经济理性作为其主要指导原则的资本——尤其是垄断资本——对吉田茂所代表的保守主义政治势力所采取的以政治军事依附换取经济利益的路线自然表示欢迎，所谓的"安保繁荣

---

[1] 山口二郎『ポスト戦後政治への対抗軸』岩波書店2007年版，26ページ。

[2] 日本"财界"主要是由经团连（经济团体联合会）、日经连（经营者团体联盟）、日商（日本商工会议所）和同友会（经济同友会）四大经济团体构成的。经团连是以大资本为中心的经济团体，对筹措政治献金起着主要作用；日经连是对劳动问题和劳务对策进行管理的全国经营者的中央组织；同友会属于财界人士以个人身份加入的经济组织；而日商在机构上属于对大资本和中小资本进行统合的机构。

[3] 经团连被称作"财界大本营"，其会长则被冠以"财界首相"之名，权力之大可见一斑。战后，以旧财阀系企业以及钢铁、电机等大资本为中心形成的巨大垄断企业集团掌握了财界主导权，并以经团连为主要代言组织对政府施加影响，甚至形成了可以左右政府的超权力。参见昇味準之輔『現代政治（下）：一九五五年以後』東京大学出版会1985年版，478－479ページ。

第一章　对美依附下的高速经济增长与日本型大众社会的形成（1945—1968/1973年）

论"[1]便是资本对其赤裸裸的经济理性的自我辩护。伴随自身经济元气的恢复，垄断资本不惜砸重金以维护日本的保守主义政权（从1955年的"经济重建恳谈会"到1961年的"国民协会"，再到1975年的"国民政治协会"，垄断资本向保守主义政党本部提供金钱的途径日趋正规化，金额也不断膨胀；除此之外，还有产业界以及特定企业向自民党各个派阀以及实力派议员所提供的个人政治献金），并在旧金山媾和条约签署之后强化了对国家政治的发言权。[2]

对于1955年之前保守主义势力内部的聚合离散以及社会党左派的跃进，财界曾表示出极大的不满和担忧。1955年时任经团连副会长的植村甲午郎就斥责保守主义政党是"浪荡公子"，强烈要求保守主义政治势力"求大同、存小异"，克服内部分裂以维系政权。并为此在1955年1月成立了"经济重建恳谈会"，将此前分散混乱的向不同党派提供政治献金的渠道一元化——其潜台词就是："要继续从我这里获得金钱存活下去，你就必须合并为一才行！"从而成为促使1955年保守主义政党合并的主要背后推手。此后，财界携金钱之威每每作为政府举办的各种审议会和恳谈会的主要参与主体而左右国家政策，与政府和执政的自民党之间形成一种以金钱换取政策的关系，实质上是利用自身巨大的"经济权力"形成了对执政党以及政府决策过程的不均匀的控制。[3]"日本股份公司"、"企业国家"、"金权政治"等称谓所批判的就是这种从"1955年体制"形成伊始就根植于日本国家权力结构之中的执政党对于垄断大资本的依附关系。学者奥村宏"取代战前天皇和军部的权力而左右整个战后日本社会的是企业（公司）"的极端说法，[4]其实想阐明的就是垄断资本对战后日本政治经济乃至整个社会的强大控制力。其危害在于：一方面造就了执政自民党本身的腐败体制，另一方面则导致了日本整个国家体制中亲垄断资本的自然倾向以及由此带来的难以克服的经济至上的发展主

---

[1]　所谓"安保繁荣论"，简言之，就是"受益于《美日安保条约》的存在，日本不必扩充军费，从而可以将财政资金投入经济发展当中（从而带来了日本经济繁荣）"的论调。对此，社会学家渡边治认为，这是将"安保体制"（对美国的政治军事依附体制）正当化的"经济主义论调"，充分显示出战后日本企业（主要是垄断大企业）支配下的国家本质和发展主义意识形态（取代了战前的天皇制意识形态）。参见渡边治『企業支配と国家』，121ページ。

[2]　三宅一郎、山口定、松村岐夫、進藤栄一編『日本政治の座標：戦後四十年の歩み』，107–108ページ。

[3]　参见［美］马克·R. 图尔、沃伦·J. 塞缪尔斯主编：《作为一个权力体系的经济》，张荐华、邓铭译，商务印书馆2012年版，第10页。

[4]　奥村宏『法人資本主義の構造』岩波書店2005年版，7ページ。

义偏执。[1]

至于官僚，占领初期的民主化改革取缔了战前对国内社会实施高压统治的牙城——内务省，而由大藏省和通产省（旧商工省）所代表的经济性官僚机关不但未被整肃，反而成了占领军对日本实施间接统治的重要帮手，这就强化了经济官僚的权力。此后，日本经济在美国的扶植之下逐步走上复兴赶超的轨道，经济官僚们便利用自身的专业知识与执政的自民党合作，成为日本经济发展的具体策划者和执行者，并把持着各个中央省厅的权力，成为市场的管理者，从而游刃于政界与财界之间。他们将各种政治保护集中惠及于垄断资本，从而获得财界的支持，或进入政界，或"下凡"到垄断企业，从而加深了日本政府的所谓"日本株式会社"体质。[2] 社会学家马克斯·韦伯所说的官僚的"中立性"并不适用于描述日本官僚的特性。[在《通产省与日本奇迹》一书中，查默斯·约翰逊（Charlmes Johnson）曾对日本官僚大加礼赞，但其观点未免流于片面，只看到官僚在促进日本经济发展过程中的作用，却未能深入地剖析和批判赋予官僚这种过度权力的日本整个国家政治体制的后进性及其对于整个社会的负面影响。] 学者猪口孝将"1955 年体制"下的日本政治定义为"官僚主导的大众包容型的多元主义"。[3] 可以说，"1955 年体制"中的官僚是沟通政界与社会各利益集团之间的重要渠道，而其中最大的利益集团无疑是日本的垄断资本。正是在此意义上，社会学家渡边治认为，作为日本国家装置的官僚虽然也会谋求社会调和，但主要功能其实是将垄断资本的意愿以国家政策和法案的形式转化为国家意志并忠实地加以执行。[4] 渡边治的这一评述可谓切中了要害。

综上所述，"1955 年体制"是战后日本在美国主导的世界体系变迁大背景下形成的以保守自民党、日本垄断资本以及官僚作为统治主体的国家政治体制。诚如神岛二郎所言，它由 1947 年宪法体制和《美日安保条约》体制叠加而成。美日安保体制是以吉田茂为代表的保守主义势力构筑的以对美深度依附换取美国对其经济复兴承诺的依附性发展体制，对美国的依附为保守主义势力掌握国家权力提供了坚强的后盾。[5] 而这既满足了美国冷战战略的

---

[1] 奥村宏『株式会社はどこへ行く：株主資本主義批判』岩波書店 2000 年版，4 ページ。
[2] 藤井光男、丸山惠也編『日本的経営の構造：日本資本主義と企業』，22 ページ。
[3] 猪口孝『現代日本政治経済の構図：政府と市場』東洋経済新報社 1983 年版，18 ページ。
[4] 渡边治『企業支配と国家』，42 ページ。
[5] [日] 高桥哲哉：《反哲学入门》，何慈毅、郭敏译，南京大学出版社 2011 年版，第 140 页。

第一章 对美依附下的高速经济增长与日本型大众社会的形成（1945－1968/1973 年）

需要，亦满足了日本国内垄断资本的积累需求。这一体制最终带来了日本经济的高速增长，实现了其经济赶超梦。1947 年宪法体制则宣称"主权在民"，尊重国民的人权与生存权，从而规定了民主主义的社会统合方式。其后虽有鸠山、岸等人的复古逆流，但普罗大众的反抗最终使保守主义政权意识到以民主主义统合战后社会对其政权维系的必要性，从而在池田勇人内阁下回归到了新宪法所规定的社会统合框架之中。如此，"1955 年体制"这一由保守主义势力掌握着霸权的"政治容器"最终实现了日本的高度工业化，也带来了日本社会的大众化。[1] 经济学家宫崎义一教授则称这一体制——他的用语是"社会政治结构"——"是特大企业（垄断资本）在双重结构基础上沿着重化学工业化道路高速增长的最佳体制";[2] 加茂利男将日本政治体制的类型归结为以"政—官—财"历史集团为顶点的"经济发展同盟"、掌握着霸权的"限定的多元主义" ＝ "一党支配型多党制"，这一体制成型于池田内阁，而确立于佐藤荣作内阁时期;[3] 学者伊藤正直的总结则更为全面，他指出，"政—官—财"三角同盟——保守政党、官僚机构和财界＝垄断资本——共同构成了统治国家的权力集团，从而排他性地垄断了国家政策决定机构的中枢。保守自民党常态化地从官僚机构吸收人才供给，并构筑起各官僚省厅专门部局与党内政调会中各部会·特别委员会之间紧密的对应关系，从而提高了党的政策立案及调整能力，并维系了政权的安定。财界——譬如作为主要代表的经团连——则通过设置与官僚省厅重要部局以及自民党政调会各部会相对应的委员会（渠道①），向政府的各种审议会·调查会·恳谈会输送代表委员（渠道②），以及加强与官僚省厅各部局之间的日常接触（渠道③），从而强化了垄断资本对政府政策立案过程的影响和控制。此外，财界也通过政治献金控制了自民党的政策导向。如此，"政—官—财"复合体实质上成为主要代表垄断资本意志的历史集团，其实施的政策则凝聚于促进资本积累这一点上，并进而将其扩大为全体国民的意志。[4]

---

[1] 升味准之辅『現代政治（下）：一九五五年以後』，325ページ。
[2] ［日］宫崎义一：《日本经济的结构和演变：战后 40 年日本经济发展的轨迹》，孙汉超等译，中国对外经济贸易出版社 1990 年版，第 38 页。
[3] 坂野潤治、宮地正人、髙村直助、安田浩、渡辺治編『シリーズ日本近現代史—構造と変動 4：戦後改革と現代社会の形成』，365ページ。
[4] 坂野潤治、宮地正人、髙村直助、安田浩、渡辺治編『シリーズ日本近現代史—構造と変動 4：戦後改革と現代社会の形成』，245 － 247ページ。

第三节　布雷顿森林体系与日本型资本积累结构

冷战的爆发让遏制"以苏联为首的共产主义"成为美国世界战略的核心理念。如罗伯特·布伦纳（Robert Brenner）所言，由此导致的结果是美国政府极力推动其盟国——这些国家依然是美国的竞争对手——的经济复兴，以稳固战后自由资本主义的秩序。[1] 吉田茂以其外交家的嗅觉敏锐地体察到了美国的这一战略意图。如前所述，历史学家升味准之辅所称"吉田茂的'外交的作品'"无疑指的就是其通过签署《美日安保条约》所换取的美国扶植日本加入布雷顿森林体系这一资本主义经济发展体系的承诺，"轻武装、重经济"的路线说白了就是依附发展的经济功利主义路线。伴随1948年10月美国对日政策的正式转变，美国与日本国内以吉田茂为首的保守主义势力之间的"交易"也在同时进行。即政治军事上在向着美日单独媾和以及签署《美日安保条约》（1951年9月二者同步签署）的方向发展的同时，日本国内亦开始了融入布雷顿森林体系所必需的经济环境的整备。

美国政策的转变首先导致了"在经济安定本部努力寻找不断探索体制改革可能性的革新派的突破口上的一位思想家（都留重人）的离职"，随后，1949年3月经济安定本部在稻叶秀三主导下完成的带有混合经济色彩的《经济复兴计划案》也以"缺乏国际经济的观点"为由被吉田茂所否定，稻叶随之隐退。至此，在片山以及芦田内阁时期对日本经济重建发挥了举足轻重作用的经济安定本部的思想已经死灭。[2] 经济安定本部本身也在1952年被废除，其权限则移交至通产省（1949年5月成立）。另外，从1948年的"经济九原则"到1949年"道奇方针"下的"休克疗法"，再到1950年"朝鲜特需"的紧急输血，日本在美国的帮助之下完成了向自由市场经济体制的回归。同时，"产业合理化"政策也在1949年12月成立的"产业合理化审议会"（其后，1961年成立了"产业机构调查会"，1964年二者合并为"产业机构审议会"）的推动下全面展开，旨在展望未来产业结构缩小与国际价格

---

[1]〔美〕罗伯特·布伦纳：《繁荣与泡沫：全球视角中的美国经济》，王生升译，经济科学出版社2003年版，第10页。

[2]〔日〕宫崎义一：《日本经济的结构和演变：战后40年日本经济发展的轨迹》，孙汉超等译，中国对外经济贸易出版社1990年版，第34－35页。

第一章　对美依附下的高速经济增长与日本型大众社会的形成（1945 – 1968/1973 年）

之间的差价、推进生产效率的提高和优秀技术的采用、倡导企业向观层面的"合理化"（主要是在保守政府《企业再建整备法》的支持下实施人员裁减，类似于 1990 年代实施的所谓"再结构化"），以及经营者对经营权的夺回，并建立起一套促进产业发展的制度体系。[1] 1952 年日本正式加入国际货币基金组织（IMF）和国际复兴开发银行（IBRD），并于 1955 年加入关税和贸易总协定（GATT）。至此，日本正式踏上了依附于美国从而在其主导的布雷顿森林体系中追求经济复兴的发展道路。

1955 年，日本的工业生产综合指数已经突破了战前最高水平，高速经济增长的大幕已然拉开。正如 1956 年日本《经济白皮书》中那句著名的"已经不是战后了！"的感言所表明的，"1955 年体制"形成之时，其应对世界体系层面以及国内经济发展层面的框架已经基本完成，经济发展的引擎已经高速启动。然而，其社会统合层面的框架直至 1960 年伴随着池田内阁的成立才宣告成型。这一点将在下一节阐述，本节主要探讨布雷顿森林体系下日本强势资本积累结构的特征及其所带来的结果。

1955 – 1973 年的近二十年间，日本的 GDP 年增长率平均达到了 10% 左右，实现了被称作"经济奇迹"的世界历史上罕见的高速经济增长。毫无疑问，这种急剧的经济增长主要是日本国内强势资本积累结构的产物，然而，它的形成同样无法脱离资本主义世界体系的经济背景。因此，在具体探讨这一结构的具体特征之前，有必要对此加以阐明。回顾资本主义发展历史，我们可以看到，每一个高速资本积累时期——康德拉季耶夫周期中的 A 段上升期——都必须存在可以大规模实用化的技术以及能源，同时，也必须存在相应的可以保证积累顺利进行的霸权国主导下的政治经济秩序。沃勒斯坦认为，1945 – 1967/1973 年是一个明显的上升期（康德拉季耶夫周期 A 段），[2] 而作为这一时期资本积累主导技术的则是 20 世纪二三十年代已经在美国发展起来的重化学工业技术，这些技术的大规模民用化进程被大萧条以及其后的二战所中断，二战后正是这些技术引领了资本主义体系的高速发展。而冷战所建构的政治秩序以及布雷顿森林体系经济秩序的建成，让资本主义世界体系在霸权国美国的引领下迎来一个资本积累的"黄金期"。关于这一点，研究

---

[1] 参见 [日] 正村公宏：《战后日本经济政治史》，上海社会科学院世界经济研究所日本经济研究室译，上海人民出版社 1991 年版，第 235 – 238、324 – 335 页。

[2] [美] 特伦斯·K. 霍普金斯、[美] 伊曼纽尔·沃勒斯坦等：《转型时代：世界体系的发展轨迹 1945 – 2025》，吴英译，高等教育出版社 2002 年版，第 227 – 228 页。

资本主义发展历史的学者们——无论其归属于马克思主义学派还是自由主义学派——之间已经形成共识,在此不做赘述。笔者想要说明的是,本书的研究对象——日本以其全面依附于美国的附庸路线而成为这一资本主义发展"黄金期"中的最大受益者,实现了国内产业结构的重化学工业化。正如日本中央大学教授金子敬生所断言的那样:"二十年来的重化学工业化才是我国经济增长的推动力。"[1]

一、日本型资本积累结构的主体:垄断企业集团

下面,我们来考察在这种世界体系背景下形成的日本国内资本积累结构的基本特征。推动日本重化学工业化=高速经济增长的主角自然是国内的垄断资本,关于此点,宫崎义一教授这样说:"当时重化学工业部门的技术革新发展飞快,从技术条件来看,由于一贯作业化和多边化的结果,生产必须大规模化(例如石油化工联合企业),所需资金规模庞大。因此,能参加这一部门的企业就只能是积累并能筹集巨额资金的隶属于大资本集团的大企业。事实上,只有隶属于能够筹集巨额设备资金的属于一定资本集团的企业才能参加。"[2] 伴随美国对日政策的转变,以 1949 年《反垄断法》的修改(1953 年又作出第二次修改,致使该法几近于虚设)为契机,所谓的萧条卡特尔和出口卡特尔开始出现。1950 年开始的朝鲜战争对垄断企业来说更好比"久旱"之后的"甘霖","特需"战争财的"滋养"使其重新焕发了生机(法人收益额从 1949 年的 1211 亿日元增加到 1950 年的 1755 亿日元,1951 年则上升到了 2507 亿日元[3])。1951 年,政府宣布解散财阀并解散了持股整理委员会,进一步为旧财阀系企业的复活打开了闸门。随着 1952 年旧财阀名称的恢复使用,旧财阀系企业开始了重新集结。以大阪银行 1952 年 12 月改称住友银行为开端,千代田银行 1953 年 7 月改名三菱银行,帝国银行 1954 年 1 月改名三井银行。此外,旧三菱商事系统的三家公司在 1954 年 5 月获准合并。从 1955 年起,企业的合并与集团化进一步加强。旧三井物产的三家公

---

[1] 1951-1970 年间,轻工业(诸如食品加工、纤维产品制造、木制品加工、纸张生产以及出版印刷)在日本制造业中所占比重从 52% 递减到了 30%,而重化学工业(诸如化学产品制造、石油产品制造、钢铁、金属产品制造以及机械制造)所占比重则从 48% 递增至 70%。参见中央大学经济研究所编『戦後の日本経済:高度成長とその評価』中央大学出版部 1975 年版,6 ページ。

[2] [日] 宫崎义一:《日本经济的结构和演变:战后 40 年日本经济发展的轨迹》,孙汉超等译,中国对外经济贸易出版社 1990 年版,第 55 页。

[3] 藤井光男、丸山惠也編『日本の経営の構造:日本資本主義と企業』,70 ページ。

第一章　对美依附下的高速经济增长与日本型大众社会的形成（1945 – 1968/1973 年）

司 1955 年 8 月决定实行联合，同年 9 月，丸红与高岛屋饭田实行合并，[1] 如此等等。然而，这种重新合并集结并非简单地复活战前式的财阀，因为战前财阀是以持股公司为核心的金字塔型组织结构，而战后则是以金融机关——所谓的主银行（main bank）为核心形成的网络化的现代企业集团。

关于日本战后企业集团的网络化——日本学者通常将此称作"系列化（keiretsu）"——应该从横向与纵向两个方面来把握。正如高田亮尔研究指出的，所谓的"系列"分成两类：一是指垄断资本对中小资本所采用的（纵向垂直）下包制（日文叫作"下请制"），即垄断资本将中小企业有机地组织起来形成非对等性的交易关系；二是指垄断大企业之间及垄断集团之间的横向水平组织关系，构成康采恩等。[2]

我们首先来看横向水平网络。对企业集团将所属众多大企业横向联结在一起的纽带，学者古贺义弘和田中隆雄列出了三个重要机制：①系列化融资；②相互持股；③干部兼任。而前两者尤为重要。[3] 每个企业集团都拥有作为其主银行的城市银行为其提供优先融资，譬如三井银行为三井系统，三菱银行为三菱系统，住友银行为住友系统，富士银行为安田与浅野系统，第一劝业银行为古河系统、川崎重工系统以及神户制钢公司系统提供资金等。另外，由于日本的银行法不同于欧美国家，缺少禁止银行拥有企业股份的规定，只是在《反垄断法》中有一项关于银行拥有其融资的企业的股份不得超过 5% 的规定。所以，银行便可以大量持有企业股份，[4] 也因此与企业结成了"命运共同体"式的密切关系。一方面，这使银行对集团内企业拥有强大的控制力[5]——就这一点来说，日本战后的企业集团更像是当年鲁道夫·希法亭（Rudolf Hilferding）所谓的"金融资本"；另一方面，银行出于对企业生存与发展的关注而必须尽其所能地扶植企业，因而对集团内企业的融资额往往大大超出其资本金，而集团企业则因此可以获得源源不断的资金供应，从而促进其旺盛的投资。由于 1949 年和 1953 年《反垄断法》的两次修改实质上取消了对企业相互之间持有股份的限制，因而集团内的诸多企业通过相互持股

---

[1] [日] 宫崎义一：《日本经济的结构和演变：战后 40 年日本经济发展的轨迹》，孙汉超等译，中国对外经济贸易出版社 1990 年版，第 36 页。

[2] 高田亮尔『現代中小企業の構造分析：雇用変動と新たな二重構造』新評論 1989 年版，106ページ。

[3] 参见藤井光男、丸山惠也编『日本的経営の構造：日本資本主義と企業』，86 – 94ページ。

[4] 奥村宏『株式会社はどこへ行く：株主資本主義批判』，102ページ。

[5] 藤井光男、丸山惠也编『日本的経営の構造：日本資本主義と企業』，95ページ。

（以及干部兼任）彼此之间形成了勾连交错、相互扶持的紧密关系。如此，"战后（企业集团）通过商业银行提供的巨额资金，不是像战前那样对各企业集团所从事的主要行业做重点投资"，而是"在技术革新的浪潮中为使自己不至于落后，各融资集团不能固守自己的领域，安闲地依靠传统的'稳定'市场，必须尽量将更多的新兴行业吸收在自己属下以扩充警备范围，加强自己多边的综合产业之间的网络关系"。[1]

二战后日本出现的所谓六大企业集团，尽管程度上稍有差异，但基本上都是通过上述机制实现了大企业之间及企业与银行之间的横向联合，并几乎控制了日本的整个经济。在此意义上，宫崎义一教授认为，日本经济实质上形成了"集团控制结构"，而高速经济增长的过程就是强化集团控制机制的过程。[2] 按照马克思的分析，在资本主义的发展进程中，中小企业在与大企业的竞争中败北从而被淘汰乃至消失，出现资本的积聚和集中——少数大资本的垄断局面——是一个基本趋势，这仿佛为日本企业集团的横向联合提供了合理化依据。然而，企业之间及企业与银行之间依靠上述三种机制横向联合成如此紧密而强劲的、类似于集团军一般的大型垄断集团却是世所罕见，这只能被称作"日本型"的或者说是"具有日本特色"的了。

日本的另一个特异之处在于：与欧美先进国家经济中小型微型企业比重低下、企业结构呈倒金字塔型——体现了马克思所说的"资本积聚和集中"趋势——的特征不同，日本的情况则是一方面垄断大企业居于顶点，并通过横向联合的方式控制着整个国家经济；另一方面在其下方却同时簇生着大量的中小企业尤其是微小企业。高速经济增长时期，这种现象非但未能消除，反而从1960年代后半期开始出现了扩大，尤其是微小企业数量增加显著。如1957年日本《经济白皮书》所指出的，雇佣人数在10 - 99人的小企业以及雇佣人数在10人以下的微小企业比重大多形成一方是现代大企业、另一方则是基于"前现代"式劳资关系的小企业以及家庭生产式的极小企业和农业的两极对立，[3] 从而整体呈现出金字塔型的企业结构——这种现象明显与马克思的论述相悖，日本学者也将这种现象称作日本经济的"双重结构"。[4] 此

---

[1] ［日］宫崎义一：《日本经济的结构和演变：战后40年日本经济发展的轨迹》，孙汉超等译，中国对外经济贸易出版社1990年版，第54 - 55页。

[2] ［日］宫崎义一：《日本经济的结构和演变：战后40年日本经济发展的轨迹》，孙汉超等译，中国对外经济贸易出版社1990年版，第68页。

[3] 高田亮爾『現代中小企業の構造分析：雇用変動と新たな二重構造』，60ページ。

[4] 藤井光男、丸山恵也編『日本的経営の構造：日本資本主義と企業』，130ページ。

第一章　对美依附下的高速经济增长与日本型大众社会的形成（1945－1968/1973 年）

种情形是如何形成的呢？这就必须要谈到日本战后企业集团的另一个侧面，即纵向垂直网络化——或者叫作纵向垂直下包体系——的问题。

曾在经济安定本部以及农林省供职、后任中央大学经济学系教授的栗原源太通过翔实的实证研究证明，日本经济的"双重结构"形成于1920年代的昭和恐慌时期。该时期出现了以少数垄断大企业和数量庞大的中小企业两极并存为主轴，包括下包制度、临时工制度以及不同规模企业间工资差距等的差别结构。在其后的战时体制下，由于国家权力的干预，"双重结构"开始向国家规模铺展扩大，下包制度（当时作为军需生产合作工厂制度）以及临时工制度被扩展到全国并涵盖了全体国民。[1] 作为结论，栗原强调：二战后特别是1955年之后，日本短期间内实现了产业结构的重化学工业化并完成了高度资本积累的基础条件，就是战前既已存在的这种"双重结构"。可以说，战后日本经济的高速增长和强势的资本积累就是建立在（垄断资本）对"双重结构"进行重组利用基础之上的产物。[2]

战后初期，主要是片山内阁时期，在以解散财阀、《过度经济力量集中排除法案》以及《反垄断法》的制定为代表的经济民主化改革的推动下，曾涌现出大量被期待可以成为促进经济民主化主力的中小企业（都留重人教授的"体制改革论"即体现了这种期待感）。而且，作为经济民主化改革的延长线，1948年8月成立了中小企业厅。《中小企业厅设置法》第1条就阐明了设置该厅的目的在于培育"健全而独立的中小企业"，从而"促进国民经济的健康发展，防止经济力量的集中"。然而，随着美国政策的改变以及日本国内保守主义政治势力的上台执政，垄断资本以企业集团这种现代形式迅速复兴，中小企业再度沦为了垄断资本榨取的对象，成为低工资且经营不稳定的存在。[3] 保守主义政府虽然也制定了中小企业现代化和结构改善政策，学者水津雄三对此却这样评价道："中小企业现代化政策以及结构改善政策……其实就是让中小企业发挥从底层支持垄断企业发展的作用……整备工业用地、地方招商引资和中小企业现代化政策实属同一体系，也就是以重化学

---

〔1〕参见栗原源太『日本資本主義の二重構造：独占資本形成期から多国籍企業化までの実証分析』御茶ノ水書房1989年版，133－161ページ。

〔2〕参见栗原源太『日本資本主義の二重構造：独占資本形成期から多国籍企業化までの実証分析』，163ページ、180ページ。

〔3〕藤井光男、丸山惠也編『日本的経営の構造：日本資本主義と企業』，132－133ページ。

工业为中心、重点扶植垄断企业发展的政策体系。"[1] 古贺义弘和田中隆雄对此持相同观点，认为美国政策转变导致的保守主义势力上台以及垄断资本的复兴，致使战后初期曾一度繁荣的中小企业最终湮没在了保守主义政府推进的、以垄断资本为主导的重化学工业化的产业政策之中，成为垄断资本的"垫脚石"；并指出所谓的"双重结构"论存在着将中小企业贬低为"前现代"部门的嫌疑（经济学家有泽广已于1957年指出了日本经济不同于欧美先进国家经济的单一同质结构，而是存在着"双重结构"，并将大企业视为现代化部门，而将中小企业归属于"前现代"部门），强调了垄断资本和中小企业之间的关系其实是同一个资本积累结构中的"剥削和依附"的关系。[2] 这种论断无疑是准确的。

在日本高速经济增长时期，以太平洋沿海带状工业地带的大型联合企业为中心，形成了覆盖周边地区的"企业城下町"，其实就是由垄断大企业与大量地方中小企业之间形成的"核心与边缘"或者说"剥削与依附"的不平等关系所结成的紧密的生产体系。虽说同样都是企业，但大企业的利润总是以中小企业的利润和工资为压力缓冲器而得到保证的。[3] 对于不同规模企业之间存在的这种巨大差距，学者高田亮尔认为，主要原因在于对技术、人才以及资金等各种经营资源或者说生产要素获得的差距上（譬如劳动力，垄断企业在高速经济增长期间对优秀年轻劳动力的大量圈围，导致了中小企业普遍的人才不足，[4] 继而影响了中小企业的技术开发和设备更新，最终抑制了其生产力的提高），进而影响资本装备率和资本生产力，最终造成二者在生产力以及利润率上的差距。[5] 而这也主要归于"政—官—财"合作之下，国家集中一切资源为重化工垄断企业服务的政策。

栗原源太侧重于强调生产领域中小企业的功能，而实际上，垄断大企业的垂直下包体系并不仅仅限于生产领域，流通领域中同样普遍存在着垂直下包体制。从属于生产领域垂直下包体系的中小企业承担的功能主要是作为重化工垄断企业的后续加工部门、零件生产部门等，最末端的存在就是家庭内

---

[1] 水津雄三『地域を支える中小企業：「新日本列島改造計画」批判』東京森山書店1991年版，143ページ。

[2] 藤井光男、丸山惠也编『日本的经营の构造：日本资本主义と企业』，133－134ページ。

[3] [日] 宫崎义一：《日本经济的结构和演变：战后40年日本经济发展的轨迹》，孙汉超等译，中国对外经济贸易出版社1990年版，第272页。

[4] 内橋克人『同時代への発言7：九　年代不況の帰結』，70ページ。

[5] 参见高田亮尔『現代中小企業の構造分析：雇用変動と新たな二重構造』，64－72ページ。

第一章　对美依附下的高速经济增长与日本型大众社会的形成（1945 – 1968/1973 年）

生产（日文叫作"内职"，大多分布在农村）；流通领域垂直下包体系中的中小商业的存在形态，在东京和大阪等大都市主要表现为批发商，在地方则主要表现为小零售店——这些小零售店与饮食店、理发店等其他服务性行业共同构成了日本的"商店街"，是日本地方社会生活的主要构成要素——的形态存在，二者统称为"地方性商业"，是中小经营者聚集的地方。[1] 市场占有率很高的大生产商（大企业）或直接，或以批发商作为中间环节间接地将小零售店置于自身垂直下包体系的支配之下，事实上将其作为自己营业部门的最末端加以利用。[2] 著名日本研究家卡莱尔·范·沃尔夫伦（Karel van Wolferen）说得最干脆明了："（中）小零售业者们就是大企业销售（环节）的下包单位。"[3]

因此，生产领域也好，流通领域也罢，中小企业和中小商业在以垄断资本作为顶点的垂直下包体系中的主要功能都是相似的，那就是成为垄断资本转嫁生产以及流通成本的消化器，起到为垄断资本压低成本的作用。经济评论家内桥克人将这些中小企业和商业统称为"日本型自营业"，认为它们统共占到日本企业总数的90%并雇佣了80%左右的从业人口，是支撑日本经济社会——尤其是地方经济社会——的根基。[4] 水津雄三这样总结道："日本经济之所以强大，秘密之一便是庞大的中小下包（生产）企业的存在，这一点已正在为人所熟知；而如果说还有另一个秘密的话，那就是中小商业的存在。"[5] 古贺义弘、田中隆雄以及福岛久一等学者对生产领域和流通领域不作细分，而是将中小企业（中小工商业）整体作为一个"群"（类概念）来看待，并得出了与上述栗原源太和水津雄三相同的结论，认为作为一个"群"的日本中小企业（中小工商业）的功能就是作为纵向垂直网络化的下属部门被配置在重化工垄断企业的周边，形成这些垄断企业重要的外缘。一方面背负着不断进行技术革新的重任，另一方面又作为"景气调节阀"不断面临被选择和被淘汰的残酷命运。学者们在马克思主义的语境下将此称作

---

[1] 水津雄三『地域を支える中小企業：「新日本列島改造計画」批判』，229ページ。
[2] 水津雄三『地域を支える中小企業：「新日本列島改造計画」批判』，253 – 254ページ。
[3] カレル・バン・ウオルフレン著、藤原勝訳『人間を幸福にしない日本というシステム』，46ページ。
[4] 内橋克人『同時代への発言7：九　年代不況の帰結』，25ページ。
[5] 水津雄三『地域を支える中小企業：「新日本列島改造計画」批判』，261 – 262ページ。

"资本对资本的掠夺"[1]。

另外,不能不提到的就是日本的农业。高速经济增长时期,农业成为廉价劳动力的主要供应源。散布在农村的家庭式生产自不必说,在1961年《农业基本法》的促动下,农业生产中的剩余劳动力大量涌向城市,且大部分作为廉价劳动力被建筑业以及中小商工业所吸收,也有一部分成为重化工企业的临时工。[2] 构成"双重结构"底层的临时工、社外工以及下包企业劳动者的追加劳动,通过农业劳动力的流出不断得到补充,从而维持了低工资。[3] 可以说,农业实际上是"双重结构"中最边缘的存在,遭受着垄断企业直接或间接的剥削。

表 1-1 中小企业阶层构造图示

阶层	产品	机械设备	劳动力	收入形态	地域	劳动力主要供给源
垄断大企业 (日立制作所)	成品	自动机械	半熟练劳动力 不熟练劳动力 (青壮年男性)	$C+V+m+m'$ 工厂分单价=45日元$+\alpha$	城市 (日立)	学校新毕业劳动者
第一次下包 (中规模经营)	成品及单元零部件	自动机械· 半自动机械	半熟练劳动力 不熟练劳动力 (青壮年男性)	$C+V+m+m^n$ 分单价=20日元	城市 (日立) 农村 (水府·矶原)	刚毕业学生、流动性剩余人口以及滞留性过剩人口
第二次下包 (小规模经营)	单元零部件及零部件	半自动机械 手动机械	不熟练劳动力 (女性)	$C+V+m$ 分单价=10日元	农村 (水府·矶原)	农村的潜在过剩人口
第三次下包 (家族经营·专业家庭内劳动)	零件	手工工具	不熟练劳动力 (户主及家庭成员)	$C+V$ 分单价=5-7日元	农村 (水府·矶原)	潜在的过剩人口
副业家庭内劳动	零件	简单工具	不熟练劳动力 (家庭成员)	V 分单价=2-3日元	农村·小城市 (日立、大田等)	农村滞留的过剩人口

资料来源:中央大学经济研究所编『中小企业の阶层构造—日立制作所下请企业构造の实态分析—』中央大学出版部1976年版,16ページ。

学者高田亮爾指出,现代日本的经济结构是以(重化工)垄断大企业为顶点,其下存在着庞大的中小企业、微小企业、维持生计型经营以及家庭内生产等阶层,一直延伸到生产结构的最末端。彼此之间因经济关系而勾连在

---

[1] 参见藤井光男、丸山惠也编『日本的经营の构造:日本资本主义と企业』,76ページ、132-133ページ。

[2] 坂野润治、宫地正人、高村直助、安田浩、渡辺治编『シリーズ日本近现代史—构造と变动4:战後改革と现代社会の形成』,231ページ。

[3] 栗原源太『日本资本主义の二重构造:独占资本形成期から多国籍企业化までの实证分析』,267ページ。

一起，形成金字塔型的多重阶层结构。愈往末端走竞争愈激烈，而利润与工资水平却是越来越低。在这种阶层结构中，上游产生的各种问题通过不断向下游转嫁和分散而逐渐被吸收，下游实质上充当了上游的压力缓冲器，因而这种结构也被称作所谓的"弹性结构"（表1-1以日立制作所为例，反映出以其为顶点的纵向垂直下包体系的阶层构造）。[1] 宫崎义一教授总结道："在这些'双重结构'中，最本质的一点就是，'现代'总是为了本身的利益把'往昔'作为底层保留下来，形成一个金字塔型的结构。"[2] 如今，已经广为人知的所谓"日本式经营"被认为是日本经济强大的秘密而被大量研究。笔者认为，如果强调生产力侧面的话，那么，企业集团的横向以及纵向网络化——尤其是纵向垂直下包体系——应该就是所谓"日本式经营"的核心，是日本垄断企业强大的生产力以及竞争力的源泉。

如此，美国对日政策转变之后，日本战前的旧财阀系大企业重新合并集结并以银行为中心形成横向水平网络化，同时利用战前体制将庞大的中小企业群聚拢在旗下实现了纵向垂直网络化，从而形成了所谓的企业集团，这也是日本强势资本积累结构的核心，即宫崎义一教授所说的"集团控制结构"。一方面集团内企业间以及企业银行之间密切合作，另一方面又有诸多中小微下包企业作为底层支撑。所以，每个企业集团都类似一支强大的"联合舰队"。各个集团为了不落后于对手，为扩大自己的市场占有率而展开狂热的设备投资竞争。战后（尤其是高速经济增长期）日本经济以民间设备投资为主导的增长模式，就是以如此的投资行动为原动力的。[3]

二、形成"长期费用递减趋势"的诸要素分析

垄断企业无休止地扩大设备投资的方针无疑是带来日本经济急剧增长的直接推动力，然而问题是，这种近乎狂热的设备投资为什么会长期持续？如宫崎教授所言，仅仅依靠投资决策还不能促成民间设备投资主导型的高速增长，（正是因为）诸多支持条件的存在才将投资决策转化成了实际的投资行动（并长期化）。那么，这些所谓的"支持条件"究竟又是什么呢？宫崎教

---

〔1〕 高田亮爾『現代中小企業の構造分析：雇用変動と新たな二重構造』，97ページ。
〔2〕 ［日］宫崎义一：《日本经济的结构和演变：战后40年日本经济发展的轨迹》，孙汉超等译，中国对外经济贸易出版社1990年版，第272页。
〔3〕 ［日］宫崎义一：《日本经济的结构和演变：战后40年日本经济发展的轨迹》，孙汉超等译，中国对外经济贸易出版社1990年版，第56页。

授列举的要素包括资金、劳动力、技术以及原材料。[1] 这与另一位经济学家村上泰亮的分析基本一致。村上认为,高速经济增长时期旺盛的民间设备投资热潮主要有赖于"长期费用递减"状况的形成,而关于促成这种状况的条件,村上提示了四个要素,分别是:①技术的可获取性及其可实用化程度;②资金的供应状况;③劳动者对于技术革新的意欲以及适应能力;④市场对于产品的需求程度。[2] 这里,笔者将综合宫崎义一和村上泰亮两位学者所提示的要素——技术、原材料、劳动力、资金以及消费市场——并逐项加以考察。我们会很容易发现,村上泰亮所说的"长期费用递减"状况的形成完全是"人为的"而非由市场机制自然形成的结果。而所谓"人为的",所指便是美国的存在以及日本政府政策对于垄断企业集团主导的狂热设备投资所起到的强有力的支撑作用。

首先,要看技术要素。前面说过,引领二战后至1970年代初资本主义世界经济体系资本积累"黄金期"的以钢铁、石油、合成纤维、石油化学、汽车、电子等为代表的重化学工业技术乃是1920、1930年代已经在美国发育成熟的既有技术,它们的大规模民用化进程被大萧条以及战争所打断,而二战后世界体系政治经济秩序的形成则保证了这些技术的大规模应用化。因此,二战后直到1970年代初这一时期,设备投资的一般特征便是这些技术的精致化、大规模应用化和体系化。所以,具有高度可预测性和确定性的应用型技术的进步最终使得了平均费用轨迹出现递减倾向,加之"资本设备的规模经济性"要素的作用,这种费用递减倾向又被进一步加强。作为后发工业化国家,无论是通过自主开发还是引进或盗用这些技术,都可以直接学习先进国家的经验并预测到技术进步的趋势,因而边际费用轨迹和平均费用轨迹都是递减的。用村上泰亮的话说,对这些技术进行最彻底利用的则要算是日本经济了。[3] 战后——尤其是高速经济增长时期——日本的重化学工业主要依靠从国外特别是从美国引进上述已经开发应用的技术,通过旺盛的设备投资对老旧设备实施快速更新,从而节省了新技术开发的风险与成本。日本政府则通过1949年的《外汇及外贸管理法》以及1950年的《外汇法》积极开展技

---

〔1〕[日]宫崎义一:《日本经济的结构和演变:战后40年日本经济发展的轨迹》,孙汉超等译,中国对外经济贸易出版社1990年版,第56页。

〔2〕 村上泰亮『新中間大衆の時代:戦後日本の解剖学』中央公論社1987年版,57ページ。

〔3〕 参见村上泰亮『反古典の政治経済学(下):二十一世紀への序説』中央公論社1992年版,55–58ページ。

第一章　对美依附下的高速经济增长与日本型大众社会的形成（1945－1968/1973年）

术引进与合作。[1]

其次，宫崎教授所强调的原材料要素当然牵涉甚广，但伴随重化学工业化的展开，尤其是在以钢铁、石油化工以及合成纤维等所谓"重厚长大"型产业为主体的高速经济增长时期，对日本来说，最大的原材料需求无疑就是石油。日本产业对石油的依存度从1955年的24%上升到1970年的83.5%，1973年则超过了90%。毫不夸张地说，其重化学工业是建筑在石油之上的"楼阁"，而日本的石油供应则主要依存于以美国为中心的大石油公司。[2]

再次，关于劳动力要素。从量的供应上来看，1955－1973年近二十年间，日本共有1000万左右的农村剩余劳动力从第一产业的农林水产业转移到第二产业的制造业，完成了欧美国家近百年才得以完成的劳动人口的产业间转移（1961年日本政府制定的《农业基本法》自然功不可没，该法意在减少农户数量，实现少数农户的大型化经营，其促进农业剩余劳动力流出从而为重化工制造业服务的目的是非常明确的）。1955－1970年间，重化学工业的就业人数增加了320万人，其中1000人以上的大企业就业者增加了94万人，占制造业整体就业增加人数的三成以上。而且，虽然大部分从农村流出的劳动力最终只能滞留在中小企业或中小商业部门，但正如前文所述，由于垄断企业集团纵向下包系列化的存在，这些劳动者其实也间接地为垄断企业的资本积累服务。[3] 村上泰亮所强调的劳动力要素主要是指劳动者对技术革新的意欲以及适应能力，他引用日本著名劳动问题研究专家小池和男的观点，认为战后日本企业的劳动者职务间流动性很高，且广泛接受OJT（On－the－Job Training），对于新技术具有很强的适应能力，同时缺少欧洲国家劳动者对于采纳新技术的抵抗，而这主要得益于日本企业广泛实行的企业内工会。[4] 企业内工会——罗伯特·考克斯的用语是"企业组合主义"——反映的是"日本式经营"的生产关系侧面（关于其重要意义，笔者将在下一节详述），它实质上促进了"长期费用递减趋势"的形成，间接地为日本企业的行动特性——无休止的设备投资做出了贡献。

---

[1] 藤井光男、丸山惠也编『日本的経営の構造：日本資本主義と企業』，70-71ページ。
[2] 藤井光男、丸山惠也编『日本的経営の構造：日本資本主義と企業』，78ページ。
[3] 栗原源太『日本資本主義の二重構造：独占資本形成期から多国籍企業化までの実証分析』，193ページ。
[4] 村上泰亮『新中間大衆の時代：戦後日本の解剖学』，59ページ。

表1-2 自有资本比率的国际比较（单位:%）

	自有资本比率		
	日本	美国	联邦德国
1955年	40.0	66.7	43.4
1960年	31.6	65.5	43.1
1965年	26.5	60.8	41.3
1970年	21.5	53.8	33.1
1974年	18.3	53.2	30.0

资料来源：日银《国际统计比较》，转引自［日］宫崎义一：《日本经济的结构和演变：战后40年日本经济发展的轨迹》，孙汉超等译，中国对外经济贸易出版社1990年版，第398页。

复次，至于资金的获取，这里必须谈到日本所采取的间接融资方式及人为低利率政策所起到的重要作用。对企业来讲，资金的筹集方式无非有三种：第一种是自我金融，也就是企业以折旧费和利润留成解决资金筹集问题（依靠内部积累的自我金融方式乃是二战后资本主义相通的普遍特征，联邦德国在经济恢复过程中，一贯是以自我金融方式实现的）[1]；第二种是直接金融，即企业通过发行股票和公司债券来筹集资金；第三种就是企业通过银行贷款来获得所需资金的间接金融。随着战后以商业银行为中心的垄断企业集团的形成，1956年之后日本也确立起了间接金融方式。与垄断大企业间之炽烈的设备投资竞争相呼应，各商业银行之间亦展开了激烈的贷款竞争，而且商业银行贷款的2/3是供给大企业的，尤其是企业集团（此外还有长期信用银行、信托银行以及开发银行，它们的雄厚资金是为大企业提供贷款的）[2]。各商业银行为促进各（企业）集团的投资活动，都在进行透支——"超贷"（Over-loan）——为了给本集团提供资金，为补偿资金缺额部分，各商业银行便全部仰赖于日本银行的贷款[3]。而日本银行则以一贯化的与资金供求无关的低利率政策对商业银行的透支贷款加以支持。低利率融资对企业来说无疑

---

[1] ［日］宫崎义一：《日本经济的结构和演变：战后40年日本经济发展的轨迹》，孙汉超等译，中国对外经济贸易出版社1990年版，第43页。
[2] ［日］宫崎义一：《日本经济的结构和演变：战后40年日本经济发展的轨迹》，孙汉超等译，中国对外经济贸易出版社1990年版，第46-49页。
[3] ［日］宫崎义一：《日本经济的结构和演变：战后40年日本经济发展的轨迹》，孙汉超等译，中国对外经济贸易出版社1990年版，第57页。

第一章　对美依附下的高速经济增长与日本型大众社会的形成（1945－1968/1973 年）

意味着超额利润的获得，因而必然加剧设备投资以及对资金的超量需求——"超借"（Over-borrowing）——与"超贷"形成了一体两面，进而加剧了银行超贷，如此循环往复。[1] 正如宫崎义一教授所言："这种企业集团融资如果得不到支持，也就不会有各集团协调行动的控制方式的行动；如果没有这种投资行动，各集团间扩大市场占有率的竞争也就不存在，那么也就不会有震惊世界的巨额的设备投资，各商业银行的透支活动也不至于这样激烈（1956－1973 年期间，日本企业设备投资以年均 22% 的速度增长，1973 年设备投资占到了 GDP 的 25.1%，而设备投资资金的 40%－50% 则来自于银行几乎相当于 0% 的低利率贷款[2]）。"[3] 在战后日本经济的发展过程中，尤其是高速经济增长时期，由于"政—官—财"复合体的存在，日本国家对垄断企业的扶植可以说超过了其他任何一个国家，尤为重要的就是资金的大量投入。资金投入包括通过财政投融资实施的对产业发展所需要的基础设施的建设，以及作为间接投入的给予垄断企业的各种租税减免以及折旧优惠措施等，但其中最为关键的还是上述以间接金融方式和低利率政策为核心构成的被日本学者称作"护航舰队"式的融资体系。

最后，我们来考察市场要素。伴随大规模的设备投资和大量生产，自然产生的问题就是如何消化随之而来大量商品。对资本主义经济来说，消费市场能否扩大是生死攸关的问题，尤其对战后拥有巨大生产能力的日本企业集团来说更是如此。1960 年 12 月池田内阁公布的《国民收入倍增计划》除起到了"期待呼唤期待"的作用从而促进企业"投资呼唤投资"式的大规模设备投资之外，[4] 主要以"致力于消除农业与非农业之间、大企业与中小企业之间、各地区之间以及各个阶层之间所存在的生活上以及收入上的差距"为目的，[5] 客观上对日本国内消费市场的扩大起到了极为重要的作用，从而作为有效需求的补充政策，对垄断企业集团所造成的过剩生产能力或者说过剩供给能力起到了一定程度的消化吸收作用。这也是池田首相与财界达成共

---

[1] 勝又寿良『戦後 50 年の日本経済：金融・財政・産業・独禁政策と財界・官僚の功罪』東洋経済新報社 1995 年版，313ページ。
[2] 伊藤誠『日本資本主義の岐路』青木書店 1995 年版，46ページ。
[3] ［日］宫崎义一：《日本经济的结构和演变：战后 40 年日本经济发展的轨迹》，孙汉超等译，中国对外经济贸易出版社 1990 年版，第 57 页。
[4] 勝又寿良『戦後 50 年の日本経済：金融・財政・産業・独禁政策と財界・官僚の功罪』，108－109ページ。
[5] 歴史学研究会・日本史研究会編『日本史講座 10：戦後日本論』東京大学出版会 2005 年版，210ページ。

识的产物〔1〕。但尽管如此，这一点却不能被过分夸大。因为日本国内市场相对狭小，如宫崎义一教授所言："（日本）国内市场无论如何也无法容纳如此巨大的生产力，这是不容怀疑的事实。"〔2〕 所以，海外市场——尤其是美国这一巨大的出口市场——就成为日本企业集团强势资本积累的必不可缺的外部支撑。换言之，高速经济增长时期确立的重化工产业结构只有通过贸易的扩大才能够得以维持〔3〕。此外，即使不谈对过剩生产能力的吸收消化作用，单单是为进口日本国内"投资呼唤投资"式的急速重化学工业化所需要的原材料，日本就需要不断依靠出口来赚取外汇（外汇收支的赤字问题是自明治时代以来一直困扰日本经济的棘手问题，这种状况一直持续到1965年——从这一年开始，日本的外汇收支才开始出现稳定持续的盈余〔4〕）。所以，在此意义上，高速经济增长时期美国市场的存在，可以说在生产和销售两个环节上对盘活日本经济起到了无可替代的双重作用，而"道奇方针"所设定的1美元＝360日元这一人为压低的汇率无疑是战后美国基于自身强大经济实力所展现出的霸主的"宽容"。而对日本人来说，这是以牺牲国家独立、全面依附于美国为代价所换取的美国在经济上的"慷慨回报"，因此也最大限度地加以了利用。

以上，笔者综合了宫崎义一和村上泰亮两位经济学家的观点，对他们所列举的构成所谓"长期费用递减趋势"的诸要素逐一做了分析。正是这些要素综合起来形成了"长期费用递减"的理想状况，从而支撑了日本国内垄断企业集团的投资和资本积累。然而，村上泰亮在其书中描述"长期费用递减"状况的本意是要推翻（新）古典主义经济学中"边际费用（成本）递增"的论断，进而对形成战后至1970年代初资本主义经济发展"黄金期"的原因作出合理的解释。也就是说，这些要素所促成的"长期费用递减"的经济环境在这一时期是具有普遍性的。因此，说这些要素都重要仍然无法解释日本高速经济增长时期世所罕见的几近狂热的设备投资及其带来的急剧的资本积累。换言之，在对上述要素或其中一些要素进行利用的时候，必然存在着极具"日本特质"的东西。而只有抓住了这种"日本特质"，才能够真

---

〔1〕 中央大学经济研究所编『戦後の日本経済：高度成長とその評価』，360ページ。
〔2〕 ［日］宫崎义一：《日本经济的结构和演变：战后40年日本经济发展的轨迹》，孙汉超等译，中国对外经济贸易出版社1990年版，第72页。
〔3〕 福岛久一、角田收、三宅忠和、斉藤重雄编『日本資本主義と産業構造の転換：日本産業の国際的調整』新評論1990年版，94ページ。
〔4〕 中央大学经济研究所编『戦後の日本経済：高度成長とその評価』，214ページ。

第一章　对美依附下的高速经济增长与日本型大众社会的形成（1945—1968/1973 年）

正触及日本垄断企业集团的行动特性以及日本经济奇迹的产生根源，并同时发现其中隐含着的问题。

从结论上说，笔者认为在对这些要素的利用中，极具"日本特质"的应该是资本、劳动力以及市场（尤其是美国市场）。而且，所谓的"日本特质"也并非自然形成——正如某些文化论者所偏好论证的那样——更多只能说是政治的产物。

首先，对于战后日本垄断企业来说，最为缺乏的其实是用来进行设备投资的资本。初期自有美国的援助，但当 1949 年"道奇方针"砍掉了美国援助这条"竹腿"之后，志在重启资本积累进程的日本垄断企业对资本的需求状态就如同经济学家大河内一男的比喻一样："像饥渴的鹿渴求水一样地渴求资本。"这个比喻极形象地描述出了日本垄断企业其时的处境。其后虽有1950—1953 年"朝鲜特需"这一来自美国的特殊援助，但也只是让垄断资本恢复了元气而已；高速经济增长时期，垄断企业集团所需要的巨额设备投资资金基本上都是在保守主义政府间接金融方式以及低利率政策——所谓"护航舰队"式的融资体系——的支撑下获得了源源不断的满足。宫崎义一教授在总结日本经济高速增长的秘密时，最为强调的也正是这种间接金融方式以及日本银行对各企业集团"机会均等"的低利率政策（说是日本银行，其实利率的真正决定者是政府，或者更具体地说，是大藏省。政府决定利率水平并强加给日本银行，才使常态化的低利率政策成为可能。可以说，战后的日本政府既是资金的需求者，又是资金的供给者，这其实是维持货币经济秩序的大忌）对垄断企业狂热设备投资的刺激作用（在其后来的"复合萧条论"中，宫崎教授同样以金融作为分析起点，这和他对推动日本高速经济增长根本动力的认识其实是一脉相承的）[1]。宫崎义一教授认为"如果日本企业按照保罗·斯威齐等对美国企业提出的'自筹新设备投资资金'的学说，在内部资金范围内实施设备投资，恐怕是不可能实现日本经济高速增长的"[2]。

---

[1] [日] 宫崎义一：《日本经济的结构和演变：战后 40 年日本经济发展的轨迹》，孙汉超等译，中国对外经济贸易出版社 1990 年版，第 67—68 页。

[2] [日] 宫崎义一：《日本经济的结构和演变：战后 40 年日本经济发展的轨迹》，孙汉超等译，中国对外经济贸易出版社 1990 年版，第 410 页。

其次，日本大企业以企业内工会为核心（包括终身雇佣制、工龄工资制以及企业内福利）的劳资协调关系——所谓"日本式经营"的生产关系侧面——的确立，既可以获得劳动者对企业的"奉献"和"忠诚"（其实更多的不过是依附之下无奈的忠诚罢了），也保证了劳动者对生产和技术革新的协作姿态，从而可以转化为强大的生产力。日本工会问题研究专家白井泰四郎写道："企业内工会，无论其方针还是口号，可以说实质上对生产力提高是非常合作的，其对我国高速经济增长所做出的贡献是毋庸置疑的。"[1]

最后，上文已经阐明了美国出口市场对高速增长时期日本经济的重要性，村上泰亮曾中肯地指出："高速经济增长时期，日本的产业政策是非常自我中心主义的，它的成功在很大程度上依赖于海外市场，特别是美国市场的开放性。"[2] 即使是对日本国内市场扩大起到重要作用的《国民收入倍增计划》，实质上也依赖于美国市场的支撑。该计划书中就明白地写道："以出口为中心的外汇收入的扩大，（就）成为完成这个计划的关键。"[3]

如此观看，被尊称为"高速经济增长之父"的经济学家下村治的经济增长理论无疑是抓住了当时问题的要害。下村认为，经济的增长就是GDP的增长。只要投入资本和劳动力，进行设备投资使生产扩大，经济必定会增长，即资本投入＋劳动力投入⇒国内设备投资＋美国出口⇒经济增长。[4] 其理论本身是非常粗放型的，但之所以会获得巨大成功，主要是因为他准确地把握了当时日本所处的环境，并在此之上抓住了那样的环境之下可以获得经济高速增长的根本动力所在。如果还有别的什么的话，那就只有他本人乐观积极的精神特质了。以上几个要素最终都被赋予了"日本特质"，一方面造就了日本的经济奇迹，或者用范·卡莱尔·沃尔夫伦的话说，就是让日本变成了一部"巨大的生产机器"；而另一方面却也给未来留下了巨大的隐患。

何谓"日本特质"？简单而通俗地讲，就是"过度"或者说"过剩"。而这也是以"政—官—财"复合体为核心的政治权力结构下的产物。

---

[1] 白井泰四郎『企業別組合』中央公論社1968年版，131ページ。
[2] 村上泰亮『新中間大衆の時代：戦後日本の解剖学』，93ページ。
[3] 日本经济企划厅编：《国民收入倍增计划（1961–1970年度）》，孙执中、郭土信译，商务印书馆1980年版，第7页。
[4] [日]竹中平藏：《解读日本经济与改革》，[日]林光江译，新华出版社2010年版，第12–13页。

第一章　对美依附下的高速经济增长与日本型大众社会的形成（1945－1968/1973年）

首先，看看资本投入。虽然约翰·齐斯曼（John Zysman）认为日本和法国同属国家主导的保守型发展模式，依赖于以信贷为基础的金融体系，[1]但间接金融方式加上人为的低利率政策恐怕是日本所独有的。这种"超贷"体制的原型可以追溯至明治初期促进工业化的时期，二战后则是日本银行在大藏省（以及通产省）官僚们政治控制之下的"再版杰作"。[2]它阉割了中央银行的独立性自不必说，更大的问题则在于，商业银行由于长期"超贷"造成了自身的存贷率极度恶化，并因此而不得不继续"超贷"从而形成危险的"超贷"体质，这也为后来的泡沫经济以及泡沫之后巨量不良债权的滋生早早地埋下了种子。

其次，再看劳动力的投入。"日本式劳资关系（生产关系）"对企业的资本积累贡献良多，这无疑是保守主义政府和垄断资本合作之下通过1955年开始的"生产效率运动"最终收获的硕果。高速经济增长时期，垄断企业在对经济前景的良好预估下，对年轻劳动力实施了大量圈围的政策。为了在竞争中处于优势，各个垄断企业并非基于中长期规划适当合理地雇佣新人，而是采取"肥水不流外人田"的雇佣战略，形成了对刚刚从学校毕业的年轻劳动力的圈围大战。[3]然而，其终身雇佣的惯例长期来看，必然会最终造成雇佣的过剩从而对企业利润形成挤压。这种情况在1970年代初高速增长结束后逐渐开始显性化。

再次，关于美国出口市场。所谓"日本特质"就是日本经济对美国出口市场的过度依赖并形成经济评论家内桥克人所说的"霸权型出口体制"，即"与欧洲各国相比，战后日本对美国出口市场的依存度高得突出以至于变得扭曲"。[4]村上泰亮所说的"美国的开放性"或者说"美国的宽容"，一方面自然是日本通过"吉田路线"——以对美国冷战战略的顺从换取美国经济扶植的依附发展路线——交换而来的；但另一方面，更重要的则是基于美国冷战战略的需要以及美国自身强大的经济实力。所以，一旦美国的战略有变或经济实力有所衰退，那么这种"宽容"的态度就可能发生逆转。在此意义上，可以说日本对美国市场的依存由于过度而变得既"敏感"（sensitive）又

---

[1]　[美]约翰·齐斯曼：《政府、市场与增长：金融体系与产业变迁的政治》，刘娟凤、刘骥译，吉林出版集团有限责任公司2009年版，中文序言第1页。
[2]　参见勝又寿良『戦後50年の日本経済：金融・財政・産業・独禁政策と財界・官僚の功罪』，303－328ページ。
[3]　内橋克人『同時代への発言7：九　年代不況の帰結』，70ページ。
[4]　内橋克人『同時代への発言7：九　年代不況の帰結』，6－8ページ。

"脆弱"（vulnerable）。川岛陆夫说得好："高速经济增长期确立的日本贸易结构是出口以重化学工业品为主，进口以原材料和食品为主，贸易保护主义一旦抬头，就不得不急于应付，因此是一个脆弱的结构。也就是说，在IMF/GATT体制下，日本的贸易结构得以确立。因此，如果自由贸易出现限制，就会被逼到窘地而不得不敏感地应付，这就是日本贸易结构的特性。"[1] 川岛陆夫所说的日本贸易结构的脆弱和敏感在美日之间体现得尤为明显。其实，美日之间从1960年代末开始的贸易摩擦就已经显露出这种过度依附的危险性，但基本上都以"出口自主规制"的方式化解。然而，伴随着美国自身经济实力的持续衰退，日本承受的以汇率危机为主线的"外压"越来越大，日本经济的窘迫便显露无疑。

最后，在上述要素支撑下，国内各企业集团展开了与最终有效需求相对独立的设备投资竞争——日本经济学家经常谈论的"过度竞争"——以及生产扩大。用宫崎教授的话说，"这种民间设备投资主导型的经济增长，具有（不断）扩大民间设备投资与最终需求间差距的性质，也可以说是在有意制造生产过剩的危机"。[2]

至此，笔者详细分析了最终促成高速经济增长的日本国内的资本积累结构。简而言之，它实质上是一个三层结构：核心层是"垄断企业/企业集团主导的重化学工业化（产业结构的高度化）"，即企业集团横向水平网络化、纵向垂直网络化以及日本式劳资关系；中间层是国家政治层面"政—官—财"统治联盟主导的产业扶植体系——尤其是"护航舰队"式的融资体系；最外层则是美国主导的布雷顿森林体系的存在（包括以对美国的政治军事依附换来的美国的技术援助、美国出口市场的全面开放——1美元＝360日元超低汇率的设定——以及美国对日本拖延资本自由化的容忍）。两个外层为核心层的资本积累主体提供了有力的支撑。毫无疑问，这是一个美国以及日本国内"政—官—财"保守主义历史集团共同促成的极为强势的资本积累结构，正如学者加藤哲郎所总结的那样，这一资本积累结构中包含着"对美国霸权的依附"、"国家的诱导"以及"（垄断）资本的主导"。[3] 它蕴含着强大的生产力并最终带来了奇迹般的经济增长，在将日本变成了一部"巨大的

---

[1] 福島久一、角田収、三宅忠和、斉藤重雄編『日本資本主義と産業構造の転換：日本産業の国際的調整』，94ページ。

[2] [日]宫崎义一：《日本经济的结构和演变：战后40年日本经济发展的轨迹》，孙汉超等译，中国对外经济贸易出版社1990年版，第67页。

[3] 加藤哲郎『ジャパメリカの時代に』，56ページ、58ページ。

第一章　对美依附下的高速经济增长与日本型大众社会的形成（1945–1968/1973 年）

生产机器"的同时，也最终完成了明治维新以来"赶超欧美"的富国梦。但同样必须看到的是，这一结构的"阴影"部分隐含着过度借贷、过剩雇佣、过剩生产以及过度依附/依存于美国的内外隐患，这也可以说是日本强势资本积累结构的"阿喀琉斯之踵"。战后至 1973 年资本主义世界经济体系的上升势头以及日本自身经济高速增长的"光环"有效地遮盖了这一切，然而，其后的历史将会证明，这些曾被有意或无意忽略的甚至一度被赞美的东西，将成为日后困扰日本的巨大遗患。

第四节　企业组合主义、利益诱导政治与日本型大众社会

如果我们将经济的发展主要归结为物质财富的增加，那么就如同衡量 GDP 的增长皆是以"物"的增长作为主要指标。但其最终是要为整个社会服务的，而社会最根本的构成主体无疑是"人"。即使单纯地从经济学意义上说，"人"不但是物的生产者，即作为生产要素化了的或曰商品化了的"人"——我们通常所说的劳动力——而存在，同时又是物的消费者，"人"的生存与生活需求构成了资本主义经济所必需的消费市场。因此，对于"人"的需求的满足以及不断提升，既是资本主义经济本身存在与发展的有力支撑，又是社会秩序的稳定器。只有尊重了"人"的生存与生活，或者说，只有尊重了所谓的"社会逻辑"，才能够维系资本主义制度本身的存在。19 世纪式的野蛮资本主义之所以带来巨大的社会灾难并威胁到自身的存在，正是由于社会中的大多数人只是被少数资本家单纯地作为生产要素来看待（即完全的"商品化"），成为被一味榨取和剥削的对象，却未能获得相应的政治权利以及劳动权与生存权的保障。正是在此意义上，马克思虽然惊叹于资本主义强大的物质创造能力（生产力），同时却又对资本主义抱有巨大的不信任，认为其生产关系中存在的天然的不平等性必将导致绝大多数人的贫困（即"绝对贫困论"），因此提出了以革命手段推翻资本主义制度的"体制颠覆"路线。相对于此，社会民主主义者则主张在国家层面建立劳资妥协机制以纠正资本主义生产关系中的不平衡，并通过社会保障与福利制度的构建，向国民实施普遍性的利益还流（或称"人的脱商品化"）。从而逆转"绝对贫困"的趋势，实施对资本主义的改良，也就是资本主义制度内的"体制改革"路线，达到既保存其生产力或者说经济方面的高效，同时又维系整个社

会安定与团结的目的。

日本学者后藤道夫将这种社会民主主义式的资本主义改良称作"社会的大众化"——所谓"社会的大众化",就是通过某种形态的社会和政治统合促成国民大众的社会参与,大众生活水平和文化水平的大幅提升既是其结果,又是其前提——并认为,先进资本主义国家社会的大众化是在二战之后完成的,通过把经济增长的成果普遍惠及劳工、农民以及自营业者等社会各个阶层,从而实现了经济学家约翰·加尔布雷斯(John Galbraith)所谓的"丰裕社会"(Affluent Society)。而日本大众社会的完成则是在1970年代。[1] 这里,我们不执着于日本实现社会大众化或者说平等化的具体时段——譬如后藤道夫与村上泰亮的观点类似,村上认为日本在1970年代出现了"新中间大众社会";而政治学家山口二郎则认为日本在1980年代实现了社会的平等化和民主化(但他同时认为,日本的社会民主主义发育并不完全,与西欧国家相比,只能被称作"疑似社会民主主义")[2]——而只把关注点放在结果上,那么,认为二战后日本实现了社会的大众化和平等化这一论断无疑是正确的。1980年代所谓"一亿中产阶级"平等社会的出现充分证明了这一点。也正是因为作为后发工业化国家,日本在短时期内同时实现了经济的高速增长和社会的平等与稳定,才在1970、1980年代引来世界性的关注与赞美,甚至被称为了"NO.1"。这究竟是如何实现的?

在上一节中,笔者考察了推动日本经济高速增长的强势资本积累结构。下面将具体考察日本高速经济增长时期的社会组织形态(包括生产社会关系结构以及社会统合机制)。我们将会发现,日本的社会组织形态中同样充满了所谓的"日本特质",与战后欧洲先进的资本主义国家形成了鲜明对照。

一、企业组合主义与日本的生产社会关系结构

关于高速经济增长时期日本的社会结构,学者藤井光男和丸山惠这样写道:"日本社会的构成原理并非脱离日本资本主义的结构而存在,更积极地说,日本资本主义结构本身就是日本社会的构成原理。"[3] 那么,什么是日本资本主义的结构?上述两位学者进而指出,二战后的日本"在美国支配体

---

[1] 坂野潤治、宮地正人、高村直助、安田浩、渡辺治编『日本近現代史—構造と変動4:戦後改革と現代社会の形成』,256ページ。

[2] 参见山口二郎『ポスト戦後政治の対抗軸』,3-4ページ、26-36ページ。

[3] 藤井光男、丸山惠也编『日本的経営の構造:日本資本主義と企業』,10ページ。

制下,(再次)构筑起国家垄断资本主义。其中,垄断大企业和中小下包企业、正规劳动者和不安定就业劳动者甚至兼业农民的农外雇佣等这些企业之间以及各阶层劳动者之间的各种差别结构不断地被扩大再生产,并在此基础上建立起巨大的社会生产体制"。[1] 虽然用语略有不同,两位学者所定义的"社会生产体制"无疑就是笔者在前文中所阐明的日本的资本积累结构。那么,这种结构里面自然就隐藏着日本社会构成的秘密,或者说,正是这样的资本积累结构规定了罗伯特·考克斯所谓的"积累的社会结构"。在此,笔者将遵循考克斯的路径,通过生产关系对此加以把握。其优点在于,对"人"以及由"人"所构成的社会关系的关注既可触及一个社会构成的根本,也能够在"物"与"人"之间形成有机的关联。

日本垄断企业集团中的大企业普遍实行的生产关系模式被考克斯称作"企业组合主义",其中的关键要素是企业内工会,即以各个企业为单位组建成内部工会,并以此为基础形成劳资之间的协调与合作。用考克斯的话说,企业组合主义中劳资之间的关系是共生性的,不是敌对性的。其他要素便是众所周知的终身雇佣制、工龄工资制以及企业内福利。必须再次强调的是,企业组合主义生产关系模式只局限于垄断大企业,并最终成为日本社会主导的、最正规的、霸权性的生产关系模式。与此同时,日本社会还存在着诸如"企业劳动力市场"(中小企业劳动者以及临时工、小时工等不安定就业劳动者皆归属于这一范畴)、"个体经营"(这一范畴涵盖了自营商工业者、专业农民)以及家庭内生产(归属于这一范畴的主要是妇女)等生产关系类型。但本书的主旨不在于具体分析这些生产关系类型,只是想要阐明这些生产关系模式相对于垄断企业普遍采用的企业组合主义的核心地位而言,皆处于边缘位置。为论述方便起见,笔者将其统称为"边缘性生产关系模式"。这样,日本社会便出现了以垄断大企业企业组合主义为主导的生产社会关系结构,这也构成了日本社会结构的根基。

---

[1] 藤井光男、丸山惠也编『日本的经营の构造:日本资本主义と企业』,11ページ。

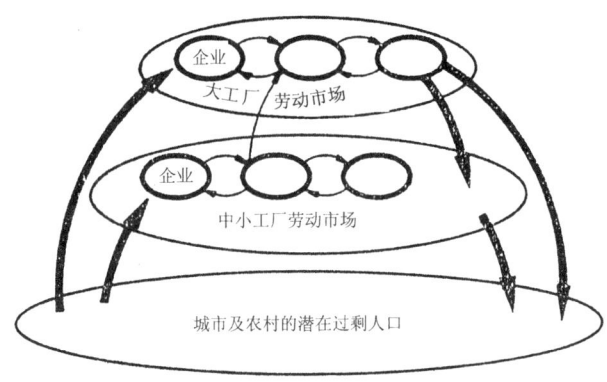

图1-1 劳动市场的模型

资料来源：氏原正治郎『日本労働問題研究』東京大学出版社昭和41年版，424ページ；高田亮爾『現代中小企業の構造分析：雇用変動と新たな二重構造』新評論1989年版，85ページ。

  罗伯特·考克斯指出，生产关系模式之间的这种等级制建立起来之后，盈余（便）从附属的弱势生产层次流向主导的强势层次。[1] 也就是说，生产关系模式的核心与边缘之间本质上是一种"剥削和被剥削"的关系。就日本来说，如果"双重结构"是垄断大企业和中小工商业以及农业之间"剥削和被剥削"关系的经济表现，主要体现为经营资源获取、生产力以及利润率上的巨大差距的话，那么，企业组合主义与边缘性生产关系模式之间的这种关系便是日本社会关系的反映，体现的则是处于核心生产关系模式中的社会群体与处于边缘性生产关系模式中的社会群体之间的不平等。

  对应着前面高田亮爾所说的"特异的多重差别性积累结构"，日本也形成了生产关系上的多重差别结构，大企业的正规劳动者便是这种差别结构中的上层。终身雇佣也好，工龄工资以及企业内福利也罢，主要是大企业正规劳动者保障制度的属性，是只针对正规劳动者的雇佣和劳动惯例，是相对于不安定就业者以及下包中小企业劳动者的差别制度。[2] 相对于大企业正规劳动者稳定的雇佣形态、有利的工资和劳动条件以及较高的工会组织率，大企业内的社外工、临时工等及下包中小企业中的劳动者，则以低工资、恶劣劳

---

  [1]〔加拿大〕罗伯特·W.考克斯：《生产、权力和世界秩序：社会力量在缔造历史中的作用》，林华译，世界知识出版社2004年版，第11页。
  [2] 藤井光男、丸山惠也编『日本的经营的构造：日本资本主义と企业』，212ページ。

动条件和不安定雇佣为特征，二者形成鲜明的两极对立。[1] 仅以制造业为例，从雇佣上看（参照图1-1），中小企业劳动者基本上处于"企业劳动力市场"的范畴。由于中小企业本身随市场状况的波动而上下浮沉，所以其中劳动者的雇佣情况自然处于不安定状态。劳动力流动性很高，企业内部的人员变动以及大企业脱落者和退休人员的流入也很常见。[2]

从工资收入上看（参照表1-3），高速经济增长期间，大企业与中小企业之间的收入差距尽管有所缩小，但整体差距还是很大。且随着企业规模的缩小，这种差距就愈大。对于这种收入差距的起因，高田亮尔论断道："以（大企业）终身雇佣制、工龄工资制、企业内工会等特殊的日本雇佣制度为背景，劳动市场被分断，并由此形成了阶层性，（日本）不同规模企业间平均工资的差距即起因于此。"[3] 另外，企业福利的差距同样显著（参照表1-4）。至于社外工、临时工以及小时工等不安定就业者，如果从生产关系角度来看的话，虽然基本上应该归属于考克斯所定义的"企业劳动力市场"的范畴，却带有很强的"原始劳动力市场"的色彩。雇佣更具随机性，工资也极端低廉，更谈不上什么福利待遇了。这部分劳动者的生活缺少稳定保障，基本处于艰难维持生存的状态，与大企业正式员工的雇佣稳定以及工资、福利的优厚形成强烈对照。他们构成了大企业应对经济形势变动的"缓冲装置"（shock absorber），也构成了——用小峰和夫的话说——以终身雇佣为支柱的"日本式经营"的外部保护墙。[4]

表1-3 不同规模企业工资差距的推移（制造业）

	常用劳动者人均现金收入总额（实际总劳动时间）			常用劳动者人均特别收入（夏季奖金和年终奖金）		
	5-29人	30-99	100-499	5-29人	30-99	100-499
1960年	43.1	54.8	68.2	22.4	39.1	62.0
1962年	52.9	62.5	74.9	33.2	47.3	72.1

[1] 藤井光男、丸山惠也编『日本的经营の构造：日本资本主义と企业』，197ページ。
[2] 高田亮尔『现代中小企业の构造分析：雇用变动と新たな二重构造』，86ページ。
[3] 高田亮尔『现代中小企业の构造分析：雇用变动と新たな二重构造』，71ページ。
[4] 藤井光男、丸山惠也编『日本的经营の构造：日本资本主义と企业』，297ページ。

续表

	常用劳动者人均现金收入总额（实际总劳动时间）			常用劳动者人均特别收入（夏季奖金和年终奖金）		
1965 年	58.8	66.9	77.9	34.4	50.1	73.1
1967 年	57.5	65.5	78.4	36.9	51.3	77.3
1969 年	59.0	67.2	79.8	39.2	54.3	76.8
1971 年	58.8	66.2	79.3	39.2	54.3	74.8
1973 年	57.5	67.9	81.2	42.0	59.8	80.4
1975 年	54.4	63.9	81.1	37.0	52.0	75.7
1977 年	55.7	63.1	81.2	37.7	52.1	76.9
1979 年	55.8	62.9	80.0	37.7	52.1	76.9
1981 年	54.9	63.0	80.0	35.0	50.4	74.7
1983 年	54.1	61.3	77.9	34.4	48.1	72.9
1985 年	53.3	60.8	76.3	33.0	48.1	70.4

（注）500 人以上企业 = 100

资料来源：根据劳働者『毎月勤労統計調査』（各年度版）统计数据整理而成，转引自高田亮爾『現代中小企業の構造分析：雇用変動と新たな二重構造』新評論1989年版，66-67ページ。

表1-4 不同规模企业劳动费用差距的演变

	昭和 40 年					昭和 43 年					昭和 46 年				
	总计	现金收入总额	现金收入以外劳动费用	法定福利	法定外福利	总计	现金收入总额	现金收入以外劳动费用	法定福利	法定外福利	总计	现金收入总额	现金收入以外劳动费用	法定福利	法定外福利
30-99人	59.2	61.7	45.5	65.1	43.4	63.2	65.7	49.6	70.0	48.7	63.8	66.3	50.2	70.9	47.2
100-299	64.3	66.6	51.4	67.5	47.9	68.2	70.6	55.1	72.8	55.7	65.9	68.5	51.9	70.1	45.3
300-999	72.5	74.0	64.0	74.1	58.7	76.2	78.4	64.3	78.7	57.8	73.3	75.4	61.8	75.9	49.7
1000-4999	84.7	85.4	81.0	86.5	75.7	89.2	90.2	83.8	90.8	73.3	89.7	91.2	81.7	90.5	66.0

	昭和 48 年					昭和 50 年					昭和 52 年				
	总计	现金收入总额	现金收入以外劳动费用	法定福利	法定外福利	总计	现金收入总额	现金收入以外劳动费用	法定福利	法定外福利	总计	现金收入总额	现金收入以外劳动费用	法定福利	法定外福利
30-99人	64.9	67.3	51.4	73.5	49.7	62.2	64.6	48.7	74.2	28.1	62.7	65.0	50.9	69.6	32.0
100-299	68.8	71.6	53.1	74.4	45.9	71.1	72.8	61.7	80.1	45.2	69.2	71.5	57.8	77.4	36.9
300-999	77.2	79.9	62.3	82.7	48.7	79.9	81.0	73.2	86.1	45.1	82.3	84.9	69.5	86.1	48.1
1000-4999	93.3	95.4	81.8	95.0	72.0	91.5	92.2	87.8	94.7	69.1	93.2	94.9	84.5	94.1	67.2

第一章　对美依附下的高速经济增长与日本型大众社会的形成（1945－1968/1973 年）

	昭和54年				昭和56年				昭和58年			
	总计	现金收入总额	现金收入以外劳动费用	法定福利	法定外福利	总计	现金收入总额	现金收入以外劳动费用	法定福利	法定外福利	总计	现金收入总额	现金收入以外劳动费用	法定福利	法定外福利
30－99人	57.8	61.8	40.0	63.8	29.2	59.6	62.2	47.5	71.1	29.3	57.3	60.4	42.8	66.6	22.3
100－299	66.0	70.4	46.6	70.3	33.0	64.4	66.8	53.1	73.0	32.8	64.8	67.5	51.9	69.8	24.8
300－999	79.4	83.4	62.0	81.8	46.7	77.9	79.9	68.4	84.5	49.5	76.2	78.4	65.8	79.6	38.8
1000－4999	90.7	93.6	77.9	90.5	68.6	91.1	92.0	87.1	93.4	70.0	90.2	91.8	82.5	89.8	61.9

	昭和59年					昭和60年				
	总计	现金收入总额	现金收入以外劳动费用	法定福利	法定外福利	总计	现金收入总额	现金收入以外劳动费用	法定福利	法定外福利
30－99人	58.5	61.5	44.3	71.7	20.4	57.5	60.7	43.7	69.2	24.9
100－299	64.0	67.1	49.1	71.6	24.0	62.4	65.4	48.9	69.3	26.4
300－999	76.2	79.1	62.7	82.2	35.9	76.5	79.4	63.1	81.9	38.2
1000－4999	93.2	94.7	86.4	95.4	63.8	91.7	93.4	83.6	91.7	63.9

（注）从业人员5000人以上企业＝100。

资料来源：高田亮爾『現代中小企業の構造分析：雇用変動と新たな二重構造』新評論1989年版，77-78ページ。

在上一节中，笔者写道，如果强调生产力侧面的话，那么企业集团的横向水平网络化以及纵向垂直网络化——尤其是垂直下包体系——应该是"日本式经营"的核心，也是日本垄断企业强大生产力和竞争力的源泉。同样，如吉田和男所言，"劳资协调这种相互依存的形态是'日本式经营'的基本"，[1] 垄断大企业普遍采用的企业组合主义则构成了"日本式经营"的生产关系侧面，并以其为核心形成了日本的积累的社会结构。实际上，考克斯也主要是以日本为蓝本描述了企业组合主义生产关系模式的基本特征，所以，尽管它是一种存在的生产关系模式，却并非具有普遍性，不如称其为特殊的"日本模式"则更为恰当。

另外，生产关系模式之间的等级制并非自然形成。考克斯说得明白："国家从（这些）生产关系中选取一种，把它奉为主导的、最正规的、霸权性的形式……明白了国家是如何做的，也就明白了社会内部的权力的组织。"[2] 正如资本积累结构中的"双重结构"是"政—官—财"复合体合作之下集中一切资源为重化工垄断企业服务的政策性产物一样，生产社会关系中企业组合主义的主导地位之确立，也是这一掌握着国家政治霸权的历史集团的有意识的产物，目的无非是为了促进垄断企业的资本积累。就像村上泰

---

〔1〕 吉田和男『日本型経営システムの功罪』東洋新報社1993年版，34ページ。
〔2〕 ［加拿大］罗伯特・W. 考克斯：《生产、权力和世界秩序：社会力量在缔造历史中的作用》，林华译，世界知识出版社2004年版，第11页。

亮所强调的那样，战后日本企业（主要是垄断大企业）的劳动者职务间流动性很高，且广泛接受OJT（On-the-Job Training），对于新技术具有很强的适应能力，同时缺少欧洲国家劳动者对于采纳新技术的抵抗。而这主要得益于日本企业广泛实行的企业内工会，它实质上促进了"长期费用递减趋势"的形成，间接地为日本企业的行动特性——无休止的近乎疯狂的设备投资——做出了贡献。[1]

实际上，正如日本著名劳资问题研究专家间宏的研究所表明的，战后民主化时期，革新政党领导下的劳动工会——日本共产党领导的产别也好，社会党领导的总同盟也罢——都指向建立欧美式的地区横断和产业横断工会。但是伴随美国对日政策的转变，特别是其后对于左派劳动工会的攻击以及急速经济复兴过程中企业间差距的扩大，再加之经营者的诱导，横断式的劳动工会最终未能得到完全发展，而纵断式的企业内工会逐渐占据了支配地位。[2] 片山以及芦田内阁时期，在作为国家、资本和劳动三方协商机构的"经济复兴会议"或"经济复兴计划委员会"中，劳动方的参与主体都是这种全国性的产业横断工会。正是在此意义上，笔者认为当时的日本社会同样出现了指向"三方制"的胎动，而这也是战后欧洲先进资本主义国家普遍采用的主导性生产关系模式。

然而，随着美国对日政策的转变以及日本国内保守主义势力的复兴，大企业在推进"合理化"运动以促进生产力的同时，劳动对策的主导权也从倡导"经营民主化"的经济同友会最终转移到了日经连手中，生产关系方面的"经营权夺回"运动也就此全面展开。1948年日经连向政府提出《关于确保经营权的意见书》和《对生产管理的意见》，接着又在1949年提出了《对于工会法以及劳动关系调整法的意见》和《对工会法修改法案的修改意见》，最终促成了对民主化改革时期颁布的劳动法的全面修改。间宏对此这样总结道："战后民主化改革时期颁布的'劳动三法'确立了劳资平等的原则，但日经连主导的'经营权夺回'运动则旨在推翻这一原则而代之以资本对于劳动的控制权。其具体对策包括三点：一是弱化地区横断和产业横断式工会，实现劳资关系的纵断化，即强化企业内工会；二是通过排除具有强烈阶级对立意识的劳动者从而构筑协调的劳资关系，恢复生产现场秩序；三是在各个

---

[1] 村上泰亮『新中間大衆の時代：戦後日本の解剖学』，59ページ。
[2] 間宏『日本の使用者団体と労使関係：社会史的研究』日本労働協会，1981年版，224ページ。

第一章　对美依附下的高速经济增长与日本型大众社会的形成（1945－1968/1973年）

企业层次确立劳务管理体制，对劳动者实施有效控制。"[1]

　　1950年代指向建立产业横断式工会的代表性全国性劳动组织，应该是1950年成立的总评（总评原本是美国在转变对日政策后以对抗日本共产党领导的激进劳动运动为目的而支持建立的工会组织，后来却偏离了美国保守势力所预想的轨道，逐渐向左倾斜，用历史学家升味准之辅的话说，就是"从鸡变成了鸭子"），其中主力是日本电气产业工会（电产）以及日本煤矿工会（炭劳），二者皆在总评的领导下主张建立产业横断式工会以及产业横断式的工资制度。但在"政—官—财"保守主义统治联盟的威逼和利诱之下，二者的斗争皆以失败而告终——电产在1952年的"二七争议"中由于内部第二工会（即企业内工会）的出现导致分裂并在1956年实质解体；炭劳则在1960年的三池争议中落败而解体。[2] 而最终对确立企业组合主义主导性地位起到决定性作用的，则是"政—官—财"统治联盟紧密合作并在美国协助下展开的"生产效率运动"。经历了1950年代"产业合理化"过程中发生的许多严重的劳资纠纷——其最终归结就是形成了三井三池争议中"资本与劳动的总对立"，保守主义统治集团意识到，如果不同工会协调，企业就得不到稳定，也就无法进行正常的资本积累，于是谋划通过"生产效率运动"将劳工纳入发展体制之中。[3] 1954年3月，只有经营者参加的"日美生产效率增强委员会"成立，同年6月改组为"日本生产效率协议会"；此后，在通产省的呼应下，日美两国政府和财界之间不断磋商，使该协议会成为了"生产效率本部"的准备机构；1954年9月，通产省确定了设立"生产效率本部"的方针并得到内阁认可；1955年2月，"日本生产效率本部"成立，顾名思义，其目的主要在于推进生产力的提高以取得出口的振兴和国民收入的增长，为此则必须展开包括政府、资本方以及劳动方在内的"全民性运动"。[4]

　　然而，必须看到的是，虽然"生产效率运动"也鼓吹政府、资本方以及劳动方为主体的所谓"全民参与"，但与欧洲国家的"三方制"不可同日而

---

〔1〕間宏『日本の使用者団体と労使関係：社会史の研究』、253ページ、256ページ。
〔2〕参见新川敏光『戦後日本政治と社会民主主義：社会党・総評ブロックの興亡』、87－90ページ。
〔3〕参见［日］正村公宏：《战后日本经济政治史》，上海社会科学院世界经济研究所日本经济研究室译，上海人民出版社1991年版，第382－384页。
〔4〕新川敏光『戦後日本政治と社会民主主義：社会党・総評ブロックの興亡』、92－93ページ。

语。因为将企业组合主义作为主导性生产关系模式的指向性已经实质上"阉割"了劳动方的主体性和独立性，而只剩下了对资本方的依附性了。正如考克斯所言：企业组合主义中劳资之间的关系是共生性的，不是敌对性的。而欧洲国家横断式的产业工会则具有很强的主体性和独立性，其劳资之间的协调关系是建立在工会通过斗争获得的与资本方平等协商的权利之上。这里，笔者特别想要强调的是，所谓的权利和尊严只能通过斗争来获得而不能依靠施舍，这也是欧洲国家劳动工会从与资本家阶级炽烈的历史斗争实践中所获得的基本理念。而日本企业组合主义所形成的劳资协调却更像是劳动与资本之间"依附、效忠"与"恩惠、施舍"的交换，所谓的协商只是表面文章，根子上却是非对称性的。正是在此意义上，日本研究家 T. J. 彭佩尔（Pempel）和恒川惠市称日本的劳资协调是"劳动方缺位的法团主义"，[1] 可谓一针见血。

如果说从政治权利上对工会实施威逼和压制是"皮鞭"的话，"生产效率运动"抛出的则是利诱的"糖果"——"生产效率三原则"说得明白：扩大雇佣、劳资合作以及合理分配生产力增大带来的成果。[2] 对于"生产效率运动"，总评虽保持着对抗姿态，但其旗下的民间重化工大企业工会却最终被企业内工会主义所渗透。进入1960年代，总评力量便陷入停滞，而形成鲜明对照的则是1964年公然标榜企业内工会主义的IMF－JC的成立以及其后滚雪球般的势力扩大。1967年甚至出现了"JC春斗"的语句，IMF－JC对工资行情的影响力不断增强。[3] 无论从工会数量上，还是从会员人数上来说，战后日本的企业内工会一直保持着90%左右的高比率。[4] 这样，在国家的支援下，资本方分别利用同友会·"生产效率本部"的"糖果"和日经连的"皮鞭"，成功地将劳资协调路线封锁在企业之内。IMF－JC的登场表明，（劳动运动的）主导权已经由社会民主主义势力转移到了主张企业组合主义的大企业工会手中。[5] 伴随日本保守主义势力的复兴、"生产效率运动"的全面展开以及经济的高速增长，民间重化工大企业中不断出现的第二工会便逐渐成为主流，日本也最终确立起了企业组合主义在生产社会关系中的核心

---

[1] 猪口孝「現代日本政治経済の構図：政府と市場」，6ページ。
[2] 新川敏光『戦後日本政治と社会民主主義：社会党・総評ブロックの興亡』，93ページ。
[3] 新川敏光『戦後日本政治と社会民主主義：社会党・総評ブロックの興亡』，98－110ページ。
[4] 白井泰四郎『企業別組合』，17ページ。
[5] 新川敏光『戦後日本政治と社会民主主義：社会党・総評ブロックの興亡』，121ページ。

第一章　对美依附下的高速经济增长与日本型大众社会的形成（1945－1968/1973年）

地位。新川敏光这样写道："进入1960代，企业主义取代了社会民主主义，阶级主义和企业主义的对抗基本表现为民间企业工会与官方企业・公务员劳动工会之间的对立，民间'重厚长大'型产业的工会以及总评伞下的工会——除去其中的一部分（主要是官方企业・公务员劳动工会）——实质上都已采取了对'生产效率运动'进行合作的态度。"〔1〕

二、企业组合主义与利益诱导政治的社会统合

下面，我们来看日本高速经济增长时期社会统合的具体形态。这首先需要了解战后欧洲先进资本主义国家的社会统合形态，通过两相比照，可以更加清晰地看到社会统合形态中的"日本特质"，并发现其中存在的"后进性"或曰"前现代性"。

战后欧洲先进的资本主义国家普遍采用"三方制"作为生产关系的主导模式，在国家的广泛介入下，资本方与劳动方通过平等协商形成"历史性妥协"。作为劳动方参与三方协商的是以通过共同斗争来争取劳工权利为理念的产业横断式工会，它所带来的结果是劳动市场的开放和统一（劳动市场的同质性）以及不问年龄和工作年限的"同工同酬"原则（工资的同质性）的确立。承担社会统合功能的主要是国家，即由国家制定和实施细致的劳动政策以及社会保障与福利政策。住宅、育儿、学校教育以及养老金等公共保障主要由包括地方政府在内的国家来提供，各个企业向职工提供的福利（Fringe Benefit）大部分也是由国家通过向企业支付而实现的。〔2〕国家以议会作为最高立法机关，经议会过滤的法律构成普遍性的制度框架，社会保障与福利也是在制度框架约束之下对国民实施的普遍性利益还流，以此消除国民间的阶层差别（社会保障与福利的同质性），同时实现"风险的社会化"或者说实现"人的脱商品化"。简言之，欧洲先进资本主义国家是通过国家层面制度型的普遍性利益还流完成了社会统合。制度的意义在于，其不以权力实施者的意志为转移；普遍性的意义在于，社会保障与福利平等地惠及社会各个阶层，包括处于主导性生产关系中的社会群体以及处于边缘性生产关系中的社会群体。在此，笔者把采取这种社会统合模式的欧洲先进资本主义国家称作"三方制"福利国家。如果说二战后的欧洲国家普遍实现了"丰裕社会"的

---

〔1〕　新川敏光『戦後日本政治と社会民主主義：社会党・総評ブロックの興亡』，110ページ。
〔2〕　坂野潤治、宮地正人、高村直助、安田浩、渡辺治編『日本近現代史—構造と変動4：戦後改革と現代社会の形成』，265ページ。

话，除去资本主义世界经济体系上升势头所带来的生产力的高度发展之外，更与这种谋求经济与社会均衡发展的生产社会关系的调整以及国家层面社会统合功能的发挥息息相关。因此，笔者在此将其作为"理想型"，并在其对照下考察所谓日本型社会统合的具体形态并指出其中的问题所在。

社会学家渡边治认为，从高速经济增长期开始，日本实施的大众社会统合同欧洲先进资本主义国家形成了鲜明对比，即相对于欧洲福利国家式的社会统合，日本采取的则是"企业主义统合+利益诱导政治"的统合方式。也就是说，企业主义将核心大企业劳工统合到体制之内，对于边缘阶层的统合则依靠自民党的利益诱导政治。[1] 学者加茂利男同样指出，1960 年代以后，财界在企业内部采用日本型体系（即所谓的"日本型劳资协调"——笔者注），"政—官—财"铁三角以利益诱导政治实现了政权以及政策决定机构的安定，在此基础上，日本形成了所谓"有限的多元主义"和"劳动方缺位的法团主义"式的社会统合，却与福利国家渐行渐远。[2] 在考克斯的语境下对此进行表述的话，即日本战后确立了以垄断大企业的企业组合主义为主导的生产社会关系结构，企业组合主义本身对大企业劳工阶层——而自民党利益诱导政治则对处于边缘性生产关系模式中的各个社会群体——分别实施了利益还流，从而完成了社会统合。

随着战后重化学工业化的重启，日本的产业结构也开始快速地从第一产业（农林水产业）向第二产业（制造业）转移，随之而来的则是农村剩余人口大量涌入城市并逐渐"无产阶级化"，成为马克思所说的"除了出卖自己的劳动力之外便一无所有"的城市无产者（1955 - 1975 年的 20 年间，第一产业从业人口从 41% 骤减至 13.8%；而第二产业从业人口则从 23.4% 增至 34.1%，其中制造业的增加最为显著，从 17.6% 增至 24.9%；包括批发零售店以及其他服务性行业等在内的第三产业从业人口从 35.5% 增至 51.8%[3]）。因此，稳定的工作和工资收入便成为城市劳工阶层生存及其生活的基础。正如战后初期以及保守主义势力复兴后企业"合理化"浪潮下所显示的那样，雇佣的动荡和工资的极端低下必然导致劳工生活的困顿并进而引发剧烈的社会动荡，如何解决劳动问题可以说是战后日本社会所面临的最

---

[1] 渡辺治、後藤道夫編『講座現代日本 4：日本社会の対抗と構想』，177ページ、257ページ。

[2] 加茂利男『日本型システム：集権構造と分権改革』有斐閣 1993 年版，16 - 17ページ。

[3] 福武直『日本社会の構造（第 2 版）』東京大学出版会 1987 年版，81ページ。

第一章　对美依附下的高速经济增长与日本型大众社会的形成（1945－1968/1973年）

大问题。

随着高速经济增长的到来，如上所述，民间重化工大企业便通过企业组合主义生产关系的确立，成功地将本企业劳工统合到了保守的发展主义体制之内。如考克斯所指出的那样，企业组合主义据称给工人提供了一种社团感，保护他们免受市场的打击，也使得他们得到物质上的好处[1]。"生产效率三原则"已经把这种通过利益还流实现劳工统合的意思说得很明白：雇佣保障、劳资协调和合理分配发展成果。企业内工会实质上对于企业的"依附"——日本工会问题研究家白井泰四郎认为，企业内工会虽名为工会，实质上已经沦为了企业劳务管理的下包机构[2]——让劳工与经营方超越了一般性的协调从而形成了深度的"共生性"关系，缺少欧洲国家劳工对于采纳新技术的抵抗，从而间接地促进了企业的技术革新和生产力发展。而作为回报，企业则通过终身雇佣、工龄工资制和企业内福利的组合，一方面保障了劳工雇佣的相对稳定，另一方面亦将生产力发展的经济成果向劳工还流。

工龄工资制是伴随工作年限的增长而通过定期加薪制度使基本工资不断上涨的"属人性"工资体制，对应了劳动者随年龄增长而生活负担以及生活费用逐渐增大的人生轨迹，对于生命周期中将会出现的导致生活成本提高的各个环节——譬如购买住房、结婚育儿、高龄化等，这种与年龄和工作年限并行上涨的工资制度可以让劳工比较从容地面对上述问题并私人解决，无疑能够让人感受到其中的"人情味"。

当然，相对于欧美先进资本主义国家，日本的低工资是出了名的，而且伴随高速经济增长而来的除了工资的上涨，更有物价的飙升，因此单单工资的上升还远远不足以让劳工生活变得丰裕。所以，日本垄断大企业还向劳工提供丰厚的企业内福利以弥补这一不足。所谓"企业内福利"，是指在工资之外，企业向职工及其家庭提供的包括奖金、福利退休金和丰厚的退职金等金钱支付，以及企业住宅、宿舍、医院、食堂、运动及娱乐设施等服务性支付；此外，还有帮助劳工购房购车的企业内低息贷款等，几乎可以说是涵盖了劳工消费生活的方方面面。因此，很多学者把这种日本大企业对于劳工生活的保障称作"温情主义"[3]。企业规模越大，福利待遇就越优厚。大企业

---

[1]　[加拿大] 罗伯特·W. 考克斯：《生产、权力和世界秩序：社会力量在缔造历史中的作用》，林华译，世界知识出版社2004年版，第25页。
[2]　白井泰四郎『企業別組合』，42ページ。
[3]　白井泰四郎『企業別組合』，36－37ページ。

的劳工也正是在这种"温情脉脉"的利益诱导下，逐渐成为让外国人百思不得其解的视企业如家的"企业战士"，将个人乃至整个家庭生活都忠诚地奉献给了企业。这其中，正如贝弗里·J. 西尔弗（Beverly J. Silver）所指出的，企业组合主义生产关系模式下成为"合作的工人"的激励机制——笔者所说的利益还流机制——同时延伸到了妇女。高速经济增长期间，日本妇女在职场上遭到差别对待，只能作为企业的边缘性劳动力而存在，工资低廉且在结婚之后必须辞职成为家庭主妇。从生产关系角度讲，日本妇女基本上处于"家庭内生产"这一附属性生产关系模式之中。然而，丈夫的终身雇佣保障、作为家庭抚养工资的工龄工资以及优厚的企业内福利则保障了其家庭整体生活的安定，这样，妇女本身遭受的歧视和剥削通过企业组合主义的利益还流作用在一定程度上得到了补偿，从而让妇女"出于对负担家计的主要男性的'终身雇佣安全'考虑，而承担起与雇主合作的责任"；换言之，"妇女和其雇主之间的劳工—资本矛盾，通过家庭内的权力关系得以调停和缓解"[1]。

劳动问题研究专家木下武男认为，相比于欧洲的福利国家形式——国家在"同工同酬"原则（工资曲线呈平直状，不为工作年限所左右）下通过国家层面周到的社会政策对劳动者生活实施公共保障的形式，日本采取的则是企业层面工龄工资制和企业内福利组合的形式，也就是企业替代国家承担了社会统合的功能。所以，日本社会本质上形成了一个"企业社会"[2]。

表1-5 社会保障相关费用的推移（单位：百万日元,%）

年度	社会保障相关费用初期预算			一般财政初期预算对前年度比	实质GDP对前年度比
	预算额	构成比率	对前年度比		
1955	103 342	10.5	9.2	△0.8	10.8
1956	117 331	10.1	10.3	4.4	6.1
1957	117 211	9.9	6.9	9.9	7.8
1958	130 007	9.8	10.8	15.4	6.0
1959	157 541	10.4	21.2	8.2	11.2

---

[1] ［美］贝弗里·J. 西尔弗：《劳工的力量：1870年以来的工人运动与全球化》，张璐译，社会科学文献出版社2012年版，第90页。

[2] 渡辺治、後藤道夫編『講座現代日本4：日本社会の対抗と構想』，125ページ。

第一章 对美依附下的高速经济增长与日本型大众社会的形成（1945－1968/1973年）

续表

年度	社会保障相关费用初期预算			一般财政初期预算对前年度比	实质GDP对前年度比
	预算额	构成比率	对前年度比		
1960	193 780	11.6	15.3	10.6	12.5
1961	246 666	12.6	36.6	24.4	13.5
1962	297 619	12.2	20.3	24.3	6.4
1963	367 892	12.7	22.4	17.4	12.5
1964	430 686	13.3	19.2	14.2	10.6
1965	516 422	14.2	19.9	12.4	－
1966	621 748	14.5	20.3	17.9	11.4
1967	719 468	14.6	15.7	14.8	11.1
1968	815 662	14.0	13.1	17.5	13.0
1969	946 963	14.1	16.1	15.8	12.1
1970	1 137 111	14.4	20.5	18.0	8.3
1971	1 344 080	14.3	17.8	18.4	5.3
1972	1 641 473	14.3	22.	21.8	9.7
1973	2 114 583	14.8	28.8	24.6	5.3
1974	2 890 844	16.9	36.7	19.7	△0.2
1975	3 926 919	18.5	35.8	24.5	3.6
1976	4 807 632	19.8	22.4	14.1	5.1
1977	5 691 919	10.0	18.4	17.4	5.3
1978	6 781 070	19.8	19.1	20.3	5.1
1979	7 626 569	19.8	12.5	12.6	5.3
1980	8 212 441	19.3	7.7	10.3	4.6
1981	8 836 914	18.9	7.6	9.9	3.5
1982	9 084 845	18.3	2.8	6.2	3.3

资料来源：财政调查会编『国の予算』（各年度版）経済企画庁『経済要覧』（1975、1981、1984年版）。

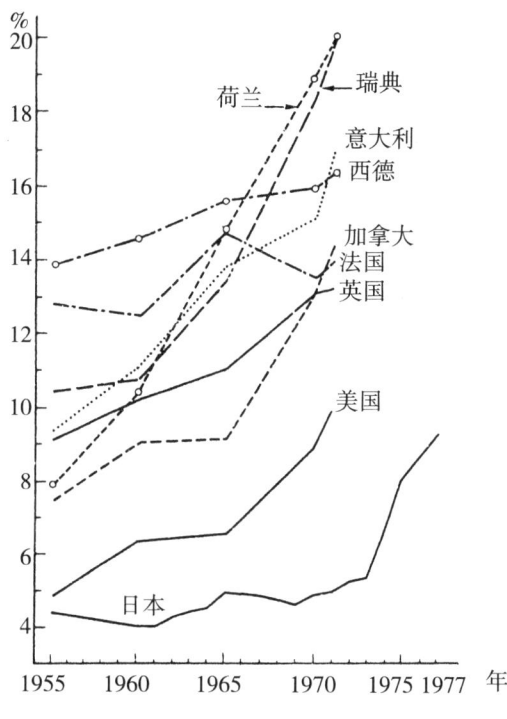

图 1-2　社会保障支付占 GDP 比率

资料来源：财政調査会编『国の予算』（各年度版）経済企画庁『経済要覧』（1975、1981、1984年版）。

渡边治则指出，企业（垄断大企业）优厚的福利待遇相当程度上弥补了国家公共福利的匮乏，让国家可以将节约下来的资金主要投到促进企业发展所需要的基础设施的整备上。[1] 进藤兵论断道："（以中央省厅为中心的开发主义中央集权制度）并没有履行福利国家的功能，战后日本的地方自治体并没有出现类似西欧和北美国家的从古典自由主义体制向福利国家型中央集权体制的转型。"[2] 对于战后日本国家层面社会保障与福利的贫困问题，学者横山和彦经过翔实的研究后亦认为，虽然高速经济增长期间日本实现了国民皆入保险和国民皆有退休金（1961年实现），并设立了儿童补贴制度（1971年设立），基本上完成了欧洲国家式的社会保障制度体系的构建；但高度经

---

[1]　渡辺治『企業支配と国家』，81ページ。
[2]　渡辺治、後藤道夫編『講座現代日本 4：日本社会の対抗と構想』，325ページ。

第一章　对美依附下的高速经济增长与日本型大众社会的形成（1945—1968/1973 年）

济增长时期的社会保障支出始终处于低位徘徊，只能让人感叹其"不过停留在政党的政治口号的层次而已"（参照表 1-5 及图 1-2），[1] 也就是说，基本上处于有其名而无其实的状态。而且，所谓的国民皆入保险和国民皆有退休金制度实质上只是针对不能加入企业保险和不能领取企业退休金的社会脱落阶层。具体而言，就是个体经营者、农渔民以及雇佣未满 5 人的微小企业劳动者这些处于边缘性生产关系中的社会群体；除此之外，在健康保险和退休金方面，国家公务员、公营企业职员以及私立学校教职员等诸多领域都分散地存在着独自的互助制度，未能形成国家层面统一而普遍的制度。[2] 新川敏光则总结道："高速经济增长期，我国的政策主要以生产第一主义为基调，政府的社会统合功能非常有限，而代替政府承担社会统合功能的核心是企业，企业通过使劳工及其家属归属于企业从而完成了社会统合。"[3]

企业组合主义模式下的福利保障虽则优厚，然而，正如木下武男所指出的，"（企业）替代福利国家的领域范围很明显并没有覆盖整个劳工阶层，而是只局限在民间（重化工）大企业"，[4] 其受益对象只是垄断企业的稳固工人及其家属。或如考克斯所言："企业组合主义把公司内部的斗争温和化了，把严酷的一面留给外人。"[5] 那么，这里所说"外人"又是谁呢？无需赘言，正是那些处于边缘性生产关系模式之中的社会群体。他们本身处于大企业的企业组合主义的剥削之下，又加之国家层面利益还流的贫困，然而这些边缘性群体却不曾变成一群愤懑的并进而成为社会秩序的反叛者，反之却成为保守主义政权的有力支持者和同盟军，这不能不说是除了高速经济增长之外日本缔造的另一个"奇迹"，而缔造这一"奇迹"的则是利益诱导政治。正像政治经济学家猪口孝所说的那样："自民党在公共政策的名义下实施实利主义的资源分配，将多数抱有不满的阶层纳入了体制之内。"[6]

如果进行高度提炼的话，可以说，日本的高速经济增长以及社会团结的实现建立在两个密切关联的政策路线之上：一是"产业高度化＝重化学工业

---

〔1〕 東京大学社会科学研究所編『福祉国家5：日本の経済と福祉』，39-40ページ。

〔2〕 参见新川敏光『戦後日本政治と社会民主主義：社会党・総評ブロックの興亡』，117-119ページ。

〔3〕 参见新川敏光『戦後日本政治と社会民主主義：社会党・総評ブロックの興亡』，120-121ページ。

〔4〕 渡辺治、後藤道夫編『講座現代日本4：日本社会の対抗と構想』，125ページ。

〔5〕 ［加拿大］罗伯特・W. 考克斯：《生产、权力和世界秩序：社会力量在缔造历史中的作用》，林华译，世界知识出版社 2004 年版，第 47 页。

〔6〕 猪口孝『現代日本政治経済の構図：政府と市場』，224ページ。

化"路线。以垄断企业集团为核心形成的强势资本积累结构带来了生产力的飞速发展和经济的高速增长,同时,垄断大企业又通过企业组合主义生产关系的确立将城市劳工统合到保守发展主义体制之内,承担了重要的社会统合功能。二是"工业配置—国土开发"路线。这条路线依靠国家财政——包括一般财政预算以及作为"第二预算"的财政投融资——的大量投入,并以"充实社会资本"为名,成为利益诱导政治的滥觞。它本身亦是为大企业资本积累服务的,但客观上也同时发挥了向处于边缘性生产关系中的社会群体实施利益还流的社会统合功能。正是在此意义上,卡莱尔·范·沃尔夫伦批判说:"日本的民主主义,完全是从属于经济组织利害的民主主义。"[1] 利益诱导政治覆盖了日本经济社会的方方面面,其间的利益纠缠错综复杂,但归结起来,可以简单地将其定义为以自民党派阀组织为核心串联起来的"政—官—财"合作之下的敛财散财型政治。

从敛财机制方面说,自民党及其官僚建立的生产第一主义的产业扶植体系无疑促进了重化工大企业的强势资本积累,企业不断的利润增长也意味着国家税收的自然增收以及政治献金的源源流入(政治献金除了通过正规渠道进入党本部之外,巨额献金也流入政治家尤其是派阀领袖个人手中)。

关于散财机制,则要分成两个侧面来讲。

侧面之一是自民党国会议员个人地方后援会的培养,这主要依赖政治献金的投入,因为大多数出身地方的国会议员要想在选举中获胜,就必须蓄积自己的"个人财产",即地方后援会。而个人后援会的培养是一件劳心费力的事,需要以地方县、市、町、村议员为中心进行组织并投入大量金钱才能做到,而单单依靠个人资产和关系团体的临时捐款终归是无法应付的,因此就必须依附于党内某个派阀并仰赖与财界关系密切的可以获得巨额政治献金的派阀领袖(党内"大佬")。而派阀领袖要维持其地位并最终成为首相,也需要众多国会议员为其"抬轿子"。如此一来,便形成了从中央到地方(县、市、町、村)的所谓"派阀系列化",[2] 自民党本身亦逐渐发展成为升味准之辅所说的"派阀—后援会大众政党"。[3] 议员及候选人为巩固各自选举地盘而全力以赴,主要就是在"国土开发—工业配置"的大背景下,为本地区

---

[1] カレル・バン・ウオルフレン著、藤原勝訳『人間を幸福にしない日本というシステム』、52ページ。

[2] 升味準之輔『現代政治(下):一九五五以後』、387ページ。

[3] [日]升味准之辅:《日本政治史4:占领下的改革、自民党的统治》,董果良译,商务印书馆1997年版,第1133页。

第一章　对美依附下的高速经济增长与日本型大众社会的形成（1945—1968/1973年）

争取到各种巨额补助金——其中最大的补助金来源就是道路、港湾等基础设施的修建以及治山治水等公共事业工程，自1952年之后，补助金中公共事业所占比重一直保持在第一位[1]——以及工厂进驻。政治经济学家猪口孝把这叫作"顾客主义"（clientism），即政治家在选举区以人际关系为基础，发挥利益保护者和利益诱导者的作用，并以此获取选民的支持。[2]

侧面之二则是国家财政——包括一般财政预算以及作为"第二预算"的财政投融资——对于地方经济社会发展的投入，而这也是以"派阀系列化"为背景，并以中央各省厅官僚为中介完成的，形成了一个连接地方与中央的请愿网络体系。高速经济增长期间，日本实行的是中央集权型发展体制或曰发展主义中央集权体制。[3] 地方缺少自治（虽然称作地方自治体，但地方事业开发资金的70%－80%要依赖中央政府的补助金，故而被称为"三成自治"或者"二成自治"[4]）。这与保守主义统治集团的政治霸权息息相关。历届保守主义政府都将战后改革实现的地方自治制度朝着强化中央集权的方向调整，并以补助金作为主要杠杆（此外还有行政审批）强化对地方的行政管理。[5] 有关地方经济社会发展的规划和资源尤其是财政资金只能仰赖中央的统一部署、调拨和分配，这也赋予了中央各省厅官僚对于专属领域的巨大权力。为获得发展机会以及资金资源，地方自治体的首长、地方议员等代表地方各种利益团体前往中央省厅以及国会请愿；自民党内分属不同派阀并对不同领域拥有巨大影响力的国会议员，则积极帮助斡旋打通关节以强化党内势力和培养地方选举地盘；各省厅官僚则基于"肥水不流外人田"的部门本位主义，依靠手中的权限和财源，通过满足地方需求，培养地盘，从而有望当选国会议员——如果当选，则可以进入"派阀系列化"顶端成为"族议员"，进而以作为前辈的"面子"为地方请愿团打通省厅关节（日本的行政也由此被一些学者称作"补助金行政"），自民党和中央官僚在补助金和权限问题上的利益完全一致。[6] 究其实质，正如历史学家升味准之辅所定义的，请愿体系实质上就是一个以自民党派阀组织为主线，由地方团体的利益、中

---

[1]　広瀬道貞『補助金と政権党』朝日新聞社1981年版，79ページ。
[2]　猪口孝『現代日本政治経済の構図：政府と市場』，11ページ。
[3]　渡辺治、後藤道夫編『講座現代日本4：日本社会の対抗と構想』，323ページ。
[4]　広瀬道貞『補助金と政権党』，187－188ページ。
[5]　参见［日］正村公宏：《战后日本经济政治史》，上海社会科学院世界经济研究所日本经济研究室译，上海人民出版社1991年版，第671、673页。
[6]　広瀬道貞『補助金と政権党』，215ページ。

央省厅的权限和（自民党系）国会议员的地盘结合起来的"三位一体"的敛财—巧取体系。[1] 因此，自民党的派阀组织贯穿了整个敛财和散财环节，可以说是利益诱导政治的核心机制。

而地方请愿的最大成就，无非就是为本地方争取到伴随国土开发而来的公共事业——大义上的名分则是"充实社会资本"——和企业的进驻（工业配置），而这也意味着中央补助金的大量流入以及当地就业机会的增加。同时，各地方自治体亦投入大笔财政资金大兴土木，整备基础设施，开辟工业用地，然后廉价出售给大企业并提供各种优惠，从而在各地方掀起工业用地开辟热潮，以及花样翻新地出台各种招商引资优惠措施的热潮。[2] 在"国土开发—工业配置"热潮中，地方自治体一窝蜂似地涌向地区开发和招商引资，对此，升味准之辅不无讽刺地说道："地方自治体也由此形成了'不动产公司体制'。"[3]

虽然国土开发和工业配置的最大受益者毫无疑问是重化工垄断企业，国土开发提供了企业规模扩大所需要的基础设施和工业用地，企业向地方的进驻则为其下包体系的扩大提供了源源不断的底层补充；而对地方产业和社会的"独立自主"发展来说，其带来冲击和破坏作用也是不言而喻的。但客观地讲，利益诱导政治的展开虽然加深了地方中小工商业以及农林水产业对于垄断企业的依附性，却也同时缩小了重化学工业化带来的大都市与地方城市以及与农村之间的发展差距。如果关注人的生活的话，相对于东京、大阪和名古屋这些工业化大都市而言，地方县、市以及农村则是处于边缘性生产关系中的社会群体的大量聚集之地，利益诱导政治则通过为地方提供就业机会和增加收入的方式，将高速经济增长的成果惠及这些日本社会关系结构中的边缘群体。政治学者居安正所说的自民党派阀政治的"草根汇聚主义"以及猪口孝所定义的自民党"官僚主导的大众包容型政治"，讲的其实就是利益诱导政治客观上所收到的向边缘性社会群体实施经济利益还流的社会统合功效。这些社会群体处于生产社会关系的边缘地带，其遭受企业组合主义剥削的基本社会关系结构虽然并未能改变，但保守主义势力利益诱导政治所带来的相对慷慨的利益还流却在相当程度上缓和了社会关系结构中"核心"与

---

[1] 参见［日］升味准之辅：《日本政治史4：占领下的改革、自民党的统治》，董果良译，商务印书馆1997年版，第1135、1142页。
[2] 水津雄三『地域を支える中小企業：新列島改造計画批判』，142ページ。
[3] 升味準之輔『現代政治（下）：一九五五以後』，436ページ。

第一章　对美依附下的高速经济增长与日本型大众社会的形成（1945－1968/1973年）

"边缘"之间的对立和矛盾，将其共同纳入保守发展主义体制当中，形成了包容广泛的"社会联盟"（Social Coalition），同时以其作为保守主义势力长期政权的支持力量，其中最为典型的就是农民以及中小工商业劳动者。

日本1960年12月公布的《国民收入倍增计划》，以"致力于消除农业与非农业之间、大企业与中小企业之间、各地区之间以及各个阶层之间所存在的生活上以及收入上的差距"为目的，将重点放在了对经济落后部分和地区实施收入补偿方面。[1] 以此作为大政方针，与《农业基本法》（1961年）和《中小企业基本法》（1963年）的制定几乎同步，作为全国性措施，保守主义政府开始实施"据点开发方式"，并为此制定了《全国综合开发计划（一全综）》（1962年）、《低发展地区工业开发促进法》（1961年）、《新产业都市建设促进法》（1962年）、《工业整备特别地区整备促进法》（1964年）等计划或法案；1969年又制定了《新全国综合开发计划（二全综）》，1970年代初制定了《农村地区工业导入促进法》（1971年）以及《工业再配置促进法》（1972年）。[2] 以"国土开发—工业配置"为主线的利益诱导政治全面展开。战后，农地改革虽然让农民得以摆脱罗伯特·考克斯所定义的封建色彩浓厚的"农民—领主型"生产关系，成为拥有土地的"个体经营"的自耕农。然而，在高速经济增长开始之前，农民扮演的基本上是为城市工业复兴廉价提供粮食的角色。及至高速经济增长启动后，产业结构向以重化工制造业为重心的转换更加剧了农业的衰退（1955年的600万农户到1965年减少至566万户，专业农户则从210万户骤减至121万户）。产业结构重心的转移尽管不可避免地会对作为第一产业的农林水产业带来重大影响，但绝对不足以解释战后日本农业衰退的速度和程度，还必须看到导致这一结果的另一个关键性因素，即日本对美国过剩农产品的进口。两次世界大战期间，美国农业生产的兴盛导致农作物极度过剩进而压迫国家财政，于是，作为美国对日政策——将日本变成美国的附属国从而为其冷战战略服务——的一环，1954年美国与日本签署了"MSA小麦协定"，以"经济援助"的名义责令日本使用本国货币进口美国的剩余农产品，所得款项则用于日本军备的扩充。栗原源太写道："MSA农产品援助就是安全保障和美国过剩农产品处理相结合的产物，实为'一箭双雕'之策。而这对于日本来说，则意味着'粮食自

---

[1] 歴史学研究会・日本史研究会編『日本史講座10：戦後日本論』，210－211ページ。
[2] 歴史学研究会・日本史研究会編『日本史講座10：戦後日本論』，247ページ。

给政策的放弃'。"[1] 进口谷物的急剧增加摧毁了日本除大米之外的粮食生产，农民集中于大米生产并产生出大量的农业剩余劳动力，日本国内农产品市场自然萎缩并严重影响了农民的收入来源。非常清楚的是，正如财界大肆鼓吹的"安保繁荣论"所体现的那样，《美日安保条约》所框定的日本对美依附路线带来的是重化工垄断大企业高速的资本积累，而带给农业以及农民的却是衰退和农业收入的锐减，从而沦为了重化工垄断大企业资本积累的牺牲品。

表1-6 专业农户和兼业农户数量的推移（全国）（单位：1000户）

	总数	专兼业类别			兼业类别	
		专业农户	第一种兼业农户	第一种兼业农户	自营兼业农户	受雇兼业农户
1950	6176	3086	1753	1337	—	—
1955	6043	2105	2275	1663	1577	2360
1960	6057	2078	2036	1942	1298	2680
1965	5665	1219	2081	2365	825	3621
1970	5402	845	1814	2743	788	3770

资料来源：中央大学経済研究所編『戦後の日本経済：高度成長とその評価』中央大学出版部昭和50年版，50ページ。

1961年的《农业基本法》虽然声称要促进农业的大规模生产和机械化，各市町村也提出了将农业结构改良与地方振兴计划结合起来，通过农产品多样化和提高土地生产力来实现农民收入增加的地方发展构想。[2] 但《农业基本法》路线也好，地方发展路线也罢，前提条件都是农产品市场的稳定与扩大。然而，如前所述，美国依附之下形成的日本不得不从美国大量进口过剩农产品的定型化导致日本国内农产品市场的自然萎缩。而大企业向农村地区进驻所带来的土地需求以及由此产生的地价上涨，显然阻碍了农业生产的规模化；另外，以农业机械为代表的农业生产资料的高价格以及工业化带来的农村生活方式的改变，亦造成农民生产成本以及生活成本的双重上升。农民是保守自民党的传统"票田"，又是工业产品极端重要的消费主体，其重要

---

[1] 栗原源太『日本資本主義の二重構造：独占資本形成期から多国籍企業化までの実証分析』，166-167ページ。

[2] 歴史学研究会・日本史研究会編『日本史講座10：戦後日本論』，245ページ。

性不言而喻。农民的贫困化不仅将会威胁到自民党政权的稳固，还会导致日本国内消费市场的萎缩，进而阻碍垄断企业的资本积累。

对于上述"农民问题"的解决，利益诱导政治除了以对大米价格实施保护的方式实质上对农民收入进行补贴之外〔大米价格在1961－1967年间以每年约10%的比率上升，如此，政府通过米价保护政策实质上完成了（向农民的）收入转移[1]〕，更为重要的则是通过农外收入的增加提高了农民的整体收入水平。这主要得益于公共事业的铺展（带来土建业的发展）以及随之而来的企业进驻，二者形成了农民的普遍离农和兼业化——一部分农民（主要是年轻人）流向当地工厂，视雇佣条件成为稳定的或临时性的工人，一部分农民（主要是中老年）则作为打工者流向建筑业。[2] 1961年《农业基本法》的制定则促进了农村剩余劳动力的流出，农业劳动力的流出从当初以高中和大学毕业生为主发展到也包括打工者在内。[3]

从生产关系角度而论，这些兼业农民基本上处于非明确稳定的农业"个体经营"和"企业劳动力市场"之间的中间状态（或者说处于"半无产阶级化"的状态，类似于中国的农民工。但相比之下，中国农民工的处境则更为艰难），但客观上，农外收入大大弥补了重化学工业化急剧发展所带来的农工之间的收入差距。据学者丰田尚统计，兼业农户数在1950年约占半数（50%），而到了1970年则达到了84.4%；农民兼业收入则从1952年的8.2万日元增加到1972年的126.8万日元，20年间增长了15.5倍，弥补了农业收入的滞后（参照表1－6）。[4] 尽管兼业农民实质上仍处在生产社会关系结构的底层，但对农户来说，兼业工资虽然低廉，但相比于自家农业收入却要好得多；而且，农业收入和兼业收入合计算来，农民的平均收入甚至超过了城市劳动者。[5] 社会学家福武直就此总结道："战后最初期，农家收入要超过饱受失业以及通货膨胀之苦的城市劳动者；但伴随着日本经济走向复兴，农家收入又开始低于非农业人员的收入了；其后在高速经济增长的过程中，农家收入又逐步增加，甚至超越了城市劳动者的家庭收入。究其原因，根本上在于农民兼业化的进展。"[6]

---

[1] 歴史学研究会・日本史研究会編『日本史講座10：戦後日本論』，211ページ。
[2] 歴史学研究会・日本史研究会編『日本史講座10：戦後日本論』，235－236ページ。
[3] 藤井光男、丸山惠也編『日本的経営の構造：日本資本主義と企業』，76ページ。
[4] 参见中央大学経済研究所編『戦後の日本経済：高度成長とその評価』，47－50ページ。
[5] 藤井光男、丸山惠也編『日本的経営の構造：日本資本主義と企業』，292ページ。
[6] 福武直『日本社会の構造（第二版）』，91－92ページ。

同时，关于中小企业（中小工商业），学者水津雄三写道："高速经济增长期的'中小企业现代化'政策以及'结构改善事业'政策的特征，就是使中小企业成为重化工垄断企业的后续加工部门、零件生产部门以及其他相关产业部门。整备工业用地、地方招商引资和中小企业现代化政策实属同一个政策体系之中，即以重化学工业为基础、重点发展大企业的政策。"[1] 也就是说，"国土开发—工业配置"路线本质上是为垄断企业主导的"产业高度化＝重化学工业化"服务的。但同样不能否认的是，它也在客观上为中小工商业的生存以及聚集于其中的边缘社会群体的生活保障提供了诸多机会，从而将其统合到了保守发展主义体制之中。大企业的地方进驻将脱离了农业而处于非常不稳定生产关系之中的众多剩余劳动力，汇聚到了以"企业劳动力市场"生产关系为主——同时包括"个体经营"、"家庭内生产"甚至"原始劳动力市场"——的多数作为垄断企业下包单位而存在的中小工商业之中。如同农民，虽然其处于生产社会关系结构的边缘，遭受着企业组合主义的剥削，但雇佣机会的提供则为这些边缘社会群体提供了维系家庭以及社会生活的基础，加之保守主义政权的税收优待（大企业工薪收入劳动者和中小工商业劳动者的纳税比例基本上为 9 比 6 或者 10 比 5[2]）以及在行业规制等方面的保护措施，虽并未从实质上消除阶级阶层间的差距，但不可否认的是，这些差距在很大程度上得到了缓和。学者浅井良夫认为，虽然战后日本阶级阶层间依然存在着巨大差距，但"与战前相比，可以说实现了所谓的平等社会"。他进而总结道："高速经济增长时期，日本虽没有大规模实施典型的凯恩斯主义式的收入再分配政策，但通过收入增加实现的平等化不断提高，成为国家维系社会稳定与和谐的源泉。"[3]

正如渡边治等学者所指出的那样，贯穿日本整个高速经济增长时期，垄断企业的企业组合主义以及保守主义势力通力合作之下的利益诱导政治成为维系日本社会安定与团结的两大支柱，也造就了后藤道夫所谓的日本型大众社会。后藤道夫以西欧先进资本主义国家的福利国家社会统合方式为"理想型"，从而映照出上述日本社会统合方式中存在的"日本特质"，故而将其称作"日本型"。[4] 那么，究竟什么是"日本特质"？简单地讲，就是"后进

---

[1] 水津雄三『地域を支える中小企業：新日本列島改造計画批判』，143ページ。
[2] 猪口孝『現代日本政治経済の構図：政府と市場』，215ページ。
[3] 歴史学研究会・日本史研究会編『日本史講座10：戦後日本論』，222ページ。
[4] 坂野潤治、宮地正人、高村直助、安田浩、渡辺治編『日本近現代史—構造と変動4：戦後改革と現代社会の形成』，264-265ページ。

第一章　对美依附下的高速经济增长与日本型大众社会的形成（1945－1968/1973年）

性"或者说"前现代性"。就企业组合主义来说，企业内工会与经营方"你侬我侬"的亲密合作关系、终身雇佣制、工龄工资制的"属人性"以及企业内福利的慷慨，往往被文化论者们定义成日本企业经营的"温情主义"，并将原因归结为日本文化的特性，多少有些"贴金"的理想主义的味道。然而，站在现实主义的立场揭开笼罩在企业组合主义身上那层虚伪的文化面纱，我们其实不难看到其内里赤裸裸的经济理性。正如藤井光男和丸山惠也所冷静透彻阐明的：要把握企业活动的本质，只有将其置于资本主义经济这一背景之中才有可能清晰地认识到它的功能和特质，也就是说，企业经营作为资本主义重要的构成部分，受到资本主义经济法则的制约，否则就无法生存，因此，要把握企业活动的特质，必须着重于这一经济侧面。[1] 也就是说，对于企业组合主义生产关系的功能分析，必须要从基于"成本—收益"核算的经济理性出发才可能洞察其本质。

　　大规模生产以及经济的持续高速增长所带来的企业对投资的良好预期，让企业通过终身雇佣一方面可以为未来发展储备所需要的人才——学者岛田晴雄将这称作"储备型雇佣",[2] 另一方面也将劳动者的整个人生与企业业绩牢牢地捆绑在一起，从而换来劳动者对技术革新的合作态度以及对企业的忠诚和奉献，最终则带来了企业生产力的高度发展。同时，工龄工资制度下，年轻劳动力的低工资对于企业来说，可以在获得附加价值增长的同时而不必增加工资费用总额，换言之，伴随企业成长而劳动分配率却降低了，客观上增加了企业的内部留存，刺激了投资和技术革新，增强了企业的竞争力，形成良性循环，这实质上是企业从年轻劳动力身上进行的一种融资。[3] 吉田和男认为，工龄工资制是让年轻劳动力期待获得未来高收入而甘愿领取眼下与其生产力水平并不相符的低工资，盈余部分则支付给中老年劳动力的体系。[4] 对年轻劳动力来说，这（忍受年轻时的低工资）其实就是一种企业内储蓄，而为了提取这种储蓄，就有必要在同一家企业供职到高龄，中途辞职则意味着放弃这种权利，所以工龄工资制对终身雇佣形成支持。[5] 所以，从本质上讲，企业组合主义生产关系的采用，实质上是在当时的经济状况之下垄断企业基于"成本—收益"考量的理性选择。

---

[1] 藤井光男、丸山惠也编『日本的经营の构造：日本资本主义と企业』，9ページ。
[2] 岛田晴雄『日本の雇用：21世纪への再设计』筑摩书房1994年版，39ページ。
[3] 岛田晴雄『日本の雇用：21世纪への再设计』，20－21ページ、40ページ。
[4] 吉田和男『日本型经营システムの功罪』，167ページ。
[5] 吉田和男『日本型经营システムの功罪』，50－51ページ。

然而，正如岛田晴雄所说，日本经济持续近二十年的高速增长、人口年龄结构相对年轻化带来的年轻劳动力的充盈供应以及日本经济相对于美国等先进国家尚处于赶超阶段等，都是日本企业制度以及结构形成的规定因素。[1] 而日本的高速经济增长又高度依赖于美国主导的资本主义经济体系。也就是说，日本企业组合主义生产关系的成立高度依赖于世界体系以及国内诸条件的满足。吉田和男亦指出，以终身雇佣制和工龄工资制为前提的"日本式经营"（即企业组合主义——笔者注）高度依赖企业的成长。假使有10个高龄者存在，那么就必须同时雇佣100个年轻人才可以维持平衡；而这100人由于终身雇佣而无法解雇，当其进入中老年时，就需要再雇佣1000个年轻人以维持平衡；同理，这1000人的中老年化又会要求10 000个年轻人来对应。这实质上就是一种"老鼠会"（日文叫作"講"，即封建式的互助组织）构造，企业的（持续）发展成为最关键的条件。[2] 高速经济增长期间美国主导的资本主义世界体系对于日本的相对"宽容"以及日本国内金字塔型的人口年龄结构，则确保了企业组合主义的存在条件。

然而，一旦内外条件发生逆转，体系高速经济增长终结或者国内人口年龄结构出现老龄化，那么，终身雇佣将使大企业无可避免地面临雇佣过剩的压迫，工龄工资制度下中高年劳动力数量的增大将给企业带来沉重的工资成本负担。从"成本—收益"的角度来考量，企业组合主义生产关系也将由于违背经济理性而难以维系。更严重的是，作为统合日本社会重要支柱的企业组合主义的崩塌则必然会产生严重的社会后果，这也正是日本社会潜在的危险。日本著名社会学家富永健一在"现代化理论"的功能主义框架下考察了日本的现代化和社会变迁后，尖锐地批判由终身雇佣制、工龄工资制等构成的所谓"日本式经营"本质上是日本社会前现代要素的残余，并进而批评了对于这种前现代残余非但不给予批判反而充满赞美之词的所谓"后现代理论"[3]——在此意义上说，近年来甚嚣尘上的所谓"后现代理论"其实不过是一个伪命题。不能不承认，富永健一先生对于日本社会本质的洞察可谓深刻！

再来说说利益诱导政治。吉田和男抽丝剥茧式的分析表明，日本的政治

---

[1] 岛田晴雄『日本の雇用：21世纪への再设计』，19ページ。
[2] 吉田和男『日本型経営システムの功罪』，50–51ページ。
[3] [日] 富永健一：《日本的现代化与社会变迁》，李国庆、刘畅译，商务印书馆2004年版，第249–250页。

第一章　对美依附下的高速经济增长与日本型大众社会的形成（1945 – 1968/1973 年）

制度本质上也是一个属于封建残余的"老鼠会"结构。在日本的封建制度里，将军之下有大名，大名之下有武士大将，武士大将则有家臣，武士有跑腿儿的。上方给下属赐封土地，而下属则为上方提供军事服务，从而形成一个依附性的互助集团。而日本型现代政治中的派阀就是典型的"老鼠会"的结构。自民党的功能发挥迥异于欧美国家政党，它是以派阀为中心展开活动的。著名政治学家山口二郎就指出，在欧洲的民主主义国家，政党拥有相当于党支部的地方党组织，末端的地方组织并非特定政治家的私人财产，而相对于此，自民党的所谓地方支部就是各个政治家的联合体，不存在自立的地方党组织，没有专属职员，也没有政策形成的事务机关，末端组织不过是政治家个人费力劳神所创造出的个人财产。[1] 以某个"老板"或曰"大佬"为中心，派阀拥有本派的国会议员，国会议员又将地方公共团体的议员纳入怀抱并同时拥有个人后援会，地方议员也有自己的后援会，从而形成一个从中央到地方的体系，换言之就是从上到下的从属依附体系。历史学家升味准之辅认为"派阀（也）是各自为本地盘谋利益的议员们的互助组织"，[2] 其实与吉田和男所说的"老鼠会"是一个意思。与普通的"老鼠会"所不同的是，派阀的维持是依赖上方的资金提供，所以派阀"老板"需要巨大的资金来源。[3] 前面已经指出，利益诱导政治的展开依赖主要代表垄断企业利益的财界（尤其是经团连）的政治献金以及高速经济增长所带来的税收的自然增收（这主要也是依赖垄断企业的发展）。一方面，这加深了自民党对于垄断大资本的依附从而滋生出大量的腐败案件；另一方面，一旦经济增长终结或企业陷入利润危机，利益诱导政治亦终将不可持续。对于这种利益诱导政治，社会学家富永健一批判道："像自民党那样，作为一个党派，并不具有大众组织的基础，而是依靠以议员为主的由非正式人际关系建立后援组织，这种非正式组织的网络遍布全国，这些非正式组织妨碍投票时的合理性判断，包含着潜在的渎职体质。……日本战后民主主义的根基就是在这种'前现代'的暗流之中成长起来的，因而无法实现政治现代化的更大进展。"[4]

如此看来，作为维系日本社会稳定与团结的两大支柱——企业组合主义

---

[1]　山口二郎『戦後政治の崩壊』，14ページ。
[2]　[日]升味准之辅：《日本政治史 4：占领下的改革、自民党的统治》，董果良译，商务印书馆 1997 年版，第 1133 页。
[3]　吉田和男『日本型経営システムの功罪』，168 – 169 ページ。
[4]　[日]富永健一：《日本的现代化与社会变迁》，李国庆、刘畅译，商务印书馆 2004 年版，第 179 页。

与利益诱导政治——本质上都贯穿着吉田和男所说的"老鼠会"结构,根本上是封建色彩浓厚的前现代残余。幸运的是,得益于二战后美国主导的资本主义世界体系尤其是通过《美日安保条约》所结成的美日之间"亲密"的同盟关系、日本经济的高速增长和垄断企业的急速成长,以及国内人口年龄结构的相对年轻化,"政—官—财"历史集团合作之下的企业组合主义和利益诱导政治有效地发挥了社会统合的功能,将国民中的大多数纳入保守发展主义体制之中从而形成了涵盖广泛的社会联盟,并带来日本社会整体的安定与团结。对此,政治学家山口二郎评价道,"与西欧诸国相比,日本社会平等化的实现有其'独自'特征:其一,制度型的普遍性社会保障的贫弱;其二,企业通过'日本式劳资关系(生产关系)'将生产效率提高所带来的财富向职工还流从而推进了平等化;其三,保守自民党基于'国土均衡发展'的理念,通过开展公共事业促进了地区之间的平等化,自民党的'利益政治'从结果上看对社会平等化的实现做出了贡献"。但紧接着他话锋一转,称这种实现社会民主的形态实质上是一种"扭曲"的形态,"1955年体制"中保守主义的"政—官—财"历史集团替代社会民主主义政党——日本社会党——所实现的"日本式民主主义"也只能被称作"疑似社会民主主义"。[1]

的确,客观地讲,企业组合主义和利益诱导政治所带来的社会安定化效果归根结底是日本经济赶超阶段经济发展主义的附随产物,且高度依存于特定的历史条件。正如卡莱尔·范·沃尔夫伦所批判的那样,"日本的民主主义,完全是从属于经济组织利害的民主主义",并非立足于经济与社会均衡发展理念的真正意义上的社会民主主义的产物,它带来的最大问题在于缺少真正的"公正性"和"透明性"。企业组合主义的"封闭性"带来劳动市场实质上的分断,以及不同行业和不同规模企业间的工资、福利待遇方面的巨大差距;利益诱导政治之下的利益分配也是基于自民党以派阀为中心形成的人际关系网络,人脉关系强的地区自然能够获得更优厚的利益。同时,太多"法外"的利权交换贯穿在利益诱导政治之中,严重侵蚀了国会作为国家最高权力机关的权威和功能以及行政的中立性。对此,卡莱尔·范·沃尔夫伦的批判可能是最不留情面的,他指出:"日本政治结构事实上的本质部分都不是基于法律的",相反,"(由'非正式权力'或曰'隐权力')构成的非正式关系实际上形成了日本政治活动的实质主体,这种实质主体就是官僚、财界团体、巨大金融机关、企业集团,以及两三个政治家集团之间形成非正式

---

[1] 山口二郎『ポスト戦後政治の対抗軸』,3-4ページ。

第一章　对美依附下的高速经济增长与日本型大众社会的形成（1945－1968/1973年）

的关联和在这种关联中形成的交易，这种交易是在法律条文所规定的框架之外进行的"，这些主体通过相互勾连形成对日本社会的实际控制，日本的议会政治不过是欺骗普通百姓的"虚假的现实"（false reality），行政权和司法权实际被官僚所操纵，与日本宪法的规定背道而驰，日本简直就是"隐权力的天堂"。[1] 所以，借助高速的经济增长，企业组合主义和利益诱导政治虽然比较有效地发挥了社会统合功能，然而反过来看，二者又共同导致了政治学家山口二郎特别强调的普遍性社会保障与福利制度的滞后。而在对国民实施利益还流过程中的"公正性"与"透明性"，也只有克服了诸如虚伪的"家长式的慈爱"、"人情"或"面子"之类的前现代特质，以国会所赋予的正式权力构建国家层面的具有普遍性的社会保障与福利"制度"，才有可能得到保证。因此，伴随着经济赶超的结束，日本也终将面临社会关系结构以及社会统合方式现代化转型的必然需求。

---

[1] 参见カレル・バン・ウオルフレン著、篠原勝訳『人間を幸福にしない日本というシステム』，19ページ、100－105ページ。

第二章
日本国家转型的失败与保守依附发展主义国家体制的强化
（1968/1973－1982年）

在上一章里，笔者对高速经济增长期间日本的政治、经济以及社会组织结构进行了剖析，并指出了存在于其中的被高速经济增长这一炫目"光环"所掩盖的诸多有待消除的"阴影"。其一，便是对世界体系霸权国美国过度的政治、军事以及经济依附。依附之下的"红利"获得仰赖于美国的"宽容"与"慷慨"，但这种"宽容"与"慷慨"却只是特定历史时期的产物，不可能永久持续。更为严重的是，这种深度依附也将最终"阉割"日本国家独立自主的战略选择，从长远视野来看，这必将严重影响到日本国家的健康发展。其二，则是保守主义政治对于国内垄断资本的高度依附所导致的经济发展至上主义，或用笔者的话说，叫作发展主义偏执；同时，其经济组织方式以及社会组织方式中依旧沿用着诸多被冠以"日本特色"或"日本型"之名而实质上则属于前现代的残余要素，经济的高速增长得益于此并且同时有效地掩盖了这些前现代要素的后进性，但无法真正消除日本国内经济与社会发展之间存在的根本性的不均衡。在此意义上，高速经济增长期间日本的经济以及社会组织方式皆可称作经济赶超模式。本章将阐明，1960年代末1970年代初，伴随着日本完成经济赶超步入了先进资本主义国家行列，以及世界体系和日本国内支撑高速经济增长的诸多条件渐次消失，日本迎来了国家转型的重要历史转折点，并且出现了实施这一转型的可能性，1970年代本应成为日本的国家转型时代。然而，保守主义政治霸权的维系却让日本最终错失转型良机而延续了战后以来的依附发展主义路线，从而为1980年代后半期至1990年代初经济泡沫的膨胀以及泡沫破灭之后的经济社会危机埋下了"导火

第二章　日本国家转型的失败与保守依附发展主义国家体制的强化（1968/1973-1982年）

索"。立足于长期历史视野来看，可以说1960年代末1970年代初至1980年代初这段时期，日本虽然获得了资本主义国家中"一枝独秀"式的经济发展，却是以对美依附的深化以及国内经济与社会之间不均衡的进一步扩大作为代价的。美国哈佛大学教授傅高义在其1979年出版的《日本名列第一》一书中将日本推崇为资本主义国家中的"NO.1"，其实不过是基于短期历史事像的过于轻率和武断的结论，缺少立足于长期历史视野的对于日本国家发展体制的深层剖析以及批判，终归难免流于肤浅。

第一节　日本国家转型的内外契机：作为重要历史节点的1960年代末与1970年代初

立足于长期历史视野来观看，可以说，1960年代末1970年代初，具体而言就是1968-1973年这一期间，对于日本的国家发展来讲应该说是一个极其重要的历史节点。因为正是在这一时期，日本迎来了国家转型的内外契机并且出现了实施转型的可能性。下面，笔者将从世界体系情势，日本国内经济、社会以及政治层面的变化，来阐明上述观点。

如果关注经济层面的话，首先，就日本本身来说，截至1968年——距离明治维新（1868年）刚好百年，作为后发工业化国家的日本已经实现了长久以来的经济赶超目标，正式步入了经济发达的资本主义国家行列。虽然日本在1964年就加入了被称作"富人俱乐部"的世界经济合作与发展组织（OECD），但其经济上仍处在赶超阶段，名分与实际经济实力之间仍存在着很大差距，这一状况在1968-1973年间却发生了巨大变化。1968年，日本GDP总值达到了1418亿美元，超过联邦德国的1327亿美元以及法国的1266亿美元，占到美国GDP总额的16%强。也就是说，日本的工业生产力水平已经成为资本主义国家中仅次于美国的第二经济大国（1973年日本的GDP总值则达到了3966亿美元，占到美国的30.4%，分别是联邦德国的1.16倍以及英国的2.34倍）。对日本来说，另一个重要的衡量指标就是国际收支，因为国际收支赤字乃是实施工业化发展以来一直困扰日本经济的老大难问题。然而，进入1960年代后半期，日本的国际收支开始持续盈余并逐步稳定化，1968年盈余达到了11亿美元并在其后进一步扩大（1972年盈余则达到了90亿美元，外汇储备增长到180亿美元）。

以上两个硬性指标标志着日本经济赶超阶段的终结，这本身就要求日本重新审视高速经济增长时期一切为经济赶超服务的发展一边倒的政策体系，实施全面的体制转换，规划更加着眼于长远的国家发展战略。诚如正村公宏所言，在国际收支基本上转为盈余的情况下，有必要最终放弃保护扶植国内产业这一旧的中等发达国家的资本积累优先政策，而且，在对外经济关系方面也有必要进一步使进口和外国企业进入日本（变得）更加自由，进一步推进经济和社会的开放体制化和国际化。[1]

其次，就外部环境来说，这一时期美国主导的资本主义世界体系开始发生结构性变动。曾经支撑日本高速经济增长的外部体系条件逐步消失，其典型事件就是1971年8月的"尼克松冲击"。这一冲击标志着布雷顿森林体系开始崩溃，"被认为是战后1/4世纪一成不变的制度性结构的政治经济结构也到了历史性转折时期"[2]。而资本主义世界体系的这种结构性变动，则主要是资本积累一般规律作用下的必然结果。对此，美国经济学家罗伯特·布伦纳（Robert Brenner）分析指出，资本主义世界体系经过战后二十年左右的高速发展，出现了制造业产能与产量的双重过剩以及一般利润率下降的趋势，导致整个体系在1965-1973年间开始走向长期衰退（即开始进入康德拉季耶夫周期的B段下行区间——笔者注）。全球经济这块"大蛋糕"的增长放缓也意味着国家间的政治经济竞争开始从"正和博弈"向"零和博弈"局面转变，有关国际投资、国际贸易以及货币的游戏规则方面的冲突开始加剧。霸权国美国的衰退尤其明显（美国制造业部门的实际资本利润率在1965-1973年间下降了43.5%；境外投资以及越战军事开支的膨胀导致美国国际收支逆差迅速飙升；境外美元数量的大幅增加亦严重威胁到美元币值的稳定），开始倾向于将经济衰退的恶果和代价转移到其竞争对手身上。[3] 虽则肯尼迪回合（1963-1967年）历经5年谈判最终于1967年达成了一揽子降低关税的协议，但却如宫崎义一教授所言，"从那以后，美国恐怕再也不会像肯尼迪回合那样，在全世界范围内再次重复这种无差别的贸易自由化方式了，……

---

[1] [日]正村公宏：《战后日本经济政治史》，上海社会科学院世界经济研究所日本经济研究室译，上海人民出版社1991年版，第728页。

[2] [日]宫崎义一：《日本经济的结构和演变：战后40年日本经济发展的轨迹》，孙汉超等译，中国对外经济贸易出版社1990年版，第215页。

[3] 参见[美]罗伯特·布伦纳：《繁荣与泡沫：全球视角中的美国经济》，王生升译，经济科学出版社2003年版，第12-21页。

第二章　日本国家转型的失败与保守依附发展主义国家体制的强化（1968/1973－1982年）

同发达国家的贸易正在从自由贸易主义向后转到贸易保护主义。"[1] 1968年，约翰逊总统宣布关闭伦敦的黄金自由市场（但官方之间的黄金交易依然以1盎司黄金兑换35美元的比价继续进行）。宫崎义一教授对此的比喻是：美元以固定价格与黄金挂钩以及各国货币以固定汇率与美元挂钩就像飞机的双引擎，1968年约翰逊总统关闭了其中的一个引擎，[2] IMF所维持的货币秩序开始动摇。1971年8月，尼克松政府宣布关闭"黄金窗口"（至此，宫崎义一教授所说的"飞机的另一个引擎"也被关闭），并对进口商品征收10%的附加税；1973年2月开始实行浮动汇率制。这标志着战后以IMF（固定汇率制）以及GATT（非歧视性自由贸易）为核心的资本主义体系经济秩序——布雷顿森林体系已经开始崩溃。同时，美国政府为了弥补因刺激国内经济而产生的过高的预算赤字并增加经常项目盈余，亦开始终结其盟国对于资本自由流动的管制，以诱导境外美元向美国回流。[3]

作为主导二战后世界体系的霸权国，美国统治世界的主要支柱是美元保护伞和核保护伞，二者相互重叠。美元保护伞说白了就是向全世界抛售美元。一方面以此确立其霸主地位；另一方面则在不危害本国经济的前提下，可以援助其盟国建立起坚强的防卫体制从而构建自由世界同盟（资本主义世界同盟）以遏制苏联共产主义。[4] 这样，在美苏冷战形成的资本主义和共产主义的对抗态势下，对美国政府和占统治地位的资产阶级来讲，资本主义世界的经济发展——尤其是国内市场的扩大——及政治的稳定，是他们最为关心的事情，因此能够容忍其他资本主义国家在国际竞争中实施的政府干预、贸易保护主义政策以及压低汇率等行为。所以，主导者与追随者、领先者与后起者、支配者与被支配者之间的关系尽管充满着矛盾和不稳定因素，但至少在一段时间内保持着休戚与共的合作关系。[5] 然而，抛售美元的政策从一开始

---

〔1〕　［日］宫崎义一：《日本经济的结构和演变：战后40年日本经济发展的轨迹》，孙汉超等译，中国对外经济贸易出版社1990年版，第92页。

〔2〕　［日］宫崎义一：《日本经济的结构和演变：战后40年日本经济发展的轨迹》，孙汉超等译，中国对外经济贸易出版社1990年版，第223－224页。

〔3〕　［美］罗伯特·布伦纳：《繁荣与泡沫：全球视角中的美国经济》，王生升译，经济科学出版社2003年版，第22页。

〔4〕　参见［日］宫崎义一：《日本经济的结构和演变：战后40年日本经济发展的轨迹》，孙汉超等译，中国对外经济贸易出版社1990年版，第95－97页。

〔5〕　［美］罗伯特·布伦纳：《繁荣与泡沫：全球视角中的美国经济》，王生升译，经济科学出版社2003年版，第11页。

就隐含着所谓的"特里芬悖论",[1] 也正如罗伯特·布伦纳所言,美国与这些国家之间的关系从根本上讲依旧是"竞争性的"。[2] 如前所述,美国援助其盟国建立反共同盟的前提是"不危害本国经济",然而,对于盟国的不对等贸易以及资本管制的容忍虽然扶植了盟国的生产能力,却也相对削弱了美国生产商的实力,同时亦造成美元的过度外流(包括盟国外汇储备的增加以及美国自身的军事支出),并最终威胁到美国自身的经济实力以及美元价值。于是乎,抛售美元变成了保卫美元,贸易宽容变成了贸易保护,资本管制则变成了资本自由流动,这就是1971年的"尼克松冲击"。也可以说,以此为契机,美国正在从体系的"宽容型霸主"向"自利型霸主"转变。

对日本来说,世界体系的这种结构性变动——尤其是霸权国美国的政策转变——所带来的冲击无疑是巨大的。笔者在第一章已经指出,高速经济增长时期,日本国内强势的资本积累结构实际上是一个三层次结构,而构成这一结构最外层的就是美国主导的布雷顿森林体系,其中尤为重要的就是固定汇率制以及资本管制。1美元=360日元的固定汇率——而且是超低汇率——的设定为日本敞开了美国这一巨大的"无底洞"似的出口市场,对日本国内过剩生产能力的吸纳起到了至关重要的作用;而资本管制——具体言之,就是1949年《外汇和对外贸易管理法》(以下简称《外汇法》)以及1950年《关于外资的法律》(以下简称《外资法》)对于进口商品和外国资本的限制——则为日本国内"政—官—财"合作之下的资本积累(构成了日本强势资本积累结构中的两个内层)提供了相对封闭和宽松的国内环境,保证了日本既能够顺利地引进和利用外国先进技术,又让大企业不至于丧失经营权,从而可以进行强势的资本积累。也就是说,日本的垄断企业一方面在国内处于近乎没有外国资本竞争的有利环境,另一方面又有美国巨大出口市场的支撑。超低汇率的设定以及对于日本资本管制的容忍,无疑体现出体系主导国家美国的"慷慨"与"宽容",而这除去美国自身经济实力的强大之外,更关键的还在于日本在美国冷战战略中的重要性,这就不能不提到《美日安保条约》。

---

[1] 所谓"特里芬悖论",亦称"特里芬难题",是美国耶鲁大学教授特里芬在其1960年发表的《黄金与美元的危机》一书中提出来的,即如果美国满足美元国际储备需求的增长,布雷顿森林体系就会不可避免地走向崩溃;如果拒绝满足美元储备需求的增长,全球经济将陷入萧条。参见王正毅、张岩贵:《国际政治经济学:理论范式与现实经验研究》,商务印书馆2003年版,第351页。

[2] [美]罗伯特·布伦纳:《繁荣与泡沫:全球视角中的美国经济》,王生升译,经济科学出版社2003年版,第11页。

第二章　日本国家转型的失败与保守依附发展主义国家体制的强化（1968/1973－1982年）

　　1951年签署的《美日安保条约》，实质上"只是一个基地租借协定而已"。[1] 1960年虽则修订，但正像笔者在第一章中已经阐明的那样，1960年修约中增加的所谓"对等性"条款不过是让岸信介等一些民族主义色彩浓厚的保守主义政治家挽回了一丝颜面而已，未能从实质上改变美国将日本"永久基地化"以及日本依附于美国成为其附庸国的事实。所以，超低汇率也好，资本管制也罢，一方面是基于战后美日之间经济上的巨大差距，另一方面则是美日之间通过《美日安保条约》所达成的利益交换。因此，尽管美国一直在对日本施加贸易以及资本自由化的压力，但同时又对日本的自由化拖延行为采取了"睁一只眼，闭一只眼"的容忍态度。尽管IMF要求日本在1962年9月之前实现90%以上的自由化，但1962年10月日本贸易的自由化率是88%，至1965年10月才勉强达到93%，与联邦德国等资本主义国家形成鲜明对比。这除去日本国内垄断资本为获得保护而对政府政策施加了重要影响之外，宫崎义一教授认为，一个重要原因就是《美日安保条约》的存在让美国容忍了日本政府"长期延续了（的）非自由化措施"，并成为日本高速经济增长的基础，尽管日本于1952年加入了IMF（第14条国），1955年加入了GATT（第12条国），但都不受两个组织总原则的约束，并例外地根据各该条款，在国际收支恶化时可以限制贸易上的支付乃至限制进口。[2] 这样，在《美日安保条约》所带来的相对宽容的体系环境下，贸易自由化的"威胁"反而变成垄断企业要求日本政府强化保护、加紧国内设备投资实现高度重工业化的有效"借口"，"与《国民收入倍增计划》互为表里，成为经济高速增长的促因"。[3] 但随着日本在1964年过渡到IMF第8条国以及GATT第11条国，即不能以外汇收支恶化为理由限制外汇兑换和限制进口，并成为OECD加盟国，1965年之后日本贸易收支盈余的逐步常态化以及美国自身经济状况的恶化，从纤维制品到钢铁等，美日之间的贸易摩擦开始变得频繁起来。然而日本却依然未能从根本上改变其过度依赖美国出口市场的经济体制，而是"撒娇"式地依靠《美日安保条约》的存在，通过"出口自主规制"这种权宜之计加以化解。此外，1965年之后，美国开始要求日本实施

---

　　[1]　[日]宫崎义一：《日本经济的结构和演变：战后40年日本经济发展的轨迹》，孙汉超等译，中国对外经济贸易出版社1990年版，第101页。

　　[2]　参见[日]宫崎义一：《日本经济的结构和演变：战后40年日本经济发展的轨迹》，孙汉超等译，中国对外经济贸易出版社1990年版，第99－102页。

　　[3]　勝又寿良『戦後50年の日本経済：金融・財政・産業・独禁政策と財界・官僚の功罪』，114ページ。

资本自由化。迫于压力，日本分别于1967年、1969年以及1970年实施了资本的自由化。但实际上，就像宫崎义一教授所评价的，"（实施自由化的）这些行业都是外国企业根本不想到日本投资的行业，所以它被认为与其说是自由化措施，不如说是不自由化措施"，"日本政府对自由化的态度暧昧，是因为它一方面知道在条约上负有实行自由化的义务，另一方面则采取极力拖延的方针"。[1]

然而，1971年的"尼克松冲击"——标志着美国贸易保护主义的抬头以及资本自由化的加速——意味着日本高速经济增长的两个体系层面的外部支撑因素同时开始崩塌。此外，1973年石油危机导致的石油价格急剧上涨所带来的冲击，对于战后以来主导日本经济增长的以钢铁和石油化工等为代表的设备原材料型产业来说，无疑是具有毁灭性的。同时，战后初期美日的经济实力之间存在着巨大差距，对于日本的技术引进，美国可谓授之慷慨；然而，伴随日本经济能力的急剧提升，不知不觉间其优势只存在于技术领域了，美国开始意识到这一问题并在国际经济和国际政治方面有意识地把技术优势作为最后的武器加以运用，比过去更加注意保护和封锁技术了。[2] 综合以上所有这些体系层面的变化，其实我们不难得到这样的结论，那就是：高速经济增长时期的"日本型"强势资本积累已经不可持续。

最后，如前所述，资本主义世界体系经过了战后二十年左右的高速发展，出现了制造业产能和产量的双重过剩以及一般利润率下降的趋势，导致整个体系在1965 – 1973年间走向长期衰退，开始进入康德拉季耶夫周期的B段下行区间。身处资本主义体系之中，日本自然无法独善其身，此时的日本国内经济中已经出现了明显的生产过剩态势。经济学家胜又寿良分析指出，日本经济实际上在1963年左右就已经显现出生产过剩的样态，企业在大规模的设备投资和生产扩大中累积了大量库存产品以及过剩的机械设备。而主要依靠金融系统"超贷"的帮助，日本企业其后依旧维持着积极扩大投资与生产这种"极为不健全的经营方式"。[3] 1966 – 1970年的5年间，实质设备投资额从13兆4416亿日元增长到30兆680亿日元，膨胀了2.24倍；名义设备投

---

[1] [日]宫崎义一：《日本经济的结构和演变：战后40年日本经济发展的轨迹》，孙汉超等译，中国对外经济贸易出版社1990年版，第151页。

[2] [日]宫崎义一：《日本经济的结构和演变：战后40年日本经济发展的轨迹》，孙汉超等译，中国对外经济贸易出版社1990年版，第154页。

[3] 勝又寿良『戦後50年の日本経済：金融・財政・産業・独禁政策と財界・官僚の功罪』，122ページ。

第二章　日本国家转型的失败与保守依附发展主义国家体制的强化（1968/1973 – 1982 年）

资比率从 16.5% 增长到 20.8% 。一方面旨在吸收固定费用的压迫，另一方面则作为应对资本自由化的对策。[1] 正如宫崎义一教授等人所批评的那样，战后日本经济中企业集团控制结构下的以"过度竞争"式的设备投资为主导的发展方式本身就像是在"有意制造生产过剩的危机"，[2] 这种发展方式之所以能够长期持续，很大程度上有赖于美国巨大出口市场的吸纳作用；而随着资本主义经济体系整体下行以及美国"不宽容"程度的逐步加剧，日本经济中的生产过剩问题就显露无遗。1971 年之后，设备投资需求开始减少，到了 1972 年上半年，设备投资需求的减少表现得则更加明显。[3]

同时，笔者在第一章中阐明的极具"日本特质"的支撑高速经济增长的主要内部要素——人为低利率政策、银行"超贷"保证下的资本要素以及"日本式劳资协调"保证下的劳动力要素——也发生了重大逆转。关注"物"的生产，我们会说生产过剩；而如果关注资本——或者更直白地说"钱"——的话，生产过剩的另一种表现就是过度积累。如果说战后初期日本企业属于资本严重不足——正如经济学家大河内一男"（企业）像饥渴的鹿渴求水一样地渴求资本"的比喻所形容的那样——而极度渴望资金投入的话，间接金融方式以及人为低利率政策下形成的"超贷"体制对生产扩大和经济赶超无疑起到了重要的支撑作用。前面说过，企业的资金筹集无非三种方式：第一种是自我金融，也就是企业以折旧费和利润留成解决资金筹集问题；第二种是直接金融，即企业通过发行股票和公司债券来筹集资金；第三种就是企业通过银行贷款来获得所需资金的间接金融。战后日本由于经济尚处于赶超阶段，资金的缺乏使得企业主要依赖政府低利率政策下的银行"超贷"来获得巨额的设备投资资金，在资本主义世界经济体系整体上处于高速增长的 A 段上行区间，以及日本国内企业从生产不足阶段起步、设备投资需求旺盛的情况下，大量的资金投入促进了企业的设备更新，进而是生产的扩大和利润的增长，从而形成良性循环。然而，高速经济增长期间的这种人为低利率政策加上银行"超贷"的资金融通机制，无论如何都不能算是一种健全的方式：其一，"政—官—财"历史集团控制下的人为低利率政策从根本上"阉割"

---

[1] 勝又寿良『戦後 50 年の日本経済：金融・財政・産業・独禁政策と財界・官僚の功罪』，139 – 140ページ。

[2] [日] 宫崎义一：《日本经济的结构和演变：战后 40 年日本经济发展的轨迹》，孙汉超等译，中国对外经济贸易出版社 1990 年版，第 67 页。

[3] [日] 宫崎义一：《日本经济的结构和演变：战后 40 年日本经济发展的轨迹》，孙汉超等译，中国对外经济贸易出版社 1990 年版，第 252 页。

了中央银行的独立性;其二,如宫崎义一教授所言,对企业资本构成中借入资本不能超过自有资本比率的50%以及周转资金率应为200%这两个原则——这两个比率也被称作"安全比率"——的无视和践踏,实际上是以牺牲企业和金融机关双方的独立性为代价的。企业自不必说,商业银行的放款超出了安全限度,就等于将自己的命运绑定在了企业身上,[1] 或者也可以说是被企业所"绑架";一旦企业在市场的波动中出现变故,商业银行就在劫难逃,这也是隐藏在日本"护航舰队"式融资体系中的最大危险。所以,从本质上说,所谓"护航舰队"式的融资体系,其实是一个汇聚一切资金为资本积累服务的经济赶超型融资体系,应该伴随赶超阶段的终结而代之以新的、更加健全的融资体系。这种转型契机在1960年代末1970年代初出现了,经过多年强势的资本积累,日本企业已经普遍出现了资本过度积累的情形,明显表现就是1960年代末1970年代初企业自有资金的增长以及流动资金的过剩。1956–1960年间,企业内部资金比率最多不过18.6%,但到1971年下半年度则达到将近70%,1972年上半年度达到88.1%,下半年度达到93.7%。由此可见,日本企业在经过了高速增长期间的强势积累之后,已经从依赖他人资本型迅速过渡到与欧美一样的依赖内部资金型了。[2] 而1971年"尼克松冲击"带来的外汇增加(主要是出口货款的回收)使国内资金供给量急剧扩大,这些过剩资金从日本银行直接进入企业手中,形成了企业流动性资金的过剩。

另外,关于劳动力要素,村上泰亮认为促进了企业技术革新进而带来企业高速发展的"日本式劳资协调"。一方面依赖资本主义经济体系高速增长所带来的利润的源源流入,另一方面也依赖于日本国内金字塔型的人口年龄结构。而自1950年代开始并贯穿整个1960年代,日本的出生率急速下降,同时平均寿命延长;进入1970年代以后,人口结构中高龄者人数增加显著,出现了高龄化现象,[3] 企业的劳动力构成则从"金字塔型"向"大头针型"(即"倒金字塔型")转化,工龄工资制对企业成本形成了重压。[4] 吉田和

---

[1] [日]宫崎义一:《日本经济的结构和演变:战后40年日本经济发展的轨迹》,孙汉超等译,中国对外经济贸易出版社1990年版,第187–188页。

[2] [日]宫崎义一:《日本经济的结构和演变:战后40年日本经济发展的轨迹》,孙汉超等译,中国对外经济贸易出版社1990年版,第244页。

[3] 島田晴雄『日本の雇用:21世紀への再設計』,31ページ;另参见[日]富永健一:《日本的现代化与社会变迁》,李国庆、刘畅译,商务印书馆2004年版,第247页。

[4] 島田晴雄『日本の雇用:21世紀への再設計』,34ページ。

第二章　日本国家转型的失败与保守依附发展主义国家体制的强化（1968/1973－1982 年）

男分析指出，劳动投入量是影响企业利润率最为重要的变量，然而终身雇佣极大地限制了对劳动投入量进行调整的可能，这种制度让工资变成了固定费用——用马克思主义的术语来说就是将"可变资本"变成了"不变资本"，因此，当经济处于不景气状况的时候，企业就会（由于雇佣过剩）产生巨大的赤字。[1] 岛田晴雄则说得简单干脆："从结论上说，终身雇佣是经济高速增长的'结果'，没有持续的经济增长，终身雇佣是不可持续的。"[2] 经济评论家内桥克人在分析 1990 年代以来日本经济萧条时，将根本原因归结为发展主义路线下形成的"生产设备过剩"、"雇佣过剩"以及"不良债权的过剩"，[3] 而这三个在高速增长时期已经埋下的过剩的"种子"在 1960 年代末 1970 年代初开始纷纷冒头，表现则为资本借贷过剩（1990 年代以来不良债权问题的根源就在于"超贷"）、生产过剩以及（企业尤其是大企业的）雇佣过剩。

透过以上阐述，我们可以看到，第一章所阐明的支撑日本高速经济增长的被经济学家村上泰亮认为带来了"长期平均费用递减"这一理想局面的体系以及国内诸要素——尤其是其中极具"日本特质"的市场、资金以及劳动力要素——在 1960 年代末 1970 年代初这一期间或者崩塌或者逆转，条件转向了恶化，故而，将此称作"危机"或"冲击"也实不为过。但倘若换一个角度来看的话，这些变化中其实也蕴含着变革的机遇。首先，美国市场从"宽容"向"不宽容"的转变为日本告别赶超发展模式、纠正战后以来出口导向——而且是过分依赖美国市场的出口导向——的经济发展方式，转向为内需拉动的内生型发展提供了转型的契机；其次，它也为日本国内经济组织方式提供了改革的良机，譬如说利用资本自由化改变经济体制中被宫崎义一教授称作"有意制造生产过剩危机"的企业集团垄断结构，强化《反垄断法》以实现经济的民主化，真正消除经济中的"双重结构"从而使经济结构变得更加均衡（其实，这也正是战后初期都留重人教授的"体制改革"构想）；再次，资本的充裕也可以让日本借此彻底摆脱银行的"超贷"体制，代之以更为健全合理的金融体制——按照日本银行自己的说法，实际上，随着外汇流入的增加，城市银行的存贷款率得到改善。至 1971 年末，自 1956

---

〔1〕　吉田和男『日本型経営システムの功罪』，29ページ。
〔2〕　島田晴雄『日本の雇用：21 世紀への再設計』，60ページ。
〔3〕　内橋克人『同時代への発言7：九　年代不況の帰結』，4ページ。

年以来的所谓"超贷"现象已经得到事实上的消除;[1] 最后,大企业雇佣过剩带来的问题则要求日本对其"前现代"式的劳动力政策做出转变,以应对体系以及国内人口年龄结构的变化。总而言之,处在1960年代末1970年代初这一重要历史节点上的日本应当对世界体系已经发生结构性变动的事实更多一份理性的认知,全面转换高速经济增长时期以来过度依赖美国市场的经济发展方式;对于自身经济已经从事事需要保护的孩童阶段(赶超阶段)而进入了必须实施内生型发展的成人阶段(先进国家化)这一事实更多一份自觉,全面转变经济中由企业集团垄断、"护航舰队"式融资体系以及"日本式劳资协调"构成的所谓"日本式经营",将已经显露的上述三个过剩消灭在萌芽之中,谋求更为均衡的和更具未来可持续性的经济发展。

至于国内社会层面,日本高速经济增长时期垄断资本至上、经济发展至上的极端发展主义路线虽然造就了奇迹般的生产力发展,但同时也带来了诸如公害、污染、城市住宅拥挤及交通拥堵、高物价等严重的社会问题,尤其是国家财政金融政策方面的经济发展一边倒导致了公共社会保障与福利制度的有名无实,经济与社会发展严重失衡,经济方面的诸多过剩与社会建设——尤其是社会保障与福利制度的建设——方面的不足和滞后形成鲜明的反差。可以说,如果关注世界体系中民族国家间关系的话,经济赶超阶段日本生产力的高度发展是以牺牲国家独立性为代价的,而如果关注日本国内状况的话,那么这种发展则是以牺牲或者说有意忽视社会层面的建设为代价的。1960年代住民运动和革新自治体运动的兴起,反映出的主要就是国民对于保守主义政权疏于解决上述社会问题的不满。而1960年代末1970年代初,革新自治体运动则进一步扩大,1971年4月的统一地方选举中,东京的美浓部亮吉(社会党和共产党的统一候选人,在1967年4月的选举中当选为东京都知事)再次当选,横滨的飞鸟田一雄(社会党党员,在1963年4月选举中当选为横滨市市长)实现三连任;此外,日本共产党系的黑田了一当选为大阪府知事,1973年名古屋市、神户市、川崎市以及1975年神奈川县等亦相继产生了革新市长和知事。除去对环境保护、防止公害等问题表示出积极的态度之外,致力于完善社会福利、努力使1947年宪法中福利国家的思想具体化乃是革新自治体的主要主张。法政大学教授松下圭一提倡的"市民最低生活标准"(civil minimum)的主张,成为以美浓部和飞鸟田为代表的革新领导推行

---

[1] 日本銀行『日本銀行百年史(第六卷)』,1986年版,367ページ。

第二章　日本国家转型的失败与保守依附发展主义国家体制的强化（1968/1973－1982年）

现实行政工作的思想。[1] 可以说，革新自治体运动的高涨鲜活地反映出了在经济赶超结束后，应该从注重"物"的生产转向更加关注"人"的生活的日本社会自然生发的迫切要求。

其实，对于经济与社会发展严重失衡的问题，保守主义政权也并非完全没有意识到，早在1964年的自民党总裁选举中，佐藤荣作就曾批评池田内阁发展主义的内政外交，提出了"社会开发"这一反命题，[2] 并在其就任首相后的初次演讲中对此阐释道："寻求经济与社会均衡发展的社会开发，是旨在建设福利国家的各国的共同课题。在经济和技术出现了巨大进步，却往往忽略了人的现代社会，着意于提高人的生活质量的努力便是社会开发，经济的发展通过社会开发而与国民福利相挂钩，可以创造出真正安定谐和的社会。"[3] 然而最终，"佐藤内阁下实行的是比以前历届政府都优惠企业资本积累、加速经济增长的政策"，[4]"社会开发结果（也）只是停留在口头上而已"。[5] 如果说在佐藤内阁刚刚上台之时，从GDP以及国际收支这两个硬性指标来看，日本的经济赶超尚未最终完成，世界体系虽然已经开始显现出下行迹象，但尚未出现类似1971年"尼克松冲击"这种标志着体系结构性转换的明显事件，其发展主义政策的延续尚可被理解的话，那么1968－1973年这一期间，日本自身经济地位的根本性变化、世界体系明显的结构性转变以及国内经济中三个过剩状况的凸显，无论如何都应该让日本停下来认真地对待并从根本上纠正经济与社会发展的非均衡问题。在1960年代末1970年代初这一历史节点上，"社会开发"已经成为日本的当务之急，且日本此时已经具备了足够殷实的经济能力来实施这一转型。所谓"社会开发"，正如佐藤荣作在演讲中所阐释的，就是超越高速经济增长时期过度注重"物"的生产与"钱"的积累——偏重经济意义上"量"的积累——的发展至上主义，更加关注"人"的生活和"人"的尊严——注重社会整体的"质"的提升，

---

[1] 参见［日］正村公宏：《战后日本经济政治史》，上海社会科学院世界经济研究所日本经济研究室译，上海人民出版社1991年版，第671－673页。

[2] 参见［日］正村公宏：《战后日本经济政治史》，上海社会科学院世界经济研究所日本经济研究室译，上海人民出版社1991年版，第611页。

[3] 坂野潤治、宮地正人、高村直助、安田浩、渡辺治編『日本近現代史—構造と変動4：戦後改革と現代社会の形成』，360ページ。

[4] ［日］正村公宏：《战后日本经济政治史》，上海社会科学院世界经济研究所日本经济研究室译，上海人民出版社1991年版，第634页。

[5] 坂野潤治、宮地正人、高村直助、安田浩、渡辺治編『日本近現代史—構造と変動4：戦後改革と現代社会の形成』，360ページ。

最终指向则是福利国家，这其实也就意味着国家体制的整体转型。而这除了要解决公害、污染、城市问题等诸多与民生息息相关的社会问题外，核心内容就是要充实作为福利国家最大标志的国家层面的普遍性社会保障与福利制度。

高速经济增长时期，日本虽然形成以垄断企业企业组合主义为主导的社会生产关系结构，并以企业组合主义以及"政—官—财"合作下的利益诱导政治作为两大社会统合支柱实现了社会的安定团结。但笔者在第一章中已经清楚地指出，这二者从内在机制上讲都具有明显的"前现代性"，实质上是为实现经济赶超而对前现代体制的借用。这种"后进性"之所以能够被成功地"嫁接"在现代化的工业体系之上而且还发挥出了巨大功效，其实高度依赖于战后至1970年代初这一特定历史时期资本主义世界体系本身的高速增长，从而保证了企业利润的源源流入以及国家税收的自然增收（另外，如前所述，企业组合主义本身还高度依赖高速增长时期日本国内金字塔型的人口年龄结构），其存在本身就具有一定的时限性。伴随着经济现代化的实现，日本应当适时地在国家政治与社会层面实施相应的现代化转型了。

另外，在大企业企业组合主义生产关系中所谓"（封建）家长式的慈爱"背后，其实隐藏着严酷的另一面。譬如工龄工资制中所内含的长幼有序的差别对待（对于这一点，尽管日本企业动辄以所谓"和"字来加以宣传和掩饰，却终究无法消除根本上存在的不平等和利益冲突），"忠诚"、"奉献"精神宣扬之下长时间超负荷劳动所带来的人的高度精神异化以及对劳动者正常家庭生活的严重侵蚀等，无论从社会民主化的角度抑或是从人的生活的角度来看，都无法将其称作健康和健全的社会现象（类似于"企业战士"、"过劳死"一类的特殊语汇所展示出的其实更多的应当是耻辱而非光荣，这乃是一个社会不健康发展的体现，也是后发工业化国家在经济发展逐渐走向成熟阶段时所必须克服和超越的状况——须知：一个真正成熟与健康的社会应当是让人活得像人、活得有尊严有质量的社会！）。

再者，企业组合主义封闭式的利益还流只局限于少数大企业，而且也不包括供职于大企业的临时工、社外工以及钟点工这些所谓的不安定就业人员，它造成了劳动力市场以及工资待遇上的异质性。木下武男这样评价道："随年龄增长而不断上升的工龄工资以及补偿国家社会保障缺陷的企业福利替代了福利国家的功能，形成'企业社会'。但很清楚的是，这种替代功能并未

第二章　日本国家转型的失败与保守依附发展主义国家体制的强化（1968/1973－1982年）

覆盖所有的劳动者，只是局限于民间大企业的劳动者。"[1]虽然《国民收入倍增计划》支撑下的利益诱导政治通过大把撒钱的方式从一定程度上缓和了收入上的阶级阶层差别，却依然无法真正从结构上消除这种差别。譬如宫崎义一教授就辛辣地批判道：不仅在工资方面，"就是在生活环境方面也出现了一种新型的'双重结构'"，即"属于大企业的高级公司职员的住宅，是在高地的无公害地区；而不属于大企业的一般居民则在公害侵袭中仍然处于往昔的无权状态，被弃之不顾"![2]而且，"官僚裁量型"的补助金行政中又充满了太多以人情网络为背景的法外交易，带来资源实质上的分配不均并滋生出大量利权交换的腐败（在日本被称作"黑雾"）。这些内在的不公正、不平等之所以并未导致社会集团之间的冲突，腐败也在一定程度上得到国民的容忍，主要还是得益于随着高速经济增长而来的财富效应。这二者混搭的社会统合方式最严重的问题还在于，它们共同导致了国家层面普遍性社会保障与福利制度的贫弱（参照第一章表1－5及图1－2）。伴随经济赶超的终结以及体系和国内条件的逆转，日本亟需实施自身生产社会关系结构以及社会统合方式的现代化转型，而转型的理想参照物无疑就是欧洲的"三方制"福利国家，即以"三方制"作为主导模式重塑社会关系结构，并通过国家层面社会保障与福利制度的构筑对国民实施普遍性的利益还流，对人的生活形成保障并真正消除阶级阶层间差别，从而实现社会统合。

福利国家本身虽然包含着不同的模式或类型，譬如，哥斯塔·埃斯平－安德森（Gosta Esping-Andersen）就将福利国家划分为法团模式（corporatist regimes）、自由主义模式（liberal regimes）以及社会民主主义模式（social democratic regimes）；[3]理查德·蒂特马斯（Richard Titmuss）则将福利国家区分为补缺式（residual welfare）与制度式（institutional welfare）两种类型。[4]但正如美国学者彼得·鲍尔温（Peter Baldwin）所言："是原理创造了类型，而不是类型创造了

---

[1]　渡辺治、後藤道夫編『講座現代日本4：日本社会の対抗と構想』，125ページ。

[2]　[日]宫崎义一：《日本经济的结构和演变：战后40年日本经济发展的轨迹》，孙汉超等译，中国对外经济贸易出版社1990年版，第272页。

[3]　参见[丹麦]哥斯塔·埃斯平－安德森：《福利资本主义的三个世界》，苗正民、滕玉英译，商务印书馆2010年版，第37－40页。

[4]　理查德·蒂特马斯认为，补缺式福利国家只有在家庭或市场失败时才会承担责任，试图将承诺限于处在边缘且值得帮助的社会群体；而制度式福利国家则针对整个人口，是普遍性的，而且包含着制度化的福利承诺。参见[丹麦]哥斯塔·埃斯平－安德森：《福利资本主义的三个世界》，苗正民、滕玉英译，商务印书馆2010年版，第29页。

原理。"[1] 那么，什么是福利国家所遵循的原理呢？简而言之，就是卡尔·波兰尼所阐释的资本主义制度下经济与社会均衡发展——或者说经济逻辑必须嵌入社会逻辑——的社会民主主义原理。尽管不同国家之间存在着发展程度上的差异，但福利国家——尤其是欧洲福利国家——的发展可以说都是根源于对这一基本原理的认知。本书之所以把"三方制"福利国家设定为马克斯·韦伯所谓的"理想型"，也是因为在迄今现实中存在的福利国家中，这种模式应该是对上述原理最为完善的体现。

资本主义从根本上讲是一个依靠市场机制促进资本积累的制度，它自诞生之日起就伴随着市场的扩大，并带来包括构成社会生活的核心主体——"人"——在内的"万物商品化"。但正如波兰尼的历史分析所表明的，自我调节市场是一个"撒旦的磨坊"，是一个"乌托邦"，如果任由市场机制成为人的生存环境以及命运的主宰，最终只能导致社会的毁灭。[2] 马克思认为，资本主义制度下虽然生产力可以获得前所未有的发展，但其生产关系中天然的不平等必然导致劳工成为"剩余价值"的剥削对象而绝对贫困化，无法实现平等社会。马克思本人对国家权力抱有根本的不信任——譬如他认为19世纪的"夜警国家"不过是"资本家阶级的管理委员会"而已，因此最终只能是通过无产阶级革命来开辟通向社会主义平等社会的道路。波兰尼也自称社会主义者，却没有如同马克思那样走向极端，而是一方面肯定市场的经济价值，另一方面则又认为"权力和强制是现实的一部分，将它们拒之于社会之外的理想显然是无效的"，[3] 主张国家遵循社会逻辑，利用权力去规制自由市场。

19世纪式的自由放任市场主义所带来的马克思预言的社会恶果的显现以及马克思主义指导下劳工力量的逐步强大和劳工运动的不断高涨，最终催生了欧洲的社会民主主义改良路线，也就是在新古典自由主义与马克思主义之间寻求平衡的波兰尼式的中庸路线。一方面认为资本主义市场对于生产力的发展是必需的，这意味着人只能作为生产要素——劳动力——被"商品化"，才能创造出财富；另一方面，为避免马克思所警告的社会动荡甚至革命，以

---

[1] [丹麦]本特·格雷夫主编：《比较福利制度：变革时期的斯堪的纳维亚模式》，许耀桐等译，重庆出版社2006年版，第29页。

[2] 参见[英]卡尔·波兰尼：《大转型——我们时代的政治与经济起源》，冯刚、刘阳译，浙江人民出版社2007年版，第62—65页。

[3] 参见[英]卡尔·波兰尼：《大转型——我们时代的政治与经济起源》，冯刚、刘阳译，浙江人民出版社2007年版，第218—219页。

第二章　日本国家转型的失败与保守依附发展主义国家体制的强化（1968/1973－1982 年）

国家权力介入劳动力市场，促成劳资双方的"历史性妥协"以实现生产关系的民主化，同时，国家作为社会剩余（social residue）的受益方（主要是税收），通过社会保障与福利制度对包括劳工在内的各个社会群体实施普遍性的利益还流从而实现人的"脱商品化"。这样，国家功能在市场领域和社会领域的有效发挥将经济理性"嵌入"了社会理性，从而既保证了企业的财富创造，又维系了社会的安定与团结。从 19 世纪的"企业劳动力市场"到 20 世纪初的"两方制"、再到二战后的"三方制"，欧洲先进资本主义国家中主导性生产社会关系出现递进式的变化；同时，国家的社会统合功能亦出现了从"夜警国家"到"贝弗里奇式"或曰"济贫式"福利国家，再到"普遍制度型"福利国家这样逐步的变迁和完善。这正是遵循了经济与社会均衡发展的原理。我国经济学家厉以宁先生认为，这也是伴随欧洲国家工业化发展的必然的制度调整或曰转型。[1]　日本早稻田大学的金子胜教授则在当代背景下将上述这一原理表述得更为简明易懂，那就是：伴随资本主义市场的扩大（它带来人的"无产阶级化"和"商品化"），社会安全网的构筑亦必须相应地从家庭和地方共同体向国家、区域乃至全球层次递进（实现人的"脱商品化"）。[2]　而"三方制"福利国家之所以是这一原理迄今为止最完善的体现，主要在于"三方制"在国家层面对劳资双方形成制度性规制，实现了生产关系的民主化，产业横断工会主张的"同工同酬"原则亦保证了劳动力市场以及工资收入的同质性（欧美的工资制是极力避免年龄、工作年限以及个人能力等"属人"要素，而是遵循基于劳动本身的"同工同酬"原则）；同时，国家层面社会保障与福利制度的构筑则对应着全国规模的市场扩大，对其中的各个社会群体实施生活保障。对于住宅、教育以及高龄等人生中必然要面临的一些重要问题（或者如失业、疾病等个人风险），"同工同酬"原则下的解决方法并不是通过个人工资随年龄上升而上升这种方式进行"私人化的解决"，而是通过住宅、教育、养老金以及儿童补贴等国家层面普遍性的社会政策加以解决，即"风险的社会化"。所以，"同工同酬"原则下的社会系统和福利国家这一国家结构乃是一体的关系，而所谓福利国家就是建立在这样的关系之上的。[3]　其最大特征就是国家制度框架保障下的利益还流的客观性、普遍性和透明性，与日本企业组合主义生产关系模式主导下所形成的劳

---

[1]　参见厉以宁：《工业化和制度调整：西欧经济史研究》，商务印书馆 2010 年版。
[2]　金子勝『新・反グローバリズム：金融資本主義を超えて』，216－217ページ。
[3]　渡辺治、後藤道夫編『講座現代日本 4：日本社会の対抗と構想』，125ページ。

动力市场和工资收入的异质性,以及企业组合主义与利益诱导政治混搭的利益还流模式中存在的极大的主观性和法外性(譬如工龄工资制的"属人性"、"官僚裁量"的主观性以及"政—官—财"勾结下的"法外交易")形成了鲜明的对照。

表2-1　转移支付收入与社会保障支付额的国际比较(EC各国)(单位:%)

	转移支付收入占国民收入比率(1969年)	社会保障支付额占国民收入比率(1966会计年度)
扩大EC各国平均	(17.5)	(18.2)
EC各国平均	(19.3)	(20.2)
比利时	17.2	18.8
法国	22.2	19.7
西德	17.3	21.8
意大利	18.7	18.7
卢森堡	※20.4	※※19.8
荷兰	21.3	19.5
新加盟国平均	(11.8)	(15.0)
英国	11.2	15.0
挪威	15.7	14.3
丹麦	14.2	※※16.2
爱尔兰	※9.7	※※12.2
日本	5.3	6.2

(注)※表示1968年　※※表示1965会计年度

资料来源:OECD"National Accounts of OECD Countries"统计数据以及ILO"The Cost of Social Security"统计数据整理而成,转引自经济企画厅编『昭和47年版経済白書:新しい福祉社会の建設』大蔵省印刷局昭和47年版,176ページ。

依据上述原理,回到对日本问题的探讨,笔者要再次强调,1960年代末1970年代初,日本确实应该实施主导性生产关系以及社会统合方式的现代化转型,而最优选择就是欧洲式的"三方制"福利国家。对于企业组合主义生产关系模式,村上泰亮指出:"很明显的事实是,所谓'日本式经营'(这里主要是指企业组合主义的生产关系——笔者注)是在以'长期费用递减'为象征的经济好景气的支撑下才展示出其充满活力的一面,但是随着经济景气

第二章　日本国家转型的失败与保守依附发展主义国家体制的强化（1968/1973－1982年）

状况的逆转，'日本式经营'就必须寻找新的突破口了。"[1] 对于国家层面社会保障与福利制度的充实，宫崎义一教授基于当时日本社会结构的变化，尖锐地指出：1948年修改的新民法摧毁了封建家长制家族的法律基础，而经济高速增长带来的急剧城市化加速了小家庭化的实现（1960年代末1970年代初已经达到70%）。这也意味着，家长制家族所具有的那种在家族中自然地由私人互相扶助的生活保障功能（譬如生病、失业以及晚年时的互助、出生、育儿、教育等）的迅速消失，可以代替这种功能的由公共机关实施的社会保障制度和设施却跟不上，他把这称作"富裕社会中的不稳定结构"[2]。

宫崎教授的这种看法和前面金子胜教授的表述其实如出一辙。城市化以及小家庭化的急速发展是工业化及其带来的资本主义市场扩大的结果，它将大量人口从农村推向城市并使其"无产阶级化"。因此，必须主要由公共机关来承担社会安全网的功能，其最终目标无非是实现民主化和社会安定[3]。富永健一则在现代化功能主义框架下得出了相同结论，他指出："在发达国家中，产业化是由民间承担的，在现代化的初期阶段，国家的现代化被认为是国家的'夜警国家'化，但是家庭的核心化、村落共同体的解体以及家庭与企业的分离带来了一个社会问题，即它们创造出大量不被共同体所保护的无力的个人，福利国家化就是来自处理这些社会问题的功能要求"[4]，而"要解决福利问题和环境问题，只能由国家出面"[5]。

也正是在这一时期，日本政府发布的《经济白皮书》中关于必须实施国家转型、谋求经济社会均衡发展的论述亦开始大量涌现，在此有必要进行大段引述。譬如，1970年的《经济白皮书》这样写道："作为1970年代初的日本经济，立足于已经取得的令人惊异的巨大成果之上，不应只是一味追求经济的高增长率，而是要重新设计并指向以质的充实和均衡为目标的经济发展，日本已然到达了这样的时期。"接着，"日本经济应该将增长带来的果实更加积极地投到丰裕的福利建设中去，日本已然处在这样的时期。……日本经济

---

[1]　村上泰亮『新中間大衆の時代：戦後日本の解剖学』，158ページ。
[2]　[日] 宫崎义一：《日本经济的结构和演变：战后40年日本经济发展的轨迹》，孙汉超等译，中国对外经济贸易出版社1990年版，第338－339页。
[3]　[日] 宫崎义一：《日本经济的结构和演变：战后40年日本经济发展的轨迹》，孙汉超等译，中国对外经济贸易出版社1990年版，第338－339页。
[4]　[日] 富永健一：《日本的现代化与社会变迁》，李国庆、刘畅译，商务印书馆2004年版，第38页。
[5]　[日] 富永健一：《日本的现代化与社会变迁》，李国庆、刘畅译，商务印书馆2004年版，第318页。

的规模不断扩大而国民的生活依然缺乏充实感的主要原因在于生活关联性资本的储备相对低下,公害现象的增多威胁了国民的生活环境。……如今,应该从一味追求经济增长以赶超先进国家的时代向以追求福利的充实和宜居社会为目标的时代转换了。"[1] 1971年的《经济白皮书》中又写道:"明治开国100多年来,先人们所追求的发展工业化和出口立国的目标以及为此而采取的政策,如今由于长期的景气以及国际收支盈余的实现,可以说已经基本完成。日本经济现在已经具备了作为先进国家而必需的坚实的基础条件,对外应该遵循国际行动原理,对内则应该将建设真正丰裕的福利经济作为成长的重点,日本已经迎来了这样的时期。"[2] 1972年的《经济白皮书》则认识到,"与国外相比,我国的保险私人化的比率很高,家庭部门的高储蓄率在很大程度上可以认为主要是用来应对未来风险的一种准备",同时认为,"私人化的生活保障有其限度"。但"我国社会保障的水准非常之低,不仅国民收入中转移支付所占比率与国外相比显著低下,而且这个比率的提高速度亦非常缓慢"(参照表2-1)。[3] 至于其中原因,该白皮书认为,"我国的经济政策从明治时代以来一贯以推进工业化为目标,战后的经济复兴以及其后的高速增长时期亦是以重化学工业为主轴展开的。在这当中,社会公正的实现并未能成为广泛的国民共识,在赶超先进国家、追求物质消费水平提高的过程中,经济增长的恩惠主要被施予直接为经济增长做出贡献的人们,却未能遍及没有工作能力的人。而且,这种情况除去加强了生活保障的私人化,从而导致个人储蓄增加的结果,(本应作为)社会保障的费用亦被作为总储蓄的源泉加以利用,成为'高储蓄→高投资→高增长'机制形成的一个条件",但是,"如今日本已经迎来了将经济增长的成果用于充实国民生活的政策转换的时期。在此意义上,为实现社会公正,我国应该在提高社会保障支付水平的同时,也站在一个纠正偏向性、国民各阶层共同合作以确保生活权的时点上"。[4]

综上所述,如果说战后初期日本所面临的状况是作为战败国处于美国冷

---

[1] 勝又寿良『戦後50年の日本経済:金融・財政・産業・独禁政策と財界・官僚の功罪』,16-17ページ。

[2] 勝又寿良『戦後50年の日本経済:金融・財政・産業・独禁政策と財界・官僚の功罪』,19ページ。

[3] 経済企画庁編『昭和47年版経済白書:新福祉社会の建設』大蔵省印刷局,175-176ページ。

[4] 経済企画庁編『昭和47年版経済白書:新福祉社会の建設』,177-178ページ。

第二章　日本国家转型的失败与保守依附发展主义国家体制的强化（1968/1973－1982 年）

战战略的框定之下，同时国内资本严重缺乏、生产开工不足以及失业严重，国家为实施经济赶超而不得不依靠美国，并将政策重点放在了快速提高经济生产力之上的做法具有一定的合理性，建设欧洲式的福利国家尚有些"勉为其难"——正如片山以及芦田内阁的努力最终归于失败所显示的那样——的话，那么，1960 年代末 1970 年代初日本的境况却可以说完全是另一番天地了。国力的增强完全让日本有可能摆脱附庸于美国的尴尬局面而获得真正意义上的国家独立自主，事实上，1970 年日本也正好面临着是否续签《美日安保条约》的问题。而放眼日本国内，资本不足、生产不足以及雇佣不足的情况完全逆转，代之以诸多过剩的出现。生产力高度发展带来的"物"的富足乃至有余以及资本的充裕，归根结底意味着国家整体生产能力和财富的增加，相比于生产不足和资本缺乏——即使是在当代的许多落后国家中，这依然是普遍存在的现象——来说，当然是极好的事情，关键是国家将导引它们流向何处。正如河水涨满会形成潜在的强大能量，如不加以正确的疏导，就可能变成洪水，冲垮房屋农田从而产生巨大的破坏作用；反之，如果善加导引，就会灌溉出作物的丰收与人的喜悦幸福。

正村公宏指出，为实现均衡稳定发展，"必须要有结构性和制度性的政策，它不是来自金融和财政政策的单纯的抑制增长政策，它应该是对经济学家所说的'必要增长率'能够产生影响的各种要素"。[1] 哈罗德—多玛模型表明，储蓄倾向越高，"必要增长率"将越高；资本系数越高，"必要增长率"就越低。高速增长期间，日本的国民储蓄率远远高于其他国家，而资本系数却很低（即投资效率很高）。在生产过剩的情况下，要抑制经济过度增长而实现均衡稳定发展，正村公宏认为，这种"结构性和制度性"政策的可能方向，首先就是大幅度扩大社会保障制度，"因此增加的必要负担让国民承担"，但同时，这"一方面将减少国民对年老和生病的后顾之忧，另一方面通过增加税收和社会保险费负担，可支配收入的增长率将降低，这样，储蓄倾向有可能降低"；其次就是要求各行业采取严格的防止和消除公害的对策，"除了直接的生产设备以外，还必须建设防止和消除公害的设施，这样，资本系数将上升。如果更进一步扩大有助于改善国民生活环境——如上下水道、公园绿化地和住宅等——方面的公共投资（即民生关联性投资），那么整个国民经济的资本系数也将提高"，而"这些政策都不是旨在操纵增长率

---

[1] [日] 正村公宏：《战后日本经济政治史》，上海社会科学院世界经济研究所日本经济研究室译，上海人民出版社 1991 年版，第 637 页。

的政策,而是为充实国民生活的内容和质量的政策"。[1] 究其实质,这些所谓"结构性和制度性"的政策无非是要求摆脱以强化生产力和国际竞争力为重心的经济增长至上主义,转向以人为本的国内社会建设——尤其是充实国家的社会保障与福利制度——的政策。正如正村公宏所言,"这些政策具有在战后的经济增长过程中更有力地推动社会民主主义的性质"。[2] 换言之,这意味着要对战后以来保守主义历史集团操控下的经济和社会政策体系实施重要的社会民主主义转型。

第二节 "1955年体制"的重构与强化

世界体系以及国内情势的诸多变化都为日本适时地实施国家转型提供了契机,然而,究竟能否走上转型之路,说到底还是要看日本国内掌握着政治霸权的历史集团能否被更替。因此,笔者在本节将具体考察这一时期日本国家政治中的斗争及其结果。

一、《美日安保条约》的自动延长

经济上对盟国不对称贸易的长期容忍,以及政治军事上对于共产主义的遏制,尤其是越南战争,都给美国自身实力带来了极大的消耗,导致了其国内财政以及贸易收支上的巨大赤字。到1960年代末1970年代初,美国的力量已经达到其极限(用经济学中的"成本—收益"分析来解说的话,此时美国维系其体系霸权的成本已经开始大于收益了),而越南战争也让美国的榜样作用受到了质疑(世界体系中的所谓"霸权",除去表示一种可以将本国的意志强加于他国的强制力——现代国际关系中所通称的"硬实力"——之外,同时亦包含着吸引他国自愿追随和效仿的能力,也就是国际关系中所说的"软实力")。1969年"尼克松主义"出台,承认了这种极限,并由此结束了美国一直处于全球遏制前线的政策,[3] 开始了"战略收缩"。美国需要

---

[1] 参见[日]正村公宏:《战后日本经济政治史》,上海社会科学院世界经济研究所日本经济研究室译,上海人民出版社1991年版,第635–638页。

[2] 参见[日]正村公宏:《战后日本经济政治史》,上海社会科学院世界经济研究所日本经济研究室译,上海人民出版社1991年版,第638页。

[3] [美]特伦斯·K. 霍普金斯、[美]伊曼纽尔·沃勒斯坦等:《转型时代:世界体系的发展轨迹1945–2025》,吴英译,高等教育出版社2002年版,第31页。

第二章　日本国家转型的失败与保守依附发展主义国家体制的强化（1968/1973 – 1982 年）

同敌手改善关系以建立一种较少敌意的关系，以及重新评价美国对其盟国的安全责任，这些都会直接影响到美国同其盟友之间的关系。"尼克松主义"提出："美国仍将参与盟国与友邦的防卫和发展"，但美国"不能也不会为世界上所有自由国家设想和拟定全部计划，执行全部决策，承担全部防务责任"；对于亚洲盟国的安全保障，美国"鼓励并期望将逐渐由亚洲各国自己来处理"，亚洲盟国要"自己承担起解决这些问题的责任"。[1] 美国世界战略尤其是远东战略的改变给日本提出了两个课题：一是如何处理同美国的关系，这主要涉及如何处理《美日安保条约》的问题；二是如何处理与亚洲国家的关系，其中的核心是中日关系问题。

1960 年 6 月生效的《美日新安保条约》第 10 条规定："这个条约在持续生效 10 年后，无论哪一方缔约国都可以通知对方缔约国解除条约，在此情况下，条约在通知发出后一年内失效。"[2] 1960 年代末，《美日安保条约》的 10 年期限即将到期，面临着废约还是续约的问题。而与此同时，日本国内社会的反越战运动以及冲绳的反基地运动亦呈现出高涨之势。反越战运动是在理念层面反对日本间接参与战争的一种市民运动，以冲绳为中心的反基地运动则是实际遭受战争侵害的人们对自身人权和生活权的切实伸张。而无论是对越战的间接参与也好，还是日本的基地化也好，导致这些结果的根源都是《美日安保条约》之下形成的美日军事同盟。

1960 年"安保斗争"之后的自民党保守主义政权放弃了对 1947 年宪法的明文修改，将经济增长主义推向前台，从而平息了日本国内混乱；但私下里却同时在由《美日安保条约》结成的美日军事同盟体制下，将自卫队作为真正的军队为其配备了世界一流的装备，核潜艇以及核动力航母亦频频入港。越南战争中，日本作为美军的攻击和补给基地发挥着重要的作用，成为美国在远东地区重要的军事据点，尤其是冲绳，被用作轰炸北越的基地。反对越南战争运动，体现出国民对这种国家欺骗行为的不满和抗议。[3] 反对越南战争的市民组织发端于 1965 年以小田实为代表成立的"实现越南和平的市民联合"（简称"越平联"），起初只是由独立个人成立的组织，并基于朴素的作为大众常识的和平主义思想，而 1967 年"日美市民会议"之后，逐渐发展

---

[1]　方连庆、王炳元、刘金质主编：《国际关系史》战后卷·上册，北京大学出版社 2006 年版，第 419 – 420 页。

[2]　[日] 正村公宏：《战后日本经济政治史》，上海社会科学院世界经济研究所日本经济研究室译，上海人民出版社 1991 年版，第 743 页。

[3]　渡辺治、後藤道夫编『講座現代日本 4：日本社会の対抗と構想』，266ページ。

成为追求基于市民连带主义的和平运动的社会力量,认为国家利益的追求践踏了个人生活原理,其典型就是越南战争。这里体现出基于"人"的存在价值而将国家相对化并对其加以批判的志向。日本人民被国家强制拖入战争,从而成为"受害者";而对于战争受害者的越南人民来说,日本人又成为"加害者"。而要切断这种将"受害者"变成"加害者"的机制,就只能依靠"市民的不服从(市民反抗)原理",这也成为反对越南战争的理论基础。"越平联"虽然将运动的直接对象限定于越南战争,但同时也将批评的矛头指向制造出战争的国家权力结构。[1]

对日本来说,虽然并未直接参与战争的屠杀,却通过后方的支援成为越战的支持者与受益者,而制造出这一结果的国内权力结构无非就是保守主义势力掌握着政治霸权的所谓"1955年体制"。政治学者浅井基文指出,美苏冷战背景下,美国对日政策的转变让美国("新政派")曾打算推进的日本民主化进程半途而废,除了一小部分战犯在远东军事法庭被判处绞刑外,对大量战犯采取了只要承诺对美效力便恢复其政治权力的处理方法,因此,战前的保守政治势力堂而皇之地恢复权力并担当了战后政治的主要角色。所以,虽然战后日本具备了民主主义的框架,但让这一框架尽可能发育、完善和巩固的主体性条件——人的素质方面的条件——是绝对欠缺的。[2]"1955年体制"本身就是美国冷战保守派逆转对日政策后的产物,也可以说,通过《美日安保条约》承诺的对美依附是日本保守主义势力获得美国支持从而取得国内政治霸权的重要条件。而战争的另一个最大受益者,无疑就是保守主义统治联盟中唯利是图的垄断大资本。如同朝鲜战争期间日本国内垄断资本曾经大发横财一样("朝鲜特需"),越南战争增加了美军在日本的物资采购,又带来了所谓的"越南特需",日本的外汇收入增加了,有关产业的需求也增加了。美国对越南战争经费的支出扩大了日本对韩国、泰国、中国台湾等有关国家和地区的出口,许多日本大企业以越南战争为契机加强了对东南亚的经济渗透,[3] 获利丰厚。所以,正村公宏一语中的地指出:"'撤销基地、废除安保条约'意味着日本外交的根本性改革,它只有在日本国内舆论发生很大变化,日本政府的主体构成发生交替,而接替的政府敢于把废除安保条约

---

[1] 渡辺治、後藤道夫編『講座現代日本4:日本社会の対抗と構想』,263-265ページ。
[2] [日]浅井基文:《日本新保守主义》,刘建平译,新华出版社1998年版,第45-46页。
[3] [日]正村公宏:《战后日本经济政治史》,上海社会科学院世界经济研究所日本经济研究室译,上海人民出版社1991年版,第687页。

第二章　日本国家转型的失败与保守依附发展主义国家体制的强化（1968/1973-1982年）

这一重大问题提到外交谈判的议事日程上来的情况下，才有可能发生。"[1]

伴随着日本社会中自发的反越战市民运动，社会党和总评系统的各团体也掀起了反对核动力航母运动的反战运动，从日本共产党中分裂出去的新左翼派系的学生组织也展开运动，抗议佐藤内阁支持美国扩大越战的政策。[2] 越战的加剧也激化了日本国内反对基地的运动，这在作为战后最大的美军驻日军事基地的冲绳反映得最为强烈。冲绳的反占领、反基地运动自战后便一直持续，而1960年代，美国对越南军事介入加深，冲绳被用来作为轰炸北越的基地，冲绳县民的反对运动逐步高涨。1968年11月，革新统一的候选人屋良朝苗当选琉球政府主席。屋良朝苗当选后，要求美国撤回B-52轰炸机，反对基地，反对安保条约。[3]

关于外交政策的舆论调查结果显示，1960年代亲自由主义阵营志向者占到了40%强，而中立志向者占到30%左右。虽然存在对抗，但明显是前者占优。从1960年代后半期开始，随着反对越南战争运动的高涨，二者之间的差距缩小（并在1970年代前半期出现了逆转）。面对此种形势，保守自民党的对策是：一方面，表明要坚持"武器出口三原则"与"无核三原则"（1969年佐藤内阁时期），对《美日安保条约》和自卫队体制施加一定的限制[4]以作为敷衍，但并未改变对美国发动的越南战争进行合作的态度，以及害怕与美国发生摩擦而坚持与美国的全球战略保持合作的态度；[5] 另一方面，则是谋求在坚持《美日安保条约》的基础上收回冲绳，同时《美日安保条约》以及与该条约有关的协定也适用于施政权归还后的冲绳，并与美国展开协商。日本同时表示，在朝鲜和中国台湾发生紧急事态时，为维护远东和平，日本当然应采取必要措施，美军在包括冲绳在内的日本基地采取行动时不会遇到重大障碍。美国面对冲绳人民高涨的反对浪潮，也意识到永久占领冲绳是不可能的，且只会恶化美日之间的同盟关系。因此，也送出顺水人情，迎合了日本的愿望，但同时确认了日本对使用日本本土以及冲绳基地的美军在远东

---

[1] [日]正村公宏：《战后日本经济政治史》，上海社会科学院世界经济研究所日本经济研究室译，上海人民出版社1991年版，第739页。
[2] [日]正村公宏：《战后日本经济政治史》，上海社会科学院世界经济研究所日本经济研究室译，上海人民出版社1991年版，第688页。
[3] [日]正村公宏：《战后日本经济政治史》，上海社会科学院世界经济研究所日本经济研究室译，上海人民出版社1991年版，第737页。
[4] 渡辺治、後藤道夫編『講座現代日本4：日本社会の対抗と構想』、267ページ。
[5] [日]正村公宏：《战后日本经济政治史》，上海社会科学院世界经济研究所日本经济研究室译，上海人民出版社1991年版，第688页。

地区采取行动时将予以协助的姿态。1969年11月,美日双方发表共同声明,1972年冲绳将归还日本,并一致同意《美日安保条约》将"不做任何变更地"适用于冲绳。[1] 对美国来说,这桩买卖是划算的,一方面借着《美日安保条约》可以将日本继续作为远东的战略据点,另一方面又可以在国内财政捉襟见肘的情况下节省驻日军事基地昂贵的维持费用(冲绳回归协定生效起的5年内,日本要向美国支付3.2亿美元作为继承美国在冲绳的资产、代替支付基地工人退休金以及撤除特种武器的费用。此外,日本还要承担那霸机场防潜巡逻机的转移费用以及驻日美军地位协定规定的每年的基地维持费用[2])。而对日本的保守主义集团来说,收回冲绳可以平息当地反对运动对自身政权的冲击,而对《美日安保条约》的坚持则可以继续维系其以政治军事依附换取经济利益的功利主义路线。如前文所述,如同朝鲜战争一样,越南战争给日本带来了所谓的"越南特需",外汇收入增加了,有关产业的需求也增加了。美国对越战经费的支出扩大了日本对韩国、泰国、中国台湾等有关国家和地区的出口,许多日本企业以越战为契机加强了对东南亚的经济渗透。而更为重要的是,这一做法可以让日本继续充分利用美国这一巨大的出口市场,为垄断企业的资本积累服务。浅井基文对于战后日本保守主义统治联盟的评价可谓精准,那就是:"战后日本保守政治彻底追随美国,唯经济利益是图。"[3]

针对保守主义政权对《美日安保条约》的坚持及其对冲绳的适用,社会党(以及共产党)尖锐地指出:通过归还冲绳,《美日安保条约》的"远东"范围将被扩大,这不是"冲绳的本土化",而是"本土的冲绳化"。[4] 这其实是说中了问题的要害。1969年11月佐藤荣作赴美之前,社会党、总评系统以及共产党等革新派的各个团体在全国发起了阻止佐藤访美的行动,新左翼的全学联也以东京为中心,在各地开展了阻止佐藤访美的斗争。此外,社会党、共产党以及新左翼势力反对延长《美日安保条约》,主张废除该条约,并准备仿效1960年的"安保斗争",将"1970年《美日安保条约》到期"

---

[1] [日] 正村公宏:《战后日本经济政治史》,上海社会科学院世界经济研究所日本经济研究室译,上海人民出版社1991年版,第741页。

[2] [日] 正村公宏:《战后日本经济政治史》,上海社会科学院世界经济研究所日本经济研究室译,上海人民出版社1991年版,第746页。

[3] [日] 浅井基文:《日本新保守主义》,刘建平译,新华出版社1998年版,第47页。

[4] [日] 正村公宏:《战后日本经济政治史》,上海社会科学院世界经济研究所日本经济研究室译,上海人民出版社1991年版,第742–743页。

第二章 日本国家转型的失败与保守依附发展主义国家体制的强化（1968/1973 – 1982 年）

作为主题，与保守主义政权展开政治决战。然而，最终佐藤内阁采用的策略是不重新举行限定条约期限的会谈，而是根据一年前的通告，按照可以撤销条约情况继续延长，从而狡猾地避开了反对势力的锋芒，造成其"扑空失手"，[1] 实可谓"四两拨千斤"式的政治谋略。

　　对日本来讲，1971 年夏天的"尼克松冲击"具有双重含义：一个是经济上的，前文已经阐明，在此不作赘述；另一个则是政治上的，这就是 1972 年的尼克松访华。对于尼克松访华一事，佐藤首相表示："这是完全意料不到的。"佐藤内阁的对华政策集中体现了始终追随美国全球战略的自民党外交政策，完全继承了吉田内阁时期确定的优先与中国台湾地区保持友好关系这一日本保守主义势力的政治传统。其后，看到美国对华政策的变化，日本政府也"不得不"开始考虑谋求与中国的接近。[2] 在这里，其实可以很清楚地看到日本保守主义历史集团在战后对美国一边倒的依附所带来的主体性丧失。正村公宏在评价日本战后保守主义势力的时候，就曾批评它"没有根据独自的世界形势观来追求独自的外交政策"，而且"在重新评价对美关系这一点上，与西欧相比具有相当的不彻底性"，并指出，"要避免这种事态（对美依附）的发生，除取消日美同盟外别无他法"。[3] 之所以"完全意料不到"，是因为日本完全缺少处理与亚洲国家关系的"独立性"与"自主性"，而"'不得不'谋求与中国的接近"则体现出日本保守主义统治集团在自我理念缺失的情况下对美国政策亦步亦趋的追随。正村公宏的批评可谓中肯，他认为："战后长期执政的保守党不擅长有意识地形成一套系统的指导思想和政策，在外交方面也是每当出现问题时才采取'头痛医头、脚痛医脚'的方法，是名副其实的保守型措施。"[4] 不过，正村公宏还是稍显客气了些，其实不是什么"不擅长"，就外交方面来说，日本保守主义统治集团根本就是依附之下导致的自主能力的被"阉割"，久而久之，甚至连自我的"想法"都被"阉割"殆尽了！

---

[1] 参见［日］正村公宏：《战后日本经济政治史》，上海社会科学院世界经济研究所日本经济研究室译，上海人民出版社 1991 年版，第 741、743 – 744 页。

[2] 参见［日］正村公宏：《战后日本经济政治史》，上海社会科学院世界经济研究所日本经济研究室译，上海人民出版社 1991 年版，第 619、750 页。

[3] 参见［日］正村公宏：《战后日本经济政治史》，上海社会科学院世界经济研究所日本经济研究室译，上海人民出版社 1991 年版，第 427 – 428 页。

[4] 参见［日］正村公宏：《战后日本经济政治史》，上海社会科学院世界经济研究所日本经济研究室译，上海人民出版社 1991 年版，第 802 页。

继佐藤之后的田中角荣内阁，虽然对中日恢复邦交表现出前所未有的积极性，并最终在 1972 年 9 月实现了两国关系的正常化，但依然处在保守主义政策的延长线上，并没有超出依附于美国、亦步亦趋追随美国步伐的基本框架。在中日实现邦交正常化之前的 1972 年 8 月，田中就飞往夏威夷，与尼克松总统举行会谈，并发表了以坚持《美日安保条约》、实现中日邦交正常化以及纠正日美贸易不平衡等为主要内容的共同声明，其实无非是在向美国"主子"宣誓忠心而已，行事可谓周到，但也尽显出对美国唯命是从的惯有的顺从姿态。正村公宏看得还是明白："对田中内阁来说，恢复中日邦交是为了努力适应美中接触这一新趋势，虽然田中的果断决策加速了中日邦交的实现，但不能认为这就是田中个人通过'灵活自主'的选择做出决定的。"[1] 他进而指出：1956 年的日苏恢复邦交也好，1960 年的《美日安保条约》修订也好，虽然具有日本主动修正对美从属外交局面的要素，但"无需赘言，这些都并非要转换对美追随的基本路线，不如说是在内外条件发生变化的情况下，谋求进一步扩充保证日本政治经济安定的条件，并以此为基础进一步维持和强化日美两国领导层的同盟关系以及缓和两国间的矛盾，其根底里存在着'维持体制现状'的慎重考虑。……正是由于美国转换了其对中国的政策，日本政府才被迫根据这一外部情势的变化而修正了自己对中国的政策，但这并非意味着新的事态变化带来了日本外交路线上的根本性转变"[2]。

此外，除去对美依附因素，隐含在日本对华政策背后的经济算计也是显而易见的。其实何止中国，日本对待中国之外的亚洲国家又何尝不是如此呢？田中角荣在其《日本列岛改造论》中主张加强对亚洲国家的经济援助，但同时又鼓吹"合理的国际分工"[3] 言辞虽则冠冕堂皇，实质上仍未脱离将亚洲视为原料供应地和商品销售市场以及资本输出地的经济功利主义的窠臼。正像社会党的江田三郎所批评的那样："日本的亚洲外交——对华关系也好，对朝关系也罢——仍未脱离经济第一主义的框架。"[4] 1960 年代末开始并贯穿于整个 1970 年代，日本加大了对东南亚国家的经济援助，但"几乎都是为保证日本原料进口的开发援助，或是为商品倾销服务的，而对提高对方国家

---

[1] [日] 正村公宏：《战后日本经济政治史》，上海社会科学院世界经济研究所日本经济研究室译，上海人民出版社 1991 年版，第 776 页。

[2] 正村公宏『経済体制の選択』東洋経済新報社 1972 年版，6 ページ。

[3] 田中角栄『日本列島改造論』日刊工業新聞社 1972 年版，76 ページ。

[4] 江田三郎『私の日本改造構想』読売新聞社 1972 年版，116 ページ。

第二章 日本国家转型的失败与保守依附发展主义国家体制的强化（1968/1973－1982年）

国民生活水平并没有什么作用"[1]。宫崎义一教授则从经济学家的视角直言不讳地指出：日本的这种援助"明显带有（在亚洲）接替美国责任的色彩"，且"对日本经济来说，援助也越来越变成了内发的、不可缺少的部分"，因为日本要向东南亚扩大出口，必须如战后美国向全世界抛撒美元一样大量提供日元资金，否则东南亚国家很快就会出现日元资金不足。所以，"对外援助是为日本商品扩大销路以及实现经济增长所不可缺少的"，这"也正是日本特大企业很想作为跨国公司积极向东南亚和韩国等地区扩张（资本输出）的反映"，而且，其中"贯彻着一种经济强者逼迫弱者的资本逻辑"。宫崎教授最后不无批判地评论道："日本资本主义向东南亚扩张这种新的形式，正是美日安全保障体制的经济版。"[2]

在上述这种唯美国之命是从以及经济功利主义的逻辑驱动下，1977年的"福田主义"也好，1978年的"环太平洋构想"也罢，这些亚洲区域合作设想都没有取得理想的效果，亚太地区合作在1970年代仅仅停留在纸上谈兵的水平。[3] 日本著名外交研究专家五百旗头真在总结1970年代日本外交时认为，"尽管1970年代经历了许多危机与变动，但长期的冷战结构决定了日本外交的基本框架"，虽然也取得了一些成就，"但不过是从结果来看进展顺利而已"，可是，"在战略上却失败了"。究其原因，是"因为日本没有在国际社会中找准自己的位置与形象，这就阻碍了它在国际上扩大外交基础"，以及"'经济大国'未能克服'只是经济大国'的一面"[4]。而导致这一结果的关键就在于，《美日安保条约》之下形成的日本对于美国的深度依附。试问：一个缺失了"独立性"与"自主性"的国家如何能够在世界体系中"找准自己的位置和形象"？又如何能够拥有并且贯彻独自的判断和战略？如果有战略的话，恐怕也只能是美国战略之下的战略吧。

尽管世界体系的情势变化中出现了让日本可以真正获得国家"自主性"和"独立性"的契机，然而，保守主义历史集团为维护自身政治统治的基础，却选择了放弃（或者根本就没有意识到）自主与独立，继续执着于《美

---

[1] 江田三郎『私の日本改造構想』，116ページ。

[2] 参见［日］宫崎义一：《日本经济的结构和演变：战后40年日本经济发展的轨迹》，孙汉超等译，中国对外经济贸易出版社1990年版，第163－165页。

[3]［日］五百旗头真：《日本外交史（1945－2005）》，吴万虹译，世界知识出版社2007年版，第136页。

[4]［日］五百旗头真：《日本外交史（1945－2005）》，吴万虹译，世界知识出版社2007年版，第143－144页。

日安保条约》这一导致其附庸地位的冷战结构，并在其中蝇营狗苟于经济利益，从而成为唯利是图的"经济动物"（economic animal）。不客气地说，选择成为"经济动物"，也就只能追随主人的好恶，看主人的眼色行事，只能被锁链捆绑，无法获得真正的尊重；而要成为具有独立思想与人格的真正的人，是需要彻底地脱胎换骨的。这其实也就是战后日本保守主义历史集团的根本局限之所在。

真正的战略首先要来自于"自主性"和"独立性"的确立。正如日本社会党的江田三郎所说的那样，"中日恢复邦交时，虽然《美日安保条约》没有成为障碍，但不意味着这一追随美国权力外交的条约可以永存。考虑到亚洲的未来，这一条约只能说是有害无益"，因此，"日本应当在拿出措施消除《美日安保条约》的同时，与美国缔结某种形式的和平条约以维持美日之间的和平共处关系"；另外，"北方领土的最终解决，需要日苏之间确立恒久的和平关系，而这则需要日本首先脱离美日安保体制"；同时，"日本是亚洲国家。……中日邦交恢复正在走上轨道，让人无比高兴，但如果这不是出于为了亚洲和平与繁荣的理念，而是为日本经济扩大市场和进口原料的话，终究是要碰壁的"，"日本不应作为亚洲精英，而是应当成为被亚洲所需要和敬爱的国家，成为亚洲国家的好邻居"，而日本要在亚洲重新出发的"前提是必须持有对曾经遭受过日本伤害的国家谢罪的诚意"[1]。遗憾的是，在这样一个极其重要的历史节点上，日本的保守主义统治集团对外选择的依旧是对美国一边倒的依附路线，这与同是战败国的联邦德国在同时期所采取的对美政策以及区域政策形成了强烈的反差。

二、保守统治集团的外部危机：从"保革伯仲"到"保守回归"

自民党内自由派政治家石田博英1963年发表在《中央公论》上的文章曾经指出，高速经济增长本身将带来农业就业人口的减少和工业劳动者以及劳动工会人数的增加，进而会导致自民党得票率的降低和社会党得票率的上升，1968年左右两党的得票率可能发生逆转，显示出了其对于"1955体制"下保守主义政治霸权的担忧。

石田预言的1960年代末社会党将超越自民党的情况虽然并未出现，但自民党得票率将不断下降的预言却被其后的历史证明是准确的。从保守主义势力合并的1955至1972年间的6次选举中，自民党得票率持续下降（保守主

---

[1] 参见江田三郎『私の日本改造構想』，108-130ページ。

第二章　日本国家转型的失败与保守依附发展主义国家体制的强化（1968/1973 – 1982 年）

义政治势力合并后于 1958 年举行的第一次众议院选举中，自民党得票率是 57.8%，而在 1972 年选举中则下降到了 46.9%）。1969 年众议院选举更是其中重要的转折点，由于冲绳回归、1970 年安保斗争以及大学纷争等重要问题成为焦点，在自民党得票率下降的同时，公明党、共产党等的得票数开始显著增加。其后的整个 1970 年代，日本的政治体系从自民党近乎一党独大的局面（即一·五政党制）变成了"一强四弱"（"四弱"是指社会党、共产党、1964 年成立的公明党以及 1960 年脱离社会党而独立的民社党），如果加上 1976 年末脱离自民党而成立的"新自由俱乐部"以及 1977 年成立的"社会市民联合"的话，就形成"一强六弱"的局面。石田所说的社会党单独超越自民党的局面没有出现，代之而起的则是"保革伯仲"的局面，三宅一郎和山口定等政治学者认为，这种情况实际上意味着"'1955 年体制'崩溃的开始"。[1]"保革伯仲"也好，"'1955 年体制'崩溃的开始"也罢，都只是说法上的区别，实质上都是指保守主义统治集团的政治霸权危机。1971 年 6 月的参议院选举中，在野党推荐的河野谦三当选为议长；1976 年众议院选举中，自民党公认候选人的当选人数首次不足半数；1979 年这种情况又再度发生。可以说，整个 1970 年代，保守主义统治集团的政治霸权始终面临着这种深刻的危机。

随着自民党得票率从 1960 年代后半期开始逐渐下降，人们开始议论"保守革新逆转"的可能性。正村公宏认为：显而易见的是，要成立取代自民党长期政权的革新政府，必须实现在野党的某种联合，因为高速经济增长中形成的经济社会结构不可能使单一的以阶级利益为背景的意识形态型革命政党获得成功。随着收入差距的缩小，大多数国民开始具有将自己视为"中流"的意识，因此阶级对立的意识形态开始淡化；而且，国民被分割成不同的社会集团，人们在一个利害关系上结合的可能性逐渐消失，（传统）马克思主义理论中"两大阶级对立"的图式越来越失去现实性。在这样的社会现实背景下，按照多数日本国民同意的改革路线，谋求松散的政治联合是必不可少的，[2]"日本的选择已不是或左或右的问题，而是在工业化和高速增长后的一个大转折时代能由哪个政治主体来作出更长期的展望、实践更有深度的措

---

〔1〕　三宅一郎、山口定、松村岐夫、進藤栄一编『日本政治の座標：戦後四十年の歩み』，118 页。

〔2〕　[日] 正村公宏：《战后日本经济政治史》，上海社会科学院世界经济研究所日本经济研究室译，上海人民出版社 1991 年版，第 803 – 804 页。

施的问题"[1]。进入1970年代，各个在野党的联合政权构想纷纷出台。1970年社会党出台了"国民联合政府"构想，1973年公明党则出台了"中道革新联合政权的提议"，1973年共产党拿出了"民主联合政府纲领"，1974年民社党出台了"革新联合国民政权"构想[2]。

同时，必须看到的是，国家政治层面"保革伯仲"局面的产生并非无源之水，而是日本社会基础层面本身的变化在政治上的反映，其中最明显的就是革新自治体运动的兴盛以及"无支持政党阶层"的增加。而这两者又紧密相关，因为"无支持政党阶层"问题首先是作为支撑革新自治体诞生的"革新浮动票"问题而出现的，其后成为被广泛关注和讨论的对象[3]。1960年代高速经济增长期间已经出现的住民运动和革新自治体运动，在1960年代末1970年代初再度高涨，非常客观地反映出日本社会自身对于修正高速经济增长时期以来的经济至上主义的一种自然需求。正村公宏就指出，革新自治体除去对环境保护、防止公害等问题表示出积极态度之外，致力于完善社会福利、努力使1947年宪法中福利国家的思想具体化乃是其主要主张。革新自治体是作为传统的左翼政治领袖与日本社会中出现的新的市民成分的过渡性结合而登上政治舞台的。作为具有这种性质的政治运动，它已成为从社会基层变革日本政治的因素[4]。加茂利男亦认为：1960年代末1970年代初高涨的革新自治体运动意味着地方保守"（经济）增长同盟"的崩溃，成为主张通过福利国家型政治纠正经济发展弊害的政治行为体，其改革主旨在于"从企业为本的社会转向以人为本的社会"、"从生产者为中心的社会转向以生活者为中心的社会"、"从集权社会转向分权社会"[5]。领先于国家，革新自治体积极推进诸如扩充托儿所、实行老人免费医疗等福利国家的各种社会政策，甚至建设出当时可以称作"缩小版"的福利国家。此外，同时期的劳动运动——总评主导的"全民春斗"——亦与革新自治体的社会实践相呼应，超越了单纯要求工资上涨的范畴，而是志在实现关乎国民生活（包括雇佣问题、

---

[1] [日]正村公宏：《战后日本经济政治史》，上海社会科学院世界经济研究所日本经济研究室译，上海人民出版社1991年版，第836－837页。

[2] 三宅一郎、山口定、松村岐夫、進藤栄一编『日本政治の座標：戦後四十年の歩み』，149ページ。

[3] 三宅一郎、山口定、松村岐夫、進藤栄一编『日本政治の座標：戦後四十年の歩み』，147ページ。

[4] [日]正村公宏：《战后日本经济政治史》，上海社会科学院世界经济研究所日本经济研究室译，上海人民出版社1991年版，第673页。

[5] 参见加茂利男『日本型政治システム：集権構造と分権改革』，73－75ページ。

第二章　日本国家转型的失败与保守依附发展主义国家体制的强化（1968/1973－1982年）

最低工资制、缩短劳动时间、养老金和医疗等）的制度政策的制定。[1]"全民春斗"亦指出："作为1970年代'春斗'的课题，是要在为劳动者阶级谋取切实利益的同时，必须将其发展成为全民性课题，即建立革新统一战线以及民主联合政府。"[2]

而对于"无支持政党阶层"的增加，经济学家村上泰亮认为主要是"新中间大众"出现的结果。所谓"新中间大众"，是在经济大繁荣时代产生的某种既得利益者或曰"亚有产者"，并非"无所失去"的无产者。[3]政治学者蒲岛郁夫将之称作"新中间层"，主要是相对于农民、中小工商业者（包括自营业者）等"旧中间层"而言，主要居住在城市，包括担任管理职务的人、专家以及从事事务性工作的白领等。[4]在高速经济增长使得物质生活得到保障和提高之后，他们便开始关心自身的生活质量，要求改善生活环境以及提高公共福利，开始对保守主义统治集团经济发展至上的路线提出质疑，产生了某种程度的离心倾向。这样来看，革新自治体运动的兴盛和"无支持政党阶层"的增加反映出的其实是同一个问题，二者的共性在于，都要求国家从偏重"物"的生产的发展路线转向更加关注"人"的生活的发展路线上来，实现经济与社会的均衡发展。只不过相对于较为"激进"的革新自治体而言，"无支持政党阶层"却同时集"保身性"——因为它本身就是既有体制的受益者——和"批判性"于一身，是一个浮动阶层。[5]革新自治体运动的兴盛、社会党—总评领导下的劳动运动的展开——以及"无支持政党阶层"的增加，这些社会基础层面的诸种动向如果与国家政治层面有机结合起来，那么，对于保守主义统治集团的政治霸权来说，无疑意味着巨大的威胁，任其发展下去很可能会最终导致保守主义势力政治霸权的失坠。所以，奋力维护其政治霸权不至丧失乃是这种情势下保守主义统治集团的自然反应，而采取的方法则可以简要地总结为"安抚"、"围堵"（即软硬兼施）以及民族主义宣传。

进入1970年代，保守主义政权出台了一系列旨在保护环境以及整备城市居住环境的立法和措施，尤其是将1973年宣称为"福利元年"，在一定程度

---

[1] 新川敏光『戦後日本政治と社会民主主義：社会党・総評ブロックの興亡』，145ページ。
[2] 高木郁郎『春闘論：その分析・展開と課題』労働旬報社1976年版，26ページ。
[3] 村上泰亮『新中間大衆の時代：戦後日本の解剖学』，241ページ。
[4] 蒲島郁夫『戦後政治の軌跡：自民党システムの形成と変容』岩波書店2004年版，89ページ。
[5] 村上泰亮『新中間大衆の時代：戦後日本の解剖学』，241ページ。

上充实了贫弱的社会保障体系（譬如1973年实施了65岁以上老人医疗的免费化，引入了5万日元养老金与物价的联动机制）。但这种路线与保守主义统治集团以企业福利为主、公共福利只作为补充的路线——这其实与生产第一的发展主义路线构成了一体两面，压低公共保障和福利支出可以形成国民的高储蓄率从而能够集中一切资金为企业资本积累服务，即"低福利→高储蓄率→高投资率→高增长"的逻辑——是相悖的。因此，"福利元年"的提出具有很强的为缓解社会舆论压力从而维护保守主义政治霸权的"应急权宜"色彩（美国学者肯特·E. 考尔德研究指出，"战后日本政治舞台上，福利问题被广泛讨论的时机无一不是在政局出现危机，即自民党政权本身或是其本流势力遭遇威胁之时"，每当危机来临，"保守自民党便通过将在野党提出的要求率先付诸实施"以摆脱政权危机〔1〕。而1971年地方选举中，东京都的美浓部知事出台了大型福利政策，大胜保守阵营；社会党和共产党共同推举的黑田了一当选大阪府知事，革新势力在大城市选举区对保守阵营形成了强力冲击。1972年末的总选举中，自民党减少17个议席，而社会党则增加28个议席，共产党增加24个议席，革新势力的上升势头让以自民党、财界为代表的保守主义集团感到了巨大威胁〔2〕），而并非内生于保守主义势力自身的理念。正村公宏在评价执政自民党福利观的时候就曾指出："自民党虽然将'福利国家'作为政策纲要提了出来，但并没有把它放在重要的地位上，优先加强产业的国际竞争力，用经济增长来提高收入水平，还是自民党政策思想的基础。"〔3〕 以大藏省为中心的官僚和财界亦同样属于"福利消极派"，认为政府的财源应该投入产业振兴中去，社会保障和福利交由民间处理即可。〔4〕 所以，所谓"福利元年"的宣言其实只是保守主义政权用于"安抚"社会不满的缓兵之策，这既削弱了革新主张的"革新性"，又达到了让浮动阶层的心理天平向"保守性"偏移的效果，最大目的无非是政治霸权的维系，而并非本身治国理念转换的产物——政治学者居安正就认为，自民党本

---

〔1〕 参见ケント・E. カルダー著、淑子カルダー訳『自民党長期政権の研究：危機と補助金』，299、305ページ。

〔2〕 参见ケント・E. カルダー著、淑子カルダー訳『自民党長期政権の研究：危機と補助金』，317-318ページ。

〔3〕 〔日〕正村公宏：《战后日本经济政治史》，上海社会科学院世界经济研究所日本经济研究室译，上海人民出版社1991年版，第569页。

〔4〕 ケント・E. カルダー著、淑子カルダー訳『自民党長期政権の研究：危機と補助金』，308ページ。

第二章　日本国家转型的失败与保守依附发展主义国家体制的强化（1968/1973－1982年）

身是一个无理念、无原则的利益指向型政党，最大目的就在于政权获得。[1]所以，这一缺少深层理念支撑的路线本质上就是脆弱的，随形势变化而最终归于夭折、难成正果也实属情理之中的结局。

"安抚"的背后便是"围堵"。1974年，日经连提出并积极推进"生产效率基准原理"，联合保守主义政府以及主张企业组合主义的劳动工会——同盟、IMF—JC——对总评形成合围，在1975年"春斗"中一举击败了以总评为中心的"全民春斗"路线，导致其后以总评为中心的劳动运动全面后退，革新自治体运动亦开始退潮。[2] 1975年之后，随着保守主义势力的全面胜利，对充实公共福利的路线进行修正的气氛立刻就在保守"政—官—财"统治集团内部高涨起来，政府、"生产效率本部"以及日经连再次确认了企业内福利的重要性，将1970年代前半期公共福利的改善（即福利国家路线）作为"错误的过去"进行了清算。[3] 在将劳动者封锁在企业之内强化其依附性的同时，列岛改造路线之下的利益诱导政治亦被进一步强化，这一路线以经济高速增长的延续为前提，约定将平均分配财政资金，具有强化保守主义政府支持基础的性质。[4] 在这一路线之下，保守主义政权对中央集权型行政和财政体制的坚持让革新自治体终因财政困难而陷入了窘境。正村公宏曾指出：要使革新自治体运动得到确实的发展，首先必须"从更根本上打破战后政治和经济中的中央集权体制，确立起谋求真正分权和自治的立场。为此，必须重新研究把经济增长和工业化放在优先地位的政策目标体系，并从这一观点出发，对国家和地方关系的整个制度进行彻底改革"。[5] 然而，保守主义统治集团的路线不如说是与此完全背道而驰的，"打破维持了一个世纪的中央集权制遇到了顽强抵制。通过战后改革引进的地方自治也在许多地方徒有其表，重新向集权化方向发展，地方自治体对中央的依赖依然很强，补助金

---

[1]　居安正『政党派閥の社会学：大衆民主制の日本的展開』世界思想社1983年版，160ページ。
[2]　歴史学研究会・日本史研究会編『日本史講座10：戦後日本論』，217ページ。
[3]　参见新川敏光『戦後日本政治と社会民主主義：社会党・総評ブロックの興亡』，162ページ、164－165ページ。
[4]　[日]正村公宏：《战后日本经济政治史》，上海社会科学院世界经济研究所日本经济研究室译，上海人民出版社1991年版，第804页。
[5]　[日]正村公宏：《战后日本经济政治史》，上海社会科学院世界经济研究所日本经济研究室译，上海人民出版社1991年版，第675－676页。

行政依然具有很大的作用",[1] 福利国家路线最终以挫折而告终。

除此之外，1970年代后半期开始的"民族主义宣传"，对于维系保守主义政治霸权所起到的作用也是不容低估的。当时，以杂志和电视为中心的媒体大肆宣传"日本式经营"的长处并进而出现了赞美日本文化传统的潮流（许多外国学者亦加入了这一行列，譬如美国学者傅高义），书店里有关"日本人论"的书籍呈泛滥之势，其中亦包括以右翼学者清水几太郎《日本啊，成为真正的国家！》为代表的对日本民族主义的公然主张和宣扬的书籍。配合西方福利国家整体处于滞胀局面而日本经济却获得"一枝独秀"式发展的事实，这种宣传——譬如对"日本式经营"中所谓"温情主义"的赞美以及对传统文化中"和"的精神的强调——在经济低增长时代起到了调和劳资关系的作用，在助长了劳动者依附于企业的同时，也严重阻碍了社会党—总评主导的以针锋相对的斗争来争取权利和利益的劳动运动的发展。在此风潮下，对经济社会中存在的"日本特质"——不论其合理与否——均冠以"日本式……"或"日本型……"以作称谓，整体上酝酿出了一种保守主义的社会氛围，亦阻碍了革新社会力量的伸张，其中当然包括主张社会保障和福利体系改革的激进的革新自治体运动。

而且，"他处尽是危机，唯日本风景独好"式的民族主义宣传对于"无支持政党阶层"的心理影响也是巨大的，沿着"作为日本人其实是幸福的，而这一切皆归功于保守主义政权，因此，保守主义政权还是值得信赖的"这样的思考路径，本身就处于左右摇摆——在"保身性"与"批判性"之间的摇摆——状态下的心理天平自然会逐渐向"保守性"偏移，最终则反映为保守主义政权支持率的上升。1973－1978年间，从"无支持政党"转向支持保守主义政权的比率增加了9％以上，且其中原本属于所谓"弱（保守主义政党）支持者"的保守主义转向更为显著，达到了近50％。[2] 虽然村上泰亮否定了这种民族主义宣传对于保守主义政权维系的作用，而是重点强调保守主义政权通过利益诱导——环境保护、城市住宅环境整备以及社会福利的增加——将许多属于"无支持政党阶层"的城市消费者转化为自己的"顾客"（client），从而成功地维系了政治霸权的一面。[3] 然而，正如三宅一郎、山口

---

[1] [日]正村公宏：《战后日本经济政治史》，上海社会科学院世界经济研究所日本经济研究室译，上海人民出版社1991年版，第840页。

[2] 村上泰亮『新中間大衆の時代：戦後日本の解剖学』，252ページ。

[3] 村上泰亮『新中間大衆の時代：戦後日本の解剖学』，255－257ページ。

第二章　日本国家转型的失败与保守依附发展主义国家体制的强化（1968/1973－1982年）

定等学者所指出的，村上的此种做法是"缺少精密性的武断手法"，"即使在成为主流的'保守化'中尚未出现向传统价值观的体系性回归，但应该关注伴随'经济大国化'而来的新型的民族主义"[1]。考虑到村上泰亮本人属于1976年政府成立的"政策构想论坛"的核心成员（其他核心人物还有公文俊平和佐藤诚三郎），其论点具有明显的为政府脸上"贴金"的色彩，强调利益诱导的作用可以突出保守主义政权的包容性，而强调民族主义宣扬的作用却会带有明显的批判味道，所以有意识地避而远之也在情理之中。

保守主义统治集团用于消解或者离散批判性社会力量的各种手法不可谓不成功，然而从另一个侧面来看，作为保守主义政权对立面的革新政党和这些具有批判性的社会力量始终未能成功地聚合在一起从而形成对保守主义政权的致命冲击，也是保守主义政治霸权得以维系的重要原因，从而最终错失了实现政权更替并给国家体制带来根本性转型的机遇，这也如实地反映出日本市民社会的连带性以及革新政党本身发育的不成熟（关于这一点，请参阅本书第五章）。1970年代末，革新自治体相继败北；相反，1980年6月参众两院同日选举，保守自民党获得了压倒性胜利，"保革伯仲"变成了"保守回归"。虽然不能否认诸如选举方式本身有利于保守主义势力、大平正芳猝死以及苏联入侵阿富汗令社会主义形象受损等因素的影响，但最主要的原因还是在于，保守主义统治集团本身通过上述各种手段对于自身的政治霸权的有效捍卫。

三、保守统治集团的内部危机：从"椎名裁定"、三木改革到"三木讨伐"

1960年代末1970年代初，世界体系以及日本国内经济社会情势的诸多变化，都对高速经济增长期间的保守主义路线提出了转型要求。然而，佐藤内阁虽在言辞上批判了池田时代的发展主义路线并表达了转型的意思，实际上依然坚持了旧有路线。《美日安保条约》自动延长所反映出的对美追随主义自不必说，在国内实行的也是比历届政府都更优惠企业资本积累、加速经济增长的政策，[2] 从而导致了国民对其"等待的政治"的批判，舆论支持率急速下降。1972年，田中角荣取代已然穷途末路的佐藤上台，以其出身庶民

---

[1] 三宅一郎、山口定、松村岐夫、進藤栄一編『日本政治の座標：戦後四十年の歩み』，155ページ。

[2] [日]正村公宏：《战后日本经济政治史》，上海社会科学院世界经济研究所日本经济研究室译，上海人民出版社1991年版，第634页。

的独特魅力和"决断与实行"的口号得到了国民的期待，内阁成立之初甚至获得了62%这一战后保守主义内阁最高的支持率。然而好景不长，1973年11月，内阁支持率骤降至22%，和内阁刚刚成立之时相比实可谓"冰火两重天"。究其原因，除去列岛改造路线带来的物价地价高涨、投机泛滥以及石油危机之后由于大企业囤积居奇导致的"狂乱物价"之外，最直接的原因还在于田中政治运营中强烈的金权特征。其实，正如第一章中笔者已经指出的，"1955年体制"本身就是"政—官—财"统治集团相互勾结的体制，自民党的金权特征是由其政治运营高度依赖来源于大资本的政治献金这一体制所自然造就的。政治学者居安正说得好，田中内阁的金权问题"不单单只是田中个人的问题，而是自民党整体的问题"[1] 只不过如正村公宏所说，"在田中内阁时期，这一倾向（金权特质）更趋露骨"[2] 而已。或如居安正所批判的，"田中政治是战后保守政治的'污水处理场'"，"正如高速增长散播公害一样，保守本流政治的污水横流，终于在田中时代决堤"[3]。

为扭转支持率下降的局面，田中将赌注押在了1974年7月的参议院选举上。除了启用电视台主持人以及演员等明星助选外，其最主要的手段就是让大企业分摊选票实施"全企业选举"（即企业规定员工集体将选票投向自民党，也被称作"金权选举"）。结果，自民党不但败北（只获得了半数的126个议席，之后通过让保守派无所属的人入党才勉强维持了过半数的席位，参议院中形成了"保革伯仲"的局面），而且其"金权选举"的做法遭到了在野党以及社会舆论的强烈批判。1974年11月，田中内阁支持率下降到了12%，不得不宣布下台。在社会舆论的压力下，财界也做出了抑制政治捐款的姿态，经团连决定暂时停止向"国民协会"捐款；自民党内也是批判声四起——三木武夫批判田中政治的金权特征，要求改善自民党的本质，大藏大臣福田赳夫也指出"党必须改革"并宣布辞职；[4] 同时，围绕下届总裁人选问题，自民党内各派阀严重对立，而且自保守主义势力合并以来，各派阀首次公然表示了脱党的意志——三木派考虑独自成立新党，此外，福田派、中曾根派以及大平派都表示了脱党的可能，自民党面临着内部分裂的危机。在

---

〔1〕 居安正『政党派閥の社会学：大衆民主制の日本の展開』，271ページ。
〔2〕 [日]正村公宏：《战后日本经济政治史》，上海社会科学院世界经济研究所日本经济研究室译，上海人民出版社1991年版，第779页。
〔3〕 居安正『政党派閥の社会学：大衆民主制の日本の展開』，271ページ。
〔4〕 [日]正村公宏：《战后日本经济政治史》，上海社会科学院世界经济研究所日本经济研究室译，上海人民出版社1991年版，第806页。

第二章　日本国家转型的失败与保守依附发展主义国家体制的强化（1968/1973 – 1982 年）

保守革新差距缩小的情况下，即使只有一派分离出去，也可能导致自民党政权的丧失。[1]

笔者在第一章中已经阐明，政治霸权的获得除去要得到绝大多数国民的同意（即外部稳定性）之外，内部的稳定亦是重要的前提，当然，这并不意味着内部没有斗争，但绝不可以是有可能导致自身内爆的斗争。1950 年代初期以吉田和鸠山之争为代表的保守主义势力之间的不和以及多党林立，曾严重影响过保守主义势力政治霸权的确立。因此，在一些保守主义政治家以及财界的推动下，1955 年保守主义政治势力实施合并，从而形成统一的保守主义政党，并获得了政治上的优势。虽然合并以来，保守自民党内各派阀之间的权力斗争从未间断过，但都以维护自民党政权为己任，从而可以形成彼此间的协调。所以可以说，1974 年危机是自 1955 年实施合并以来，保守自民党所面临的最严重的内部分裂危机，而其中最大的威胁则来自于三木武夫。三木派属于自民党内弱小的左道旁支，三木本人参加过战后的片山及芦田内阁，其改革路线相比自民党主流的保守主义路线来说更接近于中道路线，早在田中政府崩溃时就探索过联合部分在野党势力的可能性。[2] 如果三木派脱离自民党并与在野党形成联合，无疑会给自民党政权带来极大威胁；而更大的危险还在于，它或将引发其他大派阀脱离的连锁效应。如此一来，自民党本身亦将分崩离析。值此危急状况下，副总裁椎名悦三郎介入调整，"以向神祈祷的心情思虑再三"，最终以"新总裁必须是清廉的，并且是能够致力于党的体制改善和现代化的人物"为理由推举三木武夫上台，这就是著名的"椎名裁定"。福田派和中曾根派接受裁定；大平派虽主张公选，但由于中间诸派系亦表示同意，最终也不得不接受这一裁定。

1974 年 12 月，三木内阁成立。"椎名裁定"确可称作某些学者所认为的"政治艺术的极致"。它一方面通过封官许愿将三木封锁在自民党内，从而化解了自民党自身的分裂危机；另一方面则利用"清廉三木"的形象，完成了自民党在公众面前的印象转换，从而缓解了社会舆论的巨大压力。[3] 实可谓"一箭双雕"的良策。

前面说过，三木武夫曾参加过片山内阁及芦田内阁，对 1955 年的保守势

---

[1] 居安正『政党派閥の社会学：大衆民主制の日本的展開』，264 – 265 ページ。
[2] [日] 正村公宏：《战后日本经济政治史》，上海社会科学院世界经济研究所日本经济研究室译，上海人民出版社 1991 年版，第 818 页。
[3] 居安正『政党派閥の社会学：大衆民主制の日本的展開』，265 ページ。

力合并持反对态度,并反对岸信介内阁推行的警职法以及强行通过新安保条约,属于自民党内的最左翼。[1] 在其就任后的施政纲领演说中,三木指出,"一个重新认识明治一百年以来的制度的时机已经到来",暗示了转折时代的基本课题。[2] 他也知道,这一切都必须从净化政治开始。上台伊始,三木就公开了自己的财产并提出了自民党现代化实行方案,提出总裁公选制,同时向国会提出了《公职选举法》修改案、《政治资金规制法》修改案以及《反垄断法》修改案。这几项改革不但触动了自民党的根本体质,同时也将矛头指向了"政—官—财"统治集团的勾结体制。自民党本身就是一个派阀联合,总裁选举也好,官职分配也罢,都是通过派阀大佬之间的私下交易和私下协调(即"密室性")完成的,而总裁公选制和《公职选举法》改革无疑将触动派阀的主导地位。在第一章,吉田和男解析了自民党派阀其实就是一个封建性的"老鼠会"结构,社会学家富永健一也尖锐地批判了自民党组织结构的"前现代性"。所以,三木的举措无疑是在致力于实现自民党组织结构的现代化。三木主张全面废除企业捐款,改为个人捐款,因此提出改革《政治资金规制法》,目的在于切断被富永健一称作造就自民党金权腐败体制的"前现代暗流"的自民党与大资本的勾结体制。而《反垄断法》自 1947 年制定以来,经过 1949 年和 1953 年两次修改,都是趋向于缓和对垄断的限制从而为维护大企业的经济利益服务的,而三木的修改案是首次要强化《反垄断法》从而维护消费者权益,应该看作是根本改变企业与政府关系、确立新规则的步骤。借用加茂利男的话说,也是"从以生产者为中心的社会向以生活者为中心的社会转换",是改变发展至上主义路线的重要一步。

所以,三木改革的目的在于,首先通过政治层面自民党自身的现代化,进而带来经济与社会的全面改革。正是在此意义上,正村公宏评价说:"三木首相的改革态度比自民党主流的保守路线更接近于中道路线。三木政府如果由有效的中道、革新的联合派组成的话,三木的改革思想可能有其实践机会。"[3] 而对保守主义统治集团来说,这无疑意味着梦魇。"椎名裁定"的目的只不过是想通过三木的"过渡性"内阁暂时缓解自民党的政权危机而已,是典型的"权宜之计"或"缓兵之计",像极了 1973 年"福利元年"的

---

[1] 居安正『政党派閥の社会学:大衆民主制の日本的展開』,266ページ。
[2] [日]正村公宏:《战后日本经济政治史》,上海社会科学院世界经济研究所日本经济研究室译,上海人民出版社 1991 年版,第 839 页。
[3] [日]正村公宏:《战后日本经济政治史》,上海社会科学院世界经济研究所日本经济研究室译,上海人民出版社 1991 年版,第 817-818 页。

第二章 日本国家转型的失败与保守依附发展主义国家体制的强化（1968/1973—1982年）

宣言。保守的就是保守的，期待着它能够自我完成"洗心革面"、"脱胎换骨"纯属典型的浪漫主义天真。而三木改革触及了保守主义统治集团赖以生存的体制结构的核心，譬如强化《反垄断法》的改革除了直接威胁到大资本的利益，也触怒了党内商工省出身的与财界渊源甚深的副总裁椎名悦三郎，让曾以"椎名裁定"推举三木上台的椎名一反初衷，开始了"三木征讨"；《政治资金规制法》的修改则引起了以自民党内最大派阀"田中派"为中心的强烈反感。1976年2月洛克希德事件的发生以及三木首相全力彻查的态度，进一步加剧了自民党内对三木的畏惧和排斥，1976年8月之后，被称为"打倒三木"的倒阁运动在党内形成。这样，在各方的围堵之下，三木虽然尽力维系着政权，但已然无法实行任何积极的政策了。1976年12月，三木内阁总辞职，[1] 保守派们终于拆除了党内的一颗"炸弹"。

至于三木改革的结果，自然也是可想而知的了。强化《反垄断法》的修改案由于受到财界和自民党内的强烈反对，虽然于1975年6月在众议院获得通过，却在参议院审议中成为了废案（1977年福田内阁下《反垄断法》修改案最终获得通过，但如后文所述，在实用层面上，政府却又于1978年5月通过并实施了《特定不景气产业安定临时措施法》，对不景气业种进行指定并实施成立卡特尔，《反垄断法》实质上更像是一个象征性的存在，有其形却难行其实，说得难听点，就像是立在表面的一个"牌坊"）；《公职选举法》修改案以及《政治资金规制法》修改案由于是在田中"金脉问题"被揭露之后很快提出的，鉴于社会舆论的巨大压力，两个修改案都获得国会通过，但形同虚设，自民党的金权特征旧态依然。三木提倡净化政治，但自民党没有财界的巨额献金资助就无法正常运作，亦无法维持政权——这就是保守主义势力合并之初的"初始设定"。所以三木虽然主张全面废除企业捐款，但其内阁一成立，自民党干事长中曾根就要求经团连会长土光敏夫重新恢复了捐款。[2] 党组织结构的现代化改革同样搁浅，派阀依旧是自民党的组织基础，要说变化，倒是田中角荣一派开始独大。

田中本人虽因金权问题下台并由于洛克希德腐败案而被拘捕，但其后却隐身幕后继续发挥着操控作用，田中派也一路壮大，成为党内影响巨大的

---

[1]〔日〕正村公宏：《战后日本经济政治史》，上海社会科学院世界经济研究所日本经济研究室译，上海人民出版社1991年版，第821—822页。

[2]〔日〕正村公宏：《战后日本经济政治史》，上海社会科学院世界经济研究所日本经济研究室译，上海人民出版社1991年版，第815页。

"田中军团"。三木内阁的倒台自不必多说,福田内阁情非所愿的辞职其实主要也是田中派运作的结果。[1] 其后的大平正芳内阁也好,铃木善幸内阁也罢,其背后都是田中派在实际操控,这些内阁也由此皆被称作"角影内阁"(在日文中,"角荣"和"角影"谐音),都是短命政府,政策上也是"根据短期情势的变化而左右摇摆,且依旧贯穿着高速增长时期的经济发展主义主线,各种问题被搁置起来","整个1970年代未能形成超越战后保守政治界限的政治改革势力,自民党也没有针对时代的转折改变其政策路线"。[2] 也难怪,田中派实际操控下的保守主义政府也只能遵循田中"列岛改造"式的人为高速经济增长路线,以及埋头于利益诱导政治(到1980年1月,自民党党员达到了3 055 000人,其中85%被派阀系列化,派阀的地方扩散进一步扩大[3])。政治学者蒲岛郁夫认为:"从各种意义上说,田中是真正确立1960年代自民党体系的人物,关于利益分配亦是执着于已经难以产生良性循环的体系并使其进一步强化。在此意义上,借用绵贯让治(另一位著名政治学家——笔者注)的话说,田中是'迟到的大人物'。"[4] 加茂利男则这样总结道:"日本型政治体制('1955年体制')成型于池田内阁而确立于佐藤时代,这一体制虽然受到革新自治体等的威胁,却非但没有崩溃,反而在1970年代世界性的经济停滞中得到重构,并一直残存到了1990年代。"[5]

第三节 日本型资本积累结构的强化

1971年"尼克松冲击"带来的日元兑美元汇率的上升、贸易保护主义的抬头以及资本自由化的加速,加之1973年石油危机所导致的石油价格飙升等,短期内的确给日本经济带来了一定程度的冲击。但从长期来看,也为日本转变过度出口导向的经济发展方式以及国内经济中存在的诸如生产过剩、高物价等局面带来了契机,日本完全可以利用长期积累的经济成果转向社会

---

[1] 居安正『政党派閥の社会学:大衆民主制の日本的展開』、294ページ。
[2] [日]正村公宏:《战后日本经济政治史》,上海社会科学院世界经济研究所日本经济研究室译,上海人民出版社1991年版,第805页。
[3] 居安正『政党派閥の社会学:大衆民主制の日本的展開』、294ページ。
[4] 蒲島郁夫『戦後政治の軌跡:自民党システムの形成と変容』、21ページ。
[5] 坂野潤治、宮地正人、高村直助、安田浩、渡辺治編『日本近現代史 – 構造と変動4:戦後改革と現代社会の形成』、365ページ。

第二章　日本国家转型的失败与保守依附发展主义国家体制的强化（1968/1973–1982年）

建设并向"新成本体系"过渡，实现真正先进国家式的以内需为主导的更具可持续性、经济与社会更加均衡的发展方式，同时亦可以以资本自由化为契机改变国内经济中"有意制造生产过剩危机"的垄断体制，实现经济的民主化。一言以蔽之，危局之中同时蕴藏着机遇。然而，从结论上我们却只能遗憾地说，日本最终错失了1960年代末1970年代初出现的国家转型良机。这一时期包括其后的整个1970年代，日本经济实际上延续甚至是强化了高速增长时期的赶超发展模式以及强势的资本积累结构，并最终带来"作茧自缚"的后果。

一、垄断企业集团的水平扩展

笔者在第一章曾经指出，日本型强势资本积累结构的最内核心层乃是垄断企业集团的横向水平网络化以及纵向垂直网络化，它是所谓"日本式经营"在生产力方面的集中体现，却也是经济民主化的最大破坏者。须知，横向水平网络化的实现是以践踏《反垄断法》，而纵向垂直网络化的实现则是以固化经济中的"双重结构"、扭曲市场资源配置为代价的，它所带来的生产要素的垄断集中以及生产力的急速发展虽然成为高速经济增长的重要源泉，同时也是制造生产过剩危机的元凶。伴随赶超阶段的终结和经济的逐步成熟化，强化《反垄断法》以消除这种过度的垄断体制以及"双重结构"从而实现经济的民主化本应当成为日本的选择。如前所述，资本自由化其实为此提供了良好的契机。然而，自一开始，财界就普遍把资本自由化将会带来的外资进入视为"第二次黑船来袭"而对此充满着恐惧，[1] 提出实施"产业改组"。

何谓"产业改组"？早在1966年，经济同友会代表干事木川田就对此进行过归纳：其一，通过投资单位的集约化形成国际性大企业。其二，在实行企业合理化和现代化时，一方面，要推进包括从取得原料到生产中间产品以及最终产品等过程的产业主体网络化与联合企业化，借以取代过去那种以金融为中心的融通资金网络化；另一方面，利用这种以生产阶段为中心的系列化以及与重要材料厂家、加工厂家的协调，同时推进产业的集约化和大规模化。其三，无论是大企业，还是中小企业，都要发挥各自特点，开拓各自的活动领域，谋求实现专业化和分工化。其四，在整个产业界推行废旧立新政

---

[1] 勝又寿良『戦後50年の日本経済：金融・財政・産業・独禁政策と財界・官僚の功罪』，133ページ。

策,清理淘汰落后部门以及落后企业。在同年召开的经团连大会上,前会长石板泰三强调说:"……无论怎样都需要通过协调来确保适当的利润和增强企业的力量,进而则需要推进共同投资、企业合作以及合并。"[1] 1967年2月,财界——包括经团连、日本商工会议所、日经连、经济同友会以及"日本生产效率本部"——正式发表了《关于产业体制现代化的提议》,提出作为加强国际竞争力的有效手段,应当通过企业合并等方式扩大经营规模,并要求政府承认持股公司的成立以及缓和对于法人间相互持股的限制。[2] 财界的上述"产业改组论"最终演变成了通产省的"新产业体制论"。宫崎义一教授总结说:"(财界)在强调产业改组以实现垄断化方面是没有多大分歧的",[3] 很明显,其核心意旨就是要坚持并强化垄断资本的横向水平网络化和垂直下包网络化。尽管至1960年代末1970年代初,资本主义体系和日本国内环境都发生了重大变化,但这条路线始终占据主导并贯穿了整个1970年代。

首先来说企业集团的横向水平网络化。笔者在第一章中已经指出,其主要形式是企业之间(以及银行与企业之间)通过相互持股等机制形成的密切合作关系,当经济不景气或为了进一步扩大经营规模时,则可能直接合并形成垄断卡特尔。高速经济增长期间,集团内企业之间的相互持股合作自不待言,大型企业间的合并也早已算不得什么稀奇事了。1967年《资本自由化基本方针》出台之后,日本国内更是掀起了企业合并的热潮。[4] 1968年日商与岩井产业合并,1969年川崎重工业与川崎车辆以及川崎飞机合并,而1968-1970年八幡制铁与富士制铁合并组成新钢铁巨头新日铁——其规模超越了此前的业界龙头老大U.S Steel——则成为这其中最具标志性的一桩合并案。1971年"尼克松冲击"以及1973年石油危机之后,钢铁、造船、石油化工等曾经主导了高速经济增长的龙头产业(即所谓"重厚长大"的设备原料型产业)普遍陷入了结构性衰退,短期上存在着生产与价格调整问题,而从中

---

[1] [日]宫崎义一:《日本经济的结构和演变:战后40年日本经济发展的轨迹》,孙汉超等译,中国对外经济贸易出版社1990年版,第157-158页。

[2] 内田公三『経団連と日本経済の50年:もう一つの産業政策史』日本経済新聞社1996年版、90ページ。

[3] [日]宫崎义一:《日本经济的结构和演变:战后40年日本经济发展的轨迹》,孙汉超等译,中国对外经济贸易出版社1990年版,第158页。

[4] 勝又寿良『戦後50年の日本経済:金融・財政・産業・独禁政策と財界・官僚の功罪』、136-137ページ。

第二章　日本国家转型的失败与保守依附发展主义国家体制的强化（1968/1973－1982年）

长期来看，则面临着严重的产能过剩问题。[1] 垄断卡特尔更是层出不穷（仅1973年和1974年就分别达到68件和42件，此外还有流通领域大商社的独买独占和囤积居奇），"持股公司论"也甚嚣尘上，企业集团内部的相互持股不断推进并进一步向外缘扩大和膨胀；同时，六大企业集团之间亦开始了相互间的协调，形成所谓"巨人间的握手"，[2] 也有日本学者把这叫作"协调型垄断"，并指出它强化了垄断企业对价格的控制和支配，带来了日本整体物价的上升。[3] 然而，日本政府堂而皇之的公开说法却是"向'新价格体系'过渡"和"增强国际竞争力"。对此，宫崎义一教授批判道，"虽然石油危机确像是一种突然的水位上升，但在美国和联邦德国却从未听到过向'新价格体系'过渡这样的话"，[4] 并进而一针见血地指出，"'新价格体系'的提倡者，就是高速经济增长时期属于为日本重化学工业化的实现而果断地全力扑向设备投资竞争的设备原料型产业的大型企业及其代言人"，[5] 而"在减缓经济发展速度的情况下，只要强行向'新价格体系'过渡，就会加强价格低度坚挺的垄断产业的增加趋势，加深垄断化的危险"。[6] 日本公正交易委员会发表的数据显示，市场集中度指数在1965年之后就一直持续上升，寡头垄断体制不断得到强化。[7] 而寡头垄断市场的形成无疑增强了主导大企业的力量，使它们可以通过集体提价从而让价格转嫁变得更为容易了。[8] 在生产过剩——一般利润率下降的时代，通过加强垄断化形成"管理价格"从而将危机向全社会转嫁的大资本的自利本性在此显露无遗。至于以"增强国际竞争力"为由的"持股公司论"——众所周知，战前的日本财阀就是以持股公司为核心形成的康采恩——则让人隐约嗅出了一股财阀复辟的味道。宫崎义一教授对此就毫不客气地批判道，"这无非是明目张胆地要求实行垄断化"，

---

[1]　内田公三『経団連と日本経済の50年：もう一つの産業政策史』，121ページ。
[2]　奥村宏『法人資本主義の構造』，109－110ページ。
[3]　中央大学経済研究所編『戦後の日本経済：高度成長とその評価』，365ページ。
[4]　[日] 宫崎义一：《日本经济的结构和演变：战后40年日本经济发展的轨迹》，孙汉超等译，中国对外经济贸易出版社1990年版，第382页。
[5]　[日] 宫崎义一：《日本经济的结构和演变：战后40年日本经济发展的轨迹》，孙汉超等译，中国对外经济贸易出版社1990年版，第390页。
[6]　[日] 宫崎义一：《日本经济的结构和演变：战后40年日本经济发展的轨迹》，孙汉超等译，中国对外经济贸易出版社1990年版，第396页。
[7]　奥村宏『法人資本主義の構造』，106ページ。
[8]　勝又寿良『戦後50年の日本経済：金融・財政・産業・独禁政策と財界・官僚の功罪』，142ページ。

"应该看作对《反垄断法》的挑战",因此,"持股公司不但不能成为资本自由化的对策,而且极可能促进外国资本与日本资本之间的垄断化竞争"[1]。所以,向"新价格体系"过渡也好,以"增强国际竞争力"为名而鼓励法人之间相互持股也罢,无疑都是在加深日本经济结构中本已十分严重的垄断体制,归根结底是大资本打着"国家利益"旗号的极端自利的行为。

事实上,日本完全有另外一条道路可以选择。经济学家伊原隆就论证指出,相对于消极的"新价格体系",还有一个通过运用强力的外汇行情以提高日元汇价、改进外汇收支状况的向"新成本体系"过渡的更为积极的方案,它是一种提高日元汇价、降低日元计价的进口原材料价格、极力控制产品价格上涨率的一种尝试[2]。这其实也正是联邦德国根据世界体系以及本国情况变化所采取的对策。1961年和1969年,联邦德国两次实施马克升值,一来是解决国际收支盈余过多从而容易招致贸易摩擦的问题,二来则可以安定国内物价。这种方法的积极意义在于,它不仅可以改变日本国际收支盈余过多的问题(经济学家胜又寿良指出,1965年之后,日本的国际收支持续盈余,而同时日本工业自给率又非常高,1968年制造业自给率达到91.2%,工业品进口比率极低,因此,国际收支盈余累积的常态化已是一个不可避免的结果[3]。过多的贸易收支盈余必然将会招致日本与其贸易伙伴之间的经济摩擦,其中最主要的就是美国。所以,对1960年代末1970年代初的日本来说,正如正村公宏所言,"国际收支盈余的积累反倒成了一个大问题"[4]),同时又可以转变日本国内自高速经济增长以来的物价居高不下的局面,给全体国民带来真正的实惠。而对于"持股公司论",宫崎义一教授则将其贬斥为"一种鼠目寸光式的资本自由化对策",并指出,"(禁止成立持股公司)这一规定犹如现行宪法中关于禁止拥有战争能力的规定一样,应该把它看作现行《反垄断法》的'纲'",而"正如水往低处流一样,外国资本都倾向于向放

---

[1] 参见[日]宫崎义一:《日本经济的结构和演变:战后40年日本经济发展的轨迹》,孙汉超等译,中国对外经济贸易出版社1990年版,第158—160页。

[2] 参见[日]宫崎义一:《日本经济的结构和演变:战后40年日本经济发展的轨迹》,孙汉超等译,中国对外经济贸易出版社1990年版,第396页。

[3] 勝又寿良『戦後50年の日本経済:金融・財政・産業・独禁政策と財界・官僚の功罪』,175ページ。

[4] [日]正村公宏:《战后日本经济政治史》,上海社会科学院世界经济研究所日本经济研究室译,上海人民出版社1991年版,第641页。

第二章　日本国家转型的失败与保守依附发展主义国家体制的强化（1968/1973－1982年）

宽禁止垄断政策的地方流，因此，只能强化《反垄断法》而绝不能放宽它"[1]。正如《反垄断法》所规定的那样，强化它的积极意义在于"以民主主义为基础向企业及个人提供在工业、商业、金融和农业领域进行平等竞争的机会"，最终带来日本经济体制的真正民主化。总而言之，1960年代末1970年代初世界体系以及国内情势的变化无疑为日本展开了这样两条道路：一条是以公正交易委员会为一方，主张强化《反垄断法》的道路，即经济民主化路线；另一条则是财界一直以来极力鼓吹的弱化《反垄断法》，通过相互持股加强企业之间合作甚至是合并的道路，即垄断体制强化路线。

围绕八幡制铁与富士制铁的合并问题，分别代表上述两条路线的公正交易委员会与财界的斗争再次激化。为推进合并，财界总代表经团连于1969年成立了"反垄断法研究会"；同年，该研究会发表《对合并和反垄断政策的见解》；1970年又发表《关于反垄断政策的中间报告》，主张修改"僵硬的"《反垄断法》，使其更加"柔软"和"灵活"以适应"国际化时代"，其核心就是主张采取何种组织形态乃是企业的自由，要求废除《反垄断法》第9条对于成立持股公司的禁止。保守主义势力已经在1949年和1953年对《反垄断法》进行过两次修改，实质上取消了对于企业之间相互持股以及银行与企业之间相互持股的限制，促进了高速经济增长时期企业集团横向网络化的发展，而对该法第9条关于禁止成立持股公司这一规定的修改——正如宫崎义一教授所言——将触动该法的核心，导致其彻底的空洞化。尽管公正交易委员会以及众多的经济学家都表达了反对立场（譬如，以东京大学的内田忠夫等为代表的90位现代经济学家于1968年提出了《关于大型合并的意见书》，认为合并将会导致《反垄断法》的有名无实从而失去维护竞争环境所必需的手段，因而强烈反对合并[2]），但八幡制铁与富士制铁最终还是在1970年实现了合并。在1971年的"尼克松冲击"以及1973年的石油危机之后，如前所述，卡特尔事件愈演愈烈并开始引发日本国民的生活恐慌，在此情况下，1973年10月，公正交易委员会的高桥俊英委员长强调了进一步强化现行《反垄断法》的必要性并为此成立了"反垄断法研究会"；同年12月，参议院物价等特别委员会作为《国民生活安定紧急措施法》的附带决议，亦表示将沿着赋予公正交易委员会更大权限和强化《反垄断法》的方向对该法做出

---

[1] [日]宫崎义一：《日本经济的结构和演变：战后40年日本经济发展的轨迹》，孙汉超等译，中国对外经济贸易出版社1990年版，第161页。

[2] 参见内田公三『経団連と日本経済の50年：もう一つの産業政策史』、93-97ページ。

修改；1974 年，公正交易委员会下属的"反垄断法研究会"提出修改试案并获得了以东京大学内田忠夫为代表的 252 位经济学家以及 260 位经济法学家的支持声明。[1] 对此，经团连新任会长土光敏夫则明确反对说："经团连并不认为必须制定更严厉的反垄断法，公正交易委员会所主张的反垄断法修改太过头了。"在这种双方尖锐对立的情况下，顾虑到《反垄断法》修改将会引起的社会影响，通产省以及自民党所采取的办法则是以恳谈会的方式对各方意见进行折中调和，并于 1977 年通过了最终修改案。如此一来，虽则在理念层面上保全了各方立场——包括经济官僚的管制权力、公正交易委员会的立场以及社会舆论；但在实用层面上，却又于 1978 年 5 月紧接着通过并开始实施《特定不景气产业安定临时措施法》，对不景气业种进行指定并实施成立卡特尔。内田公三赞扬 1977 年《反垄断法》修改案的通过是日本产业政策史上"划时代的事件"，"《反垄断法》作为基本规则已经扎根"[2] 的说法显然有些言过其实了。迫于舆论，财界（包括通产省和自民党）最终选择避开了对《反垄断法》的正面攻击而采取了"迂回战术"，也就是单独立法的方式，实际上是"舍虚名而求实利"的非常实用主义的做法，既达到了目的，也缓和了来自社会各方面的强烈批判。毕竟从表面上看，《反垄断法》依然"健在"（虽然充其量不过只是作为一种象征存在着而已）。而在实际层面，财界才是这场斗争中真正的胜利者。纵观整个 1970 年代，企业集团的横向联合结构非但未能得到有效克服，相互持股也好，垄断卡特尔也好，反而都得到了进一步的扩大与强化。

二、垄断企业集团的垂直深化

垄断企业集团在坚持和扩大横向联合的同时，其纵向垂直下包体系在整个 1970 年代亦被进一步扩大深化，这则与日本产业结构的调整息息相关。前面已经指出，高速经济增长时期引领日本重化学工业化的主导产业是以钢铁、造船以及石油化工为代表的设备原材料型产业，也被称作"重厚长大"型产业。多年的强势资本积累导致这些产业在进入 1960 年代后半期之后就显现出生产过剩的危机态势，而 1971 年的"尼克松冲击"尤其是 1973 年的石油危机则更加剧了危机的程度（1969 – 1975 年的 6 年间，日本制造业利润率的下

---

[1] 参见内田公三『経団連と日本経済の50 年：もう一つの産業政策史』，104 – 109ページ。
[2] 内田公三『経団連と日本経済の50 年：もう一つの産業政策史』，126ページ。

第二章　日本国家转型的失败与保守依附发展主义国家体制的强化（1968/1973－1982年）

降幅度达到了60%[1]），从而让这些产业普遍陷入了结构性萧条的困境。针对这种情况，"日本的制造业企业在其关联银行和企业联盟（即网络化企业集团——笔者注）中其他成员的协作下，开始了一场全面的产业结构调整过程，并在20世纪70年代结束之前成功地实现了产业重心的转移，从原有的能源密集、劳动力密集型重工业转变为高科技的节能型产业，后者将电子学和机械有效地结合了起来"[2] 这种调整属于制造业内部的结构调整，也就是从"重厚长大"的设备原材料型制造业向以汽车、电机——特别是家用车与家电——为代表的"轻薄短小"型加工组装制造业的转移。加工组装制造业也是日本高速经济增长时期政府重点扶植和培育的产业，1960年代后半期开始逐渐走向前台；而进入1970年代以后，随着"重厚长大"型产业的渐次凋零，一般机械、电动机械、运输设备和精密仪器变成投资的热门方向，并成为日本制造业的龙头。[3] 如果单纯从产业高度化的角度来看，客观地说，1970年代日本制造业的结构改造升级是比较成功的——否定这一点则会显得有些刻薄和不厚道，因为石油危机颠覆了此前石油廉价供应的局面，利用ME（micro electronics）技术发展机械产业从而实现"脱石油化"和节能省力化无疑是明智的选择。然而，从产业组织的角度来看，我们又不得不说日本是非常失败的，因为日本在1970年代实施制造业结构升级的同时，非但没有改变反而充分利用了第一章中所说的前现代的"老鼠会"结构，扩大了垄断企业集团的纵向垂直下包体系，深化了国内经济中非民主（不平等）的"双重结构"。可以说，为提高生产力而不择手段的发展至上主义心性以及垄断企业至上的经济组织理念在1970年代没有一丝一毫的减弱。

1970年代，虽然日本经济处于低增长时期，但下包中小企业在被扩大再生产的同时，垄断企业的垂直下包体系也得到了进一步的固化和深化。[4] 表2-2显示，下包企业占制造业整体的比例一直处于上升趋势（1971年58.7%，1976年60.7%，1981年达到65.5%）；而从业种上看，一般机械、电子机械、运输设备以及精密机械加上纤维、服装等制造领域中的下包企业

---

[1] [美] 罗伯特·布伦纳：《繁荣与泡沫：全球视角中的美国经济》，王生升译，经济科学出版社2003年版，第98页。

[2] [美] 罗伯特·布伦纳：《繁荣与泡沫：全球视角中的美国经济》，王生升译，经济科学出版社2003年版，第25页。

[3] [美] 罗伯特·布伦纳：《繁荣与泡沫：全球视角中的美国经济》，王生升译，经济科学出版社2003年版，第98页。

[4] 藤井光男、丸山惠也编『日本の経営の構造：日本資本主義と企業』，144ページ。

表 2-2　下包企业比率及外包利用企业比率的演变（单位：%）

		下包企业比率			外包利用企业比率		
	年份	71 年	76 年	81 年	71 年	76 年	81 年
制造业整体		58.7	60.7	65.5	35.3	36.0	37.0
业种	纤维	75.9	84.5	84.9	24.6	24.4	26.5
	服装及其他纤维产品	71.4	83.9	86.5	36.4	39.1	40.9
	出版、印刷相关产品	51.0	50.8	59.0	56.9	57.4	65.7
	钢铁	66.0	70.4	72.0	44.4	44.6	41.6
	非铁金属	69.8	68.7	73.6	43.4	46.1	47.4
	金属产品	71.7	74.8	78.6	38.1	40.3	44.5
	一般机械	75.9	82.7	84.1	55.0	54.9	55.7
	电机	79.0	82.3	85.3	57.7	55.1	57.9
	运输机械	77.9	86.2	87.7	46.6	45.5	48.8
	精密仪器	70.8	72.4	80.9	55.9	54.8	54.4

资料来源：通産省・中小企業省『工業実態基本調査報告書』，转引自藤井光男、丸山恵也编『日本的経営の構造：日本資本主義と企業』大月書店1985年版，144ページ。

比例则超过了80%。另外，从不同规模企业数量以及就业人数的变化中也能看出下包体系的扩大趋势。从表2-3和表2-4中可以看到，进入1970年代以后，1000人以上的企业数及其从业人员数都在减少，与此形成对照的则是未满100人的中小企业——尤其是未满30人的小企业——及其从业人员数量显著增加。这种对比变化表明，进入1970年代，大企业在推进经营合理化和自动化的同时，也进一步扩大并充分利用了下包体系以强化其国际竞争力。高速经济增长时期（尤其是1955－1965年），纵向垂直网络化主要是围绕钢铁、造船以及石油化工等垄断企业形成的下包体系，而且主要集中在太平洋带状工业区，构成了所谓的"企业城下町"。但是从1960年代后期开始特别是进入1970年代以后，随着以电视机、录音机等电器产品以及汽车为代表的加工组装工业的急速发展，大企业为降低生产成本而将工厂不断向偏远地区进驻，进驻工厂则又在本地区铺展开广泛的下包生产体系，一直延伸到农村。

第二章 日本国家转型的失败与保守依附发展主义国家体制的强化（1968/1973－1982年）

表2-3 重工业企业数

年份	1950	1955	1960	1965	1970	1975	1980	1983	1984
总数	56 057	65 247	86 449	116 294	166 127	209 499	220 914	243 129	227 607
不足10人	40 842	43 770	49 390	73 206	109 783	152 825	160 778	177 264	159 407
10－29	10 386	14 734	23 066	26 347	35 333	36 700	40 044	43 790	44 999
30－99	3606	5141	10 406	12 180	14 783	14 327	14 199	15 577	16 260
100－199	617	906	2003	2450	3342	2966	3166	3501	3746
200－299		242	590	771	1005	943	992	1115	1185
300－499		197	455	607	793	739	725	786	876
500－999	606	135	271	383	593	543	589	649	664
1000人以上		122	268	350	495	456	421	447	470

资料来源：通産省『工業統計表』，转引自栗原源太『日本資本主義の二重構造：独占資本形成期から多国籍化までの実証分析』御茶ノ水書房1989年版，192 ページ。

可以说，高速经济增长期间主要集中在太平洋带状工业区及其附近周边的下包生产体系已经铺展到了全国范围。[1] 以汽车生产为例，一台汽车由大约500 种、20 000－30 000 个零部件构成。整车生产商只保留发动机、变速装置以及经济利益最大的零部件生产（内制化率只有25%－30%左右），而其余绝大部分零部件的生产加工则全部由下方大量的中小下包企业承担，形成以大企业为顶点，向下逐次有"一次下包、二次下包、三次下包……"式的不断延伸的金字塔型结构。[2] 越往下游走，企业规模越小，附加价值、生产力水平、利润率以及工资越低，最末端则是只使用简单工具的家庭内生产。最典型的下包体系甚至是相对于一家大企业，其一次下包工厂约有50 家，二次下包工厂约有2000－3000 家，三次以下的下包工厂则可以达到7000 甚至10 000 家。曾一度被奉为"丰田主义"（Toyotaism）的日本丰田汽车公司所采用的"看板（生产）方式"（也译为"准时生产方式"），其实就是依赖企业集团纵向垂直下包生产体系的典型。[3] 这种"日本型"生产组织方式与欧美

---

[1] 栗原源太『日本資本主義の二重構造：独占資本形成期から多国籍企業化までの実証分析』，227ページ。
[2] 藤井光男、丸山惠也编『日本的経営の構造：日本資本主義と企業』，146ページ。
[3] 栗原源太『日本資本主義の二重構造：独占資本形成期から多国籍企業化までの実証分析』，223ページ。

表2-4 重工业的就业人数及构成比率的变化

年份	1950	1955	1960	1965	1970	1975	1980	1983	1984
总数（千人）	1005	1284	2535	3264	4485	4357	4445	4839	5003
不足10人	139	156	186	311	474	609	43	696	650
10-29	170	241	388	447	593	11	692	759	786
30-99	175	256	528	626	772	742	754	828	873
100-199	85	124	274	336	458	409	437	480	514
200-299		59	143	188	244	229	241	270	287
300-499		74	172	234	303	283	278	302	335
500-999	436	96	188	265	411	373	407	450	459
1000人以上		279	656	858	1231	1101	993	1053	1100
构成比例（%）	100.0	100.0	100.0	100.0	100.0	100.0	100.0	100.0	100.0
不足10人	13.8	12.2	7.3	9.5	10.6	13.9	14.5	14.4	13.0
10-29	16.9	18.7	15.3	13.7	13.3	14.0	15.5	15.7	15.7
30-99	17.3	19.9	20.8	19.1	17.2	17.0	17.0	17.2	17.4
100-199	8.5	9.6	10.8	10.3	10.2	9.4	9.8	9.9	10.3
200-299		4.6	5.7	5.8	5.4	5.2	5.4	5.6	5.7
300-499		5.7	6.8	7.2	6.8	6.5	6.3	6.3	6.7
500-999	43.4	7.5	7.4	8.1	9.2	8.6	9.2	9.3	9.2
1000		21.7	25.9	26.3	27.4	25.3	22.3	21.8	22.0

资料来源：通产省『工業統計表』，转引自栗原源太『日本資本主義の二重構造：独占資本形成期から多国籍化までの実証分析』御茶ノ水書房1989年版，192ページ。

国家形成鲜明对照。以美国为例，美国汽车生产商的内制化比率很高（50%），而且与零部件供应商之间基本上是基于彼此独立的平等合作关系。可以说，这种以纵向垂直下包为特征的生产体系是日本经济生产力以及企业

第二章 日本国家转型的失败与保守依附发展主义国家体制的强化（1968/1973－1982年）

国际竞争力的主要源泉（参照图2－1）。[1]

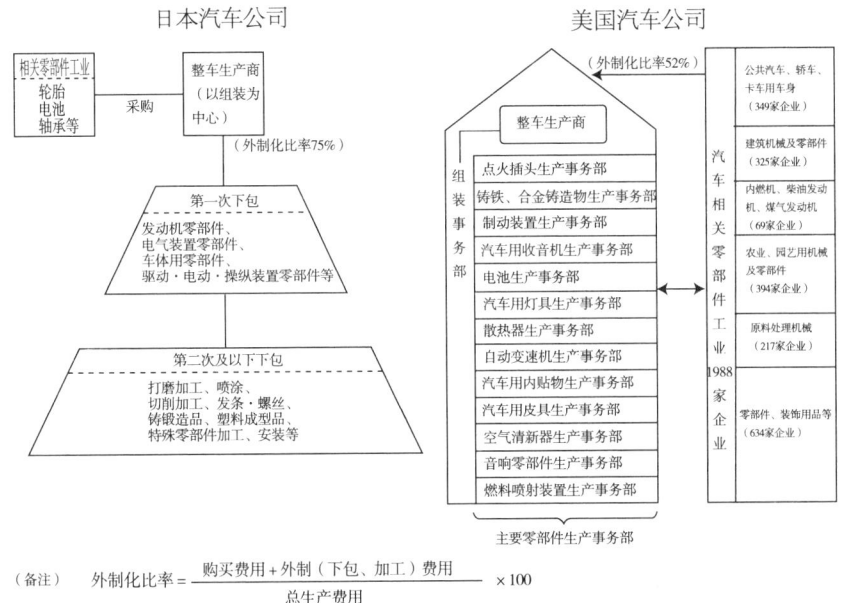

图2－1 日美汽车生产结构比较

资料来源：『中小企業白書』（昭和55年），栗原源太『日本資本主義の二重構造：独占資本形成期から多国籍企業化までの実証分析』お茶の水書房1989年版，223ページ。

家电生产亦是如此。在负责最终组装的综合家电生产商之下，有供应零部件的下包企业，而在其下方又簇生着大量承担着零部件加工的中小下包企业群，最末端则是家庭内生产。[2] 学者福岛久一这样总结道："虽然（1970年代）ME技术的运用让下包体系中的中小企业提高了技术能力，弱化了中小企业与大企业之间的专属关系，出现了交易的多元化和流动化，但其作为垄断大企业资本掠夺对象而存在的本质并未发生变化。作为中小企业存在形态的下包体系是垄断资本寄生性的一个完成形态，而垄断资本的这种寄生性表现得尤为强烈则是日本的特征。"[3] 垄断企业具有"寄生性"是资本主义

---

〔1〕 栗原源太『日本資本主義の二重構造：独占資本形成期から多国籍企業化までの実証分析』，222ページ。
〔2〕 藤井光男、丸山惠也編『日本的経営の構造：日本資本主義と企業』，146ページ。
〔3〕 藤井光男、丸山惠也編『日本的経営の構造：日本資本主義と企業』，148ページ。

161

经济中的一般性特征，而纵向垂直下包体系则让日本垄断资本的"这种寄生性表现得尤为强烈"从而凸显出日本资本主义生产体系的特异性。福岛久一对于日本型资本积累结构特征的把握，真的是非常准确和透彻！

1970年代，随着制造业结构的调整，除去生产领域下包体系的进一步扩大，流通环节的垂直下包化也得到了强化。以家电业领域为例（参照表2-5），垄断大生产商全都以"×××店会"等形式，将几乎所有的家电零售店

表2-5　四大电器生产商的流通销售系列化状况

	旗下批发商	旗下零售店	旗下系列店
A公司	97家	36 000店	9000店
B公司	33家	17 000店	12 500店，其中××专卖商店1500店，××店铺11 000店
C公司	101家	40 000店	18 000店，其中××店铺11 500店
D公司	100家	40 000店	近40 000店，其中××商店18 000店，××店会1500店

资料来源：産業研究所・流通システム開発センター『流通系列化に関する実態調査報告書』，1979年5月。

置于自己的垂直下包网络支配之下，并使其专卖店化，利用零售店的强销售能力与其他生产商展开市场竞争。譬如在松下电器的销售体制中，本社营业本部直属的营业所有27个，营业所之下则有负责批发业务的338家销售公司以及代理店，而与这些公司和代理店保持交易关系的底层零售店则达到数万家。其中，"松下商店"18 000家、"松下店会"15 000家、"松下加盟店"数千家，共有近40 000家零售店被置于了下包体系之中。[1] 水津雄三写道："这样的事态（即垂直下包化），同样适用于批发领域。"[2] 批发商作为承担商品企划和进货功能的部门而成为下包体系的中间环节，支配着其下众多维持生计型的微小经营。[3] 这些作为垄断企业下包单位而存在的中小商业，不仅为垄断企业提高了销售效率，而且极大地节省了这些大企业的流通成本（譬如物流方面的库存仓储成本、广告宣传成本等），从而为缓解大企业的生

---

[1] 水津雄三『地域を支える中小企業：新列島改造計画批判』，255-256ページ。
[2] 水津雄三『地域を支える中小企業：新列島改造計画批判』，261ページ。
[3] 藤井光男、丸山惠也編『日本的経営の構造：日本資本主義と企業』，31ページ。

第二章　日本国家转型的失败与保守依附发展主义国家体制的强化（1968/1973—1982年）

产过剩做出了贡献〔1〕。换言之，这种垂直下包化也是造成垄断大企业生产过剩体制的原因之一。

笔者前面已经指出，农业实际上是垂直下包体系中最末端的存在，遭受着重化工垄断企业的间接和直接剥削。除去农村流出的年轻剩余劳动力散布在大量的下包中小工商业中之外，中老年兼业农民则大量聚集在农村的下包工厂，作为廉价劳动力而成为直接的剥削对象。总而言之，正如学者草原光明所指出的，1970年代，农村作为劳动力供给源的意义仍未消失，不如说反而更加增大了，因为兼业农民为向农村地区大规模铺展的机械和电器工业等提供了稳定而廉价的劳动力供应，专业农户的减少和兼业农户的骤增……充分说明了这一点。〔2〕

垄断企业集团纵向垂直下包体系在广度和深度上的急速扩大，无疑是垄断资本控制下的保守主义统治集团政策支持的结果。进入1970年代，日本政府发表的《中小企业白皮书》对处于下包体系中的中小企业的评价也出现了明显变化。如同宫崎义一教授所批判的那样，高速经济增长并未消除"双重结构"，反而给日本经济带来了过疏地区和过密地区这一新型的横向扩展的"双重结构"，高速经济增长应该说无论在深度方面，还是在广度方面，都使"双重结构"的矛盾更加激化。〔3〕整个1960年代，政府对于中小企业的认识也普遍属于"问题型中小企业认识"，即中小企业无论是生产力水平、利润水平还是劳动者收入与福利水平，都与大企业存在巨大差距，问题很严重，需要加以解决。这种问题意识集中体现在《中小企业白皮书（1963年版）》中，甚至《中小企业白皮书（1969年版）》也仍然属于这种认识论。然而，进入1970年代之后，正如《中小企业白皮书（1973年版）》所体现的那样，对于下包中小企业的评价出现了逆转，开始从"问题型"转向了"贡献型"。该白皮书结尾处以"新经济社会中中小企业的发展方向"为题写道，"技术革新带来不同技术的综合利用和技术开发领域的扩大，产业向地方的扩散带来地方生产、流通和服务的需求增大，……中小企业可以期待利用这些条件寻找新的发展道路"；副题部分又强调中小企业应该"活用"和"积极应对"

---

〔1〕 水津雄三『地域を支える中小企業：新列島改造計画批判』，261—262ページ。

〔2〕 福島久一、角田収、三宅忠和、斉藤重雄編『日本資本主義と産業構造の転換：日本産業の国際的調整』，251ページ。

〔3〕 ［日］宫崎义一：《日本经济的结构和演变：战后40年日本经济发展的轨迹》，孙汉超等译，中国对外经济贸易出版社1990年版，第272页。

环境变化，作出"最能体现中小企业特点"的努力。[1] 白皮书的语言自然是冠冕堂皇的，然而，联系 ME 技术带来的产业结构调整以及由这种调整所带来的垄断企业集团纵向垂直下包体系在广度和深度上的扩展，再细细品味其中的内涵，很自然地就会明白，所谓"活用""积极应对"以及"最能体现中小企业特点"这一类的词句，其实无非是在号召中小企业要充分发挥好其下包功能。对于身处低增长时期而又要确保利润的垄断企业来说，这样的中小企业功能毫无疑问是"贡献型"的。而"贡献"的对象不正是那些处于垄断地位的高高在上的大企业吗？

三、日本型融资体系、劳动力政策及出口的强化

在第一章中，笔者逐一分析了促成村上泰亮所谓"长期平均费用递减"趋势的诸要素，并指出其中最具日本特质的要素是人为低利率政策支持下银行的"超贷"（资金要素）、"日本式劳资协调"（劳动力要素）以及对美国出口市场的过度依赖（市场要素）。笔者也指出，这些所谓的"日本特质"在 1960 年代末 1970 年代初世界体系以及日本国内状况都发生了巨变的情况下，其实都已经难以为继，需要做出彻底的转型。然而，从结论上却只能遗憾地说，这些"日本特质"在整个 1970 年代依旧得到了坚持——如果不是被进一步扩大和强化的话。

首先，关于人为低利率政策支持下的银行"超贷"。前文中说过，1960 年代末 1970 年代初，日本大企业的自有资金状况已经得到改善，而且"尼克松冲击"下出口货款的加紧回收也让大企业的流动资金出现了剩余，银行本可以借此时机纠正长期以来不健全的"超贷"体制；而且据日本银行的说法，1971 年末"超贷"现象实际上已经得到消除。然而，虽然汇率上升至 1 美元＝308 日元，日本却拒绝实施"新成本体系"，而是配合财界的要求执着于维持这一汇率，并为此继续采取人为的低利率政策。特别是 1972 年 6 月第六次降低公定利率，而且没有采取任何措施吸收企业的过剩流动性，反而开始了城市银行的借贷扩张从而扩大了"超贷"，这一方面造成大企业、大商社的投机，另一方面亦带来地价、股价以及生活关联性物资的价格高涨。[2] 1973 年石油危机后，向"新价格体系"过渡的宣扬则更加剧了上述趋势，造成了所谓"狂乱物价"的局面。面对这种情形，日本保守主义政府虽然在

---

[1] 植田浩史『現代日本の中小企業』岩波書店 2004 年版，43－44ページ。
[2] 中央大学経済研究所編『戦後の日本経済：高度成長とその評価』，365ページ。

第二章　日本国家转型的失败与保守依附发展主义国家体制的强化（1968/1973－1982 年）

1973 年 12 月将公定利率上调至 9.0%，但很快又于 1975 年 4 月将之下调至 8.5%，迈出了金融缓和的第一步；1975 年 6 月、8 月和 10 月，政府连续下调利率，最终达到 6.5%；进入 1977 年，随着日元的升值，同年 3 月、4 月和 9 月，利率连续下调至 4.25%，而 1978 年 3 月则达到了 3.5%，金融政策明显倒向了景气刺激；1979 年第二次石油危机爆发后，为避免第一次石油危机期间"狂乱物价"局面的出现，日本政府被迫于 1979 年和 1980 年上调利率，达到了 1980 年 8 月的 8.25%。但紧接着又开始了新一轮的利率连续下调，1980 年 11 月是 7.25%，1981 年 3 月到达 6.25%。[1]

如此，纵观 1960 年代末 1970 年代初乃至整个 1970 年代，日本金融政策整体上延续了高速经济增长时期刺激经济发展的基调。每当日元升值之时，便人为地降低公定利率，商业银行则依靠这种低利率继续维持着"超贷"体制。这种被经济学家胜又寿良称作"融资攻势"之下的过度贷款，一方面自然是流向垄断大企业（它加剧了大企业的资金过剩并导致投机，从而带来地价、物价居高不下的局面），另一方面则依靠扩大面向个人以及中小企业等的贷款来吸收。对于这种人为低利率政策及其支持下的银行"超贷"，胜又寿良的批判可谓准确，认为这助长了企业的通货膨胀期待心理，弱化了企业的经营体制，依然是高速经济增长时期一味追求生产扩大和规模经济的做法，而保守主义政府和财界对于政策决定过程的垄断则是导致这种金融僵硬化的主因。[2]

其次，关于劳动力要素。前文已述，1960 年代末 1970 年代初，资本主义经济体系整体由于制造业生产过剩而进入了一般利润率下降的区间，同时，日本国内人口年龄结构亦发生逆转，"日本式经营"面临着雇佣过剩带来的巨大成本压迫。村上泰亮曾明确指出："很明显的事实是，所谓'日本式经营'是在以'长期费用递减'为特征的经济好景气的支撑下才展示出其充满活力的一面，但是随着经济景气状况的逆转，'日本式经营'就必须寻找新的突破口了。"[3] 其实，从 1960 年代后半期开始，这个问题就已经变得愈发明显，作为垄断企业劳务管理部门的日经连早在 1966 年便发表了《经营者对于现阶段的见解》一文，指出，"……迄今为止所采用的包括终身雇佣、工

---

[1] 参见胜又寿良『戦後 50 年の日本経済：金融・財政・産業・独禁政策と財界・官僚の功罪』，189ページ、197ページ。

[2] 参见胜又寿良『戦後 50 年の日本経済：金融・財政・産業・独禁政策と財界・官僚の功罪』，172ページ、175－176ページ、196ページ。

[3] 村上泰亮『新中間大衆の時代：戦後日本の解剖学』，158ページ。

龄工资制、学历偏重等在内的雇佣体制已经明显达到了其极限",所以,"应当贯彻能力本位的精锐主义";[1] 1967年的《对应新形势的我们的见解》一文中则再度强调要实现"工资体系的合理化"以及"确立基于少数精锐主义的劳务管理体制";[2] 1968年2月,日经连月刊《经营者》又刊发了题为《国际化时代的工资问题》的特集,重点提出:"面临国际化时代,要实现(雇佣的)少数精锐化,必须引入能力主义(工资制度),否则难以推进合理化。而解决这一切问题的前提是,确立符合国际化时代的劳资关系和充实劳资之间的信赖感。"[3] 此前(1968年1月)的日经连问卷调查结果显示,绝大多数(大企业)经营者希望在改革工龄工资制的同时,继续维系终身雇佣制,即在终身雇佣制的框架内实施工资改革,而且,希望继续维系企业内工会的经营者占压倒性多数。[4] 可见,1968年2月日经连发表的意见不过是对大企业经营者总体意见的一个正式表达,那就是:继续维系终身雇佣制和企业内工会,在此基础上进行工资改革。也就是说,对构成"日本式经营"的核心要素不做实质性触动(另外,1979年,针对终身雇佣和工龄工资制,日本"生产效率本部"分别向企业经营者、工会领导人、政府官僚以及财界等实施问卷调查,整体结果表明:继续维系终身雇佣,同时修改工资制度的意见仍然占大多数[5])。

1970年代,日本垄断大企业展开的所谓"减量经营"实际上基本遵循了这一路线,通过开发利用节能技术以及向节能型产业转换从而减少原材料(尤其是石油)的消耗量("物"的削减——笔者注),并减少金融费用以及降低折旧费等("钱"的削减——笔者注),[6] "减量"最终停留在削减"物"和"钱"的程度,而对于"人"(雇佣)的削减只停留在了有限的范围,并未有实质性的大动作。而且,对于工龄工资制,大企业实施的改革最终也只是在维持原有工龄工资制的基础上,加入了"能力主义"审查,以达到强化劳务管理以及降低工资成本的目的。经济学家胜又寿良就此总结道:

---

[1] 北川隆吉『日本の支配機構:日経連』労働旬報社1968年版、65ページ。
[2] 北川隆吉『日本の支配機構:日経連』、71ページ。
[3] 北川隆吉『日本の支配機構:日経連』、97ページ。
[4] 北川隆吉『日本の支配機構:日経連』、174 – 175ページ。
[5] 安藤喜久雄、石川晃弘『日本的経営の転機:年功制と終身雇用はどうなるか』有斐閣1980年版、58 – 59ページ。
[6] 福島久一、角田収、三宅忠和、斉藤重雄編『日本資本主義と産業構造の転換:日本産業の国際的調整』、254 – 255ページ。

第二章 日本国家转型的失败与保守依附发展主义国家体制的强化（1968/1973 – 1982 年）

"为提高管理部门（中老年雇员居多——笔者注）效率而需要进行的组织精简终究没有实施，……确立职能工资制以取代工龄工资制的改革以及引进选择退休制以取代终身雇佣制的改革，最终只是停留在问题提出阶段。……在此意义上，'减量经营'也只能说是单纯的'量'的改善，并未能带来企业经营体质上'质'的改善。"[1] 而企业的回报也是丰厚的，"合作"的工会组织同意大幅度削减实际工资的增长速度，1975 – 1979 年间，日本制造业的单位劳动成本以年均 2% 的速度下降,[2] 1975 – 1980 年的 5 年间，实质工资增长率停留在年均 1.7% 的水平;[3] 同时，新技术以及新劳务管理方式的采纳也得到了劳工的积极配合，ME 化等节省人力的投资顺利进展，FA（factory automation）以及 OA（office automation）得以迅速普及;[4] 以强化劳动和竞争的小集团活动为载体，QC（quality control）和 ZD（zero defect）运动在生产现场全面展开，这些都切切实实地提高了企业的生产力和竞争力水平。日本制造业的劳动生产力增长率在 1975 – 1980 年间达到年均 9.2%，甚至超过了 1960 – 1965 年高增长时期的水平。[5] 从 1980 年左右开始，第二次 "减量经营" 以大企业为中心开始实施，涉及企业所有部门和所用劳动者的合理化推进体系——TQC（total quality control）——全面展开，企业的生产力进一步得到提升。[6]

最后，关于出口市场要素。出口——尤其是对美出口——对于日本高速经济增长所起到的重要支撑作用无论怎样强调都不过分，它极大地缓解了日本国内的生产过剩并带来日本国际收支的盈余。然而，随着 1968 年日本完成经济赶超，实现了国际收支的盈余常态化并成为第二经济大国，以及 1971 年 "尼克松冲击" 所标志的布雷顿森林体系的崩溃和贸易保护主义的兴起，日本应当从市场侧面以及出口产品侧面改变自来的出口方针，日本贸易已经到达了实施结构性转型的节点。[7] 胜又寿良亦指出，日本贸易结构的高度化目标，即通过重化学工业化实现出口增加以及自给程度提高从而减少进口的努

---

[1] 勝又寿良『戦後50年の日本経済：金融・財政・産業・独禁政策と財界・官僚の功罪』，188ページ。
[2] [美] 罗伯特・布伦纳：《繁荣与泡沫：全球视角中的美国经济》，王生升译，经济科学出版社 2003 年版，第 99 页。
[3] 伊藤誠『日本資本主義の岐路』，54ページ。
[4] 藤井光男、丸山惠也編『日本的経営の構造：日本資本主義と企業』，32ページ。
[5] 伊藤誠『日本資本主義の岐路』，54ページ。
[6] 藤井光男、丸山惠也編『日本的経営の構造：日本資本主義と企業』，216 – 217ページ。
[7] 中央大学経済研究所編『戦後の日本経済：高度成長とその評価』，214 – 215ページ。

力,乃是实现独立前后(1952年前后)所制定的政策目标,归根到底应该是有时限性的。[1] 胜又寿良的意思无非是说,这种过度出口导向——而且是过度依赖美国市场的出口导向——的经济发展方式说到底是为经济赶超服务的,随着国际收支的盈余化以及国家经济的成熟化,日本应该转向更具可持续性的内外均衡的发展方向。然而,日本经济最终选择的莫不如说是完全相反的路子。

1965年之后,日本国内生产过剩的态势日益明显,虽然国际收支开始盈余,但大企业却开始通过扩大出口为资本积累寻求活路;1968年国际收支盈余扩大并开始常态化,这种趋势也并未改变,出口继续扩大,1970年总出口额达到190亿美元。以1973年第一次石油危机为契机,日本重化学工业的重心向汽车、电机转移,这除去实现了生产力的提升之外,更加深了经济中一直以来的出口导向。[2] 先来看汽车产业,进入1970年代,日本的汽车产量骤增,而产量增加的大部分都用于出口特别是向美国市场的出口,透过数据可以更清晰地看到这一点。譬如,汽车产量中的出口比重在1965年只有10%多一些,此后开始急速增长,1970年为21%,1975年达到39%,1977年甚至超过了50%,1980年则达到54%;汽车出口金额在1976年超过钢铁排在第一位,1977年则达到150亿美元,占到总出口额的20%,对美出口则在1970-1978年间增加了4倍。这样,1970年代日本汽车产业产量的增加主要依赖出口拉动,形成了"特殊的出口依存体质"。[3] 再来看电机产业。电机产业从1974年后半期开始陷入低谷,但很快在1976年以家电——主要是电视机、录音机以及组合音响——为中心开始恢复。以电视机为例,1970年对美国的出口量是337万台,1976年增加到440万台,出口金额在这一期间亦从2亿6483万美元上升到6亿1656万美元,增长了2.3倍。[4] 从出口总额上看,石油危机期间出口虽稍有停滞,但1976年开始恢复并急速增加,经过1979年第二次石油危机期间的短暂停顿后,1980年总出口额达到1300亿

---

[1] 勝又寿良『戦後50年の日本経済:金融・財政・産業・独禁政策と財界・官僚の功罪』,78ページ。

[2] 福島久一、角田収、三宅忠和、斉藤重雄編『日本資本主義と産業構造の転換:日本産業の国際的調整』,74ページ。

[3] 栗原源太『日本資本主義の二重構造:独占資本形成期から多国籍企業化までの実証分析』,217ページ;福島久一、角田収、三宅忠和、斉藤重雄編『日本資本主義と産業構造の転換:日本産業の国際的調整』,75ページ。

[4] 福島久一、角田収、三宅忠和、斉藤重雄編『日本資本主義と産業構造の転換:日本産業の国際的調整』,75ページ。

第二章　日本国家转型的失败与保守依附发展主义国家体制的强化（1968/1973－1982年）

美元（此后更是一路增加，1985年为1760亿美元，1986年为2090亿美元，1987年则达到2300亿美元）。[1] 如此这般，学者古贺义弘如下总结道："日本的主导产业，通过'暴风骤雨'般的出口来缓解国内的生产过剩，将积累起来的资本再次投入生产过程，进一步加深了日本经济的出口依存结构。"[2]

四、日本型资本积累结构强化的后果

综上所述，可以看到，尽管内外条件都发生了巨变，但1960年代末1970年代初乃至整个1970年代，日本依旧延续了高速经济增长时期经济至上的发展主义路线以及垄断资本主导的强势资本积累结构，水津雄三认为，这一时期日本垄断资本构筑起来的甚至是"较之以前更为强势的高利润体制"。[3]"政—官—财"保守主义统治集团操控下的人为低利率政策继续纵容助长着银行不健全的"超贷"体制；垄断企业集团通过横向水平扩展和纵向垂直深化继续着"有意制造生产过剩危机"的积累体质；"日本式经营"的核心支柱——终身雇佣的坚持让大企业得过且过地维系着"雇佣过剩"的经营体质；生产过剩的压迫又让垄断企业不得不依靠"暴风骤雨"般的出口寻求活路，从而加剧了对海外市场尤其是对美国市场的依存（依附）。在汇率浮动以及贸易保护主义兴起的体系背景下，这种"以邻为壑"式的出口攻势——正如古贺义弘所言——"引起贸易摩擦也是必然的和当然的"。[4]

最严重的就是日美之间的贸易摩擦。从1960年代末开始，日美贸易摩擦开始进入频发期。进入1970年代，在钢铁实施第二次"出口自主限制"（第一次在1969年）的同时，汽车亦成为"出口自主限制"的对象，摩擦加剧。1970年代后半期，"出口自主限制"的对象进一步扩展到了彩电和半导体。伴随贸易摩擦而来的，就是日元升值压力。在1971年的"尼克松冲击"下，日元汇率开始浮动，并从1美元＝360日元升至1美元＝308日元，此后整个1970年代，日元升值压力一直持续并逐步加剧（从1975到1979年，与美元

---

[1] 栗原源太『日本資本主義の二重構造：独占資本形成期から多国籍企業化までの実証分析』，215ページ。
[2] 福島久一、角田収、三宅忠和、斉藤重雄編『日本資本主義と産業構造の転換：日本産業の国際的調整』，75ページ。
[3] 水津雄三『地域を支える中小企業：新列島改造計画批判』，41ページ。
[4] 福島久一、角田収、三宅忠和、斉藤重雄編『日本資本主義と産業構造の転換：日本産業の国際的調整』，75ページ。

相比，日元以平均7.6%的速度逐年升值[1]）。对此，经济学家胜又寿良指出，1949年以来的固定汇率制是支撑日本经济高速增长的重要因素，它为出口企业提供了可以进行长期大型设备投资的理想环境，而且1美元＝360日元的超低固定汇率并非真实地反映日美之间主要制造业生产力差距的汇率，从而促进了日本的出口。然而1971年之后，浮动汇率制取代了固定汇率制，超低汇率开始向真实反映双方生产力差距的均衡汇率转化。针对这种体系环境的变化，与联邦德国积极实施马克升值形成鲜明对照的是，日本"政—官—财"保守主义统治集团选择的则是"日元升值绝对回避"路线，[2] 即消极地甚至近乎偏执地诱导日元贬值以强化出口，同时在国内推行"新价格体系"。具体而言就是，每当面临日元升值，日本政府便在所谓"景气刺激"的名义下降低公定利率（人为低利率政策）实施金融缓和以压低利率；银行等金融机关则在保守主义政府"战略产业扶植政策"的指导下，将大量资金"超贷"给所谓的战略重点产业；[3] 大企业在"日本式劳资协调"下通过"减量经营"，以及强化生产流通中的下包体系从而降低成本以增强出口竞争力。出口的扩大于是又引来下一轮日元升值压力，以上的套路便会重演，如此循环。在这一循环过程中，日本强势资本积累结构中所有极具日本特质的要素都得到了充分调动，形成联动并不断被深化。

而这终究带来了什么呢？经济评论家内桥克人的批判可说是一针见血。他认为，发展主义偏执下日本对强势资本积累结构的坚持无异于"自己勒自己脖颈"似的愚蠢行为，[4] 只会招来更大的日元升值外压以及难以治愈的生产过剩和雇佣过剩；而垄断企业拼命压低价格以强化出口竞争力所损失的利益则通过国内的高物价来回收[5]——所谓"新物价体系"，无疑是一种从消费者向生产者的财富转移，它最终带来的恶果将是经济和社会发展失衡的加剧。正是在此意义上，内桥克人批判主导这一切的日本"政—官—财"保守主义统治集团本质上具有"反社会性"，[6] 并断言："沿着这条'缺少深刻

---

[1] [美] 罗伯特·布伦纳：《繁荣与泡沫：全球视角中的美国经济》，王生升译，经济科学出版社2003年版，第98页。

[2] 勝又寿良『戦後50年の日本経済：金融・財政・産業・独禁政策と財界・官僚の功罪』，166-167ページ。

[3] 内橋克人『同時代への発言7：九　年代不況の帰結』，55ページ。

[4] 内橋克人『同時代への発言7：九　年代不況の帰結』，62ページ。

[5] 内橋克人『同時代への発言7：九　年代不況の帰結』，8ページ。

[6] 内橋克人『同時代への発言7：九　年代不況の帰結』，103ページ。

内省'的道路前进,前方等待着的只能是日本经济长期的结构性破产。"[1]

第四节 企业组合主义主导的社会关系结构的固化与利益诱导政治的扩大

在第一章中,笔者指出,高速经济增长期间,日本在以"政—官—财"三角同盟为核心的保守主义势力统治之下,形成了以企业组合主义为主导的生产社会关系结构;同时,企业组合主义与"政—官—财"合作之下的利益诱导政治一起,将广泛的社会群体共同纳入保守的发展主义体制之中,形成发展主义的社会同盟,从而维系了日本社会整体的安定与团结。企业组合主义是以企业内工会为内核形成的——如罗伯特·考克斯所言——劳资之间"共生性的"协调关系,构成"日本式经营"的生产关系侧面。在这种所谓"共生性的"关系中,劳动者积极配合企业的技术革新和劳务管理以促进企业生产力的发展,同时从企业那里获得以终身雇佣为代表的诸多的利益回报。这种生产关系虽则表面看上去温情脉脉,但非常严重的问题就是导致了劳动者整体生活——甚至于精神人格——对于企业的全面依附。日本研究家 T. J. 彭佩尔(T. J. Pempel)和恒川惠市所谓的"没有劳动方的劳资合作主义"也好,白井泰四郎的"企业内工会实质上已经沦为企业劳务管理的下包机构"的评论也好,批判的正是这种劳动者对于企业的依附性。简单说来就是,"只要生产力不断发展,企业便可保障你生活安稳,因此作为回报,你必须将个人以及整个家庭生活都奉献给企业的发展",贯穿其中的实质上是彻头彻尾的生产力至上的资本逻辑。随着企业组合主义成为霸权性的生产社会关系模式并形成社会统合的一大支柱,这种逻辑也慢慢地向整个日本社会渗透并最终造就了一个日本学者所谓的"企业社会",即资本逻辑或者说企业生产效率原理支配下的社会(由此,我们也可以明白,相对于欧美社会中个体的独立人格,日本社会中的个体人格几乎完全被湮没在企业伦理之中,形成千人一面的"企业人"乃至"企业战士",像极了二战中为效忠天皇而无视个体生命价值的"神风"敢死队员,只不过一个效忠的是天皇,另一个效忠的是企业罢了)。

除此以外,更严重的问题还在于,企业组合主义生产关系由于只局限于

---

[1] 内橋克人『同時代への発言 7:九 年代不況の帰結』,62ページ。

民间大企业，结果便是导致了劳动市场、工资以及福利待遇上的异质性（差别性）。处于企业组合主义封闭框架之内的大企业核心劳动者与处于边缘性生产关系之中的社会群体——譬如农民、中小工商业者以及不安定就业者——之间存在着雇佣、工资以及福利方面的巨大差距。而对这种社会阶级阶层间差距起到弥合与缓解作用的，则是"政—官—财"通力合作之下展开的利益诱导政治。利益诱导政治所遵循的"国土开发—工业配置"路线虽然根本上是为垄断企业提供基础设施从而为其生产力提高和资本积累服务的，但从客观上亦起到了缓解核心与边缘社会群体之间收入差距的作用。然而，这种路线一方面依赖中央集权式的财政制度，摧毁了地方的独立性，其中的利权勾结体制也成为寻租行为（rent-seeking）和渎职腐败案件大量滋生的温床；另一方面则导致了日本的"土建国家化"，并造成国家层面社会保障与福利制度建设的严重滞后。（关于这一点，企业组合主义亦是同样，它通过利益还流将民间大企业劳动者纳入了保守发展主义体制中，虽然发挥了重要的社会统合功能，但社会保障与福利的企业内化却极大地妨碍了国家层面普遍性社会保障与福利制度的健全发育。）

此外，企业组合主义与利益诱导政治这二者都高度依赖伴随着高速经济增长而来的利润的源源流入以及税收的自然增收——企业组合主义同时亦高度依赖日本国内金字塔型的人口年龄结构。而随着高速经济增长终结后低增长时代的到来，日本不单单是应该而且是必须实施对二者的转型了。

一、"全民春斗"路线和革新自治体运动

学者浅井良夫指出，到1975年为止，基于企业利润原理的效率主义（企业主义）虽然形成日本经济与社会组织的主流原理，但并非是唯一原理。以劳动运动以及市民运动等所代表的不同理论和主张依然存在，与主流原理保持着（必要的）紧张关系。[1] 浅井良夫这里所说的市民运动当然是以革新自治体运动为典型代表，革新自治体运动在1960年代高速经济增长期间就已经兴起，而1960年代末1970年代初则再度高涨，非常客观地反映了日本社会自身对于修正高速经济增长时期以来的经济至上主义的一种自然需求。正如正村公宏所指出的，革新自治体除了对环境保护、防止公害等问题表示出积极态度之外，致力于完善社会福利、努力使1947年宪法中福利国家的思想具体化乃是其主要主张。加茂利男亦认为，1960年代末1970年代初高涨的革

---

[1] 歴史学研究会・日本史研究会編『日本史講座 10：戦後日本論』，216ページ。

第二章 日本国家转型的失败与保守依附发展主义国家体制的强化(1968/1973—1982年)

新自治体运动意味着地方保守"(经济)增长同盟"的崩溃,成为主张通过福利国家型政治纠正经济发展弊害的政治行为体,其改革主旨在于"从企业为本的社会转向以人为本的社会","从生产者为中心的社会转向以生活者为中心的社会","从集权社会转向分权社会"。[1]

而浅井良夫所说的持不同主张的劳动运动,也当然主要是指社会党—总评领导下的"春斗"运动。如总评议长太田薰所说的那样,"春斗"是基于"不进行有力的产业横断式罢工,就无法赢得工资的大幅提高"的想法而采取的斗争方式。由于利益与企业的业绩捆绑在一起,企业内工会在斗争面前会变得脆弱和踌躇。因此,"春斗"的意义在于成为强化产业横断组织的突破口,以克服企业内工会的这种依附性和局限性,即"大家在黑暗中携起手来共同向前"。[2] 社会党—总评所主张的"春斗"运动实际上正是要效仿欧洲式的以产业横断工会形成劳动者阶级的横向联合并通过共同斗争的方式来争取"同工同酬"权利的模式,乃是不同于日本企业组合主义生产关系模式的一种对抗理念,也就是主张"公正、互助、连带"的社会民主主义理念,其最终指向就是树立"三方制"生产关系的主导地位。这两种理念的对抗其实一直都存在。譬如针对战后大企业与中小企业间工资差距不断扩大的现实,1956年1月,日经连发表《目前的工资问题与课题:关于提高平均工资的斗争》一文,认为"是大企业劳动工会要求提高工资的斗争扩大了(不同规模企业之间)工资差距",强调工会应该克制提高工资的要求而协助企业开展生产力运动,批判总评的工资行动纲领。而总评则对此进行了回击,认为差别性工资的存在不仅让日本人的生活无法恢复到战前水准,整体工资水平低下,而且造成了劳动者之间的分裂,所以为提高中小企业极端低下的工资水平,大企业劳动者应该在伸张自身要求的同时,将中小企业劳动者的要求纳入视野,大家携起手来共同斗争。[3] 高速经济增长时期,"春斗"发展得尽管并不充分——很大原因在于标榜企业组合主义的同盟、IMF—JC带来的劳动阵线的分裂——斗争只局限于被资方所容许的范围之内,但还是对工资提高以及纠正不同规模企业之间的收入差别做出了一定程度的贡献。[4] 这一点

---

[1] 参见加茂利男「日本型政治システム:集権構造と分権改革」,73—75ページ。
[2] 高木郁郎『春闘論:その分析・展開と課題』,24—25ページ。
[3] 栗原源太『日本資本主義の二重構造:独占資本形成期から多国籍企業化までの実証分析』,169ページ。
[4] 参见新川敏光『戦後日本政治と社会民主主義:社会党・総評ブロックの興亡』,109ページ、156—157ページ。

是不容否认的。白井泰四郎就指出，日本的产业横断式工会斗争虽然并未全面消失，社会党以及总评领导下的"春斗"依然继续着西欧式的争取"同工同酬"的斗争，但总评以及"春斗"的参与主体主要是公务员、官方以及公共企业工会，这些部分基本上较少受到自由市场机制的影响，而民间大企业的企业内工会本身独立性的缺失以及由此产生的企业私利主义的行动模式则让这种产业横断式的统一斗争变得极不安定。[1] 也就是说，社会党—总评的这种对抗理念虽然在保守"政—官—财"历史集团的政治霸权压制下并未能得到有力的伸张，但还是保持了最小限度的发展。

1970年代前半期，公害问题、城市过密化问题以及老人问题等变得日趋严重，对于生产第一主义、GNP至上主义的批判日渐高涨（革新自治体运动亦随之高涨）。高速经济增长期间的总评被主张企业内工会主义（即企业组合主义）的同盟、IMF—JC所掣肘，无法实现劳动阵线的统一，因而一直处于低迷状态。在上述的时代氛围下，总评再度奋起，通过强化与自民党保守主义政府的对决路线，尝试将"春斗"运动向更广泛的阶层扩展，旨在实现"全民春斗"（1974年改称）。这一"全民春斗"路线超越了单纯要求工资上涨的范畴，而是志在实现关乎国民生活（包括雇佣问题、最低工资制、缩短劳动时间、养老金和医疗等）的制度和政策的制定。[2] "全民春斗"亦指出："作为1970年代'春斗'的课题，是要为劳动者阶级谋取切实利益的同时，必须将其发展成为全民性课题，即建立革新统一战线以及民主联合政府。"[3] 如此，总评"全民春斗"的劳动运动路线以及革新自治体运动的高涨，在国家基础层面形成了对于日本生产社会关系结构以及国家社会统合方式进行转型的社会力量，并同时将斗争目标指向了国家层面政治体制的转换，对保守主义国家体制形成了巨大的冲击与挑战。

二、"企业社会"的强化及其结果

从1960年代末开始包括整个1970年代，自成立以来便公然标榜企业组合主义生产关系、主张"日本式劳资协调"、对总评的阶级主义抗争路线形成压制的IMF—JC的势力进一步扩大。1968年IMF—JC旗下的工会会员突破100万人，1970年达到120万人，1974年更是增长到了185万人。1973年宫

---

[1] 白井泰四郎『企業別組合』，43ページ。
[2] 新川敏光『戦後日本政治と社会民主主義：社会党・総評ブロックの興亡』，145ページ。
[3] 高木郁郎『春闘論：その分析・展開と課題』，26ページ。

第二章　日本国家转型的失败与保守依附发展主义国家体制的强化（1968/1973－1982年）

田义二就任议长之后，则公然宣称"要囊括包括全国性工会在内的所有工会组织，形成由JC掌握霸权的日本劳动运动"，[1]并对社会党—总评一直主张的建立产业横断式工会以争取"同工同酬"权利的劳动运动理念和路线开始了全面的围堵和封锁。两种理念都旨在实现日本劳动阵线的统一，故而，两者的对决也关乎何者将成为日本国家主导性生产社会关系的重大问题。这种对抗以1975为界，最终以企业组合主义的全面胜利而告终。1974年，日经连提出了"生产效率原理"。紧接着，1975年的"春斗"以滞胀为背景，IMF—JC与保守主义政府以及财界共同铺设了工资压制路线，构筑起对总评的"包围网"。这一包围网最终让总评大幅提高工资的路线以及"罢工权夺回斗争"一败涂地，"全民春斗"尚未展开便被消灭在萌芽之中。[2] 以1975年的失败为开端，"春斗"一路衰颓，导致实质工资持续低迷，失去了与企业生产力提高之间的联动性；其功能亦从高速经济增长时期的提高整体平均工资水平变成了为工资的上涨设定上限额度——从"提高工资水平"转为"抑制工资上涨"，旨在实现工资水平的均等化——"同工同酬"的"春斗"实际上已经丧失了本质功能而流于形式化，[3] 成为企业每年的"例行公事"。

与总评阶级主义劳动运动的衰退形成明显对照的，则是同盟、IMF—JC的一路跃进、凯歌高奏，不仅成为"春斗"的主导，亦成为劳动阵线统一运动的主力，夺取了日本劳动运动的主导权。[4] 1976年，在IMF—JC主导的"春斗"中结成了横向联合全国性劳动工会的政策推进劳动工会会议，开始了促动劳动阵线统一的行动；1978年，同盟定期大会上确立了实现统一的三原则，即民间先行、劳动工会主义以及国际自由劳联加盟；1979年，中立劳联与新产别结成总联合；1980年，劳动阵线统一推进会议产生；1982年，结成了拥有425万人的全日本民间劳动工会协议会，即"全民劳协"（此后，1987年拥有539万人的全日本民间工会联合会，即"民间联合"产生；1989年拥有800万人的"连合"成立）。在1970年代整体经济低增长的状况下，加之媒体有意的意识形态煽动，"生活保守化"成为支配性的社会风潮，总评的斗争路线最终软化，消融在同盟、IMF—JC主导的劳动阵线统一路线中。[5]

---

[1]　新川敏光『戦後日本政治と社会民主主義：社会党・総評ブロックの興亡』，110ページ。
[2]　新川敏光『戦後日本政治と社会民主主義：社会党・総評ブロックの興亡』，145ページ。
[3]　新川敏光『戦後日本政治と社会民主主義：社会党・総評ブロックの興亡』，157ページ。
[4]　新川敏光『戦後日本政治と社会民主主義：社会党・総評ブロックの興亡』，110ページ。
[5]　新川敏光『戦後日本政治と社会民主主義：社会党・総評ブロックの興亡』，151ページ。

如果认为同盟、IMF—JC 所推进的劳动阵线统一标志着日本出现了欧洲式的产业横断工会，那就大错特错了。因为二者之间存在着本质上的差别。同盟、IMF—JC 所推进的日本式劳动阵线统一充其量只是企业内工会的松散联合，无法从根本上克服企业内工会的封闭性和依附性。白井泰四郎就清楚地指出：其一，欧洲产业横断工会面向全体劳动者，劳动者则以个人身份加入工会，其会员资格与特定企业没有关联，无论受雇于特定企业抑或从特定企业失业，会员资格不发生变化，终其整个劳动生涯都拥有作为工会会员的权利与义务。而日本的企业内工会，顾名思义，其会员只局限于本企业劳动者，且中小企业的工会组织率极低，劳动者首先必须是特定企业的职员，一旦失业、退休或更换企业，则随之失去工会会员资格。其二，欧洲产业横断工会的领导人大多是非隶属于特定企业的活动家；而日本则正相反，首先必须是特定企业的职员，然后才是工会领导者。因此，与欧洲工会会员以及工会领导者不受特定企业约束的情况不同，在日本，劳动者第一性的身份是特定企业的职员，其次才是工会会员或是工会领导人。而结果就是，欧洲产业横断工会因其"独立性"和"开放性"而强大；日本的企业内工会则因其"封闭性"和对特定企业的"依附性"而只能沦为"企业劳务管理的下包机构"，[1] 也因此无法最终形成欧洲式的独立而强大的劳动阵线。这种统一不过意味着企业组合主义生产关系的扩大，不如说是进一步深化了劳动者对于企业的依附性，无法消除掩盖在"温情主义"面纱之下的摇尾乞怜的本质，与欧洲国家劳动工会以针锋相对的斗争获取经济利益以及政治权利的理念存在着根本性的不同。用带点哲学味道的话来说，那就是：如果说欧洲国家劳资之间的合作或者说所谓的"历史性妥协"是建立在对资本主义生产关系本质深刻理解基础之上的"对立之中的统一"（马克思洞察到资本主义经济体制下资本家阶级和劳动者阶级之间"剥削与被剥削"的根本对立的生产关系本质，相信只有以罢工等传统方式甚至通过暴力革命夺取政权，才可以实现劳动者阶级真正的解放。马克思逝世后，恩格斯则根据其后欧洲情势的具体进展，认为无产阶级应当运用一切手段——包括和平的议会斗争——来争取权利与利益，伯恩斯坦等改良资本主义思想家正是发展了恩格斯的这种理念。但不论是暴力革命还是和平斗争，通过劳动者阶级的联合和自立斗争争取自身权利与利益的理念乃是贯穿其中的根本原理）的话，那么，所谓"日本式劳资协调"则是"缺失了对立的统一"，其中残存着过多的封建主义色彩。

---

[1] 参见白井泰四郎『企業別組合』，10－21ページ、42ページ。

第二章　日本国家转型的失败与保守依附发展主义国家体制的强化（1968/1973－1982年）

白井泰四郎就批判日本社会仍然是一个"身份社会"（status society），而非西欧式的经过市民革命而实现的"契约社会"（contract society），特别是劳资之间协调的实现并非基于对等交涉的立场，而是基于身份上的支配与依附的关系，协调秩序的维系依赖于经营者的权威和"温情"施舍，以及劳动者的忠诚与奉献。[1] 日本的文化论者们总喜欢将"日本式经营"渲染成一种带有些许浪漫主义色彩的东西，高谈其中包含着的所谓"共同体文化"、"家长式的慈爱"或温情主义，其实这都是在抽象地谈论上层建筑，却忽视了作为根基的资本主义经济，缺少对于资本主义生产关系冷酷性的深刻认知。岂知这种浪漫主义在资本主义冷静透彻的"成本—收益"的经济理性面前终将不堪一击。还是那句话：真正的权利、利益以及尊严只能凭借斗争来争取，而不能期待施舍。满足于摇尾乞怜式的利益施舍，最终的结局也只能是利益、权利以及尊严的断送——1990年代以后的现实就充分地证明了这一点。

学者后藤道夫指出：1970年代企业内工会的力量丧失根源于其本身对于企业的依附性，企业内工会的"春斗"式斗争理论不过是企业依附之下的形式化的斗争，不同于欧洲产业横断工会领导的与资本全面对立的强势斗争。它的基本逻辑是通过依附于企业并全面配合劳务管理以及技术革新，促进企业业绩的提升从而获得雇佣保障以及工资和福利分成，分成多少的确定则通过"春斗"来确定。然而，在1973年之后企业生存本身面临危机的情况下，这种依附之下的斗争理论则完全失去意义，很容易倒向"为了企业的生存以及多数劳动者的生活安定，一部分劳动者应该做出牺牲"的逻辑。[2] 后藤道夫认为，1975年"春斗"的失败标志着日本企业组合主义社会统合的"完成"。他这样写道，"大企业通过将作为'对抗集团'的劳动者力量'极小化'从而完成了对劳动者的企业主义统合"，而"此前，在企业主义统合的框架之内，企业内工会尚能在一定程度上维护劳动者的利益；但1975年以后，企业内工会则几乎在所有的情况下都丧失了战斗力，企业内部完全被经营者的理论（即资本的逻辑——笔者注）所席卷"。[3]

另外，还必须强调的是，同盟、IMF—JC的跃进自然离不开"政—官—财"保守主义统治集团的政策支持。日经连、"生产效率本部"自不待言，

---

〔1〕 参见白井泰四郎『企业别组合』，10－21ページ、102－103ページ。
〔2〕 坂野润治、宫地正人、高村直助、安田浩、渡辺治编『日本近现代史—构造と变动4：战后改革と现代社会の形成』，281－282ページ。
〔3〕 参见坂野润治、宫地正人、高村直助、安田浩、渡辺治编『日本近现代史—构造と变动4：战后改革と现代社会の形成』，278ページ、281ページ。

前文已经提到，1968 年 2 月日经连月刊《经营者》刊发了题为"国际化时代的工资问题"的特集，强调："面临国际化时代，要实现少数精锐化，必须引入能力主义，否则难以推进合理化。而解决这一切问题的前提是确立符合国际化时代的劳资关系和充实劳资之间的信赖感。"[1] 而此前（1968 年 1 月）日经连的问卷调查结果显示，希望继续维系企业内工会的经营者占压倒性多数。[2] 所以，对财界来说，维持企业组合主义生产关系，在"日本式劳资协调"路线下获得工会对于经营"合理化"——既包括雇佣的少数精锐化以及工资体系中"能力主义"要素的引入，亦包括技术与劳务管理方面的创新——的配合从而强化国际竞争力的意图是再明显不过的。作为国家政策，日本保守主义政府于 1975 年实施了被认为"杀伤力过大"的总需求抑制政策，将萧条感向全社会蔓延，从而为 1975 年"春斗"中的工资压制路线的实现铺平了道路；同时，亦强化了与标榜企业组合主义劳资协调路线的劳动工会的合作，以"确立健全的劳资关系"为口号，拒绝对总评旗下公劳协发起的"罢工权夺回斗争"进行妥协，逼迫总评对其对抗路线作出变更。这样，在"政—官—财"统治集团与同盟、IMF—JC 的共同合作之下，企业组合主义作为国家霸权性生产关系的地位及其主导下的社会关系结构，在 1970 年代都得到了全面维系。社会学家渡边治甚至认为，以（大）企业为核心的现代日本社会结构"形成"于高速经济增长时期，而这种以（大）企业为中心的支配结构向全社会渗透并最终得以"确立"却是在 1970 年代。[3]

然而，低增长时代对于企业组合主义及其主导的生产社会关系结构的坚持，却也并非高速经济增长时期的旧态依然，而是出现了一些明显的变化。

首先，是企业组合主义本身利益还流功能的收缩以及劳务管理的强化，形象地说，就是"糖果"的减少以及"鞭打"的加重。笔者在第一章中已经指出，企业组合主义生产关系主要是通过终身雇佣制、工龄工资制以及企业内福利对劳动者形成利益还流，而整个 1970 年代（尤其是 1975 之后），这三种机制的功能都出现了所谓的"瘦身"。企业内福利的削减是显著的，我们无法逐一列举这种福利的削减，只能做一个笼统的概观。譬如，作为大企业福利"现金支付"项目中重要部分的一次性支付的退休金，1960 年代后半期，企业为控制退休成本，已经开始压缩用于退休金计算的基础工资的额度，

---

[1] 北川隆吉『日本の支配機構：日経連』，97 ページ。
[2] 北川隆吉『日本の支配機構：日経連』，174 - 175 ページ。
[3] 参见渡辺治『企業支配と国家』，164 - 166 ページ。

第二章　日本国家转型的失败与保守依附发展主义国家体制的强化（1968/1973 – 1982 年）

1970 年代后半期，这一制度已经迅速普及。1974 年将全额基本工资用作退休金计算基础的企业占 70.3％，1981 年则下降到 58.1％；而 1000 人以上规模的大企业的相应数字则是 1974 年 51.6％，1981 年 38.1％。此外，退休年龄改革与退休金改革往往是并行的，雇佣延长（提高退休年龄）一般来说伴随着退休金的减额。例如钢铁大企业 1979 年劳资协商达成一致，将退休年龄从 55 岁延长至 60 岁，但同时降低了退休金的上升率。[1] 而关于终身雇佣以及工龄工资制，学者元岛邦夫研究指出，日本大企业在"雇佣调整"的名义下对劳动力构成做出了调整，以实现"少数精锐化"的目的。在这一调整中，虽然"终身雇佣制和工龄工资制的'芯'并未崩溃，大企业劳动力构成中的核心部分继续通过在企业内部职场积累经验、在能力审查中取得优异成绩并得到升迁，从而顺利获得工资的上涨并且工作至退休，（'日本式经营'）的基本构造依旧被维持"，然而，"在积累职场经验的过程中，大企业劳动者却不得不面临着频繁更换岗位的境况（日文中"单身赴任"——抛下妻儿、单身一人奔赴外地职场——这一词汇所反映的便是这一事实，1970 年代"单身赴任"的严酷性在于，很多情况下已经没有了归期的约定——笔者注）；……升迁的速度以及工资上涨的幅度，会在中老年阶段出现由劳动者个人业绩差异所带来的巨大差别。在 55 岁这一节点上，有些人会到达理想的职位，到 60 岁退休为止可以顺利得到工资上涨；有些人虽然能够被终身雇佣至退休，却无法再获得工资的上涨；另有些人则以派遣或其他形式，被'实质上'从本企业清除。这样，可以获得终身雇佣以及工龄工资保障的核心劳动力的量被压缩了"，元岛邦夫接着认为这个量被压缩到了大企业全体劳动者的 1/3 以下，终身雇佣以及工龄工资制已经形骸化（空洞化）。[2] 也就是说，终身雇佣制以及工龄工资制虽然得以维持，但不再是"免费的午餐"，而是在"能力主义"这一附加条件下成为必须拼命抢夺的东西，这无疑加剧了劳动者之间为涨薪以及升职而展开的"能力主义"生存竞争，从而消融了劳动者之间的阶级连带意识，深化了职场内劳动者的异化状况。在笔者看来，日语中类似"单身赴任"、"企业战士"、"猛烈社员"以及"过劳死"等这些表象语汇所反映出来的实质，其实并非都是日本人的吃苦耐劳或爱岗敬业的奉献精神（这种陈词滥调与其说是肤浅，不如说是避重就轻的美化宣传罢

---

〔1〕　新川敏光『戦後日本政治と社会民主主義：社会党・総評ブロックの興亡』，160ページ。
〔2〕　蓮見音彦、山本英治、高橋明善編『日本の社会 2：社会問題と公共政策』東京大学出版社 1987 年版，37 – 38ページ。

了),相反,却反映的是劳动者生存竞争的酷烈性,其背后其实隐藏着太多劳动者个人生理、精神乃至整个家庭生活的痛苦与牺牲。

在利益还流"瘦身"的同时,劳动时间却以1975年为界开始上升,劳动者对于法定外劳动(即"加班"——笔者注)收入的依存度加强。[1] 同时,小集团活动——QC(quality control)和 ZD(zero defect)——亦在生产现场迅速地展开与普及;从1980年左右开始,涉及企业所有部门和所用劳动者的合理化推进体系——TQC(total quality control)——全面展开,劳动管理被进一步强化。栗原源太指出:"大企业的减量化、合理化以及 ME 化是在企业内工会的协作下实现的,这充分体现了'日本式经营'的特质。而且在其背后,经团连、日经连等所代表的财界在极力推进工资抑制和生产力提升运动,另外还必须看到的是,同时并行的还有主张企业内工会主义(即企业组合主义——笔者注)的右翼劳动工会所推动的劳动阵线统一运动。"[2] 这段话清楚地说明,同盟、IMF—JC 主导的劳动工会与保守主义统治集团共同维系了企业组合主义的霸权地位,将劳动者牢牢地封锁在保守主义发展体制之内,这无疑促进了垄断大企业技术以及劳务管理的革新进而为生产力提升做出了贡献。然而,正如前面所述,这同时也是以对劳动者利益还流的缩减以及劳动的强化作为代价的。

其次,1970年代的另一个显著变化就是作为霸权性生产关系模式的企业组合主义对于边缘性生产关系"盈余剥削"的强化。大企业的企业组合主义生产关系之所以能够得以维系,除去企业组合主义本身利益还流的收缩之外,更主要的还是通过向处于边缘性生产关系中的社会群体转嫁成本而实现的,或说是通过强化主导性生产关系对于边缘性生产关系的"盈余剥削"而实现的。这里,还是要重复考克斯那句精辟的评价:"企业组合主义把公司内部的斗争温和化了,把严酷的一面留给外人。"学者新川敏光指出:"(大企业)正规雇佣劳动力的'少数精锐化'与对边缘劳动力——下包(中小企业)劳动者、钟点工以及派遣劳动者——的利用扩大是同时并行的。(大企业的)所谓'雇佣调整',是避免对终身雇佣制造成决定性的破坏,而是或者在本企业内部通过转换所属部门的形式,或者通过向企业集团内的关联企业、系

---

[1] 参见坂野潤治、宮地正人、高村直助、安田浩、渡辺治编『日本近現代史—構造と変動4:戦後改革と現代社会の形成』,278-279ページ。

[2] 栗原源太『日本資本主義の二重構造:独占資本形成期から多国籍企業化までの実証分析』,221ページ。

第二章 日本国家转型的失败与保守依附发展主义国家体制的强化（1968/1973－1982年）

列企业以及下包企业派送的形式，对过剩劳动力进行处理。后一方法实质上是大企业对剩余劳动力的一种清除，但极力避免由外部劳动市场实施劳动力的再配置，而是通过充分利用企业网络而实现的。"[1] 吉田和男在分析日本企业组合主义生产关系中的终身雇佣制时强调，终身雇佣制会导致企业无法根据经济环境的变化对雇佣量作出调整，造成雇佣的僵硬化，从而让企业背负上沉重的固定成本负担，因此，终身雇佣制本身的维系必须有诸多"缓冲装置"的支撑。吉田列举了6种"缓冲装置"，其中至关重要的就是纵向下包体系中中小工商业的存在。[2]

表2-6 不同规模企业法定外福利费

	小计	住宅相关	医疗相关	饮食相关	文体娱乐相关
全体平均	8501日元	3710	637	1235	1029
5000人以上	14 567	7484	1496	1704	1340
1000－4999人	9748	4880	773	1249	1065
300－999人	7318	3007	401	1223	779
100－299人	5420	1681	222	1095	899
30－99人	4922	1194	205	871	1009
5000人以上	100.0	100.0	100.0	100.0	100.0
1000－4999人	66.9	65.2	51.7	73.3	79.5
300－999人	50.2	40.2	26.8	71.8	58.1
100－299人	37.2	22.5	14.8	64.3	67.1
30－99人	33.8	16.0	13.7	51.1	75.3

资料来源：労働省『労働者福利施設制度等調査』，转引自発藤喜久雄、石川晃弘『日本的経営の転機：年功制と終身雇用はどうなるか』有斐閣昭和55年版，35ページ。

而作为国家政策，1974年保守主义政府对失业保险制度的根本修改和"雇佣调整补助金"制度的设立、1977年的《雇佣保险法》改革、1978年的《职业训练法》改革、1980年"（劳动力）转移派送补助金"制度的引入以及1982年《对劳动基本法改革的意见》的提出等，亦从侧面对大企业旨在实现"少数精锐化"的雇佣调整做出了相应的支持。大企业的这种将过剩劳

---

[1] 新川敏光『戦後日本政治と社会民主主義：社会党・総評ブロックの興亡』，159ページ。
[2] 参见吉田和男『日本型経営システムの功罪』，32－35ページ。

动力向下包中小工商业的排放，无疑是一种露骨的成本转嫁或一种变相的盈余剥削，加之直接的剥削——加工费用的压低，导致低增长时代不同规模企业之间的工资和福利差距都呈现出扩大化的趋势。学者高田亮爾的研究结果表明，1973年以后，无论是就现金收入总额而言，还是就现金收入之外的劳动费用——主要是企业福利——而言，不同规模的企业之间都显示出差距扩大的倾向。如果将雇佣人数在5000人以上的企业看作100的话，那么，雇佣人数在30-99人的企业的现金收入总额从1973年的67.3下降到1985年的60.4，现金以外的劳动费用在相同期间则从51.4下降到43.7。所谓现金收入以外的劳动费用，主要包括法定福利费以及法定外福利费（即企业内福利——笔者注）。诸如健康保险等法定福利费缩减的余地较小，而住宅、饮食、医疗保健以及文体娱乐等法定外福利费的多寡则主要取决于企业主的自由裁量，因此差距显著。根据高田亮爾的统计数据，如果将5000人以上的企业看作100，雇佣人数在30-99人的企业1973年为49.7%，此后便持续递减（1985年则减少到24.9%，下降了24.8个百分点）。[1] 关于企业内福利，石川晃弘等人亦做了统计，虽然数据上稍有出入，却都确认了1970年代不同规模企业间企业福利差距加剧的事实。从表2-6中可以看到（1978年统计），不同规模企业间企业内福利待遇差别显著。将5000人以上企业的法定外福利费看作100的话，1000-4999人的企业为67，300-999人的企业为50，100-299人的企业为37，30-99人的企业为34。其中，差别最明显的是医疗保健相关费用以及住宅相关费用。中小企业的医疗保健费用尚不足5000人以上大企业的15%，大企业当中5000人以上的企业与不足5000人的企业之间的差距也很显著，而中小企业的住宅费用只相当于5000人以上大企业的20%。[2]

除去对中小工商业劳动者的剥削之外，1970年代，大企业同时加大了对不安定就业者阶层的压榨。学者古贺义弘和田中隆雄指出："进入1970年代以后，结构性不景气（其实是资本主义经济体系的整体下行——笔者注）逐步加剧，而日本垄断资本的结构性支配却进一步深化，垄断资本自身自不必说，这种深化亦体现在其纵向下包体系的强化，乃至对不安定就业阶层的全面挖掘和利用上。"[3] 石川晃弘等亦同样认为，1973年石油危机之后，"日

---

[1] 参见高田亮爾『現代中小企業の構造分析：雇用変動と新たな二重構造』，77-79ページ。
[2] 安藤喜久雄、石川晃弘編『日本の経営の転機：年功制と終身雇用はどうなるか』，35-36ページ。
[3] 藤井光男、丸山惠也編『日本的経営の構造：日本資本主義と企業』，84ページ。

第二章　日本国家转型的失败与保守依附发展主义国家体制的强化（1968/1973－1982年）

本式经营"涵盖的阶层，即大企业雇佣者、常用雇佣者、男子、事务性以及生产工程从事者处于减少倾向；与此相反，不安定就业者、微小企业雇佣者以及从事营业性职业的人员这些处在"日本式经营"边缘或者被置于其外的阶层却在增加。[1] 整个1970年代，随着大企业正规劳动者的减少，不安定劳动者的数量却大量增加。1981年"劳动力特别调查"数据显示：雇佣者总数的3973万人中，钟点工、临时工以及其他临时性从业者合计达到了503万人。而针对雇佣这些不安定就业者的企业所实施的问卷调查结果表明，企业之所以大量启用不安定就业者的主要原因在于：其一，工资低廉；其二，易于招募。这些边缘劳动力的工资基本上是400－600日元/小时（占75%以上），属于地区最低工资或者更低；雇佣时没有劳动合同的人极多，所以，容易雇佣和容易解雇其实是一体两面。[2] 伴随大企业的雇佣调整，高速经济增长时期只是作为临时性、补充性的不安定劳动者阶层——社外工、小时工等，其构成包括农村流入城市的剩余劳动力、家庭妇女以及外国人等——亦开始被全面挖掘和利用。从生产关系角度讲，这些人基本上属于"企业劳动力市场"的范畴，且带有浓重的"原始劳动力市场"的色彩，雇佣极不安定，工资低廉，根本谈不上什么福利待遇。

在企业组合主义剥削的末端，便是处于"个体经营"生产关系中的农民。第一章中已经指出，高速经济增长时期，为确保对美依附路线下重化工垄断大企业的资本积累，"基本法农政"虽然谋求农业的现代化，但遵循的却是"廉价进口粮食、出口工业产品"的所谓"国际分工论"路线，[3] 结果导致农业衰退以及农民农业内收入的锐减，沦为重化工垄断大企业高速资本积累的牺牲品——重化工垄断大企业出口的兴旺以及企业组合主义生产关系中劳动者利益还流的丰厚，与农业的衰退以及农民农业内收入的锐减，实为一体之两面。随着大米过剩的显性化（1968年），1970年代日本的农业政策开始从"基本法农政"转向"综合农政"。如1970年《关于综合农政的推进》中所提出的，"综合农政"旨在谋求农业的结构改良，也就是，一方面通过退耕减少大米生产，另一方面则扩大蔬菜、畜产等品种的生产以实现农产品的多元化。然而，从根本上说，"综合农政"和"基本法农政"遵循的

---

[1]　安藤喜久雄、石川晃弘编『日本的経営の転機：年功制と終身雇用はどうなるか』，41ページ。

[2]　藤井光男、丸山惠也编『日本的経営の構造：日本資本主義と企業』，34－35ページ。

[3]　社会政策学会年報第28集『行財政改革と労働問題』御茶ノ水書房1984年版，33ページ。

基本路线并无二致。被称作"高速经济增长之父"的下村治,在1972年阐述的关于农业的观点就充分说明了这一点。他说道:"农产品的自由进口必然会导致农户因经营困难而脱农,但粮食的供应不会有问题,因为不足部分只要从国外进口即可,现代产业的发展则足以保证进口支付。"学者井上和卫就此总结道:"勿需赘言,'综合农政'遵循的依旧是'国际分工论'路线。"[1] 结果,虽然少数农户按照政府政策尝试着进行大规模多元化经营,但在进口农产品增加的冲击下,市场条件不断恶化并进而导致经营恶化,大规模多元化生产虽然将农民绑定在农业生产之中,但并未改善农民来自农业本身的收入——进入1980年代,实施大规模多元化生产农户的实际收入大大低于兼业农户收入的现象已经固定化。[2] 很清楚的事实是,只要重化工大企业执着于以扩大出口确保利润并极力维系企业组合主义生产关系模式的霸权地位,那么,农产品进口的不断增加以及农民农业内收入的停滞甚至减少就是不可避免的孪生现象,这种剥削是结构性的。

三、福利国家路线的挫折和利益诱导政治的扩大

1960年代末1970年代初,日本曾出现了建设欧洲普遍制度型福利国家的契机,这其实也是伴随日本成为世界经济大国之后,从国内社会自然生发出来的一种需求。简言之,就是要求克服经济高速增长时期的经济发展至上主义,转向充实社会保障与福利,纠正经济发展与社会发展之间的不均衡局面。革新自治体运动在这一时期的再度兴盛则充分反映了这一社会需求,正如加茂利男所指出的:1960年代末1970年代初高涨的革新自治体运动意味着地方保守"(经济)增长同盟"的崩溃,成为主张通过福利国家型政治纠正经济发展弊害的政治行为体,其改革主旨在于"从企业为本的社会转向以人为本的社会","从生产者为中心的社会转向以生活者为中心的社会","从集权社会转向分权社会"。领先于国家,革新自治体积极推进诸如扩充托儿所、实行老人免费医疗等福利国家的各种社会政策,甚至建设出当时可以称作"缩小版"的福利国家。同时期的劳动运动——总评主导的"全民春斗"——亦与革新自治体的实践相呼应,对养老金以及医疗等方面的社会保障制度的整体提升做出了贡献。[3]

---

〔1〕 社会政策学会年報第28集『行財政改革と労働問題』,33-34ページ。
〔2〕 歴史学研究会・日本史研究会編『日本史講座10:戦後日本論』,242-243ページ。
〔3〕 二宮厚美『日本経済の危機と新福祉国家への道』,17-18ページ。

第二章　日本国家转型的失败与保守依附发展主义国家体制的强化（1968/1973—1982年）

迫于这种情势，田中角荣内阁将1973年宣称为"福利元年"，并指向充实社会保障体系（譬如1973年实施了65岁以上老人医疗的免费化并引入了5万日元养老金与物价的联动机制），迈出了走向福利国家的一步。但这种路线与保守主义统治集团以企业福利为主、公共福利只作为补充的基本路线（前文已经指出，这其实与生产第一的发展主义路线构成了一体两面，压低公共保障与福利支出可以形成国民的高储蓄率，从而能够集中一切资金为企业资本积累服务，即"低福利→高储蓄率→高投资率→高增长"的逻辑；而企业通过包括企业福利在内的利益还流将劳动者捆绑在企业之内，又可以获得劳动者对于技术革新以及劳务管理的积极配合从而提高其生产力）是相悖的，因此，"福利元年"的提出具有很强烈的为缓解社会舆论压力从而维护保守主义政治霸权的"应急权宜"的色彩。正如肯特·E. 考尔德所批判的那样，"战后日本政治舞台上，福利问题被广泛讨论的时机无一不是在政局出现危机，即自民党政权本身或是其本流势力遭遇威胁之时"，每当危机来临，"保守自民党便通过将在野党提出的要求率先付诸实施"以摆脱政权危机，完全不同于"欧洲福利预算的增加主要是迫于来自劳动工会的压力"。[1] 1971年的地方选举中，东京都的美浓部知事出台大型福利政策从而大胜保守主义阵营；社会党和共产党共同推举的黑田了一当选大阪府知事，革新势力在大城市选举区对保守主义阵营形成了强有力的冲击。1972年末的总选举中，自民党减少17个议席，而社会党则增加了28个议席，共产党增加了24个议席，革新势力的上升势头让以自民党、财界为代表的保守主义统治集团感到了巨大威胁。[2] 所以，所谓"福利元年"的宣言及其相关政策的出台都并非生成于保守主义统治集团自身的治国理念，只能说是迫于当时的社会氛围"不得已"而采取的保身之策罢了。正村公宏在评价执政自民党福利观的时候就曾尖锐地指出："自民党虽然将'福利国家'作为政策纲要提了出来，但并没有把它放在重要的地位上，优先加强产业的国际竞争力，用经济增长（'做大蛋糕'）来提高收入水平，还是自民党政策思想的基础。"[3] 以大藏省为中心的官僚和财界亦同样属于"福利消极派"，认为政府的财源应该投

---

[1] 参见ケント·E. カルダ著、淑子カルダ訳『自民党長期政権の研究：危機と補助金』，299 ページ、305ページ。

[2] 参见ケント·E. カルダ著、淑子カルダ訳『自民党長期政権の研究：危機と補助金』，317—318ページ。

[3] ［日］正村公宏：《战后日本经济政治史》，上海社会科学院世界经济研究所日本经济研究室译，上海人民出版社1991年版，第569页。

入产业振兴中去，社会保障和福利交由民间处理即可。[1] 1975年是一个转换点，日经连积极推进"生产效率基准原理"（1974年提出），并联合保守主义政府以及主张企业组合主义的劳动工会（即同盟、IMF—JC）对总评形成合围，在1975年"春斗"中一举击败了以总评为中心的"全民春斗"路线，导致其后以总评为中心的劳动运动全面后退，革新自治体运动亦开始退潮[2]（革新自治体运动在1974、1975年达到最盛期，1975年革新自治体治理下的人口达到了日本总人口的39%，1974年加盟革新市长会的城市达到了136个；[3] 而1978－1979年间，革新自治体运动全面退潮，譬如京都府和横滨市革新政府于1978年、东京都和大阪府革新政府于1979年相继终结）。

革新自治体运动最终失败的原因还在于财政困难，而导致这一困难的主因却在于日本中央集权型发展体制或曰发展主义中央集权体制[4]下形成的中央集权型财政制度。地方政府财政上缺少自治，兴办事业只能仰赖中央的各种补助金，如广濑道贞所指出的那样，地方事业开发资金的70%－80%依赖中央政府的补助金，地方只有"三成自治"或者"二成自治"。[5] 而中央的保守主义统治集团本身就反对福利国家路线，正所谓"巧妇难为无米之炊"，缺少了财政自治权的革新自治体即使有革新理念，也很难将其全面展开并开花结果。因此，在这里，总评"全民春斗"路线所提出的"建立革新统一战线以及民主联合政府"的主张就变得极具现实意义，因为不首先构建革新的统一战线，并对革新政党形成有力支持，对掌握国家政治霸权的历史集团做出更替并进而实现国家体制的根本性变革，其他的革新——无论是经济的还是社会的——即使不是流于空谈，也只能是有限的。

然而，"政—官—财"保守主义统治集团政治霸权的维系及其对右翼劳动工会的保守体制内化——或曰"企业内化"，其结果是造成日本劳动阵线的左右分裂，从而弱化了劳动阶级的力量——却让这种政治变革最终未能实现，导致"全民春斗"运动以及革新自治体运动的全面失败。浅井良夫说得好："将'福利国家'路线失败的原因归结为石油危机所带来的财政恶化虽

---

〔1〕 ケント・E. カルダ著、淑子カルダ訳『自民党長期政権の研究：危機と補助金』、308ページ。

〔2〕 歴史学研究会・日本史研究会編『日本史講座10：戦後日本論』、217ページ。

〔3〕 三宅一郎、山口定、松村岐夫、進藤栄一編『日本政治の座標：戦後四十年の歩み』、135ページ。

〔4〕 渡辺治、後藤道夫編『講座現代日本4：日本社会の対抗と構想』、323ページ。

〔5〕 広瀬道貞『補助金と政権党』、187－188ページ。

第二章　日本国家转型的失败与保守依附发展主义国家体制的强化（1968/1973－1982年）

不能算错，但更为根本性的原因在于日本缺少可以承担这一制度建设的劳动工会以及政党。"[1] 1975年之后，伴随保守主义势力的全面胜利，对充实公共福利的路线进行修正的气氛立刻就在"政—官—财"统治集团内部高涨了起来，政府、"生产效率本部"、日经连再次确认了企业内福利的重要性，将1970年代前半期公共福利的改善——福利国家路线——作为"错误的过去"进行了清算。[2] 福利国家路线最终以挫败而告终。正如一些学者所惋惜慨叹的那样，在1970年代的开放经济下，日本型企业社会进一步定型化，莫不如说与欧洲模式的福利国家已经渐行渐远了。[3]

最终，利益诱导政治这一保守主义统治集团的"拿手好戏"还是贯穿了整个1970年代，继续发挥着重要的社会统合功效。如前文所述，虽然迫于在野党以及总评、革新自治体的压力，作为应急的"权宜之策"，保守主义统治集团宣告1973年为"福利元年"并摆出了一些姿态，但一方面却联合保守主义体制内势力——包括同盟、IMF—JC主导的右翼劳动工会——对革新路线形成围堵，另一方面又同时展开了大规模的利益诱导政治以维护高速经济增长时期所形成的社会联盟——加茂利男所谓的"经济增长同盟"。通过以"国土开发—工业配置"为主线的利益诱导政治为垄断大企业资本积累服务并同时实施社会统合的路线在1970年代初就已经设定，并在田中角荣的《日本列岛改造论》（1972年）中得到了最典型的体现，所以亦可称作"列岛改造路线"，田中试图依靠《日本列岛改造论》对1970年代的"新政治"提出挑战。[4]《日本列岛改造论》认为，距离明治维新已经百年，应该实施"国土维新"，即"以大工业基地建设为中心，通过新的'据点开发方式'推进地方开发"；同时，为实现"制造业的全国平准化发展，必须对应全国各地的开发能力，诱导工业进行合理配置"，因此，"要将工业从过度集中地区（太平洋带状工业区）向集中度较低的地方转移，同时推进制造业比率较低地区的工厂建设，实现工业的全国性再配置"。[5] 再明显不过的是，如果说

---

[1] 歷史学研究会・日本史研究会編『日本史講座10：戦後日本論』，222ページ。
[2] 参见新川敏光『戦後日本政治と社会民主主義：社会党・総評ブロックの興亡』，162ページ、164－165ページ。
[3] 坂野潤治、宮地正人、高村直助、安田浩、渡辺治編『日本近現代史—構造と変動4：戦後改革と現代社会の形成』，360－361ページ。
[4] [日] 正村公宏：《战后日本经济政治史》，上海社会科学院世界经济研究所日本经济研究室译，上海人民出版社1991年版，第781页。
[5] 参见田中角栄『日本列島改造論』，4ページ、21ページ、25ページ。

高速经济增长时期的利益诱导政治是在"国土开发—工业配置"路线下展开的话,那么,《日本列岛改造论》遵循的则是"国土再开发—工业再配置"的路线,二者可谓一脉相承,《日本列岛改造论》与《国民收入倍增计划》同样追求诱导效果。[1] 而且,高速经济增长时期的开发区域主要集中在狭长的太平洋带状工业地带,《日本列岛改造论》则意图将这种开发向内陆延伸,实现"全国性"的铺展。所以,"列岛改造路线"之下展开的利益诱导政治毫无疑问也将是高速经济增长时期的加强版或曰升级版。

笔者在第一章中已经阐明,利益诱导政治是以自民党派阀为核心的敛财散财体系。田中角荣的上台,则无疑让这一体系得到了进一步的扩大与强化。

首先,从敛财角度来看。田中派形成了自民党内最大的派阀,拥有最多的国会议员并形成全国性的政治家网络,同时,可以筹集到最多的政治献金。国会议员为培养本选举区的后援会以及为个人仕途的发展,自然对田中派趋之若鹜,从而可以利用其巨大的资源。低增长情况下,大企业利润的减少让财界政治献金的目标更具"特定性",更倾向于流向如田中派这样所谓"全天候型"派阀中的议员或"族议员"(这些议员寄居在自民党政务调查会中的特定部会、调查会或调查委员会中,代表着特定集团的利益),这也加强了身属特定派阀的"族议员"在协调资源分配中的权力,[2] 与中央省厅官僚共同形成"族议员/官僚裁量型"的利益分配体系。可以说,田中角荣的上台强化了利益诱导体系的敛财机制,也加剧了自民党政治的金权特质,就像正村公宏所评价的:"在田中内阁时期,这一倾向(金权特质)更趋露骨。"[3] 这一露骨的金权特性遭到舆论的强烈批判,因此,其后的三木武夫内阁主张政治的廉洁化,提出修改《政治资金限制法》以及《公职选举法》,旨在改革自民党的派阀以及金权体制,实现党的现代化;财界在此前亦迫于社会舆论对自民党金权选举的批判,决定暂时停止向自民党的政治资金筹集机构——国民协会——提供政治献金。但缺少了财界巨额献金,自民党无法有效地开展政治活动。于是,三木内阁的中曾根干事长就要求经团连会长土光敏夫重启企业捐款,政治献金因此得以恢复;而三木武夫的党改革主张亦由于党内抵制而没有取得进展,内阁本身也在1976年12月总辞职。说白了,

---

[1] 中央大学经济研究所编『戦後の日本経済:高度成長とその評価』,365ページ。
[2] 猪口孝『現代日本政治経済の構図:政府と市場』,231-232ページ。
[3] [日]正村公宏:《战后日本经济政治史》,上海社会科学院世界经济研究所日本经济研究室译,上海人民出版社1991年版,第779页。

第二章　日本国家转型的失败与保守依附发展主义国家体制的强化（1968/1973－1982年）

三木内阁本身就是一个过渡性内阁，目的在于缓解社会舆论对于自民党政权形成的压力，依靠自民党自身力量是无法完成对自身体质的根本性改造的，正如癌症病人无法对自己实施切除恶性肿瘤的手术一样，根本性的改革只能依赖体制外的革新力量。虽然田中角荣本人1974年下台并因洛克希德事件的曝光而被捕，但转到幕后的田中却成为实际上操控自民党政治的"影子将军"，其派阀势力依旧强大。

其次，再看散财环节。第一章中笔者指出，这主要是在"国土开发—工业配置"的大背景下，中央集权型的财政体系——包括一般财政预算和作为"第二预算"的财政投融资——透过"派阀系列化"通道形成中央对地方的以公共事业为中心的补助金散播，即升味准之辅所说的由地方团体利益、中央省厅权限和自民党系国会议员的地盘结合起来的"三位一体"的散财—巧取体系，直白地说，就是大把撒钱的路线。这本质上虽然是为垄断大企业提供基础支持和扩大市场从而促进其资本积累服务的，是与发展主义的另一条主线——"产业高度化＝重化学工业化"——并行的，但它同时亦为众多处于边缘性生产关系中的社会群体提供了就业机会以及收入保证，将其纳入了保守主义的发展体制之内，并成为经济发展的受益者，从而发挥了重要的社会统合功能。反馈到政治层面，便是自民党近乎一党独裁式的长期政权的维系（通过利益换选票）。高速经济增长时期，在丰润的税收自然增收的支持下，利益诱导政治可以说发挥得淋漓尽致，经济兴旺，社会安定。然而，1970年代的困难在于，伴随1971年"尼克松冲击"（以及1973年石油危机）的打击，日本经济进入低增长时期，也从而终结了税收的自然增收，财源不足成了大问题。针对这个问题的解决，《日本列岛改造论》中说得极其明白，"对于国土改造，消极的财政运用是不行的，……需要财政的先行运用"，由于"国土改造需要巨额资金"，所以，"公债政策成为体制的一环，必须改变维持单年度财政均衡的观念，基于长期的财政计划，有计划且积极地实施公债政策，致力于积累社会资本，为未来一代人的繁荣服务"。[1]

田中角荣组阁后，便以其日本列岛改造计划为依托，展开了大型的财政预算。1972年的一般财政预算增加到121 189亿日元，比上一年度增加了25%，财政投融资达到64 358亿日元，增加了28.5%；1973年一般财政预算增加到142 841亿日元，比1972年增加17.9%，财政投融资计划为69 248亿

---

[1]　田中角栄『日本列島改造論』，6-7ページ。

日元，比 1972 年增加 7.7%；[1] 1975 年日本开始发行赤字公债。虽然为摆脱 1965 年的不景气而导致公债的发行，也由此打破了 1949 年"道奇方针"所确立的"财政均衡"原则。但截止到 1975 年，日本发行的公债中大部分仍属于建设公债，公债依存度（相对于年度财政支出的公债发行额）也停留在年平均 11% 左右。然而，从 1975 年开始发行的却是真正的赤字公债（关于建设公债和赤字公债的区别，如果以金融作比的话，建设公债仍然有实物为依托，类似以实体经济为依托的金融；而赤字公债则无任何依托，就像脱离了实体经济而完全虚拟化了的金融）。1975 年度发行额为 53 000 亿日元，其后每年平均增发 20 000 亿日元，1980 年度达到了创纪录的 142 000 亿日元；公债依存度 1975 年度一举上升到 25.3%，1977 年为 34.7%；[2] 1979 年为 39.6%，1981 年为 26.2%。[3] 公债依存的财政体制已然固定化。经济学家伊藤诚亦指出，1970 年代虽然处于低增长时代，高速经济增长时期的税收自然增收终结，财政收入陷入停滞。然而，在"列岛改造路线"下，日本的财政支出却不断膨胀，财政赤字大幅增长，政府长期债务额从 1973 年的 9.4 兆日元（占 GNP 的 8.1%）增长到 1980 年的 83.1 兆日元（占 GNP 的 35.3%）。[4] 这样，整个 1970 年代，在"列岛改造路线"的引导之下，依靠赤字公债的大量增发，日本保守主义统治集团的利益诱导政治进一步扩大。学者晖峻众三如下总结道："日本资本主义为了克服 1970 年代高速经济增长的终结以及社会关系的紧张，开始大量发行国债，最终加剧了财政危机，可以说是社会危机向财政危机的转化。"[5] 一般财政预算中的补助金比例 1959—1964 年占到 26%—27%，而从 1971 年开始便超过了 30%，1975 年之后更是达到了 33% 左右；特别预算支出中的补助金 1971 年增加了 7.2 倍，1977 年则增加了 22.9 倍。[6]（另请参照图 2—2）

---

〔1〕 参见［日］正村公宏：《战后日本经济政治史》，上海社会科学院世界经济研究所日本经济研究室译，上海人民出版社 1991 年版，第 782—785 页。

〔2〕 ［日］宫崎义一：《日本经济的结构和演变：战后 40 年日本经济发展的轨迹》，孙汉超等译，中国对外经济贸易出版社 1990 年版，第 433 页。

〔3〕 猪口孝『現代日本政治経済の構図：政府と市場』，221 ページ。

〔4〕 伊藤誠『日本資本主義の岐路』，54 ページ。

〔5〕 晖峻衆三編『日本資本主義と農業保護政策：農基法成立後の日本農業の再編過程』御茶ノ水書房 1990 年版，129 ページ。

〔6〕 升味準之輔『現代政治（下）：一九五五以後』，424 ページ。

第二章 日本国家转型的失败与保守依附发展主义国家体制的强化（1968/1973－1982年）

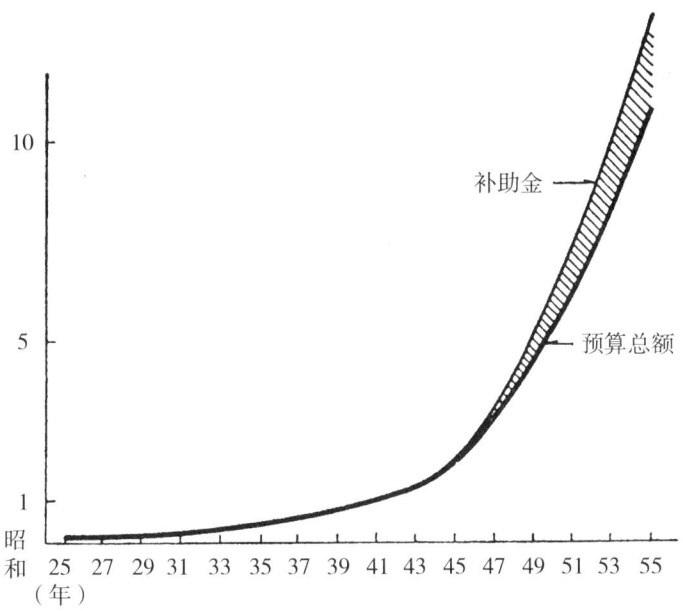

图2-2 一般财政预算与补助金的推移（昭和40年＝1）

资料来源：広瀬道貞『補助金と政権党』朝日新聞社1981年版，77ページ。

如正村公宏所言，相比于日本1969年的《新全国综合开发计划（二全综）》，"列岛改造路线"重视促进工业的重新布局和建设新的地方城市等具体措施，充分体现了中央政府主导型的开发性质。[1] 作为这一路线的延续，1977年的《第三次全国综合开发计划（三全综）》依然具有由中央政府来帮助完成定居圈地区开发这一旧有的中央集权行政特色。[2] 也就是说，1970年代"列岛改造路线"之下的财政体制依旧是中央集权式的。正如宫崎义一教授所指出的，这条路线"想进一步彻底实行地方自治体对中央的依赖，向'二成自治'乃至'一成自治'的方向推进"。[3] 在这种中央集权型的补助

---

[1] ［日］正村公宏：《战后日本经济政治史》，上海社会科学院世界经济研究所日本经济研究室译，上海人民出版社1991年版，第779页。

[2] ［日］正村公宏：《战后日本经济政治史》，上海社会科学院世界经济研究所日本经济研究室译，上海人民出版社1991年版，第840页。

[3] ［日］宫崎义一：《日本经济的结构和演变：战后40年日本经济发展的轨迹》，孙汉超等译，中国对外经济贸易出版社1990年版，第277页。

金派发中,各省厅官僚以列岛改造作为大义名分,埋头于增加既有补助金的金额以及增设新的补助金项目,以此扩大本部门乃至个人选举地盘,前文所说的族议员们亦纷纷登场,在补助金派发中的作用不断增大;以经团连为代表的财界则在低增长时期为维系垄断资本的强势资本积累而通过政治献金对执政的保守自民党施加控制,同时利用各种审议会和恳谈会对政府政策施加影响,要求加大财政投入以刺激经济景气,加深了对于国家财政的依存性或者说寄生性。根据石川真澄的整理,1970年代日本所谓"行政投资"的增长率超过GNP的增长率,1980年总额达到了27兆8765亿日元,约占GNP的11.7%(美国的国土面积是日本的25倍,人口是日本的2倍,公共投资额也只达到其GNP的3%左右),[1] 成为世界上最大的公共投资国,自然的结果便是公共事业费和补助金的急剧膨胀。

"列岛改造路线"——正如宫崎义一教授所批判的那样——是"想使以往集中在太平洋狭长地带的底层进一步扩大,以便在整个日本列岛上构筑更高的('双重结构')金字塔",而"并不是彻底解决作为日本经济体制的'双重结构'本身",[2] 因此也无法改变伴随这种经济积累结构而来的社会关系结构。我们在前面已经清楚地看到,1970年代对应经济中"双重结构"——甚至"多重结构"——的扩大,生产社会关系结构中"核心"与"边缘"之间差距———包括雇佣、收入以及福利的差距——的扩大。而依托列岛改造的"国土再开发——工业再配置"的大背景而展开的利益诱导政治,则对缓解这种"核心"与"边缘"之间的差距起到了关键的作用,从而避免了保守发展主义社会联盟的离散,巩固了保守主义统治集团政治上的支持后盾。

我们这里重点谈论农民、中小工商业经营者及其劳动者。正如水津雄三所强调的那样,要实现地方社会的安定,就必须振兴地方农林水产业以及中小商工业,因为它们构成雇佣和收入的基础。[3] 1960年代作为地方自身所设想的发展方向在1970年代依旧存在。以1979年大分县的平村守彦知事所提出的"一村一品(即一村一个代表品种)运动"为代表,地方自主的发展构想主要规划将地方农业作为重要部分,同时充分利用当地的资源及经济条件,

---

〔1〕 三宅一郎、山口定、松村岐夫、進藤栄一編『日本政治の座標:戦後四十年の歩み』,158ページ。

〔2〕 [日]宫崎义一:《日本经济的结构和演变:战后40年日本经济发展的轨迹》,孙汉超等译,中国对外经济贸易出版社1990年版,第272-273页。

〔3〕 水津雄三『地域を支える中小企業:新日本列島改造計画批判』,136ページ。

第二章　日本国家转型的失败与保守依附发展主义国家体制的强化（1968/1973－1982年）

以传统的地方企业为中心发展出地区内的产业关联，形成不被外部条件变动所左右的自立的可持续发展的地方经济，而这种构想也是和地方中小企业以及小规模农业经营户的利益相关联的。但这些构想最终还是被淹没在了以重化工垄断大企业利益为中心的"国土再开发—工业再配置"的巨大浪潮之中，这种方式一方面满足了垄断资本的积累需求，另一方面则扩大了自民党的利益诱导政治。[1]

先说说农民。1970年代，农业机械、肥料以及农药对农业生产的渗透加剧了垄断企业利用价格对农业的进一步掠夺；此外，大商社对饲料的垄断性进口、大资本对生活资料流通领域的入侵以及汽车等工业品"暴风骤雨"般出口所带来的（对美国）农产品进口的激增，导致了日本农业的进一步衰退，农业就业人口持续减少。[2] 单纯的农业收入已经无法保障农民生活的安定。针对农民的收入提高和生活保障问题，保守主义政府依靠的手段除去米价保护、退耕补助金等之外，最主要的还是扩大兼业化，而农民兼业化的扩大则是依托1970年代日本农政的转变而完成的。笔者在前文中已经提到，1970年代日本农政从1960年代的"基本法农政"转向了所谓的"综合农政"。关于"综合农政"的主旨，学者井上和卫总结指出："综合农政"一方面是为了解决大米过剩的问题；另一方面，作为高速经济增长时期强势资本积累的结果，大城市既有工业地带出现了过密现象——主要表现为土地不足、地价高涨、劳动力"不足"、工资上涨、住房难以及交通拥堵等，工业向地方的分散、农村的城市化和工业化成为不可避免，"综合农政"亦是为资本提供土地而登场的。1970年2月发表的《关于综合农政的推进》中写道："有必要整备环境条件以促进包括中高年龄层的离农者能够顺利地转换职业。特别是为了能够创造出让离农者不必转移住所，而是以通勤的形态获得其他行业的就业机会，有必要积极并有计划地促进工厂向地方的分散。"也就是形成"向农村地区引进工业→农地转用・不稳定兼业农户的稳定化→促进稳定兼业农户的离农转职→农地流转・土地向核心农户的集中→核心农户的规模扩大・农业结构改善"的图式。[3] 1970年设立退耕转作补助金，其金额一路飙升，从最初的3369亿日元上升到1977年的1兆2419亿日元；1970年《农地法》被部分修改，同时又设立离农补助金制度以及农民养老金制度；

---

〔1〕 歴史学研究会・日本史研究会編『日本史講座10：戦後日本論』，246ページ。
〔2〕 藤井光男、丸山恵也編『日本的経営の構造：日本資本主義と企業』，35ページ。
〔3〕 社会政策学会年報第28集「行財政改革と労働問題」，33－34ページ。

193

1971年实施《农村地区工业引进促进法》；1972年实施《工业再配置促进法》，而集大成之作便是田中角荣的《日本列岛改造论》（1972年）；1973年出台《工厂立地法》；1977年又实施《第三次全国综合开发计划（三全综）》。从1970年左右开始，农业收入只占到农家收入的1/3，到1975年则低于30%。[1] 专业农户锐减的反面便是农民兼业化的进一步深化。1981年第一种兼业农户（被称为"自营兼业"，即以农业为主，农外兼业为辅的农户）和第二种兼业农户（被称为"农外雇佣兼业"，即以农业为辅，农外兼业为主的农户）合计达到了87.4%，日本农村出现了所谓的"整体兼业化倾向"，而且甚为明显的趋势是第一种兼业形式的减少和第二种兼业农户的骤增（据1980年调查数据显示，当时的第二种兼业农户占到了总兼业农户的84.7%）。[2] 兼业方向自然是中高年妇女在下包工厂或者家庭内从事组装劳动，而中高年男子则主要从事建筑业。1970年代，农村劳动力的流出开始从刚刚毕业的学生等低年龄层向中高年龄层扩展，特别由于电机产业组装下包工厂大量雇佣女性劳动力，中高年农村家庭主妇的流出非常显著，这些妇女主要作为组装工厂的临时工、钟点工被大量吸收——"列岛改造路线"下"工业再配置"的结果；另外，1970年代建筑业的增加非常显著，这是"列岛改造路线"下"国土再开发＝公共事业增加"的结果，农业补助金部分流向农业之外的建筑业，同时还有建筑省掌管的公共土木建筑费的巨额流入（据《朝日新闻》报道，1981年的公共土木建筑费达到20兆日元，占国家和自治体农林水产总预算金额的4成），[3] 日本的"土建国家化"程度亦进一步加深，而作为打工者投入建筑行业的则主要是中高年男子。[4] 农村是保守自民党的传统"票田"，而且，1970年代革新自治体的扩展也让自民党意识到强化农村保守地盘的重要性。[5] 因此，农民利益的保证是保守主义社会联盟以及保守主义统治集团政治霸权的重要基础。结果，虽然日本农业本身衰退严重，但农民的可支配收入额却不断上升，1975－1982年间达到了城市工

---

[1] 福武直『日本社会の構造（第2版）』，92ページ。
[2] 藤井光男、丸山恵也编『日本的经营の構造：日本資本主義と企業』，35ページ。
[3] 三宅一郎、山口定、松村岐夫、進藤栄一编『日本政治の座標：戦後四十年の歩み』，159ページ。
[4] 栗原源太『日本資本主義の二重構造：独占資本形成期から多国籍企業化までの実証分析』，258ページ。
[5] 歷史学研究会・日本史研究会编『日本史講座10：戦後日本論』，243－244ページ。

第二章　日本国家转型的失败与保守依附发展主义国家体制的强化（1968/1973－1982年）

薪劳动者的113%。[1]虽然收入得到了提高，但就生产关系而论，兼业化实际上是让农民脱离农业"个体经营"的生产关系，将其置于"个体经营"与"企业劳动力市场"或者"家庭内生产"（下包生产中最简单的加工组装是在家庭内进行的）之间的一种中间性的生产关系形态，而这种形态也由于其"中间性"而处于一种极不稳定的状态，只能属于日本学者所定义的不安定就业形态。

再来关注中小工商业。1970年代"列岛改造路线"之下的"工业再配置"其实也是垄断企业集团纵向垂直下包体系的进一步扩大。伴随生产以及流通领域大多作为下包单位而存在的中小工商业的簇生，这些中小工商业也成为了诸多处于边缘性生产关系中的社会群体的大量寄居之地——不管是作为主要处于"企业劳动力市场"生产关系模式中的正规雇佣者以及社外工、临时工等不安定就业阶层，抑或是作为处于"个体经营"生产关系模式中的自营业者。尽管下包体系的扩大是为垄断大企业强势资本积累服务的，本质上是对中小工商业的剥削，但反过来讲，它的扩大也为身处边缘性生产关系中的人们创造出了众多的就业机会，保障了他们的家庭以及社会生活的基础。同时，在"工业再配置"的主线下，利益诱导政治从为自民党开拓地盘的角度，亦对地区中小商工业经营者及其劳动者施予了诸多（额外的）"照顾"，有效地淡化了他们的被剥削感。进入1970年代，这种"照顾"变得更加"无微不至"。[2]首先，作为针对中小工商业的补助金体系的一环，1973年设立了小企业经营改善资金融资制度，针对雇佣者在2人以下的商店和5人以下的工厂，实施无需任何担保和保证的融资（设施资金最高贷款额为100万日元，营业资金最高贷款额为50万日元）。1973年的总融资规模为300亿日元，其后逐年膨胀，1974年1200亿日元，1975年2400亿日元，1976年3500亿日元，1977年4700亿日元，1978年以后则上升到了5100亿日元；1977年又新设小企业经营改善资金融资制度（Ⅱ），扩大了融资对象，将商店、服务业中从业人员在5人以内的小店铺以及就业人员在20人以内的小工厂也纳入融资范围，贷款限定额度从当初的100万日元增加到了300万日元。[3]其次，作为通过行业规制体系对中小工商业实施保护的一环，不能不

---

[1]　猪口孝『現代日本政治経済の構図：政府と市場』，223ページ。
[2]　升味準之輔『現代政治（下）：一九五五以後』，486ページ。
[3]　参见広瀬道貞『補助金と政権党』，43－48ページ；另参见猪口孝『現代日本政治経済の構図：政府と市場』，218ページ。

提到的就是1973年《大店法》的实施。《大店法》规定,店面大于1500平方米(在大城市一些指定的区则为大于3000平方米)的零售店的规模、经营的时日、闭店时间以及放假的天数都要受到政府的规制,大店必须到通产省注册。根据这项法律,当一家大店到通产省注册后,通产省将把它注册的信息连同它所售商品的种类都通知当地商会,当地商会的意见将被报到大店审查委员会,该委员会又会将自己的意见报到通产省。这一程序等于把商业管理过程政治化,使得大型零售店很难进行扩张。1979年,日本政府对《大店法》进行了修正,规定变得更加严格。受政府规制的零售店的规模被降到500平方米。规模在1500平方米以上的零售店进行调整的程序仍由通产省控制,但500-1500平方米的零售店改由地方政府控制。《大店法》实施的目的在于,以大店为核心促进零售业的正常发展,但同时也要保证中小规模的零售商有一定的商业机会。[1] 结果,从1976年开始,新设店铺的增长减少,以商工会议所为中心,各地发出大型店铺冻结宣言,截止到1980年,大型连锁超市的"入侵"完全停止。[2]

乍看上去,垄断资本依附之下的"政—官—财"统治集团对于中小工商业者的这种"无微不至"的"关怀",无论如何都有悖于"大资本打倒中小资本"的常理。那么,究竟该怎么理解这种有悖常理的举措呢?其实,如果考虑1970年代日本经济处于低增长时代且保守主义统治集团面临着政治霸权危机的话,上述现象就变得不难理解了。前面说过,下包体系中大量中小工商业的存在是低增长时代垄断企业维系其强势资本积累从而保证其国际竞争力的重要源泉。因此,在剥削和压榨的同时,也必须保证它们的生存;或者更恰当地说,只有首先保证中小工商业的存在,才有可能通过扩大垂直下包体系实施成本转嫁从而维系自身的竞争力。再者,1973年设立的小企业经营改善资金融资制度是起源于日本商工会议所的提议,而日本商工会议所之所以提出这样的建议——正如其会长永野重雄所说的那样——是因为"惊讶于当时加盟共产党指导下的民主商工会的中小企业大量增加"这一事实,因此,"作为站在保卫自由主义经济立场上的我来说,有一种'必须做些什么'的危机感"。[3] 因此很清楚的是,"政—官—财"保守主义统治集团这样做

---

[1] 参见〔美〕高柏:《日本经济的悖论:繁荣与停滞的制度性根源》,刘耳译,商务印书馆2004年版,第272-274页。

[2] 猪口孝『現代日本政治経済の構図:政府と市場』,218ページ。

[3] 升味準之輔『現代政治(下):一九五五以後』,486ページ。

第二章　日本国家转型的失败与保守依附发展主义国家体制的强化（1968/1973－1982年）

的根本目的无非是，一方面为了维系垄断资本强势的资本积累，另一方面则是为了维系高速经济增长时期以来的社会联盟从而保证社会安定团结的非常现实主义的"一箭双雕"之策而已。另外，保守主义政权对于农民以及中小工商业者的"关怀"（利益诱导）亦体现在税收方面的优惠。仅以1978年和1982年为例，城市工资劳动者个人纳税额1978年为14万8000日元，1982年为23万4000日元；自营工商业者个人纳税额1978年为15万1000日元，1982年为17万2000日元；农民个人纳税额1978年为9万7000日元，1982年为7万9000日元。无论从绝对金额还是从增长率来看，税收制度对于农民以及自营工商业者的优惠是非常明显的，[1] 其实，将这理解成一种变相的补助金也未尝不可。

综上所述，伴随1970年代经济中"双重结构"的扩大，垄断大企业为保证自身的强势资本积累，与右翼劳动工会合作，共同极力维系了企业组合主义生产关系的霸权地位及其主导下的生产社会关系结构，但这是建立在加重对边缘性生产关系剥削的基础上的。而为了维系社会整体安定，保守主义统治集团的利益诱导政治在列岛改造这一大政方针之下进一步扩大，通过利益还流有效缓解了日本社会"核心"与"边缘"之间的差距，避免了"经济增长联盟"的离散和低增长时代社会冲突的出现。然而，笔者已经指出，企业组合主义生产关系及其所带来的"日本式劳资协调"是建立在利润原理——"企业利润增长→劳工利益还流"逻辑——之上的，低增长时代的企业利润又高度依赖于"暴风骤雨"般的对美出口。随着日元升值等交易条件的不断恶化，企业利润的缩减将必然带来经济理性的凸显，企业组合主义生产关系中所谓的"温情主义"终将难以维系，这种生产关系——借用日本福利研究专家二宫厚美的话说——只能属于"资本主义历史中一时性的过渡性的范畴"。[2] 就日本来说，它应当只是为经济赶超服务的一种生产关系形态。1970年代，企业组合主义虽然得过且过地得到了维系而未至于崩溃，但大企业劳动者利益还流的缩减却充分反映出了这一趋势的必然性。至于利益诱导政治，内含于其中的"法外权力"或"隐权力"的泛滥及其带来的渎职腐败自不必说，"一刀切"的中央集权式开发体制严重损坏了地方经济社会发展的独立性，缺少节制的大把撒钱路线一开始就隐含着引发财政危机的危险，如升味准之辅所言，"政—官—财"铁三角合作之下的利益诱导政治以及由

---

[1]　猪口孝『現代日本政治経済の構図：政府と市場』，222ページ。
[2]　二宫厚美『日本経済の危機と新福祉国家への道』，32ページ。

此形成的利益分配体系，同时也是使预算膨胀的装置，相关的省厅部局、相关的利益团体和相关的国会议员，为了维护和扩大各自的权限、利益和地盘而携起手来去冲破大藏省主计局编制预算的主导权，更何况靠赤字公债支撑，因此，严重财政危机的爆发也只是个时间问题。更严重的问题还在于，企业组合主义的"日本式劳资协调"路线也好，利益诱导政治所依托的列岛改造也好，本质上都是经济发展主义理念的产物，其社会统合作用的发挥不过是这种发展主义的附随品，而并非立足于社会本身发展理念的产物。在个人层面，它造成的结果是"人"被"物"与"钱"所湮没，带来极端物质主义的精神特质；[1] 而在国家层面，则是严重制约了以维护人的生活和人的尊严为主旨的国家制度约束型的普遍性社会保障与福利体系的生长和发育，让日本只停留在二宫厚美所说的"未发育成熟的福利国家"或者"半福利国家"的层次，社会发展与经济发展仍旧处于失衡的状态。随着资本主义经济体系下行期的持续以及由此带来的企业组合主义以及利益诱导政治必然的弱化，这种根本性的矛盾也终将成为日本国家未来发展的巨大掣肘。

---

[1] 笔者在留日期间曾切身感受到日本社会整体以及个体身上所显现出来的这种鲜明的物质主义（"物化"倾向）和深层精神层面的相对贫乏，个人礼貌谦谦但缺少一种精神上的深沉，社会物质充盈却泛着一丝难以言表的苍白，井井有条的整体社会外观之下难掩一种深层厚重感的缺失。

第三章
新保守主义/新自由主义反动与经济泡沫的膨胀
(1982 – 1990/1991 年)

笔者在本章将试图阐明，日本战后一贯坚持的保守依附发展主义路线最终招致来自世界体系愈来愈强烈的政治经济外压，以及国内不断加剧的生产过剩/过度积累危机（内压），并由此衍生出旨在克服这些内外危机的新保守主义/新自由主义反动。在这一反动浪潮的助推之下，战后长期维系的旧保守主义国家体制最终归结为巨大的经济泡沫。笔者旨在强调，经济泡沫也好，新保守主义/新自由主义反动也罢，从根本上说都是日本战后保守发展主义国家体制长期对外（主要是对体系霸权国美国）过度依附和对内过度发展（这也是由于保守主义政治势力对垄断大资本过度依附而形成）的产物。要具体探讨 1980 年代日本国内经济泡沫的膨胀以及新保守主义/新自由主义反动浪潮的兴起，就必须先对作为其背景的这一时期世界体系的态势作一个概观，尤其需要关注霸权国美国的政策变化。因为无需赘言，霸权国的政策将左右体系的整体走向，而对自战后以来将自己紧紧捆绑在美国身上的日本来说，美国对日政策的变化无疑将给日本带来深刻的影响。

首先，从政治军事层面来看，1970 年代末 1980 年代初世界体系呈现出的态势是苏联政治军事力量的膨胀以及美国威信的下降。如前所述，由于内外消耗所导致的自身经济实力的下降，1970 年代的美国开始了全面的"战略收缩"，致力于缓和与苏联之间的冷战对峙。反观苏联，则是充分利用这一局面不断扩充其军事实力以及政治影响（尤其是针对第三世界），极具代表性的行动便是 1979 年对阿富汗的入侵；相对而言，1979 年伊朗占领美国使馆并扣留美国人质的事件则反映出了美国统治力量的弱化。第三世界作为重要的贸易伙伴以及能源和原料供应地,对美国经济以及资本主义体系的维系来说具有重要意义,鼓励和支持第三世界经济的自由化、市场化,促进其民主运动的发展,最终将其纳入资本主义世界体系是美国的目标。所以,苏联在第三世界的强势扩张威胁到了美国及其主导下的资本主义体系的根本利益。针对卡特政权的"以更全面的和更对等的方式改善同苏联与中国的关系",缩小南北差距以及"鼓励所有国家摆脱狭隘的国家利益"而关注诸如核战争的威胁、种族仇恨、军备竞赛、环境污染、饥饿、疾病等全球性问题,"以世界秩序政治取代力量均衡政治"[1] 这种颇具理想主义色彩的政策,1981年入主白宫的里根则认为苏联的扩张与军事实力的强大是对美国国家利益的严重挑战,是对美国世界霸权的强劲挑战,主张对苏联推行实力政策,恢复对其遏制。[2] 1983年3月,里根抛出"星球大战计划";1986年3月则正式推出了所谓的"里根主义"。其核心思想在于,利用美国的军事力量和经济活力"支持自由战士",做"友邦的后盾",防止地区冲突的扩大,遏制共产主义的扩张。[3] 活脱脱一个"杜鲁门主义"的再版!美苏冷战的再度激化无疑也让作为美国军事基地和亚洲反共防波堤的日本的作用再度凸显,并给其对外政策带来深刻的影响。

其次,从经济层面看,笔者前面已经多次指出,1960年代末1970年代初,整个资本主义经济体系已经由于生产过剩——一般利润率下降而进入康德拉季耶夫经济周期的B段下行区间。为维持资本积累,避免资本主义世界的经济危机,作为霸权国的美国实施了大力度的凯恩斯主义赤字财政政策,从而维系了资本主义世界正常的经济运行,1970年代"全球经济增长的刺激因素(也)主要来自于美国政府的赤字政策"。[4] 然而,到了1970年代末期,凯恩斯主义总需求管理陷入了僵局;同时,整个资本主义经济体系制造业生产过剩的局面进一步加剧,利润率进一步下降。就美国来说,政府长期实施的赤字政策以及极度宽松的银根,再加上对美元汇率变动的"善意放

---

[1] 方连庆、王炳元、刘金质主编:《国际关系史》战后卷·下册,北京大学出版社2006年版,第561页。

[2] 方连庆、王炳元、刘金质主编:《国际关系史》战后卷·下册,北京大学出版社2006年版,第564页。

[3] 方连庆、王炳元、刘金质主编:《国际关系史》战后卷·下册,北京大学出版社2006年版,第576–578页。

[4] [美]罗伯特·布伦纳:《繁荣与泡沫——全球视角中的美国经济》,王生升译,经济科学出版社2003年版,第29页。

第三章　新保守主义/新自由主义反动与经济泡沫的膨胀（1982－1990/1991 年）

任"（benign neglect），导致其财政与贸易收支的所谓"双子赤字"以破纪录的速度持续增长。在美苏冷战激化的情况下，有效遏制苏联从而修复美国世界霸权的首要前提便是消除"双子赤字"以重塑美国经济的强大，这也成为贯穿整个 1980 年代的美国经济政策的主题，这也势必给美国与其盟国之间的经济关系带来重要影响。前文说过，与战后资本主义世界体系高速增长的繁荣时期形成明显对照的是，1970 年代的美国由于自身经济实力的下降而开始了由"宽容型霸主"向"自利型霸主"的转变。但客观地讲，整个 1970 年代，在资本主义经济体系的货币以及贸易领域中，美国可以说还是履行了霸权国应尽的责任，支撑了资本主义体系经济的正常运行以及同盟国家的经济发展。可是，这也是以过度透支自身力量作为代价的。"双子赤字"的急剧膨胀自不必说，1977－1978 年巨额的双赤字造成美元面临毁灭性的贬值，美元作为国际储备货币的地位已经岌岌可危。[1] 这种状况注定是不具有可持续性的。进入 1980 年代，经济实力的长期过度消耗不可避免地导致了美国"不宽容"程度的进一步加剧。正如罗伯特·布伦纳所比喻的那样，美国与其盟国之间的经济关系正像是一个跷跷板，[2] 如果说 1970 年代是美国压低自己抬高了同盟国的话，那么，1980 年代的情况则变成了美国要求同盟国压低自己以抬高其自身了，而这其中受到最大冲击的无疑就是日本。上述资本主义世界体系的态势以及美国政治军事经济政策的变化构成了日本 1980 年代国内经济泡沫膨胀以及新保守主义/新自由主义反动的外部大背景。

第一节　中曾根政权下的"战后政治清算"：
"第二临调·行政改革"及其挫折

1982 年 11 月，中曾根政权诞生并打出了"战后政治清算"的目标。何谓"战后政治"？著名社会学家渡边治将日本"战后政治"的特征归纳如下：其一，美国依附之下的"小国主义"政治。《美日安保条约》虽将日本捆绑在了美国的战车上，但 1947 年宪法中"和平主义"路线的设定却让日本避

---

[1]　[美]罗伯特·布伦纳：《繁荣与泡沫——全球视角中的美国经济》，王生升译，经济科学出版社 2003 年版，第 30 页。

[2]　[美]罗伯特·布伦纳：《繁荣与泡沫——全球视角中的美国经济》，王生升译，经济科学出版社 2003 年版，第 33 页。

免了直接卷入战争,自卫队功能也严格限定在本土防卫的层次。"武器出口三原则"、"无核三原则"以及防卫费严格限制在 GNP1% 以内的种种规定,都是这种政治军事"小国主义"框架的具体象征。对美依附同时也让日本获得了美国治下的经济"红利"。其二,"政(自民党长期政权)—官(主要是经济官僚)—财(垄断大资本)"历史集团主导下的以经济发展主义为依托的利益诱导政治。正是在这种"战后政治"(以下,笔者以"旧保守主义政治"指称之,并将其维护者统称为"旧保守派"或"旧保守本流派")所规定的国家体制框架中,日本一方面获得了美国的军事保护和经济扶助,另一方面则专注于国内经济发展,从而快速成长为世界经济强国。中曾根政权所谓的"战后政治清算"针对的也正是上述两点,是从新保守主义/新自由主义方向对日本战后国家体制的"反动"与"重构",成为 1990 年代以来日本"大国主义"改革以及新保守主义/新自由主义改革的"早熟的原型"[1]。其目的在于,一方面迎合以里根和撒切尔为代表的新保守主义/新自由主义体系潮流,并借此伸张日本的民族主义;另一方面也是为促进国内垄断大企业的资本积累服务的。对此,三宅一郎等政治学者就明确地指出:中曾根的"战后政治清算"是针对战后旧保守主义政治及其国家体制所带来的内外困境的一次反动,外部困境就是美国军事扩张路线与日本"小国主义"路线之间的矛盾所引发的美日之间关系的恶化,而内部困境就是日本国内垄断资本在生产过剩情况下(低增长时代)所面临的资本积累危机[2]。而这一切的归结就是"第二临调·行政改革"[3]路线。渡边治把中曾根推行的"第二临调·行政改革"理念归纳为以下两点:①"增强对国际社会的贡献";②"建设有活力的福利社会"[4]。其中,①所修正的是日本战后以来的"小国主义"路线;而②所修正的则是利益诱导政治,由此对战后旧保守派政治家以及官僚们所寄生的政治体制(国家体制)进行"清算"与"重构"。正如

---

[1] 参见渡辺治『企業社会・日本はどこへ行くのか:再編の時代・日本の社会分析』,64-70ページ。

[2] 三宅一郎、山口定、松村岐夫、進藤栄一編「日本政治の座標:戦後40年の歩み」,162ページ。

[3] 所谓"第二临调",即"第二次临时行政调查会",于1981年3月成立,由经团连名誉会长土光敏夫担任会长,所以也称作"土光临调"。1983年解散后,同年5月成立"临时行政改革推进审议会"(旧行革审),1986年6月成立新行革审,1990年10月又成立第三次行革审作为后续机构,遵循的路线则是一脉相承且逐步深入的,所以被统称为"第二临调·行政改革"路线。

[4] 渡辺治『政治改革と憲法改正:中曾根から小沢一郎へ』青木書店1994年版,321ページ。

第三章　新保守主义/新自由主义反动与经济泡沫的膨胀（1982－1990/1991 年）

内田健三所评价的那样：田中角荣之后三木武夫、福田赳夫、大平正芳和铃木善幸政权（即所谓的"三角大福铃"）的十年间，不过都是在对（旧）保守主义政治做一些修修补补，而将"修补的政治"转向"进攻的政治"的就是中曾根。[1] 换言之，中曾根内阁所推进的新保守主义/新自由主义反动其实是日本战后以来保守依附发展主义的"强势版本"。其根本目的在于缓解美日矛盾，并帮助日本垄断企业突破资本积累的困境。

一、"增强对国际社会的贡献"："对美依附下的民族主义"

从美国的角度来说，战后美日之间经济力量的悬殊差距以及日本在其世界战略中的重要位置，让美国通过《美日安保条约》对日本的国家安全实施了近乎全包全揽式的保护。渡边治说道，"日本作为兵站基地，对于美国实施其世界战略来说具有重要价值，日本对于美国的意义原本就在于此，而且也仅在于此"，"（美国）满足于《美日安保条约》所约定的可以自由使用在日美军基地以及从日本获得美军战略活动所必须的物资供应。军事上和经济上拥有超强力量的美国对日本自卫队并没有太多期待，而且对在日美军经费也并没有（对日本政府）提出承担要求"。[2] 然而，随着 1960 年代末 1970 年代初美国自身实力的下降，以及日本等同盟国经济实力的急剧增强，美国开始向同盟国提出了分担其军事负担（burden－sharing）的要求；至卡特政权时期，这种要求进一步加剧，加之美日经济摩擦的逐步深化，"日本通过依附于美国的军事保护从而成为经济大国并开始威胁美国"的所谓"日本搭便车论"和"日本威胁论"开始抬头。美国除去要求日本负担其驻日美军的经费，更主要的则是要求日本扩充军费并强化美日共同作战体制。针对前者，福田内阁下实行了所谓的"体谅预算"；针对后者，应美国期望自卫队承担西太平洋防卫任务——特别是对潜作战——的要求，1978 年美日之间缔结了《美日防卫合作指针》。但总体而言，到中曾根上台之前，旧保守派政治家及其官僚们虽然习惯于屈从美国越来越咄咄逼人的军事分担要求，但仍未脱离消极应对并时时以经济手段加以敷衍的范畴，其实也符合旧保守派们的心性。就像大平内阁时期，面对美国愈发强烈地要求日本增强军事力量的局面，仍然并不直接加以回应，而是较为审慎地成立了作为私人咨询机构的"政策研

---

〔1〕　法政大学比较经济研究所川上忠雄、増田寿男编『新保守主義の経済社会政策：レーガン、サッチャー、中曽根三政権の比較研究』法政大学出版局 1989 年版，389ページ。

〔2〕　渡辺治『政治改革と憲法改正：中曽根から小沢一郎へ』，287ページ。

究会"，对日本应当如何作为进行了探讨。"政策研究会"最终提出的"综合安全保障论"中包含着两条路线：一是增强军事力量路线（猪木正道），二是经济援助（ODA）路线（内田中夫）。但大平内阁最终选择的是其中的经济替代路线，即通过增加经济援助并对其加以战略性运用的方式来消解来自美国方面的指责；[1] 对于军事力量的增强依然采取审慎规避的态度——这种做法自吉田茂以来便被旧保守派政治家们一直延续。其后的铃木善幸内阁，正如铃木首相在施政演说中表示"要继承并进一步发展已故大平首相的遗志"那样，虽然坚持"综合安全保障"的立场，但对增强军事力量依旧持消极态度。因此，尽管美国国防部长温伯格要求日本允许向美国提供武器技术以及将美国排除在"武器出口三原则"之外，但终因铃木内阁以及通产省官僚的消极而无果，[2] 而这也最终导致美日两国关系的恶化。

可以说，在成为经济大国之后，尤其是进入了1980年代，战后旧保守派们所一贯坚持的依附发展主义路线面临着巨大的困境。前文谈到，吉田茂所谓的"轻武装、重经济"路线，其实就是通过《美日安保条约》的签署形成日本对美国的政治军事依附，以此作为交换，加入美国主导的战后资本主义发展体系（布雷顿森林体系），获取美国治下的经济"红利"（包括市场、技术、能源原料等），并可以专注于国内的经济发展，这是战后初期处于美国占领状态之下的一个非常"识时务"的功利主义选择。然而，这种谋求国家发展的方式终归不是健全健康的，应当具有一定的时限性。如前文所述，尽管1960年代末1970年代初美国的"战略收缩"让日本有了可以获得国家真正独立自主的空间，但旧保守派政治家及其官僚们却由于自身理念的局限而无法自拔地继续躺在美国的怀抱中享受着物质繁荣。然而随着美国自身实力的不断消耗并逐渐超出其可以承受的范围，要求日本分担军事负重并从经济上对日本进行打压就成为一个必然的结果，正如"日本搭便车论"所体现的那样。打个比方来说，美国与日本之间就像放贷者和借贷者之间的关系，放贷者钱多且有剩余时可以大笔放贷，而借贷者也乐享其成，只要时时付出点儿利息即可；而当放贷者本身由于此前的过度放贷而面临资金枯竭时，急急地讨债就成为必然之举，借贷者拒绝还债或者躲债都会招致双方关系的恶化。这其实是日本战后旧保守派们的依附发展主义路线中自一开始就潜藏着的危机。不少研究者在议论美日政治军事以及经济关系时，往往容易强调美国对

---

[1] 渡辺治『政治改革と憲法改正：中曽根から小沢一郎へ』，299-300ページ。
[2] 渡辺治『政治改革と憲法改正：中曽根から小沢一郎へ』，306ページ。

第三章　新保守主义/新自由主义反动与经济泡沫的膨胀（1982－1990/1991年）

日本的恃强打压或者"美国阴谋论"；但笔者以为，这种片面的强调很容易将日本置于无辜的位置，其实是不够客观的。之所以成为首要的讨债目标并不得不承受越来越大的讨债压力，恐怕借贷者自身也难逃长期过度借贷之咎吧。毕竟天下没有免费的午餐，欠下的债总得要还的，而还债的滋味儿总不会好受。对日本来说，《美日安保条约》框架下形成的对美国政治军事保护以及经济上对美国市场的过度依赖曾是成就日本富国梦的积极促因，而这也主要依托了美国自身的强大及其主导的资本主义经济体系的高速增长。然而，随着美国自身力量的衰落以及资本主义经济体系利润危机的深化，过度依附于美国的积极意义便开始消退，反之，负面影响则开始逐步凸显。说白了，困境的产生其实是日本旧保守派们将本该具有时限性的赶超式依附发展主义路线永久化了的"作茧自缚"的结果，正是这种困境催生出了1980年代以中曾根为代表的新保守主义/新自由主义反动。经济问题留待下一节讨论，本节主要从政治军事层面论述这种反动的具体表现。

中曾根上台之后，在"战后政治清算"的旗号下，对战后以来的既有政治路线展开了全面的反动。需要指出的是，随着1970年代中期以后保守主义政治的复权以及革新势力的整体衰颓，如渡边治所言，中曾根的新保守主义/新自由主义反动主要是在保守主义势力的政治霸权依然稳固的情况下，针对保守主义势力内部旧保守派们的一种反动。[1] 中曾根一方面批判"历代内阁的防卫政策都暧昧不明"；另一方面则主张"在世界的结构性变革中，日本不能再继续遵循战后以来被动应对（世界）情势变化的做法，而是应当为世界的和平与繁荣发挥能动性的作用"，[2] 一反旧保守派政治家以及经济官僚们在加强军事力量方面的消极敷衍态度，展现出了全面迎合里根新保守主义的政治军事政策、力图修复美日关系的高姿态。1983年1月访美之时，中曾根直截了当地承认美日同盟"带有军事性质"，在两国首脑会谈上，中曾根对里根表示要与美国"最紧密地团结一致"，强调"日美是命运共同体"，甚至宣誓要让日本成为美国的"一艘不沉的航空母舰"，展开与美国的军事合作。为此，中曾根大破"禁区"，1983年11月，与美国签署了武器技术转让备忘录，允许私人企业参加美国"星球大战计划"的研究工作。1987年7月，与美国又签订了政府级联合研究协议，突破了此前日本历届内阁坚持的

---

〔1〕　デビッド・ハーベー著、森田成也・木下ちが・大屋定晴・中村好孝訳、渡辺治監訳『新自由主義：その歴史的展開と現在』作品社2007年版，308ページ。
〔2〕　渡辺治『政治改革と憲法改正：中曽根から小沢一郎へ』，306－307ページ。

"武器出口三原则";随着中曾根内阁同意携带核武器的美国舰只进入日本港口,"无核三原则"实际上也只剩下了两原则;对于美国方面"日本搭便车论"的指责,中曾根采取的具体行动就是连年大幅度地增加防卫费用,在其执政的5年间,防卫费增幅年均达到6%,1987年占到国民生产总值的1.004%(如果包括军人抚恤费和海上保安厅经费等,则1987年的防卫费达到324亿美元,占GNP的1.2%),打破了三木内阁在1976年决定的防卫费不超过GNP1%的限额,成为仅次于美苏两国的世界第三军费大国。在中曾根任内的1984年12月及1986年12月,美日两国先后签署了《日美联合作战计划》和《保卫海上通道联合研究报告》。中曾根宣称,日本一旦有事,自卫队有权在周围数百海里和交通线1000海里的范围内保护"支援日本的"或"攻击苏联基地的"美国军舰。这既超出了《美日安保条约》所规定的条约适用范围——"日本管理下的领土",也突破了"不行使集体自卫权"的原则。[1]

1947年《日本国宪法》第9条规定:"永远放弃国家发动战争的权力,永远放弃以武力相威胁或以行使武力作为解决国际争端的手段",以及"为了达到上述目的,将不保持陆海空军及其他战斗力"。虽然1950年朝鲜战争爆发后,在美国指使下,日本成立了警察预备队(1950年),并逐步发展成保安队(1952年)直到后来的自卫队(1954年)——其实是重建了军队,但吉田茂对如何增强它却并不热心,而是始终从减少财政负担以发展经济的观念出发,对美国增强军备的要求采取抵制的态度。[2] 自卫队功能也限定在专守本土防卫的层次上。这一路线被其后的旧保守派政治家所坚持,并陆续出台了"武器出口三原则"、"无核三原则"以及防卫费控制在GNP1%以内等辅助性规定。因此,渡边治将战后日本旧保守主义政治在军事力量方面的政策框架归纳为:不向海外派兵+不实行征兵制+专守防卫+防卫费<GNP1%+非核三原则+武器出口三原则。[3] 其中最重要的就是"不实行征兵制"和"不向海外派兵"的规定,因为其他原则只是对"物"和"钱"的限定,这两条规定则避免了无辜的国民——"人"——被直接卷入战争而流血牺牲。而这也是最难突破的,因为突破它就意味着要对1947年宪法作出修改(尤其

---

[1] 方连庆、王炳元、刘金质主编:《国际关系史》战后卷·下册,北京大学出版社2006年版,第613-615页。

[2] [日]正村公宏:《战后日本经济政治史》,上海社会科学院世界经济研究所日本经济研究室译,上海人民出版社1991年版,第285页。

[3] 渡辺治『政治改革と憲法改正:中曽根から小沢一郎へ』,351ページ。

是第 9 条）。可以看到，上述中曾根的新保守主义反动已然打破了"武器出口三原则"、"无核三原则"以及防卫费控制在 GNP1% 以内等辅助性规定（尽管不是全部废弃），同时扩展了自卫队的活动范围，严重冲击了"专守（本土）防卫"的原则。中曾根当然不会仅仅满足于只从旧保守主义政治军事框架上卸下几块玻璃这种层次的结果，而是意在拆除整个旧保守主义框架从而与美国形成真正的联合作战体制，实现其政治军事大国——所谓"国际国家"、"普通国家"——的梦想。而要做到这一点，就必须解除对自卫队的束缚以实现其自由行动，因此，修改宪法（尤其是第 9 条）来彻底解除自卫队的"紧箍咒"，就成为他新保守主义反动中最重要的一环。

1947 年宪法是日本战后民主化改革时期的产物。冷战爆发后，美国中断民主化改革并开始在日本国内扶植自己的保守同盟，日本的保守主义政治势力则借此得以登堂入室并最终掌握了政治上的霸权，其本身就是作为民主化革新的对立面而存在的，特别是其中以岸信介为代表的极右翼国家主义分子对修改 1947 年宪法更是耿耿于怀。这些意图修改宪法的力量，除了自民党内的"宪法调查会"之外，更有 1955 年结成的"自主宪法期成议员同盟"（会长是岸信介）存在。但在遵循着"经济主义政治"（即"轻武装、重经济"）路线的旧保守派们或曰"保守本流派"的主导下（以及在以社会党为代表的革新势力的制衡下），改宪论始终未能成为主流，自民党内的"宪法调查会"自 1973 年以来也一直处于冬眠状态。[1] 然而，随着中曾根的上台，"宪法调查会"也好，"自主宪法期成议员同盟"也好，都开始重新活泛起来。中曾根本人清楚地承认："我个人就是先前一直说的'改宪论者'"，并在就任后的记者招待会上表示："法律和制度不可能完美无缺，宪法亦是同样。"在 1982 年 12 月的众议院上，中曾根又重复了同样的言论："我高度评价宪法中包含的民主主义、基本人权、和平主义以及国际协调主义等理念，但是，任何制度和法律都不可能是完美无缺的，因此，我认为应该对（宪法）进行重新审视和探讨，这是'人总是追求更好'的常理。"其言辞虽则婉转动听，但其中包裹着的却是彻头彻尾的"改宪论"。对于中曾根的改宪言论，"自主宪法期成议员同盟"则是欢呼雀跃，认为"（战后）首次诞生了理解修改宪法的总理"，因此，"如今的干劲达到了最高潮"。与此相呼应，"宪法调查会"亦开始积极着手作成党的改宪草案。随着改宪浪潮的高涨，1983 年的自

---

[1] 渡辺治『政治改革と憲法改正：中曽根から小沢一郎へ』，331ページ。

民党党大会决议中亦加入了改宪方针。[1]

如上所述，中曾根的"政治大国主义"路线通过否定战后旧保守主义政治以"不向海外派兵＋不实行征兵制＋专守防卫＋防卫费＜GNP1%＋非核三原则＋武器出口三原则"为主要内容的政治军事框架，旨在迎合美国的新保守主义潮流，摆脱旧保守主义政治军事路线下"小国主义"所带来的美日关系恶化的困境。但值得注意的是，正如前面笔者所阐述的，其实导致旧保守主义政治困境的根源在于《美日安保条约》捆绑之下形成的日本对于美国政治军事的深度依附，而中曾根所谓"国际国家"或"普通国家"的民族主义伸张非但不反对《美日安保条约》，莫不如说是进一步强化了这种捆绑，深化了日本对于美国的依附——正如"不沉的航空母舰"、"命运共同体"这些献媚似的表达所体现的那样。而事实上，只要日本不脱离《美日安保条约》的捆绑从而摆脱"军事基地化"的非正常状态，要成为真正独立自主的"普通国家"只能是一种虚妄。说到底，中曾根所伸张的"（政治）大国主义"充其量不过是政治学家山口二郎所定义的"美国依附之下的民族主义"而已。[2]

笔者前面已经指出，一味强调美国的所谓"外压"并不够客观，中曾根的反动骨子里为日本国内垄断大企业资本积累服务的意图也是非常清楚的，可以说有着深刻的国内经济根源。如前所述，从1960年代后半期开始，日本制造业生产过剩的局面已经开始凸显，虽然此后包括整个1970年代，日本垄断资本通过对美国展开"暴风骤雨"般的出口攻势以寻求活路，但——正如"低增长时代"这一表达所体现的——无法真正解决企业的利润危机。因此，1970年代日本的垄断企业在强化出口的同时，为克服国内利润危机，亦开始了向海外的直接投资，但其时——甚至包括1980年代上半期——立足于国内生产并强化出口依旧还是主流，日本政府通过加大战略性经济援助（ODA）的经济主义对外路线——"综合安全保障论"中的经济路线——尚可满足垄断资本的积累需求。而进入1980年代以后，伴随生产过剩局面的持续深化，垄断资本的资本输出额逐步加大，尤其是1985年"广场协议"以及金融自由化实施之后，这种态势的进展愈发加速——单就直接投资额而论，1984年以后突破了年均100亿美元。如此，伴随1980年代——尤其1985年之后——日本垄断企业资本输出的扩大，除去"综合安全保障论"中既有的扩大

---

[1] 渡辺治『政治改革と憲法改正：中曽根から小沢一郎へ』，334－335ページ。
[2] 参见山口二郎『戦後政治の崩壊』，62、167ページ。

第三章　新保守主义/新自由主义反动与经济泡沫的膨胀（1982－1990/1991年）

经济援助（ODA）的经济主义路线，财界亦开始强烈主张其中强化国家军事力量的路线，要求日本成为"普通国家"以应对接受投资的东道国的所谓"国家风险"（country risk）。[1] 逻辑很简单，资本的输出需要国家的军事护持。同时，美国军事支配下的原料燃料供应以及美国市场对于日本资本主义尤其是重化工垄断资本的意义依旧重大。正如某位财界人士所辩护的："（日本的经济发展）是托了美国的福，这一点有必要让国民清楚地知道。"[2] 这怎么看都像是"安保繁荣论"在新时代的再版。因此，在美国的政治军事支配有所衰退的时候，迎合美国军事分担的要求，加强军事力量以对美国的霸权统治形成支撑，亦是日本国内垄断资本维护其自身积累的自然需求。正是在这种内外双重的压力之下，中曾根的"政治大国主义"反动包裹着"国际责任"和"普通国家"的外衣粉墨登场，本质上却形成了山口二郎所定义的"美国依附之下的民族主义"和"美国追随绝对主义"。这一方面取悦了美国（美国希望日本分担军事任务，又不愿意日本成为与自己平起平坐的政治军事大国），使双方的关系从危机状态转化成"美满的婚姻"；另一方面也是服务于国内垄断企业的资本积累需求。

至于其恶果，我们前面谈到，亚洲地区对于日本经济发展的重要性在不断增长，为此，1970年代日本亦曾有意致力于亚洲区域经济合作——譬如1977年的"福田主义"以及1978年的"环太平洋构想"。然而，之所以均未能取得令人满意的效果，主要是由于对美国全面依附所导致的日本"独立性"和"自主性"的缺失。而中曾根时代对美国依附的深化以及"美国依附之下的民族主义"的形成则进一步导致了日本融入亚洲的困难。澳大利亚学者加文·麦考马克这样写道："在某种程度上，恰恰是由于日本在美国的全球帝国中一直屈居于'附庸国'甚至是'仆从国'的从属地位，在日本国内，民族主义的姿态、民族主义的说辞以及民族主义的象征也就是必需的了。"[3] 其实，这和在外奴颜婢膝、忍气吞声而在家里通过大发威风以彰显男子气概、寻求尊严补偿的窝囊丈夫的做法如出一辙。加文·麦考马克把处于这种状况的日本不客气地称作"精神分裂症的国家"。[4] 中曾根时代，临

---

〔1〕　参见渡辺治『政治改革と憲法改正：中曾根から小沢一郎へ』，292－297ページ。
〔2〕　参见渡辺治『政治改革と憲法改正：中曾根から小沢一郎へ』，290ページ。
〔3〕　［澳］加文·麦考马克：《附庸国：美国怀抱中的日本》，于占杰、许春山译，社会科学文献出版社2008年版，第5页。
〔4〕　［澳］加文·麦考马克：《附庸国：美国怀抱中的日本》，于占杰、许春山译，社会科学文献出版社2008年版，第236页。

教审（1984 年成立的临时教育审查会）对国旗（"日之丸"）和国歌（"君之代"）的强制义务化、日本建国纪念日庆典上首相出席的实现、天皇在位 60 周年庆典的盛大举行（1986 年）等，无疑都属于这种国内的民族主义政治表演，其中最具负面影响的当属 1985 年中曾根以首相身份参拜靖国神社。这种蹩脚的政治表演阻碍了日本同亚洲周边国家——尤其是中国——之间信赖关系的形成，并进而对亚洲区域合作的正常发展造成严重的负面影响，而这也和同是战败国的德国彻底清算历史错误从而获得欧洲国家的信赖并成为推动欧洲一体化发展的中坚力量的做法形成了强烈的反差。

二、"建设有活力的福利社会"：从"不增税的财政重建"到"释放民间活力"

"临调行革"路线的第二个理念就是"建设有活力的福利社会"，旨在从新自由主义方向"清算"旧保守派政治家及其官僚所推行的利益诱导政治路线，对国内经济社会体制进行"再编"。前文已述，在资本主义经济体系处于生产过剩——一般利润率下降的 B 段下行区间、国家税收从高速经济增长时期的自然增收转化为税收不断减少的情况下，日本旧保守派政治家以及官僚们依靠毫无节制地发行赤字国债，从而在低增长时期继续维系了依托"国土开发（公共事业）"的大把敛财散财式的利益诱导政治，最终引发严重的财政危机将是必然的结局。这种情况在 1970 年代末已经变得非常严重，到了必须采取措施加以解决的地步。

至于解决财政危机的方法，从常识上讲无非有两种：一是增加税收（开源），二是缩减开支（节流）。1970 年代末的大平内阁以及 1980 年代初的铃木内阁主要从前者入手，试图通过"开源"（即增税）来实现财政重建。大平内阁采取的途径是提高一般消费税，说白了，就是打算从普通老百姓腰包里掏钱来解决财政问题。这最终招致 1979 年总选举中自民党的大败，从而威胁了保守主义势力的政治霸权，因此只好作罢。其后的铃木政权无奈之下，只好试图通过提高法人税的办法来应对财政危机，然而，这种无异于"拔老虎胡须"的危险举动自然引起财界的强烈反对。财界的权力无疑是强大的，最终逼迫着铃木首相答应"以自己的政治生命做担保"，实施"不增税的财

第三章　新保守主义/新自由主义反动与经济泡沫的膨胀（1982 – 1990/1991 年）

政重建"。[1] 战后日本垄断资本长期接受来自国家的包括税收减免以及加速折旧等优惠措施的扶助，从而促进了其快速的资本积累。一般财政预算以及财政投融资的巨额资金也主要投到了根本上旨在促进垄断企业资本积累的"国土开发"之中。可以说，"国土开发"的最大受益者其实是日本的垄断资本，因此，垄断资本对于国家财政的长期寄生性也是导致日本财政危机的主要原因。而当国家出现财政危机的时候，垄断资本虽则一方面高声叫嚷着财政重建，另一方面却为保障自身利益而拒绝增加法人税以帮助国家摆脱危机。正如马克思"资本没有祖国"的论断所表达的，这充分体现了资本的唯利益至上的自利本性，同时也体现出高度依附于国内垄断资本因而无法直起腰板儿对垄断资本强行增税的战后日本保守主义政治势力的悲哀。财界为什么要求"不增税"？因为大平内阁的尝试已经证明，从老百姓腰包里掏钱会动摇保守主义势力的政治霸权，对战后以来一直受益于保守主义政治的财界来说，保守主义政治霸权的丧失无异于梦魇；而法人税的提高又会加重垄断资本自身的负担。因此，保守主义政府试图通过"开源"来克服财政危机的打算最终也只能是无果而终。

怎么办？此后有关财政危机问题的解决主要是在由经团连名誉会长土光敏夫担任会长的"第二临调（1981 年 3 月成立）·行政改革"路线下展开的（即财界主导），手段亦从"开源"转移到了"节流"上。这要分两个阶段来说。需要指出的是，第一阶段虽仍处在铃木内阁时期，但时任行政管理厅长官的中曾根是推动"行政改革"的实质责任人，所以，"行政改革"的"功绩"实质上应该看作中曾根"战后政治清算"的一环。为推进改革，财界于 1981 年 2 月成立了由日经连会长大槻文平、经团连会长稻山嘉宽、日本商工会议所会头永野重雄、经济同友会代表干事佐佐木正以及关经连会长日向方齐参加的"行政改革推进五人委员会"，并发表《关于行政改革的基本方向和紧急课题》一文，实施了资本总动员。[2] 这一阶段"行政改革"的核心目标是实现"不增税的财政重建"（包括一般消费税和法人税），对于一般财政支出——1982 年度预算增长为零，从 1983 年度开始实现预算的负增长——设定了严格的概算标准，最终目标是截至 1984 年（后来延长到截至 1990 年）实现赤字国债的零发行。为达到上述目标，则需要对整个行政领域

---

〔1〕 法政大学比较经济研究所川上忠雄、増田寿男编『新保守主義の経済社会政策：レーガン、サッチャー、中曽根三政権の比較研究』，395ページ。

〔2〕 参见渡辺治『政治改革と憲法改正：中曽根から小沢一郎へ』，314 – 316ページ。

实施全面改革。[1] 而在究竟削减哪些领域的支出方面，却是颇有学问的。1982年7月的"基本答申"（第3次答申）将行政分成三组：第一组属于缩减支出的领域，包括社会保障、农业以及文教；第二组属于需要增加支出的领域，包括外交、防卫和经济合作；第三组则属于根据资本积累需要将其有选择性地加以强化的领域，包括国土、住宅、土地、能源以及科学技术。渡边治分析指出，这种分组当中存在着与旧保守主义政治截然不同的新保守主义/新自由主义价值序列，包含在第一组中的各领域实质上成为财政支出削减的主要对象。[2] 此后，在这一"财政紧缩"方针指导下，农业、文教方面的财政经费虽则都遭到了缩减，然而，成为其中最大削减对象的却是医疗、养老金等与社会保障息息相关的各部门，不仅国家财政支出被大幅削减，而且还伴随着各种制度上的改革，而基本方向就是减轻国家负担而依靠国民的"自助和自立"。与渡边治相同，川上忠雄和增田寿男等人的研究结论亦指出，旨在实现"不增税的财政重建"的"行政改革"具有明显的新自由主义倾向。[3] 而被财界利用来推行这种新自由主义改革的理由就是所谓的"先进国家病预防论"，即认为福利国家式的医疗、养老金以及教育等公共福利的扩大会造成国民自助自立精神的衰弱，同时会加重国家的财政负担以及企业的税收负担，弱化企业的投资意欲，最终会导致经济停滞和财政危机。然而，必须再次强调的是，自经济高速增长时期以来，日本遵循的一直都是以促进资本积累为核心的发展主义路线，虽然建立了社会保障与福利体系，并如前文所述，1970年代前半期在革新自治体运动等的压力下，社会保障与福利得到了一定程度的充实，但无论从水准上还是从规模上，在国际比较中依旧处在非常低的位置。按照福利问题研究专家二宫厚美的说法，日本充其量只能算作是一个"未发育成熟的半福利国家"，而并非真正意义上的福利国家，它所面临的非但不是英美新保守主义/新自由主义者所强调的所谓"过度福利国家化"的问题，反而是"福利国家化不足"的问题。日本作为后发工业化国家，原本与欧美先进资本主义国家之间就存在着难以逾越的发展阶段的差别。因而，财界提出的"先进国家病预防论"——如渡边治所言——其实无非是一种"借口"，目的在于借助欧美的所谓"福利国家危机"来获取国

---

[1] 法政大学比較経済研究所川上忠雄、増田寿男编『新保守主義の経済社会政策：レーガン、サッチャー、中曽根三政権の比較研究』，395ページ。

[2] 参见渡辺治『政治改革と憲法改正：中曽根から小沢一郎へ』，318-319ページ。

[3] 参见法政大学比較経済研究所川上忠雄、増田寿男编『新保守主義の経済社会政策：レーガン、サッチャー、中曽根三政権の比較研究』，395-397ページ。

第三章　新保守主义/新自由主义反动与经济泡沫的膨胀（1982－1990/1991年）

内社会的同意，从而引导国家财政资金集中流向能够促进其资本积累的领域，[1] 以缓解生产过剩——利润率下降局面下的积累危机，其中贯穿着的依旧是资本至上、经济至上的发展主义理念以及极端的自利性。但是，从最终结果来看，在"不增税的财政重建"方针下，农政、文教以及社会保障费虽然在一定程度上遭到了削减，但对于财政问题的解决来说毕竟有其限度。因为不言的事实是，造成财政危机的"罪魁祸首"乃是利益诱导政治结构下各种补助金的滥发，但由于其间寄生着自民党族议员以及诸多省厅官僚机构的既得权益，"不增税的财政重建"对于各种补助金仍然无法做到根本上的削减。[2] 换言之，造成财政危机的根源存在于旧保守主义的政治体制之中，不触动体制本身而期待问题得到解决，根本上就是一种虚妄。

及至中曾根上台之后，"行政改革"逐步深化，目标亦开始超越第一阶段单纯的"财政重建"，提出了"释放民间活力"（即释放市场力量），核心在于通过打击官僚体制（即"小政府"论）以谋求"放松管制"。渡边治认为，这一阶段的"行政改革"试图对支撑战后旧保守主义政治的行政财政结构进行整体颠覆，是"对既有的政治形式、行政方向，即国家方向本身进行转换"。[3] 至于为什么要通过"放松管制"来实现上述转换，笔者认为应该从两个方面来说明，而这都与日本国内垄断资本的动向息息相关。

首先，高速经济增长时期，美国对日本拖延自由化所采取的"睁一只眼、闭一只眼"的"宽容"态度让日本国内形成相对封闭的资本积累环境。在这种环境下，日本构筑起了以"垄断企业集团主导＋国内中心主义的生产体系＋对美出口"为核心的强势资本积累体制，通产省和大藏省所代表的经济官僚们则利用手中的许认可权和国家资金，通过"行政指导"以及"护航舰队"式的融资对垄断企业的资本积累实施了积极的保护与扶助，同时也对企业活动形成监督与控制（check and control）。由于自身尚处于成长阶段，亟需国家的保护与扶助，垄断资本自然也乐意置身于这种"无微不至的关怀"之下。进入1970年代，美国经济实力的衰落导致贸易保护主义的兴起，同时，要求日本放开国内市场、实施资本自由化的压力进一步加大。放眼国内，日本垄断企业经过多年强势的资本积累，也已经逐渐变得强大和成熟，并出现了生产过剩/过度积累的局面。为克服积累危机，一方面，垄断企业要在国内

---

[1]　渡辺治『政治改革と憲法改正：中曽根から小沢一郎へ』，316ページ。
[2]　渡辺治『政治改革と憲法改正：中曽根から小沢一郎へ』，320ページ。
[3]　渡辺治『政治改革と憲法改正：中曽根から小沢一郎へ』，317－318ページ。

市场开辟更多的投资领域（譬如第三产业）和强化垄断体制；另一方面，一些产业亦开始了向东南亚等地区的资本输出。这样，摆脱官僚管制以寻求更大自主性和自由度的趋势不断增强，固守封闭和管制的官僚与谋求自由和自主的财界之间的不和谐音开始增多，官僚管制型的"行政指导"逐步向"官民协调"的方向转变。但整个1970年代，立足于国内生产并强化对美出口的积累体制仍旧还是日本的主流。然而，进入1980年代之后，美国"双子赤字"的膨胀导致美国的贸易保护主义进一步加剧，对日本实施资本自由化的要求亦愈发强烈。与此同时，身处生产过剩/过度积累困境之中的日本国内垄断企业寻求向海外输出资本的内生需求也日益高涨。在美国外部压力以及日本国内垄断资本内生需求的双重促动下，特别是伴随1985年"广场协议"的签署以及金融自由化的展开，日本垄断资本的跨国化迅速进展，这意味着日本的资本积累体制开始了从以国内为中心的阶段向海外资本输出阶段的整体转换。随着这种转换，曾经对垄断企业高速成长起到积极作用的战后旧保守主义政治，如今反而成了令人厌恶的束缚和桎梏。而且，作为日本跨国资本输出的对等条件，美国亦强烈要求日本开放其国内市场（即相互开放），垄断资本为谋求自身在世界市场上的自由出入，自然要求政府放松国内的诸种管制以实现这种相互开放。[1]

其次，就日本国内市场状况来说，在生产过剩/过度积累不断深化的情况下，开辟更多的投资领域、降低生产成本等，亦成为垄断资本克服危机的必要手段。这样，战后旧保守主义政治通过各种规制以及补助金等手段所施加的对于国内市场中弱小产业和部门——农业、中小工商业以及自营业——的保护就成为严重的阻碍因素。在以国内生产为中心的时代，如前所述，这些弱小部门作为等级制资本积累结构的边缘性存在，为垄断资本的强势积累提供了重要的底层支撑，因此，旧保守派们的利益诱导政治对这些边缘部门的保护——虽然根本目的在于获取选票以维系保守主义的政治霸权——并未引起垄断资本太多的不满和反对。然而，随着垄断资本跨国化的进展以及财政问题的恶化，这种保护下所形成的粮食以及日用消费品价格的居高不下——所谓的"高成本体质"——导致了大企业劳动成本的高涨；又如铃木内阁下试图提高法人税的尝试所显示的，低增长时代补助金大量投放所造成的财政恶化最终亦有可能导致企业税收负担的加重。除此之外，劳动以及福利方面的各种社会规制亦成为垄断资本试图削减劳动成本的"绊脚石"。法人税提

---

〔1〕 渡辺治『企業社会・日本はどこへ行くのか：再編の時代・日本の社会分析』，77ページ。

第三章　新保守主义/新自由主义反动与经济泡沫的膨胀（1982－1990/1991 年）

高也好，"高成本体质"带来的生产成本增加也好，在财界看来，最终都将归结为垄断企业国际竞争力的弱化。而如果追根溯源，这一切其实都滥觞于旧保守派政治家以及官僚们所寄生于其中的利益诱导政治。

如此，高速经济增长时期以来的发展主义的过度伸张，不仅招致了来于美国的愈演愈烈的"外压"，也让日本国内垄断资本深陷生产过剩/过度积累的危机之中，从而自然生发出跨国输出资本以及在国内释放市场力量、开辟更多投资领域（譬如流通和服务领域）和降低生产成本以克服积累危机的内在需求。随着上述内外双重危机的不断深化，超越单纯的"不增税的财政重建"，以弗里德曼式的"小政府"论作为理论武器，以"释放民间活力"作为口号，深化"行政改革"以弱化各省厅官僚权限从而实现全面的"放松管制"，触动旧的政治体制本身就成为必然的结局。第二临调·行革审经过数次答申，开列出诸如"金融自由化措施"以及"数字通信线路利用的自由化"等行业规制缓和措施，"市场准入的改善"等市场开放措施，甚至包括以国民日常生活为对象的诸多要求"放松管制"的项目清单，总计达到 511 项，可谓涵盖了经济社会的方方面面，其中的大部分都得到了实施，[1]按照垄断资本的意愿改造整个经济社会的企图昭然若揭。而其中，可以看作中曾根内阁"行政改革"最大成就的，无疑就是国铁的民营化。渡边治认为，国铁的分割民营化，除却要消解其庞大的经营赤字之外，垄断企业欲获得国铁名下庞大的不动产并借此打击最左翼的国劳（工会）以促进劳动阵线的右倾化等目的也隐含其中，但其最大的目的还在于向公众展示，通过公共部门的民营化＝"释放民间活力"，可以防止"大政府"并创造出"有活力的福利社会"，从而为所谓的"释放民间活力"路线打造一个"样板儿"。1986 年 11 月，国铁改革八法案成立，也成为中曾根"行政改革"的收官之作。[2]

"第二临调·行政改革"从"不增税的财政重建"到"放松管制"（"小政府"）的逐步深化，自始至终都是在财界的主导下进行的，其中贯穿着鲜明的资本积累的逻辑，要颠覆的正是曾经滋养了自己的旧保守主义政治体制，进而谋求整个经济社会结构的重组。而首当其冲成为攻击对象的就是旧保守主义政治链条中极为重要的一环——官僚（主要是经济官僚）。正如"第二临调"以

---

〔1〕　参见法政大学比较经济研究所川上忠雄、增田寿男编『新保守主義の経済社会政策：レーガン、サッチャー、中曽根三政権の比較研究』，410－413ページ。

〔2〕　渡边治『政治改革と憲法改正：中曽根から小沢一郎へ』，321ページ。

及其后的行革审（"临时行政改革推进审议会"是"第二临调"在1983年3月解散后继续推进改革的后续机构）这种通过首相直属调查会、审议会主导国会审议从而谋求僭越官僚省厅部门本位主义的这种政策决定以及实施方式本身所反映出的那样，"政—官—财"统治联盟内部发生了微妙的变化，"政"与"财"紧密地联合在一起，官僚的功能则遭到了弱化。至于这一时期官僚们的处境，佐野真一的描述可谓形象，他写道："漫步各省厅集聚的霞关，'官僚的地盘下沉'这个词四处回响"，"在经济社会剧烈的变化中，他们（官僚）看上去正隐身于战壕中，以图可以耐住迎面劲吹的来自民间（财界）要求'小政府'和'放松管制'的批判"[1]。正如"发展指向型官僚国家"或"日本株式会社"等称谓所表达的那样，明治以来，官僚的权力渗透到经济社会生活的每一个角落，这种地位的下沉对日本资本主义来说，可以说是划时代的。[2]

三、"第二临调·行政改革"的挫折及其原因

再次重复，中曾根推行的"第二临调·行政改革"的理念主要有两点："增强对国际社会的贡献"以及"建设有活力的福利社会"，目的在于否定对外的"小国主义"路线以及国内的利益诱导政治，从新保守主义/新自由主义方向对战后旧保守派政治家以及官僚们所寄生的政治体制（国家体制）进行"清算"和"重组"。上文分别论述了促使两个理念产生的原因及其在实践层面的具体展开，下面我们有必要对其实际成效做一个评估。从结论上讲，虽然不能否认1980年代的新保守主义/新自由主义反动从一定程度上给日本政治、经济以及社会带来了冲击，但总体上仍停留在有限的层面，由于来自既有政治体制既得利益者的强烈抵抗，这种反动最终并未能从根本上撼动战后旧保守主义政治的根基，具有明显的过渡期性质。

首先，"增强对国际社会的贡献"——成为所谓"国际国家"或"普通国家"——的理念旨在借助美国提出的军事分担论，强化日本的军事力量，实现"美国寄生之下的民族主义"，从而一方面强化美日同盟关系，另一方面为国内垄断企业的海外资本输出服务。但这一对"小国和平主义"路线的反动不仅遭到来自在野党的反对，更要命的是遭遇到自民党内旧保守派政治家以及官僚们的强烈抵制。在战后日本旧保守派坚持的以"不向海外派兵＋

---

［1］ 佐野真一『官僚、冬の時代』プレジデント社1985年版，2ページ。
［2］ 法政大学比較経済研究所川上忠雄、増田寿男編『新保守主義の経済社会政策：レーガン、サッチャー、中曽根三政権の比較研究』，413ページ。

第三章 新保守主义/新自由主义反动与经济泡沫的膨胀(1982—1990/1991年)

不实行征兵制+专守防卫+防卫费<GNP1%+非核三原则+武器出口三原则"为主要内容的所谓"小国和平主义"框架中,最终被修正的是"专守防卫+防卫费<GNP1%+非核三原则+武器出口三原则"这几项。1983年11月,日本与美国签署武器技术转让备忘录,1987年7月与美国签订政府级联合研究协议,以及中曾根内阁同意携带核武器的美国舰只进入日本港口,可以说,此前日本历届内阁坚持的"武器出口三原则"和"非核三原则"在相当程度上遭到了破坏。而中曾根政权给"小国和平主义"路线带来的最大的冲击恐怕还要算是对防卫费不能超过GNP1%这一限制原则的突破了。围绕这一原则,新旧保守派之间展开了攻防战。自民党内多数议员对于打破"GNP1%"的军费限制原则并不积极,特别是承继了铃木派和三木派谱系的河本派的反对尤为强烈。1984年当中曾根将"和平研究会"报告以及国防族成立的"防卫力整备小委员会"要求打破"GNP1%"限制的提议递交到自民党总务会,欲获得党内正式决定时,时任总务会长的宫泽喜一以"'GNP1%'原则是政府决定的,撤销也应由政府决定,党内决议还在其后"的言辞明确表示了拒绝,从而阻止了中曾根打算在1985年财政预算中提高军费的企图。此后,中曾根的行动愈发积极,但自民党内诸位长老——譬如三木、福田——以及作为自民党新一代领导者(但却属于旧保守主义政治谱系)的宫泽喜一和竹下登等都消极以对。从最后结果上看,虽然这一被渡边治看做20世纪六七十年代日本"小国和平主义"象征的"GNP1%"限制原则在1987年预算中最终被打破,但却花费了5年的时日,进展并非顺利,归根结底是由于中曾根新保守主义改革最大的障碍——旧保守派政治家以及官僚们——的抵制,尽管最终未能阻止"GNP1%"原则被打破,显示出其脆弱的一面,但毕竟对中曾根的激进改革起到了重要的抵制和牵制作用,其中也显示出了旧保守主义政治的强韧性。[1] 其实,对于日本战后"小国和平主义"路线的最为重要的规定还在于1947年宪法(尤其是其中第9条关于放弃战争和非武装的宣言),旧保守派们坚持这一路线的最大体现就是总体上对1947年宪法的遵守和维护。虽然日本最终成立了自卫队,但宪法的制约让自卫队功能被严格限制在专守本土防卫的层次上,也就是不可以向海外派兵。1986年12月,《日美联合作战计划》和《保卫海上通道联合研究报告》的签署,以及中曾根关于日本一旦有事,自卫队有权在周围数百海里和交通线1000海里的范围内保护"支援日本的"或"攻击苏联基地的"美国军舰的

---

[1] 参见渡辺治『政治改革と憲法改正:中曽根から小沢一郎へ』,311-313ページ。

宣称无疑扩大了自卫队的活动范围,使专守防卫的自卫队限制原则有所松动。但尽管如此,《自卫队法》改正也好,《有事法》制定的尝试也好,由于在野党以及自民党内旧保守派的抵制,最终都没能提交国会审议。至于宪法,如上文所述,中曾根上台之后,为了建立与美国之间真正的联合作战体制,表现出强烈的修改宪法的意愿,并促动了1980年代前半期保守极右翼分子改宪势头的高涨。改宪派诉求修改宪法的理由是"大国日本"和"国际化",旨在一方面平息来自美国的批判,另一方面则为日本垄断资本的跨国投资提供政治军事护持。改宪论者玉泽德三郎的主张颇具代表性,他认为,"……由于这几年国际形势的变化,现行宪法已不足以应对国际社会。譬如说,虽有美日安保体制,但根据美国战略需要,美军向中近东出动时,日本如果遭到外国攻击怎么办?……由于自卫队被枷锁捆绑,所以很可能出现日本无法保卫自己的状况",紧接着,"日本有数十万人在海外工作,此次的两伊战争中,数万日本人无法从那里脱身。如果在混乱中,为驱逐'日本帝国主义'而对日本人展开屠杀,日本究竟该依靠什么国际机构来获得营救呢?这种情况下,各国都是尽可能地依靠本国军队对国民实施救助。今后,这样的事态可能在非洲、南美以及中近东发生",而"联合国并非有效地运作,我国的和平与安定怎能全然委托给这样的机构?"通过修改宪法和强化美日同盟谋求自卫队海外派遣、实现政治军事大国化以便对垄断资本的跨国投资形成护持的意图一览无余。

相对于此,旧保守派政治家们则固守护宪观点,如宫泽派的加藤纮一就这样说道:"修改宪法并强化自卫队会导致什么结果呢?只会让许多认为'日本实际上已经拥有军队,如果修改宪法第9条的话,日本军力力量将进一步增强'的国家加剧对我国的猜疑,从而恶化日本的对外关系。……宪法第9条具有极端重要的政治特别是对外意义,必须认识到这一点。"同属旧保守护宪派的白川胜彦则更直言不讳,认为"自民党的政治纲领中关于'自主制定宪法'的规定应当具有政治上的时限",主张放弃修改宪法的念头。1980年代,在修改宪法这一重大问题上,旧保守派政治家们的抵制是强韧的,即使激进如中曾根,最终也未能撼动这种抵制而如愿地实现对宪法的修改。到了1980年代后半期,曾经一度高涨的改宪浪潮逐渐陷于停滞和衰退。"自主宪法期成议员同盟会"会长岸信介对中曾根亦甚是失望,对其评价也从当初的"搞得很好啊!"一类的赞扬变成了"看来(这个家伙)还是不成啊"、

第三章　新保守主义/新自由主义反动与经济泡沫的膨胀（1982 – 1990/1991 年）

"（这个家伙）说到底还是个骑墙派呀"之类的不满。[1] 归根结底，中曾根在1980年代掀起的新保守主义反动尽管对"专守防卫""防卫费<GNP1%"、"非核三原则"以及"武器出口三原则"等规定造成了一定程度的冲击和破坏，却最终未能撼动更为核心的和平宪法以及对自卫队海外派兵的限制。

其次，至于"第二临调·行政改革"的旨在"重组"日本国内经济社会的"建设有活力的福利社会"理念的推行，虽然取得了某种程度上的进展，譬如，在"不增税的财政重建"口号的宣扬下，从1983年开始，财政预算编制实现了上限封顶；同时，以社会保障、文教以及农政等为中心的行政领域的制度改革和支出缩减亦得到了实行，后又在"释放民间活力"的名义下，国铁、电电公社以及专卖公社被分割和民营化；另外还实施了养老金和医疗制度改革，削减了中央以及地方公务员的人员定额。但社会福利、养老金改革以及流通领域、农业领域等方面的"放松管制"不仅受到来自相关社会团体的反击，更遭到来自以这些领域作为主要票田的自民党议员和对这些领域拥有管辖权的官僚的抵抗。对于改革的进程及其结果，财界人士屋山太郎最终也只能无奈地评价道："'土光临调'以及其后的第一次到第三次的行革审，本来是要设想国家应该具有的制度和框架，但是，在推行过程中却遭到各省厅以及族议员们的反对以至于'赔了夫人又折兵'，改革案不得不获得省厅官僚和自民党的认可。这种行革审方式的改革通常只能得到'雷声大雨点小'的结局，唯一的例外要算国铁的分割民营化了。'行政改革'之所以陷入僵局，主要是行政部门和立法部门结成共同战线进行抵抗的结果。……在'维持现状'这一点上，议员和官僚们的利益是一致的，所以什么也改变不了。"[2]

其实，进入1984年，宫泽喜一为竞选自民党总裁提出了"资产倍增论"，同样亦有河本敏夫对"内需扩大"的积极提倡，自民党内部逐渐形成了主张从贸易依存向资本输出转向的路线与主张内需扩大路线的对抗态势。正是在旧保守派们的坚决抵制下，新保守主义/新自由主义反动对于补助金问题并未能实施伤筋动骨的手术，因此也无法从根本上抑制住依托补助金和公共事业从而不断扩充势力的田中派（最大的旧保守主义派阀）的壮大。不仅如此，对于公共事业费五年不增资的决定亦招来自民党内包括田中派在内的广泛抵制。所以，"土光临调"的"小政府"论最终只能是"雷声大雨点

---

[1] 参见渡辺治『政治改革と憲法改正：中曽根から小沢一郎へ』，341 – 347ページ。
[2] 参见渡辺治『政治改革と憲法改正：中曽根から小沢一郎へ』，327 – 329ページ。

小"的结局。[1] 另外，必须看到的是，"不增税的财政重建"也好，"放松管制"也好，虽然旨在打击旧保守派们的利益诱导政治，但前面已经指出，贯穿利益诱导政治的核心主线是自民党本身的派阀以及派阀系列化，官僚只是这一链条中的一环——虽然的确是重要的一环，不进行全面的政治改革从而从根本上改变自民党的体质，利益诱导政治就只能是难以医治的顽疾，通过"行政改革"打击经济官僚势力的做法归根结底也只能说是"外围战"。因此，虽然中曾根本人在其《新的保守理论》一书中强烈批判自民党的派阀体制，[2] 但中曾根时代的（旧）保守主义政治清算说到底也只停留在了"行政改革"的层次，且实际收效亦有限，并未能实行根本的政治改革。原因何在？渡边治更侧重经济基础层面的分析，将原因归结为"日本垄断资本跨国化的迟延"导致中曾根的改革具有"早熟性"，因而最终以挫折收场。1980年代，日本垄断资本的跨国化虽然加速展开，但尚未完全脱离国内中心主义的资本积累体制，换言之，利益诱导政治对于垄断资本的积极意义犹存，所以，全面的政治改革为时尚早。[3] 这的确是一个深刻的分析。

而如果关注政治层面的话，笔者认为，还必须看到的，1980年代以田中派为代表的旧保守派政治势力的依旧强大。正如渡边治亦同时指出的，大平正芳去世后，田中本人曾为防止中曾根夺权而将众人视野之外的铃木善幸推上了总裁之位。而在铃木之后，田中又转而支持中曾根当选首相，这一看似前后不一的举动其实也是政治斗争之下的无奈之举，因为当时面临洛克希德事件一审判决的田中角荣无论如何都不能将政权交给承继了三木谱系的河本敏夫，以至于可能导致对自身极为不利的判决结果，所以，转而支持中曾根实属田中的"次优之选"。[4] 反过来说，中曾根政权也正是由于得到了田中派的支持才得以成立，因此，正如"田中曾根内阁"的称呼所显示出的那样，中曾根政权无可避免地要受到以田中派为首的旧保守派政治势力的巨大掣肘，正如其内阁官房长官亦是由田中派的后藤田正晴担任一样，在这种权力的"双重结构"下，中曾根的新保守主义/新自由主义反动宣扬虽则咄咄

---

[1] 三宅一郎、山口定、松村岐夫、進藤栄一編『日本政治の座標：戦後40年の歩み』，161ページ。

[2] [日]中曾根康弘：《新的保守理论》，金苏城、张和平译，世界知识出版社1984年版，第24-25页。

[3] 参见渡边治『企業社会・日本はどこへ行くのか：再編の時代・日本の社会分析』，70-72ページ。

[4] 渡边治『政治改革と憲法改正：中曾根から小沢一郎へ』，303ページ。

逼人，却注定难以"修成正果"。1987年中曾根的下台以及同年10月竹下登政权的诞生标志着旧保守派政治家的复权，只不过由"田中支配"逐渐变成了以竹下登·金丸信为首的"经世会支配"，以派阀为主导的金权政治体制则是一脉相承的。[1] 以"扩大内需"为名的利益诱导政治也再次大规模展开，大量的渎职腐败案件也随之滋生。1988年的利库路德腐败案不仅导致竹下登本人的辞职（虽然辞职，但如同田中角荣一样，仍在幕后操纵，是真正的实权者），同时将本应是利益诱导政治改革者的中曾根也卷入其中。历史学家升味准之辅认为中曾根虽欲进行"战后政治的总清算"，却反而"被战后政治所清算"的略带揶揄的结论，的确可以说是对1980年代日本政治高度而精辟的提炼与总结。1989－1991年间的宇野宗佑、海部俊树以及宫泽喜一政权无一不是在竹下登的指名或是支持下诞生的，承继了旧保守主义路线的"经世会"的势力可谓如日中天。[2]

综上所述，1980年代的日本政治整体上处在一个过渡时期，战后以来主导国家政治的"1955年体制"虽则受到来自保守主义统治集团内部以中曾根为首的新保守派的强烈冲击，甚至出现了所谓"1986年体制"的说法，但实际上，新保守派最终并未能夺取保守主义体制内的主导权并建构起一个足以取代"1955年体制"的新的政治框架。严格地说，它并不能称得上是一种"体制"，更真实的情况则是保守主义政治势力内部新、旧两派之间的斗争与妥协。以中曾根为首的新保守主义/新自由主义反动和旧保守派们对既有政治体制的固守两者之间缠绕纠结，不同政策路线之间矛盾碰撞，并最终由此引发了重大的经济社会后果。

第二节　日本型资本积累结构的动摇及经济泡沫的膨胀

1980年代，在新保守主义/新自由主义反动下，日本的金融自由化和制造业跨国生产得到了快速推进，从而使战后以来"垄断企业集团＋国内生产＋出口"的强势资本积累结构发生了动摇；而与此同时，旧保守派政治家及其官僚们却又在努力固守着旧有的资本积累模式，这两者的纠结碰撞最终制造出了巨大的经济泡沫。

---

〔1〕　参见富森叡児『日本型民主主義の構図』朝日新聞社1993年版，42－58ページ。
〔2〕　参见富森叡児『日本型民主主義の構図』，27ページ。

陨落：战后日本国家转型失败及其历史后果的政治经济学

一、日本型资本积累结构的动摇：金融自由化、生产跨国化及其影响

笔者在前文中已多次指出，1960年代末1970年代初，资本主义世界经济体系已经由于生产过剩而进入了康德拉季耶夫经济周期的B段下行区间，霸权国美国的经济实力亦开始衰退。尼克松政府实施了浮动汇率制，强化了贸易保护主义，并在国内实施凯恩斯主义总需求管理，通过财政赤字以及极度宽松的银根以促进国内制造业的发展，同时又在1974年取消了对资本流动的临时性管制以帮助纽约大银行开展业务——从1960年代中期开始，这些银行就已经展开了大规模的海外借贷业务。[1] 日本则一方面通过拖延资本自由化继续封闭其国内市场，另一方面又充分利用美国凯恩斯主义刺激下产生的国内需求，通过人为的低利率政策、赤字财政以及"暴风骤雨"般的对美出口维系了4%-5%的经济增长率，其实是延续了高速经济增长时期的发展主义模式。在生产过剩——一般利润率下降的资本积累危机时代，这种模式之所以能够延续并获得了4%-5%的经济增长率，应该说完全是拜美国所赐。尽管美国自身已经陷入衰退，并逐渐由"宽容型霸主"向"自利型霸主"转变，但如前所述，整个1970年代，美国还是履行了作为体系霸权国家的责任，维系了资本主义体系的正常运行，并促进了日本等同盟国家的经济发展。但这同时加剧了美日之间经济的不平衡。相对于日本贸易收支上的高盈余，美国则出现了严重的财政和贸易的"双子赤字"。美国的经常项目收支1982年陷入赤字，1983年赤字额达400亿美元，1984年进一步恶化，达到了约1000亿美元。相反，日本经常项目收支盈余不断增长，1983年盈余200亿美元，1984年盈余增长到350亿美元。而经常项目收支上美日之间的鲜明对照主要来源于两国贸易收支之间存在的巨大失衡。美国的贸易收支从1977年开始出现300亿美元上下的赤字，1983年贸易赤字达到600亿美元，1984年则突破了1000亿美元。反之，日本的贸易收支盈余持续增长，1981和1982年接近200亿美元，1983年超过300亿美元，而1984年则突破了400亿美元。[2] "双子赤字"的膨胀在1970年代末亦严重威胁到了美元作为国际储备货币的地位，凯恩斯主义政策下价格的迅速上涨和可贷资金的过剩也让国内

---

〔1〕 参见［美］罗伯特·布伦纳：《繁荣与泡沫：全球视角中的美国经济》，王生升译，经济科学出版社2003年版，第23、29页。

〔2〕 衣川惠『現代日本の金融経済：バブル経済と平成不況を中心に（改定増補版）』中央大学出版部2000年版，29ページ。

第三章　新保守主义/新自由主义反动与经济泡沫的膨胀（1982－1990/1991 年）

金融业遭受重创。同时，日本企业"暴风骤雨"般的出口攻势也让美国制造业普遍陷入了困境。

怎么办？正如罗伯特·布伦纳所言，美日经济就像一个"跷跷板"，在经过十几年代价高昂的"防御战"之后，美国制造业开始将被动应战的角色转移给竞争对手，贸易保护主义不断加剧，美日之间的经济摩擦亦不断升级，最终演变成1985年的"广场协议"，日元的急速升值严重恶化了对日本制造业来说至关重要的对美出口的交易条件，从而威胁了战后以来出口导向型经济发展方式的可持续性，加速了日本制造业向海外生产的转移。同时，在里根的"强势美元"政策下，1970年代遭受重创的美国大银行亦开始了反攻，一方面谋求压低国内通货膨胀率和放松管制，另一方面则要求推进金融管制的放松和资本的跨国自由流动。[1] 就资本主义经济体系的整体趋向来说，1960年代末1970年代初以来制造业长期的生产过剩局面导致了体系"金融积累阶段"的开始凸显，主张实业投资以及"（金融）食利者安乐死"的凯恩斯主义开始后退；反之，米尔顿·弗里德曼的"货币主义"开始大行其道。作为资本主义世界第二经济大国且积聚着大量过剩资本的日本市场对于华尔街的大银行来说，无疑是一个充满诱惑的淘金地（举例来说，日本企业养老金1974年之后急速增长，1984年超过了14兆日元，且预计10年后将超过100兆日元，已经形成极具发展潜力的投资市场）。[2] 另外，将集聚在日本国内的大量资本吸引到美国，不但可以活跃美国的资本市场，同时亦可以为美国巨额的财政赤字埋单［即通过放松对资本自由流动的管制以吸引日本国内资本流入美国从而形成所谓的"帝国循环"（imperial circulation），以填补美国国内严重的财政赤字］，这样，1980年代来自美国的金融自由化的"外压"也就是顺理成章的事了。罗伯特·布伦纳所说的"跷跷板"的重量现在都开始压向日本一方，制造业的海外转移也好，金融的自由化也好，都在这种压力之下开始加速展开，从而给日本战后以来一直坚持的强势资本积累结构带来了巨大冲击。而日本政府之所以无法抗拒这种"外压"，究其根本，还在于日本国家整体上对于美国的依附性以及依附之下日本经济上对美国过多的"负债"，如今是到了该"还债"的时候了！对于这种"还债"行为，

---

〔1〕［美］罗伯特·布伦纳：《繁荣与泡沫：全球视角中的美国经济》，王生升译，经济科学出版社2003年版，第31页。

〔2〕（财团法人）金融財政事情研究会編『金融自由化と円の国際化：日本の金融界に何が起こりつつあるのか』金融財政事情研究会昭和60年版、58－59ページ。

日本政府则自诩为"国际协调"。虽然很多日本研究者在讨论1980年代美日之间经济冲突的时候，都倾向于批判美国的蛮横而强调日本的无辜，但实际上，正像笔者在前面已经说过的，日本对美国压力的步步屈从无非是由于自身虽然在1960年代末1970年代初已经"长大成人"（1968年成为世界经济大国），但整个1970年代却依然躺在美国的怀抱中"撒娇"——延续着后发工业化国家的赶超模式，一味封闭而自利地谋求自身的经济发展——的结果，说白了，是"作茧自缚"式的咎由自取，借用经济评论家内桥克人的话说，其实是不断"自己勒自己脖颈"的结果。果真想要进行"国际协调"的话，1970年代日本就应该积极地改变自身的经济体制了。而这种自身积极转型的失败最终招来的只能是越来越蛮横的外部压力，所谓的"国际协调"，也只是日本聊以自慰的说法，实质上不过是"屈从"的稍微好听一点儿的代名词罢了。

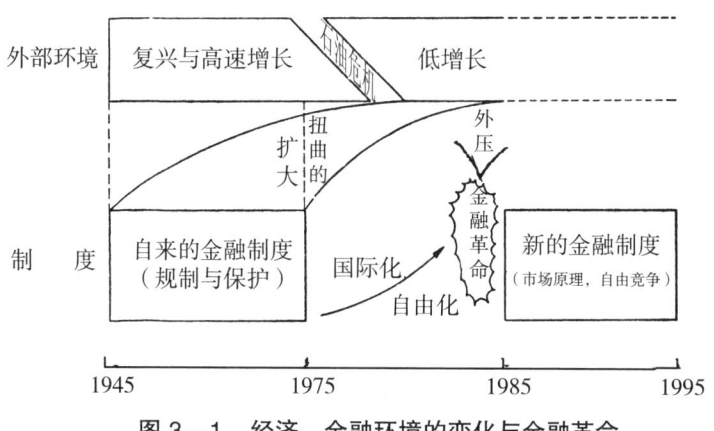

图3-1 经济、金融环境的变化与金融革命

资料来源：（财团法人）金融财政事情研究会编『金融自由化と円の国际化：日本の金融界に何が起こりつつぬるのか』金融财政事情研究会昭和60年版，4ページ。

此外，这里必须指出的是，除去来自美国的"外压"（如上所述，这种"外压"本质上也是日本自身错误招致的结果），金融的自由化与制造业的海外转移同时也是"内压"之下的产物，是日本国内制造业垄断资本以及银行业等金融性资本在生产过剩/过度积累困境中寻求自我实现的内生需求。先说金融自由化。日本金融财政研究会在由其编著的《金融自由化和日元国际化：日本金融界正在发生什么？》一书中将1980年代日本的金融自由化称作

第三章　新保守主义/新自由主义反动与经济泡沫的膨胀（1982 – 1990/1991 年）

"金融革命"，并中肯地指出，虽然很多人认为日本的金融自由化完全是在美国的"强迫"下实施的，而事实上，所谓"外压"说到底只是导火索而已，并非根本原因。催生这种"革命"的根源必须到支持一种制度的历史背景以及日本自身的经济社会环境中去寻找。只有历史背景以及国内经济社会环境本身发生了变化从而需要一种新制度的时候，才有可能出现所谓的"革命"。换言之，"革命"的发生是内外因共同作用下的结果，而其中更为根本的还是内因。该书继而以幕府崩溃为例，认为导致幕府最终崩溃的根本原因并非美国"外压"，而是日本国内经济社会矛盾长期积累之后产生"内爆"的结果，"外压"只不过是提早了它崩溃的时期而已。1980 年代日本的"金融革命"亦是如此。战后以来的金融制度——以银行等金融机构借贷为主的间接金融制度——符合了经济复兴期间以及高速经济增长时期（即经济赶超时期）社会经济的需要，为国家的资本积累发挥了积极作用。但是 1973 年石油危机之后的 10 年间，历史背景以及日本国内经济社会都发生了巨大变化，旧体制已经不再能良好地应对新的形势，可日本政府并没有改变制度框架，只是在其中做一些"头疼医头、脚疼医脚"式的修修补补，旧制度带来的诸多扭曲和弊端也由此被进一步延续和扩大。即便没有来自美国的"外压"，旧有金融制度的寿命充其量也只能维持 5 – 10 年而已。[1]（参照图 3 – 1）之所以说旧的金融制度符合了经济赶超时代的经济社会要求，是因为：一方面，战后日本要发展重化学工业，企业大量的设备投资需要大量的资金投入；而另一方面，正如大河内一男"企业像饥渴的鹿渴求水一样地渴求资本"这一形象的描述所表明的，彼时的日本企业处于资金极度缺乏的状况，资金是最稀缺的资源。这样，通过严格管制的间接金融方式——银行等金融机构将个人以及家庭部门的资金吸纳进来，然后以政府人为控制的低利率使资金廉价而稳定地流向重要的重化学工业部门——就成了主流。这种所谓"护航舰队"式的融资体系确保了企业的资金供应从而促进了狂热的设备投资，并进而带来经济的急剧增长。可是，如前所述，这种金融制度中最大的弊端和扭曲就是大藏省人为控制下的低利率政策所引发的银行"超贷"及其刺激下的企业缺少节制的设备投资竞争，宫崎义一教授就批判这种金融体系具有"有意制造生产过剩危机"的性质，如前所述，这种危机在 1960 年代末 1970 年代初已经显性化。再者就是，在大藏省过度的官僚行政干预下中央银行独立

---

〔1〕（财团法人）金融财政事情研究会编『金融自由化と円の国際化：日本の金融界に何が起こりつつあるのか』，4 – 5 ページ。

性的丧失，而中央银行保持独立性、依据市场供需状况对货币发行实施有序管理，对于成熟的资本主义经济体来说至关重要。在此意义上，经济学家胜又寿良认为日本战后"护航舰队"式的金融体系是一个不健全的应当具有时限性的金融体系。就历史背景来说，当时的日本经过长期的工业化实践，已经摆脱了后发工业化国家的经济赶超阶段，进入了成熟的资本主义国家行列，同时又面临着来自美国要求其实现资本自由化的要求。日本应该适时地向更加开放和健全成熟的金融体系转型以应对新的内外情势。然而，如第二章中所指出的，整个1970年代，日本依旧延续了经济赶超式的金融体系，也进一步加剧了国内的生产过剩/过度积累危机。

1970年代中期以后，正像宫崎义一教授所指出的，大企业出现了流动资金过剩的情况，对此前靠银行长期贷款经营的日本企业来说，本应尽可能归还银行贷款，但由于它和银行之间的力量对比，这样办很困难，因为在"护航舰队"式的金融体系下，形成了银行间的"贷款竞争"体质以及银行对于企业强大的控制力。于是，大企业一方面减少甚至是停止了银行借款（1975年大企业的银行借款占固定资金需求的比率仍为57%，随后便逐年减少，1980年为24%，1982年则低于10%[1]），另一方面则选择了以预期期票交易购买债券这种有力的资金运用方式来处置手头的过剩资金。在企业自有资金增加、银行长期借款减少、国内筹资转向发行股票和公司债券等直接金融方式——"融资的证券化"现象——的同时，外资筹集跟内资筹集相比也急剧增加，尤其在1980年《新外汇法》实施以后，"融资的国际化"现象进展明显。在1983年大企业筹集资金的总额中，外汇资金达到了45.3%，且来自资本市场的资金比重迅速上升到54.6%[2]。而在国内生产过剩、生产性投资难以营利的局面下，垄断大企业过剩的内部资金以及从国内外资本市场融通的资金自然就会流向更加有利可图的金融投机——所谓的"炼金术"（另一个动听的称谓则是"资本运营"）。著名世界体系论者杰奥瓦尼·阿瑞基（Giovanni Arrighi）在其名著《漫长的20世纪：金钱、权力与我们社会的根源》中结合着资本主义世界体系的具体历史进程，对马克思关于资本积累的一般公式做出了精彩的再阐释，指出资本积累实际上遵循着物质扩张阶段和

---

[1]（财团法人）金融财政事情研究会编『金融自由化と円の国際化：日本の金融界に何が起こりつつあるのか』，50–51ページ。

[2][日]宫崎义一：《日本经济的结构和演变：战后40年日本经济发展的轨迹》，孙汉超等译，中国对外经济贸易出版社1990年版，第451–453页。

第三章 新保守主义/新自由主义反动与经济泡沫的膨胀（1982－1990/1991年）

金融扩张阶段交替更迭的逻辑，即在物质扩张阶段，货币资本生产出大量商品，通过销售——包括贸易——获得增殖（M→C—C'→M'）；当物质扩张由于生产过剩——一般利润率下降规律的作用而陷于困境时，便迎来了金融扩张阶段。在这一阶段，越来越多的货币资本从商品形式中"自我解放"出来，积累通过金融交易不断进行（M→M'）。[1]（而这一时期也是资本逻辑发挥到极致并开始对社会财富实施疯狂掠夺的时期）这一规律在1980年代的日本可以说表现得异常明显。

至于可以满足企业投机需求的理想投资对象，自然是利率由市场原理决定的诸如公司债券——譬如可转换公司债券和附有股权的公司债券——之类的所谓"自由利率商品"。也就是说，摆脱传统的间接金融体系及其各种管制，实现金融的自由化，也是处于生产过剩/过度积累危机中的日本国内制造业垄断资本自然的内在需求。学者向寿一进一步指出，在生产过剩/过度积累局面下，垄断大企业资本积累趋缓并产生出大量闲余资本，从而大大减少了从银行的长期借款，并利用发行股票和债券等直接金融方式进行"炼金"。作为自然的连锁反应，则是银行传统的借贷业务由于失去主要客户而无法确保利润。这样，银行为摆脱国内经营困境，就不得不通过拓展业务范围——包括海外业务、国际业务——来寻求活路。如此一来，传统金融体系中的各种规制——譬如对于银行不得兼营证券和信托业务的限制以及对于利率的管制——就成为银行拓展盈利业务的巨大桎梏。[2] 除此以外，对银行来说，还不得不提到的一个问题就是1970年代中期以后国债巨额累积所带来的影响。日本政府发行的国债几乎由银行全盘接收，而后，其中的大部分再由作为中央银行的日本银行吸收。然而，1975年之后，国债的大量发行已经超出了银行承受力的极限，严重压迫了银行的经营。因此，银行一方面要求放松对于国债买卖的限制，另一方面则要求扩大自身资金筹集的途径。1977－1980年间，对国债买卖的限制有所放缓，这种缓和促进了日本国内国债流通市场以及市场利率的形成，成为银行要求利率自由化的重要原因。然而，作为国债发行者的大藏省则不愿轻易放松管制，导致银行与大藏省之间自1982年之

---

〔1〕 [意]杰奥瓦尼·阿瑞基：《漫长的20世纪：金钱、权力与我们社会的根源》，姚乃强、严维明、韩振荣译，江苏人民出版社2001年版，第6－7页。

〔2〕 参见向寿一『現代日本企業と多国籍総合金融機関：資本過剰下の三位一体の資本輸出の理論と実証』同文館1990年版，84－87ページ。

后冲突不断。[1] 所以,作为制造业生产过剩/过度积累危机的连锁反应,金融自由化也成为了银行业资本谋求盈利的内生需求。

综上所述,一方面,从宏观角度来看,美国由于国内资本缺乏而需要将日本等国内资本过剩国家的资金大量引入国内,同时,华尔街的金融性资本需要打入日本这一"钱多而过剩"的市场淘金;另一方面,日本国内的过剩资本则需要通过自由流动来实现自身的增殖(马克思早已指出,资本的本性就在于增殖,否则就无法成为其本身),故而形成了所谓的"外压"与"内压"。无论从哪个角度说,都需要放松传统金融体系的各种管制,实现资本的自由流动,这既是美国方面的需求,也是日本国内垄断资本和银行等金融机构的需求。

表3-1 利用股权融资进行的资金筹集(1985-1993年)(单位:亿日元)

年份	股票	可转换公司债	合计
1985	8591	32 217	40 808
1986	8725	31 772	40 497
1987	30 130	62 572	92 702
1988	47 823	75 187	123 010
1989	88 486	84 961	173 447
1990	37 924	34 981	72 905
1991	8077	13 060	21 137
1992	4199	8621	12 820
1993	8228	20 173	28 401

资料来源:東京証券取引所『証券統計年報』,转引自勝又寿良『戦後50年の日本経済:金融・財政・産業・独禁政策と財界・官僚の功罪』東洋経済新報社1995年版,233ページ。

如此,在上述"内压"与"外压"的共同作用下,作为新保守主义/新自由主义反动的重要环节,金融自由化在中曾根内阁下正式展开。1983年11月,中曾根与美国总统里根举行首脑会谈,决定成立"日元美元委员会",这一委员会旋即成为推进金融自由化的重要平台;1984年2月至5月,该委员会连续举行6次会谈并最终提交了《日元美元委员会报告书》,同时,日本大藏省公布《金融自由化及日元国际化的现状和展望》,日本金融自由化

---

[1] (財団法人)金融財政事情研究会編『金融自由化と円の国際化:日本の金融界に何が起こりつつあるのか』,60-63ページ。

第三章 新保守主义/新自由主义反动与经济泡沫的膨胀（1982 – 1990/1991 年）

和金融市场开放问题步入轨道。表面上看来，日本好像是迫于美国压力而被动实施金融自由化的，但正如笔者在前文中业已阐明的那样，日本国内垄断资本以及银行等金融机构要求实施自由化的要求也是非常强烈的。中曾根本人对于金融自由化的态度也是异常积极，据 1983 – 1985 年间曾任大藏省办公厅调查计划科科长的大须敏生回忆，其在任期间曾收到来自中曾根首相的指示，要求其制作一份推进金融自由化的"工程管理表"（即具体实施的任务时间表），中曾根本人在这一问题上持积极姿态。[1] 金融领域是中曾根等新保守派们谋求"放松管制"的重要领域，背后潜藏着国内垄断资本以及大银行等的重要利益。这期间美日之间的争议，其实无非是在对"究竟造成美日之间经济失衡的原因是什么"这一问题的看法上存在着分歧，以及双方在实施金融自由化的范围和推进速度方面你来我往的讨价还价，如果说美国的"外压"确曾起到了什么作用的话，那就是"导火索"与"助推器"的作用。

1980 年代后半期，日本的金融自由化改革紧锣密鼓地展开了。1984 年 4 月，日本废除了外汇期货交易的实需原则（这促进了脱离实体经济的货币投机），同年 6 月，废除了日元与外币兑换的限制（这促进了日元以及外币的跨日本国境的自由流动）；1985 年 6 月，创设日元 BA 市场；1986 年，设立东京离岸金融市场（JOM）；1988 年 5 月，公布了《金融期货交易法》，以规范金融期货交易，等等。[2] 宫崎义一教授曾指出了 1970 年代后半期以来日本大企业由于资本过剩而产生的"游离银行"的倾向，并认为："（垄断）企业金融结构的变化，随着金融自由化，其发展将会更加突出"，[3] 所言果然不虚。进入 1980 年代之后，日本企业的间接融资比例持续降低，银行调配资金的能力被削弱，取而代之的则是证券市场依据市场规律对资金进行配置。[4] 如表 3 – 1 所示，日本全国上市企业来自股权筹资的融资额（股票以及可转换公司债——包括国外融资部分）1985 年和 1986 年各达 4 兆日元左右，1987 年达到 9 兆 2702 亿日元，1988 年是 12 兆 3010 亿日元，1989 年则

---

[1] [日] 泷田洋一：《日美货币谈判：内幕 20 年》，李春梅译，清华大学出版社 2009 年版，第 35 页。

[2] 付丽颖：《日元国际化与东亚货币合作》，商务印书馆 2010 年版，第 52 页。

[3] [日] 宫崎义一：《日本经济的结构和演变：战后 40 年日本经济发展的轨迹》，孙汉超等译，中国对外经济贸易出版社 1990 年版，第 453 页。

[4] 付丽颖：《日元国际化与东亚货币合作》，商务印书馆 2010 年版，第 91 页。

达到了 17 兆 3447 亿日元。[1] 同时，金融业、保险业的海外投资亦急速膨胀，1985 年达到 38 亿美元，1986 和 1987 年则突破了 100 亿美元。在日本制造业整体陷入生产过剩/过度积累的情况下，无法寻找到优良客户的银行以及证券公司、保险公司等金融机构开始快速向海外——美国、英国、荷兰、巴哈马以及中国香港等——拓展，或收购当地金融机构，或在当地设立分支机构和子公司。[2]

下面，我们再来看 1980 年代日本制造业垄断企业海外生产的进展情况。1985 年"广场协议"签署之后，在日元急速升值的情况下，日本制造业垄断企业生产的海外转移加速进展。表面上看来，日本企业生产的海外转移好像是在美国重压之下的无奈之举，但与金融自由化的道理同样，事实上造成日元不断升值的根源还是存在于日本过度出口导向的经济发展方式之中。罗纳德·麦金农与大野健一在《日元和美元：化解美日两国的经济冲突》一书中详尽分析了导致日元不断升值的机理，最后慨叹其原因在于"日本过晚地告别赶超模式"，即日本一直狂热地追求经济增长、出口增长和扩大市场占有率，将其作为衡量经济成就的标准。[3] 也就是说，导致日元不断升值从而带来制造业积累危机的主因存在于日本自身，从不断激化的美日贸易摩擦直至"广场协议"签署，所谓"外压"的产生完全是日本咎由自取的结果。

如前所述，1970 年代本是一个资本主义经济体系整体上由于制造业生产过剩而利润率下降的危机时代。因此，正如宫崎义一教授所言，贸易保护主义的加剧是一个必然趋势，1971 年的"尼克松冲击"已然显示出了这一趋势。虽然 1974 - 1979 年的 GATT "东京回合"在"肯尼迪回合"（1964 - 1967 年）的基础上，将先进国家的进口关税进一步降低，但艰难时世下，各国同时又竖起了"市场秩序维持协定"或"出口自主限制"等非关税壁垒以限制外国商品的进口。就美日之间而言，整个 1970 年代乃至 1980 年代，两国间的贸易摩擦不断升级和激化。譬如，1977 年美国对日本彩电实施了"出口自主限制"，1981 年则对日本汽车实施了"出口自主限制"，1983 年又要求日本工作母机实施"出口自主限制"，如此等等。至于美日贸易摩擦愈演

---

[1] 勝又寿良『戦後 50 年の日本経済：金融・財政・産業・独禁政策と財界・官僚の功罪』，233 ページ。

[2] 向寿一『現代日本企業と多国籍総合金融機関：資本過剰下の三位一体の資本輸出の理論と実証』，153 - 154 ページ。

[3] [美] 罗纳德·I. 麦金农、[日] 大野健一：《美元与日元：化解美日两国的经济冲突》，王信译，上海远东出版社 1998 年版，第 32 - 33 页。

第三章　新保守主义/新自由主义反动与经济泡沫的膨胀（1982－1990/1991年）

愈烈的原因，其根本还在于日本对出口导向经济发展方式的过度执着。在国内通过强化垄断体制——推行所谓的"新价格体系"——以及强化劳动管理等手段，换言之，通过挤压国内社会提高企业竞争力从而促进"暴风骤雨"般出口的逆行路线，在体系经济下行区间，除了激化经济摩擦之外，还会有别的什么结果吗？经济评论家内桥克人曾尖锐地批判日本的出口体制过于"霸道"，认为其本身就是一种"自己勒自己脖颈"的做法，即陷入了一种"挤压国内社会→企业竞争力提高→出口增加→招致更大外压→进一步挤压国内社会……"式的恶性循环，而且只会愈勒愈紧，最终面临的一方面是愈演愈烈的经济摩擦，另一方面则是国内越来越严重的生产过剩/过度积累危机。关于后者，这里需要多说几句。20世纪七八十年代日本制造业处于严重的产能过剩局面，高速经济增长时期过度的设备投资在低增长时代成为压迫企业的巨大负担，垄断企业主要通过产业结构调整来扩大出口攻势，同时在国内通过加强垄断化向全社会转嫁利润危机，虽然作为"减量经营"的一环减少了设备投资，但过剩设备的库存调整却进展缓慢，直到1985年调整还在持续。[1] 同时，制造业内部资金比率（内部利润留存加折旧费÷有形固定资产形成）不断提高，从1970年代末开始超过了1（1978－1980年为1.17，1981－1983年为0.97稍有下降，1984－1986年为1.08），而1984－1986年，几乎所有产业的内部资金比率都超过了1，这意味着日本国内已经产生了大量的过剩资本。[2] 正如濑藤岭二所指出的，1970年代出口虽然一直保持强势，但无论从出口市场的角度看，还是从日本国内的情况看，都已达到极限，日本企业一味依赖出口的发展模式已经走入穷途末路，企业为追求廉价劳动力而推进在东南亚地区（主要是ASEAN国家以及NIES）的现地生产，国内中心主义的生产体系开始衰落，到1970年代末，日本制造业中有3000家以上的企业在东南亚设立了生产据点。[3] 而且，从1970年代后半期开始，大多数企业都开始自主地积极地推进生产的跨国化，制造业的几乎所有业种都渴望跨国投资。两次石油危机的经历以及国内不景气的持续让企业感到了跨国生产的必要性和有利可图。[4] 1978－1984年间形成了日本企业生产海外转移

---

[1] 勝又寿良『戦後50年の日本経済：金融・財政・産業・独禁政策と財界・官僚の功罪』，215ページ。

[2] 参见向寿一『現代日本企業と多国籍総合金融機関：資本過剰下の三位一体の資本輸出の理論と実証』，154－156ページ、166－167ページ。

[3] 参见濑藤岭二『日本企業の多国籍過程』文真堂1995年版，207ページ、214ページ。

[4] 参见濑藤岭二『日本企業の多国籍過程』，92ページ。

的一个高潮，如果说此前日本企业的海外直接投资被看作"特殊事业"，需要克服种种制约与困难，并要经过很长的准备期间的话，那么，1980年代则是这些困难逐步得到克服的时代，企业终于可以比较容易地将生产基地转移到海外。[1] 对于这种状况，学者向寿一正确地指出，1980年代日本"三位一体"式资本输出——产业资本、银行业资本以及证券业资本——的背后实际上存在着日本国内严重的制造业生产过剩/过度积累的压力，这一压力导致了日本资本输出的必然性。[2]

前面濑藤嶺二所说的"制约与困难"，无非是指官僚行政省厅的各种许认可规制，1980年代的新保守主义/新自由主义反动在财界主导下极力鼓吹"放松管制"，实际上是包括银行等金融机构在内的日本垄断资本积极推进海外资本输出的迫切要求，用经济学家胜又寿良的话说，"'放松管制'对日本经济来说，是关乎生死的问题"。[3] 这样，1970、1980年代的日本制造业垄断资本为了克服积累危机，一方面通过挤压国内促进出口，另一方面则积极推进生产的海外转移（"重厚长大"型工业自不必说，"轻薄短小"型加工组装工业亦是同样）。出口强化带来美日贸易摩擦的加剧升级并最终导致了1985年"广场协议"的签署以及其后日元的急速升值，出口活路受阻对利润造成的巨大压迫让日本企业在国内继续为节省成本而做出各种努力——包括资本深化以及"减量经营"等——的同时，亦逐渐扩大了海外生产的比例。所以，与金融自由化如出一辙，所谓美国"外压"实质上起到的不过是"助推器"或"加速器"的作用。它进一步加剧了垄断资本的利润危机，而战后长期坚持的发展至上主义路线所带来的日本国内严重的生产过剩/过度积累局面才是制造业生产跨国化扩大的根本原因和内在推动力——或者说"内在契机"。[4] 1985年"广场协议"之后，日本制造业垄断企业的海外直接投资骤然提速。对此，学者向寿一总结道："日本对美国、对西欧以及对NIES的跨国生产真正开始实施是在1985年以后，可以推测，1990年代初日本跨国企业的海外营业额以及海外雇佣率将接近欧美的水平。可以确认的是，1985年

---

〔1〕参见濑藤嶺二『日本企業の多国籍過程』，6-7ページ。
〔2〕参见向寿一『現代日本企業と多国籍総合金融機関：資本過剰下の三位一体的資本輸出の理論と実証』，154-156ページ、166-167ページ。
〔3〕勝又寿良『戦後50年の日本経済：金融・財政・産業・独禁政策と財界・官僚の功罪』，379ページ。
〔4〕法政大学比較経済研究所川上忠雄・増田寿男編『新保守主義の経済社会政策：レーガン、サッチャー、中曽根三政権の比較研究』，447ページ。

第三章　新保守主义/新自由主义反动与经济泡沫的膨胀（1982－1990/1991 年）

之前的日本企业依然处在立足于国内生产和出口海外的阶段。"[1]　具体观看，日本制造业海外注册公司数在 1980－1985 年间有 589 家，而 1985－1990 年间则达到了 1409 家；[2] 投资额从 1978 年到 1980 年代前半期一直在 20 亿美元前后徘徊，1985 年达到了 23 亿美元，1986 年又增加到 38 亿美元，1987 年则骤增至 78 亿美元。[3] 据通产省调查，制造业海外生产比率 1980 年平均为 2.9%，1988 年则上升到 4.9%。1985 年以后，日本企业实现了"国际化"，逐步构筑起以美国、欧洲和东南亚为中心的海外生产网络的基础。[4]

　　综上所述，在"内压"与"外压"的共同作用之下，1980 年代财界主导的新保守主义/新自由主义反动积极推动金融的自由化以及制造业的生产跨国化，二者在 1980 年代后半期均获得了急速的发展。这意味着战后以来日本封闭的以国内为中心的资本积累体制开始全面向开放的国际化方向转移，而这一转移也势必对日本强势的资本积累结构带来深重的影响。第一章中笔者总结了日本强势资本积累的三重结构，在此有必要做一下简要回顾。这一结构最外层是美国主导的布雷顿森林体系——以 IMF 和 GATT 为核心，以资本管制、固定汇率制（对日本来说，体现为人为制定的非均衡的 1 美元＝360 日元的超低利率）和自由贸易为基本特征的资本主义经济发展体系，这一体系为日本"国内中心主义生产体制＋出口导向"的经济发展结构提供了重要的支撑和保护；中间层是经常被揶揄为"日本股份公司"的日本国家层面的产业保护与扶植政策，其中笔者尤其强调的是"护航舰队"式间接金融体系下人为的低利率政策及其带来的银行"超贷"（因为对于 M→C—C'→M' 的资本积累过程来说，初始资本的投入 M 是一切的开端）；结构的核心层则是所谓的"日本式经营"，其生产力侧面表现为网络化——或曰系列化——的垄断企业集团（包括横向网络化和纵向网络化），生产关系侧面则是企业组合主义——包括企业内工会、终身雇佣制、工龄工资制以及企业内福利。作为最外层支撑的布雷顿森林体系其实在 1970 年代初已经开始崩塌，这一强势的经济赶超型资本积累结构已然难以维系。然而，整个 1970 年代，日本却近乎偏执地坚持并强化了这一结构，这种"作茧自缚"最终招致来自美国的

---

[1]　向寿一『現代日本企業と多国籍総合金融機関：資本過剰下の三位一体の資本輸出の理論と実証』，40ページ。

[2]　瀬籐嶺二『日本企業の多国籍過程』，8ページ。

[3]　向寿一『現代日本企業と多国籍総合金融機関：資本過剰下の三位一体の資本輸出の理論と実証』，153－154ページ。

[4]　瀬籐嶺二『日本企業の多国籍過程』，215－216ページ。

愈来愈强烈的"外压"（要求日本实施资本自由化、日元升值以及强化贸易保护主义），与此同时，这种偏执亦造成日本国内不断深化的生产过剩/过度积累危机，引发了国内垄断资本企图"破茧而出"的"内压"。内外压力之下的结果，便是1980年代的金融自由化以及制造业垄断资本生产跨国化的展开。

首先要说说金融自由化的深刻影响。日本金融财政研究会将日本传统的间接金融体系的特征归纳为：利率管制、业务领域管制以及行政的高度介入。战后以来，日本政府对利率一贯实施严格管制（Price管制），存款利率以及长短期贷款利率的确定都以公定利率为基准。为了维系这种利率管制，原则上禁止一切对外金融资本交易，并通过《外汇法》（1950年）实施严格的外汇管理以屏蔽海外市场的影响，同时，通过行政介入抑制国内开放性资本市场的发展。利率管制体系同时被所谓"窗口规制"——针对银行贷款增加额的直接信用创造的规制——所强化。因此，银行等金融机构对于存贷款没有设定价格的自由，资产方面的自由度也很低。这样，金融机构为追求盈利，只能拼命地进行"存款捕获竞争"以及"贷款竞争"。其次，日本政府对于金融机构业务范围（Products）的限制也很严格（譬如，规定"长短期存款分离"、"信托分离"以及"证券业务经营禁止"），这种限制虽然将金融机构的业务限制在一定领域之内，但也保护了金融机构的经营不受外界入侵，从而保证了间接金融的优势地位，形成了资金配置不受市场原理左右的金融体系基本框架。最后，关于行政对金融体系的高度介入，正如"护航舰队方式"这一形容所表达的那样，主要来自大藏省的"行政指导"被讽刺为甚至细微到了"连银行的一举手一投足都要管"的程度。[1] 正是这种相对封闭环境下高度管制的间接金融体系保证了资本匮乏时期的企业的资金供应，促进了设备投资，形成了"大藏省及其控制下的日本银行（人为低利率政策）→城市银行（'超贷'）→大企业（狂热的设备投资）"的图式。

而金融自由化则意味着市场原理的复兴，内外资本将不受限制地跨国流动并形成国内开放的资本市场，高度行政干预下对银行等金融机构业务范围的限制尤其是对利率的人为管制将难以为继，因此，上述日本强势资本积累结构中极为重要的资金供应链条——"护航舰队"式的融资体系——必将遭受到严重冲击乃至解体。此外，第一章中笔者已经指出，日本战后的垄断企

---

〔1〕 参见（财团法人）金融财政事情研究会编『金融自由化と円の国際化：日本の金融界に何が起こりつつあるのか』，37 – 42ページ。

第三章 新保守主义/新自由主义反动与经济泡沫的膨胀（1982－1990/1991年）

业集团是强势资本积累结构中的积累主体，而金融自由化对企业集团的横向水平网络化也必将产生拆解作用。前面说过，战后企业集团的横向网络化是围绕"系列化融资"、"相互持股"以及"干部兼任"这三个重要机制形成的，而前两者尤为重要。曾几何时，作为主银行的城市银行由于把持着企业所需贷款——系列化融资——而对企业拥有极强的控制力和监督功能。然而，1970年代中期以后，垄断企业的内部资金不断增加以至于过剩，出现了"游离银行"的现象，正如宫崎义一教授所断言的，"（垄断）企业金融结构的变化，随着金融自由化，其发展将会更加突出"[1]。关于金融自由化对大企业"游离银行"倾向的促进，前文已述，此处不再重复。而结果，就是以主银行为核心的"系列化融资"机制的崩溃。此外，统制金融时代由于资本市场的不发达，"相互持股"可以促进企业之间以及企业与银行之间密切而稳定的相互关系，但在金融自由化的情况下，股价将随市场状况而波动，同时，金融危机的风险加大，极端情况——譬如1990年代初股价的崩溃——之下，"相互持股"的作用将会发生逆转，价格下跌的股票将成为企业（包括银行）彼此之间沉重的财务负担，"相互持股"极有可能演变成"相互抛股"。1980年代由于股市的繁荣，这种情况虽然尚未发生，但在金融自由化的时代里，"相互持股"无疑已经从曾经的"稳定器"变成了随时可能被引爆的"炸弹"。所以，金融自由化严重威胁着维系了日本战后垄断企业集团横向水平网络化的重要机制，成为企业集团的拆解因素——尽管这种拆解将是一个逐步的渐进的过程。

接下来，我们再看制造业生产的海外转移对日本型资本积累结构所带来的冲击。对于生产的跨国化，学者坂本光司指出，"（它）从根本上撼动了下包企业的经营基础，因为我国下包企业作为大企业的生产基地，其生存基础被大企业所左右，而为了能够在日元升值的国际化时代求得生存，大企业正在以国际视野摸索和构筑其经营战略、生产战略以及下包战略"。也就是，"谋求将传统的以垂直型、僵直型、封闭型和感情型为特征的产业组织向以水平型、柔软型、开放型、实力型以及网络型为特征的新分工体系、新产业体系转移"，这将"给我国的下包企业带来极大的影响"[2]。如前所述，战

---

[1] [日]宫崎义一：《日本经济的结构和演变：战后40年日本经济发展的轨迹》，孙汉超等译，中国对外经济贸易出版社1990年版，第453页。

[2] 日本中小企業学会編『日本中小企業学会論集7：産業構造調整と中小企業』同友館昭和63年版，42－44ページ。

后日本大量的中小企业（中小工商业）被深深地嵌入重化工垄断资本的再生产体系之中，构成垄断企业强势资本积累的重要底层支撑。1970年代，为克服积累危机，垄断企业立足于国内生产体系，通过制造业内部的结构调整——从"重厚长大"的能源原料多消耗型工业向"轻薄短小"的加工组装型工业转移——维系并强化了这一资本积累结构，在此过程中，纵向垂直下包体系被进一步地扩大和深化，处于金字塔底层的中小企业遭受垄断企业的剥削也随之加剧，但尽管如此，中小企业依旧有其生存的空间；1980年代的产业结构调整——从制造业向服务业的转移——则是在制造业垄断资本加速其生产海外转移的背景下为促进这种转移而推行的，[1] 它从根本上动摇了纵向垂直下包体系，寄生于其中的大量中小企业面临着被抛弃的命运。借用水津雄三的话说，1970年代低增长时代由于垄断资本的剥削加剧，中小工商业已经迎来了"受难的时代"，而1980年代中小工商业的"受难"则进一步加剧，[2] 因为这一次它们要面临的将是被遗弃。

1985年之后，在制造业垄断企业生产跨国化加速的背景之下，日本政府分别于1986年和1987年出台了《为促进国际协调的经济结构调整研究会报告书》（又称《前川报告》）以及《经济审议会经济结构调整特别部会报告：结构调整的指针》（亦称《新前川报告》），进一步明确了产业结构调整的路线。这一路线归纳起来就是：缩小国内制造业部门，强化国际水平分工、生产海外转移，同时，促进国内知识、信息密集型产业和服务业部门的发展，实现经济的"软性化"和"服务化"。针对这一路线，学者齐藤重雄批判性地分析指出，《新·旧前川报告》提出的产业结构调整看似是从第二产业向第三产业的转移，实质上并非如此。"软性化（知识、信息集约）"也好，"服务化"也罢，无论采取怎样看似独立的形态，实质上都是依附于物质生产部门而存在，从真正产业结构转移的观点来看，这不过是伴随物质生产部门内部高度发展而来的形态多样的分工协作，或者说是企业活动的"外部化"，归根结底是物质生产的知识、信息密集化和高度化，而绝非真正意义上的向服务业转移。[3] 简单来讲，资本积累的生产环节由于过剩，不仅带来了外部经济摩擦，也导致了内部利润危机。因此，垄断资本为追求利润最大

---

〔1〕 福島久一、角田収、三宅忠和、斉藤重雄編『日本資本主義と産業構造の転換：日本産業の国際調整』，103ページ。

〔2〕 水津雄三『地域を支える中小企業：新日本列島改造計画批判』，152ページ。

〔3〕 参见福島久一、角田収、三宅忠和、斉藤重雄編『日本資本主義と産業構造の転換：日本産業の国際調整』，180-207ページ。

第三章　新保守主义/新自由主义反动与经济泡沫的膨胀（1982－1990/1991 年）

化而谋求将生产环节向海外转移。这样，一方面可以克服经济摩擦（譬如1980 年代尤其是 1985 年之后以汽车和电机产业为代表的向北美以及欧洲的生产转移，主要目的在于回避经济摩擦和确保市场），另一方面亦可以回避国内的高成本结构（譬如向东南亚地区的直接投资，主要动机在于利用该地区的廉价劳动力）。而中间生产环节的海外转移所带来的重大国内结果，就是所谓的"产业空洞化"或曰"脱工业化"。就日本来说，"产业空洞化"的具体表现为：其一，母公司生产环节的海外转移严重威胁到生产领域中众多中小下包企业的生存。加藤秀雄以机械工业为例指出，在下包体系的金字塔型结构中，依据垄断企业的生产计划，第一次下包企业生产零部件，第二次下包企业从第一次下包企业手中接受其中的部分工作，依此类推，直至最底层。但是，垄断企业的海外转移则带来国内零部件采购总量的减少，于是越往下层走，订单量就越少，这是一个自然的逻辑。[1] 其二，垄断企业国内总公司的功能将主要集中在上游的高端科技研发、核心管理环节以及下游的流通和服务环节，这两大环节将成为垄断企业在国内新的赢利领域。所以，所谓经济的"软性化"与"服务化"，其实说到底是为垄断资本新的积累阶段服务的，是为迎合垄断资本生产跨国化而作出的国内经济结构调整。学者莲见音彦正确地指出："国际化与国内的信息社会化（即经济的'软性化'与'服务化'）无非是一枚硬币的正反两面而已。"[2] 而笔者在前面也已经指出，流通和服务领域是众多中小下包批发商、零售店以及其他诸如饮食店、理发店等服务性行业（多是自营业）赖以生存的领域，垄断企业携巨额资本和高科技之威向流通以及服务领域的入侵，对这些中小商业来说无疑意味着灾难。

在这样的认识之上再来审视《新·旧前川报告》中所提出的产业结构调整论，可以很清楚地看到，其目的无非是在国际和国内两个层面为垄断资本开辟新的积累空间，以同时克服对外经济摩擦和国内的生产过剩/过度积累危机。在立足于国内生产的阶段，日本的重化学工业垄断资本为强化积累，将众多的中小工商业揽入自身的纵向垂直下包体系之中加以剥削利用——虽然其中亦掺杂着所谓的"人情味"，形成日本经济中深重的"双重结构"。而今，伴随垄断资本的"展翅高飞"以及对国内新投资领域的开辟，下包体系中的中小工商业则整体面临着被抛弃的命运。长久以来，众多的学者都在痛彻地批判日本经济

---

[1]　加藤秀雄『変革期の日本企業：海外生産と産業空洞化』新評論 1994 年版，219ページ。
[2]　蓮見音彦、山本英治、高橋明善編『日本の社会 2：社会問題と公共政策』，12ページ。

中根深蒂固的垄断体制和"双重结构",如今,垄断资本却开始自己消除这种不平等的结构。然而,这绝不是垄断资本的突发善心——这原本就是不可能的,通过经济民主化来改善中小工商业依附性地位的积极意义上的消除——而是出于自身积累需要的以"抛弃"作为手段的消除。而对中小工商业来说,即使逃出了垄断资本的捆绑,面对的也是悬崖绝壁。当然,作为政策性语言,自然不会使用"抛弃"一类的字眼儿,而是包装成了婉转动听的"自立"和"转换"。

1980年代的中小企业政策在《1980年代通商产业视野》中有所提示,其中的观点最终被中小企业政策审议会的《关于1980年代中小企业政策的形式和中小企业政策的方向》(意见上述)全面继承并加以具体化。作为内容核心,一是强调中小企业的"自立",认为"不应该一味地将中小企业视作弱者,而应当致力于培育作为充满活力的多数的中小企业的自立发展";二是强调中小企业经营领域的"转换",认为"中小企业发展的历史就是向有发展的领域转换的历史";三是将中小企业划分为"具有企业发展志向型"和"维生型"两种,强调对前者应当加以扶植和培育。[1] 对此,学者福岛久一尖锐地批判到,这种中小企业政策以"将国内国外置于同一个水平面考虑企业活动和产业政策"的所谓"国际化"观点为前提,将一部分优良的中小企业作为培育对象,动员其进入以高科技为轴心的知识密集型产业结构,使其深深嵌入所谓"国际化"的经济之中;而占压倒性多数的中小(以及微小)企业则被作为"国际化产业结构调整"的对象,通过国内重组强制其或者转换业种或者干脆被淘汰。[2]

《新·旧前川报告》所鼓吹的产业结构调整路线中有关中小企业的政策与上述中小企业政策审议会的路线并无二致,只是更加强调中小企业的"转换"而已。譬如,遵循《新·旧前川报告》路线而具体实施的政策包括:设立"下包中小企业顺利调整特别融资制度",促进下包中小企业的转换,以应对垄断资本跨国生产的局面;设立"中小企业国际交流中心",促进中小企业的海外转移。但对此,学者中山金治却直言不讳地批评道,"有关'向何处转换'的政策视点却并不明确",同时,"也看不到政府负责任地发掘转换领域的姿态"。《新·旧前川报告》中尽管提到了日本国内经济的不均衡问题,却并未提出改善中小企业被强制的不平等地位,体现出旨在维护财界利

---

[1] 藤井光男、丸山惠也编『日本的経営の構造:日本資本主義と企業』,136ページ。
[2] 藤井光男、丸山惠也编『日本的経営の構造:日本資本主義と企業』,136-137ページ。

第三章　新保守主义/新自由主义反动与经济泡沫的膨胀（1982 – 1990/1991 年）

益的政府审议会的局限性。现实状况是，无论投入多少转换资金，最重要的市场如果不扩大，中小企业同样无法借贷，转换近乎不可能。在产业结构调整过程中，只要中小企业无望找到新的开拓领域，很容易就会成为牺牲品。[1] 的确，就生产领域的中小企业来说，除去少数优良企业之外，绝大多数由于深深地嵌入以垄断资本为顶点的金字塔型再生产体系之中，为满足垄断资本需求而长期实施高度特定化的产品生产加工，即"按照上方企业的指示加工出所需产品"即可，独立性和自主性其实早已被"阉割"殆尽，突然之间要求其"自立"或者"转换"，而且这种转换涉及从技术、设备到人员等诸多层面，谈何容易？这类的政策鼓吹无论怎样听上去，都透着一种虚伪和残酷。所以，"自立"也好，"转换"也好，充其量也只能局限于少数在下包体系中靠近上游的企业。前面福岛久一的批判可谓准确，占压倒性多数的底层中小（以及微小）企业只能被作为"国际化产业结构调整"的对象而被淘汰。譬如海外生产进展迅速的汽车产业和电机产业，由于投资对象国（尤其美国和欧洲）严格的"产品本地含量"（local contents）要求以及东南亚国家汇率普遍采取与美元联动的机制，海外投资的日本企业必须逐步减少对国内零部件的依存，增加原料以及零部件的现地采购。[2] 中小企业当然可以选择跟进，但正如栗原源太指出的那样，能够随同垄断企业向海外转移的只有类似钢铁、非铁金属、金属制品、化学、一般机械等关联大企业（金属、化工等"重厚长大"型制造业作为成熟产业或者说没落产业，虽然已经自主实施海外转移，但 1980 年代后半期加工组装业海外转移所产生的对于关联企业产品的需求更加促进了"重厚长大"型制造业转移的速度与规模），而作为下包中小企业能够随同转移的只有第一次下包企业，二次以下的中小下包企业的海外转移几乎看不到，其本身也不具备转移的条件和能力，也就是说，下包结构中的大量底层部门只能被切除抛弃——水津雄三把这种情况形象地比

---

〔1〕 参见日本中小企业学会编『日本中小企業学会論集 7：産業構造調整と中小企業』，76 – 77 ページ、80ページ。

〔2〕 对于美国产品本地含量要求，进军美国的日本汽车制造商提出，截止到 1995 年，将零件的现地采购量提高到 75% 左右。根据这一方针，诸如新日铁和住友金属将生产汽车表面处理钢板的工厂迁到了美国等例子层出不穷；欧洲·EC 各国对于当地采购的要求亦不断增强；东南亚尽管还没有类似规制，但作为日本企业海外生产的方针，都在提高当地采购量，例如松下电器、三洋电机等都在投资对象国积极构建当地的零部件供应体系。参见水津雄三『地域を支える中小企業：新日本列島改造計画批判』，26 – 27ページ注。

作"上半身（垄断企业）移植海外，而下半身（中小下包企业）只能留在国内"[1]。其中，尤其是作为下包体系中最末端存在的散布在日本全国农村的大量下包工厂（包括家庭内工厂），首先成为垄断制造企业海外转移的牺牲品[2]。

流通和服务领域的情况亦是同样。中间生产环节的海外转移让垄断企业在日本国内一方面专注于高端技术以及产品的研发，另一方面利用巨额资本和最新的信息技术等向流通和服务领域入侵，而流通服务领域是中小商业大量聚集的地方，也是旧保守派政治家以及官僚们通过各种规制和优惠措施加以保护的领域。如前文所述，高速经济增长时期以来，垄断资本将中小零售店以及批发商纳入自己的下包体系之中加以利用，而从1970年代后半期开始，垄断资本的流通战略已经开始转换，这种转换在1980年代急速展开。主要就是以大型量贩店为主，同时利用诸如VAN网络和POS系统等信息技术形成一体化网络，快速掌握商品的销售情况，据此调整生产工程以克服过剩生产，简言之，就是缩短从前复杂冗长的流通线路，将流通和服务环节揽入直接掌控之中。而这意味着对中小批发商以及零售店——甚至包括其他诸如饮食店、理发店等服务性行业——生存领域的大规模入侵，或者说是对它们的抛弃[3]。

1980年代是中小工商业"受难"加剧的时代，虽然整体上倒闭的中小企业数减少了，但转业、休业和废业——尤其是废业——的中小企业却大量增加（学者津田真澄则直言不讳地指出，转业、休业和废业其实就是"隐性的倒闭"[4]），原因则主要是"事业不振、对未来感到不安"（据统计，该原因自1985年以来占到42%，居首位），水津雄三不无伤感地感慨道：以垄断资本利益为核心的产业结构调整不仅导致中小工商业经营的困难，甚至对中小工商业经营者的经营意欲也造成了极大的挫伤[5]。据民间调查机构报告，在垄断企业生产海外转移引起的混乱中，转业、休业和废业的中小企业猛增，

---

[1] 参见栗原源太『日本資本主義の二重構造：独占資本形成期から多国籍企業化までの実証分析』，384ページ、396ページ。

[2] 参见栗原源太『日本資本主義の二重構造：独占資本形成期から多国籍企業化までの実証分析』，368ページ。

[3] 参见水津雄三『地域を支える中小企業："新日本列島改造計画"批判』，262-270ページ。

[4] 社会政策年報第33集『"産業空洞化"と雇用問題』御茶ノ水書房1989年版，7ページ。

[5] 水津雄三『地域を支える中小企業："新日本列島改造計画"批判』，152-153ページ。

第三章　新保守主义/新自由主义反动与经济泡沫的膨胀（1982 – 1990/1991 年）

达到了倒闭企业的 12 倍，中小企业特别是更底层的微小企业已经陷入了结构性萧条。[1] 虽则也有人鼓吹产业结构调整会让中小企业借此摆脱过往与垄断大企业之间"支配和依附"的关系，获得地位上的改善并缩小差距，但水野武的研究却表明，实际上以日元升值为直接契机的产业结构调整带来的现实却是中小工商业的大量倒闭、休业、废业以及与垄断大企业之间收入差距的扩大。[2] 从这一角度再来观看"临调行革"的"放松管制"路线，其为垄断企业国内积累开辟道路的意图也就昭然若揭了。在经济局面整体上升和繁荣的时候，多重下包体系中存在的所谓"人情"或可发挥一定的纽带作用，但在经济形势日趋严峻、经济理性下的"成本—收益"算计开始凸显的时候，"人情"则只能让位于冷冰冰的利益，这就是马克思曾经在《共产党宣言》中描述过的资本主义的冷酷本质，也是资本主义企业必须遵循的生存法则。随着日本资本主义经济的高度发展，作为封建"老鼠会"结构的纵向垂直下包体系的解体其实也只是迟早的事情。

最后，生产的海外转移对垄断企业自身生产关系所带来的冲击也是巨大的。后藤道夫等学者指出："海外生产的开始让企业在进行技术革新以及劳务管理的时候，不必再担心劳动方的抵抗，从而也意味着对'日本式'的特殊劳资关系的放弃。"[3] 正如村上泰亮所言，"日本式劳资协调"是日本垄断企业得以不断推进技术革新从而提高生产力的重要源泉，虽然这种劳资协调也带来了大企业严重的雇佣过剩，但在垄断企业固守以国内为中心的生产体系的阶段，技术革新是加强国际竞争力的重要手段，维系这种劳资协调关系所带来的利益对于垄断企业来说具有极大的吸引力，所以，尽管 1970 年代垄断企业在"减量经营"原则下对工龄工资制、企业内福利以及终身雇佣制都做了一定程度的"瘦身"，但"日本式劳资协调"的生产关系框架却并未有大的动摇。可是，伴随着生产体系向跨国化的转移，加之劳动者高龄化的不断进展，这种协调的劳资关系却前景堪忧。尤其是雇佣问题，生产的海外转移以及日本国内公司功能向高端技术研发以及核心管理领域的集中，将无可避免地导致国内雇佣的精简化，终身雇佣制无疑将面临严重挑战。资本可以"插翅高飞"，而劳动力却只能被遗弃在国内，这其实就是世界体系论者伊曼纽尔·沃勒斯坦所说的"生产要素部分流动"所必然产生的问题。而与此同

---

〔1〕 日本中小企業学会編『日本中小企業学会論集 7：産業構造調整と中小企業』，75 ページ。
〔2〕 社会政策年報第 33 集『"産業空洞化"と雇用問題』，50 – 51 ページ。
〔3〕 後藤道夫編『日本の時代史 28：岐路に立つ日本』吉川弘文館 2004 年版，18 ページ。

时，劳动者高龄化的进展亦将导致中高年龄层雇员过剩问题的凸显，加剧企业的劳动成本负担，工龄工资制的崩溃也将是一个必然的结局。正像学者浅井良夫所总结的，1980年代，被世界所赞美的"日本式经营"（这里指的是企业组合主义的生产关系——笔者注）由于"产业空洞化"、对外经济摩擦等原因而面临着重大的变革。[1]

综上所述，如果将金融自由化以及制造业生产体系从以国内为中心向跨国化的转移比作"地震"的话，那么可以说，这一"地震"在1980年代已经给战后以来日本保守主义势力苦心构筑起来的强势的资本积累结构带来了剧烈的冲击和摇晃。

二、新·旧保守主义的纠结和经济泡沫的膨胀

如果我们用一个词概括1980年代日本经济政策的特征的话，那么，这个词无疑就是"纠结"。一面是新保守主义/新自由主义路线积极推进的金融自由化、生产跨国化以及国内产业结构调整，主张"财政重建"和"放松管制"；另一面则是旧保守派政治家以及官僚们对各种管制和"内需扩大"（意味着金融缓和和大规模财政出动）路线的固守，两条看似矛盾的路线形成了奇妙的共存。《新·旧前川报告》则是这种奇妙共存的具体体现，属于典型的"妥协之作"。这样的矛盾共存之所以能够形成，究其根本在于二者拥有共同的"大客户（client）"或者说二者的政策推行拥有共同围绕的轴心，那就是日本国内的垄断资本。前面笔者着重阐述了在对外经济摩擦以及国内生产过剩/过度积累日益加剧的情况下，日本垄断资本为了克服摩擦以及自身的积累危机，开始积极谋划海外资本输出——包括金融层面和生产层面——以及相应的国内调整这一侧面。但这种转换并非一蹴而就，而是一个循序渐进的过程。譬如说生产的海外转移，濑藤嶺二就指出，1980年代特别是1985年之后，日本企业的海外生产虽然得到快速推进，但（整体上）仍处在基础构筑阶段，作为实际经济活动而全面展开的海外生产还要等到经过一段时间差之后的1990年代中期以后。[2] 也就是说，1980年代尤其是后半期，日本的资本积累正处在从以"国内生产＋出口"为特征的生产体制向以"海外生产"为特征的跨国体制转移的过渡阶段。也正是这种过渡性质造就了垄断企业资本积累体制的"双重性"——用二宫厚美的话说，就是"两面作战"，

---

[1] 歴史学研究会・日本史研究会編『日本史講第10巻：戦後日本論』、223ページ。
[2] 瀬藤嶺二『日本企業の多国籍過程』、216ページ。

第三章　新保守主义/新自由主义反动与经济泡沫的膨胀（1982－1990/1991年）

即一方面联合新保守派积极推进海外资本输出，另一方面又要联合旧保守派们，通过"景气对策"（"内需扩大"）拓展国内市场并强化出口，维系旧有的积累模式，可谓"二者通吃"。如此，在财界的"翻云覆雨"之下，新·旧两条保守主义路线也因此奇妙地纠缠在了一起。木村保茂在分析1980年代日本"产业空洞化"问题时就指出："我国的'产业空洞化'并非只是维系和发展海外生产据点，而是同时通过确保出口竞争力和引入先进技术维持并强化国内生产据点。"[1] 后藤道夫等人亦指出，在贸易盈余增加、日元升值压力增大的情况下，减少出口并强化海外生产的做法应当是跨国企业通常的行动方式，然而，日本制造业垄断企业却是在积极推进海外生产的同时，又通过在日本国内公司强化"合理化"和进行大规模设备投资以确保出口竞争力。[2]

正因为如此，尽管面临着新保守主义/新自由主义反动的强烈冲击，陷入困境的旧保守派们却并未完全失落其政治上的霸权以及对既有经济路线的推行。尽管美日经济摩擦导致日元大幅升值，《新·旧前川报告》也极力主张生产的海外转移和扩大进口以改变日本过度出口导向的经济发展方式，但1986年日本对美国出口额仍占其整个出口额的38.9%，之后受日元升值影响，比率虽有些许下降，但依然占到了31.7%。日本政府则通过大量购买美国国债支撑美国国内需求以促进本国出口，例如，1987年日本长期资本收支出现1449亿美元的赤字，其中，对外债权额达到了989亿美元，也就是说，出口所得外汇几乎都用来填补美国的"双子赤字"了。[3]"债权大国"虚名的背后隐藏着的其实不过是对美国市场过度依赖的事实，旧保守派们对出口导向的固守可谓达到了极致。

在制造业生产过剩以及财政危机持续加剧的情形下，垄断资本在积极推进向海外输出资本的同时，在国内则通过"临调行革"路线推进"财政重建"（将资金集中于能够促进资本积累的领域）和"放松管制"（释放市场力量并为垄断资本开辟新的积累领域）以克服国内的积累危机。但随着日元升值的加剧，尤其是1985年"广场协议"签署之后，垄断企业的利润危机进一步恶化。东京股票市场第一部上市企业中的47.5%（202家）在1986年3月的决算中，与半年前相比，经常性收益下降了15%。其中的制造业几乎

---

[1] 社会政策年报第33集『"産業空洞化"と雇用問題』，56ページ。
[2] 後藤道夫編『日本の時代史28：岐路に立つ日本』，18ページ。
[3] 日本中小企業学会編『日本中小企業学会論集7：産業構造調整と中小企業』，73ページ。

都是高度依赖出口的企业，经常性收益平均下降幅度达到27.3%，甚至连竞争力很强的电机、电器工业的经常性收益也减少了38.4%。[1] 于是，"财政重建"的口号开始后退，垄断资本对"紧急景气对策"下内需扩大的依赖逐步加大，这也为一直处于守势的旧保守派们的复权提供了契机。1986年和1987年先后出台的《新·旧前川报告》为配合垄断资本的海外资本输出而极力鼓吹国内产业结构的相应调整——经济的"软性化"和"服务化"——以及为此而必需的"放松管制"，同时又主张"内需扩大"，非常明显地体现了新·旧两派保守主义路线之间的"调和"或者说"妥协"。正如后藤道夫等人所指出的那样，竹下登（以及宫泽喜一）内阁下推行的是"附带内需扩大的（产业）结构调整"。[2] 因此，除去上述"资本输出＋进口扩大"与"国内生产＋出口强化"这两种对外经济路线的对立共存之外，从《新·旧前川报告》中亦可以清楚地看到对内两条经济路线的矛盾兼容。三宅一郎等人指出，其实，进入1984年，宫泽喜一为竞选自民党总裁而提出了"资产倍增论"，同样有河本敏夫对"内需扩大"的积极提倡，自民党内部逐渐形成主张从贸易依存向资本输出转向的路线与主张内需扩大路线的对抗态势，[3] 而随着1985年之后日本国内经济情势的恶化，旧保守派们所心仪的"内需扩大"路线逐渐占据了上风，并最终带来中曾根新保守主义内阁的下台和"经世会"政治所代表的旧保守派们的复权，"内需扩大"煽动下的金融缓和以及大规模财政出动也由此全面展开。

先来看金融层面。1980年代日本的金融自由化虽然得到了相当程度的进展，但由于旧保守派们对于金融管制——尤其是利率管制——的执着，关键的利率自由化却进展缓慢（譬如，定期存款利率的自由化在1993年、普通存款利率的自由化在1994年才得以实现[4]），大藏省依旧控制着日本银行、坚持着人为控制的低利率政策。公定利率从1985年末的5%降至1986年11月的3%，1987年2月又大幅下降到历史最低水平2.5%，经济学家伊藤诚就此指出，"其背后存在着通过扩大内需以克服国内不景气并缓和与美国之间

---

[1] 伊藤誠『日本資本主義の岐路』，60ページ。
[2] 後藤道夫編『日本の時代史28：岐路に立つ日本』，111ページ。
[3] 三宅一郎、山口定、松村岐夫、進藤栄一編『日本政治の座標：戦後40年の歩み』，161ページ。
[4] 勝又寿良『戦後50年の日本経済：金融・財政・産業・独禁政策と財界・官僚の功罪』，234ページ。

第三章　新保守主义／新自由主义反动与经济泡沫的膨胀（1982－1990/1991 年）

贸易摩擦的意图"。[1] 日本银行下调利率的背后操纵者实际上是大藏省，作为典型的旧保守派政治家，时任大藏大臣的宫泽喜一对日元升值持有强烈的抵抗感——这也是旧保守派政治家以及官僚们的共同心性。1986 年 10 月以及 1987 年 2 月，他曾两次越过日本银行，同美国财政部长贝克会谈并决定下调利率。[2] 这种人为控制的极端低利率的金融缓和政策，成为推高股票价格的重要原因。经济学家查尔斯·P. 金德尔伯格（Charles P. Kindleberger）在《疯狂、惊恐和崩溃：金融危机史》中就清楚地指出："投机过热一般都是在货币和信贷扩张的助长下加速发展的，有时，很可能就是由于货币和信贷的扩张才促成了投机狂潮。"[3] 1986 年，日本股市的股票价格开始出现背离国内经济实态的上升，实体经济虽然处于萧条之中，但东京证券市场第一部日经平均股价却从年初的 1 万 3137 日元上升到了年末的 1 万 8701 日元，此后，更是一路高歌猛进，1987 年 10 月上升到了 2 万 6646 日元。[4] 出现了经济学家林直道所称作的"火箭"状态，[5] 金融泡沫的态势已经十分明显；1989 年 12 月，股价则达到顶峰的 3 万 8130 日元。如此，在垄断企业内部储备资金不断增加、资本严重过剩，同时生产过剩又让实物投资陷入停滞的情况之下，人为低利率政策下"超贷"的"复活"只能如火上浇油般地加剧了大企业的资本过剩以及"炼金"倾向—金融自由化的展开则纵容和加剧了这一态势，它不仅为日本大企业的炼金投机提供了可能，同时也将国外的短期投机资金（hot money）大量引入日本国内，从而让日本的股市泡沫急速膨胀。

与金融层面以人为控制的低利率大量发行货币相并行的，则是在"内需扩大"的鼓吹下，伴随"国土开发"而展开的大规模财政出动。1986 年 9 月，宫泽大藏大臣应财界要求而推出了"综合经济对策"，决定实施 3 兆日元的公共投资；1987 年 5 月又实施了"紧急经济对策"，追加公共投资 5 兆日元（以及减税 1 兆日元）。随着旧保守派们的复权，中曾根内阁末期的政策实际上已经背离了"临调行革"最初的"财政重建"路线，[6] 而集大成

---

[1] 伊藤誠『日本資本主義の岐路』，61ページ。
[2] 勝又寿良『戦後50年の日本経済：金融・財政・産業・独禁政策と財界・官僚の功罪』，225－226ページ。
[3] ［英］查尔斯·P. 金德尔伯格：《疯狂、惊恐和崩溃：金融危机史》，朱隽、叶翔译，中国金融出版社 2006 年版，第 60 页。
[4] 伊藤誠『日本資本主義の岐路』，61ページ。
[5] ［日］林直道：《危机与萧条的经济理论：对日、美及东亚经济衰退的剖析》，江瑞平等译，中国人民大学出版社 2005 年版，第 83 页。
[6] 伊藤誠『日本資本主義の岐路』，62ページ。

的则是1987年制定的旨在促进"国土均衡开发"和"多极分散型国土形成"的《第四次全国综合开发计划（四全综）》，提出要在15年间实施总额约1000兆日元的投资。这一计划虽然制定于中曾根内阁时期，却是典型的新·旧保守派政治折中的产物，其大规模实施亦是在中曾根内阁倒台而"经世会"政治如日中天的时期。学者进藤兵和大门正克就指出，金融业、服务业、跨国企业总公司以及研发部门等向东京圈的高度集中成为1980年代后半期的显著特征，在这样的背景下，1987年中曾根内阁制定了《第四次全国综合开发计划（四全综）》，在这一过程中，谋求将东京建成"世界城市"以发挥其国际金融和经济中枢功能的产业界和政府中枢与地方之间产生了激烈对立。最终，作为妥协性产物，"四全综"打出了"构筑多极分散型国土"的目标，即一面实施以东京为中心的"城市再开发"，另一面则进行地方的观光休闲项目的大开发，同时，大规模建设高速公路、新干线以及机场以形成两者的连接。[1]《第四次全国综合开发计划（四全综）》旨在通过"都市再开发"促进东京以及首都圈的再开发，以及通过"休闲度假村开发"拯救由于产业结构调整而陷入衰退危机的地方经济，[2] 是高速经济增长时期以来旧保守派们所一贯坚持的利益诱导路线的延续，与1961年的《国民收入倍增计划》、1969年的《第二次全国综合开发计划（二全综）》、1972年的《日本列岛改造论》以及1977年的《第三次全国综合开发计划（三全综）》一脉相承。在这一政策的促动下，日本列岛掀起了新一轮的国土开发热潮，正是在此意义上，水津雄三把这一路线称作"新日本列岛改造计划"。

在生产过剩／过度积累带来国内生产性投资停滞甚至下降，国内产业结构正在向"知识、信息集约化"（"软性化"）转换的情况下，这种粗放型的国土开发路线最终导致了土地投机的泛滥和地价的暴涨。在"都市再开发"政策的导引之下，以东京为中心的大都市中出现了大型购物中心、写字楼或超高层科技大厦的建设热潮，从而带来了地价的一路飙升；而在"休闲度假村开发"政策的促动下，各个地方自治体随即掀起了酒店、滑雪场以及高尔夫球场等休闲娱乐设施的建设风潮，地价高涨的态势迅速向地方蔓延。到1989年末，国土面积只有美国1/25的日本，不动产价格总额竟达到了2000兆日元，相当于美国的4倍，足足可以"买下4个美国"，1990年东京圈的公寓

---

[1] 後藤道夫编『日本の時代史28：岐路に立つ日本』，274–275ページ。

[2] 後藤道夫编『日本の時代史28：岐路に立つ日本』，104–105ページ。

第三章 新保守主义/新自由主义反动与经济泡沫的膨胀（1982—1990/1991年）

表 3-2 资本利益/损失的演变（单位：兆日元，%）

年份	股票	土地	合计	名义 GDP 比率
1980	0.6	110.0	110.6	46.1
1981	8.5	98.3	106.8	41.5
1982	-7.0	56.7	49.7	18.4
1983	30.2	33.8	63.9	22.7
1984	37.1	39.2	76.3	25.3
1985	33.8	75.5	109.3	34.0
1986	121.4	253.2	374.5	111.5
1987	76.0	415.5	491.5	140.2
1988	177.5	166.7	344.2	92.1
1989	193.6	313.6	507.2	127.1
1990	-306.7	235.7	-71.0	-16.6
1991	-4.8	-191.7	-196.6	-43.2
1992	-178.0	-228.9	-406.9	-86.9
1993	40.5	-133.2	-92.7	-19.8

资料来源：『経済白書』（平成6年版），转引自勝又寿良『戦後 50 年の日本経済：金融・財政・産業・独禁政策と財界・官僚の功罪』東洋経済新報社1995年版，264ページ。

价格甚至超过了工薪阶层年收入的 10 倍。[1] 日本国税厅发表的主干线土地价格对前一年的涨幅1988 年为 23.7%，1989 年达到了 28%，1990 年则进一步达到了 28.7%，大大超过了田中角荣列岛改造时期的所谓"狂乱地价"，[2] 土地泡沫急剧膨胀。

上述金融泡沫与土地泡沫最终形成相互强化的态势，而其中的参与主体无疑主要是垄断企业和银行。在生产性投资难以获利的情况下，垄断企业利用过剩的闲置资本进行金融"炼金"并大量购入土地进行土地"炼金"（宫崎义一教授指出，1986—1989 年间，大企业通过各种手段筹集的过剩资金总额达到94.4 兆日元，而其中的 2/3 则用在了投机方面[3]），而银行以土地和

---

[1] 衣川恵『現代日本の金融経済：バブル経済と平成不況を中心に（改訂増補版）』，74ページ。

[2] 宮崎義一『複合不況：ポスト・バブルの処方箋を求めて』中央公論社 1992 年版，125-126ページ。

[3] 宮崎義一『複合不況：ポスト・バブルの処方箋を求めて』，154ページ。

表 3-3 法人企业设备投资的推移（单位：亿日元，%）

年度	制造业		全体产业	
	实际投资额	对前年度比	实际投资额	对前年度比
1983	145 814	2.8	402 595	3.2
1984	178 240	22.2	452 282	12.3
1985	192 182	7.8	509 950	12.8
1986	181 812	-5.4	525 075	3.0
1987	191 983	5.6	568 349	8.2
1988	233 838	21.8	665 652	17.1
1989	273 780	17.1	761 304	14.4
1990	315 020	15.1	849 053	11.5
1991	333 131	5.7	872 978	2.8

股票等有价证券作为抵押向大企业提供的低利率贷款则助推了企业一轮高似一轮的金融和土地"炼金"。如此，在垄断资本金钱越滚越多的同时，金融和土地泡沫亦被越鼓越大。表3-2的数据显示，1986-1989年泡沫最盛期的股票和土地收益合计起来，几乎达到了可以与GDP相匹敌的程度。旧保守派们所极力鼓吹的"内需扩大"的结果，不过是鼓起了大大的金融和土地泡沫，并在这种泡沫中实现了所谓的"资产倍增"。1987年，日本国民资产超越美国，并在1988年末成为世界第一资产大国，而这一切其实不过是经济泡沫膨胀的结果，且其中存在着巨大的不平等。因为，资产总额的增长并不代表每个人都能够公平地获得和拥有，真正获得巨大利益的是通过土地和金融"炼金"实施疯狂财富掠夺的垄断资本，而被剥夺的却是日本社会中的小生产者（包括中小工商业者和农民）以及普普通通的工薪阶层。正如学者衣川惠所指出的那样，相对于垄断企业以及银行巨额的金融和土地投机获利，普通百姓辛苦劳作一生却买不到一间像样的房子，就算拥有，也不过是类似"兔子窝"似的狭小住宅，并要一生背负着还贷压力，许多人开始追问"真正的'丰裕'究竟是什么"？[1]

对于催生了金融和土地泡沫的旧保守派们所死守的人为低利率政策以及国土开发政策，经济学家胜又寿良给予了辛辣的批判。他认为，"资产价格

---

[1] 衣川惠『現代日本の金融経済：バブル経済と平成不況を中心に（改訂増補版）』，82-83ページ。

第三章　新保守主义/新自由主义反动与经济泡沫的膨胀（1982－1990/1991年）

不断高涨的状态就是'泡沫'合适的称谓",对此不闻不顾,"只能说政府当局缺少对于资产价格膨胀（危险性）的认识",而这种"利用资产价格膨胀带来企业股票和土地等'隐性收益'的增加……是战后日本一般的做法",这也"极端地显示出日本经济政策中根深蒂固的'生产偏重主义'"[1]。就笔者自身的观点而言,1980年代后半期经济泡沫的膨胀其实是新·旧两条保守主义路线的"共谋共犯"。新保守主义/新自由主义势力积极推进的金融自由化虽然会加剧国家经济的不稳定性,但并不必然带来金融泡沫,换言之,经济泡沫并不是金融自由化的必然结果（衣川惠就指出,金融自由化并不必然引发经济泡沫,其他先进资本主义国家虽然亦实施了金融自由化,却并没有像日本那样带来经济泡沫的膨胀,并在泡沫崩溃后深受萧条的煎熬,譬如联邦德国就防止了泡沫的发生;[2]胜又寿良甚至认为,如果日本在1980年代实现利率的完全自由化,反而可以避免泡沫的发生[3]）;而生产跨国化以及日本国内相应的经济"软性化"与"服务化"转向虽然会带来"产业空洞化"的难题,但与经济泡沫之间也没有必然的关联。同样,旧保守派们长期实施的低利率"超贷"政策以及国土开发政策在金融管制以及制造业生产立足于国内的时代尽管导致了借贷过剩、地价上涨以及生产过剩,却也并没有导致经济泡沫的恶性膨胀。然而,在生产过剩/过度积累从而生产性投资整体陷入停滞乃至下降的经济基础条件下,新·旧两条保守主义路线的纠结碰撞却产生了剧烈的投机反应并最终鼓胀起巨大的经济泡沫。借用经济学家野口悠纪雄讨论日本经济时所使用的"罪与罚"的说法,经济泡沫及其最终的破灭无疑是对日本战后长期坚持的经济发展至上路线的"罚",而催生泡沫的"罪"则是由新·旧保守派们所共犯的。而这其中,如果仔细追究的话,新保守派们的"国际化"、"自由化"路线对于泡沫的膨胀可以说主要起到的是助推作用,应属"从犯";而旧保守派们长期以来遵循的发展主义路线则造就了日本国内经济中生产过剩/过度积累局面,这种局面下生产性投资的停滞甚至下降乃是带来经济泡沫膨胀的最大基础性因素,同时,也是催生旨在突破这种局面的新保守主义/新自由主义自然反动的根本原因——笔者使用

---

[1]　参见胜又寿良『戦後50年の日本経済：金融・財政・産業・独禁政策と財界・官僚の功罪』,231ページ、236ページ。

[2]　衣川惠『現代日本の金融経済：バブル経済と平成不況を中心に（改訂増補版）』,159ページ。

[3]　胜又寿良『戦後50年の日本経済：金融・財政・産業・独禁政策と財界・官僚の功罪』,215ページ。

"自然反动"一词的原因也在于此,意在说明所谓新保守主义/新自由主义的出现本身亦无非是战后旧保守发展主义路线自身招致的结果或者说是其自身内部的衍生物。更致命的是,旧保守派们在这种情况下依然无视赶超型发展主义路线的局限性和危险性,反而对其一味地执着与固守并最终"制造"出巨大的经济泡沫,实在可谓是不折不扣的"罪魁祸首"。

在经济泡沫膨胀的过程中,笔者前文中曾指出的日本经济中存在的三个"过剩"问题亦被进一步加剧。首先是银行方面,日本的银行以金融自由化为契机,利用超低利率拼命发放贷款以扩大营业份额,土地泡沫带来的地价上涨则加剧了这一态势,银行"热心地"劝告那些有土地和存款的人进行土地投资:"地价在不断上涨,而利息又接近于零,如果从银行借入资金购买土地的话,肯定会因土地升值而大赚一笔",假如那个人(或企业)购买了土地,银行又会以土地为担保贷出相当于土地价格70%左右的资金,劝其再去买别的土地。然后,再以新的土地为担保去买别的土地……如此循环反复。而且,随着地价的上涨,担保价格也会上升,银行贷款规模由此急剧扩大。[1] 全国银行以土地和不动产作为担保的贷款比率在1987年以后持续保持在20%以上。同时,银行还利用股市泡沫加大了以股票等有价证券作为担保的贷款,其比率1988年上升至2.5%。[2] 此外,银行在垄断企业自有资金充裕因而较之从前银行贷款相对减少的情况下,为扩大营业份额,亦加大了面向个人、中小企业尤其是非银行金融机构的贷款(这些非银行金融机构先从银行借入资金,然后对不动产公司以及投机者进行巨额土地购买的融资)。

其次是企业层面。在企业展开大规模金融和土地投机的同时,1980年代后半期特别是1986年末至1991年初这一期间,实质设备投资开始增大,对GNP的比率也显著上升(参照表3-3)。[3] 在经济泡沫膨胀带来的"繁荣"或曰"资产效果"的诱发下,几乎涉及所有的行业领域,设备投资都显示出了旺盛的上升势头。垄断企业内部过剩的闲置资本、人为的极端低利率政策带来的过剩融资,以及转换公司债和附带股权的公司债等各种通过证券发行而获得的大量资金被充分调动起来用于设备投资,如此这般,用于固定资本形成的设备投资在"内需扩大"政策的促动下,自1973年以来首次呈现出

---

〔1〕 [日]林直道:《危机与萧条的经济理论:对日、美及东亚经济衰退的剖析》,江瑞平等译,中国人民大学出版社2005年版,第83-84页。

〔2〕 宫崎义一『複合不況:ポスト・バブルの処方箋を求めて』,139-140ページ。

〔3〕 伊藤誠『日本資本主義の岐路』,169-170ページ。

第二章　新保守主义/新自由主义反动与经济泡沫的膨胀（1982–1990/1991 年）

增长的势头。[1] 1988 年 2 月的日本银行企业短期观察（简称"日银短观"）显示，制造业状况急速改善，超过了"广场协议"之前的水平；接着，8 月的日银短观显示，制造业状况判断指数为 +39，达到了 1973 年以来的最高水平。1988 年制造业设备投资额相比 1987 年大幅增加 22%，摆脱了停滞状态；1989 年增加 17%，特别是电机、电器、石油精炼以及钢铁等行业的增加最为显著。1987–1990 年间，制造业总固定资本的年平均增长率达 9.9%。在泡沫经济带来的"繁荣"景况下，大企业除了扩大设备投资之外，开工率的提高自然带来对劳动力的旺盛需求，譬如，1988 年制造业劳动力不足的企业占到全体的 36%，技术工人不足的企业占 39%，达到 1974 年以来的最高水平。电机以及汽车大企业都开始紧急增员，工薪劳动者则再度发挥了"企业战士"的本色，加班加点地工作。[2]

可以说，经济泡沫所带来的"虚假繁荣"掩盖了日本国内长期累积的严重的生产过剩/过度积累危机，高速经济增长时期以来的"（银行）借贷过剩"（"超贷"）、大企业设备投资过剩以及雇佣过剩（尤其是中高年龄层的雇佣过剩）问题非但没有得到有效解决，反而却在泡沫中被进一步加剧了。用二宫厚美的话说，日本高速经济增长时期以来的赶超发展主义路线在 1985–1989 年期间达到了其最后的"完成"，[3] 这一总结可谓恰如其分。随着中曾根内阁的垮台以及以"经世会"为代表的旧保守派们的复权，日本战后以来的保守发展主义路线在 1980 年代后半期达到了其顶峰，依靠大剂量的"激素"刺激，这一时期——用阿瑞基的话说——或可以被称作旧保守派们"最后的美好时刻"或曰"临终前的回光返照"吧！然而，是泡沫就必然要破碎，当保守发展主义路线所带来的过剩的"物"与"钱"被泡沫破灭这种极端的价值破坏形式所毁灭的时候，也将是旧保守派们的政治霸权遭到清算的时刻，同时也必将对整个日本经济社会带来深刻的冲击（残酷而可悲的现实是，政治经济特权阶层所引爆的"炸弹"除了伤及自身之外，其带来的巨大破坏作用亦终将殃及整个社会，让那些善良无辜的普通百姓不得不去承受更大的苦痛）。

---

[1]　伊藤誠『日本資本主義の岐路』，63ページ。
[2]　参见衣川恵『現代日本の金融経済：バブル経済と平成不況を中心に（改訂増補版）』，78–82ページ。
[3]　二宮厚美『日本経済の危機と新福祉国家への道』，46ページ。

第三节　企业组合主义的动摇、"新日本列岛改造计划"及"福利社会论"的泛滥

一、"减量经营"的强化和企业组合主义的动摇

如前所述，1980 年代日本资本主义的资本积累体制正处在从国内中心主义向"国际化"转移的过渡时期，这种过渡期性质在政治层面引起了新·旧保守派对国家体制主导权或曰霸权的争夺，二者此消彼长，奇妙地纠结在一起。同时，这种过渡期所特有的资本积累体制中的"双重性"特征也必然会型塑出相应的社会结构。正如社会学者莲见音彦所说的那样，"社会结构上的各种特质是被工业化所带来的各种特征所规定的，指出这一点很重要"。[1]

1980 年代的情况是，一方面高速经济增长时期以来以企业组合主义主导的生产社会关系结构在"形式上"得到了坚持。在同盟以及 IMF – JC 的推动下，1980 年"劳动战线统一推进会"成立，紧接着，1982 年集结了民间 41 个单产 425 万人的"全日本民间劳动工会协议会（全民劳协）"以及 1987 年集结了 55 个单产 539 万人的"全日本民间工会连合会（民间连合）"相继成立。在民间大企业工会主导的企业组合主义路线不断扩张的同时，主张阶级斗争路线的总评的势力却一路衰退，中曾根内阁下国铁分割民营化所带来的国铁劳动工会的力量弱化则进一步加剧了这种态势，总评"牙城"的陷落已经使其无力阻挡市场化、民营化的冲击，只能与同盟以及 IMF – JC 保持步调一致以寻求自身的活路，但最终还是在 1989 年遗憾地解体。而同年，包括了国家公务员以及公共企业工会在内的"日本劳动工会总连合会（连合）"诞生，实现了日本 800 万劳动者的总集结。正如新川敏光所言，1989 年"连合"的成立标志着日本劳动运动中企业组合主义路线的最终完成。[2]

同时，另一方面，企业组合主义的实质内容却也在 1980 年代逐渐走向空洞化，作为其核心组成要素的终身雇佣制、工龄工资制以及企业内福利被进一步削弱。这种趋势在 1970 年代已经初露端倪，但正如前文所述，作为当时

---

[1]　莲见音彦、山本英治、高桥明善编『日本の社会 1：変動する日本社会』，10ページ。
[2]　参见新川敏光『戦後日本政治と社会民主主義：社会党・総評ブロックの興亡』，152 – 156ページ。

第三章　新保守主义/新自由主义反动与经济泡沫的膨胀（1982－1990/1991年）

"减量经营"的一环，企业内福利以及对工龄工资制实施"能力主义"改革仍是主流，"减量"主要集中在"物"与"钱"的层面，并未真刀真枪地实施对"人"的削减，终身雇佣制也因此并未伤筋动骨。"雇佣调整"并没有以外部劳动力市场为媒介，而主要是充分利用公司网络，通过公司内部的岗位转换以及向关联企业和下包企业派驻或者转调等形式对过剩劳动力进行处理，而且，主要的实施对象是蓝领劳动者，正如经济学家胜又寿良所总结的那样，"为提高管理部门效率而需要进行的组织精简终究没有实施，……确立职能工资制以取代工龄工资制的改革以及引进选择退休制以取代终身雇佣制的改革，最终只是停留在问题提出阶段。……在此意义上，'减量经营'也只能说是单纯的'量'的改善，并未能带来企业经营体质上'质'的改善"。[1] 对于这种情况，笔者在前文中曾以"企业组合主义的主导地位未有动摇，只是其利益还流功能有所削弱"加以了总结。然而，1980年代日本企业所实施的另一轮"减量经营"却堪称1970年代的升级版，福利的削减自不必多言，工龄工资制的"能力主义"改革不断深化，更重要的是，终身雇佣制也开始陷入了风雨飘摇之中。人口的高龄化让中高年劳动者的"雇佣过剩"问题进一步凸显，严重压迫着企业的劳动成本；生产的跨国化转向带来国内公司雇佣需求的减少，同时，国内公司的功能亦逐渐向高端技术和产品研发集中，而中高年劳动者对于新技术的适应能力又相对较弱。因此，在1980年代新一轮的"减量经营"中，针对包括管理层在内的中高年劳动者的"雇佣流动化"亦大规模展开。在此意义上，可以说1980年代同时也是企业组合主义生产关系本身开始崩塌，进而以其作为主导的生产社会关系结构开始发生严重动摇的时期。

1980年，日经连提出了"新职能资格制度"，将职位体系和待遇体系相分离，将自来的主要以职位为中心的管理向以资格为中心的管理方式转移，通过人事考察强化个别管理，目的在于加强职能审查的公平性和客观性以及对工龄工资和升职施加限制。[2] 对于"新职能资格制度"，学者大内孝夫、青山茂树以及小野隆生等人主要从技术革新的角度，认为是ME系统化带来的结果，它扬弃了旧制度并生发出这种新的与之相契合的劳务管理制度。[3]

---

[1] 勝又寿良『戦後50年の日本経済：金融・財政・産業・独禁政策と財界・官僚の功罪』，188ページ。

[2] 新川敏光『戦後日本政治と社会民主主義：社会党・総評ブロックの興亡』，158ページ。

[3] 参见福島久一、角田収、三宅忠和、斉藤重雄编『日本資本主義と産業構造の転換：日本産業の国際的調整』，230－239ページ。

但说到底，技术只是一个"从属变量"而非"主变量"，新技术的采用无非是为了节约成本和促进资本积累效率，ME技术运用本身就是"减量经营"的重要一环，主要目的在于"减量"。所以，简单地从根本上说，"新职能资格制度"的主要目的就是要改变过去宽松的升职制度和涨薪制度。道理很简单，随着高速经济增长时期以来终身雇佣制度下被大量储备的劳动力在1980年代普遍进入了中高年区间，宽松的工龄工资制将无可避免地导致企业劳动成本的急剧上升从而压迫经营，对工龄工资制施加限制的目的主要在于削减工资成本；同时，这种雇佣过剩（中高年层）也导致升迁职位的相对缺乏，所以，限制升迁也是自然的逻辑。升迁除去个人对于权力以及地位的欲求之外，其实主要还是关乎利益即薪酬的上涨，所以，"新职能资格制度"设立的根本在于应对劳动者中高年化的现实，改变工龄工资制以降低劳动成本，同时亦是强化劳务管理的一种手段。生产跨国化带来的日本国内公司功能向高端技术和产品研发的集中以及中高年劳动者对于新技术的弱适应性进一步凸显出了中高年劳动者的过剩，所以——说得露骨一点儿——这种方法同时也是对中高年劳动者实施精简的有效手段，正如大内孝夫、青山茂树以及小野隆生同时指出的那样，"新职能资格制度"的实行势必加剧劳动者力争上游的个人间竞争，无法不断提高能力的人将被淘汰（自愿离职），这对中高年劳动者是非常不利的，从而可以推进以中高年劳动者为中心的"省人力化"（即人员精简），是非常适合高龄化时代的制度。[1]（对于中高年劳动者来说，到了一定年龄却升职无望，而又无法很好地适应新的技术技能要求，选择"自愿离职"或许只是一种"无奈的明智"，个中心酸恐怕也无法与外人道吧！）

1980年代尤其是后半期，工龄工资制明显走向了崩溃，《日经商业》1987年3月30日刊载的文章中这样写道："与终身雇佣制一起，作为日本雇佣惯例重要要素的工龄工资制如今正趋于完全消失。伴随着雇佣从'手脚'到'头脑'的转换，这种变化并非始自今天，而是10年来一直在进行当中，只不过现在速度骤然加快而已。……'雇佣的结构转换'正在进行中，无疑日本企业已经走上了不归路。"[2] 譬如，日本钢铁业大企业在1985年之后，

---

[1] 参见福島久一、角田収、三宅忠和、斉藤重雄編『日本資本主義と産業構造の転換：日本産業の国際的調整』，240ページ。

[2] 尾西正美『日本型人事政策のダイナミズム：終身雇用・年功序・能力主義の虚実』学文社1997年版，35-36ページ。

第三章　新保守主义/新自由主义反动与经济泡沫的膨胀（1982－1990/1991年）

普遍实施了数千人甚至是超过一万人的雇佣调整，而幸免于难的劳动者则不得不面临着工资以及奖金的大幅削减，工龄工资制全面向能力主义工资制转换。1987年11月26日的《日本经济新闻》指出，"钢铁大企业将工资制度向能力主义转换的最大目的，在于抑制高龄化时代工资成本的自然上升"，而且，这种工资制度的转换不止限于一般工会会员，而是包括所有管理职位的劳动者（多是中高年层）。[1] 工龄工资是随年龄以及工龄的增长而不断上升的工资，它对应了劳动者生命周期中随着结婚、育儿等问题的出现而生活负担不断加重的事实，让男子一个人的工资收入可以抚养全家人生活，是具有"属人性"的"家族抚养工资"，也由此形成了日本社会中基本上"男主外、女主内"的家庭模式。正因为如此，不少学者强调其中的"人情味儿"，然而，这种"温情"其实是建立在经济局面整体扩大的前提之上的，当经济进入下行区间的时候，工龄工资制就会由于整体推升了企业的劳动成本而不得不面临解体的危机。这种危机在1970年代开始凸显，譬如，日本经济企划厅1983年版的《国民生活白皮书》显示，国民实际可支配收入1979－1982年间平均只增加了0.5%，1980年和1981年都减少，1982年虽然有所增加，但比1979年则降低了1.2%；1978年日本总理府发表的调查数据则显示，40－54岁的女性中60.1%都在打零工，专业主妇已经属于少数派，1980年代则进一步加剧，中高年妇女大量进入劳动市场，以打零工的收入补贴家用。1982年8月，东海银行以居住在东京、大阪和名古屋的4000名主妇（平均年龄37.7岁、家庭人口3.9人）为对象进行了问卷调查，结果显示，"只靠丈夫收入维持家计"的主妇整体占56.6%，其中40－49岁层占53.7%，剩下的46.3%则需要靠主妇的打工收入或是储蓄补贴家用。针对"一年中有几个月入不敷出"的提问，整体情况是，过去一年间79.2%的家庭都经历过入不敷出，而且平均5.5个月——接近半年——属于赤字月；回答全年都入不敷出的家庭占整体的11.1%，其中40－45岁层占12.8%，46－49岁层占14%，而填补赤字的手段便是主妇打零工。[2] 妇女特别是中高年妇女大量进入劳动市场，通过打零工赚钱补贴家用的现象充分反映了企业工资以及福利待遇下降的事实，甚至也反映出中高年男性劳动者被大量精简的事实。

---

[1] 尾西正美『日本型人事政策のダイナミズム：終身雇用・年功序・能力主義の虚実』，38－39ページ。

[2] 藤井光男、丸山惠也编『日本の経営の構造：日本資本主義と企業』，262－263ページ。

再说终身雇佣制。在1970年代资本主义体系经济整体下行以及日本国内人口年龄结构向"大头针型"（倒金字塔型）转变的情况下，大企业终身雇佣的维系本已十分困难，但日本大企业通过对工龄工资制以及企业内福利等辅助性机制实施缩减的方式，勉为其难地避免了对企业组合主义中最为重要的终身雇佣的触碰。然而，随着生产的海外转移、国内公司功能的转换，加之终身雇佣制长期实施所带来的中高年劳动者的严重过剩，以"雇佣调整"为名，终身雇佣制最终难逃被清算的命运。钢铁、造船等没落产业也好，汽车、电器等成长部门也好，都在实施"雇佣调整"或所谓的"广域人事"，"日本式经营"中的终身雇佣制，事实上已经崩溃，正在变成有些学者所说的"半身雇佣"。日本劳动省1987年发表的《昭和62年（1987年）产业劳动情况调查》中指出，1985年至1987年进行"雇佣调整"的企业占全体的六成。而且，随企业规模的加大，这一比例亦逐步增加，职工数在5000人以上的大企业中有74%实施了"雇佣调整"。[1] "日本生产效率本部"虽然强调"雇佣调整"依然属于终身雇佣的范畴，但实质上已经不再是终身雇佣了。对此，学者草原光明结论道："大企业正式员工——特别是中高年层——的雇佣和工资被'合理化'，终身雇佣以及工龄工资制正在崩溃，在这种情况下，'减员'和'劳动力流动化'可以说已经定型化。"[2] 即使幸免于难的人也不得不接受剥削加重的事实。1980年代后半期，日本企业劳动时间普遍增加，据推测，"过劳死"每年超过10 000人，1989年达到顶峰，过量劳动已经常态化。根据"日本劳动力调查"统计，1989年周平均劳动时间超过60小时的非农、林业男性劳动者达685万人。可以说，每5人中就有1人成为"过劳死预备军"，[3] 着实令人心惊。

随着核心机制的空洞化，企业组合主义本身正处在崩溃的过程当中。自高速经济增长时期以来，企业组合主义作为一大支柱发挥着重要的社会统合功能。终身雇佣、工龄工资以及优厚的企业内福利成为众多城市劳动者及其家庭的生活保障，作为实质上处于"家庭内生产"这一边缘性生产关系之中的家庭妇女亦成为连带的受益者。如今，它的有名无实化已经开始导致其社会统合功能的丧失，而这无疑将会给城市劳动者及其家庭生活带来巨大的冲

---

[1] 参见福島久一、角田収、三宅忠和、斉藤重雄編『日本資本主義と産業構造の転換：日本産業の国際的調整』，255-258ページ。

[2] 参见福島久一、角田収、三宅忠和、斉藤重雄編『日本資本主義と産業構造の転換：日本産業の国際的調整』，259ページ。

[3] 後藤道夫編『日本の時代史28：岐路に立つ日本』，18ページ。

第三章　新保守主义/新自由主义反动与经济泡沫的膨胀（1982－1990/1991年）

击。从前的专职家庭主妇不得不走出家庭，脱离先前的生产关系，进入"企业劳动力市场"成为不安定就业者，通过打零工贴补家用；而大量被从企业组合主义生产关系中"精简"（剔除）出去的男性劳动者（尤其是中高年劳动者），也必须寻找新的就业岗位以抚养家庭，其中大多数人的归宿也只能是成为"企业劳动力市场"低收入的不安定就业者。可以说，针对1980年代劳动力开始流动化以及企业组合主义社会统合功能逐渐丧失的事实，日本应当严肃考虑统一的开放性的劳动市场的建设与规范化问题，从而保障城市劳动者的雇佣和收入，同时也应当致力于充实完善公共社会保障与福利制度以维护社会安定。然而，日本采取的路径却全然不同。1984年，经济同友会发表了《ME化的积极推进和劳资关系："中间性劳动市场"的提案》，主张超越关联企业和企业集团的范畴，成立"人才中介组织"，暂时吸收企业排放出来的过剩劳动力并向其他企业转供，从而形成"中间性劳动市场"。在这种理念指导下，《劳动者派遣事业法》于1985年出台，对企业实施所谓的劳动力"少数精锐化"以及扩大对外延劳动力——钟点工、小时工、临时工等——的使用起到了推波助澜的作用。[1] 元岛邦夫研究指出，"1980年代中期'日本式经营'和日本经济出现了庞大的过剩"。针对过剩的对策就是产业结构调整以及劳动力再编，二者紧密相连。经济同友会为此提出了"中间性劳动市场"论，其中的核心就是《劳动者派遣事业法》的出台。该法旨在对应新的产业形式，实现"劳动者整体的流动化"，通过将那些被从终身雇佣以及工龄工资制中剔除出去的过剩劳动力"自由流动化"，从而将其配置在劳动条件低劣的场所，《劳动者派遣事业法》乃是这种结构得以形成的基础，是使临时工、日雇型等雇佣形态以及低工资待遇合法化的法律。[2] 1985年的《男女雇用机会均等法》、1986年的《高龄者雇佣安定法》以及1987年的《劳动基准法》改革（放松了劳动市场管制）则成为推进上述"中间性劳动市场"的重要辅助性法律。日本劳动问题研究专家木下武男分析认为，1980年代的日本劳动力市场实际上形成了三极分化。一部分是由大企业核心劳动者构成的"内部劳动力"，享受终身雇佣、工龄工资以及内部升迁等待遇；一部分是由企业内部不享受终身雇佣等待遇的诸如某种特定职务的劳动者、提前退休预定者以及女性劳动力构成的"中间内部劳动力"；最后则是

---

〔1〕　新川敏光『戦後日本政治と社会民主主義：社会党・総評ブロックの興亡』，161－162ページ。

〔2〕　蓮見音彦、山本英治、高橋明善編『日本の社会2：社会問題と公共政策』，45ページ。

不属于企业正式员工的"外部劳动力"。学者草原光明进一步指出,"中间内部劳动力"和"外部劳动力"之间实际是相通的,其中包括中高年劳动者、妇女劳动者以及派遣劳动者等[1]。也就是说,企业组合主义生产关系模式已经发生了剧烈摇晃,对劳动者的覆盖范围不断缩小,大量的劳动力已经开始了流动化。

然而,尽管如此,日本的保守主义政府却拒绝建立规范化的统一而开放的劳动力市场,完成主导性生产关系向"三方制"的积极转向,重塑社会结构,而是遵循财界的意愿。一方面维系着企业组合主义以保障企业核心员工的生活,另一方面则以"中间性劳动力市场"为名,将以雇佣不稳定与低收入为特征的"企业劳动力市场"这种落后的生产关系合法化,大量整体收编包括"中间内部劳动力"这些被从企业组合主义中剔除出去的"沦落人"——用考克斯的说法,就是从"稳固工人"变为了"非稳固工人"——以及"外部劳动力"这些原本就属于不安定就业的人员,纵容着企业的剥削,其亲资本而轻劳动的根本性特质在此暴露无遗。河西宏祐和罗斯·摩尔(Ross Mouer)则对此批判道:"(日本企业采取的各种策略)只会加强非终身雇佣劳动者在经济上的不稳定性,无法给细分化的劳动市场的现有模式带来重大变革。"[2]与此同时,在企业组合主义社会统合功能逐渐丧失的情况下,国家层面公共社会保障与福利非但没有得到完善和强化,反而在新保守主义/新自由主义的"临调行革"路线中遭到了进一步削减(关于此点,后文将做具体论述)。

1980年代,日本垄断企业生产的跨国化及其相应的国内产业结构调整不仅加速了垄断企业自身企业组合主义生产关系模式的逐步解体,带来城市劳动者生活的动荡,同时,也对那些身处边缘性生产关系中的社会群体造成了剧烈冲击,其影响是全社会的。我们先来看中小工商业劳动者(及其经营者)的处境。水野武指出,虽然有人主张产业结构调整会让中小企业摆脱过往与垄断大企业之间"支配和依附"的不平等关系,获得地位上的改善并缩小工资差距,但实际上,产业结构调整带来的现实却是中小企业的大量倒闭、休业、废业以及与大企业之间收入差别的扩大。经济的"服务化"和高科技

---

[1] 福島久一、角田収、三宅忠和、斉藤重雄編『日本資本主義と産業構造の転換:日本産業の国際的調整』,262-263ページ。
[2] [日]河西宏祐、[美]罗斯·摩尔:《日本劳动社会学》,袁晓凌主编,华东师范大学出版社2010年版,第91页。

第三章　新保守主义/新自由主义反动与经济泡沫的膨胀（1982 – 1990/1991 年）

指向（"软性化"）导致了中小企业经营领域的结构性变动，从而对中小企业劳动的形式带来影响。[1] 他进而详细阐述了这种影响。譬如，首先，在企业倒闭的情况下，中小企业经营者一般是抱有一定负债的失业，但经营者同时也拥有一定的资产，相比于劳动者来说要好得多。企业劳动者即使在经营者的介绍下或以别的什么形式再就业，普遍的情况是工资以及其他劳动条件较之以前都有所下降，而且，缺少特殊技能的中高年劳动者的境遇会更糟。其次，在废业的情况下，企业经营者因为已经积累了一定程度的资产，所以几乎没有什么问题。但劳动者却陷入了失业，虽然相比于企业倒闭时的条件要稍好一些，比如可以事先寻找新职业以及可以获得一定数额的退休金等，但退休金相比于大企业职工来说却相差一位数，而且，即使再就业，一般情况下劳动条件相比以前要低下，当然，对中高年劳动者来说，条件则会变得更加不利。最后就是休业的情况，企业如果最终还是倒闭或废业关门，劳动者的情况前面已述。即便企业改头换面重新开工，中高年劳动者的受雇几率也较低，而且，即使再受雇，劳动条件也会降低。另外，对于最底层的家庭内下包工厂来说，劳动者多是兼业农户，休业期间无活可作，收入自然减少，常见的情况是到附近的建筑工地打工挣钱，回归农业很困难。中小商业和服务业亦是同样，多数情况下是被迫转业或废业，尤其是微小自营业者更为艰难，如果经营者本人属于中高年龄层，只要没有一定量的资产积累，将和中高年劳动者一样流入劳动市场，不得不面临劳动条件和生活条件降低的严酷现实。[2] 水野武最后结论道："产业结构调整以及经济的服务化给中小企业领域带来了巨大变动。其中虽然也有向新领域进军和事业转换成功的例子，但倒闭、废业的中小企业却在增加。把这种结构变化理解为日本的'产业空洞化'并考察中小企业的雇佣问题，将会发现这种变动对于中小企业劳动者以及自营业者是非常不利的，……（而且）这种变动中最大的牺牲者是中高年劳动者。"[3] 对于这样的现实状况，中山金治不客气地批评道："《新·旧前川报告》中只出现了'缩短劳动时间'的内容，而看不到有关消除中小企业劳动者收入低下问题的视点，虽然指出了内部经济的不均衡问题，却并未提出要对被强制承受着最大的差别对待以及（与大企业之间各种）差距的中小企业的地位进行改善，这也是无法脱离财界主导路线的政府审议会的局限

---

[1] 社会政策年报第33集『"産業空洞化"と雇用問題』, 51ページ。
[2] 社会政策年报第33集『"産業空洞化"と雇用問題』, 51 – 52ページ。
[3] 社会政策年报第33集『"産業空洞化"と雇用問題』, 53 – 54ページ。

性所在。"[1]

　　产业结构调整所带来的地方中小工商业的衰落将直接带来地方社会的崩溃，因为，虽说是中小企业，却是地方居民雇佣以及收入的来源，直接规定着地方社会的生活。[2] 虽然身处曾经主要作为重化学工业垄断资本下包单位而存在的地方中小工商业中的劳动者（及其经营者）由于其生产社会关系的边缘性而遭受着企业组合主义的盈余榨取，在雇佣稳定度以及工资福利待遇方面与大企业劳动者不可同日而语，但退一步讲，下包系列化向地方的扩散毕竟为地方提供了众多的就业机会，大量涌向城市的农村剩余劳动力虽说难以跻身富裕阶层，但凭借努力和技能，尚能获得一份维生的工作和收入，各种行业规制以及税收优惠等实质上的补助金对中小工商业劳动者（及其经营者）工作和收入的稳定亦起到了重要的扶助作用。可是，在日本垄断企业为突破自身积累危机而积极推进生产跨国化并在国内极力要求"放松管制"的情况下，大量的中小下包工商业面临着休业、废业，劳动者（以及一些经营者）的生活全面陷入了不安定状态，如前所述，一部分人为生活所迫，不得不投身于土建业成为非稳固工人，接受雇佣动荡以及收入低廉的现实。对于这种情况，木村保茂给出了精辟而透彻的总结：国内生产能力的削减和破坏、中小下包企业的废弃倒闭、地方经济的没落乃至崩溃、人员的削减和失业以及不安定就业者的增大、工资和劳动条件的下降等，较之此前都发生了质的进展，垄断资本新的资本积累方式产生出新的攻击以及新的榨取形态。[3]

　　作为垂直下包系列化末端存在的农业及农民又岂能逃脱这种"攻击"和"榨取"？日本著名农业问题研究专家晖峻众三指出：1970 年代日本农业从属于总体经济政策（重化学工业偏重），农产品进口比例增大，生产调整和价格抑制虽然让农业整体陷入了缩小局面，但依然能看到农政为保持农业独立性而做出的努力，并发挥出重要的社会统合功能。而 1980 年代的农政则是"财界农政"（即财界主导的农政）、"国际化农政"和"市场主义农政"，旨在摆脱发挥着社会统合功能的保护主义基调。[4] 1982 年 7 月"临调"的"基本答申"认为，日本农业"生产力较之国际水平相当低下"、"农民的收入保障加重了财政负担"，而且，大米供需不平衡等问题体现出"与需求相

---

[1] 日本中小企業学会編『日本中小企業学会論集 7：産業構造調整と中小企業』，77ページ。
[2] 日本中小企業学会編『日本中小企業学会論集 7：産業構造調整と中小企業』，82ページ。
[3] 社会政策年報第 33 集『"産業空洞化"と雇用問題』，56ページ。
[4] 参見暉峻衆三編『日本資本主義と農業保護政策：農基法成立後の日本農業の再編過程』，130ページ、137ページ。

第三章　新保守主义/新自由主义反动与经济泡沫的膨胀（1982－1990/1991年）

符合的农业生产流通体制"尚未确立。因此，作为农政的基本课题应该是"在'国际化'进展的背景下对农业生产实施符合需求的再编"以及"谋求提高生产力，缩小'内外价格差'，使农业成为可以自立的产业"。对此，学者井上和衞指出，"简而言之，'临调行革'所谋求的农业方向的最重要特征，可以说，就是从'国际分工论'的立场出发，对农业实施'合理化'和再编，对已经导致异常过剩积累的偏重于重化学工业的失衡的经济结构不做改变，反而是让农业去适应这种结构"，"对照经济高速增长时期以来在所谓农业'现代化'路线下除大米以外的普通作物（麦子、大豆、杂谷、薯类等）所遭受的毁灭性打击，以及农产品进口自由化对果树、畜产品生产根基的破坏，这种方向无非是要让日本农业最后的'堡垒'——大米——也重蹈同样的覆辙"。[1] 而作为具体措施，"临调"提出：①停止大米转作奖励金的派发；②将市场原理引入粮食管理制度的运营中；③贯彻生产力至上原则，整理废除不能带来生产力提高的政策和补助金，把占压倒性多数的兼业农户从各种政策和补助金的对象中排除出去，而将农业生产集中在极少数"核心农户"手中。井上和衞最后结论道，"临调行革"的农业路线，一言以蔽之，就是"站在'国际分工论'的立场"，"以进口扩大为前提"，"削减、废除农业保护，对农业进行缩小和再编"，而"在此过程中，对不能抵御国际竞争的农业进行整理淘汰，只培育一小部分核心农户"。三岛德三的评价则更简单干脆，认为这种政策无非是垄断资本为了自身生存而将"牺牲"强加于农业（中小工商业亦是同样）的自利性做法。[2] 不错，重化工垄断资本长期以来对强势资本积累结构的坚持最终带来了严重的生产过剩的积累危机，"暴风骤雨"般的出口亦引来美国愈加强烈的"外压"。为缓解经济摩擦，一方面，必须应美国要求开放日本国内市场扩大进口，而农业就成为垄断资本首选的转嫁危机的"替罪羊"；另一方面，在利润率下降加之日元升值的状况下，垄断企业为维系出口竞争力并确保利润，积极开展工资改革和"雇佣调整"，工薪劳动者的生活逐渐陷入不稳定，收入停滞乃至下降，为配合这种劳动者收入的向下调整，粮食价格——尤其是作为主食的大米的价格——的居高不下自然就成为垄断资本的"眼中钉、肉中刺"。正如渡边治所指出的，粮食的高价格转来转去最终会导致城市劳动者生活成本的上升，进而成为企

---

[1] 社会政策学会年報第28集『行財政改革と労働問題』，50－51ページ。
[2] 大内力、五味健吉編『日本農業年報第34集：経済摩擦下の日本農業』御茶ノ水書房1986年版，207－208ページ。

业降低劳动成本的掣肘因素;以米价保护为代表的农业补助金对财政的压迫最终亦有可能带来法人税的上升。因此,利用日元升值从国外进口大米和其他农产品,以及在国内撤除对农产品(尤其是大米)价格的保护就成为垄断资本缓和经济摩擦、降低劳动成本从而配合其"减量经营"以及防止法人税上升的综合性策略——这恍惚让人想起19世纪中前期英国国内围绕《谷物法》的斗争,而论据就是"内外价格差论"以及"农业过度保护论"。然而,针对此种论调,井上和卫引用全国农协中央会的数据——设国民人均分摊的"农业保护费"日本为100的话,美国为115,EC为105,日本在先进国家中是最低的——指出,农业保护乃是二战后资本主义国家为维护政治经济以及社会安定所普遍推行的政策,所谓"日本农业过度保护论"完全是一种"虚构"。[1]

1982年12月,以经团连会长稻山嘉宽"市场开放不存在不能触碰的神圣领域"的发言为契机,财界要求断然实行"完全自由化"和"产业调整"的言论便开始此起彼伏。1983年,经济同友会在其《走向世界国家的自觉和行动》一文的"年初见解"中提出了农业以及服务业的完全自由化;同年2月,经团连在《1980年代日本经济的课题》一文中主张尽早实施残存的进口限制商品的自由化。1985年"广场协议"之后,财界要求"完全自由化"和"产业调整"的呼号进一步加剧。[2] 为回应财界的呼号,前面提到的《新·旧前川报告》在1986年和1987年相继出台,提出实施"积极的产业调整","切实地谋求扩大进口,致力于缩小'内外价格差'以及农业的合理化与效率化","推进符合国际化时代的农业政策"。晖峻众三指出,"对农业部门带来最大冲击的就是进口自由化的决定",这标志着日本农业政策已经从1980年前半期的"政策性抛弃"进入了"(经济)结构性抛弃"的阶段。[3] 1980年代后半期,农产品进口数量激增,设1985年为100的话,1988年则上升到138,特别是食品进口额相比前一年增加31%,达到了309亿美元;加工食品和蔬菜相比前一年增加40%,油料种子和谷类增加30%,肉类增加近30%,水果等增加近20%;1988年残存的限制进口的8个项目以及牛肉、柑橘(果汁)实施了自由化,自GATT"东京回合"实施麦芽进口

---

[1] 社会政策学会年報第28集『行財政改革と労働問題』,47-49ページ。

[2] 大内力、五味健吉編『日本農業年報第34集:経済摩擦下の日本農業』,208-209ページ。

[3] 参见晖峻衆三編『日本資本主義と農業保護政策:農基法成立後の日本農業の再編過程』,139ページ、141ページ。

第三章　新保守主义/新自由主义反动与经济泡沫的膨胀（1982－1990/1991年）

自由化（1974年）以来被完全冻结的农产品自由化在1988年大举解冻，农业中唯一没有自由化的只剩下大米了。[1]

日本农业补助金的削减以及农产品进口自由化的实施对于农业自立性的打击无疑是毁灭性的——主要结果就是日本食品自给率的急速降低，同时，对于农民收入的影响也是巨大的。大米的价格保护虽然在1980年代得以存留，但最终的废除也只是个时间问题。加之《新·旧前川报告》路线下产业结构调整所带来的地方中小工商业的凋敝，尤其是农村下包工厂的休业、废业或倒闭缩小甚至切断了兼业农民重要的农外收入来源，经济高速增长时期以来在农业保护、补贴以及兼业扩大中得到收入提升的农民，如今将不得不面临生计问题，工厂兼业机会的减少以及归农的无望最终只能让农业剩余劳动力大量流向土建业，成为罗伯特·考克斯所定义的"企业劳动力市场"中的非稳固工人，1980年代农业的进一步缩小以及由此导致的离农的增加则加剧了这一趋势的发展。

在这种状况之下，各种社会矛盾亦开始凸显。最容易看到的就是所谓"中央—地方"矛盾。如木村保茂所指出的，大企业海外转移（以及金融自由化的进展）所引发的"东京一极集中"或者说"大都市集中"带来国内地区间差距的扩大，在远离大都市圈（关东、东海、近畿）的地方圈（九州、北海道、北陆、四国、中国），"产业空洞化"的进展最为显著。[2] 如果从"人"的角度来看，在这种被高度提炼为"中央—地方"矛盾的大框架中，其实包含着的是分属主导性与边缘性生产关系模式中的社会群体之间逐渐凸显的对立。譬如，雇佣以及收入差距的扩大无疑加剧了大企业核心劳动者与中小工商业劳动者（及其经营者）之间的矛盾，而更为典型的就是，以大企业为主体的右翼劳动工会——企业内工会——是财界"农业过度保护论"的拥护者，凸显出了农工之间矛盾的尖锐化。如此，经济高速增长时期以来被笼络在保守发展主义体制之内的所谓"经济增长（社会）同盟"面临着瓦解的危险，而矛盾的加剧也终将不可避免地带来社会整体的动荡。差距与不平等是社会矛盾滋生的根源，一直以来以利益诱导政治为支柱对边缘性社会群体实施的社会统合，虽然以"国土开发—工业配置"为中心并配合着各种行业管制以及补助金，对缓和"核心"与"边缘"——或者说"中央"与

---

[1]　晖峻衆三编『日本資本主義と農業保護政策：農基法成立後の日本農業の再編過程』，141ページ，145ページ。

[2]　社会政策年報第33集『"産業空洞化"と雇用問題』，56ページ。

"地方"——之间的矛盾发挥了重要作用,但根本目的还在于配合垄断资本的积累需要,莫不如说另一方面却又固化了"中心"与"边缘"的差别结构。而在新保守主义/新自由主义势力为配合垄断资本新的需求而开始推进积累体制的国际化以及国内相应的产业结构调整,并为此而极力宣扬"财政重建"和"放松管制"、利益诱导政治遭到了一定程度"清算"的情况下,这种被暂时掩盖的根本性的差距和不平等就会浮出水面并成为社会安定与团结的威胁因素,曾经存在于"中心"与"边缘"之间的所谓"人情味儿"就会逐渐变成"火药味儿"。要平息社会矛盾,实现真正意义上的社会统合,日本亟需遵循真正的社会民主主义,完善和强化国家层面统一的普遍性的社会保障与福利制度,走向欧洲式的福利国家。水野武说得极好:"在产业结构变动的过程中,除去要追问产业结构究竟应该以什么方式存在之外,还必须追问社会保障制度本身应有的存在方式。"[1]

二、"福利社会论"的泛滥与"新日本列岛改造计划"

可悲的是,保守主义势力统治下的日本非但没有将欧洲式福利国家作为学习的榜样,相反,财界主导下的新保守主义/新自由主义反动却将欧洲福利国家普遍出现的经济危机作为绝佳的反面教材,提出了"先进国家病预防论",认为福利国家式的医疗、养老金以及教育等公共福利的扩大会造成国民自助自立精神的衰弱,同时也会加重国家的财政负担以及企业的税收负担,弱化企业的投资意欲,最终带来经济停滞和财政危机。[2] 并继而在此基础上极力宣扬"日本型福利社会论"。不明就里的人往往容易被"福利社会"这样外表光鲜的称谓所迷惑,但却骗不过明眼人。譬如,粕谷信次就一语道破了其中实质,指出:所谓"日本型福利社会论",无非是一方面将国民的生活保障推向家庭或地方共同体这些非正式部门,另一方面则鼓吹并促进国民的"自立自助",从而实现削减公共社会保障与福利的目的。[3]

从国际上看,日本公共社会保障与福利的水准和规模都非常低下——正如笔者在前文中已经多次引用的日本福利问题研究专家二宫厚美的评论,他认为日本充其量也只能算做是"未发育成熟的半福利国家"。可尽管如此,

---

[1] 社会政策年报第33集『"産業空洞化"と雇用問題』,54ページ。
[2] 渡辺治『政治改革と憲法改正:中曽根から小沢一郎へ』,316ページ。
[3] 法政大学比較経済研究所川上忠雄、増田寿男編『新保守主義の経済社会政策:レーガン、サッチャー、中曽根三政権の比較研究』,405ページ。

第三章　新保守主义／新自由主义反动与经济泡沫的膨胀（1982－1990/1991年）

原本贫困的公共社会保障与福利却在1980年代"日本型福利社会论"的泛滥中遭到了进一步的压缩。譬如强化了对领取儿童补贴家庭的收入限制（1982年）以及对需要接受生活扶助者的条件审查（1983年）等，以缩减适用对象；将最低生活扶助标准的设定从缩小与一般家庭差距的方式变更为维持差距的方式，从而将扶助标准维持在低水平，并削减了国库援助的比率。关于医疗，基本方向是减轻医疗保险的国库负担，通过增大受益者负担从而抑制医疗需求。老人健康保险制度也好，退休者医疗制度也好，以及国民健康保险中国家补助比率的降低也好，无一不是遵循着这一方向。养老金改革亦是同样。1984年，中曾根内阁对养老金制度进行了改革，创设了基础养老金制度以实现国民养老金的一元化。然而，支付标准却低得可怜，夫妇合计起来可以领取的养老金甚至低于最低生活保障标准，而对此的国库补助比率则缩减到了1/3，[1]让人不明白这样的养老金一元化究竟有何意义！而与此形成对照的则是，1980年代日本的军费却得到了增加，这既是为满足美国的要求，更是为满足日本国内垄断资本要求日本成为政治军事大国从而为其海外资本输出鸣锣开道的需求，从"大炮or黄油"这个二者择一的最终选择中，可以清晰地窥见日本新保守主义／新自由主义反动的实质，正如渡边治所言，那就是借助所谓的"福利国家危机"来压制社会支出，引导国家财政资金集中流向能够促进垄断企业资本积累的领域，[2]从而缓解生产过剩——一般利润率下降局面下的积累危机，其中贯穿着的依旧是资本至上、经济至上的发展主义理念。在财政危机中，国家轻易地放弃责任，将国家本应承担的功能向地方共同体以及家庭内挤压，将财政负担向地方自治体转嫁。同时，对于导致财政危机的制度性根源——中央集权式的财政体制——却又绝口不提。学者新藤宗幸毫不客气地批判道，"'日本型福利社会论'实质上就是一种'反福利国家论'"，[3]可谓一语中的、一针见血！

为何这么说？借助卡尔·波兰尼的理论，这个问题就很容易得到理解。波兰尼在其名著《大转型：我们时代的政治与经济起源》中极力想要阐明的，无非是这样一个原理，简单说就是：伴随着资本主义经济的发展（遵循着自我调节市场的逻辑），必须相应地做好社会保护（遵循着社会组织的逻

---

[1] 法政大学比較経済研究所川上忠雄、増田寿男編『新保守主義の経済社会政策：レーガン、サッチャー、中曽根三政権の比較研究』、395－396ページ。
[2] 渡辺治『政治改革と憲法改正：中曽根から小沢一郎へ』、316ページ。
[3] 新藤宗幸『福祉行政と官僚制』岩波書店1996年版、64ページ。

辑），即经济与社会必须均衡发展，市场逻辑的过度伸张会带来经济与社会的失衡，最终将是社会的毁灭，而实施社会保护则是国家（权力）的责任。二战后在欧洲（主要是西欧）出现的普遍制度型福利国家的构筑正是遵循了波兰尼上述原理的具体历史实践。日本著名经济学家、早稻田大学的金子胜教授则对波兰尼的这一原理又作出了现代引申，指出伴随着资本主义市场的不断扩大，社会安全网（safety net）的构筑也必须相应地从家庭和地方共同体层次逐步地向国家、区域乃至全球层次递进。[1] 反观"日本型福利社会论"，则是借助新保守主义意识形态对传统道德以及价值观的宣扬——譬如对传统共同体社会的怀旧和对家庭观念的强调，以及对本国传统文化的浪漫式的赞美等——谋求将生活保障功能向地方共同体以及家庭内挤压，其根本目的在于推动新自由主义改革（"财政重建"、"放松管制"、"释放民间活力"），全面释放市场力量，为身处经济摩擦以及生产过剩/过度积累危机中的垄断资本服务。[2] 然而，在市场规模不断扩大的经济国际化时代，国家的社会保护功能非但没有相应地得到扩大，反而不断收缩，不能不说是与福利国家背道而驰的逆行路线。二宫厚美以及原田纯孝等人就明白地指出，"日本型福利社会"构想的核心就是将家庭这一相互扶助的社会单位作为福利的承载主体，企图把国家的社会服务功能转嫁到家庭内部，从而抑制公共社会保障的扩大。[3]

自经济高速增长时期以来，日本为了将国家资金重点投入到资本积累之中从而加速经济赶超，采取的是渡边治等人所称的"发展主义国家体制"而非欧洲先进资本主义国家的"福利国家体制"。在企业组合主义生产关系模式下，终身雇佣制保障了男性劳动者的工作稳定，工龄工资制这种"属人性"的"家族抚养工资"以及企业内福利保障了劳动者整个生命周期的家庭生活需要，这一方面将劳动者"捆绑"在企业之内成为为企业资本积累效忠献身的"企业战士"，同时亦将妇女内压在家庭之内承担起育儿、教育以及

---

〔1〕　金子勝『新・反グローバリズム：金融資本主義を超えて』，216－217ページ。

〔2〕　社会学家渡边治指出，新保守主义是一种旨在利用传统共同体的力量来重建由经济现代化所带来的价值观崩溃、实施社会统合的意识形态。另外，新保守主义是敌视福利国家的，它谴责福利国家带来了人与人之间的恶性平等以及颠覆了传统道德，正是"反福利国家"这一点才体现出了新保守主义的"新"，也正是在"反福利国家"这一点上形成了新保守主义与新自由主义的合流（步调一致）。渡边治进而将二者的这种合流称作"野合"。参见渡边治『安倍政権論：新自由主義から新保守主義へ』，212ページ、214－216ページ。

〔3〕　渡辺治、後藤道夫編『講座現代日本4：日本社会の対抗と構想』，394－395ページ。

第三章 新保守主义/新自由主义反动与经济泡沫的膨胀（1982-1990/1991年）

照顾老人等任务，形成"男主外、女主内"的家庭模式。这种模式保证了国家可以把资金全面投入到资本积累领域，将公共社会保障与福利费用支出控制在极有限的范围。然而，正如笔者在前文中已经指出的，由于企业组合主义生产关系模式只局限于垄断大企业，它造成了日本劳动市场的分断（劳动市场的"异质性"）以及工资和福利方面的巨大差距（工资和福利的"异质性"）。针对于此，保守自民党以及省厅官僚主导的以"国土开发—工业配置"为主线的"族议员/官僚裁量型"利益诱导政治全面展开，以缓解这种雇佣以及收入上的差别。虽然企业组合主义与利益诱导政治二者共同维护了日本社会的安定团结，但反过来看，二者却又共同阻碍了日本国家层面社会保障与福利制度的健全发育。

如前文所述，伴随1980年代日本资本积累体制向跨国化的转移，垄断大企业本身的企业组合主义生产关系模式已经发生动摇，其以终身雇佣制、工龄工资制以及企业内福利作为主要构成的利益还流功能正在逐步弱化；同时，国内经济向"软性化"和"服务化"的转向也让自来的"国土开发—工业配置"路线难以取得如同从前一般有效的雇佣波及和工资福利平准化效果。与欧洲先进国家所谓"福利国家过度发展"的情况不同，作为后发工业化国家的日本，此时面临的却是"福利国家发展不足"的问题，伴随资本积累体制变化而来的社会需求非但不是要弱化公共社会保障与福利，反而是对公共社会保障与福利制度进一步完善与强化的强烈呼唤，在这一点上，日本与欧洲国家之间存在着根本性的社会发展阶段的不同。而借助生发于欧美的"福利国家危机论"，以"福利国家危机预防论"为借口而展开的新保守主义的"日本型福利社会论"，说到底，是对资本主义发展阶段的过度跳跃，给人一种时代错乱之感。正如波兰尼所阐明的，在"放松管制"旗号下市场力量被全面释放的同时，社会整体难免要陷入不稳定，而为了抑制社会矛盾和社会不安的滋生，日本的新保守主义势力则祭起了两面意识形态大旗，一个是民族主义宣扬——"政治大国论"或"普通国家论"，借此唤起国民的所谓"爱国心"；另一个则是对传统文化与道德的美化宣传。这两种意识形态宣传本质上都是以垄断资本的利益为核心，为促进资本跨国化以及在国内实施新自由主义改革而对国民进行的"洗脑"，以此来博取广泛的社会同意，让国民在"真实的"利益还流无法得到满足的时候，通过"虚幻的"民族自豪感来进行自我欺骗。正如大卫·哈维（David Harvey）所阐明的，新保守主义是新自由主义的"好搭档"，新保守主义的功能就在于针对新自由主义政策推行所带来的各种社会矛盾，一方面鼓吹"国家安全"，另一方面鼓吹"道德"、

"秩序",从而"……以一定的体系性的道德价值观为中心谋求社会同意,以此将统治阶级的权力正统化,从而形成对社会整体的控制"[1]。从政治哲学的角度来看,新保守主义的这种社会统合方式本质上乃是一种退化的而非进步的模式。这里可能需要就此多说两句。从托马斯·霍布斯(Thomas Hobbes)到约翰·洛克(John Locke)再到卢梭(J. J. Rousseau)的"社会契约论"的内容变化中,我们其实可以清楚地看到从封建威权社会向资本主义民主社会的过渡以及资本主义社会本身进化的过程。严格地讲,霍布斯式的"社会契约"并非真正意义上的社会契约,因为契约的有效性来源于签约双方的自愿性和对等性,而其时的人民只是作为"臣民"而存在,只能一味地服从绝对君主("朕即国家",也就是无条件地服从国家)。充满资本主义味道的"契约"一词虽然出现,但根本上却仍是为维护封建君主专制服务的。伴随资本主义的发展,资产者阶级财富的增加使其社会地位不断上升并开始要求相应的社会权利,洛克式的"社会契约论"便应运而生,为资产者阶级呼号平等地位(洛克认为人民不容侵犯的权利是"生命"、"财产"和"自由",而对当时绝大多数的平民来说,何谈财产?又何谈自由?恐怕生命也不过是"贱命一条"吧!只有资产者才更惜命,才需要保护财产,并需要积累财富的自由)。其后,资产者阶级权力地位的上升虽然带来社会财富的巨大积累,但普通大众的普遍无权状态却导致了剥削的加剧以及由此产生的社会动荡,因此,卢梭的大众民主式"社会契约论"最终走向前台,人民大众通过争取民主权利的斗争而加强了社会对抗国家的力量,最终成为有权的"市民",从而获得了以劳动换取国家对自身生活权利进行公共保障的承诺,这也是资本主义经济良性发展的内在需求。这种通过实际利益还流实施大众社会统合的模式是先进资本主义国家历史发展和进化的结果,它遵循了经济与社会均衡发展的原则,成为二战后欧洲福利国家普遍采用的模式,也是开创战后资本主义"黄金时代"的重要因素。简言之,伴随封建社会转向资本主义社会以及资本主义社会自身的逐步进化,人民大众亦经历了从"臣民"向"市民"的蜕变,社会力量的增强也改变了国家统合社会的模式。虽然国家政治的"统治"本质——笔者以为,政治的本质即在于"统治"。具体言之,就是"由谁统治"以及"如何统治"的问题——并未发生改变,但封建威权式的高压统治已经不再能应对时代的需求,赋予人民大众以民主权利,使其真正

---

[1] 参见デビッド・ハーベー著、森田成也・木下ちが・大屋定晴・中村好孝訳、渡辺治監訳『新自由主義:その歴史的展開と現在』、115-121ページ。

第三章 新保守主义/新自由主义反动与经济泡沫的膨胀（1982—1990/1991 年）

成为协商而非被强制的一方，至此，社会契约的基于对等协商基础上的"交换性"本质才得以显现。在契约式的现代资本主义国家社会关系中，国民对国家的"爱"已不再是被强制的或封建意识形态教化之下的产物，即专制体制下的无条件的爱，而是国家通过社会保障与福利制度的充实与完善充分履行了国家的社会保护功能之后所获得的国民对于国家权威自然认同的结果，即民主体制下的有条件的爱。在此意义上反观日本的新保守主义，在资本主义市场不断扩大、国家社会保护功能亟待完善与强化之时，却一方面弱化国家的社会保障与福利功能，而另一方面则利用封建的意识形态教化来统合国民意志，与战前通过对日本国家以及天皇的神化来谋求劳苦大众无条件忠君爱国的欺骗教化其实一脉相通，用"开历史倒车"来形容也实不为过！

相比于新保守主义通过虚幻的意识形态教化来防止社会矛盾尖锐化的做法，旧保守派们的社会统合手段则更注重实利性，这也是以《国民收入倍增计划》为代表的旧保守派们战后长期坚持的政策。但囿于自身的保守性以及对大资本的依附性，除了利益诱导政治的故技重施，旧保守派们也着实拿不出什么别的新鲜玩意儿。面对新保守主义/新自由主义反动下的"战后政治清算"，旧保守派们"顽强"地固守着利益诱导政治这一关乎自身政治生存根基以及既得利益的"堡垒"。随着 1987 年中曾根内阁的倒台，旧保守派以"经世会"为中心开始了复权，"内需扩大"原则指导下的利益诱导政治亦由此再度大规模展开，具体的政策归结就是《第四次全国综合开发计划（四全综）》。

"国际化"前提下的产业结构调整已经带来或者将会带来各种经济社会影响，包括：其一，以东京为中心的大都市圈的经济功能以及人口的再度集中；其二，产业结构调整导致原料能源消耗型工业和出口依存型工业的萧条，以及由此引发的很多地方雇佣问题的严峻；其三，经济的国际化、产业结构的急速调整以及国民对于生活质量和安定性不断增强的需求等将会带来经济社会的巨大变化。《第四次全国综合开发计划（四全综）》出台的目的就是要应对这些经济社会问题，它的方法就是实施"多极分散型"的"国土开发"。[1] 后藤道夫、进藤兵以及大门正克等人亦指出，将"内需扩大"路线具体化的政策就是旨在促进"国土均衡开发"和"多极分散型国土形成"的《第四次全国综合开发计划（四全综）》。这一政策旨在一方面通过"都市再

---

[1] 晖峻衆三编『日本資本主義と農業保護政策：農基法成立後の日本農業の再編過程』，171 ページ。

开发"促进东京以及首都圈的再开发,另一方面则通过"休闲度假村"的开发拯救由于产业结构调整而陷入衰退危机的地方经济,是一种平复经济、人口中心地带与边缘地带之间差距的政策努力,与经济高速增长时期以来的"国土开发"路线一脉相承。[1] 在日本国内经济"软性化"和"服务化"的背景下,大把撒钱的"国土开发"——《第四次全国综合开发计划(四全综)》的财政投入达到了1000兆日元——一方面谋求地方中小工商业向这些领域的事业转换,另一方面亦是对农业荒废的某种"善后补救"和对农民的"抚慰"。晖峻众三指出,作为农产品进口自由化的一般善后对策,主要是以"搞活地方"的形式得到了具体体现,即缓和农地的转用限制,使农地向流通、观光度假村建设等方面的转用变得更加容易,企图通过第三产业(服务业)来搞活农村(地方),以填补"农业空洞化"带来的农地闲置,无非是列岛改造热潮时"残地农业论"的再现。他进而评价道:"(这种)善后政策的展开,极端地反映出农业政策已经无法支撑地方经济和地方社会的现实,是一面对农业实施抛弃,一面却又要将农民笼在(保守主义)体制之内的'怀柔策略'。"[2] 所以,很清楚的是,《第四次全国综合开发计划(四全综)》所遵循的依旧是经济高速增长时期以来的"国土开发—工业配置"的利益诱导路径,只不过这一次配置的不是制造业,而是高科技产业和观光休闲服务业,主要目的是为垄断企业新一阶段的资本积累服务,同时亦谋求为众多处于边缘性生产关系中的社会群体创造雇佣机会和收入保障,从而避免社会矛盾的激化。

在《第四次全国综合开发计划(四全综)》这一"国土开发—工业配置"的大框架下,作为具体政策的实施,其中一个环节就是"都市再开发",包括工厂撤退(制造业海外生产的结果)之后对原有工业用地进行的再开发、对国铁旧有用地以及对国家或地方自治体保有的国有土地和公有土地进行的再开发等。所谓"民营化"、"释放民间活力",其实不过是把国有资产贱卖给垄断企业,任其开发盈利的冠冕堂皇的说法而已,实可谓明治时代政府将国营企业低价变卖给垄断资本盈利做法的"昭和翻版"。"都市再开发"的主流就是利用上述国有、公有土地,或建设大型购物中心或建设超高层科

---

[1] 参见後藤道夫編『日本の時代史28:岐路に立つ日本』,104-105ページ、274-275ページ。

[2] 晖峻衆三編『日本資本主義と農業保護政策:農基法成立後の日本農業の再編過程』,146-147ページ。

第二章　新保守主义/新自由主义反动与经济泡沫的膨胀（1982 – 1990/1991 年）

技大厦，并对其周边地区实施再开发。[1] 另一个环节则是 1987 年 6 月出台的《综合保养地区整备法》，谋求将观光产业、休闲产业引入地方以搞活地方经济。其中包括滑雪场、高尔夫球场、水上游乐场、休闲酒店、会议中心以及购物中心等的建设，另外，还有相关道路、高速公路、机场和信息通讯网络等的整备。包括诸如钢铁、造船、电机、综合商社、航空、土建业以及不动产等领域的大资本纷纷跟进，期待这一领域可以成为新的资本积累领域和过剩资本有利可图的投资场所。[2] 在此促动下，地方自治体之间展开了激烈的招商引资大战，而且，这种招商引资的对象广泛地针对诸如钢铁、造船、电机、综合商社、航空、土建业以及不动产等产业和企业。1988 年 3 月的《朝日新闻》报道说："在'产业空洞化（脱工业化）'不断进展的地方自治体，观光旅游事业的开发和计划正如火如荼地展开。对于《综合保养地区整备法》指定的区域来说，拉到企业进驻便可确保开发的实施，为此，各自治体都对企业恭敬有加。"学者猪口修道对此评价道："……曾经为将制造业招引到本地区的地方自治体如今又拼命奔向了休闲观光业，虽说是'经济的服务化'，实际上却是一番异样的景象。"[3] 而对垄断资本来说，休闲度假村在开发建设阶段，由于酒店、水上游乐设施、滑雪场以及高尔夫球场等的硬件设施建设会为其提供巨量的钢铁、水泥等需求，而后，在上述设施实际运营阶段又会为其带来滚滚不断的财源。另外，特别是高尔夫球场，会员资格就超过 1 亿日元，比一栋房子的价格还要高，因此成为垄断企业"炼金"的对象。还不止于此，休闲度假村的开发自然带来地价的高涨，从而为拥有大量土地的垄断企业带来丰厚的不动产收益。对于处在生产过剩/过度积累危机之中的垄断企业来讲，观光产业、休闲产业是其过剩资本再好不过的投资场所了，可以为其创造出巨大的市场，根本上是为垄断企业资本积累服务的产业。[4] 同时，1980 年代前半期出台的"研发中心构想"、"高科技商业中心构想"以及"大学城构想"（在国内经济"软性化"和"服务化"的大背景下，作为"搞活地方"的具体推进措施，1983 年 7 月，政府在财界主导下出台《高技术工业集中地区开发促进法》，指定的开发地区到 1988 年达到 25 个。这一构想本身是为垄断资本服务的，是为处于对外经济摩擦以及国内生

---

[1] 参见水津雄三『地域を支える中小企業：新日本列島改造計画批判』，87 – 94 ページ。
[2] 参见水津雄三『地域を支える中小企業：新日本列島改造計画批判』，77 ページ。
[3] 水津雄三『地域を支える中小企業：新日本列島改造計画批判』，26 ページ。
[4] 水津雄三『地域を支える中小企業：新日本列島改造計画批判』，82 – 83 ページ。

产过剩/过度积累危机之中的垄断资本创造新的高利润领域——高科技产业——从而使其摆脱积累危机的产物[1]）亦被裹挟其中。这些构想的实施包含着众多地方开发的大型工程，从而让附带着巨额补助金的公共事业＝土建事业项目在日本全国展开。据水津雄三统计，1988年度规划中的全国大型工业团地面积就相当于8150个甲子园球场，如果加上小型工业用地的话，则相当于15 325个甲子园球场的面积，规模是惊人的。就1988年大型工业团地的地区分布状况来说，北海道占总面积的33.3%，东北6县占21.6%，北陆地区占11.1%，九州地区占9.3%，中国·四国地区占9.2%。反映出的事实是，在农林水产业陷入凋敝以及"过疏化"问题严重的地方，大型工业团地的开发建设异常兴盛。[2] 水津雄三将上述这些最终被统筹到《第四次全国综合开发计划（四全综）》这一"国土开发—工业配置"大框架之中的各种计划和构想统称作"新列岛改造计划"，认为这不过是1970年代田中角荣"日本列岛改造论"的翻版，而且是一个扩大版本。地方自治体则在这样的背景下掀起了激烈的招商引资热潮，涉及土地取得和税收等方面的各种优惠措施纷纷出台；国土厅、建设省、运输省、通产省、农林水产省等各官僚省厅也都积极参与其中（耐人寻味的是，社会保障厅却不在其列），旧保守派们的利益诱导政治再一次如火如荼地铺展开来。与此同时，正如利库路德案、佐川快递案以及诸多建筑行业腐败案所显示的那样，作为利益诱导政治自然派生物的权钱交换的渎职腐败案件，无论从涉及的范围还是从涉及的金额上来讲，亦都达到了战后的极致。

至于利益诱导政治的效果，正如前文所述，在生产跨国化转向以及国内产业结构调整的背景下，垄断资本更多的是对下包体系中的中小工商业实施"抛弃"并对其生存领域进行"入侵"，与以国内生产为中心的资本积累时代有着根本的不同。所以，先前那种依靠下包体系的地方扩散而带来的雇佣波及效果已经很难再现，莫不如说，此时的"国土开发"路线反而加大了垄断资本对于地方中小工商业生存空间"入侵"的烈度，同时，在生产过剩/过度积累的状况下，以垄断资本为主体的"国土开发"无异于一剂"猛药"，只会助长大规模的土地"炼金"，催生土地泡沫。至于农业以及农民，晖峻众三指出，在农业未来发展无望的情况下，休闲度假村开发旨在抑制由于农业不安定所引发的政治动摇，发挥社会统合功能，从而稳固保守主义政治的

---

[1] 水津雄三『地域を支える中小企業：新日本列島改造計画批判』，41ページ。
[2] 水津雄三『地域を支える中小企業：新日本列島改造計画批判』，44ページ。

第三章　新保守主义/新自由主义反动与经济泡沫的膨胀（1982 – 1990/1991 年）

基盘。包括高尔夫球场建设在内的休闲度假村开发具有社会统合功能或者说具有"农户抚慰"的侧面。[1] 一方面通过土地开发为农民提供就业机会和收入，即以公共事业＝土建工程的增加为农民提供兼业机会，另一方面鼓励农民通过转用农地获取收入——伴随土地开发而来的地价上涨亦会提高农民作为土地所有者的富裕意识。对于后者，晖峻众三略带讽刺地追问道："虽说是先进国家，然而，作为农民社会统合的对策，时常挑动农民'小土地所有者意识'的做法，除了日本还会在哪个国家里存在？"[2] 并进而指出，这种旨在将农民笼络在体制之内的"怀柔策略"，"同时具有进一步加剧农业破坏的危险性"。[3] 而对于前者，我们也不得不说，一方面为了垄断资本利益而毁坏农民的生存根基——土地，另一方面作为社会统合对策，却满足于将剩余农民大量驱赶向土建业，将其置于一种不伦不类的"半无产阶级化"状态（笔者在前面已经指出，从生产关系角度讲，在日本从事土建业的兼业农民实际上处于一种暧昧不清且极不稳定的介于"企业劳动力市场"与"个体经营"之间的生产关系灰色地带），经济大国的"先进性"又体现在何处呢？莫不如说，日本虽然在经济上赶超了欧美先进国家，然而，其社会统合层面却依旧充满了封建主义残余，凸显出保守发展主义路线的局限性。水津雄三则痛心地批判到，日本绝大多数地方以农林水产及其加工业作为基础，以传统产业/本地产业作为第二产业，以商店街作为第三产业，形成地方性的产业结构。与此相对应，地方百姓的整个生活——包括雇佣、劳动、收入、消费、文化等——都依存于这一结构而成立。因此，要搞活地方经济和社会的关键在于搞活这些地方产业进而让作为地方产业承担主体的人们充满生机，这才是所谓"搞活地方"的现实途径。但是，国家的做法却是将第一产业及其加工业置于衰退，将传统产业/本地产业逼入休业和废业的境地，并试图大量消灭商店街，这无疑是与"搞活地方"逆行的路线。[4] 这种无视经济结构以及社会结构的变化，不问"内需扩大"的实质究竟为何物，而以一味追求自身政治利益和维护大资本经济利益为核心的土建路线最终带来的结果只能是鼓

---

[1] 晖峻衆三编『日本資本主義と農業保護政策：農基法成立後の日本農業の再編過程』，183ページ。

[2] 晖峻衆三编『日本資本主義と農業保護政策：農基法成立後の日本農業の再編過程』，189ページ。

[3] 晖峻衆三编『日本資本主義と農業保護政策：農基法成立後の日本農業の再編過程』，147ページ。

[4] 水津雄三『地域を支える中小企業：新日本列島改造計画批判』，289 – 290ページ。

胀起巨大的土地泡沫,以及泡沫作用下一时的虚假繁荣。然而,虚假终归代替不了真实,当泡沫最终破碎的时候,被虚假表象所掩盖的经济社会的深层问题都将全面显现,还原其固有的真实面目,进而带来旧保守主义势力自身政治霸权的危机。

第四章
混沌的时代：日本经济社会停滞局面的形成及其长期化（1990/1991年至今）

如前所述，战后日本的保守依附发展主义国家体制最终归结为巨大的经济泡沫。笔者在本章中将要阐明，1990年代初日本经济泡沫崩溃之后，隐藏在这一保守主义国家体制之中并被经济泡沫有效掩盖的长期过度发展所导致的诸种"过剩"危机——最为严重的就是借贷过剩、生产过剩以及雇佣过剩——全面显现，垄断资本深陷严重的积累危机之中并开始对战后以国内生产为中心的资本积累体制展开了全面清算，日本经济社会亦由此陷入了萧条；经济泡沫的破灭同时亦带来旧保守主义政治势力霸权的失落，而1980年代曾一度受挫的新保守主义/新自由主义反动势力则顺势而起，攫取了国家政治的主导权，进而迎合美国以及国内垄断资本的需求，展开了对战后经济社会体制的残酷拆解，日本国内经济社会的萧条局面由此逐步加剧并长期化。笔者试图强调，1990年代以来的日本新保守主义/新自由主义激进改革乃是中曾根政权时代新保守主义/新自由主义反动的延续和升级，从根本上说，是日本战后过度发展本身所引发的一种强烈的反作用力，而它之所以能够横行无阻，一方面得益于泡沫破灭后旧保守派政治霸权的失坠，另一方面则与1990年代初以来世界体系全球化加速的大背景息息相关。

下面，笔者首先对这一时期的体系背景做一概述。战后重化工制造业主导的长期资本积累在1960年代末1970年代初已经出现了严重的生产过剩——一般利润率下降的局面，资本主义世界经济体系转而进入康德拉季耶夫周期B段下行区间，资本主义国家普遍陷入了"滞胀"的困境；同时，在增殖本性的驱使下，过剩资本的大量存在催生了脱离实物经济的金融资本主义的兴起（这也充分印证了杰奥瓦尼·阿瑞基的观点，即生产以及贸易积累阶段的过剩最终必然导致金融积累阶段的出现；大卫·哈维亦同样指出，1973年之后，以金融为主要工具的掠夺性积累变得愈发明显，主要原因是补偿长期以来随着扩大再生产而产生的过度积累问题[1]）。1990年代初美苏冷战的终结以及旧社会主义国家向市场经济的转型为犹如困兽般的过剩资本敞开了新的巨大的积累空间，以资本的跨国界自由流动——其主体是制造业和非制造业的跨国公司以及银行等金融机构——为主要特征经济全球化全面加速。

与资本主义经济体系每一个长期积累阶段相对应的必然是民族国家间体系中强大霸权国的存在（经济学家查尔斯·P. 金德尔伯格在其著作《1929-1939年世界经济萧条》中曾充分阐述了这一"霸权稳定论"[2]的观点；杰奥瓦尼·阿瑞基则在其名著《漫长的20世纪：金钱、权力与我们社会的根源》中指出，与资本主义经济体系资本积累历史相伴随的乃是一部民族国家间的霸权争斗史，17世纪中期的荷兰、19世纪的英国以及二战后至今的美国都是主导资本主义世界体系运行的霸权国家），而战后以来扮演这一角色的毫无疑问就是美国。美苏冷战期间，为遏制苏联共产主义集团从而维护资本主义体系的稳定发展，美国长期扮演着"宽容型霸主"的角色，这虽则促进了资本主义经济体系整体的高速发展，但长期的过度消耗却也导致其自身经济实力的逐步衰退。从1970年代初开始，美国逐渐由"宽容型霸主"向"自利型霸主"转变，对诸如日本等同盟国的经济敲打以及分担军事负重的要求逐步增强，但冷战的持续却还是让这一转变保持在一定范围之内。然而，1990年代初冷战的终结终于让美国得以摆脱苏联这一后顾之忧，一方面开始积极推进资本主义体系的全球性扩展，另一方面则开始重新定义经济以及军事威胁，在全球资本主义的视野之下构建以其自身作为霸主的所谓"世界新秩序"。1990年代初以来，伴随着体系经济全球化的进展，美国的所谓"世界新秩序"从老布什时期的基本构想提出，到克林顿时期的"多边主义

---

[1] [英]大卫·哈维：《新帝国主义》，初立忠、沈晓雷译，北京：社会科学文献出版社2009年版，第126页。

[2] "霸权稳定论"是由经济学家查尔斯·P. 金德尔伯格率先倡导的。他认为霸权国家的领导权与资本主义世界经济体系的稳定运行息息相关，一个开放而自由的世界经济需要一个强大的霸权国家来维系。具体言之，霸权国由于承担最终（产品出口）市场、最终贷款人以及最终债务清偿人的角色，从而保证了资本主义世界经济的稳定积累。参见[美]查尔斯·P. 金德尔伯格：《1929-1939年世界经济萧条》，上海译文出版社1986年版；另请参阅[美]罗伯特·吉尔平：《世界政治中的战争与变革》，中国人民大学出版社1994年版。

第四章　混沌的时代：日本经济社会停滞局面的形成及其长期化（1990/1991年至今）

（multi-lateralism）"，再到小布什时代的"单边主义（uni-lateralism）"，乃至奥巴马政府的政策，一路下来，虽则手段上随时视需求而屡有变化，但始终不变的根本目的就是"维护美国的领导地位"或者说"维护美国的世界霸主地位"，按照美国的价值观、意识形态、政治制度以及经济模式来塑造世界。对于这一"世界新秩序"，两位欧洲学者迈克尔·哈特（Michael Hardt）和安东尼奥·奈格里（Antonio Negri）将其喻为"帝国"，而美国将是其中独一无二的霸主。[1] 道理并不难理解，汉娜·阿伦特（Hannah Arendt）就曾说得明白："资本的无限积累必须建立在权力的无限积累之上……资本的无限积累进程需要政治结构中权力的无限积累进程，通过持续增长的权力来保护持续增长的财产。"[2] 换言之，这一所谓"帝国"式的"世界新秩序"乃是为以资本自由流动为特征的全球化经济基础服务的政治上层建筑，其中贯穿着极端危险的经济逻辑，也就是波兰尼所谓的"自我调节市场"的逻辑，而欲以彻头彻尾的经济逻辑统治整个世界的美国——如美国政治学者谢尔登·沃林（Sheldon S. Wolin）所言——无疑是在建立"颠倒的极权主义"。[3]

大卫·哈维曾指出，金钱、生产力和军事力量是维护霸权的三个支柱。[4] 为构筑冷战后"帝国"式的全球霸权，美国一方面要恢复其自身不断衰退的经济实力，消除经济威胁，为自身的全球资本积累开辟道路，由此，对诸如日本等国家的经济"讨债"将会逐步升级。单就日本来说，美国经济上的"讨债"行为最具体的表现就是要求日元升值。战后美元与日元之间超低汇率的设定曾为日本敞开了"无底洞"似的美国市场，对日本的出口乃至整个国家的高速经济发展起到了至关重要的支撑作用，可随着美国经济实力的衰退，1971年之后，美国便开始了提高贸易壁垒以及要求日元升值的经济"讨债"，1985年"广场协议"的签署是一个高峰，此后即便进入了持续开值的区间。进入1990年代以后，这一趋势非但没有改变，进而以1991年签署的《美日结构性障碍协议（SII）》为契机，美国又开始了对日本国内经济

---

[1]　参见［美］迈克尔·哈特、［意］安东尼奥·奈格里：《帝国》，杨建国、范一亭译，江苏人民出版社2005年版。
[2]　转引自［英］大卫·哈维：《新帝国主义》，初立忠、沈晓雷译，社会科学文献出版社2009年版，第29页。
[3]　［美］谢尔登·S.沃林：《政治与构想：西方政治思想的延续和创新》，辛亨复译，上海世纪出版集团·上海人民出版社2009年版，第729页。
[4]　［英］大卫·哈维：《新帝国主义》，初立忠、沈晓雷译，社会科学文献出版社2009年版，第36页。

社会结构的持续不断的横加干涉，以至于有日本学者哀叹这实质上"动摇了日本的国家主权"。[1]另一方面，则是美国开始要求同盟国分担其军事负重。同样单论日本，战后以来，日本长期蜷缩在美日安保体系的庇佑之下，全神贯注于国内经济发展并最终成长为经济大国。而在自身经济实力持续衰退的情况下，美国对日本分担其军事重负的要求——正如"日本搭便车论"的兴起已经显示的那样——变得日益强烈，但除去1980年代中曾根的新保守主义/新自由主义改革时期，对于美国的要求，日本基本上都是以出钱的方式加以消极敷衍。然而，到了1990年代，以海湾战争为契机，美国要求日本不能够仅仅只是出钱了事，更要做出"人员方面的贡献"，或如小布什时期的"阿米蒂奇报告"里所敦促的那样，日本不要只满足于"坐在观众席上"，而是应当"作为参赛者出现在赛场中"，同时亦开始推进美日之间的作战互通性以实现联合作战，把日本更加牢固地绑缚在自己的"战车"之上。

在这样的世界体系背景下，何去何从？日本面临着新的国家战略选择。在本章里，笔者将具体考察1990年代以来在上述体系背景下日本国内的政治变迁及其经济与社会结果。

第一节　新保守主义/新自由主义主导权的确立及日本政治的"漂流"

一、国家体制的重构：小泽一郎的"日本改造计划"和"1955年体制"的解体

要考察1990年代以来日本国家体制的变迁，不可忽视的就是小泽一郎的"国家改造论"，这一改造论的具体内容浓缩在他本人1993年出版的《日本改造计划》一书中。毫不夸张地讲，正是它形塑了1990年代以来日本国家政治体制改革的基本框架以及对外对内政策的基本路向。

如前所述，中曾根政权在"战后政治清算"的旗号下，对旧保守本流派所坚持的"小国和平主义"对外政治军事框架中的"军费控制在GNP1%以内"、"非核三原则"以及"武器出口三原则"都有所突破，但对于至为关键的宪法修改以及自卫队海外派兵却未有实质性的进展。究其原因，除了在野

---

〔1〕 参见坂井昭夫『日米経済摩擦と政策協調：揺らぐ国家主権』有斐閣1991年版。

第四章　混沌的时代：日本经济社会停滞局面的形成及其长期化（1990/1991年至今）

党的反对之外，更主要的还在于来自自民党内旧保守本流派政治家以及官僚们的抵制。1987年两伊战争期间，中曾根虽欲向中东派遣扫雷艇，但时任官房长官的田中派的后藤田正晴却坚决反对，认为日本自卫队功能应当只限于本土防卫，即使是在联合国的领导下，协作也只能维持在宪法框架内，而所谓宪法框架，就是"无论何种场合都不能进行军事协作，而只能限于非军事方面"，[1] 日本海外派兵计划最终搁浅。宪法修改问题亦是同样，1980年代后半期，随着旧保守派们的复权，曾经一度兴盛的修宪浪潮也随之陷入了停滞和消退。如渡边治所说，1990年代初的海湾战争对于修宪派来讲，可以说是"千载难逢的良机"，但时任首相的海部俊树虽然本身属于机会主义分子，缺少正面抗争的气概，但其承继的仍旧是战后自民党旧保守本流派的政治理念，且曾在1990年明确表示"不考虑自卫队的海外派遣"，[2] 并最终以"传统的"经济手段——为美国提供了130亿日元的军费——加以敷衍。海湾战争可以说是美国在建立其"世界新秩序"过程中的第一个行动，日本由于未能在其中发挥更积极的作用——美国所要求的"人员方面的贡献"——而招致来自美国的强烈不满。此外，在对外经济路线上，1980年代的中曾根内阁面对美国的经济"讨债"，最终实施了金融的部分自由化，其后又接受了"广场协议"所设定的日元大幅升值。而伴随着1990年代初冷战终结后美国对资本主义经济全球化的加速推进，美国对日本的经济"讨债"行为亦开始逐步加剧，除去为维护本国制造业利益而持续要求日元升值之外，又要求日本签署《美日结构性障碍协议（SII）》以打破日本国内封闭的经济社会结构，从而谋求为其经济强项——金融业和服务业——向日本市场的渗透开辟道路。如何应对来自于体系霸权国政治以及经济上的压力？日本必须做出自己的战略选择。

中曾根政权"战后政治清算"的对内路线，无需赘言，就是新保守主义/新自由主义的"临调行革"路线，主要目的在于打击旧保守本流派的利益诱导政治，释放市场力量，为垄断资本创造新的积累领域，削弱对中小工商业以及农业等弱小部门的保护以消除所谓的"高成本结构"，从而提高日本垄断资本的国际竞争力。但由于1980年代垄断资本的积累体制正处在过渡阶段而具有"两面性"，加之旧保守本流派政治家以及官僚们的强烈抵制，如前所述，改革最终只停留在了"行政改革"这一"外围战"的层次，并未能对

---

[1] 渡边治『政治改革と憲法改正：中曽根康弘から小沢一郎へ』、350–351ページ。
[2] 渡边治『政治改革と憲法改正：中曽根康弘から小沢一郎へ』、359ページ。

利益诱导政治的核心部分带来致命冲击,1980年代后半期,利益诱导政治重新粉墨登场并引发了巨大的经济泡沫。可是,随着经济泡沫的破灭,一方面是旧保守本流派政治势力整体上陷入了衰颓,另一方面则是垄断资本的国内积累危机日渐加剧,而为了摆脱危机,财界开始积极迎合美国主导的经济全球化潮流,实施资本积累体制向跨国化的全面转向,由此,要求对国内经济社会实施相应改造的呼声日益强烈起来。在旧的发展主义路线已然穷途末路的时代,如何设定国内经济社会的未来发展路向,日本同样面临着重大的抉择。

上述小泽一郎的"国家改造论"就是在这样的当口应时而生的。那么,小三尺究竟要如何改造日本这个国家呢?下面,我们就透过表面的文字来一窥这一野心勃勃的"国家改造论"中所蕴含着的实质理念吧。

在对外政治军事路线上,小泽开宗明义地指出,"关于外交,我的一个信念就是坚持与美国之间紧密的同盟关系",只有"与美国保持步调一致,才是日本为世界和平做出贡献的最为合理和最为有效的方略","……要为维护和平做出国际贡献,日本应当与美国紧密协调地行动",所以,"今后,只有以《美日安保条约》为轴心展开国际行动,才是日本应该选择的道路",为此,"自卫队今后……有必要从被动的'专守防卫战略'转向能动的'和平创造战略'"。[1]而方法就是在宪法第9条中加入允许日本保有以创造和平为目的的自卫队、允许日本保有受联合国指挥的待机军队。这实际上就是要求修改宪法,而对此小泽则认为,"宪法并非不朽的大典,……当周边环境以及我们自身的需求发生变化时,宪法理所当然要随时代变迁而变化"。[2]这简直就是1980年代中曾根"修宪"论调的翻版!但小三尺亦深知"修宪"并非能够一蹴而就,于是同时又提出另一个更为实际的方法,那就是在宪法之外制定一部所谓的"和平安全保障基本法",规定作为主权国家的固有权利,日本拥有个别自卫权并为此可以拥有最小限度的军事力量,以及规定日本作为联合国成员应积极协助维和活动并为此拥有联合国待机军队。[3]这种做法虽然避免了"明文修宪"之嫌,但实际上却是通过个别立法让宪法第9条的严格规定流于空洞,实质不过是另一种途径的"修宪"而已。小泽强调,"所谓'国际贡献',实际上也是日本为了自身生存的行动",为此,"日

---

[1] 参见小沢一郎『日本改造計画』講談社1993年版,33ページ、114-120ページ。
[2] 参见小沢一郎『日本改造計画』,33ページ、123-124ページ。
[3] 参见小沢一郎『日本改造計画』,33ページ、125ページ。

第四章　混沌的时代：日本经济社会停滞局面的形成及其长期化（1990/1991年至今）

本必须成为'普通国家'"[1]对小泽来说，只要修改了宪法并实现了海外派兵，日本就会成为"普通国家"。然而，他却没有真正明白，战后日本国家的"非普通性"并非产生自宪法，反之，正如日本著名法学家渡边洋三先生所言，《日本国宪法》是一部值得日本国民引以为荣的民主和平宪法，日本原本可以通过遵循这部宪法而成为引领和平主义和民主主义的楷模。[2]其实造成战后日本"非普通性"或"非正常性"的真正根源在于《美日安保条约》捆绑之下日本附庸国地位的形成，只要不脱离对美国的深度依附，无论如何日本都无法真正成为一个"普通的"或者说"正常的"现代主权国家。

关于对外经济路线，小泽担忧地指出，冷战终结后，"'日本已经取代苏联成为横亘在美国面前的阻碍'这种认识已经在美国国内蔓延开来，《国防报告》以及《国家安全保障战略》等美国政府文件中都认为日本对美国国家利益构成了最大的非军事威胁"，而且，"甚至出现了'GATT最大的失败就在于日本没有开放国内市场'的论调"。鉴于此，小泽主张，"日本新的经济外交应该主动率先开放国内市场，贯彻'内外无差别'原则"，为此，"有必要大幅削减包括政府许认可权在内的行政权限"。此外，虽然亚洲地区已经成为世界上最富活力的增长地带，马来西亚的马哈蒂尔首相亦提出了"东亚经济合作体（EAEC）"构想以谋求促进东亚地区的团结合作，但小泽却明确反对欧共体（EC）或北美自由贸易区式的区域主义合作，而是始终主张日本应该"与美国一起"，通过"提供资金和技术并以此为后盾"推进亚洲地区的"雁行发展"，即日本→NIES→ASEAN→中国、越南以及朝鲜等国家。[3]为此，日本一方面应当将ODA（政府开发援助）作为外交战略和安全保障战略"灵活"地和"有效率"地加以运用；另一方面则要以美日安保体制为轴心，应对中国、朝鲜等"地区不安定因素"，使其成为亚太地区的"纷争抑制力量"。[4]其意图已经再清楚不过了，这就是要以"胡萝卜"和"大棒"的组合为日本垄断资本的以东南亚为中心的跨国投资进行基础设施的整备与军事护持。笔者前面已经提到，1970年代末，日本曾经提出过"福田构想"以及"环太平洋构想"，但都没有取得理想的效果，主要原因在于日本的"美国追随绝对主义"以及"经济功利主义"，小泽的主张在这一方面可谓是

---

[1] 参见小沢一郎『日本改造計画』，33ページ、103 - 104ページ。
[2] [日]渡边洋三：《日本国宪法的精神》，魏晓阳译，译林出版社2009年版，第1页。
[3] 参见小沢一郎『日本改造計画』，138 - 154ページ。
[4] 参见小沢一郎『日本改造計画』，156 - 169ページ。

有过之而无不及。

谈到日本国内的经济与社会改革,小泽认为,日本虽然是经济大国,社会平等安定,但一方面,国民却缺少真正富足的实际感觉,"单位时间的劳动收入以及与物价相除之后的收入依然只有美国和德国的七成左右,也就是说,收入的提高是长时间劳动的结果,而且,长时间劳动收获的成果又被国内的高物价所抵消";另一方面,"追求效率和安定的结果是,日本变成了以企业为中心的社会,个人沦为企业的一个齿轮",劳动者不得不接受"长时间劳动和完全被企业所左右的生活",失去了个人的自由,同时,虽然"被称为过分保护的政府规制和介入……对社会安定做出了贡献",但"最为重要的国民的自由却被剥夺了"。而且,对于"作为第三者的海外企业和个人来说,(日本社会)是一个难以进入的封闭社会",因此,"曾经被认为很好的社会体系已经随着时代的变化而愈发显示出其缺陷"[1] 鉴于此,小泽以"自由"为名提出了自己的经济社会改造主张。

一是脱离企业控制的自由。小泽指出,"终身雇佣、工龄工资、企业内技术训练等日本型企业经营,保证了协调的劳资关系、基于长期视野的技能掌握以及安定的雇佣等,从而支撑了高速经济增长",但是,"日本如今已经成为与美国并列的超级经济大国,这种高速经济增长型社会结构亦面临着质疑","劳动市场的流动化就是战后以来社会组织方式正在发生变化的一大征兆","女性走入社会、男性劳动者的高龄化以及外国人大批进入日本,等等,都迫使企业必须改变高速增长时代企业的组织方式",而"日本经济本身的国际化也是改变日本雇佣制度的原动力,……考虑到日本经济未来会更加国际化,现在的产业社会组织方式必须做出改变","以上变化确确实实改变着日本的劳动市场,不应该被动应对这些变化,而是有必要以变化为基础,积极而果敢地改革目前扭曲的企业社会"[2] 二是脱离长时间劳动的自由。小泽认为,"实现劳动时间的缩短,劳动者可以被赋予暂时与企业保持距离的时间,在这段时间里,他们可以设计自己的人生,自主选择工作并进行自我钻研",看似很美好,然而,对于未完成的工作怎么办呢?小泽认为,"(这个问题)通过临时雇佣可以得到改善"[3] 三是超越年龄和性别的自由。小泽认为,"要改造以企业为中心的社会,必须实施囊括社会整体的社

---

[1] 小沢一郎『日本改造計画』,181–185ページ。

[2] 小沢一郎『日本改造計画』,209–211ページ。

[3] 小沢一郎『日本改造計画』,219–228ページ。

第四章　混沌的时代：日本经济社会停滞局面的形成及其长期化（1990/1991年至今）

会改革"。这里的重点是高龄者和妇女。关于高龄者，他指出，"迄今的日本劳动市场，以终身雇佣制和工龄工资制为中心的雇佣体系成为核心，……在这一制度下，高龄者只是劳动市场中的边缘性存在"，而如今"终身雇佣体制正在崩溃"，所以，要促进高龄者进入劳动市场，除去要有相应的工资制度以及对高龄者进行能力开发之外，"提高劳动方式和雇佣方式的柔软性亦很重要"；关于妇女，他认为，"在以终身雇佣为中心的雇佣制度下，和高龄者一样，妇女的劳动参加亦受到阻碍"，因此，为使妇女进入劳动市场，"必须构筑让女性得以兼顾工作和家庭的社会支援体制"[1]。这些所谓的"自由"，实际上正如小泽本人所说，是相互密切关联的，即"短期目标是缩短劳动时间，中期目标是为应对劳动力不足而整备环境以促进高龄者和妇女就业以及雇佣扩大，长期目标则是将企业社会转换成国际高水平的以个人为中心的社会"[2]。四是摆脱管制的自由。小泽谈到了农业、金融以及企业甚至包括个人，主张企业也好、个人也罢，都要"责任自负"，"自由主义社会应该基本上是自由放任的，在此之上，只要对无论如何都需要的地方施加最小限度的必要管制就可以了"，"为了建设真正的自由民主社会，也为了我们的生活更加舒适，现在正是必须放松管制和废除管制的时候"[3]。

结合小泽对于经济国际化背景的强调，将其改革主张归纳起来的话，其实不难明白，这主要是为了配合垄断企业资本积累体制的跨国化而实施的国内经济社会改造，谋求的是对战后经济社会结构的彻底颠覆。具体而言，就是为垄断大企业肢解企业组合主义生产关系进行合理性辩护，推进劳动市场的流动化以及临时雇佣，促进高龄者和妇女劳动力进入劳动市场——高龄者和妇女可以作为重要的临时雇佣劳动力，更重要的是要彻底拆除旧保守派利益诱导政治的保护与管制，建立"风险自负"、"责任自负"的"自由放任"的社会，以打破所谓的"高成本结构"。对于战后以来以企业组合主义以及利益诱导政治为主要社会统合支柱的日本社会来说，这样的改革将会产生什么样的社会结果是可想而知的。而小泽却"聪明"地将自己这种具有浓厚新保守主义/新自由主义色彩的主张裹上了一层漂亮的民主主义的外衣，强调只有这样，才能赋予国民"自由"与"自立"，才能创造出"日本梦"，实现

---

[1] 小沢一郎『日本改造計画』，229–242ページ。
[2] 小沢一郎『日本改造計画』，220ページ。
[3] 小沢一郎『日本改造計画』，243–250ページ。

真正的民主主义,而战后以来的日本社会不过是"疑似民主社会"而已。[1] 然而实际上,小泽的改革主张虽则披裹着民主主义的华丽外衣,骨子里却正是要终结大众民主时代。[2]

综观上述小泽的"国家改造论",其实无非是在冷战后的经济全球化时代,一方面为迎合美国的全球政治经济战略,另一方面则是为促进国内垄断企业资本积累而量身定制的对外对内路线。小泽强调的自由也好,管制放松也好,一来是针对美日经济摩擦的不断升级以及《美日结构性障碍协议(SII)》中美国对于日本国内封闭结构的批判所采取的一种对美迎合姿态,二来主要是为日本垄断资本减轻负担从而强化其国际竞争力。同理,通过修改宪法实现自卫队的海外派兵从而进一步强化美日同盟也是既可以满足美国推动其"世界新秩序"战略的需要,同时又可以满足垄断资本要求对其海外投资进行军事护持的"一箭双雕"之策。在此意义上,渡边治所归纳的日本战后以"小国和平主义"(对外)和"利益诱导"(对内)为主要特征的旧保守主义政治体制就成为其必须要清除的主要障碍。由是,小泽声称:"为对应世界的巨变,重塑日本的和平与繁荣,……必须从根本上改变政治体制,对旧的政治结构的摧毁越彻底越好。"而手段就是小泽所谓的"三位一体"式的改革,即以选举制度改革为核心,加上政治资金制度以及防止政治腐败制度的改革,[3] 目的在于从根本上摧毁自民党旧保守本流派的政治霸权,实现治国基本理念相同的两大政党制(即两大保守政党交替制),[4] 重构政治上层建筑,塑造新的国家体制。

透过上述小泽的"国家改造论"主张,我们不难看出,小泽与1980年代的中曽根之间具有许多共同之处。首先,在对外路线上,两者的主张皆属于政治学家山口二郎所说的"美国依附之下的民族主义",尽管两者都持有强烈的民族主义主张,但在伸张这一点的时候,却都将美日协调放在了中心地位[5](关于这一点,之后的小泉、安倍等内阁时期也都一脉相通),"普通国家论"也好,以联合国为中心的"国际贡献论"也罢,都是以强化《美日安保条约》作为前提的。其次,在对国内路线上,两者的主张都带着鲜明的新保守主义/新自由主义印记,小泽在其"国家改造论"中强调的所谓"自

---

[1] 小沢一郎『日本改造計画』,251-258ページ。
[2] 渡辺治、後藤道夫編『講座現代日本4:日本社会の対抗と構想』,28ページ。
[3] 小沢一郎『日本改造計画』,65-66ページ。
[4] 小沢一郎『日本改造計画』,69ページ。
[5] 渡辺治『政治改革と憲法改正:中曽根康弘から小沢一郎へ』,378ページ。

第四章 混沌的时代：日本经济社会停滞局面的形成及其长期化（1990/1991 年至今）

由"，其实无非就是中曾根时代"放松管制"路线的再阐述。正是在此意义上，渡边治作出了如下结论，即"小泽等现代改革派——（但）绝非唐突出现的政治潮流——很明显是作为 1980 年代中曾根等所推进的'战后政治清算'路线的'继承者'而登场的。"[1]

尽管如此，两者之间却仍有不同，表现在何处呢？那就是，相比于中曾根时期而言，小泽对战后旧保守主义政治所要实施的"改造"可以说具有更大的彻底性和颠覆性。中曾根早期虽然批判自民党的派阀政治并倡导"首相公选论"，但自从其所属派阀领袖河野一郎去世，他继承了其中大半后，他便选择了投身于自民党污浊的派阀金权体制中，加入了集聚钱财以获取党总裁宝座并进而掌握政治权力的角逐。因此，他的做法是要在维系自民党本身压倒性议席的基础上，通过"行政改革"这种"外围战"来打击旧保守本流派势力从而树立党内新保守派的优势地位——也就是为小泽所不屑的"体制内改革"，显示出一定的不彻底性，也由此被岸信介等极端保守主义势力指责为"墙头草"。中曾根的这种"两面性"也最终导致其自身被复权后的旧保守本流派所吞噬，即历史学家升味准之辅所谓的"反被战后政治所清算"，并深陷利库路德这一充满了旧保守派色彩的大腐败案之中。相对于此，小泽一郎虽然身居自民党权钱交易腐败体制的中枢（小泽本人是深受自民党旧保守本流体制浸淫的政治家，隶属竹下派，曾任竹下内阁的官房副长官以及海部内阁的干事长），但却从他本人对于旧保守派政治内部肌理的深入认知以及中曾根改革受挫的教训中明白，在既有的自民党体质下，仅仅通过"外围战"的方式想要打破战后政治体制是极为困难的，只有以彻底的"政治改革"从根本上颠覆自民党旧保守派们的生存根基才是打破战后政治体制的前提。与中曾根相比，小泽在其政治立场上更具彻底性。[2] 在这种意义上，可以说小泽是日本旧保守主义政治本身豢养出来的"掘墓人"。

而从中曾根到小泽一郎的新保守主义/新自由主义改革烈度的升级则更多来源于时代背景的差异。1980 年代的世界体系中，美苏冷战尚在持续，虽然美日之间的经济摩擦不断加剧，旧保守本流派们对于美国希望日本分担其军事负重的要求所表现出来的消极敷衍姿态也招致了美国的强烈不满，但彼时的美国对日本的旧保守本流派政治却不能做过分的打压，否则一旦引起自民党内部的不稳定并影响日本的政局，最终将会给美日军事同盟带来负面影响。

---

[1] 渡辺治『政治改革と憲法改正：中曽根康弘から小沢一郎へ』，386ページ。
[2] 渡辺治『政治改革と憲法改正：中曽根康弘から小沢一郎へ』，387 - 389ページ。

从日本国内角度来说，前文已经指出，1980年代日本垄断企业虽然在积极推进生产的跨国化，但整体上仍处在过渡阶段，旧保守本流派国内中心主义的发展路线对其仍有巨大的利用价值。在这样的背景下，尽管1980年代日本的旧保守本流派政治势力在内外两方面都遭遇了极大的困境，却未至于丧失抵抗能力并最终得以复权，中曾根的改革最终也只能以挫折而告终，正因为如此，渡边治才论断说中曾根时代的新保守主义/新自由主义改革具有"早熟性"。可是，进入1990年代以后，日本内外的情况都发生了重大变化。冷战的终结让美国摆脱了苏联威胁，开始肆无忌惮地追求其"帝国"式的"世界新秩序"，亦得以毫无后顾之忧地对日本进行政治军事重塑，通过在日本国内扶植积极协作的政治力量从而将日本牢牢地捆绑在自己的"战车"之上，使之成为实现自身世界战略的"马前卒"；同时，苏联、东欧社会主义国家的解体以及中国向市场经济转型的加速都极大地拓展了资本主义体系的资本积累空间，经济全球化在美国的主导下骤然加速。在此背景下，日本垄断企业积累体制的跨国化在经过了1980年代的过渡阶段后也开始全面地铺展开来，这样，旧保守主义路线之下的"小国主义政治"就愈来愈成为垄断企业难以忍受的内外桎梏。同样重要的是，经济泡沫的破灭标志着日本战后旧保守发展主义体制的破产，作为这一体制引领者的旧保守本流派政治势力的式微亦是必然的结果，利库路德案、佐川快递案和大建筑公司腐败案的相继暴露以及由此引发的国民对于旧保守派政治家及其官僚们的反感都充分地反映出了这一趋势。小泽一郎也正是凭借其过人的敏锐以及对于权力的极度渴望，毅然脱党并推出了上述迎合时势的"国家改造论"，的确，与其为旧保守主义政治"陪葬"，莫不如"脱胎换骨"成为时代的"弄潮儿"。渡边治说得好，"小泽是在1980年代末期以来统治阶层对于打破战后政治的要求日益迫切以及中曾根等1980年代改革派权力失落等条件下被推向政治舞台中央的'时代之子'"。[1]

海湾战争让小泽认识到，不仅仅是在野党，自民党的守旧派政治家和官僚们才是日本大国化的主要阻碍，在既存的自民党体质下，宪法修改以及自卫队海外派兵都是不可能的，也无法建立"可以对应激烈变动的国际形势的政治体制"，[2] 必须通过"政治改革"——核心则是选举区制度改革，即从"中选举区制"转向以"小选举区制"为中心的选举制度——打破候选人在

---

[1] 渡辺治『政治改革と憲法改正：中曽根康弘から小沢一郎へ』、386ページ。

[2] 渡辺治『政治改革と憲法改正：中曽根康弘から小沢一郎へ』、419ページ。

第四章　混沌的时代：日本经济社会停滞局面的形成及其长期化（1990/1991 年至今）

当选以及政治资金方面高度依赖派阀和地方个人后援会的体制，从根本上动摇自民党旧保守派的生存根基，迫使其转向新保守主义/新自由主义，用小泽自己的话说就是，"在这样的体制下，……自民党最终会出现内部崩溃"。此外，在"中选举区制"下，作为日本最大在野党的社会党可以获得100个以上的稳定议席，如果实行以"小选举区制"为中心的选举制度，社会党若不同其他党派联合的话，议席数就会锐减，为求生存它就势必要谋求与公明党和民社党联合，如此一来，在安保、自卫队以及外交等方面与其他两党存在差异的社会党就不得不放弃诸如"反对《美日安保条约》"、"非武装中立"等原则。这样，在自民党内部崩溃的基础上，小泽同时认为，"在野党势必将出现重组，最终则必然走向两大（保守）政党制"，[1]其心机不可谓不深邃。另外，对新保守主义/新自由主义改革来说，自民党一党政权已经变得不合时宜，因为战后自民党独裁政治的安定一方面来源于垄断资本的支持，另一方面则主要是依靠旧保守本流派的利益诱导政治从而获得了来自中小工商业者以及农民等社会群体的拥护。而新保守主义/新自由主义改革却旨在通过"放松管制"谋求对这些社会群体的淘汰和抛弃以打破所谓的"高成本结构"，为垄断企业减轻负担，这与旧保守派政治家以及官僚们的既得利益直接对立，因此——正如中曾根改革最终受挫所显示的那样——实施起来极为困难。再者，在自民党一党政权下，如果强行实施改革并由此导致国民不信任的话，政权则很有可能落入以社会党为中心的在野党手中，因此，要解决既可以完成新保守主义/新自由主义改革又不会导致保守势力政治霸权旁落这一两难问题，最好的办法就是将"中选举区制"改为"小选举区制"，借此建立两大保守主义政党体制。小泽的"政治改革"正是以此作为目标，宣传的口号则是对不明就里的普通民众极具煽动力的"实现日本真正的民主主义"、"打破自民党一党独裁"以及"实现由两大政党交替执政的民主主义"[2]。

理念的实现当然需要具体的实践行动。下面，我们就来看看小泽的具体改革行动。前面说过，小泽一郎以"政治改革"为主轴谋求政界重组的核心就是推进众议院议员选举制度的改革。而直到1993年8月细川内阁成立为止，自民党内旧保守派政治霸权余威尚在，海部内阁以及其后1991年11月

---

[1] 渡辺治『政治改革と憲法改正：中曽根康弘から小沢一郎へ』，421–426ページ。
[2] デビッド・ハーベー著、森田成也・木下ちがや・大屋定晴・中村好孝訳、渡辺治監訳『新自由主義：その歴史の展開と現在』，308ページ。

成立的宫泽——宫泽本人属于池田勇人的"宏池会",秉承的是旧保守本流派的政治路线——内阁皆是在竹下派支持下成立的旧保守主义势力主导的内阁,是竹下派操控下的"经世会"政治的延续,因此,政治改革关联四法案——包括选举制度改革、政党助成法、政治资金规制法和公职选举法——都没有顺利得以通过。[1] 但经济泡沫破灭所带来的沉重的经济社会冲击其实已经宣告了旧保守发展主义路线的终结,作为这一路线引领者的旧保守本流派政治的颓相已经全面显露,利库路德、佐川快递等大腐败案的相继曝光则更加速了其政治霸权的衰落。这一期间,自民党内已开始分裂,先是1992年5月细川护熙结成了"日本新党",小泽等改革派叛离"经世会",结成"改革论坛21"并以此为主体在1992年12月组成了羽田派,引发了竹下派的分裂,这标志着承继了旧保守本流派路线的"经世会"呼风唤雨时代的终结,日本政界进入了重组期。接着,1993年6月,小泽等激进改革派以及武村正义等"政治净化派"脱离自民党,相继成立了"新党先驱"(武村正义等)和"新生党"(小泽、羽田孜等)。[2] 1993年8月,非自民八党派共同推举细川护熙成为首相,非自民党联合政权成立,旧保守本流派的政治霸权就此失落,这被称作"1993年政变"而众所周知,小泽小郎是这场"政变"的总导演。在由小泽实质操纵的细川内阁下,1994年1月,政治改革关联四法案经参众两院审议通过,众议院选举制度也确立为"小选举区比例代表并立制"。小泽本人最希望的是"小选举区制",但细川内阁是多党派联合政权,为获得各党的一致同意,所以最终采取了将统共500个议席中的300个交由小选举区选出、其余200个议席由比例代表制选出的"小选举区比例代表并立制"(此后,2000年2月,在小渊内阁下,应小泽要求,比例代表区议席削减20席,小选举区议席增加到了63%)。作为政治家,小泽明白,要实现其新保守主义/新自由主义方向的国家改造,首先必须进行政治上层建筑的重构,其最终目标是要建立保守主义两大政党制,而至此,前期铺垫工作的大半——解体自民党以及众议院选举制度改革——已经完成。从这种意义上说,细川内阁不过是小泽实现其政治目标的一个过渡环节,因此注定是短命的,也最终于1994年4月解体。

小泽的下一步就是要捣毁作为战后革新政治力量代表的日本社会党。越过只维持了两个月多一些的羽田过渡内阁——不过是政治混乱中的"插曲"

---

[1] 参见小野耕二『日本政治の転換点』, 168–172ページ。

[2] 参见小野耕二『日本政治の転換点』, 170ページ、172ページ。

而已。1994年6月，自民党、社会党以及新党先驱联合政权成立，社会党的村山富市任首相，时隔47年，社会党终于重掌政权。表面上，这看似与小泽的设想背道而驰，然而，实质却并非如此。在政权的诱惑下，社会党实际上放弃了其战后一贯坚持的党的基本理念和立场，承认了"自卫队符合宪法"以及"《美日安保条约》必不可缺"，全面滑向了保守主义立场——村山政权也由此被许多人批判为"野合政权"。相较于小泽的老谋深算，社会党却暴露出明显的脆弱与短视的一面，这种所谓的"现实主义化"，从长期视野来看，对该党来说其实意味着灾难，村山政权的实现是建立在社会党放弃自身根本理念——这是政党得以存立的依据或者说是政党自我认同、自我身份（identity）的来源——基础之上的产物，看似风光一时，其实却无异于一种政治"自杀"（更确切地说，是在小泽政治阴谋加害之下的"自杀"，然而却也凸显出了该党的脆弱与不成熟），社会党完全失去了作为政治对立轴存在的特质与意义。在此意义上，这种政权的获得更像是"临终前的回光返照"，难道不是吗？1996年1月，村山内阁解体，社会党同时更名为社会民主党，但也就此失去了曾经作为日本战后革新政治势力最主要代表的力度和气度。

如果说"1955年体制"是保守自民党独霸政权，并由其中的旧保守本流派势力（其主要脉络是：吉田派"吉田学校"→池田派"宏池会"→田中派"星期四俱乐部"→竹下派"经世会"）掌握日本国内政治主导权的体制，1980年代虽有中曾根"战后政治清算"的反动，但最终并未能撼动旧保守本流派的政治主导权——的话，那么，随着旧保守派政治霸权的失坠、以小泽为代表的新保守主义/新自由主义势力的兴起以及由此引发的自民党自身的分裂，"1955年体制"可以说已经分崩离析了。渡边治指出，"1993年政变"中产生的最大变化就是小泽一郎领导的激进改革派——新保守主义/新自由主义改革派——已经占据了政治统治层面的主流。1980年代作为激进改革派"希望之星"的中曾根虽然掌握了政权，但支撑其政权的依然是旧保守本流派势力（"田中军团"），换言之，中曾根政权只有头部是激进的改革派，而身子却受制于旧保守本流派，这也是导致其野心勃勃的所谓"战后政治清算"最终未能撼动旧保守本流派的政治霸权，结果"反被战后政治所清算"的根本原因。而保守主义势力内部的激进改革派通过"1993年政变"对政治主导权的获取也正是"政治改革"的产物，其背后有日本资本主义伴随资本大国化而来的对政治大国化的迫切需求、对推进改革有利的体系形势的展开以及利库路德等一系列渎职腐败案件陆续曝光等"绝好"条件的帮助。[1] 至此，小泽谋求建立两大保守主义政党制的前期铺垫工作也已基本完成。剩下的不过就是哪两个政党能够成为交替执政的保守主义政党的问题了。

二、"1996年体制"的确立和"漂流的政治"

"1993年政变"前后，主张打破既有政治体制的经团连、经济同友会以及日经连等财界团体提出的报告书开始呈现泛滥之势，这可以说是延续了1980年代初中曾根上台前后的状况，甚至超过了当时的情形，带有鲜明的1990年代的色彩，对日本现状的认识充满了悲观的底色，对于日本既有体制的形容皆是诸如"穷途末路"、"适应全球化迟缓"、"（如此下去），日本只有一路衰退下去"之类的描述，反映出财界强烈的危机感和要求对国家体制实施改造的迫切感，认为在跨国企业竞争激化的浪潮中，如果不对既有体制实施改革，日本企业将无法生存。[2]

1996年实施了选举制度改革后的首次选举，并诞生了桥本龙太郎内阁。渡边治将1996年选举后日本政治的变化归纳总结为两点。一是改革方针开始"照搬"财界提出的改革计划。桥本内阁1997年打出的包括行政、财政、社会保障、经济、金融以及教育领域的所谓"六大改革"，就几乎全盘照搬了财界主导的经济审议会1995年报告《关于六个领域结构改革的推进》中的内容，自民党特别是官僚机构已经失去了对财界的改革要求进行调整与取舍的能力。二是政治统治集团内部的渐进改革派——旧保守本流派——全面后退，而激进改革派——新保守主义/新自由主义派——则掌握了政治上的主导权。激进改革派联合不仅推进"大国主义"改革，亦同时推进新自由主义改革。经团连在1996年报告书《充满魅力的日本》中指出，"明治以来以经济'赶超欧美'为前提的经济社会体制如今也已经走到了尽头，莫不如说已经成为发展的桎梏"，进而提出要通过改革，对内"构筑真正富裕和有活力的市民社会"，对外"确立为世界和平与繁荣做出贡献的国家"，从而成为"有活力的全球化国家"。渡边治分析指出，这无非是一方面以"构筑真正富裕和有活力的市民社会"为名，谋求打破自民党旧保守本流派的保护与规制的政治（即利益诱导政治），推进以大规模"放松管制"和财政结构改革为中心的新自由主义改革，另一方面则以"为世界和平与繁荣做出贡献"为名，

---

[1] 渡辺治『政治改革と憲法改正：中曽根康弘から小沢一郎へ』，521ページ。

[2] 渡辺治、後藤道夫編『講座現代日本4：日本社会の対抗と構想』，22ページ。

第四章　混沌的时代：日本经济社会停滞局面的形成及其长期化（1990/1991年至今）

谋求实现自卫队的海外派兵和成为联合国常任理事国从而为日本垄断跨国企业服务的"（政治军事）大国主义"改革，[1] 经济同友会1997年报告中把这一改革称作"对战后日本体制的总清算"，[2] 渡边治则将这一政治体制定义为"1996年体制"。

关于"1996年体制"框架的最大特征，渡边治亦做了归纳：其一，就是"政党的总体保守化"。其中，自民党取得239个议席，小泽一郎率领的新进党获得156个议席，两大保守主义政党的总议席数几近400席，如果加上民主党以及新党先驱的话，则达到449个议席，保守主义政党独占了90%的议席，远远超过了修改宪法所必需的国会议席的2/3。与此同时，村山政权下社会党的变质以及1996年的更名实际上意味着它的衰亡，公明党、民社党亦同样逐步被保守主义势力所"收编"，新自由主义以及"大国主义"改革的"障碍物"渐趋消亡。小泽的新进党于1996年12月发表了《日本再建的基本政策构想》，在制定了新自由主义改革日程的同时，亦提出了包括制定"安全保障基本法"的构想；1997年《读卖新闻》实施的关于宪法问题的问卷调查结果显示，新进党议员的78%以及自民党议员的76%都赞成宪法的修改。其二，就是自民党的复权。在村山政权下实现了政权回归的自民党为了修复与财界的关系（"1993年政变"之后，财界将期待对象转向了小泽的新生党，并以"平等化"为名开始将政治献金向自民党之外的政党分配），虽然动作迟缓，却开始弱化自来的利益诱导政治，暗暗地向新自由主义和"大国主义"方向转移，党内新保守主义/新自由主义改革势力增强，党总裁从河野洋平向桥本龙太郎的转换就是这一转向的标志。[3] 桥本龙太郎本人虽然曾在1994年出版了《政权夺回论》一书，指出"放松管制"给所有国民带来利益的想法是非常危险的，各种管制具有保护国民生活以及救助弱者和确保雇佣的重要功能，其中秉承的依旧是典型的旧保守主义政治路线。然而，为了确保未来两大保守主义政党制中自民党的执政党地位，桥本最终背叛了自己的初衷而开始全面转向新保守主义/新自由主义方向。在此意义上说，政治学者居安正认为自民党是一个缺少坚实的世界观、视政权获取为第一要务的无原则顺应现实的政党并讽刺地称其为"无脊椎动物"，[4] 这样的定位真

---

[1] 渡辺治、後藤道夫編『講座現代日本4：日本社会の対抗と構想』，24－25ページ。
[2] 渡辺治、後藤道夫編『講座現代日本4：日本社会の対抗と構想』，23－24ページ。
[3] 渡辺治、後藤道夫編『講座現代日本4：日本社会の対抗と構想』，27－32ページ。
[4] 参见居安正『政党派閥の社会学：大衆民主制の日本の展開』，160ページ、173ページ。

是形象而又准确。同时，新进党内小泽等激进改革势力逐步占优，以"小泽—桥本会谈"成立为标志的保守派联合——值得注意的是，这并非像"1955年体制"成立之时的保守党联合——掌握了政治上的主导权。"1996年体制"确立之后，日本政治便进入了由新保守主义/新自由主义激进改革派势力整体上掌握着主导权的长期"漂流"[1]状态，所谓"漂流"，主要是指革新政治力量缺位状态下日本国家整体朝向新保守主义/新自由主义方向的无约束的放任自流，政治舞台上反映出的则是奔向两大保守主义政党制的政治势力之间的离散聚合。

在桥本政权下，1996年日本与美国签署了《美日安保共同宣言》，一是承诺让美军继续驻留日本，把自身纳入到美国的新世界战略之中。根据这一宣言，美军实际上获得了为维持亚太地区以及全球秩序可以从日本国内任何军事基地直接展开军事活动的自由，远远超越了1960年《美日安保条约》中所规定的维护日本及远东地区和平与安全的范畴。作为具体化的步骤，保守主义政府以"国家利益"为名，强行修改了《美军用地特别措施法》，以方便为驻日美军提供土地。二是承诺在"日本周边有事"的情况下，对于美国的军事作战行动，日本不仅将提供经济上的援助，更会给予军事上的协作与支持。1997年6月，日本公布了关于《美日防卫协作指针》修订的中间报告，把"日本周边有事"之际可以对美军作战行动形成支持的诸如信息收集、扫除鱼雷、武器弹药等物资的输送以及经济封锁时的实地检查等涉及广泛的行动明确列为探讨主题，并呼吁在物资运输以及医疗等领域可以动员地方自治体和民间的协作；同年，新的《美日防卫协作指针》正式出台。针对上述举措，渡边治这样说道："如此，日美同盟很显然是不对等的同盟，日本对美国依然具有强烈的'依附性'。"[2] 资深政治记者本泽二郎则不客气地指出，《美日防卫协作指针》的修订是中曾根以及小泽改宪扩军战略的体现，酷似二战前的军国主义日本与纳粹希特勒结成同盟欲在亚洲建立霸权的做法，只不过这一次的对象从希特勒德国变成了美国而已，手法上却没有任何不同。[3]

要实现日本同美国在亚太地区乃至全球军事行动中的有效协作，除去涉

---

[1]　"漂流"一词是日本政治学者安世舟描述1990年代以来日本国家政治状态的用语，笔者在此加以借用。

[2]　参见渡边治、後藤道夫编『講座現代日本4：日本社会の对抗と構想』，38-40ページ。

[3]　本澤二郎『平成の妖怪：大勲位・中曽根康弘』健友館2003年版，66ページ。

第四章 混沌的时代：日本经济社会停滞局面的形成及其长期化（1990/1991年至今）

及经济以及其他诸多领域的后方支援——"钱"和"物"的支援——以外，最重要的就是所谓"人员方面的贡献"了，也就是自卫队的海外派兵，而阻止自卫队海外派遣的最大障碍物无疑就是和平宪法。以小泽一郎为中心的新保守主义/新自由主义激进改革派通过"政治改革"粉碎了奉行"小国主义"政治、对改宪持消极态度的旧保守本流派的政治霸权，确立起了"1996年体制"，这算是突破了改宪的第一个关口。可尽管在这一体制下，保守主义势力占据了500个议席中的近450个议席，但事实上却没有一个保守主义政党公然打出修改宪法的主张，所以，要在参众两院同时确保改宪所必需的2/3议席并非易事；另外，改宪需要国民的投票，首先需要制定国民投票法，除此以外，鉴于战后和平意识在日本国民中的普及，获得国民对改宪的同意将耗时费力且风险极大。因此，激进改革派所采取的现实策略便是小泽一郎在其《日本改造计划》中提出的通过制定"安全保障基本法"这一迂回方式来进行"事实上"的改宪。这种方式不但可以免去明文改宪所需要的国民投票，而且在"1996年体制"的"总体保守化"状况下成算也较大，特别是被小泽的新进党所"收编"的旧公明党以及旧社会党内亦有赞同制定"安全保障基本法"的声音，这种方式亦有可能获得反对明文改宪的政党的同意。此外，采取这样的方式也让自卫队在行动时可以摆脱宪法上的逐一审查而成为合法。[1] 如此一来，引领战后日本走上和平发展道路的1947年宪法实际上已经逐步空洞化了。

接下来，1999年《周边事态法》成立，规定在日本"周边有事"之际，日本需要为美军行动提供前面所提到的各种"后方支援"。尽管日本保守主义政府强调"后方支援"不会让日本陷入战争状态，但正如后藤田正晴所反问的那样，"现代战争下的前线和后方还有什么区别"？而本泽二郎则毫不讳言地称《周边事态法》实质上就是一部"战争法"。[2] 2001年10月，日本国会通过了《恐怖对策特别措施法案》，以恐怖袭击为借口，允许自卫队对美军的军事行动提供后方支援，并将自卫队派往印度洋；2003年6月，以伊拉克战争为契机，日本国会又通过了《有事法制关联三法案》，将民间企业和地方自治体纳入到了战争协作体制当中。如果说在《周边事态法》中，民间企业和地方自治体还有对配合美军军事行动说"NO"的余地，那么，在有事法制下，日本政府甚至可以强制企业和地方政府对美军进行协作，免费提

---

〔1〕 参见渡辺治、後藤道夫编『講座現代日本4：日本社会の対抗と構想』，51-53ページ。
〔2〕 本澤二郎『平成の妖怪：大勲位・中曽根康弘』，11ページ。

供道路、港湾、机场以及电力、煤气、医疗和通信等设施，简直就是为了达到战争目的而准许动员物力和人力的《国家总动员法》（1938年）的再现；[1] 2003年7月，《伊拉克复兴支援特别措施法》获得通过，2004年，日本向伊拉克派遣了自卫队；2005年10月，美日又签署了《驻日美军调整临时协议》，将两国冷战期间的"安全关系"转变为明确的"军事同盟关系"，强调美日之间的"作战互通性"和"联合作战立场"，两国将在反恐、救灾以及弹道导弹防御系统领域开展合作；2006年5月，美日就基地重置细节以及完成所有目标的"路线图"达成协议，并加快了在日弹道导弹防御系统的部署。针对2005－2006年美日之间一系列的军事重组，澳大利亚学者加文·麦考马克认为，其结果是进一步扩大和升级了美日同盟关系，将其从范围有限的偏向防御的同盟转变成了一个合作广泛的全球性的预防性的——换言之，就是"先发制人的"或者说"进攻性的"——军事同盟。而为履行协议，日本势必（不断）出台可以让自卫队在世界范围内的自由活动合法化的法律。[2] 同时，正如渡边治所言，除了要让自卫队摆脱地理范围的限制，更重要的还是要让自卫队能行使武力。通过单独立法"挖宪法墙角"的方式依然有其限度，要实现武力行使，则只有从正面突破宪法。[3] 2007年5月，安倍政权下旨在实现明文改宪的《国民投票法》通过，明文改宪成为新保守主义/新自由主义势力所追求的终极目标，而宪法一旦遭到篡改，其实也就意味着战后日本原本脆弱的和平主义和民主主义国家体制框架将整体崩塌。

如此，自"1996年体制"确立以来，为了满足来自美国以及国内垄断资本的双重需求，日本的新保守主义/新自由主义激进改革势力在追随美国全球战略、强化美日同盟基础上谋求"（政治军事）大国化"的道路上愈行愈远。而这一过程同时也是一个日本对美国的依附不断深化的过程，对此，加文·麦考马克不客气地说道："赖肖尔当年提出的将裕仁天皇变成'美国的溥仪'的建议并没有得到直接的实施，但其基本思想——使日本对美国形成结构性依赖——却渗透于政策之中，且历史弥久。时至今日，赖肖尔的预言已然变成现实：日本已经变成了一个附庸国，甚至像有些人所宣称的那样，已经成

---

〔1〕［日］中村政则：《日本战后史》，张英莉译，中国人民大学出版社2008年版，第202－203页。

〔2〕参见［澳］加文·麦考马克：《附庸国：美国怀抱中的日本》，于占杰、许春山译，社会科学文献出版社2008年版，第92－95页。

〔3〕渡辺治『憲法改正：軍事大国化·構造改革から改憲へ』旬報社2005年版，66－67ページ。

第四章　混沌的时代：日本经济社会停滞局面的形成及其长期化（1990/1991 年至今）

为一个傀儡国。"[1] 加文·麦考马克同时亦指出："在某种程度上，恰恰是由于日本在美国的全球'帝国'中一直屈居于'附庸国'甚至是'仆从国'的从属地位，所以在日本国内，民族主义的姿态、民族主义的说辞以及民族主义的象征也就成为必需的了。"[2] 而在他看来，这种民族主义的歌舞狂欢不过是在华盛顿这一"如来佛的手掌心"上"大跳芭蕾舞"而已，诸如首相参拜靖国神社这样易引发争议的姿态与其说是民族主义复兴的迹象，毋宁说是企图弥补被抛弃的民族主义，政治军事上的依附地位需要有这种民族主义的说辞和象征的伴唱。[3] 新保守主义/新自由主义分子们一方面努力成为美国的"忠犬"，另一方面却又以强势民族主义者的姿态出现——其中尤以小泉和安倍为甚，这样的民族主义不过是徒有其表。法国历史学家多德同样直言不讳地点破：诸如历史教科书的修改、靖国神社的参拜等行为，"实际上是为了掩饰其完全服从于美国的'假国家主义'"。[4] 除此以外，鉴于不断恶化的日本国内经济社会状况，新保守主义/新自由主义政治势力亦愿意利用这种民族主义宣示来谋求缓和社会危机的目的，关于这一点，日本政治学者安世舟指出，正如小泉政权时代所体现出的那样，在经济社会停滞甚至衰退的状态下，从现行选举制度中出现具有超凡魅力的政治家，巧妙利用大众情感以及各种媒体，推行民粹主义政治的可能性极大，而这种民粹主义政治与国家主义相结合的危险性已经被纳粹所证明。如果以这种方式向世界昭示日本的存在感，那么在全球化资本主义时代，日本将越来越走向孤立。[5] 民族主义表演的结果则是日本与亚洲邻国之间的信赖关系不断恶化，严重阻碍了亚洲区域一体化的正常发展。[6] 同样地，加文·麦考马克亦指出，尽管日本官方宣称日本与亚洲的关系跟日本与美国的关系一样好，但事实上，正好是与后者关系的日益紧密和日益军事化，横亘于日本和亚洲邻国之间的鸿沟才变得更宽更深，当亚洲国家酝酿一个类似于欧洲模式的共同体时——这种共

---

[1]〔澳〕加文·麦考马克：《附庸国：美国怀抱中的日本》，于占杰、许春山译，社会科学文献出版社 2008 年版，第 3 页。

[2]〔澳〕加文·麦考马克：《附庸国：美国怀抱中的日本》，于占杰、许春山译，社会科学文献出版社 2008 年版，第 5 页。

[3]〔澳〕加文·麦考马克：《附庸国：美国怀抱中的日本》，于占杰、许春山译，社会科学文献出版社 2008 年版，第 110 – 111 页。

[4]〔日〕安世舟：《漂流的日本政治》，高克译，社会科学文献出版社 2011 年版，第 124 页。

[5]〔日〕安世舟：《漂流的日本政治》，高克译，社会科学文献出版社 2011 年版，第 204 页。

[6]〔澳〕加文·麦考马克：《附庸国：美国怀抱中的日本》，于占杰、许春山译，社会科学文献出版社 2008 年版，第 6 页。

同体应当是日益紧密的经济联系的政治表达,他们却不能不因20世纪的军国主义和战争的遗留问题而烦躁,要实现东亚共同体,首先得愈合日本与亚洲国家的历史伤痕。[1] 诚哉斯言!

再来反观日本国内,自"1996年体制"确立之后,新保守主义/新自由主义势力对既有经济社会结构的改造亦是愈演愈烈。在经济全球化的所谓"大竞争时代",日本垄断企业一方面急于跃入其中以实现全球规模的资本积累,另一方面却也抱有强烈的危机感,原因就是日本经济社会中存在的"高成本结构",而造就这一结构的,除去日本垄断企业本身的积累体制之外,最大的因素就是自民党旧保守派政治家以及官僚们主导下的利益诱导政治。因此,新保守主义/新自由主义政治势力在辅助大企业对其资本积累体制(包括生产关系模式)实施肢解的同时,在政治层面上也开始将炮火集中对准了旧保守派们所坚持的利益诱导政治。我们已经知道,利益诱导政治主要是通过各种补助金以及各种行业规制对处于社会边缘的农民、中小工商业者等实施保护的政治,是自民党旧保守派政治霸权的基础,也是日本社会统合的重要支柱,可它同时也带来了国家财政上的散漫无节制以及由此衍生的严重赤字,最终将会导致法人税的提高,从而威胁到大企业的利润。此外,对这些弱势边缘部门的补助与保护也带来了日本国内的高物价,也就是所谓的"内外价格差"问题,转来转去的最终结果就是大企业劳动力成本的上升。在垄断企业以国内为中心进行积累的时代,农业以及中小工商业为垄断企业的强势资本积累担负着重要的底层支撑功能,垄断资本出于自利的目的,在自己可以"大口吃肉"的同时,容许了这些弱小部门跟着"啃啃骨头、喝喝汤",也纵容了政府财政赤字的攀升。但随着低增长时代的到来以及垄断企业的积累体制开始向跨国化方向转移,这些弱小部门转而成为了垄断资本欲要抛弃和淘汰的对象,保护也好、补助也罢,都成为垄断企业资本积累的桎梏。于是乎,来自财界的"财政重建"、"放松管制"的聒噪声便开始不绝于耳,进入1990年代以后,这种要求"放松管制"和削减甚至取消补助的要求则变得愈加强烈起来。

经济同友会在1997年1月发表的《市场主义宣言》中指出:"21世纪我国要保持有活力的经济基础和确保国民生活的富裕与安全,面临的最大课题是:其一,我国经济的'高价格高成本结构';其二,公共部门臃肿导致的

---

[1] [澳]加文·麦考马克:《附庸国:美国怀抱中的日本》,于占杰、许春山译,社会科学文献出版社2008年版,第114页。

第四章　混沌的时代：日本经济社会停滞局面的形成及其长期化（1990/1991年至今）

负担增大。不克服这些问题，我国就无法缔造出可以在全球性竞争中胜出的经济基础以及富裕的高龄化社会。"桥本内阁下提出了"六大改革"，涉及财政、行政、经济、社会保障、金融、教育，而贯穿始终的主题就是要从根本上推翻自民党的利益诱导政治，为垄断企业减轻负担，其焦点则集中在两大方面：一是财政结构的改革，其广度与力度都远远超过了1980年代"财政重建"的范畴。首先，从岁入（财政收入）方面讲，现行税制重视"结果平等"，通过提高最低纳税收入额从而制造出了大量的不缴税人群（弱者），因此，为释放企业以及个人（强者）活力，日本提出改革现行税制，降低个人所得税的最高税率，进一步缓和累进度，并大幅降低实际法人税率，财界报告书一致强调要将"法人税和所得税负担降低到欧美先进国家的平均水平"；其次，从财政支出角度看，日本提出削减公共事业费、针对地方的财政补助以及社会保障费用，而这些财政支出是利益诱导政治的主要手段，是对农业和中小工商业等弱势部门、老人儿童等弱势群体以及落后地方的保护，对这些支出进行削减实际上意味着对经济社会中弱者的抛弃。[1] 二是通过行政改革重组中央省厅，实现大规模的"放松管制"，目的在于消除"高成本高价格结构"。日经连不加掩饰地指出，"为何我国存在很大的'内外价格差'从而导致成本高昂呢？……主要是由于与其他先进国家相比，我国产业间生产力差距巨大，生产力水平低下的低效部门将工资成本的上升转嫁到了价格上面，结果导致整体物价水平的上升，生产力高的部门受到常态性的工资成本上升的压力"，因此，"若不撤销公共保护和管制，竞争原理就无法得到贯彻，生产力亦不能获得持续提高"。[2] 由是，行政改革的焦点就集中在废除官僚省厅的管制权限从而废除旨在保护弱势部门和弱势社会群体的各种规制，消除严重掣肘垄断企业国际竞争力的"高成本结构"。除此之外，官僚省厅的所谓"行政指导"虽然曾经对日本的经济发展贡献良多，但如今，伴随垄断企业的"插翅高飞"，这种管制莫不如说已经成为了垄断企业跨国投资所急需摆脱的束缚，同时亦成为其向国内新的积累领域自由进军的严重障碍。1997年，经济同友会又接连发表了《战后日本体系的总清算》和《如此改变日本》两篇文章，如同前面的《市场主义宣言》一样，都旨在从根本上改变日本的企业依存的社会体制，首当其冲成为攻击对象的就是官僚制。正如渡

---

[1] 参见渡辺治、後藤道夫編『講座現代日本4：日本社会の対抗と構想』，57-60ページ。
[2] 渡辺治『企業社会・日本はどこへ行くのか：再編の時代・日本の社会分析』，92-93ページ。

边治所指出的那样,虽然战后日本的经济发展有赖于官僚们发挥的重要作用,而如今,官僚制却成为一种桎梏,阻碍了经济的自由发展,拖了日本经济全球化的后腿。[1] 鉴于以上原因,由自民党内旧保守本流派政治家以及官僚省厅所主导,以补助金以及行业管制为主要内容的利益诱导政治就成为了垄断资本无论如何都要拔掉的"眼中钉、肉中刺"。

另外,以《美日结构性障碍协议(SII)》为标志,美国对于日本经济社会结构封闭性的批判以及干涉也愈来愈强烈,而这一所谓"外压"则为日本国内垄断资本和激进政治势力提供了可以充分利用的绝好借口(正如小泽在其"国家改造论"中所批判的那样,被过分保护的日本社会虽然造就了平等,但一方面剥夺了国民的自由,另一方面对"作为第三者的海外企业和个人来说,日本社会成了一个难以进入的封闭社会",因此,"曾经被认为很好的社会体系已经随着时代的变化而愈发显示出其缺陷"[2]),美国无意中成了日本国内激进改革势力的有力"援军"。1996年10月,经团连作成以《关于废除、缓和管制的要求与愿望》为题的文件,在督促实施既有"放松管制"推进计划的同时,对行政管制的根本改革提出了极为细致的要求和重要的改革方针。桥本内阁也表明了正式推进行政改革的姿态,通过了《行政改革法》,1996年11月,以桥本首相本人为首的"行政改革会议"成立,确立了政府主动致力于缩小权限的改革体制,1996年末,内阁会议通过了"行政改革计划"。[3] 1980年代的"临调行革"路线虽然由于旧保守本流派的依然强势而一度受挫,但随着经济泡沫破灭后旧保守本流派们的退败以及"1996年体制"下激进改革势力政治主导权的获得,这一新保守主义/新自由主义改革路线终于得以"修成正果",以"六大改革"为标志,谋求对日本经济社会实施根本性体制转换的"结构改革"成为了其重要的标签。

正如学者大泷雅之将1990年代定义为"失去的10年",而将2001年之后定义为"结构改革"时代那样,[4] 进入21世纪之后,"结构改革"的浊浪变得越涌越高,开始吞噬整个日本并带来深重的经济社会危机,而其中的顶峰就是小泉内阁时期。2001年,森喜郎内阁将过去的1府(内阁府)、12省、8委员会和25厅重组为1府、10省、7委员会和19厅,为其后的小泉内

---

[1] 渡辺治『企業社会・日本はどこへ行くのか:再編の時代・日本の社会分析』、92 – 93ページ。

[2] 小沢一郎『日本改造計画』、185ページ。

[3] 参见渡辺治、後藤道夫編『講座現代日本4:日本社会の対抗と構想』、61 – 65ページ。

[4] 大瀧雅之『平成不況の本質:雇用と金融から考える』岩波新書2011年版、2ページ。

第四章　混沌的时代：日本经济社会停滞局面的形成及其长期化（1990/1991 年至今）

阁进一步推进新保守主义/新自由主义改革从政治制度层面搭好了舞台[1]。而小泉内阁时期，在财界的支持下，自民党内旧保守本流派政治势力被冠以"抵抗势力"的标签而开始遭到清除，族议员和中央省厅（农业省、邮政省以及建筑省等）的力量被削弱，利益诱导政治遭到了毁灭性打击，新保守主义/新自由主义改革则迎来了狂飙突进的时期。在法人税得到降低、企业利润尤其是大企业利润获得增长的同时，失业者以及不安定就业者却在骤增，工薪阶层的收入逐年降低，越来越多的人跌入社会底层，加入了贫困者的行列。而公共社会保障与福利体系却又遭到无情的拆解，曾经让许多日本国民引以为傲的所谓"一亿中产阶级"的社会渐渐消失，仿佛成了一个遥远的"旧梦"，继之而来的则是贫富两极急剧分化以及社会不安慢慢加剧的残酷现实（具体请参照本章第三节）。至于小泉之后，虽然"走马灯"式地更换了数个短命内阁，并一度于 2009 年出现了政权交替（民主党取代自民党执政），但新保守主义/新自由主义激进改革势力依然掌控着国家的发展路向，日本国家整体也只能沿着新保守主义/新自由主义方向一任漂流，经济社会危机则在这样的漂流中悄然地累积与深化。

这里必须强调的是，上述新保守主义/新自由主义的对外对内激进改革之所以能够畅行无阻，主要原因就在于日本国家政治层面整体朝向保守主义的无约束的漂流状态（也称作"总体保守化"）。换言之，"1996 年体制"下的日本政坛虽说乱象丛生，但最为核心的内容无非就是奔向保守主义两大政党制的政治势力之间的离散聚合，而革新政治势力则在社会党解体后几近销声匿迹。1996 年，自民党在桥本时期完成了向新保守主义/新自由主义的整体转向从而早早地占据了两大保守主义政党制中的一极。对于自民党的急剧转向，必须提到的重要人物就是中曾根。资深政治记者本泽二郎以其对日本政界内幕的深入了解指出，自 1996 年桥本内阁开始，中曾根对政界的影响力日渐强大。从这一时点开始，暗中操纵自民党的幕后实权者从竹下登转移到了中曾根[2]。如果说 1980 年代依旧是旧保守本流派——从田中角荣的"田中军团"到竹下登的"经世会"——掌握着政治主导权的时代，甚至中曾根内阁本身亦是在田中派支持下才得以成立的——正如"田中曾根内阁"这一称呼所显示的那样，新保守主义/新自由主义反动只能因其"早熟性"而难

---

[1] 从 2003 年开始，又重组为 1 府、10 省、6 委员会和 17 厅；2007 年安倍内阁下，防卫厅升格为防卫省，成为 1 府、11 省、6 委员会和 15 厅。

[2] 本澤二郎『平成の妖怪：大勲位・中曽根康弘』，184ページ。

逃夭折命运的话，那么，经济泡沫的破灭以及几大腐败案的曝光却意味着旧保守本流派对内对外路线的全盘崩溃继而导致其政治上的霸权失落——中曾根本人就指出，随经济泡沫同时崩溃的还有"政治上的泡沫"。[1] 正所谓"十年河东、十年河西"，进入1990年代以后，自民党内力量对比发生了180度逆转，政治天平全面倒向了新保守主义/新自由主义势力，而1980年代"壮志未酬"的中曾根亦成为这一势力背后最大的"教父"。而原属"经世会"的桥本则"识时务"地背叛了已然穷途末路的旧保守主义路线，通过向新保守主义/新自由主义的全面转向实现了自民党的"政权夺回"，但终究难逃成为中曾根操纵之下的"棋子"的宿命。不同于小泽一郎的决绝，中曾根始终立足于自民党，通过建立傀儡政权实施"垂帘听政"。因此，本泽二郎将中曾根称作"平成的妖怪"，指出他才是平成时代永田町政治真正的背后"黑幕"，桥本龙太郎以及其后的小渊惠三、森喜郎以及小泉等都被中曾根收入掌中，成为其操控之下的"木偶"。[2] 中曾根一方面在自民党内消除异己的旧保守本流派势力，譬如，在小渊内阁下，自民党内以中曾根为首的新保守主义/新自由主义势力曾与旧保守本流派势力之间展开了被喻为"关原之战"的对决，承继了旧保守本流路线的竹下登、金丸信的"经世会"以及池田勇人的"宏池会"都遭受到毁灭性打击，最终举起了白旗（小渊首相本人也因性格软弱以及恩师竹下登这一靠山的失却而难以摆脱被任意操纵的"玩偶"的命运，最终因心力交瘁而死于任中），一连串的新保守主义/新自由主义立法纷纷出台，小渊内阁也由此被称作"战后最差内阁"，然而小渊本人却是地道的旧保守本流派政治家，其治下的政治其实是中曾根政治的反映。[3] 对于旧保守本流派势力的另一轮"绞杀"则出现在小泉政权时期，背后的主谋仍旧是中曾根，自民党内旧保守本流派政治家——用小泉的话说就是"抵抗势力"——要么被冷落到一边，要么被迫引退，要么被"刺客"所"刺杀"，总之都被肃清了，[4] 可谓"顺我者昌、逆我者亡"。除去对自民党内异己力量的肃清，对于置身于自民党外、虽则主张相近但却桀骜不驯的小泽，中曾根则试图将其纳入自己的掌控之中。小泽自由党时期，中曾根就曾酝酿"自自合流"，利用小泽的困境将其纳入自民党从而形成保守合并，但

---

[1] 本澤二郎『平成の妖怪：大勲位・中曾根康弘』，40ページ
[2] 本澤二郎『平成の妖怪：大勲位・中曾根康弘』，202–203ページ。
[3] 参见本澤二郎『平成の妖怪：大勲位・中曾根康弘』，16–110ページ。
[4] ［澳］加文·麦考马克：《附庸国：美国怀抱中的日本》，于占杰、许春山译，社会科学文献出版社2008年版，第3页。

第四章　混沌的时代：日本经济社会停滞局面的形成及其长期化（1990/1991 年至今）

由于自民党内反小泽氛围的浓厚而最终未果。[1]

相对于中曾根始终以自民党为根基谋求新保守主义/新自由主义势力一统天下的做法，小泽一郎却更迷恋保守主义两大政党交替执政的模式，其本人也并非甘居人下之辈。因此，在通过"政治改革"——尤其是选举制度改革——促成了自民党内部分裂以及社会党的解体之后，小泽最大的政治目标就是在自民党之外"另立门户"，成立一个可以与自民党相抗衡的保守主义政党。小泽脱离"经世会"进而出走自民党之后，在 1993 年组建"新生党"，导演了"1993 年政变"并促成了细川内阁的成立，不断扮演着日本政治体制和行政体系变革催化剂的角色，极力要构建保守主义两大政党制中的另外一极。从"新生党"到"新进党"再到"自由党"，小泽为实现自己的政治目标，不断统合或分解着各个小规模的在野党。然而，虽然由他牵头并在其《日本改造计划》中所提出来的日本政治改革计划基本上被实现了，他本人却在这一过程中变得愈加孤立。[2] 2003 年 9 月，小泽（自由党）最终选择了与民主党合并，欲以此作为大本营扩大自身的势力，最终将民主党发展成为另一个保守主义政党。[3] 而日本民主党则是由自民党和日本社会党的左翼力量与右翼力量在 1990 年代中期的政治骚乱中分化出来并于 1998 年组成的一个混合的并不稳定的政治联盟，[4] 其后逐步发展成为第一大在野党。2000 年总选举之后，民主党在几乎所有的小选举区都有候选人参选，从理论上说，

---

[1] 参见本澤二郎『平成の妖怪：大勳位・中曽根康弘』，46 - 56 ページ。

[2] ［日］安世舟：《漂流的日本政治》，高克译，社会科学文献出版社 2011 年版，第 94 - 95 页。

[3] 小泽的目标虽然最终得以实现，2009 年，民主党一度从自民党手中夺取了政权，但小泽本人却遭到党内更为激进的"松下义塾"出身的诸如前原诚司等少壮派的排斥，其最终脱离民主党，成立了所谓的"国民生活第一党"，并开始宣扬福利国家的社会民主主义路线。从旧保守派政治家变身为新保守主义/新自由主义激进改革派，而后又摇身一变成为社会民主主义者，小泽一郎的"变色龙"本质显露无遗。尽管小泽本人不乏在时势认知上的敏锐以及行动上的果敢，亦深谙在政党竞争体制中，一个政党想要真正立足，就必须向选民呈示出对抗性理念的道理，但在实现自身政治目标的过程中，小泽始终坚持的却是功利主义和机会主义路线，以获取政权为第一目标，缺乏一以贯之的坚定理念，只能说他是一个政治上的权谋家和投机家。小泽之所以最终会转向社会民主主义路线，是因为他敏锐地捕捉到了现下日本国民的需求以及迎合这种需求将会给他带来的政治利益。那就是，在新保守主义/新自由主义改革已然给经济社会带来巨大破坏的情况下，多数陷入生活困境的国民开始强烈批判执政党的政策并对生活保障与社会福利产生了迫切的需求，在这样的时势背景下，通过提出有别于现行路线的对抗性理念则有可能获取国民的广泛支持。但是，从小泽本人政治权谋家和投机家的本质来看，他的这种充满功利性的转向终究难以获得人们真正的信赖与期待。

[4] ［澳］加文・麦考马克：《附庸国：美国怀抱中的日本》，于占杰、许春山译，社会科学文献出版社 2008 年版，第 43 页。

日本已经出现了政权更替的可能性[1]。民主党成立初期,秉持着对内的"民主主义"、"脱物质主义的价值观"以及对外的"软实力(soft power)"安保理念,与英国劳动党和德国社会民主党路线相近,存在着发展成为日本版的中道左派政党的可能性[2]。然而,随着1998年从新进党解体中分化出来的旧小泽集团的加入,尤其是2003年9月与小泽自由党合并之后,民主党的党势虽然不断增长,可初期的革新理念却逐渐淡化而趋于保守化,虽则喊着"非自民党"和"改革"的口号,政策上却逐渐与自民党趋同。后藤道夫、渡边治等人则根据两党支持母体的变化指出,自民党在完成向新保守主义/新自由主义的转向后,开始逐步抛弃社会边缘群体,形成以大企业经营者、管理者以及大城市新中间层(主要由大企业核心职员构成)为主体的支持母体,而民主党则形成主要以大企业白领阶层为主体的支持母体,因此,两党支持母体的重合[3]导致"两党的性格正在不断接近和重合"[4]。2003年11月的总选举中,自民党获得237个议席,民主党获得177个议席,作为"政治改革"最终目标的保守两大政党制基本确立[5]。而为了构筑两大保守主义政党制,2003年经团连重启政治献金,但不再局限于自民党,民主党以及公明党亦成为其主要对象,同时采取了对政党政策进行评价,然后根据分数提供相应资金的办法。换言之,亲大资本程度越高的政党就会获得更多的资金支持,财界以这样的办法一方面旨在阻止自民党向旧式的利益诱导政治回归,另一方面则旨在将民主党培育成另一个新保守主义/新自由主义政党[6]。也正因为如此,政治学家山口二郎批判说,两党的竞争不过是在"规定动作"——譬如"结构改革"——上较量谁会做得更好,却不是"自选动作"——持有对抗性的理念和政策——上的竞争,这种理念和政策上无差别的酷似"互抛球游戏"的两党制对于国民来说乃是一种不幸[7]。加文·麦考马克的评价则更直截了当,他说道:"自民党和民主党虽是竞争对手,但在满足美国安全合作要求、通过改宪使自卫队合法化以及新保守主义/新自由主义的社会和经济

---

[1] 山口二郎『戦後政治の崩壊』,78ページ。
[2] 参见山口二郎『政権交代論』岩波書店2009年版,157–161ページ。
[3] 後藤道夫編『日本の時代史28:岐路に立つ日本』,36ページ。
[4] デビッド・ハーベー著、森田成也・木下ちがや・大屋定晴・中村好孝訳、渡辺治監訳『新自由主義:その歴史的展開と現在』,319ページ。
[5] 後藤道夫編『日本の時代史28:岐路に立つ日本』,33ページ。
[6] デビッド・ハーベー著、森田成也・木下ちがや・大屋定晴・中村好孝訳、渡辺治監訳『新自由主義:その歴史的展開と現在』,319ページ。
[7] 参见山口二郎『戦後政治の崩壊』,88–90ページ。

第四章　混沌的时代：日本经济社会停滞局面的形成及其长期化（1990/1991 年至今）

政策等问题上的立场是一致的，因而'政治改革'的结果实际上是把这两个竞争的政党合并成了单一的保守党。"[1]可以说，随着小泽一郎的加入，民主党已经逐步小泽化了。2009 年，虽然民主党获得了政权，但当时参众两院议员加在一起，小泽集团从 50 人增至 150 人，鸠山由纪夫、菅直人和小泽构成的民主党"三驾马车体制"的力量均衡状态已经大幅度倾向于小泽集团，民主党实质上处于小泽的统治之下。[2]

而在此之后，民主党中诸如前原诚司、野田佳彦等"松下义塾"出身的少壮派势力在党内不断崛起并逐渐占据主导，其推行的路线较之小泽则更为激进，在这一势力的主导之下，民主党实质上已经逐步蜕变成了一个彻头彻尾的保守主义政党。民主党成立之初，许多善良的人们对其寄予厚望，以为看到了日本政治新生的曙光，然而，民主党随后的演变却无疑破灭了人们当初的美好期望。民主党菅直人以及野田佳彦内阁时期，日本都采取了极端对美追随路线，鸠山由纪夫时期曾主张的美国驻日普天间军事基地迁移问题以及构筑东亚共同体问题不了了之，而有关参加美国主导的 TPP（跨太平洋战略经济伙伴关系协定）的问题却高高浮出水面。但正如日本外务省国际情报局前局长孙崎享所言，对日本来说，TPP 其实蕴含着极其危险的因素，此举除去会让美国企业席卷日本，同时也将会按照美国的意愿改造日本国内社会（其实就是"结构改革"——笔者注）。这一举措实质上是美国阻止中日接近从而遏制东亚共同体形成的分化战略，同时也是美国撬开日本大门、攫取日本国内财富的架构。然而，推动日本加入 TPP 的人们却并没有说明 TPP 的真实情况，而（总）是在诡辩。[3]

2012 年，自民党复权后，对美国推动的 TPP 经济战略更是趋之若鹜（这也

---

[1]　[澳] 加文·麦考马克：《附庸国：美国怀抱中的日本》，于占杰、许春山译，社会科学文献出版社 2008 年版，第 67 页。
[2]　[日] 安世舟：《漂流的日本政治》，高克译，社会科学文献出版社 2011 年版，第 170 页。
[3]　参见 [日] 孙崎享：《日美同盟真相》，郭一娜译，新华出版社 2014 年版，第 257 - 260 页。中国学者郎咸平则将 TPP 的本质总结为"以资本权力取代主权国家权力"，可谓说中了要害。这一见解与美国著名政治学家谢尔登·沃林认为美国正在利用经济全球化建立"颠倒的极权主义"的看法如出一辙。尤其是 TPP 中包含的所谓"投资方—国家争端解决机制"（ISDS 条款），实际上规定了外国投资家相对于接受投资的东道国的司法优越地位，即外国投资家不受东道国家法律的制约。单就日本来说，签署加入 TPP 的协议实际上已经违反了《日本国宪法》第 98 条关于"宪法是国家最高法规，不可签署违反宪法的条约"的规定。有关这一点的论述，参阅田代洋一『戦後レジームからの脱却農政』筑波書房 2014 年版，67 - 72 ページ；梓澤和幸、岩上安身、澤藤統一郎『前夜：日本国憲法と自民党改憲案を読み解く』現代書館 2016 年版，135 - 137 ページ、165 - 166 ページ。

是理所自然的），尤其在第二次安倍政权下，2013年3月，日本正式决定加入TPP。针对此举，经济学家田代洋一的批判更为到位。他指出：美国政府和跨国公司（通过TPP）要求日本开放的领域，实质上是国家控制下的诸如医疗、教育、福利等提供公共服务的领域，开放这些领域并允许民间资本自由进入的话，日本财界亦将同时获利，这一点不只限于公共服务领域，而是适用于所有"放松管制"的领域，这种利用"外压"实施国内的管制放松从而为财界扩大商机的手段，是桥本、小泉和安倍内阁的"家传手艺"，[1]并且他认为，对TPP将会给国家带来的巨大危险不做深入探讨而盲目跟从的缺少谋略的日本政府，"像极了曾经鲁莽地发动了太平洋战争时期的日本"。[2]而之所以会如此，他认为这与安倍政权的属性直接相关，对于安倍政权总体上的对内对外路线，他将其定义为"（新）保守主义与新自由主义的一锅炖"。[3]此外，不得不提的是，除去上述对美国TPP经济战略的积极响应，安倍政权对美国的"亚太再平衡"政治军事战略更是不遗余力地阿谀应和，比之新保守主义前辈们可谓是有过之而无不及。在坚守《美日安保条约》框架的前提下，2015年9月，安保关联法案的强行通过进一步扩大了所谓"集体自卫权"[4]的行使范围，从而使日本较之从前被更为紧密地捆绑在了美国的"战车"之上，成了美国推行其世界战略的"马前卒"，简直就是冷战时期美日主仆关系的现代升级版。

如此，在革新性的政治制衡势力几近消亡、日本政治全面奔向保守主义两大政党体制的无约束漂流状态下，在对外层面上，日本在追求"美国依附之下的大国主义"——或曰"美国依附之下的民族主义"——方向上愈行愈远，不断深化着与亚洲国家——尤其是与中国——之间的隔阂，亚洲区域一体化合作的前景渐趋渺茫；同时，在国内层面上则放任着"结构改革"路线的肆虐，虽则如渡边治所指出的那样，针对激进改革所带来的经济社会破坏，作为短期"对症疗法"，激进势力亦会不时地应急启动旧保守派们惯用的利益诱导政治（金融缓和、财政出动、土建开发）进行社会安抚，但构筑保守

---

[1] 田代洋一『戦後レジームからの脱却農政』，63ページ。
[2] 田代洋一『戦後レジームからの脱却農政』，23ページ。
[3] 田代洋一『戦後レジームからの脱却農政』，13ページ。
[4] 所谓"集体自卫权"，规定一国受到武力攻击时，与之有密切关系的国家（同盟国）虽没有受到直接攻击，但有义务协同受攻击国排除这一威胁；与之相对的则是"个别自卫权"，是指一国只有在受到直接武力攻击时才行使的自卫权。相对于"个别自卫权"的"集体自卫权"的扩大意味着日本无端卷入美国发动的战争的机率在增大，从而成为美国实施其世界战略的"马前卒"，这无疑符合美国的国家利益，却未必符合日本的国家利益。

第四章 混沌的时代：日本经济社会停滞局面的形成及其长期化（1990/1991 年至今）

主义两大政党制、推行新保守主义/新自由主义的"结构改革"路线却是激进势力一以贯之的长期方略，[1]而日本的经济社会危机亦在这一过程中日趋深重。

第二节 日本型资本积累结构的全面解体和长期经济停滞

经济学家罗伯特·布伦纳指出，经济泡沫提供了极其廉价的资本和国内需求的剧烈扩张，正因如此，日本的制造业才能克服日元升值的不利影响，在维持利润率、扩大投资和支持经济增长等方面取得了令其他国家羡慕的"成功"。但这种依赖泡沫膨胀的繁荣不具备可持续性。股票和地产价格的持续上升，使得企业（和某些家庭）的金融资产迅速扩大，信贷资本以创纪录的低利率——近乎免费——发放，股票价值发生巨大膨胀，消费支出也因为财富效应而欣欣向荣，所有这些因素共同作用的结果是日本经济的"繁荣"。然而，一旦泡沫开始萎缩，所有这些刺激作用都将消失甚至发生逆转，投资和消费的增长必定发生相应的下降。[2] 1990 年代初，日本经济终于迎来了这一逆转点。1990 年日本股市出现了所谓的"明斯基时刻"，股价开始暴跌（1989 年 12 月股价最高值达到了 38 915 日元，1992 年 8 月则跌落至 14 309 日元，缩水达 60% 以上）；接着，地价亦从 1992 年开始连续下跌，东京圈、大阪圈和名古屋圈等大都市圈的地价跌幅尤为剧烈。股价与地价的暴跌宣示着日本经济泡沫的彻底破灭，当虚幻的泡沫散尽时，日本经济也终于还原为其固有的真实状况，长期累积的诸多过剩——笔者在前文中已经多次指出的借贷过剩（"钱"的过剩）、生产过剩（"物"的过剩）以及大企业的雇佣过剩（"人"的过剩）——危机喷涌而出，国内经济也由此陷入了全面的停滞乃至萧条之中。有关这一点，经济评论家内桥克人看得最为透彻。他认为，1990 年代以来日本经济萧条的根本原因在于"过度负担"——具体言之，就是"生产设备过剩"、"不良债权过剩"以及"雇佣过剩"，而导致"过度负

---

[1] デビッド・ハーベー著、森田成也・木下ちがや・大屋定晴・中村好孝訳、渡辺治監訳『新自由主義：その歴史的展開と現在』，316ページ。

[2] [美] 罗伯特·布伦纳：《繁荣与泡沫：全球视角中的美国经济》，王生升译，经济科学出版社 2003 年版，第 105-106 页。

担"的原因则是此前的"过度扩大",也就是企业过度的设备投资、银行的过度贷款以及终身雇佣制等企业经营制度。"过度扩大"必然导致"过度负担",而解决"过度负担"问题则意味着残酷的调整。正如历史学家保罗·肯尼迪(Paul Kennedy)在《大国的兴衰:1500－2000年的经济变迁与军事冲突》一书中竭力想要阐明的那样,历史上出现的"过度扩大"的社会、国家乃至地区最终均陷于崩溃。造成"过度扩大"的深层原因存在于日本战后的经济结构之中,经济泡沫不过是这种"过度扩大"超过阈值而到达爆炸点的表现。泡沫破灭后,日本便进入了对"过度负担"的清算过程,从而出现了"日本型停滞"。[1] 也正是在对"过度负担"进行清算的延长线上,在财界的主导下,全面迎合资本主义经济全球化潮流的新保守主义/新自由主义激进改革势力借势而起,为克服国内资本积累危机而开始全面推进资本的自由流动——包括金融的自由化以及生产的跨国化。然而,无论从金融角度来说,还是从实体经济角度来说,新保守主义/新自由主义的改革处方非但未能拯救日本经济,反而让日本的经济萧条局面由此走向了长期化。

一、银行信贷功能的弱化

如前所述,伴随着垄断大企业"游离银行"现象的发展,1980年代后半期,日本全国银行扩大了面向中小企业、建筑业和不动产业的贷款,如果从1984年算起的话,截至1989年,贷款总额达到了约181万亿日元。[2] 这些贷款自然是以土地和股票等有价证券作为抵押的,1987年之后,以土地和不动产作为抵押的贷款比率持续保持在20％以上,1988年以股票等有价证券作为抵押的贷款比率则上升至2.5％。[3] 虽然转换了对象,但银行却在政府人为低利率政策的支持下继续延续了自身的"超贷"体制,并在股价和地价急剧膨胀的情况下获得了巨大的隐形收益。但是,经济泡沫破灭后,股价以及地价的骤降却转而让银行处于了极不乐观的处境,现在它们不得不为自己此前的超额信贷付出沉重代价了。一方面制造业企业由于利润"冻结"而没有能力偿还贷款和支付利息,另一方面房地产和经纪公司在股票和地产市场上的投机因泡沫破灭而遭受灭顶之灾,它们的破产使得巨额的银行贷款付诸东

---

〔1〕 内橋克人『同時代への発言7:九 年代不況の帰結』,4－5ページ。

〔2〕 [日]野口悠纪雄:《泡沫经济学》,曾寅初译,生活·读书·新知三联书店2005年版,第90页。

〔3〕 参见宫崎義一『複合不況:ポスト・バブルの処方箋を求めて』,139－140ページ、170ページ。

第四章　混沌的时代：日本经济社会停滞局面的形成及其长期化（1990/1991年至今）

流。当经济衰退真正来临的时候，银行发现自己的不良债权在迅速扩大，而当初作为抵押的股票等有价证券以及土地、不动产等隐形收益则由于价格暴跌，对于填补巨额的不良债权来说，也只不过是杯水车薪而已（譬如土地，当初的担保率是70%左右，即以估价为1亿日元的土地作抵押，可以获得7000万日元的贷款，如果对方无法偿还贷款，银行只要出售土地即可收回本金。而泡沫破灭则让地价跌到了原价的一半甚至更低，即使出售土地，银行亦无法收回本金；抵押的股票等有价证券亦是同样，它的另一层困境还在于，如果银行进行抛售的话，则可能引发价格的进一步下跌从而招致更大损失），最终结果则如罗伯特·布伦纳所言，不良债权的巨额累积让银行发放信贷的能力遭到严重损害，并进一步延缓了整个日本经济的资本积累速度。[1]

从根本上说，经济泡沫膨胀期间银行无节制地扩大面向中小企业、非金融机构以及建筑和不动产公司的有抵押贷款行为，无非是战后以来银行不健全"超贷"体制的延续，其背后的最大支撑则是旧保守派政治家以及官僚们操控下的人为低利率政策，而泡沫破灭后，由此引发的银行机构巨额不良债权的滋生其实就是对这种发展主义意识形态指导下长期无节制的低利率政策及其"超贷"的一种彻底清算。天文数字般的巨额不良债权就此成为了套在银行脖颈上的沉重"镣铐"，导致其资产状况的恶化和对景气恢复起着重要作用的信用创造功能的弱化。自1997年开始，银行的信用紧缩（credit crunch）或曰"惜贷"倾向日益明显，给日本经济的恢复制造了重大障碍，而用于救助银行的巨额公共资金（即国民的税金）的投入则其实是对国民财富的一种掠夺。[2] 过度发展主义的金融政策最终带来的却是对于未来发展的严重制约以及对国民财富的严重侵害，说起来不禁叫人觉得讽刺，经济评论家内桥克人所谓"自己勒自己脖颈"的比喻用在这里可能再恰当不过了。经济学家野口悠纪雄认为，金融系统是一国经济的基础核心，相当于原子反应炉的核心部分，金融系统的崩溃可以比喻为炉心溶毁，其产生的后果也将是灾难性的。[3]

事情还远远不止于此。如果说泡沫期间银行无节制地放贷乃是战后以来

---

〔1〕［美］罗伯特·布伦纳：《繁荣与泡沫：全球视角中的美国经济》，王生升译，经济科学出版社2003年版，第107页。

〔2〕［日］林直道：《危机与萧条的经济理论：对日、美及东亚经济衰退的剖析》，江瑞平等译，中国人民大学出版社2005年版，第96－97页。

〔3〕［日］野口悠纪雄：《泡沫经济学》，曾寅初译，生活·读书·新知三联书店2005年版，第14页。

低利率政策下"超贷"体制的延续,泡沫破灭后由此产生的巨额不良债权成为勒紧银行脖颈的一副"镣铐"的话,那么金融自由化则是勒紧银行脖颈的另一副沉重的"枷锁"。日本的金融自由化是在内外压力之下1980年代新保守主义/新自由主义反动的产物,进入1990年代,随着冷战的终结以及经济全球化的加速,金融自由化得到了进一步的推进(资本主义经济全球化的最大特征就是资本的跨国自由流动,而推动经济全球化的两大主体,一是金融层面的银行等金融机构,二是实体经济层面的跨国企业。这里主要关注以银行等为主体的金融层面)。金融自由化虽然促进了资本的自由流动从而为企业和银行提供了投机盈利的途径,但同时也意味着必须接受国际统一标准的限制,而标准则是由世界体系的霸权国美国所设定的,美国将本国自由竞争的经济规则设定为全球性标准(global standard),即通常所说的"国际标准",要求其交易对象国接受。对于金融自由化背景下广泛参与国际金融业务的银行来说,这种不得不遵守的国际标准就是所谓的"BIS(国际清算银行)规制"。[1]根据这一规制,参与国际业务的银行的自有资金比率——自有资本与总资产额相除后的商——必须达到8%以上。作为分母的总资产项目包括本国政府发行的短期债、地方债、住宅贷款以及一般面向民间的贷款,风险权重分别为0%、10%、50%和100%,各资产项目与风险权重相乘之后的数额合计起来便构成总资产额;而作为分子的自有资本,则除去本金以及准备金这些基本项目以外,还包括作为补充项目的银行持有的有价证券等隐性收益(限定为45%)。经济泡沫期间,银行一方面以低利率拼命"超贷",扩大针对不动产行业、中小企业乃至个人这些风险系数很高的对象的贷款,以此扩充总资产额;另一方面则利用金融自由化进行股权融资并加大了以有价证券(以及土地)作为抵押的贷款的力度,从而持有了大量的股票等有价证券,作为自有资本补充项目的隐性收益骤增。然而,过犹不及,当泡沫破灭后,一切都发生了逆转。股价与地价的暴跌让原本风险极高的贷款一下子变成了呆账坏账,而有价证券等隐性收益则又极度缩水(对此,宫崎义一教授指出,金融的自由化的结果是让有价证券的价值被股价变动所左右,在此背景下,大量增加隐形收益的做法本身就让日本的银行资金结构变得非常脆弱[2])。

---

[1] 所谓"BIS 规制",是在1988年包括日本在内的12国央行行长会议上决定的国际统一标准,是针对参与国际业务的银行的一种资金规制,旨在促进从事国际业务的银行的健康经营,要求金融机构总资产额中的自有资金比率必须维持在一定数值以上,1993年末这一数值被规定为8%(国内业务则为4%)。

[2] 宫崎義一『複合不況:ポスト・バブルの処方箋を求めて』,228ページ。

第四章　混沌的时代：日本经济社会停滞局面的形成及其长期化（1990/1991年至今）

如此，在经济泡沫破灭之后，日本的银行一反泡沫时期风光无限的强势，国际评级不断降低，一方面无法强化自有资本，另一方面则在"BIS规制"的约束下，只能不断缩小风险权重最高的面向民间的贷款，即在无法扩大分子的情况下，只能通过缩小分母以提高自有资金比率。

从1995年左右开始，金融机构的破产倒闭事件开始大规模爆发，1997年则开始出现大型金融机构的倒闭事件（其中最大的倒闭事件就是北海道拓殖银行以及为其融资的山一证券的倒闭），金融危机逐步恶化。战后在以大藏省为中心的"护航舰队"式金融行政的保护下，"银行不倒"的观念曾根深蒂固，银行等金融机构亦在这种管制和保护下形成了安逸的心理以及不健全的"超贷"体制，经济泡沫期间，这种体质则被进一步强化。随着泡沫的崩溃，银行等金融机构开始为自身长期不健全的经营体质付出代价，巨额不良债权严重压迫了银行的正常经营，"护航舰队"式的金融行政亦发生了总体崩溃，金融层面的改革势在必行。然而，改革的处方却是全面迎合经济全球化、主张全面废除金融管制的新自由主义，钟摆从一个极端开始摆向另一个极端。自民党旧保守本流派在经济泡沫破灭之后，同时也失坠了政治上的主导权，随着"1996年体制"的确立，保守主义政治势力内部的新保守主义/新自由主义激进改革势力掌握了政治上的霸权，并开始了以"六大改革"为标志的新自由主义改革。而作为其中重要一环的，就是1998年4月开始——至2001年3月完成——的被称作"金融大爆炸"（Big Bang）的金融结构改革，目的在于颠覆战后旧保守派们一贯坚持的保护性或者说管制性的金融体制，全面导入市场原理以强化银行等金融机构的竞争力，同时，对外实现金融交易的完全自由化以及会计制度的国际标准化。[1] 正如美国经济学家海曼·P.明斯基（Hyman Mingsky）在《稳定不稳定的经济：一种金融不稳定的视角》一书中所阐明的那样，金融交易的完全自由化无疑将加剧经济整体的不稳定性，这也是为什么凯恩斯主张让"食利者安乐死"的原因。学者大泷雅之清楚地指出，1998年之后，随着利率的完全自由化以及银行的证券公司化（即颠覆了原来对于银行业务范围的管制限定——笔者注），大量金融衍生品被创造出来，助长了金融投机，金融的"放松管制"成为重要的经济不稳定因素。[2]

---

〔1〕 衣川恵『現代日本の金融経済：バブル経済と平成不況を中心に（改訂増補版）』，201-202ページ。

〔2〕 参見大瀧雅之『平成不況の本質：雇用と金融から考える』，119-136ページ。

如果我们不去进行道德批判的话，单单是金融投机交易的增大也并不必然导致银行惜贷的恶果，笔者这里想要强调的是金融自由化中给银行经营带来重压的因素，那就是"BIS规制"以及国际会计标准。关于"BIS规制"在泡沫破灭后给日本银行经营带来的重压，前面已有所阐述，下面主要来谈一谈国际会计标准——这当然也是世界体系霸权国美国制定的标准——所带来的影响。1998年开始的日本版"金融大爆炸"，声称要积极实现会计制度（这一制度同样适用于企业）的国际化，并从2001年开始将国际会计标准引入银行系统。这一会计制度遵循所谓的"时价会计主义"，即以市场价格来估价银行（或企业）所持有的股票等有价证券的价值，与日本自来以"原价法"估价的会计制度直接对立。在"原价法"会计制度下，银行（或企业）持有的有价证券不受市场价格波动的影响，一方面促进了企业之间以及企业与银行之间的相互持股，另一方面，则如宫崎义一教授所指出的，即使泡沫破灭后股价骤降，但以"原价法"处理的有价证券却不会显示为资产损失，反而依然会成为银行的隐性收益，可以充当弥补不良债权损失的准备金[1]（如前所述，"BIS规制"允许有价证券等隐形收益的45%作为补充项目计入"自有资金"）。然而，在"时价主义"会计制度下，由于泡沫崩溃后的股价暴跌（而且，"时价主义"会计制度加大了企业和银行抛售彼此之间相互持有的股份的压力，"相互持股"演变成了"相互抛股"，而这又进一步加剧了股价的下行趋势），曾经的"隐形收益"逆转成了"隐性损失"，减少了作为分子的"自有资金额"，不仅带来了银行自有资金比率的降低，而且导致银行决算陷入赤字而无力消除不良债权[2]。可以说，在以"不良债权"的形式对银行过往的"超贷"进行清算、银行信用急剧收缩的过程中，新保守主义/新自由主义激进改革派们所推进的金融自由化不仅加剧了金融体系整体的不稳定，更重要的是，作为全球标准的"BIS规制"以及"时价主义"会计制度的导入严重恶化了银行的资金状况。换言之，在"不良债权"、"BIS规制"以及"时价主义"会计制度这三重"枷锁"的重压之下，日本的银行普遍陷入了"窒息"状态。正是在此意义上，经济学家金子胜教授认为，日本新自由主义改革积极导入"BIS规制"以及"时价主义"会计制度的做法无异于作茧自缚[3]。如果说这是新保守主义/新自由主义激进改革之"罪"的

---

[1] 宫崎義一『複合不況：ポスト・バブルの処方箋を求めて』，229–230ページ。
[2] 金子勝『長期停滞』，140ページ。
[3] 金子勝『長期停滞』，21ページ。

第四章　混沌的时代：日本经济社会停滞局面的形成及其长期化（1990/1991年至今）

话，那么，无视经济中严重的生产过剩/过度积累局面而长期维持银行不健全的"超贷"体制，最终引发经济泡沫并在泡沫崩溃后让银行套上了"不良债权"这一沉重"镣铐"的旧保守发展主义路线难道不也是不折不扣的作茧自缚吗？若论罪过的话，这乃是"原罪"，而新保守主义/新自由主义激进势力全面迎合经济全球化的金融结构改革则就好比是在本已"呼吸困难"的病人脖颈上又加上了另外两副勒紧的"枷锁"。作为结果，借用宫崎义一教授的话说，"对日本的银行来说，尽管中央银行实施了金融缓和措施（即降低公定利率），要迈出增加贷款这一步恐怕仍将是困难的吧"。[1]

经济学家金子胜教授曾反复地强调指出，对银行的不良债权进行严格清查，一次性大规模注入公共资金，彻底清除不良债权，然后为金融系统构建起安全网才是金融全球化背景下日本应该采取的对策。[2] 而1990年代尤其是1990年代中期以来，日本的新保守主义/新自由主义改革势力却莫不如说是致力于拆除金融的安全网，不顾一切地跃入了金融自由化的漩涡，同时也将"BIS规制"、"时价主义"会计制度等所谓的"全球标准"紧紧地套在了银行的脖颈上。在泡沫后股价和地价持续低迷的情况下，这不仅导致银行自有资金比率的降低，而且导致银行决算陷入长期赤字——金融机构在包括泡沫时期的1980年代，年均收益达到13.3兆日元，而在被称作"失去的十年"的整个1990年代，每年损失10.7兆日元，在"结构改革期"的2000年代，仍然持续着年均3兆日元的赤字状态[3]——而逐渐丧失掉了消除不良债权的能力。银行的信用紧缩带来了实体经济层面的低迷，企业——尤其是中小工商业——破产倒闭的增加又会进一步加剧不良债权问题的恶化，就此形成恶性的紧缩循环。我们无法确知究竟有多少不良债权，知道的只是它自泡沫崩溃以来犹如滚雪球般地膨胀。譬如，根据日本银行法统计的不良债权额，1999年3月就达到了29兆6000亿日元，2002年3月则达到35兆6000亿日元，若根据金融再生法中的分类来统计的话，不良债权则达到52兆4000亿日元，可能转化为不良债权的金额则高达100兆日元。如图4-1所示，1999年之后，在不良债权不断增加的同时，不良债权的处理额却在持续减少，由于长期处理远远超过自身业务盈利额的不良债权，银行系统已经是极度虚弱，甚至到了不得不采取最后手段，即动用准备金以消除不良债权的地步。对过

---

[1]　宫崎义一『複合不況：ポスト・バブルの処方箋を求めて』，233-234ページ。
[2]　金子勝『長期停滞』，84ページ。
[3]　大瀧雅之『平成不況の本質：雇用と金融から考える』，37ページ。

往长期过度借贷的清算确乎是残酷的,而"金融大爆炸"式的激进的金融自由化——尤其是伴随自由化而来的"BIS规制"以及"时价主义"会计制度的导入——则无疑是雪上加霜,这一激进的管制放松(急剧的金融自由化)政策导致信用体系陷入了几近崩溃的状况。[1] 事实上,新保守主义/新自由主义改革派们亦并非不懂得国家信用体系崩溃将会引发的经济社会灾难(譬如,激进如竹中平藏者就一再强调金融体系是经济的"血脉"),所以,虽然新保守主义/新自由主义改革站在市场原教旨主义的立场,大肆鼓吹"责任自负"(譬如,2001年4月的"紧急经济对策"以及同年6月经济财政咨询会议出台的"大骨方针",就提出将不良债权交由市场来处理,低效率银行应当被市场淘汰[2]),而当银行系统真正出现危机并引起经济社会不安时,又会"紧急避难"式地一次次地投入公共资金(譬如,小渊内阁时期就强制性地给银行系统注入了60万亿日元公共资金,1999年末又追加了10亿日元,合计达到70万亿日元)。对此,金子胜教授这样总结到:"一方面在'全球标准'的名义下推进'金融大爆炸'政策,而当这种政策成为引发金融系统不安的导火索时,又会转而推迟'金融大爆炸'路线,投入巨额公共资金,如此反复。"[3] 就是在这种自我矛盾的"一边拆墙、一边补墙"的循环反复中,不良债权越积越多,银行的体力亦不断地遭到消耗,惜贷成为了常态;而巨额公共资金的投入则又进一步压迫了国家财政,吞噬着国民的财富,从而成为日本经济摆脱所谓"紧缩循环"的严重掣肘。

二、企业设备投资的萎缩与国民消费的低迷

罗伯特·布伦纳指出,经济泡沫确实使制造商们得以一时避开盈利率下降和资本积累萎缩的厄运,日本经济也因此呈现出"繁荣"的景象,但从长期看,泡沫经济的这种暂时性刺激不仅没有解决问题,反而让日本经济不得不因此付出更大代价。[4] 事实也的确如其所言,经济泡沫破灭之后,日本大企业针对"过度负担"——如前所述,这种"过度负担"乃是长期"过度扩大"的结果——的残酷清算以及由此引发的经济社会的低迷萧条便是这种"代价"的活生生的写照。

---

[1] 金子勝『長期停滞』,20ページ。
[2] 金子勝『長期停滞』,14ページ。
[3] 金子勝『新反グローバリズム:金融資本主義を超えて』,15ページ。
[4] [美]罗伯特·布伦纳:《繁荣与泡沫:全球视角中的美国经济》,王生升译,经济科学出版社2003年版,第134页。

第四章　混沌的时代：日本经济社会停滞局面的形成及其长期化（1990/1991年至今）

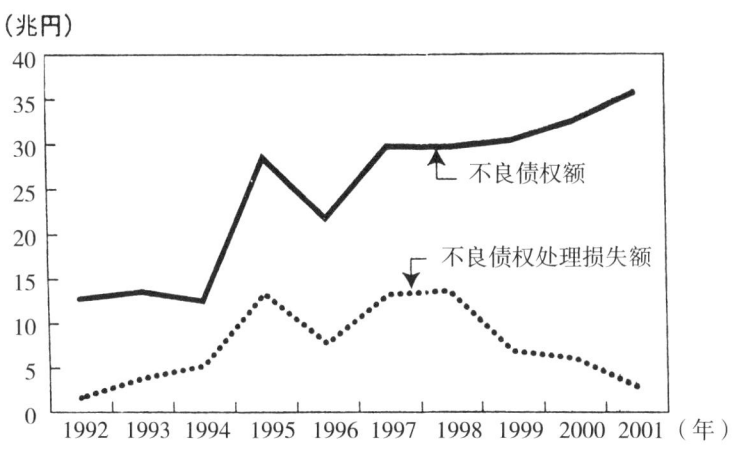

图 4-1　不良债权额及不良债权处理损失额的演变

资料来源：金融庁ホームページ，转引自金子勝『長期停滞』筑摩书房2002年版，125ページ。

在泡沫膨胀所带动的"繁荣"气氛中，日本大企业以每年比上一年度增加约20%或10%以上的规模连续进行了巨额设备投资，重温了经济高速增长时期"狂热设备投资"的美好时光。设备投资的资金来源包括：①经营本业赚取的利润（内部积累的自有资金）；②以超低利率从银行得到的贷款；③股权融资；④土地以及股票价格高涨所产生的隐形收益等。[1] 根据内桥克人的说法，在经济泡沫期间，日本垄断大企业以各种手段近乎零成本筹措的资金高达270兆日元，相当于GNP的68%。而这些资金除去用于金融和土地"炼金"之外，在泡沫"繁荣"的促动下，相当一部分亦被用于设备的更新换代，开始了高附加值产品的开发与量化生产。[2] 泡沫破灭初期的1990年和1991年，制造业大企业的设备投资依旧持续增长，主要是因为泡沫期间大企业用于设备投资的一部分资金是其内部积累的资金①，这部分资金支撑了这一时期的设备投资。而随着泡沫破灭后所谓"逆资产效果"的逐步显现，

---

[1] [日] 林直道：《危机与萧条的经济理论：对日、美及东亚经济衰退的剖析》，江瑞平等译，中国人民大学出版社2005年版，第89页。

[2] 内橋克人『同時代への発言7：九　年代不況の帰結』，30-31ページ。

真正的生产过剩危机开始来临。[1] 在上述②的银行贷款变得困难——前文已述，银行在不良债权等的压迫下已经开始惜贷——的同时，更要命的是，上述③的股权融资由于股价暴跌而完全丧失了机能，产生了大量在规定期间内无法转换和无法行使的股权相关债务——据称，仅在规定期间内未行使权利的需要偿还的附带股权公司债就有八成。[2] 偿还这些债务就需要巨额资金，为此，企业不得不减少设备投资以筹措偿还资金。曾经为大企业带来巨大利益的股权融资如今却让其背负上了沉重的债务，进而阻碍了其生产性的投资。[3] 再者，上述④的隐形收益则由于股价与地价的暴跌而急剧缩水。经济学家林直道指出，就像在拳击比赛中被击中要害一样，设备投资不得不因此而减速，如此一来，金融层面的危机最终引爆了实体经济层面的生产过剩危机。随着设备投资的减速，最先出现生产过剩的是与设备投资相关的产业，即生产工业机械、工作机械、电机、半导体、机器人及其相关产品的产业，随后就是钢铁、混凝土、建材以及汽车等部门。又因为建筑业停滞，办公写字楼停止增加，计算机软件、印刷、广告等信息产业、高科技产业也受到很大冲击。[4] 除去巨额债务所导致的设备投资减速之外，以汽车、电子、工作机械以及半导体等为中心的垄断大企业在经济泡沫期间"异常"过度的设备投资——这一时期的民间设备投资占国民总生产的比率高达20%，近乎其他先进资本主义国家的2倍——在泡沫破灭后则导致了设备的大量过剩和闲置，据某民间智库统计，制造业整体新设备的使用率仅有75%左右，1/4则处于闲置状态，出现了许多"幽灵工厂"。[5] 内桥克人列举了钢铁行业的例子。钢铁公司为提高产品的附加价值，应汽车企业的要求而增设了表面处理钢板的制造设备，譬如新日本制铁公司就投入250亿日元的设备投资，引入了最新式的设备并于1993年完成组装，拥有月产4.3万吨的生产能力。然而，随着国内汽车生产数量的减少，新工厂和新设备却始终处于闲置状态，包括住友金属等在内，钢铁行业表面处理钢板制造设备的40%都处于过剩闲置状

---

[1] [日]林直道:《危机与萧条的经济理论：对日、美及东亚经济衰退的剖析》，江瑞平等译，中国人民大学出版社2005年版，第89页。

[2] 内橋克人『同時代への発言7：九　年代不況の帰結』，32ページ。

[3] 参见宮崎義一『複合不況：ポスト・バブルの処方箋を求めて』，215－219ページ。

[4] [日]林直道:《危机与萧条的经济理论：对日、美及东亚经济衰退的剖析》，江瑞平等译，中国人民大学出版社2005年版，第89－90页。

[5] 内橋克人『同時代への発言7：九　年代不況の帰結』，30－31ページ。

第四章　混沌的时代：日本经济社会停滞局面的形成及其长期化（1990/1991年至今）

态[1]。对此，内桥克人的结论简单明了："'过剩（过度）扩大'的结果就是（企业）如今（只能）在'过剩（过度）负担'中挣扎。"[2]大企业在经济泡沫破灭后不得不承受巨额债务以及设备大量过剩的双重之苦，生产成本受到压迫，成为其进一步设备投资和资本积累的严重掣肘。其实，正如笔者前面已经多次指出的那样，日本制造业的生产过剩危机实际上自1960年代末1970年代初以来就一直持续存在，在1980年代后半期的经济泡沫期间则被进一步加剧，并最终达到了爆破点。泡沫破灭之后，日本便进入了对长期生产过剩的清算过程。如果说银行不良债权的累积是从"钱"的层面对此前"过度扩大"的一种清算的话，那么，这便是从"物"的层面对"过度扩大"的一种清算。清理长期累积的"过剩"本身就需要漫长的调整过程，而贯穿在这一过程之中的就是停滞乃至萧条。正如内桥克人所言，从经济高速增长时期以来，每当景气下行时，只要降低公定利率，企业就会充分利用低利率融资实施设备投资，形成"投资呼唤投资"式的循环，从而拉动景气回升，可如今在债务以及大量过剩设备的重压之下，这一规律已完全失效，任凭公定利率如何降低，企业仍然毫无增加设备投资的意欲[3]。

而为摆脱日本国内低迷的经济状况以及由此加剧的积累危机，财界开始全面迎合资本主义经济全球化的潮流，谋求跨越国境限制的资本积累（对日本垄断企业来说，跨国直接投资的主要目标则是劳动力成本低廉的东南亚地区），并在国内鼓动起新保守主义/新自由主义改革，而随着"1996年体制"的确立，改革的烈度也日益加剧。然而，对世界体系经济全球化的全面迎合非但未能将日本从萧条的泥潭中拯救出来，反而更加深化了危机的程度并最终致使萧条走向了长期化。首先，如同金融自由化一样，经济全球化虽然为垄断企业敞开了新的积累空间，但却并非免费的午餐，它同时意味着必须要接受霸权国美国所制定的"全球标准"，其中影响较大的要算是"国际会计标准"了。所谓的"国际会计标准"不仅规定以"时价主义"——如前所述，它取代了日本此前一直采用的"原价主义"会计制度——来评估企业的资产状况，同时要求企业的财务报表要从"独立型"转换成"连接型"——总公司与子公司必须实施连接式的决算与缴税，并且要求企业必须作成"现金流动表"（即"税后收益＋折旧费等－设备投资等－纯运转资本增加额"）。

---

[1] 参见内桥克人『同時代への発言7：九〇年代不況の帰結』，37–39ページ。
[2] 参见内桥克人『同時代への発言7：九〇年代不況の帰結』，31ページ。
[3] 内桥克人『同時代への発言7：九〇年代不況の帰結』，29ページ。

"时价主义"以及"连接型决算"的规定让大企业此前隐匿在子公司的大量债务逐渐暴露出水面；而为了保证"现金流动表"的持续盈余，企业则又不得不压缩作为负项的设备投资等。如此一来，在企业债务状况恶化的同时，设备投资却又遭到进一步的削减。[1] 对日本大企业来说，这无异于雪上加霜。

可相较于此，更为重大的影响还在于垄断企业生产跨国化的全面推进对于日本国内固有经济组织结构的拆解。1986－1990年间，有关日本经济论或日本企业论中的多数都是将日本的经济体系以及日本的企业经营体系视作世界上最先进的模式。可是，1990年代初经济泡沫破灭之后，对于日本经济以及日本企业的评价则出现了180度的转弯。平成5年（1993年）相继发表的"经济改革研究会"报告——所谓的《平岩报告》——对自来的日本经济以及企业经营体系展开了激烈批判，完全颠覆了此前一边倒的"日本赞美论"。[2] 在经济全球化加速进展的世界体系背景下，垄断企业的资本积累体制全面向"跨国化生产＋进口"模式转移，为了配合这一转向，则必须通过激进改革实施国内经济以及企业经营体系的"再结构化"——所谓的"结构改革"，而说辞便是"强化国际竞争力"。经济评论家内桥克人在1998年这样写道："（如今），我们耳边充斥着'世界就要进入大竞争时代，如果不遵循国际标准实施改革的话，就无法获胜，要强化日本企业的国际竞争力，必须实施再结构化'一类的宣扬。"[3] 而所谓的"再结构化"，简单说，其一，就是对日本国内经济组织结构的重新构架；其二，就是雇佣层面的国内雇佣精简，根本目的在于为垄断企业减轻负担从而强化其国际竞争力。

下面，我们先来看看所谓的"再结构化"浪潮给日本国内经济组织结构带来的深刻影响。首先就是企业集团的网络化走向全面解体。事实上，随着经济泡沫的崩溃，银行与企业之间、企业与企业之间以及企业集团之间的相互持股关系已经开始全面松动。在泡沫经济时期，由于股价高涨，相互持股可以"美化"银行、企业的财务状况，"高股价经营"蔚然成风，战后以来企业集团中银行与企业之间、企业与企业之间甚至企业集团之间的相互持股结构被进一步强化。[4] 利用股权融资大量发行的新股票——1987－1989年间

---

[1] 参见金子勝『新反グローバリズム：金融資本主義を超えて』，41－44ページ。
[2] 勝又寿良『戰後50年の日本経済：金融・財政・産業・独禁政策と財界・官僚の功罪』，序言。
[3] 内橋克人『同時代への発言7：九　年代不況の帰結』，11ページ。
[4] 谷本寛治『企業社会のリコンストラクション』千倉書房2002年版，102－103ページ。

第四章　混沌的时代：日本经济社会停滞局面的形成及其长期化（1990/1991年至今）

就发行了200亿股以上——究竟被谁所持有是大企业最为关心的事情，而作为所谓的"股东稳定化对策"，大企业自然希望自己的股票被关系亲密的企业所持有，这样，在没有意外发生的情况下，股票不会被随意抛卖从而引起股价下跌。从战后六大企业集团的整体情况来看，1985－1990年间，以股权融资的形式共发行新股281.4亿股，这种快速的巨额增资主要是依靠企业集团内部企业之间以及企业与银行之间的相互持股而实现的〔1〕。但同时值得注意的是，1985－1990年间，住友系、三菱系、芙蓉系以及三和系企业集团内部相互持股的数量虽然与股权融资额同时增长（上述集团1980－1985年间内部相互持股增长率分别为：住友12.4%、三菱－1.0%、芙蓉14.3%、三和17%；1985－1990年期间则分别为：16.6%、35.5%、20.7%、20.1%），但除了三菱集团之外，其余集团的相互持股增长率都低于股票发行数的增长率（1985－1990年间的股票发行数增长率分别为：住友21.2%、三菱26.9%、芙蓉23.4%、三和23.3%）；而三井集团和第一劝业银行集团虽然股票发行数量增加，但内部相互持股的增长率却有所下降（1985－1990年间，三井集团内部相互持股的增长率从1980－1985年间的22.2%下降到19.8%，一劝集团则从11.5%下降到9.6%）。这其实说明，企业集团内部相互持股的机制也正在逐渐弱化〔2〕。1990年代初经济泡沫破灭所带来的股价暴跌则让这种机制开始全面松动。金融机构为处理不良债权以及企业为改善财务状况，都开始对手中持有的资产收益性较低的股票进行变卖处理〔3〕。这样，笔者在第三章曾经指出的"潜在危险"随着时势的变化最终变为了现实，"相互持股"的"喜剧"终于逐渐演变成了"相互抛股"的"悲剧"。同时，如前所述，由于大企业自有资金过剩以及金融自由化背景下大企业金融方式逐渐从间接融资转向了直接融资，1980年代以来，银行对于企业的影响力和监督力已经逐步减弱。而银行为了维系自身经营收益，在泡沫经济期间加大了针对非金融机构、中小企业、不动产公司以及个人的贷款，进一步强化了不健全的"超贷"体制，结果却是自掘坟墓，大量贷款在泡沫破灭之后变成了呆账坏账，严重恶化了其财务基础并导致其自身信贷功能以及对企业监督功能的进一步弱化，加剧了企业"游离银行"的倾向。战后以来，作为

---

〔1〕 参见宫崎义一『複合不況：ポスト・バブルの処方箋を求めて』，166ページ、168－169ページ。
〔2〕 宫崎义一『複合不況：ポスト・バブルの処方箋を求めて』，167－168ページ。
〔3〕 谷本寛治『企業社会のリコンストラクション』，102－103ページ。

日本企业集团核心的主银行通过低利率融资对企业实施控制和监督,通过持有企业股份并向企业派遣管理人员,与企业之间形成了"命运共同体"式的紧密关系,但如今,主银行制这一维系企业集团横向联合的核心机制则陷入了危机之中。[1] 而为了配合垄断企业积累体制的跨国化转向,新保守主义/新自由主义激进改革派们则在"自由"与"民主"的名义下极力鼓吹着"放松管制"与"责任自负"原则,从而加速了企业集团横向联合的消亡。大企业为自保而加紧抛售相互持有的股份以减轻自身负担,1998年金额达到约2兆日元,1999年则达到了约4兆日元。据统计,上市企业的总股份中,相互持有股份在1988年3月末占21%,而1999年3月末则降至16%。[2] 再加之银行在不良债权、"BIS规制"等"全球标准"的重压之下为求自保而紧缩信贷,战后以来作为日本强势资本积累主体的企业集团的横向联合走向了全面解体,企业之间曾经的集团型协调关系逐步演变成了自利型竞争关系。

与此同时,伴随着垄断大企业将生产环节大规模移向廉价劳动力丰富的东南亚地区,日本国内的"产业空洞化"问题亦日趋严重,成为日本经济复苏的严重掣肘。尽管在经济全球化时代,跨国企业"插翅高飞"所引发的国内产业的空洞化是一个具有普遍性的问题,可它给日本经济所带来的震荡却显得尤为剧烈,而这则主要是因为日本企业集团垂直下包体系的存在。笔者在前文中已反复指出,战后日本的垄断资本在保守主义政府的政策支持下,一反经济民主化原则,将日本经济中落后的"双重结构"加以再利用、再开发,将其整合进了自身的纵向垂直下包体系之中,作为转嫁生产和流通成本的对象以及应对景气变动的"缓冲阀",从而促进了自身的强势资本积累。但随着垄断企业积累体制的跨国化转向,一方面是位于金字塔顶端的大企业远走高飞,在海外呼风唤雨,另一方面却是处于金字塔底层的弱势中小工商业乃至农业只能滞留于国内而不得不面临着被切割抛弃的残酷命运,二者的处境实可谓是"冰火两重天"。1991—2009年间,日本的纯对外投资额达到了约8.8兆日元,大企业在缩小国内投资的同时,为追逐东南亚地区的廉价劳动力而加大了对这一地区的投资规模,尤其是2001—2009年间,相对于日本国内设备投资减少了5兆日元,日本对外直接投资则增加了3兆日元以上,这一时期如同1980年代后半期一样,都是日本"产业空洞化"快速进展的时期(1986—1990年间,日本的纯对外直接投资额约为4.5兆日元,而2001—

---

[1] 谷本寛治『企業社会のリコンストラクション』,103—104ページ。
[2] 谷本寛治『企業社会のリコンストラクション』,102—103ページ。

第四章 混沌的时代：日本经济社会停滞局面的形成及其长期化（1990/1991年至今）

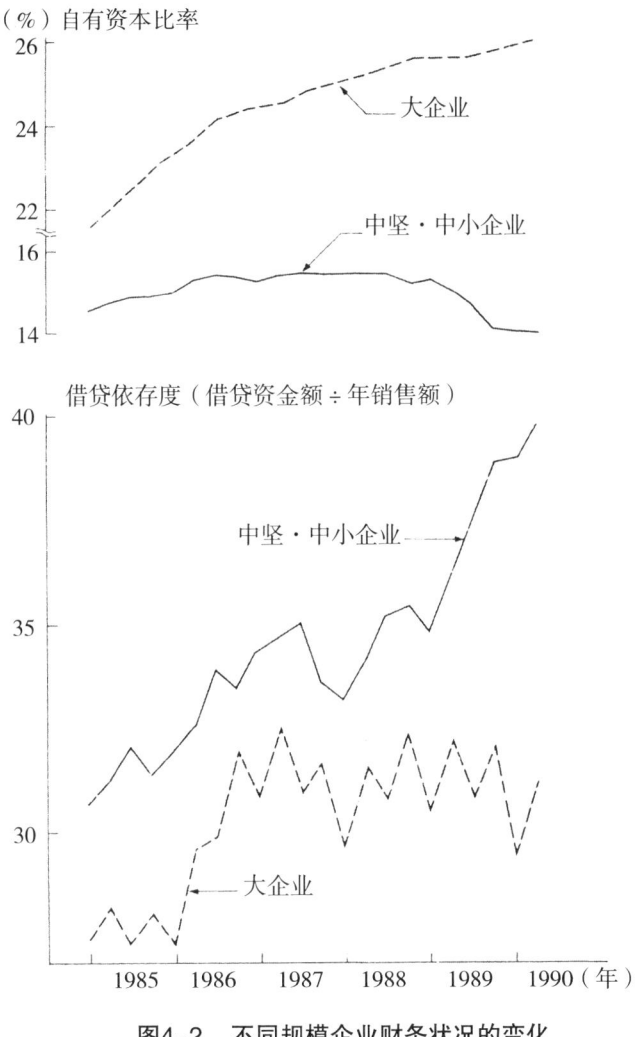

图4-2 不同规模企业财务状况的变化

资料来源：大藏省『法人企業統計季報』（全産業），三菱銀行『調査』1990年12月号，转引自宫崎義一『複合不況：ポスト・バブルの処方箋を求めて』中央公論社1992年版，161ページ。

2009年间则达到了约6.1兆日元)。[1] 而时至2014年，日本企业海外生产比率已经达到了32%，其中，运输机械部门甚至达到了38.6%的高水准，可以说，"Made in Japan"的时代已然转换成"Made by Japan"的时代了。[2] 濑籐嶺二就曾指出，1980年代特别是1985年之后，日本的海外生产虽然加快了发展速度，但（整体上）仍处在基础构筑阶段，作为实际经济活动而全面展开的海外生产还要等到经过一段时间差之后的1990年代中期以后。[3] 事实也的确如此。正因为这样，1980年代后半期的《新·旧前川报告》所积极推进的产业结构调整只是对发展主义国家体制做出了"部分的"修正，作为其中重要组成部分的下包体系虽则遭到很大程度的拆解，却未至于发生根本性的改变而得以存续。日本垄断企业生产的海外转移虽然给中小企业经营带来了沉重打击，但从整体上来看，到1990年代初为止，海外转移还并未引起中小企业的崩溃。[4] 除去濑籐嶺二所说的"时间差"因素之外，1990年代中期以后日本垄断企业积累体制的这种全面转向之所以能够全方位地展开，国内新保守主义/新自由主义激进势力确立起"1996年体制"，以及在财界的授意之下、利用手中的政治霸权全面推进迎合经济全球化的国内改革无疑起到了关键性的推动作用。

然而，成为垄断资本大规模跨国化最大"牺牲品"的则是战后企业集团纵向下包体系中处于依附地位的中小工商业乃至农业。生产环节中的中小企业首当其冲地成为被切割抛弃的对象，大量的订单被取消，甚至达到了59% - 70%这种令人惊讶的程度。订单虽然骤减，但还必须偿还在繁荣时期应母公司要求购置设备所借的贷款以及租金，中小企业苦不堪言。[5] 尤其是处于金字塔结构底层的微小企业以及家庭内工厂，只能面对倒闭关门的命运。即使侥幸存活下来的中小企业，也要同时接受订单锐减的现实以及加工费"半价再打八折"式的赤裸裸的剥削。对此，内桥克人不无愤慨地批判道：中小企业实际上是在完成"物理上近乎不可能"的任务。[6] 此外，银行惜贷之下的融资困难则又进一步加剧了中小企业的生存困境。如前所述，泡沫经济期间，

---

〔1〕 大瀧雅之『平成不況の本質：雇用と金融から考える』，64-65ページ。

〔2〕 田代洋一『戦後レジームからの脱却農政』，60-61ページ。

〔3〕 瀬籐嶺二『日本企業の多国籍過程』，216ページ。

〔4〕 後藤道夫編『日本の時代史28：岐路に立つ日本』，20-21ページ。

〔5〕 [日] 林直道：《危机与萧条的经济理论：对日、美及东亚经济衰退的剖析》，江瑞平等译，中国人民大学出版社2005年版，第91页。

〔6〕 内橋克人『同時代への発言7：九〇年代不況の帰結』，22ページ。

第四章　混沌的时代：日本经济社会停滞局面的形成及其长期化（1990/1991年至今）

由于大企业自有资金的增加以及利用资本市场筹集资金份额的增大，"游离银行"的现象凸显。银行为保持贷款份额，除去增加了面向非金融机构以及个人的贷款之外，也加大了面向难以从资本市场上获得融资的中小企业的贷款，从而加深了中小企业对银行贷款的依存度，中小企业的自有资金比率在1988年之后呈现下降趋势，而对银行贷款的依存度则从1985年初的30.7%急速上升至1990年的39.8%（参照图4-2）。所以，泡沫破灭后，由于银行陷入经营困境而导致的惜贷其实对中小企业的冲击是最为剧烈的。

至于流通服务领域的中小商业，所面临的处境可谓同样凄惨。在财界看来，政府长期以来对流通服务领域中小商业的补助与保护带来的是日用消费品的高价格，最终则导致了企业劳工生活成本的上升，进而导致企业工资成本的上扬，这加重了垄断企业的利润危机并在所谓的全球化"大竞争时代"成为其国际竞争力的严重掣肘。于是，谋求流通服务领域的"放松管制"，一方面为垄断资本开辟新的积累市场，另一方面缩短流通的中间环节从而提高流通效率并降低流通成本，就成为身处生产过剩危机中的日本垄断资本的迫切需求。而长久以来，对流通服务领域中小商业形成重要保护的典型代表就是前面提到过的《大店法》。水津雄三曾不无担忧地指出，如果《大店法》废除的话，中小零售店将消失一半左右（约76万家，失业者约228万人左右），与此同时，约8500-10 000个商店街将消亡，约24万家批发店亦将倒闭（失业者达171万人左右），合计将会有约399万人的失业者出现。如果加上餐饮等服务领域店铺倒闭所产生的失业人员，失业人数统共将达到478万人左右[1]。不幸的是，水津雄三的忧虑还是渐渐地变成了现实。为了维护垄断资本的利益，《大店法》管制在1992年及1994年被渐次放松，并最终于1998年被全面废除。关于《大店法》管制的放松及其最终的被废除，不少日本学者一味地片面强调来自美国的压力，批判美国对日本国内经济社会结构的蛮横干涉和对日本主权的无视，因为在1990年美日之间签署的《结构性障碍协议（SII）》当中，美国曾蛮横地要求日本改变其国内经济社会结构，包括储蓄—投资形态、土地问题、流通障碍、价格机制（"内外价格差"问题）、企业集团系列化问题以及排他性的交易习惯。乍看起来，"放松管制"的确好像是日本在美国强迫之下所做出的屈服，然而正如安世舟所言，"结构改革"是日本跨国大企业的要求，并不仅仅是美国压力之下的产物。因为，日本垄断大企业已经实现跨国化，自身不再需要过去政府那种被称为

---

[1] 水津雄三『地域を支える中小企業：新日本列島改造計画批判』，280ページ。

"护航舰队"式的强有力的保护和培育，反而试图从中逃脱，要求"放松管制",[1] 以构架符合自身利益的国内经济社会格局。对此，水津雄三的批判则更加干脆，他说道："我国财界（大资本）所要求的和政府所推进的《大店法》的废除，其实正是自民党和政府无法自己明说的企图，因此，利用'美日结构协议'这一平台，让美国政府代为说了出来，其方法和手段与提出'开放经济体制'问题的时候如出一辙。"[2] 后来诸如克林顿政府时期的类似"日美一揽子经济协议"、"日美放宽限制对话"等，以及布什政府时期的"日美政府限制规定改革以及竞争政策主动权"、"年度改革期望书"等披着不同外衣的"结构性障碍协议",[3] 本质上又何尝不是如此！作为美国经济强项的金融业和服务业（尤其是大规模零售店）的确对日本市场垂涎欲滴，因此会有以《结构性障碍协议 SII》作为开端的、要求日本放松国内经济社会结构中的各种管制从而为美国资本进入日本扫清障碍的所谓"外压"，但更重要的是，日本国内垄断资本基于自身的积累需求，同样迫切要求日本国内各种管制的放松，以便为自身向新的积累领域的"入侵"开辟道路，并同时降低成本以强化其国际竞争力。对于新保守主义/新自由主义激进改革派而言，这么做既可以满足本国垄断资本的迫切需求，又可以取悦其美国"主子"，何尝不是"一箭双雕"的"明智之举"呢？又何乐而不为呢？只有作如是观，我们才能够真正理解为什么"1996 年体制"确立以来，日本的新保守主义/新自由主义激进势力——尤其是在小泉政权下——对于国内经济社会的"结构改革"会有一种近乎"飞蛾扑火"般的"义无反顾"。而承受苦难的却是中小工商业这些经济结构中弱势的或者说边缘性的部门——激进改革派们嘴边高挂着"国民"二字，一面宣扬着"改革必然伴随着痛苦"，另一面却又对"究竟由谁来承担痛苦"这一问题三缄其口，言行之中尽透着令人作呕的虚伪！仅据 1990 年《中小企业白皮书》的统计，中小工商业就占到制造业出厂额的 51.8%、零售交易额的 78.5% 以及批发交易额的 62.1%、从业人员的 80.6%,[4] 而自 1990 年代以来，日本经济中数量如此之巨、地位如此举足轻重的中小工商业却在垄断大企业的跨国化浪潮中全面陷入了生存

---

〔1〕［日］安世舟：《漂流的日本政治》，高克译，社会科学文献出版社 2011 年版，第 219-220 页。

〔2〕水津雄三『地域を支える中小企業：新日本列島改造計画批判』，280ページ。

〔3〕［日］安世舟：《漂流的日本政治》，高克译，社会科学文献出版社 2011 年版，第 99 页。

〔4〕［日］林直道：《危机与萧条的经济理论：对日、美及东亚经济衰退的剖析》，江瑞平等译，中国人民大学出版社 2005 年版，第 92 页。

第四章　混沌的时代：日本经济社会停滞局面的形成及其长期化（1990/1991年至今）

困境，破产倒闭事件频发，曾经作为日本资本主义强势资本积累以及经济高速增长重要源泉之一的纵向垂直下包体系走向了全面崩溃。

著名经济学家吉川洋指出，进入1990年代以后，日本中小工商业呈现出显著的颓败状态，成为导致日本经济长期萧条的重要原因。他继而认为，日本的非制造业中小企业和自营业已经陷入了结构性的萧条之中。[1] 实际上，制造业中小企业所面临的萧条又何尝不是结构性的呢？以垄断资本为核心的纵向下包体系乃是长期以来绝大多数中小工商业赖以生存的结构，这一结构的崩塌导致生产以及流通领域的中小工商业全面陷入了结构性的萧条之中。在这一结构中长期依附于垄断企业的结局，是中小工商业的"独立性"被普遍"阉割"，当被垄断企业彻底抛弃时，其自立生存则变得极为困难。而中小工商业普遍陷入结构性萧条的结局就是——如吉川洋所指出的——国内设备投资需求的低迷，自经济高速增长时期以来一直持续的中小工商业先行于大企业进行设备投资的基本模式，在进入1990年代之后已然消失不见。中小工商业的设备投资持续低迷不振，[2] 从而极大地加剧了日本国内设备投资的整体萎缩，并带来日本经济的长期低迷。

在1992年出版的《泡沫经济学》一书中，经济学家野口悠纪雄认为，宫崎义一教授的"复合型萧条"论只是对泡沫崩溃后日本经济中金融层面的状况做了正确的分析。从实体经济层面看，虽然景气持续衰退是事实，但这在很大程度上是由过剩积累的存量调整所造成的经济循环。只是因为本次调整的规模很大，所以完成调整所需的时间也就较长。[3] 野口悠纪雄对日本经济的乐观预测其实是建立在对日本经济表层变化进行分析的基础之上的，欠缺对战后日本资本主义资本积累结构的深层认识，这从他的诸如"至少我们不能认为日本经济已经因此从结构上陷入了严峻的困境"[4] 之类的表述中即可见一斑。而相对于此，笔者认为，宫崎义一教授的分析则更切中要害，因为除去金融层面危机的波及作用之外，宫崎教授更洞察到了日本固有资本积累结构的解体及其所带来的深刻冲击。在作为《复合型萧条》一书补论的小册子《后复合型萧条》中，宫崎教授分析认为，泡沫破灭后日本实体经济层

---

[1] 参见吉川洋『転換期の日本経済』，137–139ページ。
[2] 吉川洋『転換期の日本経済』，138ページ。
[3] [日] 野口悠纪雄：《泡沫经济学》，曾寅初译，生活·读书·新知三联书店2005年版，第189页。
[4] [日] 野口悠纪雄：《泡沫经济学》，曾寅初译，生活·读书·新知三联书店2005年版，第189页。

面的紧缩和萧条并非景气循环中的正常局面——野口悠纪雄所说的"库存调整",而是一种"价格破坏"。他指出,在国内中心主义的经济框架中,主要由供给面技术革新——技术革新则是为克服生产过剩危机而进行的——所引发的"价格破坏"亦可能发生,而为了避免这种"价格破坏"所采取的办法就是实施价格垄断。[1] 这种做法主要出现在1970年代,当时日本资本主义的资本积累结构主要立足于国内,为了克服生产过剩危机,垄断大企业积极推进技术革新(譬如ME技术的运用),同时强化了企业集团的寡头垄断,形成"管理价格"——1960年代末1970年代初甚嚣尘上的所谓向"新价格体系"的过渡。宫崎教授进而说道,1990年代以来出现的"价格破坏"则完全不同,它的起因是"放松管制"(各种自由化)以及日元持续升值等带来的旧有经济框架——以国内生产为中心的资本积累结构——的崩溃、"内外价格差"的迅速矫正以及企业间竞争的激化。[2] 不得不说,宫崎义一教授对于日本经济的认知是深层的、结构性的,因此对于日本问题的把握和分析也要远为深刻与透彻。

前面已经说过,为配合垄断企业积累体制的跨国化转向,财界主导的新保守主义/新自由主义改革——"再结构化"——一方面拆散了战后以来的经济组织结构,另一方面则又在国内掀起了大规模的雇佣精简——雇佣层面的"再结构化"。笔者前面曾多次指出,日本战后的强势资本积累结构中除了隐藏着生产过剩、过度借贷等危机以外,被村上泰亮列为经济高速增长重要促进要素的"日本式劳资协调"体系(即企业组合主义生产关系模式——笔者注)中亦隐含着过剩雇佣的危险。1970年代日本经济进入低增长时代以后,大企业对于"日本式劳资协调"体系的调整已经逐步展开,但都尚停留在表层,体系本身并未伤筋动骨。而随着泡沫破灭之后资本积累危机的加剧,日本大企业在从"钱"和"物"的层面对过剩实施清算的同时,对"人"的过剩的清算也开始逐步升级,尤其是在新保守主义/新自由主义激进势力全面夺取了政治主导权之后,在所谓"自立自助"、"责任自负"原则的指导下,这一清算则得以大规模地展开,"日本式劳资协调"体系亦开始了全面崩溃。企业组合主义生产关系模式是战后以来日本社会关系结构的核心,它的崩溃则意味着日本既有社会结构的解体。以日经连1995年发表的题为《新时代的日本经营:应该挑战的方向及其具体政策》的报告书为契机,日本国内

---

[1] 宫崎义一『ポスト複合不況:21世紀日本経済の選択』岩波ブックレット,30ページ。
[2] 宫崎义一『ポスト複合不況:21世紀日本経済の選択』,16ページ、18ページ。

第四章　混沌的时代：日本经济社会停滞局面的形成及其长期化（1990/1991年至今）

掀起了雇佣"结构改革"的腥风血雨，小泉内阁时期则达到了顶峰。大企业排放出的过剩人员[1]加之中小工商业破产倒闭所产生的大量失业人员，导致了日本社会失业和不安定就业人员的骤增以及工资等劳动条件的全面恶化（关于这方面的具体情况，笔者将在下一节中详述），而在"放松管制"原则下《劳动基本法》的全面修改以及《劳动者派遣法》等恶法的强化则进一步固化了这一趋势。加之新保守主义/新自由主义激进改革派在市场原理指导下对自来的补贴、保护以及公共社会保障与福利体系的拆解，国民生活陷入了全面的不安状态。由此导致的直接结果就是国民消费需求的持续低迷，对于国民消费占到GDP 60%左右的日本经济来说，这种状况严重抑制了国内经济的有效复苏。

关于造成1990年代以来日本实体经济层面长期萧条的原因，这里可以借用经济学家吉川洋的观点加以总结。他在分析了1990年代以来日本经济的具体表现之后，认为1990年代以来的萧条不同于战后初期的经济萧条，彼时的主要原因在于生产能力被严重削弱后所造成的供给不足，1990年代日本经济的萧条则并非来自供给方面，而是需求方面的不足。具体言之，就是企业设备投资需求的不足以及由雇佣不安定所引发的国民消费需求的低迷。[2]吉川洋的分析无疑是正确的。1990年代以来的日本经济问题显然不是供给问题，反而是在对过往累积的诸种供给过剩进行清算，也正是在这一清算过程中，日本经济中固有的资本积累结构全面解体，这一方面导致金融层面银行信贷功能的弱化，另一方面则导致上述实体经济层面设备投资以及消费需求的萎缩。同样，经济学家保罗·克鲁格曼也正确地看到了日本经济的问题不在供给侧而在需求一方，他用"增长型萧条"这一看上去略显矛盾的说法来形容日本国内状况就充分说明了这一点，即日本经济中的生产能力虽然依旧强劲，但却陷入了"令人百思不得其解"的萧条困局而难以自拔。想必如果克鲁格曼能够洞悉1990年代以来日本经济社会的结构性变迁的话（这恐怕需要这位

---

〔1〕　新保守主义/新自由主义激进改革势力对于经济全球化的全面迎合进一步强化了日本大企业对雇佣过剩的清算，经济学家金子胜教授就指出："国际会计标准"对于"现金流动表"的要求除加剧了日本企业的设备过剩问题之外，亦同时加剧了过剩雇佣问题的显性化，在泡沫崩溃后国内经济持续低迷的状况下，为提高"税后收益"，企业除了抑制设备投资外，也必须实施人员削减。而且，"连接型决算方式"的实施让此前将过剩人员派遣到子公司以维系大企业终身雇佣制的做法失去了实际意义。因此，实施雇佣的流动化就成为必然结果，大规模的雇佣结构调整将是长期趋势。参见金子胜『新・反グローバリズム：金融資本主義を超えて』，44ページ。

〔2〕　参见吉川洋『転換期の日本経済』，11-16ページ、138-139ページ。

诺贝尔经济学奖得主屈尊请教一下日本的宫崎义一教授了），或许也就不会再感到百思不得其解了。

以上，笔者对泡沫破灭以来日本经济——包括金融层面以及实体经济层面——长期萧条的具体情况以及原因做了综述，在此做一总结。笔者认为，1990年代以来长期困扰日本的停滞和萧条，从根本上说，是泡沫破灭之后垄断资本为克服自身积累危机而对战后以来经济"过度扩大"所带来的"过度负担"实施清算的产物，在这一清算过程中，垄断资本对战后以来的积累体制实施了全面肢解，银行信贷功能的弱化、企业设备投资需求以及国民消费需求的萎缩皆是这种深层结构解体所引发的具象。新保守主义/新自由主义改革势力全面迎合资本主义体系经济全球化而积极推行的"结构改革"则起到了火上浇油般的作用，强化了这种结构解体的速度与烈度，日本经济社会的萧条局面亦由此被长期固化。更重要的是，这一清算过程从金融层面（对"钱"的过剩的清算）逐步发展到实体经济层面（对"物"的过剩的清算），并最终演变到社会层面（对"人"的过剩的清算），"日本式劳资协调"体系或者说企业组合主义生产关系模式的解体进而引发了既有社会关系结构的全面倒塌。"人"不仅仅是劳动的承担主体，更是社会生活的构成主体，在此意义上说，日本的停滞与萧条已经不再是一个单纯的经济问题，而是涉及了社会生活的整体。所以，经济评论家内桥克人将日本的长期停滞萧条定义为"世界史上特异的社会停滞"是极为恰当的。基于对"日本病"——如果可以称作是一种病的话——的这样一种判断，那么，治疗处方亦必须超越单纯的经济学范畴而将整体社会纳入视野，也就是说，在对已经难以持续的赶超型资本积累体制实施改革从而让经济重焕生机的同时，必须构筑起崭新的社会结构以及可以确保国民安心劳动和生活的坚实的社会安全网。正如金子胜以及山口义行等人所说的那样，对日本经济实施手术是必须的，但问题是如何实施，至关重要的是要在摘除"病灶"的同时，构筑起坚实的"防火墙"，避免产生危险的波及影响，否则不仅不能摘除"病灶"，还会导致伤口的无意义扩大，最终将夺走日本经济再生的能力进而招致死亡，这样的做法只能叫做"没有创造的破坏"。[1]

然而，诸如竹中平藏之流的新古典主义经济学家却始终偏执于狭隘的经济学逻辑和供给主义立场，片面地强调所谓的"潜在经济增长率"，全面迎

---

[1] 参见金子勝、篠原帰一、山口二郎编『東アジアで生きよう！経済思想・共存社会・歴史認識』，194-208ページ。

第四章 混沌的时代：日本经济社会停滞局面的形成及其长期化（1990/1991 年至今）

合经济全球化的市场主义原理，一味追求释放市场力量，在"放松管制"、"责任自负"原则下推进对弱小经济部门的淘汰、雇佣的流动化以及公共支出的削减，以此来强化日本的国际竞争力和经济增长率。归根到底，这种新保守主义/新自由主义方向的体制改革自始至终是以垄断资本的利益为轴心而展开的，最终也只能让少数垄断资本的竞争力得到强化并因此受益，而承受疼痛和苦难的却是经济社会中作为绝大多数（也许还是"沉默的大多数"）而存在的弱势部门和弱势群体。而每当新保守主义/新自由主义激进改革引起经济与社会不安的时候，政府也会搬出旧保守主义前辈们所惯用的利益诱导政治这一"镇宅法宝"来充作一时之用，在"紧急景气对策"的大义名分下，通过降低利率、加大货币投放并实施大兴土木的公共投资以缓解危机。远的姑且不谈，单就眼下的安倍政权来说，其政策虽然表面贴上了"安倍经济学"的新标签，但内里却实在看不到什么新鲜玩意儿，是典型的"换汤不换药"，说到底，仍旧是执着于"潜在增长率"、为促进日本垄断企业资本积累服务的经济学。譬如所谓的《日本复兴战略》，就是以"活跃民间投资"、"全球化企业的海外拓展"、"雇佣制度改革"等作为主要支柱的促进经济增长的战略，而要实现之，最重要的步骤就是放松或废除管制（譬如雇佣、医疗、农业等方面的规制）,[1] 这也正是垄断企业所孜孜渴求的。所以，"安倍经济学"自实施以来，正如经济学家服部茂幸的实证研究所得出的结论那样，其效果只是让大企业成为了"赢家"——而且大企业急速增加的附加价值也并未向企业劳动者还原，中小企业及其劳动者则成为"输家"，非常明显的是，大企业的业绩好转并没有带来日本经济整体的复兴，唯一的受益者也只是大企业而已。[2] 农业与农民同样是"输家"。经济学者田代洋一将"安倍经济学"的农业政策定义为"后 TPP 农政"，并指出，政府虽然在2013 年 4 月提出了"农业、农村收入倍增目标 10 年战略"，并声称要振兴农业（即实现所谓的"进攻型农业"），但就像制定这一战略的自民党农林部会的时任会长友寄秀隆所说的，这一战略"是不以 TPP 和撤销关税为前提的，如果以 TPP 和撤销关税作为前提的话，这一战略就会整体崩塌".[3] 在为推动垄断大企业资本积累而积极加入 TPP 的大背景下，振兴日本农业恐怕最终

---

〔1〕 田代洋一『戦後レジームからの脱却農政』, 20 – 21ページ。
〔2〕 『週刊エコノミスト』2015 年 8 月 11・18 日合併号，毎日新聞出版，60 – 61ページ。
〔3〕 友寄秀隆『アベノミクスと日本資本主義』新日本出版社 2014 年版；转引自田代洋一『戦後レジームからの脱却農政』, 17ページ、20ページ。

也只能成为虚幻的"镜花水月",或如田代洋一所言,在不深究 TPP 本质究竟为何物的情况下就跃入其中,"就像鲁莽无谋地发动了太平洋战争时期的日本的作为,而牺牲的则是农业经营者,是(普通的)国民百姓"。[1] 而在"放松管制"、"结构改革"带来社会整体失业加剧、消费持续低迷萎缩的状况之下,此时被逐一抖落出来的不还是诸如所谓的"异次元的金融缓和"(负利率)以及大规模财政出动(公共事业＝土建开发)这些"陈谷子烂芝麻"吗?田代洋一就直言不讳地指出,安倍政权实质上继承了小泉时期"结构改革"的政策决定手法——只不过以产业竞争力会议、规制改革会议和国家战略特区 WG 替换了经济财政谘问会议而已——以及财政出动和公共事业依存。[2]

利用金融缓和(降低利率)、财政出动和公共事业开发试图抚平新保守主义/新自由主义激进改革所带来的经济社会创伤——而不是通过夯实社会保障与福利安全网来保护社会免受伤害——这种做法理论上的支持者便是以克鲁格曼为代表的一些凯恩斯主义经济学家。他们认为,导致日本长期萧条的原因就是"流动性陷阱",因此,要克服萧条,只要祭出传统凯恩斯主义的大旗,通过缓和金融并加大政府投资刺激需求即可,甚至如克鲁格曼所主张的,"通货膨胀"是个好东西,可以通过"预期通货膨胀"的办法来拉动日本经济社会复苏,但却没有更深刻地认识到,在日本的所谓"流动性陷阱"的表象深处,其实是旧有资本积累体制以及社会结构已经轰然倒塌的更大背景。在此情况下,"国土开发"式的重"量"不重"质"的撒钱方式就类似于一个硬将长袍马褂套在现代人身上的时代错误,其带来的经济社会效果已经十分有限。就像经济学家平井俊明的实证分析已经证明的那样,凯恩斯主义的扩张政策所产生的影响要比传统凯恩斯主义模型所预期的要小,至少在日本的确发生了这样的情况,并未出现明显的乘数效应和新增就业。[3] 或许它最大的"贡献"就是一大堆的烂尾工程和大而不当的工程,以及高涨的国债赤字(日本财政的国债依存度 1991 年为 9.5%,1996 年为 27.6%,1997 年为 23.5%,1998 年和 1999 年分别达到 40% 和 42.1%,2000 年以后维持在 35% 至 45% 之间[4])。这就好比是给疼痛病人注射吗啡一样,虽有可能缓解

---

[1] 田代洋一『戦後レジームからの脱却農政』,23ページ。
[2] 田代洋一『戦後レジームからの脱却農政』,34ページ。
[3] 布拉德利·W. 贝特曼(Bradley W. Bateman)、平井俊明(Toshiaki Hirai)、玛利亚·克里斯蒂娜·马尔古佐(Maria Cristina Marcuzzo)编:《回归凯恩斯》,丁志杰、张红地译,中国金融出版社 2011 年版,第 38 页。
[4] 井堀利宏『日本の財政赤字』岩波書店 2004 年版,27ページ。

一时之痛,却终究无法医治日本经济社会根源上的疾病。可悲的是,自 1990 年代初泡沫崩溃以来,新保守主义/新自由主义势力操控下的日本就在上述这两条路线中往复摆动(必须强调的是,二者并非没有主次,正如渡边治所言,金融缓和以及财政出动的旧保守主义利益诱导方式只是权作一时之用的社会安抚之策,新保守主义/新自由主义"结构改革"才是一以贯之的长期方略),经济社会的停滞萧条局面亦由此被固化和深化,曾经"失去的 10 年"转眼之间也已变成了"失去的 20 年",而日本经济社会复苏的前景却依旧一片黯淡。

第三节 "结构改革"冲击下社会危机的累积与深化

一、企业组合主义的崩溃和劳动条件的恶化

在 1970 年代经济整体缩小的低增长时代,日本大企业勉为其难地维系了企业组合主义的生产关系模式,但正如前文已经阐明的,在"减量经营"的原则下,企业内福利遭到缩减,工龄工资制亦被"能力主义"所侵蚀,简言之,对劳工的利益还流遭到了很大程度的削减。但对于雇佣的调整主要还是通过企业内部转岗以及向系列化企业派遣的方式来消化过剩人员,这种做法虽然实质上导致了"企业内部失业人员"的大量滋生,但却避免了失业的外部化以及严重社会问题的出现。一言以蔽之,"减量"基本上停留在主要对"钱"与"物"进行削减的层次上。1980 年代,内外压力之下的日本资本积累体制的跨国化转向以及相应的国内产业结构调整,加之劳动者高龄化问题的加剧,大企业的企业组合主义生产关系遭到进一步破坏,企业内福利与工资制度自不待言,以中高年劳动者为主要对象的解雇现象大量出现,最为核心的终身雇佣制亦开始陷入了风雨飘摇之中——尽管 1980 年代后半期拜经济泡沫所赐,雇佣也曾昙花一现般地有所扩大。然而,进入 1990 年代以后,泡沫破灭带来了日本经济的严重停滞和企业的经营困难,过剩雇佣以及由此产生的高劳动成本对企业利润的压迫进一步加剧。如此,泡沫的破灭除去从"钱"与"物"的层面对日本经济中的过剩进行着清算之外,也最终迫使大企业为摆脱积累危机而走向了对"人"的过剩的大规模清算,而这也不可避免地给日本社会带来了深刻的影响。

尾西正美指出,1970 年代石油危机之后日本企业的雇佣调整还只是"前奏",此后逐步深入,就好比三级跳远(hop、step、jump),进入 1990 年代以后则进入了实质性的"飞跃(jump)"阶段,媒体对于"日本式经营"的描述亦

从"动摇"、"重新审视"、"修正"和"改革"等用语逐渐变成了"崩溃"一词。[1] 1990年代前半期的经济衰退主要起因于1990年代初经济泡沫骤然崩溃所引发的"复合型萧条"。从实体经济层面来看，停滞与萧条局面下企业长期积累的设备过剩以及雇佣过剩问题日益凸显，正如胜又寿良所论证的那样，过度的设备投资必然伴随着过量的雇佣，因为必须要确保操作机器的人员，在经济扩大时期，这种过剩可以被有效掩盖，可一旦经济进入缩小区间，过剩设备与过剩人员就会成为日本企业沉重的负担，从而削弱日本企业的转换能力。[2] 因此，泡沫的"盛宴"过后，长期"过度扩大"的反作用力同样是巨大的，企业一方面极力抑制设备投资，另一方面也开始真刀真枪地对过剩雇佣展开了清算。从1992年左右开始，有关大企业雇佣调整的新闻显著增多，调整政策也从减少加班、削减钟点工、压缩和停止新人招募、向关联企业派驻等"柔软手段"逐步过渡到了鼓励提前退休和解雇等"强硬手段"。[3] 此前的雇佣调整对象主要以蓝领职工为主，而这次被精简的对象则是管理以及事务部门等间接部门的白领职员，尤其是中高年白领。1992年9月6日的《日本经济新闻》中这样写道，"在经济泡沫崩溃后的景气低迷状况下，苦于业绩恶化的企业开始拼命地实施合理化，'炮火'开始集中在'婴儿潮'时期出生、如今已步入中年的职工身上。……'过激'的情形也在增多（即除了终止工资上涨等手段之外，还出现了诸如'家中待命'之类的人员精简手段）"，管理职位的白领们迎来了"受难时代"。[4] 而且，不同于以往的是，这次的雇佣调整涉及几乎所有的行业和企业。譬如钢铁行业，新日本制铁公司发表计划，宣布自1991至1993年实施包括白领在内的15%的人员削减；川崎制铁公司计划截至1995年对管理以及事务部门的白领职员实施15%-20%的精简；日新制钢公司则计划截至1994年对管理部门实施20%的人员精简。电机行业和汽车行业亦是同样。松下电器、日立制作所以及三洋电机等纷纷于1992年发表方针，宣布要以各种方式对管理等部门的白

---

[1] 参见尾西正美『日本型人事政策のダイナミズム：終身雇用・年功序列・能力主義の虚実』，4ページ、67ページ。

[2] 勝又寿良『戦後50年の日本経済：金融・財政・産業・独禁政策と財界・官僚の功罪』，267ページ。

[3] 参见尾西正美『日本型人事政策のダイナミズム：終身雇用・年功序列・能力主義の虚実』，4ページ、67-69ページ。

[4] 参见尾西正美『日本型人事政策のダイナミズム：終身雇用・年功序列・能力主義の虚実』，131ページ。

第四章　混沌的时代：日本经济社会停滞局面的形成及其长期化（1990/1991年至今）

领职员实施削减；马自达汽车公司则在1992年表示，除了抑制新人招聘之外，要在3－4年内对所有生产现场之外的间接部门实施1000人左右的人员削减。[1] 面对这般情形，正如1993年12月18日的《日本经济新闻》所总结的那样，"'日本式经营'之下的终身雇佣'神话'已经接近崩溃的边缘"。[2] 而作为核心机制的终身雇佣制的倒塌则无疑意味着日本战后长期维系的企业组合主义这一主导性生产关系模式的解体。

而1990年代中期以后，新保守主义/新自由主义激进改革势力助推之下的垄断企业生产跨国化的全面铺展则让企业组合主义生产关系遭到了更为彻底的拆解，正如后藤道夫所言，"导致'日本型雇佣'最终解体的，归根到底，是日本企业全面的跨国化和经济全球化的扩大与深化"。[3] 后藤道夫正确地指出了资本主义体系经济全球化背景下日本企业跨国化对于企业组合主义生产关系的拆解作用，但笔者更想强调的是，泡沫的破灭已经让日本大企业饱受长期"过度扩大"所带来的"过剩负担"之苦而深陷于积累危机之中。为了摆脱危机，日本大企业已经开始针对诸多过剩展开了"反动"式的清算，企业组合主义生产关系已然开始分崩离析，而1990年代中期以后跨国化的全面展开则是在这一延长线上日本垄断企业为求摆脱危机而实施的一种更为"积极"的"反动"，目的在于彻底摆脱既有资本积累体制的束缚而构筑一种新的积累体制，即"再结构化"或曰"结构改革"，此前"过度扩大"所带来的危机有多大，"反动"的烈度就有多大，而这种"反动"则无疑加速了已经脆弱不堪的企业组合主义的死亡。1990年代中期以后，日本垄断企业跨国直接投资的速度与力度急剧扩大，国家政治上层建筑层面"1996年体制"的确立则又为其提供了重要的推动力，涉及经济社会各个领域的"结构改革"路线俨然成为了主流。

前面说过，就企业层面而言，"结构改革"主要涉及两个方面。一个是经营结构的改革，简言之，就是资本积累体制从国内中心主义向跨国化的转向，目的在于开拓新的投资和销售市场；而另一个就是与此相应的国内雇佣方面的"结构改革"，即对企业主义统合的解体和重组（这里所谓的"企业

---

[1] 参见尾西正美『日本型人事政策のダイナミズム：終身雇用・年功序列・能力主義の虚実』，79－81ページ。

[2] 参见尾西正美『日本型人事政策のダイナミズム：終身雇用・年功序列・能力主義の虚実』，95ページ。

[3] 後藤道夫編『日本の時代史28：岐路に立つ日本』，60ページ。

主义统合",所指便是企业组合主义生产关系模式——笔者注)。[1] 目的在于削减劳动成本以强化国际竞争力。1980年代后半期,日本垄断企业的跨国直接投资主要集中在北美,目的主要是确保市场,而1990年代尤其是1990年代中期以后,日本垄断企业跨国直接投资的主要目的地则是东南亚地区,目标就是该地区巨大的市场以及大量存在的廉价劳动力。正是在这样的背景下,1994年8月在静冈县富士吉田市召开的经营者研讨会上,日经连会长永野重雄就已经提出国内雇佣缩减"将达到数百万乃至一千数百万的规模",并谋求推翻工龄工资制,彻底实行劳动者的差别化,对一部分精英雇员给予优厚待遇,一部分雇员则根据工作业绩领取绩效工资,而其余的大半雇员将被钟点工等不安定就业者所替代,领取计时工资。同时,减少正式职员,通过人才派遣业提高钟点工、临时工等不安定就业者的比率。[2] 紧接着,1995年,日经连发表了具有划时代意义的题为《新时代的日本经营:应该挑战的方向及其具体政策》的报告书,对战后以来的企业组合主义生产关系模式做出了全面的重新审视。该报告书创造出了一个"总额劳动成本"的概念,并写道:"由于企业经营环境的恶化,加之高龄化时代的到来,企业经营成本进一步高涨,因此,企业应该较之从前更加准确地把握经营状况,雇佣和工资自不待言,还应该把奖金、退休金、法定内外的福利费用等做一揽子处理,根据经营计划对劳动成本实施彻底的管理。"对此,渡边治指出,"总额劳动成本"这一概念创造谋求的是对企业福利这一企业组合主义劳工统合模式的核心部分的削减。[3] 日经连2000年的《劳动问题研究委员会报告》则进一步确认了"总额劳动成本抑制"的方针,主要内容就是根据各企业特点,用各种方法来削减现金工资以及现金以外的人事费用(包括退休金、法定福利费、非法定福利费、实物发放以及教育训练费等)。[4]

除此之外,日经连1995年报告书中最为重要的内容则要算对企业劳动力的三种类型划分了。这三种类型分别是:①"长期积累能力活用型",包括管理职位、综合职位以及技能部门的核心职位,作为正式雇员,可以获得长期雇佣合同以及职能工资;②"高度专门能力活用型",包括企划、营业以及

---

[1] 後藤道夫編『日本の時代史28:岐路に立つ日本』,55ページ。
[2] 内橋克人、奥村宏、佐高信編『企業社会の行方』岩波書店1994年版,76-77ページ。
[3] 渡辺治、後藤道夫編『講座現代日本4:日本社会の対抗と構想』,88ページ。
[4] [日]林直道:《危机与萧条的经济理论:对日、美及东亚经济衰退的剖析》,江瑞平等译,中国人民大学出版社2005年版,第115-116页。

第四章 混沌的时代：日本经济社会停滞局面的形成及其长期化（1990/1991年至今）

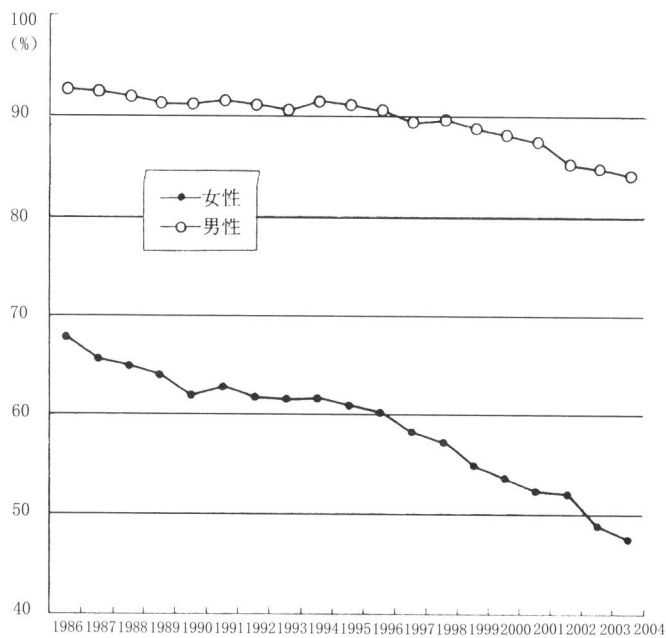

图4-3 男女正规雇佣比率

资料来源：後藤道夫『日本の時代史28：岐路に立つ日本』吉川弘文館，57ページ。

研发等部门的雇员，只能获得限定期间的雇佣合同和职务工资；③"弹性雇佣型"。对劳动力实施类型划分的核心就是要实现雇佣的流动化和多样化，换言之，也就是此前"少数精锐化"雇佣政策的进一步深化。渡边治分析指出，这种分类实质上颠覆了日本大企业长期以来"包容型、一元化的管理感觉和制度"，即正规劳动者可以普遍享受的雇佣、工资以及福利的一元化待遇，而是将其分割差别化，终身雇佣以及工龄工资的适用严格限定于被称作"长期积累能力活用型"的少数精英雇员，而其余两种类型的劳动者则被剔除在外。其重大意义在于，这是从根本理念和组织原理上对过往的企业组合主义生产关系模式做出了否定。[1] 而据称，属于类型①的劳动者只占总劳动人口的10%左右，类型②占20%-30%，而属于类型③的劳动者却占到了60%-70%。随着大企业跨国化的进展以及"结构改革"的深入，2000年12月，日经连国际特别委员会又发表了题为《对应全球化的日本型人事管理体系

---

[1] 渡辺治、後藤道夫編『講座現代日本4：日本社会の対抗と構想』，85-86ページ。

的革新：关于白领的人事管理体系》的谏言书，提出废除"护航舰队"式的工龄工资制，并且超越此前的"能力主义"而转向"绩效主义"（或曰"成果主义"）；2002年，日经连劳资关系特别委员会进一步推出题为《构筑多重工资体系：绩效主义时代的工资体系》的谏言书，提出在企业内部构筑职务工资、能力工资以及绩效工资混搭的人事工资制度。如此这般，整体概括起来看，正如日本劳动问题研究专家木下武男所指出的那样：其一，随年龄以及工龄的增长而不断上升的工龄工资的适用被限定在了极端有限的范围，工龄工资制已经陷入解体；其二，企业内部的升迁制度已然解体；其三，外部劳动力与企业内部劳动力的相互替代性大大提高。针对上述财界的一系列动作，木下武男最后这样总结道，"从日经连1995年报告的发表到2002年谏言书的提出，这一发展过程显示出日经连不再拘泥于维系长期稳定雇佣，而是将其限定在有限范围。同时，工龄工资制以及能力主义工资制度亦被职务工资和绩效主义人事制度所侵蚀，只适用于少数劳动者，不得不说，工龄工资制已经进入解体的历史阶段"，整体的"低工资化"倾向将加速。[1] 同时，与1970年代末日经连劳动问题研究委员会的报告中对企业内工会给予高度赞誉的论调不同，1995年报告书的最后部分则暗示了对企业内工会的再编，表明不只是终身雇佣和工龄工资制，企业内工会的劳资协调路线也成为了企业经营的桎梏。[2]

笔者已经多次指出，企业组合主义是战后日本社会统合的一大支柱，发挥着保障劳动者生活的重要功能，它的解体所引发的不言而喻的结果，便是劳动者劳动条件的恶化、失业的加剧以及生活状态的不安定化，进而衍生出了诸多的社会问题，可以说对日本社会的影响是极为深刻的。对于财界所遵循的经济逻辑（资本逻辑），新保守主义/新自由主义政治势力则是无抵抗甚至无节操地亦步亦趋，为了强化垄断企业的国际竞争力而积极地推进雇佣的"结构改革"。譬如，1999年经团连会长金井敬就提出，"为使景气真正回升到上升轨道，有必要强化供给方"，要求政府重视大企业的经营条件，强化其竞争力。政府则对财界的这一要求做出了具体回应，通产大臣与野谢馨表示，"有必要通过恢复竞争力、提高生产率和强化供给方来恢复体力"。[3] 作为具体政策，日本政府于1999年10月出台了《产业再生法》，以税收和金融

---

[1] 参见後藤道夫编『日本の時代史28：岐路に立つ日本』，146-150ページ。
[2] 渡辺治、後藤道夫编『講座現代日本4：日本社会の対抗と構想』，88-89ページ。
[3] [日] 林直道：《危机与萧条的经济理论：对日、美及东亚经济衰退的剖析》，江瑞平等译，中国人民大学出版社2005年版，第113页。

第四章　混沌的时代：日本经济社会停滞局面的形成及其长期化（1990/1991年至今）

等方面的优惠措施诱导大企业"强化经营体制"。在这些利益的诱导之下，垄断企业除去淘汰过剩设备和削减债务之外，认为增加利润最重要的手段就是强化雇佣的"结构调整"，为此展开了大规模裁员。譬如，日立制造所裁员6500人、东芝6000人、三菱电机14 500人（国内8400人）、索尼17 000人、NEC 15 000人（国内9000人）、NHK 3300人、日产汽车2000人、日立金属1000人、KDD 2000人、三菱化工2000人，等等，裁员超过1000人的公司44家，裁减人数达到14.8万[1]。如前所述，1990年代中期以后，新保守主义/新自由主义政治势力全面夺取了日本国内政治的主导权，在其和财界的联合推动之下，诸如此类的以"结构改革"为名的人员解雇便愈演愈烈，到了小泉时代则达到了顶峰，2000－2004年间，300多万正式工失去了工作——同时增加了230万人左右的不安定就业者。可以说，劳动者在大企业封闭的内部劳动市场中安享企业组合主义生产关系庇佑的时代已经渐行渐远了，越来越多被企业抛弃的失业者自此便不得不独自承受外部"企业劳动力市场"的腥风血雨，却不知道是否还可以"从头再来"。木下武男指出，1990年代前半期，"自愿离职者"的人数远远超过"非自愿离职者"的人数，而进入1990年代后半期之后，"非自愿离职者"急剧增加，2001年则超过了"自愿离职者"的数量。所以，1990年代后半期以后雇佣状况的恶化不再是单纯经济循环的影响，而很明显是经济全球化的影响[2]。前文已述，1990年代前半期，在经济泡沫崩溃的冲击下，日本企业虽然开始对过剩雇佣做出清算，但仍然囿于企业组合主义生产关系的束缚，对过剩人员的解雇还是采取了诸如"征集提前退休者"并配合"提前退休优待措施"之类的方式以诱导劳动者自愿离职，而1990年代中期以后，随着大企业为迎合经济全球化而急速推进跨国化以及企业组合主义生产关系的解体，企业解雇过剩人员的方式亦变得愈发强硬和赤裸裸了。许多日本人都不无感伤地缅怀曾经的那个企业充满着"人情味儿"的"黄金时代"，殊不知，这种"人情味儿"不过是众多条件支撑之下的产物，当条件逐一散去的时候，凸现在他们面前的只能是企业执着于"成本—收益"算计的冷冰冰的经济理性，因为这才是资本主义经济中企业生存的永恒法则。

1998－2003年间，政府对劳动法规做出了一系列修改，旨在保护劳动者权益的各种管制被逐步放松。1998年10月，《劳动基本法》被修改，"裁量

---

[1] [日] 林直道：《危机与萧条的经济理论：对日、美及东亚经济衰退的剖析》，江瑞平等译，中国人民大学出版社2005年版，第115－116页。

[2] 後藤道夫編『日本の時代史28：岐路に立つ日本』，136ページ。

劳动制"以及"弹性劳动时间制"得到扩大；1999 年 6 月，《劳动者派遣法》以及《职业安定法》被修改，派遣劳动业务以及收费性职业介绍事业实现了原则上的自由化；2003 年 6 月，《劳动基本法》被再次修改，"裁量劳动制"进一步扩大，同时，《劳动者派遣法》亦被再次修改，适用范围完成了向制造业的扩展。如此这般，日本的劳动法规已经变得极具弹性，劳动者的无权化趋势日益加剧，资本则变得更加肆无忌惮，企业的正规雇佣劳动者被逐步裁减，而与此同时，不安定就业者——普遍处于无权化状态的"非正式雇佣劳动者"——的比例不断上升（参见图 4-3 及图 4-4）。1995 年日经连报告发表以后，企业内一般职位、技能职位以及销售职位的白领职员逐渐被类属于所谓"弹性雇佣型"（劳动力分类中的类型③——笔者注）的钟点工、派遣劳动者等所替代，这些非正式雇佣形态开始急剧扩大。[1] 而非正式雇佣形态的扩大态势又由于中小工商业的衰颓而进一步加剧。

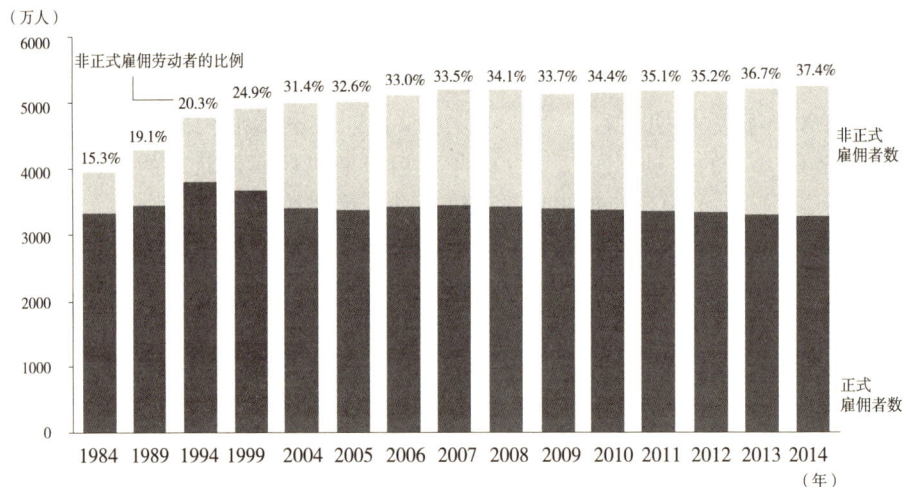

图 4-4　正式雇佣和非正式雇佣劳动者数量的推移

资料来源：厚生労働省ームベージ，「非正規雇用」の現状と課題。

经济泡沫破灭后，大企业为摆脱积累危机、强化国际竞争力而实施的对过剩负担的清算以及 1990 年代中期以后大规模的跨国化，除去对其本身的生产关系带来结构性冲击之外，同时也对纵向垂直下包体系中的中小工商业造成了致命的打击。生产环节中的中小企业不得不面临订单锐减以及内桥克人

---

〔1〕　後藤道夫編『日本の時代史 28：岐路に立つ日本』，58ページ。

第四章　混沌的时代：日本经济社会停滞局面的形成及其长期化（1990/1991年至今）

认为"物理上近乎不可能"的"半价再打八折"式的加工费剥削，艰难度日，最终无法忍受这种残酷剥削的中小企业只能被切割抛弃，接受关门倒闭的命运。流通领域中的中小商业又何尝不是如此呢？在"放松管制"和所谓"消费者主权"的鼓噪下，《大店法》规制被逐步放松（1992年及1994年）乃至最终被废除（1998年），加之进口扩大等影响，以批发零售店为主体的地方中小商业普遍陷入了生存危机，"受难"进一步加剧。这里，笔者更关心的是寄生于其中的大量劳动者以及个体经营者。这些人长期处于"企业劳动力市场"或是"个体经营"这些附属性生产关系模式之中，属于日本社会的边缘性群体，雇佣关系不稳定且承受着与企业组合主义生产关系模式之间巨大的收入差别，依靠着垄断企业垂直下包体系的存在以及政府的各种行业管制和补助金才得以维系了稳定的生活，而如今则在大资本为自身利益而展开的跨国化以及国内"放松管制"的浪潮中，由于企业或店铺倒闭而大量流入劳动市场，其中多数人为生计而不得不选择成为不安定就业者，面对劳动市场愈发惨烈的生存竞争，其生活状态也开始全面动荡。

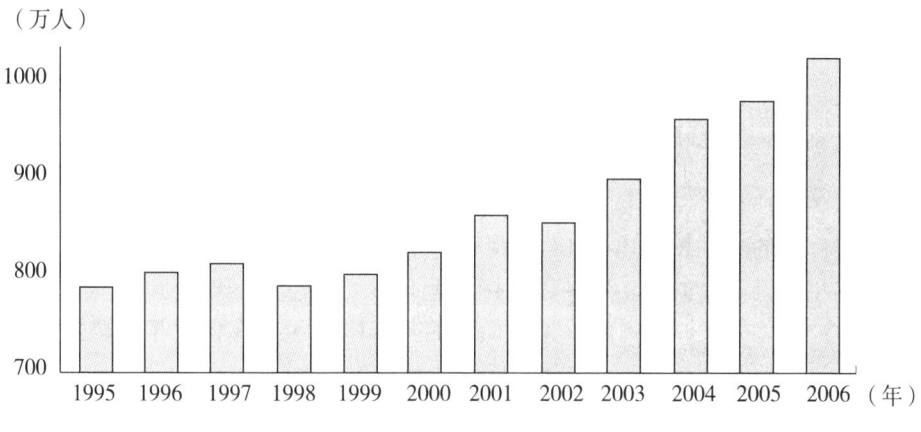

图4-5　10年间低收入者增加200万人

资料来源：日本国税厅民间工资实态统计。

1995至2006年的10年间，662万人加入了"不安定就业者"的行列，占总劳动人口的比例从21%上升到了33%（参照图4-4，截至2014年，这一比例已经接近于38%），也就是说，日本劳动人口中的1/3属于非正式雇佣的不安定就业者。换言之，每3个人中就有1个已经沦为了马克思所说的"劳动力后备大军"中的一员，生活在贫困线上，他们经常性地更换工作，被迫忍受剥削,大多数人的月收入不过12万日元左右,奔波一生只可能挣到正式雇佣劳动者工资的1/4,且无养老金、保险金等福利保障,是地地道道的"穷忙族(working poor)"。[1](参照图4-5)此外,必须提到的是,1990年代以来不断增加的不安定就业者中,除去此前就一直增加的中高年男性以及妇女群体,年轻人的比率在急速升高,换言之,不安定就业的年轻化趋势在加剧。在企业组合主义生产关系模式下,刚刚从学校毕业的年轻人通常是被大企业一次性大量录用而成为储备性劳动力,然后作为非熟练劳动者接受企业内部的技能培训并得到生活保障,逐渐成长为熟练劳动者。然而,泡沫破灭后,尤其是1990年代中期以后,随着雇佣层面"结构改革"的深化,大企业一方面开放了内部劳动力市场的出口,向外大量排放(解雇)过剩人员,另一方面则逐步封闭了就业入口,年轻人的就业由此进入了所谓的"冰河期",高中或大学毕业后难以找到正式工作而不得不成为"自由打工者"(所谓"飞特族")的年轻人逐年增加,1994-2004年间就达到了400万之众。据报道,预计到2014年将增至1000万人,而且,届时这一群体中每5个人中就会有1个是35岁及以上的中年人。这个群体往往从一个低收入的临时性工作更换到另一个同样是低收入的临时性工作,[2]后藤道夫经过计算后指出,"'自由打工者'多数不得不依靠父母资助才可以维持最基本的生活标准",[3]换言之,其中很大一部分人只能成为中国人所说的"啃老族"。另外,还有数百万人的所谓"尼特族"、"茧居族"的存在。从本质上说,这些被称作各种"族"的群体事实上都属于隐性的社会失业人员群体。另外,在此值得一提的是,据日本NHK电视台时事评论节目《时论公论》报道,目前日本年轻打工者的劳动条件正在持续恶化,"黑心工"现象频发(即一些"黑心企业"或曰"不良企业"以低廉的工资强迫包括在校学生在内的年轻打工者进行超负荷劳动),这已经成为严重的社会问题。而这又与日本社会不安定就业者整体增加的问题紧密相关,因为由于父母沦为不安定就业者而收入锐减,进而导致许多年轻打工者来自家庭的经济援助减少,为生活而不得不对企业的不公正待遇忍气吞声。

在劳动条件不断恶化、失业者持续增加的情况下,日本劳动工会的组织

---

[1] [澳]加文·麦考马克:《附庸国:美国怀抱中的日本》,于占杰、许春山译,社会科学文献出版社2008年版,第50-51页。

[2] [澳]加文·麦考马克:《附庸国:美国怀抱中的日本》,于占杰、许春山译,社会科学文献出版社2008年版,第51页。

[3] 後藤道夫編『日本の時代史28:岐路に立つ日本』、56-57ページ。

第四章 混沌的时代：日本经济社会停滞局面的形成及其长期化（1990/1991 年至今）

率 1990 年尚为 25.2%，到 2003 年已经下降到了 19.6%，[1] 可说是一路下滑。这也是自然的逻辑，因为如前所述，日本的企业内工会只以特定企业的正规劳动者为对象，在雇佣全面流动化、大量正式雇佣劳动者遭到解雇、不安定就业者急剧增加的情况下，企业内工会已然无法应对这样的事实，脱离了特定企业的劳动者也便失去了劳动工会的保护，成为无组织的完全"商品化"了的无产者，不得不独自承受着劳动力市场的凄风苦雨。

综上所述，随着 1990 年代初经济泡沫的崩溃，长期累积的过剩雇佣问题已经成为了普遍陷入积累困境的日本大企业的重负，而经济全球化时代对于企业国际竞争力的要求则更让这一负担变成了大企业的"不能承受之重"。由是，垄断企业在"结构改革"的名义之下开始了对过剩雇佣的全面清算，在此冲击下，企业组合主义这一战后日本国家主导性的生产关系模式最终走向了分崩离析。而作为社会结果，就是显性失业以及隐性失业人员数量的急剧增加，加之中小工商业中失业和不安定就业者的大量滋生，以及大批家庭妇女为维持家计而不得不走出家庭投身于劳动市场（开始脱离从前的"家庭内生产"这一生产关系模式，由此，日本社会"男主外、女主内"的家庭模式亦陷入了解体，[2] 其中绝大多数人只能成为钟点工或派遣工等不安定就业者。譬如，《就业结构基本调查》显示，2002 年女性的非正规雇佣与正规雇佣

---

[1] 後藤道夫編『日本の時代史 28：岐路に立つ日本』，157ページ。

[2] 日本学者木本喜美子研究指出，到 1970 年代，妇女的"家庭主妇化"成为主流，女性即使毕业后参加工作，在公司内部亦属于边缘群体，结婚后则要从公司辞职回归家庭，日本社会整体上确立了"男主外、女主内"的家庭模式。从生产社会关系角度讲，处于"家庭内生产"这一边缘性生产关系模式中的家庭妇女从事着操持家务、养育孩子以及照看老人等无报酬的家庭内劳动，间接地遭受着企业组合主义主导性生产关系模式的剥削，但其所获得的一定程度的利益还流则亦体现在作为家庭经济支柱的男性的雇佣稳定、作为家庭抚养工资的工龄工资以及企业优厚的福利待遇上，妇女由此可以"靠着大树乘凉"。然而，1973 年石油危机之后，伴随日本经济的整体下行，企业"减量经营"原则所导致的男性雇佣稳定性的动摇以及收入和福利的削减开始促使妇女重新进入劳动市场，1980 年之后，工薪阶层家庭中专业主妇的数量开始骤减，1985 年《男女雇用机会均等法》的出台则促进了这种趋势，到 1989 年，专业主妇的数量已经低于 50%，日本进入已婚女性普遍工作的时代，"男主外、女主内"的家庭模式逐渐解体（此时，日文中"专业主妇"一词开始退后，而"女性进入社会"一词开始频繁出现，其实是经济社会现实在语言词汇上的具体反映——笔者注）。进入 1990 年代以后，企业组合主义生产关系模式全面崩溃，工龄工资、定期涨薪以及住宅补贴、家庭补贴等福利的缩减或废除，乃至终身雇佣制的解体，导致劳动者生活状况急剧恶化。大量妇女为补贴家计，脱离"家庭内生产"这一生产关系模式而进入"企业劳动力市场"模式之中，而其雇佣形态——木本喜美子指出——则主要是诸如钟点工或派遣劳动之类的不安定就业。妇女所处的生产社会关系模式的转变同时也意味着战后以来日本社会"男主外、女主内"家庭模式的彻底解体。参见後藤道夫編『日本の時代史 28：岐路に立つ日本』，178 –188ページ。

的比率就发生逆转,为53%对47%,不安定就业是女性劳动形态的主流[1]),日本逐渐形成包括非正规雇佣者和失业者以及离职或转职的正规雇佣者[2]在内的流动性劳动市场。[3] 而这一劳动市场中不安定就业者比重的急剧膨胀——日本学者所谓的"雇佣的劣质化"——则对工资带来严重的下行压力,低工资成为常态。换言之,日本的主导性生产关系模式已经全面转向了罗伯特·考克斯所定义的"企业劳动力市场",而这一模式是19世纪自由放任资本主义时期或者说野蛮资本主义时期的主导模式,它的特征——用卡尔·波兰尼的话说——就是将人完全地"商品化",却缺乏相应的社会保护,其结果是劳动者生活状况的严重恶化。诚如后藤道夫等学者所批判的那样,经团连以及日经连等财界团体发表的所谓"21世纪经营战略"(从本质上)旨在形成和扩大19世纪式的野蛮的自由放任型的劳动市场。[4] 关于其恶果,只要概观1990年代以来日本社会贫困人口的骤增便可见一斑了。仅在1995－2006年的10年间,年收入不足200万日元的贫困阶层增加了200万人,如今已超过1000万人,曾经的"一亿中产阶级"社会已经实质解体(参见图4－5)。许多日本国民慨叹着日本社会的"地壳变动",这是普通国民百姓从自身生活状况的恶化中所自然生发出来的朴素认知,而从研究者的角度来看,这种"地壳变动"的感觉其实是由日本既有社会结构的轰然崩塌所引发的。

笔者前面讲过,立足于物质生产之上的生产社会关系结构是一个社会的结构形成之根基,既有的主导性生产关系模式的崩塌将引发整个社会结构的动荡不安。在这样的历史时期,如何构建新的主导性生产关系模式并在此基础上重筑社会关系结构,其实是摆在日本政治家面前的刻不容缓的要务,而重塑则同时意味着存在向前还是向后的方向性选择。进入1990年代以来,尤其是1990年代中期以后,日本新保守主义/新自由主义政治势力联合财界,对所谓的"自立自助"、"自由"、"责任自负"的宣扬,在"放松管制"口号下对劳动法实施修改以及将诸如派遣劳动合法化并逐步扩大其适用范围等

---

[1] 後藤道夫編『日本の時代史28：岐路に立つ日本』,138ページ。

[2] 雇佣层面"结构改革"的一个结果是失业以及不安定就业者的增加,而另一个结果则是正式员工工作强度的增大,二者实则形成了一枚硬币的两面。超负荷的长时间劳动使得一些需要照顾老人或幼小孩子的正式劳动者无法兼顾家庭而只能无奈地选择离职(日文中亦出现了诸如"介护离职"、"育儿离职"一类的语汇)或者转职,而从这些家庭责任中解放出来重新回归企业成为正式员工几乎是不可能的,大多数人只能选择成为派遣劳动者等非正规劳动者。

[3] 後藤道夫編『日本の時代史28：岐路に立つ日本』,140-142ページ。

[4] 渡辺治、後藤道夫編『講座現代日本4：日本社会の対抗と構想』,119ページ。

第四章　混沌的时代：日本经济社会停滞局面的形成及其长期化（1990/1991 年至今）

一系列作为，一方面旨在拆散既有的企业组合主义生产关系的主导地位，而另一方面却不思如何超越这种充满了封建"老鼠会"要素的落后的生产关系，构筑起更为进步和更为现代化的生产社会关系结构，反而却是在拼命固化"企业劳动力市场"这种野蛮的生产关系模式的主导地位，用"开历史倒车"一词来形容亦实在不为过。新保守主义/新自由主义激进改革势力声嘶力竭所鼓吹的所谓"自由"，实质上不过是狭隘的"市场的自由"或者说"资本的自由"，对不明就里的普通民众来说具有极大的欺骗性。它相异于政治哲学中所探讨的真正意义上的自由，亦即社会整体的自由，相异于马克思所说的社会的人得以摆脱资本异化、获得真正物质进而精神解放的自由。卡尔·波兰尼所谓"自由的重生"，所指亦是这种以人为本的社会整体的自由。所以，虽然波兰尼本人属于左派自由主义者，却也自称为社会主义者，原因其实正如中国学者韩毓海所言："真正的"自由主义者必定也是社会主义者。而1990年代以来日本新保守主义/新自由主义激进改革势力携美国主导的经济全球化之威所一味宣扬的实质上的"资本的自由"，最终也只会带来"资本的专制"以及社会上绝大多数人的"不自由"，对于日本社会的整体来说，这无疑是一个巨大的悲剧。

二、利益诱导政治的后退和边缘社会的衰颓

垄断企业的企业组合主义、自民党旧保守本流派政治家及其官僚主导下的利益诱导政治乃是日本战后社会统合的两大支柱，而随着垄断企业积累体制的跨国化，如二宫厚美所指出的，对劳动者的企业主义式统合以及对社会中间阶层——主要包括自营业的中小工商业者和农民——的利益诱导政治型统合都只能产生动摇和萎缩。[1] 前面我们已经看到了企业组合主义生产关系的解体及其深刻的社会影响，下面，笔者将具体讨论利益诱导政治的全面后退给日本社会带来的巨大冲击。

如前所述，利益诱导政治主要是在以垄断企业作为积累主体的工业发展主义路线之下，通过"全国综合开发"（即"国土开发"＋"工业配置"），谋求国土的均衡发展，缩小甚至消除经济高增长地区与低发展地区之间的经济差距。如果从"人"的角度讲，则是通过经济利益的还流，缩小处于企业组合主义这一主导性生产关系模式中的社会群体与身处各种附属性生产关系模式中的社会群体之间存在的收入差距，缓和二者之间的剥削与被剥削的关

---

[1] 渡辺治、後藤道夫編『講座現代日本 4：日本社会の対抗と構想』，404ページ。

系。通过附随着巨额补助金——最大的补助金就是公共事业开发——的"国土开发"以及以垄断企业垂直下包体系的扩大深化为核心而展开的"工业配置",加之各种行业规制与保护,利益诱导政治为地方提供了众多的雇佣机会以及"无微不至"的保护与补贴,这些利益的还流大大缩小了社会核心群体与边缘性群体之间的生活差距,进而促进了社会整体的和谐与稳定。处在高速经济增长时期并且主要立足于国内进行资本积累的垄断资本也乐于看到这种利益诱导型政治的展开,因为纵向垂直下包体系的存在大大削减了其生产成本,包括农民在内的地方居民收入的提高同时也为其提供了巨大的国内消费市场,自身的高利润以及国家税收的自然增收亦让垄断资本可以对大把撒钱且腐败丛生的敛财散财型体系保持容忍。然而,随着1960年代末1970年代初以后日本进入低增长时代以及垄断企业的生产过剩危机日益加剧,这种大把撒钱的利益诱导政治在税收锐减的情况下最终导致了财政危机。为避免法人税的提高,1980年代的财界高声呼号着"不增税的财政重建",主张削减社会保障以及对农业等弱势部门的补贴;同时,为摆脱积累危机,垄断企业亦开始了自身的"减量经营"、积累体制的跨国化转向以及向流通服务领域的入侵。如此一来,政府对于垂直下包体系中的中小工商业以及农业的诸多保护转而变成了累赘和导致"高成本结构"的罪魁,于是乎,"放松管制"、"打破高成本结构"就成为了财界时时挂在嘴边的口头禅,核心意旨就是谋求淘汰这些所谓的低效率部门。进入1990年代,由于经济泡沫的破灭全面加剧了垄断资本的积累危机从而迫使其展开了对长期累积的各种过剩的彻底清算,并全面迎合资本主义体系的经济全球化潮流,积极实施积累体制的大规模结构性转换(即"结构改革")。在"强化国际竞争力"的呼号下,企业组合主义生产关系遭到了无情的拆解;同时,利益诱导政治也成了主要的攻击对象,因为在它支撑之下所形成的所谓"高成本结构"已然成为了垄断企业强化其国际竞争力的重要阻碍。随着泡沫破灭后国家政治层面上旧保守派势力主导权的失落以及新保守主义/新自由主义激进势力的兴起,1993年9月,平岩外四领导下的经团连提出了《关于放松管制的紧急要求》;为配合财界的要求,同月,细川内阁在"紧急经济对策"中开列了包含94项放松管制的项目;紧接着,细川首相又启用平岩外四担任其私人咨询机构"经济改革研究会"(亦称"平岩研究会")的座长,该研究会于1993年11月提出了题为《关于放松管制》的中间报告(即《平岩报告》),开列出了大幅度放松管制的政策。后藤道夫等人指出,竹下登以及宫泽喜一内阁下推行的是"附带内需扩大的(产业)结构调整",而到了细川护熙内阁,则开

第四章　混沌的时代：日本经济社会停滞局面的形成及其长期化（1990/1991年至今）

始转向"没有内需扩大的产业结构调整"，[1] 从《新·旧前川报告》中所体现出的新·旧保守主义调和路线向《平岩报告》中纯粹的新保守主义/新自由主义路线的转移，可以清晰地看到国家政治层面旧保守派势力的衰落以及新保守主义/新自由主义势力的兴起。在这一激进历史集团所推进的政治改革中，旧保守本流派势力最终丧失了政治上的主导权，而由其主导的利益诱导政治亦不可避免地全面退却。

学者进藤兵以及大门正克认为，1990年代之前的四个"全综"虽然并不成功且充满着矛盾，但始终贯穿着谋求国土均衡发展，纠正人口、经济高发展地区与低发展地区之间差距的重要理念。可相对于此，高举起"结构改革"大旗的桥本内阁在1998年制定的《21世纪的国土大规划》，虽然沿用了"全国综合开发计划"的名号（亦被称作"五全综"），然而其实质内容却莫不如说是对战后以来"国土均衡发展"路线的逆转和反动，中央政府给予地方的基本的社会保障以及在国民经济框架内纠正地区之间差距的基本目标全面后退；2004年，小泉内阁进而制定出了所谓"后五全综"的国土发展政策，始于"五全综"的理念反动被进一步明确，"国土均衡发展"路线被弃置一旁，而是一方面促进人口、产业向大城市的集中，另一方面则主张各个地方在经济全球化以及东亚经济圈中，各自寻求超越国境的合作以"自立"发展，不再实施以公共事业补助金和外部企业进驻——"工业配置"——为主要手段的对边缘地方的开发。简言之，这种国土发展计划立足于所谓"自由"、"自立"的理念，与此前的国土发展计划所遵循的"均衡"、"平等"观念尖锐对立。进藤兵和大门正克总结到，这种国土发展已经不再是以地方经济、社会以及地方居民为服务对象，而是旨在为城市居民整备所谓"美丽的国土"，可对城市人而言的"美丽"却建筑在地方经济与社会衰败的基础之上，纠正地区之间差异、实现国民平等化的理念已经荡然无存，取而代之的则是市场竞争原理，[2] 是1980年代"减量经营"型地方行政改革过渡到新保守主义/新自由主义政治改革的派生产物。[3] 如前所述，以"国土开发—工业配置"为核心的利益诱导政治对日本社会的统合起着至关重要的作用，是中小工商业劳动者（包括自营业者）以及农民雇佣和收入的重要保障，这一战后以来对日本边缘社会起到重要统合作用的支柱的倒塌无疑将带来严重的社会后果。

---

[1] 後藤道夫編『日本の時代史28：岐路に立つ日本』，111ページ。
[2] 後藤道夫編『日本の時代史28：岐路に立つ日本』，275-277ページ。
[3] 渡辺治、後藤道夫編『講座現代日本4：日本社会の対抗と構想』，343-344ページ。

1990年代以来，垄断企业向存在着大量廉价劳动力的发展中国家——尤其是东南亚国家——的大规模转移让日本国内的"产业空洞化"问题骤然加剧。在经济全球化的背景下，"产业空洞化"虽说是一个各国普遍存在的问题，但在日本却体现得尤为严重，而根源就在于日本经济组织结构中金字塔型的"双重结构"。正如笔者在前文中曾反复指出的，这一结构曾是日本战后保守主义统治集团通力合作使之合法化并加以充分利用的工具，它促进了垄断企业强势的资本积累，是日本垄断企业强大竞争力的重要源泉。但同时，这种纵向多层下包结构的最大问题就是"阉割"了中小工商业的自立性和灵活性，导致了中小工商业对垄断企业的高度依附，也破坏了地方产业的多样性与独立性，形成了被水津雄三所痛彻批判的以重化工垄断企业利益为中心的"一刀切"式的地方发展模式。在国内中心主义的资本积累时代，这种结构的益处——垄断资本通过对中小工商业的盈余榨取从而降低了自身的生产以及流通成本——有效地掩盖了其负面影响，并体现出令外国人艳羡不已的经济效率。可如今，伴随着位于金字塔顶端的垄断企业的"远走高飞"，其负面结果便暴露无遗，虽有少数生产环节的中小企业具备了自立发展或是随同大企业跨出国门的能力，但大多数却是自立无门、转换困难，只能面对类似于休业或废业这样被淘汰的命运。流通服务领域的情形也是同样惨烈，在财界声嘶力竭的"打破高成本结构"的鼓噪之下，国内外垄断资本对流通服务领域的无情入侵让大量中小零售店、批发店等普遍陷入了生存困境，哀号一片。在垄断企业生产跨国化所引发的"产业空洞化"问题已然十分严峻的情况下，曾对中小工商业起到重要扶助与保护作用的利益诱导政治的全面后退正好似雪上加霜。在"打破高成本结构"、"放松管制"的原则下，纵向垂直下包体系急剧解体，"工业配置"从以国内为中心转向了以劳动力成本低廉的东南亚地区为中心，这给生产领域中小企业的生存带来了致命的打击；同时，对流通领域中小批发零售业形成重要保护的《大店法》管制被几度放松并最终废除，大量的地方商店街由此陷入了全面的萎缩和衰败之中。中小工商业的生存危机最终带来的则是地方税收的锐减和财政的难以为继，中央政府一味强调地方的"自立"、"分权"而全面削减地方交付税的做法则更加剧了地方社会的困境。更为严重的是，中小工商业是地方居民主要的雇佣和收入来源，是其重要的生活保障，它们的关门倒闭意味着大量劳动者以及自营业者将失去稳定的生活根基，这些寄居在以"企业劳动力市场"、"个体经营"等为主体的附属性生产关系模式中的边缘社会群体，长期承受着市场的酷烈竞争以及来自垄断企业的盈余榨取（剥削），依靠着利益诱导政治的庇

第四章　混沌的时代：日本经济社会停滞局面的形成及其长期化（1990/1991年至今）

佑才得以获得了生活的安定。可如今，这一利益还流机制的拆除则让这些社会群体的生活再度陷入了全面的动荡与不安之中，多数人为了生存只能沦为不安定就业者这一"劳动力储备大军"中的一员，生活境况全面下滑。

　　同样，利益诱导政治的后退也让作为地方社会另一构成主体——也是利益诱导政治的最大受益者——的农民的处境变得日益艰难起来。在GATT"乌拉圭回合"谈判中有关农业的问题上，1993年12月，日本同意将涉及1300种类的农产品关税平均下降36%，最终实现零关税的自由贸易；另外，日本同意削减对农业的价格保护政策。对此，进藤兵和大门正克指出，其焦点就是要实现农业的最后堡垒——大米——的进口自由化，废除大米的价格补贴，背景则是垄断资本的跨国化。换言之，就是为了迎合垄断资本的跨国化，打破所谓的"高成本结构"以强化其国际竞争力，缩小或者说"砍掉"农业等低效率部门。[1] 1995年GATT改组为世界贸易组织（WTO）后，持续存在了半个世纪的《粮食管理法》被废除，一直受到关税保护的大米终于实现了进口自由化；1999年《粮食、农业、农村基本法》取代了《农业基本法》。关于这二者的区别，2000年的《日本农业年鉴》中很清楚地阐明，旧农基法旨在提高农业生产率，消除农工之间的收入差别，是为农民生活着想的基本法，而新农基法的着眼点则是国民经济和国民生活。[2] 换言之，新农基法维护的是所谓"消费者主权"，是财界以及美国所鼓吹的"消费者主权论"的具体反映。但正如学者加濑和俊所言，"农业是许多国民就业之所，他们难以转职，只要他们仍旧以农业为生，就不能否定他们要求采取措施维护农业经营的权利，这对中小企业政策以及劳动者保护政策而言，亦是同样"。[3] 进藤兵和大门正克则直言不讳地指出，新农基法制定的政治经济背景就是日本垄断资本的跨国化以及跨国化所要求的对农业和中小企业"高成本体质"的打破。[4] 说白了，所谓的"消费者主权论"，虽则悦耳动听，因而也极具煽动力，但本质上却是垄断企业在构筑自身新的积累体制过程中所派生出来的自利性要求，声称代表所有消费者利益的说辞充其量不过是一件漂亮的外衣而已。很明显，口口声称的"国民经济"倒更像是抛弃了农业的国民经济，而所谓的"国民生活"中仿佛也抹掉了农民生活的存在。战后以

---

〔1〕　参见後藤道夫编『日本の時代史28：岐路に立つ日本』，278-280ページ。
〔2〕　［日］中村政则：《日本战后史》，张英莉译，中国人民大学出版社2008年版，第175页。
〔3〕　後藤道夫编『日本の時代史28：岐路に立つ日本』，280ページ。
〔4〕　後藤道夫编『日本の時代史28：岐路に立つ日本』，280ページ。

来，日本重化工垄断资本为换取美国市场、占有土地并吸纳年轻劳动力以强化自身的资本积累，导致农业急剧衰退，说战后日本重化工垄断资本的快速壮大是建筑在牺牲农业的基础之上，其实也并不为过。如前所述，进入1970年代以后，随着经济的全面下行，垄断资本普遍由于生产过剩而陷入积累危机，政府管制和补贴之下农产品高价格带来的劳动成本上升则加剧了垄断企业的利润危机。于是，站在"国际分工论"的角度，批判农业补贴对国家财政形成了巨大压迫，在"财政重建"的总原则下谋求利用日元升值实现农产品——进口的自由化、废除农业价格管制（补助金）就成为了财界反复宣扬的论调。1989 - 1992年间，花生、部分乳制品、牛肉以及柑橘的进口几乎实施了完全的自由化，但尽管如此，正如后藤道夫所指出的，农业领域还只是实现了"部分性"的开放。[1] 大米进口并未完全放开，米价补贴虽遭到削减，却依旧存在。然而，1999年新农基法颁布以来，日本农业却被毫不留情地推向了激烈的市场竞争，保护层的拆除加剧了原本就已脆弱不堪的农业的进一步衰退。以粮食为例，2006年日本粮食自给率划时代地下降到了39%，是先进资本主义国家中的最低值，与粮食自给率保持在100%以上的法国等国家已经不可同日而语。而伴随着农业一路衰败而来的，一方面是年轻农业劳动力"离农"的加剧，导致农业劳动力的极端高龄化，形成了所谓的"三老农业"；另一方面则是弃耕土地面积的增加，据农业问题专家晖峻众三统计，截止2003年，日本弃耕的农地面积已经达到133.5万公顷，学者中村正则指出，战后农地改革所解放的土地也不过194万公顷，并由此不无心酸地慨叹道："日本农业已经衰落、解体到了如此地步！"[2]

更严重的则是农业保护的拆除对农民生活所造成的冲击。前文中已经指出，在战后以重化学工业化为中心的赶超发展主义路线下，日本农业被当成了交换美国出口市场的砝码，并成为垄断企业土地、劳动力的重要供应源，农业生产本身却一路衰退，成为其中最大的牺牲品。就农民而言，战后农地改革让农民得以摆脱了"农奴—领主"型的封建式生产关系，进入"个体经营"的生产关系模式之中，但在垄断资本上述的双重剥削之下，农业规模的不断缩小却又让农民难以单纯地依靠农业生产而自立。作为自民党的重要"票田"，旧保守本流派政治家及其官僚们通过利益诱导政治所实施的利益还流——政府对大米价格的保护（补贴）以及农民兼业化的扩大——保障了农

---

[1] 後藤道夫编『日本の時代史28：岐路に立つ日本』，20ページ。
[2] [日] 中村政则：《日本战后史》，张英莉译，中国人民大学出版社2008年版，第176页。

第四章 混沌的时代：日本经济社会停滞局面的形成及其长期化（1990/1991年至今）

民收入的提高，甚至超过了城市一般工薪阶层的收入水平，由此产生的一个极具日本特色的怪现象就是，虽然农业沦为了重化学工业化的牺牲品，而农民却成为了高速经济发展的最大的连带受益者，也因而成为了旧保守主义政治势力最坚定的支持者。然而，对大米生产的保护与补贴自然要导致大米的生产过剩以及粮食管理费用的赤字并进而压迫国家财政这自不必说，如前所述，依靠公共事业扩大（"国土开发"——土建）和垄断资本"工业配置"路线而日益扩大与深化的农民兼业化实际上也将农民置于了介于"个体经营"与"企业劳动力市场"之间的一种不伦不类的生产社会关系之中。农业的衰败让年轻劳动力大量流出农村，除少数进入大企业之外，大多数人只能作为正式工或者非正式的打工者供职于中小工商业，中高年男性主要作为临时性的短工供职于土建行业，而中高年妇女则一方面操持家务，另一方面或作为打工者就职于农村工厂。保守主义统治集团的利益诱导政治虽则在表面上带来了农民收入的提高，实质上却又将让农民置于了一种非常不稳定的生产关系之中（或者说是一种"半无产阶级化"的状态，这种状态将最终造成农民进退两难的生存困境）。在垄断企业全面推进积累的跨国化并为强化国际竞争力而极力主张"放松管制"、"打破高成本结构"、利益诱导政治因而遭到全面清算的情况下，农业补贴遭到了削减或废除，工厂撤离亦导致农民兼业机会减少，战后日本型农民生活保障方式的脆弱性和不稳定性就此彻底显露，农民由此处在了一种进退维谷的两难境地——回归农业"个体经营"的无望和成为"企业劳动力市场"中稳固工人机会的减少。为生计而大量流入土建市场成为不安定就业者，这或许已经成了农民——尤其是兼业农民——唯一的"救命稻草"。曾经的"被保护者"转而成了如今的"被抛弃者"，农民的今昔处境实可谓是"冰火两重天"，农民生活也由此陷入了不安与动荡之中。[1] 而随着日本保守主义政府为了迎合美国以及维护国内垄断大资本利益而在2013年决定加入美国主导的TPP，则更让日本农业以及农民生活的前景蒙上了一层浓重的阴影。虽然政府在2013年同时提出了"农业、农村收入倍增目标10年战略"，声称要振兴农业，但正如制定这一战略的自民党农林部会的时任会长友寄秀隆所言，这一战略"是不以TPP和撤销关税为

---

[1] 针对农业的整体衰退，学者生源寺真一强调说："政府和社会有必要伸出援助之手并振兴衰败的地方产业"，但他同时指出："（但）这首先是作为社会保障的福利政策以及地方经济政策应当致力于解决的问题，并非农业政策所能够直接涵盖的问题"。参见生源寺真一『農業再建：真価を問われる日本の農政』岩波書店2008年版，98ページ。

前提的，如果以 TPP 和撤销关税作为前提的话，这一战略就会整体崩塌"。[1]不难想象，在加入 TPP 以及撤除关税的大背景下，日本农业以及农民的未来处境也只会变得越来越艰难。

综上所述，1990 年代以来尤其是 1996 年以后，新保守主义/新自由主义激进势力夺取了日本国内政治的主导权，在号称代表所有国民利益而实质上却充斥着垄断资本自私气味的所谓"自立自助"、"放松管制"、"打破高成本结构"等原则的指导下，对战后日本边缘社会起着重要统合作用的利益诱导政治遭到了全面清算，亦由此加剧了作为地方经济社会构成主体的中小工商业以及农业的全面衰退。曾经作为"被保护者"的中小工商业劳动者（包括自营业者）以及农民遭到了无情的抛弃，生活状况逐步恶化，并最终带来了地方社会的颓败，虽然 1960 年代以来就一直存在的地方自主性发展思路在1990 年代以后依旧以"内生性发展论"的形式而出现，[2]但终究还是被淹没在了以垄断资本利益为核心的极端发展主义的路线之中。

三、国家社会保障与福利制度的弱化和社会危机的深化

企业组合主义通过终身雇佣、工龄工资以及企业福利等方式给予了大企业劳动者全面的生活保障，而利益诱导政治则以"国土开发—工业配置"为主线，结合着巨额补助金以及各种行业规制保护，对中小工商业者以及农民等边缘社会群体实施着利益的还流，从而实现了国民生活风险的"社会化"（或者说人的"脱商品化"）和日本社会整体的安定团结。而如今，在新保守主义/新自由主义的"自立自助"、"责任自负"原则下，这两大支柱的倒塌导致了国民生活风险的全面"个人化"［或者说人的"（再）商品化"］，也带来了各个社会群体之间矛盾对立的日益尖锐化。企业组合主义的崩溃使少数精英劳动者可以享受稳定的雇佣以及工资与福利方面的优厚保障而大多数人则沦为了以雇佣非稳定、低工资和无保障为特征的不安定就业者，劳动者的内部分化与生活差距前所未有地加剧了。譬如，经济学家金子胜教授以派遣劳动者为例指出，派遣劳动者不断重复着就业和被解雇的模式，景气好的时候有工作，景气下降时就会失去工作，且没有劳动保险，他们可以与派遣公司进行交涉，却无法与接收企业进行交涉，而派遣公司亦无法与作为自己

---

〔1〕 友寄秀隆『アベノミクスと日本資本主義』新日本出版社 2014 年版；转引自田代洋一『戦後レジームからの脱却農政』，17ページ、20ページ。
〔2〕 歴史学研究会・日本史研究会編『日本史講座 10：戦後日本論』，246ページ。

第四章 混沌的时代:日本经济社会停滞局面的形成及其长期化(1990/1991年至今)

主顾的接收企业进行对等交涉,如此一来,派遣劳动者实质上完全失去了为争取权利而进行交涉的能力,并非正常意义上的劳动者。[1] 对于不安定的雇佣以及低廉的工资,他们只能是逆来顺受,与那些大企业核心劳动者之间的生活差距与精神隔阂是不言而喻的。而利益诱导政治的后退则加剧了以东京为中心的大都市与包括农村在内的地方社会之间的不平衡,或者说加剧了大企业劳动者与中小工商业劳动者以及农民之间的对立。譬如,由于雇佣的流动化以及工资福利等条件的下降,大企业劳动者会感觉到自身的生活境况大不如前而自然地会对诸多保护与管制之下形成的粮食以及日用品的高价格萌生不满,认为这是造成企业劳动成本高昂进而导致自身雇佣不安定以及生活负担加重的罪魁——这种认知也因为财界的日常性"洗脑"而变得根深蒂固,于是就会附和财界关于"打破高成本结构"的主张,将不满倾泻在中小工商业者以及农民的身上。对于这样的社会状况,政治学者安世舟总结道:"'经济逻辑'要求彻底的'结构改革',由此导致了战后日本社会中存在'和'的大家族制度这种'连带体系'被重组。过去的日本社会存在于大企业这一'拟似大家族制度'以及各个不同行业中的'拟似大家族制度'之中,农村则有以农协为中心的'拟似大家族制度'形态,在某种程度上延续着连带主义。而进入21世纪以后,自由竞争和市场原理被波及蔓延,这种连带主义迅速消失了,日本社会正在渐渐融解。"[2] 换言之,曾经的团结社会正在慢慢地向碎片化社会(fragmented society)演变。

如果从社会联盟的角度讲,战后以来,日本的"政—官—财"保守主义统治集团通力合作,利用企业组合主义以及利益诱型政治,大企业劳动者、地方中小工商业者、农民以及妇女等附属性生产关系中的边缘社会群体都被容纳到了保守发展主义体制之中,形成了政治经济学家猪口孝所谓的"大众包容型"的社会联盟,并最终带来了被称作"一亿中产阶级"的平等和团结社会。1990年代以来,在垄断资本为摆脱自身积累危机而全面迎合经济全球化并联合新保守主义/新自由主义政治势力所推进的激进经济社会改革——这类改革总是打着实现"自由"、"自立"、"民主"的幌子——中,这一社会联盟正在急速地瓦解。1997年4月,经济同友会在其发表的题为《战后日本体系的总清算》的报告书中,强调了所谓"自立的市民"的概念,但却是将其作为与"中产阶级"相对立的概念加以论述,说道:"为完成改革,我国必

---

[1] 参见金子勝『新反グローバリズム:金融資本主義を超えて』,273 – 274ページ。
[2] [日]安世舟:《漂流的日本政治》,高克译,社会科学文献出版社2011年版,第220页。

须摆脱官僚主导而成为国际社会通用的民间主导的资本主义国家,同时,徒具其形的中产阶级,即依存于企业和国家并时时摆出弱者姿态的中产阶级有必要自立成为这一社会的市民阶级。"这里的"中产阶级",所指当然是战后以来高度依附于资本的大企业劳动者、受益于利益诱导政治的中小工商业劳动者(包括自营业者)以及农民等社会集团;而所谓"市民",则是指摆脱了依附性、凭借"自立"与"自助"便可以维生的个人,说白了,就是社会的上层(精英阶层)。[1] 具体言之,主要包括大企业的经营者、管理者以及城市新中间阶层(主要是大企业中的精英白领),而这一社会联盟形成了保守主义两大政党共同的支持母体。[2] 这一新的社会联盟将大企业的非精英劳动者(即日经连1995年报告中的类型②"高度专门能力活用型"以及类型③"弹性雇佣型"劳动力)、地方中小工商业劳动者(包括自营业者)和农民,以及年轻人、高龄者与妇女等弱势边缘群体等排除在外,完全不同于前面猪口孝所定义的"大众包容型"社会联盟,可谓是个不折不扣的"精英联盟"。社会学家渡边治曾断言"1996年体制"的确立意味着"大众社会"的终结和"精英社会"的兴起,所言的确不虚!

如何消除这些虽则尚未喷发但却已然在地下暗暗涌动的社会矛盾、重建社会的安定团结,是摆在日本国家面前的迫在眉睫的课题。针对日本经济社会的现状,经济学家金子胜教授强调认为,"对这个国家来说,最为重要的制度改革就是将(战后以来)被各个企业和各个地区分断的雇佣与社会保障规则改造成具有普遍性的社会规则。唯有构筑起这样的社会安全网,才有可能产生社会共同性,也才有可能创造出真正多样化的(社会)关系",[3] 他进而指出,所谓"具有普遍性的雇佣和社会保障规则",包含的首先是对劳动市场的规范化管理,即针对雇佣全面流动化以及工资等劳动条件全面恶化的情况,像欧洲国家那样,实现职能的国家资格化,劳动者个人持有记录其职业经历以及学历的工作卡(job card),企业在尊重劳动者职能的前提下对劳动者进行雇佣,并给予劳动者与其职能资格相符合的工资保障,从而确立起欧洲式的"同工同酬"原则;[4] 其次,在劳动市场贯彻"同工同酬"原则的基础上,构筑起国家一元化的医疗、养老金以及健康保险等社会保障制度,

---

[1] 渡辺治、後藤道夫编『講座現代日本4:日本社会の対抗と構想』,92-93ページ。
[2] 後藤道夫编『日本の時代史28:岐路に立つ日本』,36ページ。
[3] 金子勝『新反グローバリズム:金融資本主義を超えて』,276ページ。
[4] 金子勝『新反グローバリズム:金融資本主義を超えて』,275-276ページ。

提供教育费用以及住宅费用的公共负担,并应对妇女大量走出家庭以及人口老龄化加剧的事实,充实诸如育儿、老人照顾等方面的公共社会服务,构建真正的福利国家。[1] 可以说,这种改革主张乃是立足于"社会逻辑"、"社会可持续性"的开阔视野而开出的治世良方。可是,遗憾的是,纵观1990年代以来日本的政策选择,遵循的却完全是新保守主义/新自由主义的"反社会逻辑"。企业组合主义生产关系的解体导致了劳动者生活全面陷入动荡,而《劳动基本法》的放松以及《劳动者派遣法》的扩大适用则无疑是在拆除对劳动者权益的保护,固化劳动市场的不安定与低工资倾向,强化劳动者的无权状态,以劳动者完全"商品化"为特征的19世纪式"企业劳动力市场"这一生产关系模式的主导地位日益凸显,不能不说这是"历史的倒退"!与此同时,在利益诱导政治遭到全面清算的情况之下,本应得到强化的国家层

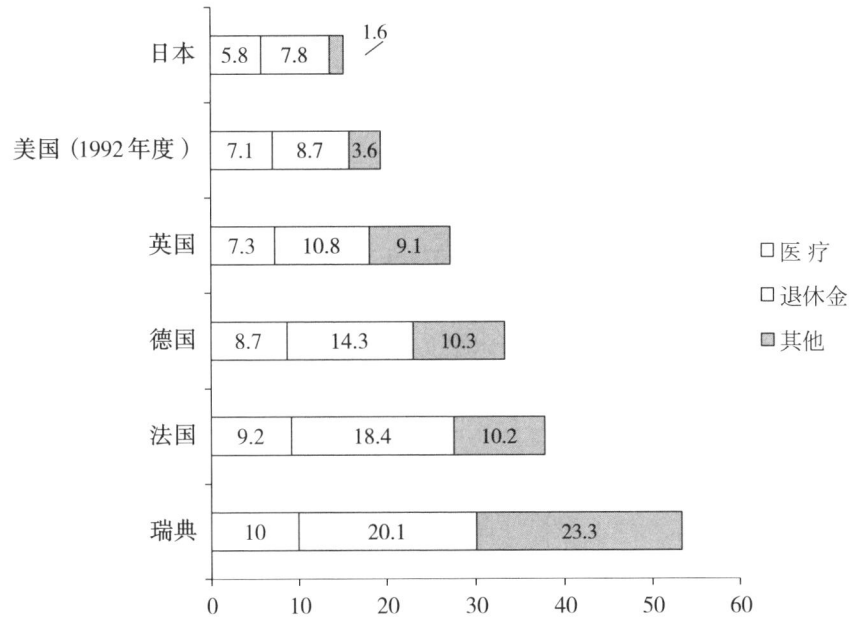

图4-6 社会保障各项支付(占国民收入比率)构成比例的国际比较(1993年)

资料来源:日本国立社会保障・人口问题研究所编『社会保障給付費』(1995年版),转引自山口二郎『戦後政治の崩壊』岩波书店2004年版,97ページ。

---

[1] 金子勝『新反グローバリズム:金融資本主義を超えて』,267-278ページ。

面公共社会保障与福利体系非但没有被进一步夯实，反而在所谓"自立"、"自助"的原则下遭到了进一步的缩减。前面已经指出，日本的社会保障与福利体系原本贫弱，故而被福利研究专家二宫厚美称作"未发育成熟的半福利国家"。无论从税收、社会保障负担向国民还原的比率来看，还是从社会保障支付费用占国民收入的比例来看，日本都大大低于包括美国在内的其他先进资本主义国家（参见图4-6及表4-1）。可即便如此，1990年代以来，

表4-1 税收及社会保障负担对国民还原率的国际比较（单位：美元，%）

	人均国民收入	人均税收及社会保障负担(A)	人均社会保障支付额(B)	对国民还原率(B/A)
日本	26 919	9825	4092	41.6%
美国	21 351	7793	4142	53.2
英国	14 444	6673	3929	58.9
德国	20 448	11 492	6830	59.4
法国	18 668	11 638	7038	60.5
瑞典	17 453	12 287	9320	75.9

资料来源：総理府社会保障制度審議会事務局編『社会保障統計年鑑』（1997年版），转引自山口二郎『戦後政治の崩壊』岩波書店2004年版，97ページ。

尤其是在新保守主义/新自由主义的"结构改革"路线下，原本脆弱的社会保障与福利体系仍然遭到了无情的拆解。由于涵盖诸多方面，笔者无法逐一展开详细讨论，这里只能管窥其中几个领域，但透过这几个领域，我们对于日本社会保障与福利体系改革的整体倾向性亦可基本了然。

首先是养老金领域。2000年初，日本修订了《养老金法》，将开始领取养老金的年龄提高到65岁，且新领取者的报酬比例部分减少了5%，65岁以上的人停止工资浮动。这些规定使得夫妇一生享受的福利金额大幅减少，具体而言，70岁的人减少300万日元，60岁的人减少500万日元，50岁的人减少500万日元，40岁的人减少1000万日元，30岁的人减少1100万日元，20岁的人减少1200万日元，致使国民对未来生活的不安感普遍加剧。[1] 2004

---

[1] [日] 林直道：《危机与萧条的经济理论：对日、美及东亚经济衰退的剖析》，江瑞平等译，中国人民大学出版社2005年版，第121页。

年，日本又实施了养老金制度改革，将退休养老金的支付下降到"高于现役劳动者收入的一半"的水准，同时以宏观经济指标联动方式取代了先前的物价联动方式。但是，正如金子胜教授所指出的那样，在宏观经济陷入严重的紧缩局面、各项指标不断恶化的情况下，这种方式必然导致养老金支付额的整体缩减，而所谓"高于现役劳动者收入的一半"这一水准也将难以维持，除去极少的标准型家庭（即丈夫是正式雇员，妻子是专业家庭主妇，拥有两个孩子），很清楚的事实是，大多数家庭所能够得到的养老金数额将减少一半甚至更多。[1]

表4-2 主要先进国家贫困率比较

	1985年		2005年	
	二次分配前	二次分配后	二次分配前	二次分配后
日 本	12.5	12.0	26.9	14.9
美 国	25.6	17.9	26.3	17.
法 国	35.8	8.3	30.7	7.1
德 国	26.9	6.3	33.6	11.0
英 国	—	—	26.3	8.3
瑞 典	26.1	3.3	26.7	5.3
挪 威	18.7	6.4	24.0	6.8
丹 麦	20.1	6.0	23.6	5.3

资料来源：OECD, "Growing Unequal?Income Distribution and Poverty in OECD Countries"，2008年10月21日，转引自［日］中古岩：《资本主义为什么会自我崩溃：新自由主义者的忏悔》，郑萍译，社会科学文献出版社2010年版，第193页。

其次是健康保险领域。大量人口失业或沦为不安定就业者而不得不退出诸如企业健康保险等原有的健康保险体系，重新加入国民健康保险，因此，构筑起国家层面一元化的健康保险体系并对其加以夯实已经迫在眉睫。然而，在新保守主义/新自由主义改革的所谓"自立自助"、"责任自负"原则下，国民健康保险的国家负担金额却被不断削减（譬如，小泉内阁制定的"大骨方针2002"以及其后的"大骨方针2006"，无一不是遵循着削减社会保障费用的原则）。其结果是，一方面，从健康保险中支付给医疗机构的诊疗报酬遭到了不断的削减，许多地方核心医院尤其是公立医院因此陷入了经营危机，而地方交付税的削减又让医疗机构的赤字无法得到填补，最终则导致医院的

---

［1］ 金子勝『新反グローバリズム：金融資本主義を超えて』，268ページ。

关门倒闭或者民营化,甚至许多地方已经无法维持急救医疗体制;[1] 另一方面,国民健康保险中的个人负担比率被逐步提高,加重了国民的经济负担,加之大量贫困人口由于未缴纳保险费用——对于低收入者来说,缴纳国民保险费无论如何也不是优先考虑的事情。据称,现阶段未支付国民健康保险费的人已经接近全体参保者的20%——而实际上无法享受到健康保险的益处,许多人只能尽量减少就医,出现了大量的"医疗难民"。在社会需求急剧增加的时候,日本的国民健康保险制度却已是摇摇欲坠,面临着解体的危险。

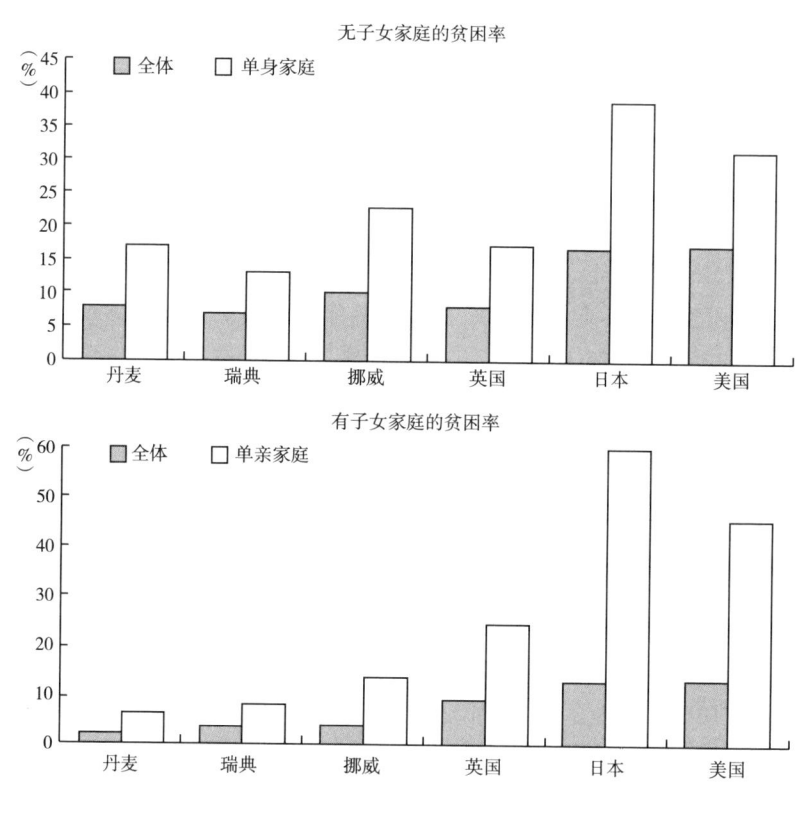

图4-7 日本的贫富差距已经超过美国
[按家庭收支分类的贫困率(2005年)]

资料来源:OECD, "Growing Unequal?Income Distribution and Poverty in OECD Countries", 2008年10月21日,转引自[日]中古岩:《资本主义为什么会自我崩溃:新自由主义者的忏悔》,郑萍译,社会科学文献出版社2010年版,第195页。

---

[1] 金子勝『新反グローバリズム:金融資本主義を超えて』,267-278ページ。

第四章　混沌的时代：日本经济社会停滞局面的形成及其长期化（1990/1991 年至今）

　　最后就是医疗领域。在这一关系到人的尊严的重要领域，日本所实施的种种改革，其动向也是极其不健康的。譬如"后期高龄者医疗制度"，以 75 岁以上的高龄者——这些人正是日本成长为经济大国过程中的奉献者——为对象，规定每年从其退休金中自动扣除 6 万至 7 万日元的保险费。曾经作为新自由主义改革急先锋的中谷岩在其后来的自我反省中这样愤慨地批判道："无论有多大的财政困难，对那些有功之臣，突然就制定政策从他们的退休金中自动扣除保险费，这是一个国家的正确行为吗？"相反，"让自己能够对老人们说'感谢你们对日本社会所做的贡献，今后你们的医疗费就全部减免了，请你们安度晚年吧'，这才是执政者该做的事，才应该是敬老的精神吧？"[1]

　　综上所述，企业组合主义和利益诱导政治这两大社会统合支柱的倒塌带来了国民生活状况的全面动荡与恶化，以及精英阶层与普通大众阶层之间严重的两极分化，社会矛盾日益凸显。日本社会急切呼唤国家层面旨在保障国民生活、消除阶级阶层间不平等的具有普遍性的社会保障与福利制度。可是，在新保守主义/新自由主义历史集团的"倒行逆施"之下，原本贫弱的公共社会保障与福利体系却遭到了进一步的削弱。结果可想而知，那就是日本正在从曾经的"一亿中产阶级"的平等社会向着"下流社会"（即"向下流动的社会"）[2]和"期望差距社会"[3]演变。

　　2008 年 10 月 OECD（经济合作与发展组织）发表的报告中显示了 1985 - 2005 年间日本"贫困率"[4]的推移状况。从表 4 - 2 中可以看到，在国家进行征税和实行社会福利前的阶段，即二次分配前的日本的"贫困率"，在 1985 - 2005 年的 20 年间从 12.5% 上升到了 26.9%，贫困人口比例增加了一

---

[1] [日]中谷岩：《资本主义为什么会自我崩溃？新自由主义者的忏悔》，郑萍译，社会科学文献出版社 2010 年版，第 197 - 198 页。

[2] "下流社会"是三浦展在 2005 年出版的著作名称，书中用详实的数据表明了日本正在从平等的"中流社会"向"下流社会"滑落的事实，反映了当今日本社会的严峻现实。该书在短短两年多的时间再版 10 次，引起了巨大的社会关注。请参阅[日]三浦展：《下流社会：一个新社会阶层的出现》，陆求实、戴铮译，文汇出版社 2007 年版。

[3] "期望差距社会"是东京学艺大学教授山田昌弘 2004 年出版的著作名称，书中全面分析了日本社会贫富差距不断扩大的现实及其原因。并进而指出，物质上的巨大落差正在演变成精神层面对未来期望的差距，随着落入社会底层的人的数量不断攀升，他们对未来绝望感的加剧正在成为日本社会秩序的严重威胁。请参阅山田昌弘『希望格差社会："負け組"の絶望感が日本を引き裂く』。

[4] 所谓"贫困率"，是指在一个国家的劳动者中，收入不足中间值一半的贫困人口在全部劳动者中所占的比率。

倍以上。而二次分配后的"贫困率"仍旧很高的只有美国和日本，日本已经沦为了仅次于美国的"对贫困阶层冷漠的国家"。如今，4个家庭中就有1个被归类到贫困家庭中，这就是当今日本的现实。[1]

表4-3 主要发达国家的基尼系数

	1985年		2005年	
	二次分配前	二次分配后	二次分配前	二次分配后
日 本	0.345	0.304	0.443	0.321
美 国	0.404	0.338	0.457	0.381
法 国	0.524	0.313	0.482	0.281
德 国	0.441	0.257	0.507	0.298
英 国	0.440	0.325	0.460	0.335
瑞 典	0.404	0.198	0.432	0.234
挪 威	0.354	0.234	0.433	0.276
丹 麦	0.373	0.221	0.417	0.232

资料来源：OECD, "Growing Unequal?Income Distribution and Poverty in OECD Countries", 2008年10月21日，转引自［日］中谷岩：《资本主义为什么会自我崩溃：新自由主义者的忏悔》，郑萍译，社会科学文献出版社2010年版，第198页。

上述OECD报告中还有另外一组数据。图4-7中的数据显示，日本的"贫困率"从整体看，无论是"无子女家庭"还是"有子女家庭"，仅仅略低于美国这一世界最高水平；而限定在"单身家庭"和"单亲家庭"时，日本则超过美国成为世界最高。中谷岩由此批判道："当今日本对'少子化'问题讨论得很热烈，但最需要讨论的难道不是日本单身母亲、单身父亲的贫困率是世界最高这一现实吗？如果不创造一个'能安心生育孩子'的社会，'少子化'便没有指望克服。尽管如此，目前却距离'能安心生育孩子'的社会差之甚远，这就是今天日本的现实。在日本，对那些因离婚、亲人死亡等而单身抚养孩子的人几乎没有任何实质上的帮助和救济，我这样断定绝不为过。考虑到就连美国这个强调'责任自负'的国家，其有子女的单亲家庭的贫困率也只有45%，是不是可以说，现在日本的福利政策已经到了崩溃、

---

[1] 参见［日］中谷岩：《资本主义为什么会自我崩溃？新自由主义者的忏悔》，郑萍译，社会科学文献出版社2010年版，第192－195页。

第四章 混沌的时代：日本经济社会停滞局面的形成及其长期化（1990/1991年至今）

瘫痪的边缘了？"[1] 中古岩从单身母亲、单身父亲贫困率高的侧面指出了导致日本少子化的原因，这的确不错。但还须指出的是，劳动市场的全面向下流动——包括雇佣形态和工资待遇——带来贫困人口的不断增加，许多男性劳动者——尤其是年轻男性劳动者——由此晚婚或根本无法结婚；此外，从妇女的角度看，除去一部分人观念上的变化以外（我们的确无法否认随时代发展而来的一些人在结婚生育等方面的观念变化，但片面地夸大这一点却显然缺乏社会整体视野，存在着将少数个体的"特殊性"行为加以"普遍化"的危险，这里，笔者还是要强调社会学家涂尔干的观点，即生育率也好、自杀率也好，这些统计比率都是作为一种"社会事实"而出现的，而对其产生原因的解释，不可以随意地还原到个体层次，而只能用另一种"社会事实"加以解释），更主要的问题却是，男性雇佣的非稳定化以及工资福利条件的恶化让妇女开始大量走出家庭，妇女所属生产关系模式的转变——从"家庭内生产"转向了"企业劳动力市场"——导致其除去要兼顾家庭之外，还不得不面对流动性劳动市场的酷烈竞争以及不安定就业的现实，生育逐渐成为难以承受的生活之重。而与日益增长的社会需求相反，国家的社会保障与福利方面的政策却莫不如说是在"倒行逆施"，"自立自助"、"责任自负"原则下公共社会保障与福利安全网的拆除无疑是在加剧少子化的趋势。如此一来，日本要解决少子化问题也许只能成为一种妄想。笔者在此顺便要说的是，少子化的进展将导致国家生产年龄人口的减少（即创造财富的人口减少），以及与此相对的老龄化人口的增加（即消耗财富的人口增加），而这最终将无可避免地带来国家财政危机，并有可能引发社会层面代际的矛盾冲突（因为养老金的增加必然会带来年轻人税负的增加），"嫌老社会"一词的出现已经反映出了这种令人担忧的趋势。

再来看日本社会的贫富差距。同样是上述OECD在2008年发表的数据，表4-3中的数据显示，在1985-2005年的20年间，日本的"基尼指数"[2]上升了（二次分配前上升了0.098，二次分配后也上升了0.017），社会的贫富差距扩大，仅次于美国和英国。橘木俊昭和大竹文雄两位专家一致认为，日本社会收入差距的扩大是一个"非常严重"的现实问题，而且，（在现有

---

[1] 参见［日］中谷岩：《资本主义为什么会自我崩溃？新自由主义者的忏悔》，郑萍译，社会科学文献出版社2010年版，第195页。
[2] "基尼指数"是反映一个国家国民收入均衡程度的数值。如果国民收入完全平等，基尼指数为0；如果只有一个人独占所有的收入，基尼指数则为1。因此，现实数据的变化介于0和1之间。

的路线下)将来这种收入差距还将继续扩大。[1] 19世纪中叶,恩格斯以及后来成为英国首相的迪斯累利都将当时贫富差距、文化差距显著的英国社会称作是由"双重国民"构成的社会,后藤道夫不无痛心地指出,随着战后体制的被清算和社会合意——战后形成的社会联盟——的解体以及新保守主义/新自由主义激进改革的肆虐,当今日本社会的巨大贫富差距对国民形成的分化——所谓"胜组 (winner)"和"败组 (loser)"的差别分割——无疑是19世纪英国式"双重国民"社会的重现。[2] 学者山田昌弘则指出,收入差距这种"量的差距"正在逐步演变成心理、精神层面对于未来生活希望的"质的差距",这对日本社会的整体安定来说,将是一个巨大的威胁。[3] 山田昌弘的警告并非危言耸听,而是有着具体显现的"社会事实"作为依据,那就是日本社会诸如恶性犯罪以及自杀等"社会失范"现象[4]的增加。近年来大量的杀人事件中,成为加害者的许多人是派遣劳动者和短期的季节性劳动者,

---

[1] [日] 中谷岩:《资本主义为什么会自我崩溃? 新自由主义者的忏悔》,郑萍译,社会科学文献出版社2010年版,第199页。

[2] 後藤道夫編『日本の時代史28:岐路に立つ日本』,94ページ。

[3] 山田昌弘『希望格差社会:"負け組"の絶望感が日本を引き裂く』,15–16ページ。

[4] 对于自杀和犯罪,人们往往倾向于将原因归咎于个人的性格特征或内在气质,然而却忽略了引发这些问题的更为深层的社会根源。关于自杀,社会学家埃米尔·迪尔凯姆在《自杀论》中指出:自杀与遗传因素以及个人素质没有太大关系,而是与社会环境、经济政治危机、工作变迁和生活变动等有着密切的联系,是一种特殊的"社会现象"或者叫一种"社会失范现象"。德国社会学家卡尔·曼海姆 (Karl Mannheim) 在《重建时代的人与社会:现代社会结构研究》中同样指出,社会瓦解与个人行为的紊乱,甚至某些层次的人类精神的紊乱之间必定存在更为深层的相互关系,反之亦然。利己主义自杀的根源是由于社会的虚弱和混乱,导致其没有足够的整合作用使它的所有成员从属于它,许多人由此失去了生活目标和正常方向,成为孤独无助的个人从而对社会产生了疏离感和绝望感。自杀人数的异常增加表明文明社会正在经历严重的动荡,自杀人数则说明动荡的严重性。至于犯罪,在笔者看来,如果说自杀是以一种向内的"弱"的方式表达对社会的愤懑,那么犯罪尤其是恶性犯罪很多情况下则主要是以一种向外的"强"的方式表达类似的情绪,而无论采取向内的方式还是向外的方式,引发这些现象的根源无疑都是"社会的",作为一种"社会事实",它们所反映出的是社会深层的弊病。当然,社会的混乱与虚弱所引发的不良"社会事实"并不止于此,譬如还会有诸如伪宗教的兴起以及法西斯主义这种文明退化形式的兴起等现象的出现。经济学家金子胜教授指出,在全球化名下强力推行的市场原理以及由此引发的倒闭、失业,对大多数的社会个体来说是无法承受的风险,而基于"强个人假定"的"自立"、"责任自负"等主张的过度宣扬只能将个体逼入绝境,最终将自身命运的决定权交由他者,而所谓"他者",或者是神(宗教)或者是死(自杀),亦或者是强力的领袖(社会学家马克斯·韦伯则称之为"超凡魅力型权威",诸如希特勒之类的法西斯主义者亦属此类)。1990年代以来,日本社会频频出现的类似于奥姆真理教之类的伪宗教、自杀人数的逐年攀升,以及小泉和安倍等美化侵略战争的民族主义或民粹主义政治家的上台,皆反映出日本社会危机正在不断累积和加剧的事实。

第四章　混沌的时代：日本经济社会停滞局面的形成及其长期化（1990/1991年至今）

或者是自由职业者（所谓"飞特族"）和无业人员，而自杀人数从1991年起逐年增加，目前已经超过年均3万人，生活的困窘则是主因。对于这样的日本社会，金子胜教授忧虑地写道："对许多人来说，这个社会（日本社会）已经变成一个'难以生存的社会'，充斥着过度不安的社会给人们带来了过度的精神负担。"[1]而"差距（包括物质差距和精神差距）不断扩大和固化的未来倾向，最终将毁掉这个社会的可持续性"[2]。社会学家富永健一指出，伴随资本主义经济的发展，基础社会开始衰耗（即日本社会学家高田保马所谓的"基础社会衰耗法则"），过去由家庭、亲族和共同体所承担的生活互助和保障功能逐渐弱化，于是国家就成为这种功能的供给者，也就是说，高度产业社会的国家具有不得不成为福利国家的必然性。犯罪的低龄化、新兴宗教的异常化（即伪宗教）等现象是社会解体和社会不安的表现（表象——笔者注），这与福利水准的降低是相互关联的，可以一并概括为福利问题（根源——笔者注）。要解决这些问题，只有国家出面强化国家的福利功能，而新保守主义/新自由主义政府却推行市场主义，削减社会保障的支出，可谓反其道而行之（倒行逆施）[3]。

面对着新保守主义/新自由主义改革所带来的日益深化的社会危机，日本的激进改革势力也会在"紧急景气对策"的大义名分下，时而搬出旧保守派们所惯用的扩大公共事业的办法以作应急之用，但在经济社会结构已然发生重大变动的情况下，这种做法已经无法起到曾经的雇佣波及以及收入平准化效果，不过是助长了官僚和大土建公司之间的利益分肥，并留下一堆大而不当的烂尾工程以及极度膨胀的财政赤字。随着改革的深入，进入2000年之后，激进势力实施社会统合的新保守主义色彩开始日益浓厚。至于具体表现，一方面是进行民族主义宣扬，夸大国家安全威胁——尤其是"中国威胁论"开始甚嚣尘上（大卫·哈维就指出，新保守主义社会统合的侧面之一就是夸大国家安全方面的威胁，不管这种威胁是现实存在的还是臆想出来的[4]），危险地操纵着诸如靖国神社之类的民族主义符号，以期可以将巨大的国内社会压力向外倾泻，凝聚濒临崩溃的社会团结；另一方面则是进行复古主义的

---

[1] 金子勝『新反グローバリズム：金融資本主義を超えて』，254ページ。
[2] 金子勝『新反グローバリズム：金融資本主義を超えて』，277ページ。
[3] 参见［日］富永健一：《日本的现代化与社会变迁》，李国庆、刘畅译，商务印书馆2004年版，第296、313－318页。
[4] デビッド・ハーベー著、森田成也・木下ちがや・大屋定晴・中村好孝訳、渡辺治監訳『新自由主義：その歴史的展開と現在』，116ページ。

道德教化，将封建的传统和社会生活方式加以浪漫化，在激发国民所谓"爱国精神"（安倍晋三所谓"美丽的日本"的宣传则是这种教化的典型，与1980年代中曾根关于"美丽的日本"的描述如出一辙）的同时，将国家的社会保障功能向地方共同体和家庭中内压，为国家放弃社会责任做合理性辩护。其实，这些都不过是中曾根时代新保守主义社会统合手段的再版或者说升级版，是其"反福利国家"理念的延续。金子胜教授指出，这种强调传统、道德的民族主义宣扬并非是为市场原理主义的过度发展提供具体的解决对策，而是为了给其中焦虑的人们提供一种精神上的"安慰"，本质上是向后看的保守回归。[1] 回顾历史，利用民族主义宣扬实施社会统合的做法乃是孕育法西斯主义的温床，用波兰尼的话说，这是一种"文明退化的"方式。而将封建传统社会夸张地浪漫化并将其映射到未来的复古主义社会统合则充其量不过是精神上的"画饼"，却终究掩盖不住其根本上的虚幻性以及事实上为国家放弃社会保障与福利功能开脱责任的残酷性，这种向后看的做法或能激起国民对过往社会的浪漫主义缅怀，却终究无法消除现实的社会危机，须知，危机的解决需要立足于日本社会的现实，完成作为资本主义国家社会统合方式的现代化转型。所谓"爱国心"，则是以"只要是日本人，就应该……"的形式，旨在造就千人一面的国民以及对权威的服从（这种隐含着"如果不如此的话，也就不是日本人，应该遭到日本社会的排斥"的危险的封建专制逻辑，正如日本哲学家高桥哲哉所指出的，这种无视个体自由意志与个体差异性的强制"普遍化"其实带有巨大的"暴力性"——笔者注），而要激发国民真正的爱国心，则需要考虑国民的利益是什么，并积极努力实现之，激发国民的爱国心本应成为促进国家努力为国民创造实际利益的行动的原动力。[2] 脱离了对于绝大多数普通国民实际生活需求的关注而实施的空洞的爱国主义说教和鼓动，或许最终带来的也只能是盲目的民族主义！历史已经证明，这种盲目的民族主义的高涨最终毁灭的却正是那些普普通通的国民百姓的生活。

诚如政治学者安世舟所警告的那样，如今的日本社会已经到了无法继续维持下去的紧要关头，面对跨国化的经济模式，如何重建由此即将濒临崩溃边缘的社会，则是难题中的难题，这个难题得不到解决的话，日本国家便会静静地走向衰退。如何使人们之间共生共济的"连带主义"再次萌芽，并进

---

[1] 金子勝『新反グローバリズム：金融資本主義を超えて』，54ページ。
[2] 山口二郎『戦後政治の崩壊』，170-171ページ。

一步改造社会使人们能够带着梦想生活,这样的课题就落在了日本政治家的身上。[1]

---

[1] [日]安世舟:《漂流的日本政治》,高克译,社会科学文献出版社2011年版,第221页。

第五章
革新政治/社会力量与日本国家转型

前面我们已经看到，1990年代初经济泡沫的崩溃以及其后新保守主义/新自由主义激进改革的肆虐让日本这个曾经辉煌一时的经济大国就此一路衰退，深陷重重危机而无法自拔，"失去的10年"转眼间已成了"失去的20年"（而且，以笔者管见，根据目前日本国家的整体走向来看，这一数字仍将递增下去）。日本国内经济始终无法摆脱所谓的"紧缩循环"而持续着"温水煮青蛙"式的长期萧条，与此同时，"结构改革"路线之下雇佣、工资等劳动条件的全面恶化以及公共社会保障与福利安全网的弱化，也导致了"一亿中产阶级"大众平等社会的分崩离析，取而代之的则是朝向所谓"下流社会"、"差距社会"、"无缘社会"（即人与人之间彼此漠不关心的"原子化"社会）的演变，社会矛盾也在这一过程当中悄然地累积，诸如恶性犯罪、自杀等社会失范现象在逐年增多，日本陷入了经济评论家内桥克人所说的"世界史上特异的社会停滞"的局面。至于其国家政治，则在整体上朝着军国主义、民族主义的危险方向大步迈进，就像澳大利亚学者加文·麦考马克所说的那样，日本正在将自己愈来愈紧地绑缚在美国的"战车"之上，不断加深着与亚洲邻国之间的隔阂。

1990年代以来日本国家经济、社会以及政治上的急剧蜕变着实令人唏嘘，同时，我们也不禁要问：造成这一切后果的罪魁祸首到底是谁？许多论者将攻击的矛头毫不犹豫地指向了新保守主义/新自由主义历史集团，激烈批判1990年代以来特别是"1996年体制"确立以来全面迎合经济全球化潮流的这一激进改革势力对于日本政治、经济以及社会的摧毁作用。这种批判固然不错，但却存在着两个问题：其一，经济全球化是一个体系性的普遍现象，是资本积累逻辑——资本需要冲破一切阻碍为积累开辟道路以实现其自身——的全球性伸张，它会对资本主义世界体系中每一个民族国家的国内社会都带来巨大冲击。然而，相较于欧洲国家所产生的震荡，日本国内社会所遭受破坏的烈度以及萧条持续的时间之久却是资本主义国家中独一无二的，以至于让经济学家保罗·克鲁格曼"百思而不得其解"。虽然1970年代经济全球化刚刚兴起之时，1970年代末以英国首相撒切尔夫人为代表的新保守主义/新自由主义反动力量亦开始着手"拆散福利国家"，但正如英国学者保罗·皮尔逊（Paul Pierson）的研究所表明的，欧洲福利国家的制度框架依然坚固，[1]而1990年代经济全球化的进展全面加速后，从1990年代中后期开始，福利国家又纷纷回归，并开始探索全球化体系背景下的"第三条道路"。反观日本，在同样的体系背景之下，国内经济社会结构却已经被拆解得七零八落，难以收拾。所以，这里必须得到解释的问题是：在普遍性的经济全球化冲击之下，为什么日本的经济社会结构会显得如此脆弱不堪？单纯的新保守主义/新自由主义批判虽则可以解释普遍存在的现象，但对于不同国家结果上出现的巨大差异，这种单纯的批判却显然难以给出合理的解释。因此，要寻求答案，就必须深入到日本的国家体制中去。其二，针对日本新保守主义/新自由主义激进改革的批判炮火也主要集中在经济泡沫破灭之后尤其是1990年代中期以来日本的国家政策，其中，针对"结构改革"最盛期的小泉内阁（2001-2005年）的批判尤为激烈。这种做法的主要问题在于：把造成日本国家目前困窘局面的所有罪责全然推诿于新保守主义/新自由主义历史集团及其推行的激进改革，就仿佛泡沫崩溃之前的日本国家发展体制是完美的、高效的、值得推广和效仿的——正如20世纪七八十年代"日本赞美论"所体现的那样，而事实果真如此吗？笔者在前文中已经阐明了这种认识的虚妄性。这种人为割裂历史的做法将会导致对日本问题的研究意义大打折扣，充其量只能停留在新保守主义/新自由主义意识形态批判的层次上，除此以外却没有更多的意义。

正像笔者在导论中曾经强调的那样，有必要将日本战后至今的国家发展历史作为一个统一的整体来加以考察，在这样的视野下，我们会看到，日本经济泡沫破灭之前经济的"过度扩大"与其后新保守主义/新自由主义"反动"的烈度实则息息相关。关于这一点，可以说，经济评论家内桥克人看得

---

[1]［英］保罗·皮尔逊：《拆散福利国家：里根、撒切尔和紧缩政治学》，舒绍福译，吉林出版集团有限责任公司2007年版，第227-228页。

是最为透彻的。他指出，1990年代以来日本经济社会萧条的根本原因在于"过度（过剩）负担"——具体而言，就是"生产设备过剩"、"不良债权过剩"以及"雇佣过剩"，而导致"过度负担"的原因是此前的"过度扩大"，即企业过度的设备投资、银行的过度贷款以及终身雇佣等企业经营制度。"过度扩大"必然导致"过度负担"，解决"过度负担"问题则意味着残酷的调整。而造成"过度扩大"的深层原因则存在于日本战后的经济政治结构之中，经济泡沫不过是这种"过度扩大"超过阈值而到达爆炸点的表现。泡沫破灭后，此前长期累积的诸多过剩全面显现，日本便进入了对"过度负担"的清算过程，出现了"日本型停滞"。[1] 清算的办法就是修正过去旧保守主义的发展路线，代之以全面迎合经济全球化潮流的新保守主义/新自由主义发展方向，可以说，日本国内新保守主义/新自由主义的兴起正是针对此前"过度扩大"的一种反动，"过度扩大"的作用力有多大，则清算的反作用力就有多大，这也是为什么相较于其他国家日本会近乎缺乏理性——这也经常被日本学者称作无谋略、无战略——般地投入经济全球化浪潮以及霸权国美国怀抱之中的重要原因，日本垄断资本急于摆脱国内的"过剩负担"、强化国际竞争力以恢复其资本积累的自然需求乃是不容忽视的背景要素。也有论者强调这其中美国对日本的压迫作用——所谓的"美国阴谋论"，然而，日元升值压力也好，以《美日障碍性协议（SII）》为开端的美国对于日本国内体制的蛮横干涉也好，这些难道不也是旧保守主义发展路线之下形成的日本对美国长期过度依附所引发的反作用力吗？这种清算从"钱"（对长期过度借贷的清算，体现为银行系统不良债权的巨额累积以及企业债务的增加）、"物"（对过剩设备的清算，体现为企业国内设备投资需求的骤减）的层次逐步深入到了"人"（对过剩雇佣的清算，体现为企业雇佣层面的"结构改革"）的层面，最终导致了战后经济社会结构的全面崩塌，经济层面的萧条逐渐深化到了社会整体层面的停滞，诚如内桥克人所言，日本目前的困境已经扩散到了社会整体，而非只是单纯的经济问题了，这也是为什么经济学家们局限于经济学视野所开出的药方——其中的典型就是保罗·克鲁格曼基于"流动性陷阱论"而主张日本通过金融以及财政缓和刺激经济的处方——都难以令日本经济社会获得实质性改观的根本原因之所在。所以，超越关于泡沫前泡沫后的人为割裂，在整体历史的视野之下，我们不得不说，旧保守主义依附发展路线所犯下的其实是"原罪"，它的"过度扩大"最终导致了巨

---

[1] 内橋克人『同時代への発言7：九〇年代不況の帰結』，4-5ページ。

第五章　革新政治/社会力量与日本国家转型

大经济泡沫的滋生以及泡沫破灭之后的经济社会萧条，而作为其自然反动而兴起的新保守主义/新自由主义激进改革的倒行逆施则犹如火上浇油，进一步深化并固化了日本的经济社会危机。

作如是观，笔者以为，更具积极意义的日本问题研究主题应当探讨的是：究竟是什么原因导致了日本经济"过度扩大"的长期持续以致引发泡沫，在其战后的发展历程中有没有一个历史时机是可以逆转这种过度发展路线的？循着这样的视角回溯，我们或可以找到诱发经济泡沫滋生的根源，而这对于那些类似于日本的后发工业化国家来说，无疑可以起到更为积极的警示作用。这种研究视角其实也就是"国家转型"视角，笔者在本书的第二章中曾经指出，1960年代末1970年代初，日本完成了明治以来的经济赶超目标，面临着超越经济发展至上的赶超型国家体制并向欧洲式的普遍制度型福利国家转型的历史节点。战后欧洲的福利国家是先进资本主义国家在吸取历史教训——尤其是20世纪二三十年代的大萧条以及其后的灾难性战争——的基础上，在资本主义经济发展框架中实施"制度调整"或者说"制度改良"的产物。虽然如哥斯塔·埃斯平-安德森的研究所表明的那样，福利国家亦存在着多种类型，但无论属于何种类型，贯穿其中的无一不是卡尔·波兰尼所强调的经济与社会必须均衡发展——"经济逻辑"必须嵌入"社会逻辑"之中——的基本原理，在"经济逻辑"致力于财富创造而将人"商品化"了的同时，国家公权力则通过规制劳动市场，对劳动者的劳动权与生存权加以保护，并通过普遍性社会保障与福利制度的构筑实施面向全体国民的财富再分配，致力于实现人的"脱商品化"，从而维系了经济发展与社会安定团结之间的平衡。在所有这些福利国家类型中，迄今为止发展程度最高的类型当属"三方制"福利国家。通过政府、资本以及劳动三方的协商合作，开放性的劳动市场得到有效的规制，"同工同酬"原则的贯彻确保了劳动市场的同质性，对劳动者权益形成了保护；而国家层面上制度型社会保障与福利体系则通过公正透明的利益还流为全体国民提供了坚实的社会生活安全网，从而促进了社会整体的连带与团结，笔者在本书中将其视作福利国家的标准型或曰"理想型"。此外，值得一提的是，欧洲国家在国内致力于构筑福利国家的同时，亦从1950年代开始展开了区域性合作，这种合作从经济领域统一大市场的开拓逐步深化到了政治、社会领域的协作，不仅构筑起了区域内和平的国际关系环境，亦与世界体系霸权国美国保持了既协作又独立自主的姿态。

反观日本，在战后重启的工业化赶超过程中，日本秉持的是经济发展至上的赶超发展主义路线。在这一路线下，相对于经济中由垄断资本控制并由国家扶持的强势资本积累结构，社会层面形成了以垄断企业的企业组合主义模式为主导的生产社会关系结构，并依靠着企业组合主义以及保守主义统治集团合作之下的利益诱导政治完成了对整个社会的统合。笔者已经指出，企业组合主义外观上虽则"温情脉脉"，形成少有的"劳资协调"，本质上却是一种封建的"老鼠会"结构，终身雇佣制、工龄工资制等机制中潜藏着过剩雇佣从而压迫企业劳动成本的危险，并极度依赖企业的高速发展以及"金字塔型"的人口年龄结构。在日本人口年龄结构相对年轻化的高速经济增长时期，这种模式确保了企业的劳动力供应、促进了技术革新从而加速了企业成长，对大企业来说，是非常符合经济理性的选择。利益诱导政治则通过政治学家山口二郎所说的"族议员/官僚裁量型"政策，对游离于大企业之外的社会边缘群体——主要以中小工商业劳动者、自营业者和农民为典型——形成个别式的利益还流，这一方面扩大了国内消费市场，另一方面也带来了社会整体的安定。但正如笔者业已阐明的那样，这种不受普遍性制度约束的所谓"族议员/官僚裁量型"的利益还流方式本身得益于保守自民党封建"老鼠会"式的派阀体系，是一个高度依赖垄断企业政治献金和法人税的、以人情网络构筑起来的腐败丛生的敛财散财型体系，虽然表面上确实为那些边缘性的社会群体带来了诸多实惠，但却无法从根本上消除社会差别，因为，"族议员/官僚裁量型"的利益还流本身就深嵌在人情网络之中，根本上就存在着公平性与普遍性缺失的问题。总而言之，企业组合主义也好，利益诱导政治也罢，根本上都是日本为了实施经济赶超而对落后的封建残余的沿用。更大的问题是，企业组合主义通过终身雇佣、工龄工资等形成了"内部封闭的劳动市场"，虽然为少数大企业劳动者带来了雇佣以及收入上的保障，却严重分断了日本的劳动市场，阻碍了国家统一的同质性劳动市场的形成；同时，企业组合主义和利益诱导政治二者的混搭对社会的核心与边缘部分实施着分断式的社会统合，共同阻碍了国家层面普遍性社会保障与福利体系的健全发展，且缺少严格的制度约束。正如许多日本学者指出的那样，终身雇佣制、工龄工资制其实并非严格的制度，不过只是一种惯例而已，而利益诱导政治则更是一个将财富的再分配交付于"族议员/官僚裁量"的缺少严格制度约束的腐败丛生的体系。说到底，这种混搭式的社会统合方式是为了配合垄断资本的强势积累结构而采用的。我们说过，日本强势资本积累结构中不可忽视的一点就是对经济中"双重结构"——一面是生产力发达的垄断企业，另一面则是生产力落后的中小工商业以及农业——的充分利用，而对应着这种经济"双重结构"的全面铺展，社会层面则也是以企业组合主义和利益诱导政治形成了双重分断式的社会统合,其本质上是为垄断企业的强势资本积累和国家经济赶超服务的。因此,日本战后经济赶超时期——高速经济增长时期——"强经济、弱社会"的特征非常明显。

另外,在经济发展至上的赶超路线下,为获得美国的扶植尤其是美国巨大市场的开放,正如"吉田路线"所表明的那样,日本将自身的对外战略几乎完全置于了美国的世界战略之下。这种对美完全依附的状态极大地束缚了日本对亚洲邻国政策的独立性,阻碍了亚洲地区和平国际环境的构筑以及区域性合作的正常发展。起步于美国占领之下并处于侧重财富创造的经济赶超时期,日本这种对外对内路线的选择从某种意义上说也可以被理解。然而,当日本完成了经济赶超,开始步入先进资本主义国家行列的时候,要保证国家长期的可持续性发展,就必须要审时度势并适时地实施国家转型,对内遵循经济与社会均衡发展的基本原理进行制度调整,对外则需要摆脱依附,恢复民族国家真正的独立自主。对日本来说,这一契机出现在1960年代末1970年代初。此时的日本已经跃升为资本主义世界第二经济大国,长期强势的资本积累已经蓄积起强大的经济实力,开始向成熟的资本主义国家过渡。而与此同时,长期高速经济发展的负面效应——诸如生产过剩、环境恶化以及住宅拥挤、交通拥堵等——也开始全面凸显,以革新自治体为代表的要求克服经济至上主义,转向充实社会资本、建设欧洲式福利国家的社会需求也在日益高涨。除此之外,《美日安保条约》亦到期,日本面临着是否续约的抉择。如果说该条约签订之时,日本尚处于美国占领时期,且国力虚弱,自主选择的确存在一定困难的话,那么,此时的选择权则掌握在日本自己手中,国内高涨的反美风潮自不必说,美国的战略收缩以及日本国力的增强则也为日本走向真正的国家独立自主提供了极大的可能空间。即使单纯地从经济角度考虑,日本也应当重新审视对美依附的实际价值。吉田茂为了获得来自美国的经济利益而甘愿将日本置于美国附庸国的地位,是典型的经济功利主义路线,而以1971年的"尼克松冲击"为契机,美国开始从"宽容"变得"自利",日元相对于美元的逐步升值以及美国贸易保护主义的抬头都在提醒着日本:美国的怀抱已经开始变得令人窒息了。在这样的情况下,延续吉田式的经济功利主义路线而继续实施对美国的"暴风骤雨"般的出口最终只会招致内桥克人所说的"自己勒自己脖颈"的结果。明智的选择是如同欧洲国家协作推进区域内统一大市场的形成那样,与亚洲国家一道合作开拓区域性市场,这才是符合日本国家长期利益的选择。而这样做的前提是日本必须摆脱美国的捆绑获得自主,并真正地融入亚洲。在这样一个历史节点上,如果日本能够成功地实施国家转型的话，那么，此后的经济过度发展以及泡沫膨胀应该可以避免，即使有后来资本主义经济全球化浪潮的冲击，想必来自美国的"讨债"压力以及日本国内的新保守主义/新自由主义反动亦不至于如此剧烈，而且，如果存在健全的劳动市场以及制度框架约束下的坚实的社会保障安全网的话，最终的社会结果更不至于如此惨烈，欧洲国家的情形就充分证明了这一点。然而，遗憾的是，1960年代末1970年代初的日本却错失了实施国家转型的良机，维系并强化了保守依附发展主义的国家体制，事实证明，这一国家转型的失败后患无穷，成为导致其后经济泡沫极度膨胀以及泡沫破灭之后日本经济社会危机的根源。

那么，自然的问题是：为什么在1960年代末1970年代初这一重要的历史节点上，尽管世界体系以及国内社会都出现了诸多契机，日本却最终未能超越依附发展主义的国家体制，适时地完成国家转型呢？从结论上说，笔者认为根本原因就在于日本革新性政治势力以及社会力量的脆弱，须知，一切选择都是政治选择。这里，所谓革新性政治势力主要是指社会民主主义政党，而社会力量则主要是作为社会民主主义政党主要支持母体的强大的劳动工会。从欧洲的情形来看，战后福利国家虽然并不都是在社会民主主义力量完全掌握国家政治霸权的情况下构筑起来的，但毫无疑问的是，在福利国家体制中，社会民主主义力量始终作为主导性力量而存在，它们的强大——或本身作为执政党或作为在野党进行有力的政治制衡——是不可或缺之条件。"三方制"福利国家的发展尤其如此。罗伯特·考克斯归纳了"三方制"福利国家的成立条件：其一，工人阶级要有一个强大的工会和有力的政党；其二，资本主义要掌握支配性的霸权，也就是劳资双方都同意按照资本主义发展方式组织经济。[1] 关于第二点，在此没有必要多加讨论，因为我们一直是在资本主义体系框架内讨论国家转型的问题，这种转型亦可以如经济学家厉以宁所说的，叫做资本主义工业化进程中的"制度调整"。因此，罗伯特·考克斯所提出的"三方制"福利国家的成立条件可以简单归纳为：强大的劳动工会的存在以及强大的劳动者阶级政党的存在。

相对于欧洲而言，无论是在国家政治层面还是在社会基础层面，日本国家中的社会民主主义力量都显得极为脆弱。也正是由于这种脆弱，才导致了日本战后保守主义的"政—官—财"历史集团长期掌握着国家政治的主导

---

[1] [加拿大] 罗伯特·W. 考克斯：《生产、权力和世界秩序：社会力量在缔造历史中的作用》，林华译，世界知识出版社2004年版，第51页。

权,从而固化了依附发展主义的国家体制。罗伯特·考克斯曾明确地指出,国家性质或国家体制的形成取决于掌握政治霸权的历史集团的性质,因此,"说明了某个'历史集团'的性质,也就弄清了国家的性质,并且为建立另一个'历史集团',再进一步,建立一个新的国家提供了可能性"。[1] 笔者在第一章中已经阐明,日本战后夺取了国内政治霸权的"政—官—财"历史集团本质上是一个高度依附于国内垄断大资本——亦因此高度依附于美国(以国家政治军事的全面依附换取垄断企业资本积累所迫切需要的市场、原料、技术等)——的发展主义统治联盟,在其统治下自然形成了日本战后经济发展/资本积累至上的依附发展主义的国家体制,也就是所谓的"1955年体制"。在这一体制结构中,社会民主主义的革新政治势力及其社会力量都遭到了严重侵蚀从而一路衰退,最终未能发育成为保守主义势力的对抗性历史集团,也因此破灭了日本"建立一个新的国家"的希望。对照战后资本主义体系经济高速发展过程中,欧洲国家中的社会民主主义势力亦随之逐步强大的普遍趋势来看,日本的确算是一个"异常"的存在。接下来,笔者将具体分析导致日本战后社会民主主义力量总体脆弱化的原因。

第一节 日本社会党的"左倾僵化症"及其原因

如新川敏光所言,在社会民主主义的语境下讨论日本政治,最合适的研究对象就是日本社会党。[2] 清水慎三亦明确指出:"战后日本的社会民主主义运动是由日本社会党的运动所代表的。"[3] 虽然日本的政治版图中也存在着诸如日本共产党一类的左翼政党,但日本共产党主要是作为资本主义体制的反对派而存在,其终极奋斗目标在于彻底推翻资本主义体制本身,实现共产主义,是彻头彻尾的"反(资本主义)体制派"政党。而社会民主主义否定了传统马克思主义所主张的资本主义体制下必然导致社会两大阶级的分解,大多数人将沦为生活极度贫困化的无产阶级,并继而引发革命的论断,而是遵循伯恩斯坦的观念,认为资本主义经济体制并不必然导致劳动者生活的绝

---

〔1〕 [加拿大] 罗伯特·W. 考克斯:《生产、权力和世界秩序:社会力量在缔造历史中的作用》,林华译,世界知识出版社2004年版,第12页。
〔2〕 新川敏光『戦後日本政治と社会民主主義:社会党・総評ブロックの興亡』、50ページ。
〔3〕 清水慎三『日本の社会民主主義』岩波書店1961年版、6ページ。

对贫困化,国家政治层面的民主化将有助于缓解资本主义体制下的社会矛盾,在生产力获得提高的同时,劳动者亦将得到实惠从而改善其生存状况。简而言之,社会民主主义肯定了在资本主义体制框架内实施民主化改良的可能性,主张在利用资本主义强大的生产力发展经济、创造财富的同时,通过和平方式推进国家政治层面的民主化从而对资本主义实施改造,并渐进性地向社会主义过渡,而这也将是一个持久的过程。日本社会党在其成立之初的纲领中就提出了其奋斗目标在于"确保国民的政治自由"、"确立民主主义体制",通过民主化实现劳动权的确保和国民生活水平的提高,坚持着明确的社会民主主义方向,谋求在资本主义体制框架内以和平渐进的方式对资本主义实施改良。甚至在1947-1948年间的片山以及芦田内阁时期,借助美国"新政派"的支持,日本社会党还得以短期执掌了国家政权,对外主张全面媾和的和平主义路线,在国内经济领域则努力贯彻"新政派"所制定的《反垄断法》,推进经济的民主化,并渐次地将战后初期极具统制色彩的经济体制向着混合经济体制的方向过渡,同时,在日本的社会组织与统合层面亦出现了隐隐的"三方制"福利国家的胎动(参照本书第一章第一节)。这一时期的日本确乎出现了由日本社会党主导的社会民主主义方向的国家改造。尽管由于处在美国占领期间且国家经济极度颓弱,这一改造还是显得有些为时尚早,更像是一个借助了美国"新政派"之力而诞下的"早产儿",最终难逃"夭折"的命运,如同宫崎义一教授所说的那样,这一时期日本的国家前途中出现了另一个"强有力的选择",但从结果来看,也只能是可能性而已。[1]但不可否认的是,日本社会党成立之初的社会民主主义指向是非常明确的,而且,在内外条件的巨大制约之下仍然尽力要使国家走上进步方向的勇气也着实令人钦佩,学者高桥彦博认为近代日本社会中存在着"社会的现代化"与"社会的社会化"两股地下水脉,而"社会的社会化"这股水脉的战后主要代表毫无疑问就是日本社会党。此后,社会党虽然由于左右两派的对立而出现分裂,左派占据着相对优势,但在对抗保守主义统治的共同大目标之下,两派仍然致力于积极妥协,并在1955年实现了统一,抽取出两派纲领中的最大公约数,制定了统一纲领。由于是左右两派妥协之下的产物,统一纲领中难免有些说法显得暧昧,但依旧清晰地主张以"民主的、和平的手段"实现社会主义社会,且将经历一个漫长的渐进的过程。由此,新川敏光明确断言:

---

〔1〕[日]宫崎义一:《日本经济的结构和演变:战后40年日本经济发展的轨迹》,孙汉超等译,中国对外经济贸易出版社1990年版,第9页。

日本社会党的这种指向性毫无疑问是社会民主主义的。[1]

然而奇异的是，从1950年代后半期开始，随着日本经济逐步走向复苏继而开启了高速经济增长的引擎，日本社会党的"左倾化"却愈演愈烈，并最终背离了作为具有建设性的"体制内改革政党"的立场，1960年代则变成了纯粹的"反（资本主义）体制派政党"。[2] 至于其中原因，政治学者木下真志研究认为，由社会党中的左派（铃木派→佐佐木派）、社会主义协会（以向坂逸郎为核心的理论家集团）以及总评共同结成的所谓"左派联合"的动向给战后日本社会党的"左倾化"带来了"致命般决定性的"影响。[3] 在1950年代后半期反自民党"逆流"的斗争中，上述"左派联合"形成了一体化的紧密合作关系，扩大了势力并逐步夺取了党内的主导权。这其中，总评所发挥的影响作用至关重大。如前所述，总评成立于1950年，其构成主体主要是国劳、教组、自治劳、全递·全电通等官方企业工会以及公务员工会，在特殊的公务员身份保证下，这些工会相较于民间企业工会来说，更容易采取激进的战斗性姿态。而且，其工资支付并非如民间企业那样来自资本家，而是来自国家，其斗争对象是国家（政府），而开展的劳动运动亦容易演化成反政府运动。[4] 1951年，总评采纳了社会党提出的所谓"和平四原则"，即"反对再军备"、"反对军事基地化"、"坚持中立"以及"全面媾和"，开始了与社会党的合作，而1950年代后期的"反逆流"斗争则让这种合作得到了进一步深化。总评利用其遍布日本全国各地的官方企业工会以及公务员工会组织，将身份有保证且时间充裕也因而容易动员起来的官方企业职工和公务员充分调动起来——而支持社会党右派的全劳会议则主要以民间企业工会为主，难以进行总评式的大众动员——支持社会党的对抗运动。与此同时，社会党内以铃木派为中心的左派亦由此获得了大量的地方议员，从而扩大了社会党内左派的势力。[5] 在1950年代后半期的诸如反警职法斗争、三井三池争议以及反安保斗争这些充满着尖锐的阶级对立和浓烈政治味道的斗争中，社会主义协会的阶级斗争理论亦极具号召力，担负着重要的理论指导功能，

---

[1] 新川敏光『戦後日本政治と社会民主主義：社会党・総評ブロックの興亡』，50-51ページ。

[2] 新川敏光『戦後日本政治と社会民主主義：社会党・総評ブロックの興亡』，51ページ。

[3] 木下真志『転換期の戦後政治と政治学：社会党の動向を中心として』敬文堂2003年版，52ページ。

[4] 木下真志『転換期の戦後政治と政治学：社会党の動向を中心として』，61ページ。

[5] 木下真志『転換期の戦後政治と政治学：社会党の動向を中心として』，84-85ページ。

其与总评的激进体制亦甚为相合。而且，在反共这一点上，社会主义协会与总评具有着天然的共通性，总评是在反共旗帜下诞生的工会，而社会主义协会则从一开始就背负着与日本共产党争夺理论正统性的宿命。[1] 这样，在"反逆流"斗争的促进下，社会党左派、社会主义协会以及总评之间的合作变得日益紧密，"左派联合"的势力亦由此获得了大跃进，形成了所谓的"社会党—总评集团"。

而正如木下真志所指出的那样，"左派联合"的形成和发展过程，同时也是一个社会党对总评的依附体质不断深化的过程。[2] 社会党本身不仅在活动资金上高度依赖于总评的支援（社会党政治献金的大部分都来自于总评，总评从旗下单产募集资金，并汇聚到其政治活动委员会，然后一次性地划拨给社会党），选票的获得以及人才方面的供应亦复如是，社会党以区区5万人的党员却可以获得多达1000多万张的选票，靠的是什么？主要还是得益于总评的拉选票功能，总评可以说已经成为社会党无法割舍的拉票组织。社会党的国会议员中很多亦都是总评工会出身的干部（社会党的众议院国会议员中，工会出身者1955年之前只有30%，而到1960年代后半期，则达到了近50%；参议院则更为明显，达到了近70%[3]）。来自总评的议员候选人，由于其选举费用都由其出身的工会一手包办，所以，这些人在当选为国会议员后，虽然置身于社会党内，但对于有争议问题的应对处理，则必须遵循总评的意旨，唯总评马首是瞻。社会主义协会亦是同样，缺少了总评旗下工会的财政支持，社会主义协会本身将难以存续。[4] 如此，社会党在财政以及组织上对于总评的依赖日益深化，从而深陷于对总评的依附之中而难以自拔，党的现实活动逐渐被总评旗下工会的狭隘利益所左右，丧失了独立性，并日益演变成为"（总评旗下）劳动工会的寄生企业"，[5] 新川敏光则更尖锐地指出，对（总评）工会的依附已然化成了社会党的血肉，要摆脱这种依附，恐怕也只有解散社会党了。[6]

上述"左派联合"党内主导权的取得以及总评在其中举足轻重的地位所带来的结果则是，社会党最终演变成了意识形态僵化的"阶级政党"而迟迟

---

[1] 木下真志『転換期の戦後政治と政治学：社会党の動向を中心として』，81-82ページ。
[2] 木下真志『転換期の戦後政治と政治学：社会党の動向を中心として』，87ページ。
[3] 居安正『政党派閥の社会学：大衆民主制の日本の展開』，217-218ページ。
[4] 木下真志『転換期の戦後政治と政治学：社会党の動向を中心として』，85-86ページ。
[5] 居安正『政党派閥の社会学：大衆民主制の日本の展開』，158-159ページ。
[6] 新川敏光『戦後日本政治と社会民主主義：社会党・総評ブロックの興亡』，77ページ。

无法蜕变成为真正的"大众政党"或者说"国民政党"。当进入1960年代，日本经济开始"起飞"，保守自民党的池田勇人推出了《国民收入倍增计划》，成功地将政治季节转换成了经济季节，开始以实实在在的经济利益还流来实施大众社会统合的时候，社会党却仍然将自身的斗争目标局限在政治层面（如安保问题）和意识形态层面。虽然这在政治军事层面从一定程度上对保守主义统治集团内部的极右翼势力起到了重要的抑制作用，但随着经济的"起飞"，国民开始回归日常的现实生活、谋求物质条件切实改善的时候，除去一部分知识分子，社会党的阶级斗争理论和社会主义的"画饼"显然脱离了普通民众的实际需求，因而也渐渐失去了吸引力。反安保斗争未能推翻《美日安保条约》，这一政治军事框架已成既定事实，同时，在这一条约的交换之下，日本得以顺利地融入了布雷顿森林体系这一战后资本主义经济发展体系，高速经济增长的引擎已经轰然作响。在这种情况下，社会党本应立足于长远，通过自身的"国民政党化"以扩大国民中的支持基础，强化党的力量，待机推翻保守主义国家体制。诚如正村公宏所言，在经济增长过程中，民主主义比战争刚刚结束的时期更广泛地渗透进了国民之中，在这种情况下，坚持与自由主义、民主主义的基本原则势不两立的、深受传统马克思主义理论影响的社会主义革命路线的势力不能扩大其政治影响是理所当然的。为了批判和克服保守（主义）统治，必须重新制定改革势力的基本战略，重新在新的政治基础上组织运动[1]。客观地讲，社会党特别是右派社会党内起初也

---

[1] [日] 正村公宏：《战后日本经济政治史》，上海社会科学院世界经济研究所日本经济研究室译，上海人民出版社1991年版，第662页。关于这一点，可以说，日本社会党与德国社会民主党（SPD）之间形成了鲜明对比。同属战败国的德国战后同样由保守政党执政，掌握着国内政治的霸权，SPD只能沦为"建设性的反对党"。然而，数次选举的失败让SPD认识到，战后德国的社会条件已经发生了巨大变化，如不及时调整党的纲领和政策，就难以重新获得执政地位。1957年选举失败后，SPD内部展开了一场关于改革的大讨论，讨论的重点就是抛弃意识形态"包袱"，使之向一切阶层特别是中间阶层开放，以适应战后社会结构的变化，1959年通过的《歌德斯堡纲领》就是这场讨论的最终结果。该纲领声明："德国社会民主党已经从一个工人阶级的政党变成了一个人民的政党"，"是由具有不同信仰和思想的人们组成的一个共同体"，"自由、公正、互助"是社会主义的"基本价值"，"社会主义是一项持久的任务，即争取、捍卫自由和公正，而且它本身在自由和公正中经受考验"，实现这项任务的途径是"在平等条件下同其他民主政党进行竞争，以赢得大多数人民的支持"。《歌德斯堡纲领》奠定了SPD在新时期的基本路线，也使其成为真正的全民党，并赢得了更多选民的支持，最终于1966年参加了大联合政府，进而于1969年开始作为主角执政。1969年联邦选举之后，SPD和自由民主党（FDP）组成联合政府，勃兰特出任了战后第一个社会民主党的联邦总理，对外实施了突破性的"新东方政策"，对内则致力于在资本主义体制框架内实施社会改良。参见 [德] 弗兰茨·瓦尔特：《德国社会民主党：从无产阶级到新中间》，张文红译，重庆出版社2008年版，第6—7页。

并非没有主张让社会党成为"国民政党(大众政党)"的声音。譬如,以三轮寿壮为代表的一些人就曾主张:"对日本的议会政治来说,最令人希望的是实现两大政党对立的局面,即健全的保守主义政党和健全的社会主义政党之间的对立,两大政党的对立应当成为未来日本议会运营的主体。这时,革新政党是否是'阶级政党'自然会成为问题,但只作为'阶级政党'的话,最终是没有资格成为两大政党中的一翼的。劳动阶级当然是核心力量,但同时应当将农民、渔民、中小企业经营者等社会各阶层都纳入到自身的阵营中,我们应当成为这样的政党。"[1] 然而,其后的社会党却始终执着于(偏执于)政治军事以及意识形态层面的对立,而在国内经济社会政策上却无所作为,显然让人失望。政治学者居安正在将保守自民党定义成以获取政权为第一要务的无世界观、无原则政党的同时,认为社会党过度执着于世界观和意识形态,从而招致其应对现实能力的丧失。[2] 在《战后日本的意识形态对立》一书中,日本著名政治学家大嶽秀夫认为,战后革新派和左翼知识分子过度地执着于防止军国主义复活这一侧面,从而招致了战后日本保守主义势力与革新势力之间"没有任何积极成果"的对立。以日本社会党为主的革新势力如果能够早一些走向现实主义而避免过剩对立的话,那么,日本政治完全可以早一些走向成熟。而造成 1950 年代以来社会党"左倾化"和意识形态化的主要原因则在于总评,正是总评阻碍了社会党走向真正能够实施资本主义改良的社会民主主义政党的道路。[3] 木下真志亦同样指出,执着于理论的总评左派以及社会主义协会的存在成为社会党从"阶级政党"向"国民政党"蜕变的最大障碍。[4] 日本已故著名思想家丸山真男则这样评价社会党说:"在意识形态上如此激进的社会民主主义政党,至少在发达资本主义国家中是不存在的。一面宣扬着马克思列宁主义,另一面又和日本共产党划清着界限,与考茨基时代的德国社会党有些类似,而作为现代社会民主主义政党却是世界无双的。"丸山真男进一步提出:"社会党如果能够自觉到自身的这种'奇妙性'的话,就应该可以作出自我体制的变革。"[5]

---

[1] 坂野潤治、宮地正人、高村直助、安田浩、渡辺治編『日本近現代史—構造と変動 4:戦後改革と現代社会の形成』,193 ページ。
[2] 居安正『政党派閥の社会学:大衆民主制の日本の展開』,160 ページ。
[3] 转引自木下真志『転換期の戦後政治と政治学:社会党の動向を中心として』,49 ページ。
[4] 转引自木下真志『転換期の戦後政治と政治学:社会党の動向を中心として』,118 ページ。
[5] 转引自木下真志『転換期の戦後政治と政治学:社会党の動向を中心として』,50-51 ページ。

事实上，社会党内也并非完全缺失像丸山真男所说的这种自觉。1950年代末，社会党内就曾出现过以组织部副部长加藤宣幸为中心的"机构改革"论调，目的就在于改变社会党对于总评的依附体制，克服"左倾化"以实现党的大众化。"机构改革论"掀起了自1949年"森户—稻村论争"以来最大的一次关于社会党究竟应当成为"阶级政党"还是"国民政党"的左右论战。但是，在"左派联合"势力日渐强盛的情况下，"机构改革论"最终却取得了适得其反的结果，也就是1959年西尾末广退党并于1960年结成了民主社会党。[1] 这不但弱化了社会党整体的力量，亦彻底打破了1955年以来社会党内微妙的力量平衡，还助长了"左派联合"党内霸权的确立以及社会党的左倾意识形态化。继"机构改革论"之后，这一时期更值得表一表的则是以江田三郎为核心提出的"结构改革论"（注意，虽然都叫"结构改革"，但其实质内容却与1990年代以来新保守主义/新自由主义势力所鼓吹的"结构改革"截然不同）。1960年，江田三郎提出了所谓的"江田视野"，说道："我们'结构改革'的中心目标，就是要实现国民各阶层生活水平的提高，这是'结构改革'的主轴。要实现这一课题，就必须推进对于目前垄断支配结构的改革，对垄断政策加以制约和统制。"而且，江田指出，"结构改革"路线并非只是对未来的"画饼"，而是为了实现反垄断的民主理念，以积极的姿态谋求政权更替和国家政策转换，并清楚地规划出政权获得过程的现实路线。他这样说道，"我们（社会党）的基本方针虽如纲领中所明确规定的那样，'不依靠暴力或武力，以民主主义的方式，通过占据议会中的绝对多数'而实现社会主义，但是，我们日常所展开的一个个具体斗争究竟如何与最终目标相关联？这一点其实并不明确"，"关于政策，如果社会党的政策只是一些除非社会党执政否则就无法实施的理想色彩浓厚的政策，就很难立即聚合大众的力量"，因此，"社会党应当一方面持有这些政策，同时另一方面，对于保守党也可以做的事，社会党则要能够拿出更好的政策实现之，只

---

[1] 1960年由脱离社会党的西尾末广成立的民主社会党本来是为批判和克服社会党"左倾化"而组成的政党，受到"全劳会议（全日本劳动组合会议）"（1954年4月至1964年11月）以及"同盟（全日本劳动总同盟）"（1964年11月成立）的支持，并得到来自中小企业等阶层的支持，取得了一定的地位，但一直未有飞跃性的发展。"全劳会议"和"同盟"追求现实主义的工会主义路线，具有顺应经济增长的倾向，缺乏作为改革势力的形象。在这样的支持母体下，民社党在其政治思想、组织和行为方式上都少有新意，因此也未能发展成为革新力量，最终被同化在保守主义发展路线之中。它对于公害问题、市民运动等一概持冷淡态度，对革新自治体运动则采取对立态度，而与自民党发生联系。参见［日］正村公宏：《战后日本经济政治史》，上海社会科学院世界经济研究所日本经济研究室译，上海人民出版社1991年版，第665-666页。

有这样，社会党才可能动员起更多的国民"。[1] 很明显，江田的"结构改革"路线就是要扭转社会党的左倾意识形态化，谋求其政策的现实主义化以实现大众动员，进而实现政权更替以及国家改造。木下真志积极评价了"结构改革"路线的历史意义，认为回过头来看，社会党在1950年代虽然依靠"反逆流"斗争而获得了国民的支持，但在经济高速增长的时代，这种国民支持需要通过制定新的斗争目标来维系并扩大。不以资本主义崩溃为前提，而是以高速经济增长为前提，反对垄断支配体制从而谋求国民生活改善的"结构改革"路线，是对应现实背景的积极路线。[2] 然而，"结构改革论"同样触动了"左派联合"的"老虎须"，尤其是江田从"结构改革论"立场出发对三井三池争议所做出的评价。江田虽然高度评价了安保斗争，但对于三井三池争议的评价却并不高，他认为"不能停留在只是一味反对垄断资本政策的层次，而是应当积极地对权力支配施加限制，展开要求国家转换政策的斗争"。而对于"左派联合"来说，三井三池争议则是代表着其斗争路线的"金字塔"，[3] 因此，不言而喻，江田的"结构改革论"随即遭到了来自强势的"左派联合"的激烈批判与打压，最终只能"胎死腹中"。1964年，社会党内成立了社会主义理论委员会，在给"结构改革论"的资本主义改良性质盖棺定论的同时，又发表了"左派联合"制定的《日本通向社会主义之路》，这一文件随即成为了1955年统一纲领之后社会党事实上的纲领性文件；同时，党内左派亦独占了社会党内包括委员长在内的重要人事岗位（1965年，左派的佐佐木更三就任委员长），从而完全确立了"左派联合"的党内霸权地位。[4]

相比1960年代初期的"结构改革论"，对于日本社会党来说，最大的一次逆转保守主义国家体制的机遇则出现在1960年代末1970年代初。就外部世界体系的情况来说，如前所述，资本主义经济体系经过了战后长期的资本积累，已经出现了严重的生产过剩局面，开始步入康德拉季耶夫经济周期的下行区间，先进资本主义国家纷纷陷入了滞涨；霸权国美国亦由于自身的衰退，以1971年的"尼克松冲击"为契机，开始容许美元贬值并实施贸易保护主义，战后以来向日本等同盟国慷慨敞开的巨大市场开始收缩，"宽容型

---

[1] 参见木下真志『転換期の戦後政治と政治学：社会党の動向を中心として』，97-99ページ。
[2] 木下真志『転換期の戦後政治と政治学：社会党の動向を中心として』，102ページ。
[3] 新川敏光『戦後日本政治と社会民主主義：社会党・総評ブロックの興亡』，75ページ。
[4] 木下真志『転換期の戦後政治と政治学：社会党の動向を中心として』，112ページ。

霸主"开始向"自利型霸主"蜕变。同时，经济实力的下降也迫使美国开始实施政治军事领域的战略收缩。而此时的日本，则已经完成经济赶超，成为了资本主义世界的经济大国，并克服了长久以来困扰日本经济的贸易收支赤字这一"固有顽疾"，外汇储备出现了常态性的巨额盈余。这种情况下，如果日本继续坚持战后以来对美国市场的"以邻为壑"式的出口攻势的话，只会招致来自美国的愈来愈大的反弹压力从而形成"作茧自缚"的困局，所以，改变保守发展主义路线中出口导向的经济发展方式是迫在眉睫的问题。同时，《美日安保条约》正好也面临到期，美国的战略收缩为日本摆脱附庸国地位、真正作为独立自主的主权国家回归亚洲提供了重要契机。再看日本国内状况，一方面，国内反越战（反美）以及以冲绳为中心的反基地运动真实地反映出了国民要求实现国家独立的需求，国民意识调查显示，希望国家保持中立的比率稍微超过了希望加入自由阵营的比率；[1] 另一方面，保守赶超体制下发展主义路线的坚持虽然造就了经济大国，但经济与社会发展却处于严重的不均衡状态，诸如公害、污染、交通拥堵、住宅拥挤等经济发展的负面社会效应在长期的累积之后全面地爆发了出来。更为严重的是，依靠企业组合主义和利益诱导政治两大支柱实施的社会统合不仅严重阻碍了国家同质性劳动市场的形成，亦阻碍了日本公共社会保障与福利制度的健全发展。前文中已经多次指出，上述两大社会统合支柱都属于落后的封建"老鼠会"构造，高度依赖资本主义体系的高速增长以及企业的快速成长，是典型的赶超型社会统合方式，在高速经济增长终结、资本主义经济体系整体进入下行区间的时候，这两种机制已然难以持续，日本面临着社会统合方式现代化的迫切问题。革新自治体运动的高涨——国民中的1/3已经被纳入革新自治体——绝不是突发的社会运动，而是针对这种长期的经济社会失衡，社会寻求自我保护的自然反应。一言以蔽之，1960年代初1970年代末的日本已经走到了一个重要的历史转折点，对外面临着摆脱对美依附、恢复国家独立并回归亚洲的问题，对内则面临着解决经济社会发展严重失衡的迫切问题。而这一切必须从推翻保守主义的政治霸权从而改变国家体制开始。而由于田中角荣金权腐败等问题的影响，日本国家政治层面也开始呈现出了"保革伯仲"的局面，保守自民党的支持率以及国民希望保持现行体制的比率都陷入了1960年安保斗争以来的最低谷，或如学者加藤哲郎所言，这一时期是日本政

---

[1] 加藤哲郎『ジャパメリカの時代に』，43ページ。

治力学关系的分水岭。[1]

　　社会党内敏锐地意识到这一历史转折点的到来，并积极谋划颠覆保守发展主义体制、实施国家转型的政治家仍然是前面所提到的江田三郎。1970年，时任社会党书记长的江田在第47届中央委员会的中期报告中指出，"今天，战后前期尚未存在的各种新问题层出不穷，诸如城市问题、物价、公害、教育以及住宅等问题"皆属此类，这些问题与安保、冲绳和非武装中立等问题一起，"可以说是国民最为期待的运动领域"。[2] 江田的历史认识以及革新理念集中而具体地反映在其1972年11月出版的《我的日本改造构想》一书中。江田在书中这样写道，"眼下正是大幅度改革政治制度，将民主主义扩大到政治经济所有领域中去的时候"，[3] 而"长期以来，（社会党）无法摆脱革命式的战略战术，自我陶醉于战斗性的言辞中难以自拔，延续着'言不符实'的特征，在这样一个转折时代，我们必须做出大胆的自我革新，指向建立革新政权，并拿出革新的政治理念"。[4] 江田将其革新的政治理念归纳为三点：一是"把重视人的尊严和公共性的贯彻作为政治的基本"。对此，他具体阐述道，"当下，我们要彻底改变1960年代GNP至上的政治，即将强化经济能力作为至高价值而置人的尊严于不顾的政治。为此，必须改变相对于物质的富裕，诸如社会生活手段、环境、人生意义以及人与人之间的连带却受到轻视的现状。同时，我们不能忘记，在与西欧相比社会保障处于极低水平的我国，生活水准的提高以及福利的增大依旧是重要的课题。出口第一的经济结构积累了过多外汇并从而受到外国的敌视，因此，必须将产业结构向充实国民福利的方向转换，建筑在低工资、公害泛滥以及贫困的社会保障基础上的日本强大的经济力量以及过度积累的外汇，现在必须被用来充实国民的生活"，"将企业活动从属于公共利益、国民福利以及有计划发展的原则，并对其（企业）实施适当的社会控制，对于国民生活水准的提高和人的复权来说，是比什么都要紧急的任务"。[5] 二是"恢复人与人之间的连带以及扩大民主主义和自由"。他指出，"经济的高速增长虽然带来了物质的丰裕，却并未保证人的幸福。生存竞争之下，人与人之间丧失了心灵的连带，社会仿佛沙上楼阁，因此，必须重建以人与人之间新的连带感所维系的共同

---

[1] 加藤哲郎『ジャパメリカの時代に』，43ページ。
[2] 居安正『政党派閥の社会学：大衆民主制の日本的展開』，218ページ。
[3] 江田三郎『私の日本改造構想』，43ページ。
[4] 江田三郎『私の日本改造構想』，41ページ。
[5] 江田三郎『私の日本改造構想』，41-42ページ。

社会"。宪法虽然保障民主主义和自由,但实际上,"伴随官僚权力优势而来的是议会力量的衰退,企业虽然被问及社会责任,但生产与消费的决定权依然被企业专制地控制着,缺少民主管理体系的构筑"。自由的扩大亦是同样,"我们在保障(国民)政治、思想、文化等所有方面自由的同时,还要保障基本人权,诸如对抵抗权、参加权和选择权做出社会性保障,为此,必须对压抑这些自由和基本人权的政治经济势力做出规制"。[1] 三是贯彻国际民主主义。江田认为,"美国的亚洲政策是失败的",就在当下,"日本必须将追随美国错误政策的保守主义外交路线转向谋求新的国际秩序的外交路线"。面对美国从亚洲后退的事实,他强调说:"应当基于国际民主主义,与亚洲国家构建新的连带关系,恢复与中国的外交是不可缺少的一环,而这不是日本新亚洲外交的终点,而是起点。缺少了与亚洲国家之间的连带,日本就没有未来。"[2] 如此,江田延续着其本人在1960年代初提出的"结构改革论"观点,非常清晰地阐述了一个完全不同于保守主义统治集团主导下的依附发展主义的国家方向,简单说,它对外谋求的是日本的独立自主和融入亚洲,对内则是要克服过度的物质主义,加强以人为本的社会建设,谋求经济与社会的均衡发展。如果对比阅读1972年6月出版的田中角荣的《日本列岛改造论》,不难发现二者理念上的大相径庭,相对于江田的"社会的经济"理念,田中角荣所要追求的不过是高速经济增长的再现,是保守依附发展主义路线的延续和扩大。相信当时如果江田的理念能够得以实施,今天的日本呈现出来的应该完全是另外一番模样。

为了实现社会党的路线转换,作为实践行动,江田在1970年11月的社会党第34届代表大会上开始作为候选人竞争委员长的位置。然而,左派的佐佐木派则为了阻止江田当选,拥立成田作为候选人。结果,在强势"左派联合"的阻挠下,江田终究未能得偿所愿,社会党最终成立了所谓的"成田—石桥体制"。1973年,在左派占据优势的状况下,这一体制得到延续,江田派则逐渐被清除出局。[3] 此后,在国家政治层面逐渐形成了"保革伯仲"的局面,而自民党内为消除田中角荣金权政治的负面影响,在"椎名裁定"下将三木武夫推向前台、利用其清廉形象以克服政权危机的情况下,作为推翻保守主义势力统治的现实途径,1976年,江田与民社党副委员长佐佐木良

---

[1] 江田三郎『私の日本改造構想』,42-43ページ。
[2] 江田三郎『私の日本改造構想』,44ページ。
[3] 参见居安正『政党派閥の社会学:大衆民主制の日本の展開』,273-275ページ。

作、公明党（1964年成立）书记长矢野绚也共同成立了"新日本思考会"，借此推进社、公、民合作的中道联合对抗路线。但这同样招致了社会党内左派的极力抵制和对江田的党内孤立，致使江田1977年3月慨叹"党内改革太过困难"而愤然退党，并宣布在参议院选举前成立新党。然而遗憾的是，1977年5月，江田本人却因病辞世。江田三郎可以说是社会党内少有的一位具有强烈历史感和敏锐洞察力的政治家，从1960年代初的"结构改革论"到1960年代末1970年代初的"日本改造构想"，江田自始至终坚持着在资本主义体制框架内对国家实施改造的社会民主主义理念，最终却落得个"壮志未酬身先死"的结局，被社会党的"左倾僵化症"所扼杀，时也运也，想来不禁令人扼腕！现如今，提到有关"日本改造论"的话题，人们首先记起的恐怕还是田中角荣偏执于保守依附发展主义方向的"日本列岛改造论"，其次就是1990年代初小泽一郎遵循着新保守主义/新自由主义方向的"日本改造计划"，却鲜有人知道江田三郎追求社会民主主义方向的旨在建立欧洲式福利国家的"日本改造构想"，江田本人亦未有受到后世公正的评价。在1960年代末1970年代初这一关键的历史转折点上，江田三郎代表了社会党内一直存在着的政治自觉与自省，但在根深蒂固的左倾意识形态化体制的掣肘之下，这种自觉与自省却始终未能得以开花结果，也最终错失了逆转保守主义国家体制的绝好机遇，纵容了"1955年体制"的长期化，放任了依附美国之下的保守发展主义路线的延续。而历史证明，这一国家转型的失败给日本未来所带来的消极影响是极其深远的。

第二节　战后日本劳动阵线的大分裂及其后果

日本社会民主主义力量的脆弱，一方面是国家政治层面上日本社会党本身左倾意识形态化所导致的结果，这种左倾意识形态化也可以叫作"左倾幼稚病"，它阻碍了日本社会党从狭隘的"阶级政党"蜕变成为包容广泛的"国民政党"或曰"大众政党"，从而无法扩大自身在国民中的支持基础，也因而无法成长为保守主义体制真正的制衡性力量，日本社会党最终沦为了保守主义体制的装饰物，"1+1/2政党体制"的说法也好，"万年在野党"的称谓也罢，其实都是对社会党在战后日本国家政治权力结构中尴尬地位的形象描述，显示出了——与欧洲国家中类似的社会民主主义政党相比——日本社会党作为社会民主主义政党发育的不成熟性。另一方面，我们也必须看到，日本社会党的这种脆弱体质也是社会基础层面上推动社会民主主义发展壮大的主要社会力量,即作为社会民主主义政党主要支持母体的日本劳动者阶级大分裂的结果。换言之,日本社会党左倾意识形态化的形成其实与日本社会劳动者阶级的分裂是息息相关的,由此,日本国家中也始终无法形成一股统一而强大的革新性的政治社会制衡力量。关于政党层面,上一节中笔者已经做了讨论,本节主要探讨造成日本社会中劳动者阶级分裂的主要原因。

从结论上说,造成日本劳动阵线持续分裂而无法形成统一的革新性社会力量的根源就存在于作为保守主义统治集团重要社会统合支柱的企业组合主义生产关系之中,正如后藤道夫所明确论断的那样,日本的企业主义式大众社会统合形成了日本社会民主主义运动持续脆弱的背景。[1] 后藤道夫这里所谓"企业主义式大众社会统合",指的便是笔者在本书中屡屡论及的企业组合主义,而企业组合主义的横行则又与保守主义统治联盟自1950年代中期开始全面铺展开来的"生产效率运动"紧密相关。在经历了1950年代产业合理化过程中所发生的许多严重的劳资纠纷——其最高潮就是三井三池争议中"资本与劳动的总对立"——之后,保守主义统治集团意识到如果不与工会相协调,企业就得不到稳定,也就无法进行正常的资本积累,于是便开始谋划通过"生产效率运动"将城市劳工纳入发展主义体制之中。[2] 在经过一系列的筹备工作之后,1955年2月"日本生产效率本部"成立。顾名思义,其目的主要在于推进生产力的提高以取得出口的振兴以及国民收入的增长,为此则必须展开包括政府、资本方以及劳动方在内的"全民性运动"。"生产效率运动"向劳工抛出了利诱的"糖果"——"生产效率三原则"说得很明白:扩大雇佣、劳资合作以及合理分配生产力增大所带来的成果。[3] 为推动"生产效率运动"的有效展开,资本方同时开始了对生产关系的整备,在日经连的指导以及保守主义政府的支援下,资本方致力于将劳动工会封锁在企业之内,将其变成类似于战时体制下"产业报国会"式的组织。对于"生产效率运动",总评则始终保持着对抗的姿态,坚持要组建以阶级斗争为纲的产业横断工会,建立"春斗"体制,谋求劳动工资的同质化。而相对于总评较为激进的政治主义路线,1954年成立的全劳会议则主张劳动工会将任务集

---

[1] 渡辺治、後藤道夫編『講座現代日本4:日本社会の対抗と構想』,454ページ。
[2] 参见[日]正村公宏:《战后日本经济政治史》,上海社会科学院世界经济研究所日本经济研究室译,上海人民出版社1991年版,第382-384页。
[3] 新川敏光『戦後日本政治と社会民主主義:社会党・総評ブロックの興亡』,92-93ページ。

中于经济斗争,政治层面的斗争应当通过议会来进行的稳健路线,对"生产效率运动"采取了有条件合作的态度。但同时,全劳又以"实现劳动工会的产业横断或者业种横断式的统一"为目标,也并未丧失对于"经营者通过私利追求并通过垄断经济力量而实施的支配和榨取以及为少数人服务的政治"的阶级戒心,在其宪章中也明确写入了要"实现民主的社会主义社会"[1]。这样,围绕着"生产效率运动",1950年代中后期的日本劳动阵线中出现了"总评=阶级斗争主义的产业横断化"与"全劳=社会民主主义的产业横断化"之间的对立[2]。但在资本方携保守主义政府之力对抗总评的阶级斗争路线并不断强化对民间企业劳动工会企业内化的过程中,第二工会——企业内工会——大量成立并加入了全劳。如此,"生产效率运动"的大规模展开给重视阶级对立的总评带来了沉重打击,让总评自成立以来就着力追求的强化产业横断式工会的目标遭到挫折,同时却对工会企业内化的加速发展起到了促进作用,并推动了主张劳资协调的全劳的发展[3]。进入1960年代之后,随着高速经济增长的到来,总评旗下的民间重化工大企业工会逐渐被企业内工会主义所渗透,总评的力量也由此陷入了停滞;而与此同时,全劳·同盟(全日本劳动总同盟,是对全劳系统工会1962年结成的同盟会议实施再编的产物,于1964年成立)却得到了飞速发展,而且,在第二工会的侵蚀下,全劳·同盟系统的劳动工会发生了从社会民主主义向企业主义的变质,它们不支持全劳的社会民主主义原则,而是钟情于企业主义,因此,全劳·同盟的组织扩大并不意味着社会民主主义的伸张,而是意味着企业主义的高度渗透[4]。随后,1964年公然标榜企业内工会主义的IMF—JC(金属劳协)成立,其势力如滚雪球般地扩大,1967年甚至出现了"JC春斗"的语句,IMF—JC对工资行情的影响力不断增强,逐渐掌握了日本劳动运动的主导权[5]。如此这般,在资本方与保守主义政府的通力合作之下,民间大企业以终身雇佣制、工龄工资制以及企业内福利作为利诱,将劳动工会成功地封锁在了企业之内,企业内工会已经成为日本民间企业的主流,如白井泰四郎所

---

[1] 新川敏光『戦後日本政治と社会民主主義:社会党・総評ブロックの興亡』,97ページ。

[2] 新川敏光『戦後日本政治と社会民主主義:社会党・総評ブロックの興亡』,86ページ。

[3] 中北浩爾『日本労働政治の国際関係史1945-1964:社会民主主義という選択肢』,230-231ページ。

[4] 新川敏光『戦後日本政治と社会民主主義:社会党・総評ブロックの興亡』,101ページ。

[5] 新川敏光『戦後日本政治と社会民主主義:社会党・総評ブロックの興亡』,98-110ページ。

言，无论从工会数量上还是从会员人数上来说，战后日本的企业内工会一直保持着90%左右的高比率。[1] 在经济高速增长的过程中，日本的劳动阵线也进而形成了"总评＝官公劳动工会的阶级斗争主义"与"IMF—JC所代表的企业组合主义"之间的对立，而社会民主主义路线则归于消亡。[2] 新川敏光如下总结道："进入1960年代，企业主义取代了社会民主主义，阶级主义与企业主义的对抗基本表现为民间企业工会与官方企业・公务员劳动工会之间的对立，民间'重厚长大'型产业的工会以及总评旗下的工会——除去其中的一部分（主要是官方企业・公务员劳动工会）——实质上都已经采取了对'生产效率运动'进行合作的态度。"[3]

如上所述，伴随着"生产效率运动"的全面展开，企业组合主义生产关系模式成为了民间大企业的主流模式，劳动工会被完全封锁在了企业之内，从而助长了劳动者的"私生活保守主义"或者说"私民性"，加剧并固化了劳动者阶级力量的分化。关于这一点，著名学者加藤哲郎这样写道："日本的社会未能从国家和资本的霸权中获得自立，职场上公司主义和顺应主义根深蒂固，成为民主主义不可侵犯的地带，地方社会也无法贯彻承担着市民公共性的个人主义，从而造成私民主义横行，相对于欧洲先进资本主义国家成熟的'市民社会'，日本则形成了'私民社会'。"[4] 而要明白企业组合主义对日本劳动者"私民性"的塑造作用，则必须要对企业组合主义的内在机理做一番深入剖析。在此，白井泰四郎的研究极具参考价值。他把欧洲的产业横断式劳动工会作为"理想型"，进而在其映照下指出了日本企业组合主义内在的巨大缺陷或者说"后进性"。首先，从组织上看，欧洲的产业横断式工会向本产业的所有劳动者开放，其会员资格在劳动者从特定企业失业或退休后依然持续，工会领导人也并不隶属于特定企业。相反，日本的企业内工会则以特定企业的正式职员为对象，劳动者在离职或退休后，其会员资格自动消失，并且，工会领导人第一性的身份乃是特定企业的职员——甚至成为"劳动贵族"，企业工会之上虽有全国总工会，但不过是企业内工会松散的联合体，说白了，也就是"（企业内）工会的工会"。其次，从劳资关系方面看，西欧社会是经过市民革命后建立起来的契约社会（contract society），劳资

---

[1] 白井泰四郎『企業別組合』，17ページ。
[2] 新川敏光『戦後日本政治と社会民主主義：社会党・総評ブロックの興亡』，86ページ。
[3] 新川敏光『戦後日本政治と社会民主主義：社会党・総評ブロックの興亡』，110ページ。
[4] 加藤哲郎『ジャパメリカの時代に』，164-165ページ。

之间的关系是劳动力出卖者（劳动者）与劳动力购买者（资本家）之间基于对等立场建立起来的一种契约关系，有关雇佣及工资等劳动条件，由产业横断工会与资本方进行团体交涉，形成"同工同酬"的同质性劳动市场，所谓的"历史性妥协"并未改变这种关系，而是依靠国家权力的介入并通过制度所形成的劳资之间"对抗之下的合作"。对照来看，日本则仍未脱离封建式身份社会（status society）的范畴，劳资之间协调关系的建立也并非基于契约，而主要是依靠资本方的权威与温情——终身雇佣、工龄工资以及优厚的企业内福利——以及劳动方的忠诚与奉献（诸如"猛烈社员"、"企业战士"一类的称呼典型地反映出了这一点），劳资之间的关系被企业一家主义、劳资一体化这样的意识形态所支配，很像是封建家长制的再现，资本方好似权威家长，而劳动者则实质上处于依附性地位。[1] 企业内工会由于隶属于特定企业，其利益与本企业的繁荣密切相关，劳资双方由此形成了所谓的"命运共同体"，其结果是，或者劳动者的利益完全从属于企业，或者工会只能在企业所容许的范围内为劳动者谋求利益。工会会员以及工会领导都是本企业职工，资本方很容易通过各种手段介入工会内部，将其与外部劳动运动相隔离，关于雇佣、工资等问题的交涉都被封锁在企业内部，从而形成资本方所希望的结果，正如白井泰四郎所批判的那样，企业内工会虽则名为工会，但实质上已经沦为了"企业劳务管理的下包机构"。[2] 最后，终身雇佣制、工龄工资制等其实只局限于民间大企业，中小工商业劳动者难得享受到此种待遇，产业横断式工会的缺失导致了日本劳动市场严重的分断和异质化，罗伯特·考克斯的那句评价极精辟，"企业组合主义把公司内部的斗争温和化了，把严酷的一面留给外人"。[3] 依附于特定企业的企业内工会只满足于谋求本企业劳动者的私利，劳动者意识也因此只停留在通过向所属企业展示忠诚从而谋求私生活改善的层次上，对于外部劳动市场乃至社会整体的状况则较少关注。这样，相对于西欧产业横断式工会的独立性以及这种独立性对劳动者阶级连带意识的强化作用，日本的企业内工会却直接导致了民间企业劳动者对于特定企业的深度依附，进而严重阻碍了劳动者之间阶级连带感的生成。所谓劳动的企业主义化，正如日本著名劳动问题研究专家熊泽诚所指出的，具

---

[1] 白井泰四郎『企業別組合』，102–103ページ。
[2] 白井泰四郎『企業別組合』，42ページ。
[3] [加拿大]罗伯特·W. 考克斯：《生产、权力和世界秩序：社会力量在缔造历史中的作用》，林华译，世界知识出版社2004年版，第47页。

有将劳动工会封锁在企业之内以及将个体劳动者同化入企业的两面性,因此,企业将劳动者完全揽入怀抱,在垂直关系上形成了集团主义,而在劳动者之间的水平关系上,则淡化了劳动者作为一个集团的连带感和伙伴意识,无法形成真正的劳动社会。[1] 而所谓的劳动社会,无非是指这样的社会,即劳动者阶级作为一支强大的社会力量能够对国家政策产生重要影响的社会。而要做到这一点,劳动者之间的阶级连带意识是必不可缺的,但日本企业组合主义的横行却严重侵蚀了这种连带意识的形成,白井泰四郎这样批判道:"劳动者之间的连带感缺失就不必说了,反而是屡屡出现劳动工会之间的反目——譬如官公劳动工会与民间劳动工会之间的对立——以及工会内部的分裂倾向,进而助长了一般工会会员对政治的漠不关心,即所谓的'脱革新化'倾向。"[2] 政治学者居安正亦持同样看法,他指出:企业内工会本质上与企业属于"命运共同体",执着于为本企业劳动者谋求雇佣以及工资福利方面的利益保障,而对于企业发展所造成的诸如公害、污染等更为广泛的社会问题,基本上都采取了冷淡的默认态度。[3]

可见,企业组合主义不仅"阉割"了劳动者之间的阶级连带意识,同时也阻断了更广泛的社会连带感的形成,从而让日本社会只能停留在前面加藤哲郎所谓的"私民社会"的层次,无法走向真正的市民社会。欧洲先进资本主义国家的发展历史证明,伴随着经济生产体制从封建主义向资本主义的过渡,社会层面的变化则要经历从"臣民社会"(封建主义的)到"私民社会"(过渡阶段)再到"市民社会"(先进资本主义的)的逐步演变,而日本战后虽然在经济上通过高速增长进入到了先进资本主义经济体的行列,但社会层面却依旧滞留在"私民社会"这一中间过渡阶段,而造成日本社会这种落后性的根源则主要在于对企业组合主义这一内里充斥着前现代残余要素的生产关系模式的采用——而且是将其作为国家主导性的生产社会关系模式。笔者在前文中已经说过,它本质上属于经济赶超型的生产关系模式,正如经济学家村上泰亮将"日本式劳资协调"视为促进日本经济高速增长的重要要素那样,企业组合主义通过将劳动者的个人生活乃至命运牢牢地捆绑在企业之上,形成"命运共同体"式的劳资间协调,从而激发了劳动者对于所属企业的忠诚与奉献,也带来了劳动者对于技术革新的积极合作态度——这与欧

---

[1] 新川敏光『戦後日本政治と社会民主主義:社会党・総評ブロックの興亡』,114ページ。
[2] 白井泰四郎『企業別組合』,185–186ページ。
[3] 居安正『政党派閥の社会学:大衆民主制の日本的展開』,218ページ。

洲劳动者普遍抵制技术革新形成鲜明对比，进而促进了企业生产力的快速提高。

在1960年代末1970年代初完成经济赶超之后，从经济与社会均衡发展的角度出发，日本确实应该构筑起崭新的现代化的国家主导性生产关系模式，完成向市民社会的迈进，从而成长为真正成熟的先进资本主义国家，最理想的目标模式自然就是前面提到的"三方制"。日本的企业组合主义经常被笼统地划归于"法团主义"一类。所谓"法团主义"，主要指通过官僚制、资本家团体以及劳动者团体代表这三者之间的协议——笔者说过，迄今为止最为完善的形式就是罗伯特·考克斯所定义的"三方制"——来实施政策决定。如此观看，日本式的"法团主义"不过只是流于形式，实质上却形成了T. J. 彭佩尔和恒川市惠所说的"没有劳动方的法团主义"，在强大的垄断资本和官僚制共同构筑的（强势）资本积累体制下，劳动运动被强制合作，只能形成"疑似法团主义"。[1] 虽然表面上都实现了劳资协调，但我们前面已经看到，二者在本质上却存在着巨大差别，因此，罗伯特·考克斯将"三方制"与"企业组合主义"分别作为两种不同的生产关系模式加以探讨是很合理的做法。对日本来说，很清楚的是，要将国家主导性的生产社会关系模式从"企业组合主义"转向"三方制"，从社会层面说，要克服的关键问题就是劳动方的缺位问题，换言之，就是要让劳动者阶级成为一支真正独立而强大的可以"缔造历史"的社会力量。而要实现这一点，就必须效仿欧洲，组建产业横断式的劳动工会，以对等的立场与资本方进行团体协商，争取劳工权利，遵循"同工同酬"原则构筑起开放性的同质性的劳动市场，从而促进劳动者阶级连带意识的生成，让劳动者阶级真正地携起手来，形成劳动阵线的统一与团结。只有在这一基础之上，日本才能够跨越赶超型的发展主义国家阶段，进入到成熟的福利国家阶段，正如后藤道夫所指出的那样，"同工同酬"原则下的社会系统和福利国家这一国家结构乃是一体的关系，而所谓福利国家就是建立在这样的关系之上的。[2] 劳动问题专家木下武男亦指出，韦伯夫妇在1897年的《产业民主制度论》中将劳动工会的功能定型化为三点：一是互助保险；二是集体交涉；三是法律制定。在现代语境下来讲就是：互助、团体交涉以及政策制度。应该说，在工会的第三种功能，即追求政策

---

[1] 加藤哲郎『ジャパメリカの時代に』，183ページ。
[2] 渡辺治、後藤道夫編『講座現代日本4：日本社会の対抗と構想』，125ページ。

制度的斗争的延长线上出现了福利国家。[1] 因此，他强调："将劳动工会和福利国家作为一体来理解是特别重要的"，[2]"劳动工会的强大是实现福利国家的必要条件"。[3] 在这一点上，木下武男的认识可以说与罗伯特·考克斯完全一致。

总评自其成立以来，就一直致力于组建产业横断式的劳动工会，经济高速增长期间，其领导下的"春斗"运动其实也是在坚持着最低限度的"同工同酬"原则，但在企业组合主义兴起、劳动阵线被严重分断的情况下，它试图强化产业横断式劳动工会的战略最终归于失败，"春斗"实质上已经退化成了纯粹要求工资上涨的斗争。而这种要求也是在资本方所容许的范围之内的，对于积极推进"生产效率运动"的资本方来说，与生产效率挂钩的工资上涨本身——正如"生产效率运动"三原则所声称的那样——并没有什么值得反对的，而且处于高速增长时期，资本方拥有足够的余力来满足这种要求。总评议长太田薰认为"春斗"的意义在于让"（劳动者）在暗夜中携起手来前行"，而实际上，"春斗"不过是对企业内工会脆弱性的一种补足手段而已。[4] 而且，如前所述，1960年代中期以后，企业组合主义霸权地位的确立严重削弱了总评的势力，其对"春斗"的领导力亦逐渐衰退。但无论如何，"春斗"还是对提高工资以及纠正不同规模企业之间的收入差别做出了一定程度的贡献。[5] 白井泰四郎指出，日本的产业横断式工会斗争并未全面消失，社会党以及总评领导下的"春斗"依然继续着西欧式的争取"同工同酬"的斗争，然而，总评以及"春斗"的参与主体主要是公务员、官方以及公共企业工会，这些部分基本较少受到自由市场机制的影响，但民间大企业的企业内工会本身独立性的缺失以及由此产生的企业私利主义的行动模式却让这种产业横断式的统一斗争变得极不安定。[6] 1960年代末1970年代初，诸如公害问题、城市过密化问题以及老人问题等变得日趋严重，对于生产第一主义、GNP至上主义的批判日渐高涨（革新自治体运动亦随之高涨）。在这种时代氛围下，总评再度奋起，通过强化与自民党保守主义政府的对决路

---

[1] 渡辺治、後藤道夫編『講座現代日本4：日本社会の対抗と構想』，122ページ。
[2] 渡辺治、後藤道夫編『講座現代日本4：日本社会の対抗と構想』，117ページ。
[3] 渡辺治、後藤道夫編『講座現代日本4：日本社会の対抗と構想』，123ページ。
[4] 新川敏光『戦後日本政治と社会民主主義：社会党・総評ブロックの興亡』，109ページ。
[5] 新川敏光『戦後日本政治と社会民主主義：社会党・総評ブロックの興亡』，109ページ、156–157ページ。
[6] 白井泰四郎『企業別組合』，43ページ。

线，尝试将"春斗"向更广泛的阶层扩展，以实现"全民春斗"（1974年改称）。这一"全民春斗"路线超越了单纯要求工资上涨的范畴，而是志在实现对于关乎国民生活——包括雇佣问题、最低工资制、缩短劳动时间、养老金以及医疗等——的制度政策的制定。[1]"全民春斗"亦指出："作为1970年代'春斗'的课题，要在为劳动者阶级谋取切实利益的同时，必须将其发展成为全民性课题，即建立革新统一战线以及民主联合政府。"[2]

　　针对这种情势，石油危机之后，日经连在1974年提出并开始推进"生产效率基准原理"，大企业普遍强化了经营合理化，在"减量经营"的原则之下，企业组合主义的利益还流开始缩减（详见第二章第四节）。同时，财界通过对劳动者"私生活保守主义"的鼓动——有意过度宣扬经济悲观论调——从而让企业内工会对"减量经营"采取了彻底的合作态度，并加强了劳资之间的协调。企业组合主义中所谓"命运共同体"式的劳动者对于资本深度依附的结果，就是在企业减少"糖果"的赐予而逐渐高扬起手中的"皮鞭"——换言之，即"温情"渐少而"威权"凸显——的时候，劳动者也只能选择成为"沉默的羔羊"，明哲保身式地紧紧抓住手中的利益，尽管这种利益已经开始一点一点地从指缝中流走。要知道，依附只会导致更深的依附，进而形成恶性循环。这样，在民间大企业对劳动者的企业组合主义统合得到维系甚至进一步强化的局面下，总评的"全民春斗"路线、罢工权夺回斗争无法得到民间企业工会的有效响应，反而让1960年代以来就存在于民间劳动工会与官公劳动工会之间的隔阂进一步加深，主张企业组合主义的劳动工会（同盟、IMF—JC）成为保守主义政府和财界的同盟军，对总评形成了合围打击，在1975年"春斗"中一举击败了以总评为中心的"全民春斗"路线。对于失败原因，总评议长太田薰后来在其撰写的《春斗的终结》一书中这样总结道：企业内工会由于是以企业为单位形成的组织，所以具有无法通过罢工运动与资本进行对抗的本质性弱点，只要运动的主体依旧是企业内工会，就无法摆脱这种固有的局限性。我们自身虽则宣扬产业横断的运动方式，但实质上却只能形成企业内工会的联合体，战斗力终究有限。因此，无论怎样以"春斗"为轴心展开产业横断式的劳动运动，都无法真正克服这种内在的局限性。[3]作为日本战后劳动运动的亲历者和领导者，太田薰对现实的认知

---

[1] 新川敏光『戦後日本政治と社会民主主義：社会党・総評ブロックの興亡』，145ページ。
[2] 高木郁郎『春闘論：その分析・展開と課題』，26ページ。
[3] 参见昇味準之輔『現代政治：一九五五年以後（下）』，602–603ページ。

无疑是深刻的，总结亦可谓真挚，字里行间透着酸楚与无奈。

1975年"春斗"以及罢工权夺回斗争的失败，进一步促进了民间企业主导的劳动阵线的统一——整体的企业组合主义化，同时也促进了总评本身的稳健化[1]或曰现实主义化。1975年之后，同盟、IMF—JC确立了对日本劳动阵线的主导权，开始着手推动劳动阵线的统一，而总评亦逐渐软化并开始顺应这种潮流。民间大企业企业组合主义的横行带来了日本劳动阵线的难以愈合的分裂，民间企业工会这一劳动阵线核心部分的缺失——被"阉割"了独立性，也因此成为保守发展主义路线的寄生虫和帮凶[2]——也导致总评只能越来越偏执于官公劳动工会，难以摆脱其狭隘性和根本上的脆弱性，1960年代末1970年代初，总评试图摆脱这种狭隘性和脆弱性的尝试也由于这种分裂而无法如愿，这也最终断送了日本劳动工会成为推动国家向着"三方制"福利国家转型的社会力量的历史时机。

综上所述，作为主要革新性社会力量的劳动工会难以愈合的左右分裂造成了日本劳动阵线力量的总体弱化，而日本社会党亦在左倾意识形态化的掣肘下难以摆脱其"阶级政党"的狭隘性，难以扩大自身的支持基础从而成长为强大的"国民政党"，这二者发育的不健全——如前所述，二者的发育不健全其实又彼此密切相关，作为劳动阵线核心部分的民间企业劳动工会的右倾化/保守化导致社会党只能将其支持母体长期特定化于官公劳动工会一面并形成依赖性，而官公劳动工会基于自身特质的激进性又助长了社会党的"左倾化"，从根本上说，造成社会党依附于总评并难以克服其左倾意识形态化的根本原因在于企业组合主义侵蚀下劳动者阶级意识的退化以及阶级分裂——共同造就了日本国家中社会民主主义革新力量的脆弱体制。也正是由于这种脆弱，在1960年代末1970年代初这样一个至关重要的历史转折点上，尽管内外局势中都出现了让日本重新审视并超越其战后依附式赶超发展主义路线的要求以及契机，但日本国内最终未能形成可以逆转保守依附发展主义

---

[1] 新川敏光『戦後日本政治と社会民主主義：社会党・総評ブロックの興亡』，149ページ。

[2] 社会学家渡边治指出，日本经济高速增长期间形成的企业主义劳资关系是阻碍社会民主主义势力抬头的主要原因。他这样写道："……由于企业主义工会的政治要求完全通过企业的繁荣和日本经济的增长而得到实现，所以相比于欧洲，它欠缺与企业所支持的自民党分离对立并独立培育和强化劳动阶级政党的意欲。从对企业活动有利的角度来说，相比于社会党或民社党，手中操纵着官僚机构和自治体的自民党更能够被依靠，而且这样做比自主培育劳动阶级政党成本要低。此外，对已经被深深嵌入企业社会中的劳动者来说，依靠经济增长和企业成长来改善自身生活就成为其主要意识。所以，他们亦会渐渐远离劳动者政党，从而转向自民党。"参见新川敏光『戦後日本政治と社会民主主義：社会党・総評ブロックの興亡』，85ページ。

体制、引领国家走向新的发展路向——欧洲式的"三方制"福利国家方向——的强有力的历史集团。"政—官—财"统治联盟协力将劳动工会牢牢地控制在了保守发展主义体制之内,革新自治体运动全面退潮,原本作为缓兵之计的自民党内的"三木改革"亦被终结。1976年,三木武夫被打倒下台,1979年,保守主义政府亦完全抛弃了同样作为权宜之计的福利国家建设(自民党曾宣称1973年为"福利元年"),国家政治层面保守主义势力的全面复权——所谓"保守回归"局面的出现——以及社会基础层面生活保守主义泛滥局面的出现意味着革新势力谋求国家转型努力的彻底失败。相反,在田中—竹下派的支配下,作为战后发展主义扩大版本的"日本列岛改造"路线成为了主流,保守本流派的利益诱导政治亦进入了全面开花的时代。[1]

此后,在保守发展主义的全面支配下,日本的社会民主主义力量遭到了进一步的侵蚀,劳动工会以及社会党自此一路衰颓了下去。同盟、IMF—JC主导下的劳动阵线统一的最终归结是1989年日本劳动组合总连合会("连合")的成立,其旗下集结了全国800万劳动者。而总评的顺应路线最后带来的则是自身的消亡,1980年代中曾根内阁下实施的民营化——典型就是国铁的分割民营化——则加速了这一消亡过程。新川敏光这样论断道:"'连合'的成立代表了日本劳动运动中左右分裂局面的终结,如果说'1955年体制'是一个劳资协调体制的话,那么,'连合'的形成则代表着这一体制的最终完成。"[2] 换言之,"连合"的结成其实代表了日本企业组合主义的全面胜利,正如笔者前面曾经强调指出的那样,这种劳动阵线的统一完全不同于欧洲国家劳动阵线横断式的统一——以劳动者阶级连带性的扩大形成强大的资本抗衡力量,而是日本式企业组合主义的扩大,它实际意味着的非但不是劳动者阶级的自立与强大,反而不如说是劳动对资本依附性的深化。因此,作为第一代"连合"会长的山岸章虽然亦谋求社会党与民社党的集结并夺取政权,但由于IMF—JC旗下的企业内工会对此却极为消极,最终只能流于失败,山岸本人亦不得不失意退隐,其后的"连合"则苦于工会成员的不断减少,影响力也逐渐低下。[3]

同样,长期依附于总评的日本社会党也只能亦步亦趋于总评的动向。随

---

[1] 加茂利男『日本型政治システム:集権構造と分権改革』,107-108ページ。
[2] 新川敏光『戦後日本政治と社会民主主義:社会党・総評ブロックの興亡』,156ページ。
[3] 中北浩爾『日本労働政治の国際関係史1945-1964:社会民主主義という選択肢』,358ページ。

着总评的软化,社会党 1986 年(石桥委员长)亦发表《新宣言》,终止了关于"阶级政党还是大众政党"的争论,转向了现实路线。而 1980 年代末总评的最终消亡则给社会党带来了深刻的生存危机,此后,社会党在土井委员长主导下虽然一度企图通过强化自来的左派路线——极度伸张其护宪和平路线——来彰显社会党的存在感,但在失去了主要支持基础的情况下,这种做法难免给人一种内里已经极度空虚而又不得不虚张声势死撑门面的凄凉感,所谓的"土井旋风"充其量也只能是一股旋风而已,看似来势汹汹,去时倒也匆匆,不是吗?在劳动工会全面右倾化(企业内化)的背景下,进入了 1990 年代的社会党开始全面退却,完全失去了作为政治对立轴所应有的姿态。1995 年,社会党(村山富市委员长)发表《1995 年宣言》,放弃了一直以来的"护宪、反自卫队、反安保"原则,也正是在这种放弃自身政治原则的基础上,村山内阁才得以成立,然而,对于一个现代政党来说,自身政治原则的放弃无异于一种政治自杀,这种无原则、无远虑的政权获取倒更像是"临终前的回光返照",它昭示着的不是社会党的胜利,而是社会党作为政治对立轴存在意义的消亡。事实亦是如此,1996 年社会党解体更名,日本国家政治版图中的社会民主主义制衡力量自此便几近销声匿迹,对于日本国家来说,这不能不说是一个巨大的悲剧。1990 年代以来,相比于欧洲,日本的新保守主义/新自由主义激进改革如入无人之境般地形成破竹之势,并造成难以修复的社会创伤,尽管如此,日本却仍然执迷于危险的国家方向并愈行愈远,究其根本,社会民主主义革新力量缺位所导致的社会层面进而国家政治层面难以形成有效的抗衡力量乃是主要原因。

结　论

　　本书的目的在于探究导致1990年代以来日本长期停滞——这种停滞不单单表现为经济层面的持续低迷，更表现为经济评论家内桥克人所说的"特异的社会停滞"——的原因。为此，笔者立足于"国家转型"视角，尝试超越关于泡沫前、泡沫后的人为时间割裂，以统一的历史观，同时结合着资本主义世界体系的变迁，考察了战后以来日本国家的发展历史，并在此基础上指出，在1960年代末1970年代初这一至关重要的历史转折点上，日本未能克服战后初期设定的保守依附发展主义路线（或曰模式），对外适时摆脱对美国的深度依附并在国内向欧洲式的"三方制"福利国家转型，而这一国家转型的失败也是造成1990年代以来日本深陷经济社会长期停滞困局而难以自拔的真正根源所在。

　　资本主义发展是一个动态的历史过程，对于在资本主义世界体系——包括作为基础的资本主义经济体系以及树立其上的民族国家间体系——中谋求发展的民族国家来说，也必须伴随这一过程而不断地做出动态调整，尤其在一些重要的历史节点上，必须适时地做出国家转型或者说制度调整。所谓"转型"，概括说来，主要包括对外、对内两个层面：一是如何应对世界体系的局势变动乃至结构性变动。这既包括经济层面的应对，亦包括对民族国家间关系的应对，从而为自身持续稳定的发展构筑起理想的外部环境。世界体系的变迁会对体系之内的民族国家带来巨大冲击，资本主义经济体系本身由于遵循着资本积累逻辑而趋向于不断扩张，给各民族国家国内经济带来的压力是不言而喻的，而对于资源或市场等要素的争夺——上升到政治层面便体现为对权力的争夺——则容易引发民族国家之间关系的紧张乃至冲突，资本主义体系的发展史不仅是一部资本主义经济的扩张史，同时亦是一部民族国家间的争斗史，即所谓的"国际关系史"。因此，能否合理地应对体系的经济政治冲击，考验的是民族国家审时度势的政治智慧。自给自足式的完全抗拒会导致闭关自守从而丧失发展机遇，苏联的发展史就充分证明了这一点。而缺少长远战略的完全顺应路线则会导致随波逐流从而淹没在资本积累的逻辑之中（须知，资本主义世界体系的根基乃是资本主义经济体系，它遵循的是"万物商品化"、"无休止的追逐利润"这一资本积累逻辑），给国内社会带来巨大破坏，进而可能生发出法西斯主义这种"退化的"、"变异的"社会自我保护方式。因此，对资本主义体系的经济政治变动进行充分认知并在此基础上做出理性的"应对"，对于民族国家来说乃是必不可缺的。二是如何实施适当的国内调整。这主要包括对国内经济与社会组织中的各种机制做出调整，在体系力量的冲击之下，这种国内调整可能会变得非常困难，但无论如何，始终必须遵循的原则就是卡尔·波兰尼所强调的对于国内经济与社会发展之间均衡性的维系。上述这种对外、对内的应对或可统称作国家的"战略选择"。在此意义上，1960年代末1970年代初这一历史节点上日本国家转型的失败亦可以称作是国家"战略选择"的失败，而这一失败给日本国家未来发展所带来的巨大遗患直至今天仍未能够得到有效的消解。

如果我们以欧洲国家作为参照系的话，两相对比之下，对于日本的失败可能会看得更清楚一些。二战后欧洲的发展历史较好地诠释了上述这种伴随世界体系变迁、国家通过"战略选择"一方面为自身创造和平稳定的外部环境（包括经济环境以及政治环境），另一方面维系国内经济与社会持续稳定发展的原则，而这也完全是建立在欧洲国家对于自身在资本主义发展历程中所经历的心酸失败——尤其是从19世纪自由放任式的野蛮资本主义时代到20世纪二三十年代的大萧条以及其后世界战争这段时期的政治、经济以及社会失败——进行深刻反省以及教训汲取之上的总结与提炼，卡尔·波兰尼的名著《大转型：我们时代的政治经济起源》则可以说是这种自省精神的典型体现。笔者在此无意详述欧洲的战后发展史，只是想对欧洲从战后至今的发展脉络做一个高度提炼式的勾勒，以便在此基础上反观日本的问题所在。站在今天回过头来看，透过纷繁的历史表象，战后欧洲国家在笔者脑海中呈现出的是这样一幅图景：融入美国主导的战后资本主义发展体系，在与霸权国保持合作的同时，致力于推动从欧共体（经济层面的合作）到欧盟（合作从经济层面向政治等领域逐步深化）的区域性合作，谋求从经济政治上成为一支独立自主的力量；在国内则遵循着波兰尼的教诲，致力于福利国家的建设，旨在实现经济与社会的均衡发展——国际关系学者约翰·杰拉德·鲁杰（John Gerard Ruggie）则将这种发展路径定义为"嵌入式的自由主义（embedded liberalism）"。[1] 20世纪七八十年代，虽然在资本主义经济体系滞胀危机的作用下，出现了以英国首相撒切尔夫人为代表的新保守主义/新自由主义改革，旨在纠正所谓"福利国家的过度发展"，但英国学者保罗·威尔逊的实证性研究却表明，虽然福利国家的某些部分遭到了削减——主要是项目性紧缩——或者部分实施了私有化，但全面的制度性紧缩却极为有限，并未出现激进性变革，社会政策的基本结构依然稳定，福利国家的整体框架依旧岿然不动，令人啧啧称奇。[2] 1990年代中期以后，虽然世界体系的经济全球化加速发展，欧洲的福利国家却纷纷回归，并开始在全球化背景下寻求新的经济与社会平衡发展的道路——譬如安东尼·吉登斯（Anthony Giddens）所倡导的"第三条道路"。同时，欧盟的建设虽则步履维艰，却在步步深入。不错，今日的欧洲的确面临着诸多的困难与危机（英国"脱欧"以及难民危机等），"欧洲唱衰论"亦不绝于耳，但笔者却认为有必要将其放在长期的历史视野之中进行认识，绝不能只基于短期事象便轻率地唱衰欧洲，因为从原理、逻辑上讲，欧洲国家对外推动区域统一与独立自主、对内努力寻求经济与社会均衡发展的做法根本上是合乎逻辑和原理的，道路虽然崎岖不平（毕竟，人类历史的进步之路从来都不是笔直的坦途，有时甚至会出现倒退——就像今天民粹主义兴起所反映出的那样，螺旋式地向前才是常态），但终究是历史的前进。

在欧洲的映照之下反观日本，可以说，战后日本走的则完全是一条相反的道路。笔者在本书中把这条路线简单地概括为保守依附发展主义路线，其特征就是：对外深度依附于世界体系的霸权国家美国，借用著名政治学家山口二郎的话说，就是"对美追随绝对主义"以及"美国依附之下的民族主义"，明治时期福泽谕吉极力倡导的"脱亚入欧"在二战后则变成了"脱亚入美"；对内则高度依附于垄断资本并由此始终将经济发展/资本积累逻辑置于其他一切价值之上，对此，经济学家胜又寿良的评价可谓一针见血，他说："如果战前日本秉持的是'皇国史观'的话，那么，战后日本秉持的则始终是'经济增长史

---

[1] Krasner, Stephen D., *International Regimes*, Ithaca and London: Cornell University Press, 1982, p. 208.

[2] ［英］保罗·皮尔逊：《拆散福利国家：里根、撒切尔和紧缩政治学》，舒绍福译，吉林出版集团有限责任公司2007年版，第251、255页。

观'."[1] 战后的日本以"吉田路线"设定了对外通过政治军事依附——以《美日安保条约》作为依托——融入美国主导的资本主义发展体系,重启被战争中断的赶超工业化进程的路径,谋求实现明治以来的国家目标;对内则在经历了巨大的社会动荡之后走上了"池田路线",设定了在促进经济发展的同时谋求社会安定的道路。虽然在1947-1948年间的片山以及芦田内阁时期也曾一度出现过社会民主主义国家发展路向的萌动,即对外争取全面媾和并在美苏之间保持中立,同时在国内推动"三方制"福利国家建设的路径,但鉴于日本当时处在霸权国美国完全占领之下这一彼得·古勒维奇所谓的"极端情况",国内生产能力又由于战争而遭到严重削弱,物质的匮乏以及国家财政的捉襟见肘导致社会混乱持续难平,一言以蔽之,在内外条件皆不成熟的条件下,谋求在世界体系中的完全中立以及在国内建设"三方制"福利国家虽然是一个令人敬仰的目标,却终究有些理想主义,只能说是一个"早产儿"。除去内外条件的限制,单就日本作为后发工业化国家来说,由于和欧洲先进资本主义国家之间存在着发展阶段上的差别,最终走上赶超发展主义路线在当时来说也是可以理解的,而这也最终成就了日本的经济大国梦。

但必须看到的是,这一路线中同时存在着巨大的内外隐患。首先便是在对外关系层面上对于美国的过度依附问题。《美日安保条约》尽管让日本得到了美国从经济上的扶植以及可以专注于国内发展的优待,可事实上的"军事基地化"却也将日本置于了实质上的附庸国地位从而严重制约了日本对于世界体系局势的独立判断以及自主的对外战略选择,因此,日本要在世界体系中谋求长远的正常的发展,就必须适时地克服这种依附性,成为拥有完整主权的真正独立自主的民族国家。其次,放眼日本国内,经济层面主要由出口导向、垄断企业集团(包括横向联合网络化和纵向下包网络化)主导以及政府政策扶植体系(即政府将一切资源——包括资金、劳动力以及土地等——向经济发展倾斜的政策)所构成的资本积累结构是一个极为强势的赶超型的积累结构,也成为日本经济高速增长的源泉。但是,超低汇率设定下日本出口对于美国市场的过度依赖不具有长期可持续性,它最终势必引致来自美国方面的反弹压力;人为操控下的低利率贷款隐含着银行过度借贷的危机,而几近疯狂的企业设备投资——用宫崎义一教授的话说——则"可以说是在

---

〔1〕参见勝又寿良『戦後50年の日本経済:金融・財政・産業・独禁政策と財界・官僚の功罪』,389-391ページ。

有意制造生产过剩的危机"。[1] 所以，诚如经济学家胜又寿良所言，这种强势的资本积累应该具有时限性，不可长期持续。然而，更大的问题还存在于日本的社会组织以及社会统合方式之中。伴随经济的高速增长，日本虽然同时实现了社会层面整体的安定与和谐，但构筑起来的却是以垄断企业企业组合主义生产关系模式作为主导的社会关系结构。企业组合主义以终身雇佣制、工龄工资制以及企业内福利等机制对民间大企业的劳动者形成了利益还流，同时，对于中小工商业劳动者、自营业者以及农民等处于边缘性生产关系模式之中的社会群体，保守自民党及其官僚们则主要通过利益诱导政治向其实施利益还流，二者的混搭完成了对战后日本社会的统合，这截然不同于欧洲的福利国家统合模式。笔者在本书第一章中已经详细地阐明，上述这两种社会统合机制中无一不是贯穿着前现代的"老鼠会"式的内在结构，其社会统合功能的有效发挥高度依赖于经济的高速增长（此外，企业组合主义的社会统合功能还高度依赖于国内"金字塔"型的人口年龄结构），随着资本主义体系繁荣局面的终结以及日本国内人口年龄结构向着"倒金字塔型"的逆转，企业组合主义中所固有的过剩雇佣倾向终将全面显露并与资本主义经济理性发生冲突，而利益诱导政治无节制的大把撒钱也终将导致国家财政上的难以为继。更为严重的问题是，企业组合主义仅仅局限于少数垄断大企业，大企业劳动者的终身雇佣、优厚的工资以及福利待遇与大企业之外劳动者的雇佣流动化、低工资和低福利形成鲜明对立，这严重阻碍了日本统一劳动市场的形成以及"同工同酬"原则的贯彻；利益诱导政治则是以自民党派阀作为贯穿上下的主线、依托"国土开发—工业配置"路线所形成的敛财散财体系，主导这一体系上层的则是"政—官—财"铁三角之间相互勾结的"法外权力"结构。[2] 缺少国家层面的制度规范，因此也是一个渎职腐败泛滥滋生的体系，经济评论家内桥克人曾直言不讳地指出，这种不受法律制约的权力体系本质上具有"反社会性"。政治学家山口二郎将欧洲福利国家式的社会统合定义为"普遍制度型"，它成就的是社会民主主义，而日本利益诱导政

---

[1] [日]宫崎义一：《日本经济的结构和演变：战后40年日本经济发展的轨迹》，孙汉超等译，中国对外经济贸易出版社1990年版，第67页。

[2] 自民党政调会中分设了对应着国会常设委员会的各个部会，譬如农林部会、建设部会、商工部会等，这些部会同时对应着各个官僚省厅。自民党内隶属于有力派阀的"族议员"实际上操控着各部会的实权进而操控了国会权力，同时将行政官僚——用政治学者富森叡儿的话说——变成了自民党的"私家军队"，形成了一套以人情网络和利权交换为特征的游离于正式法律框架之外的从中央到地方的统治系统。

治式的社会统合则被他称作是依靠人情网络的"族议员/官僚裁量型",它最终孕育出的民主主义也只能是所谓的"疑似社会民主主义",换言之,这种社会统合方式徒具社会民主主义的形式与外壳,却缺失了社会民主主义的实质与内涵。与山口二郎相似,学者加藤哲郎认为,欧洲福利国家式的社会统合培育出了成熟的"市民社会",而日本的企业组合主义以及利益诱导政治最终造就的仍然只是一个"私民社会"。同样地,东京大学的高桥哲哉教授断言今天的日本仍然没有实现欧洲式的"市民社会",战前以及战时的天皇制国家由于战败暂时看上去好像是解体了,但实际上是改变了一种形式又延续了下来,即所谓"象征天皇制"。确实,许多国民由于受到战败的打击再也不希望恢复战前那样的体制而欢迎民主主义,但这种感觉是因为战前和战时的生活困窘,而战后尽管亦有这样和那样的问题,但生活好过得多了,所以认为还是民主主义好。虽然实现真正的"市民社会"不一定非要经过类似法国大革命式的市民革命,但关键是日本国民心中是否存在着要创建一个自己与他人能够共享自由的社会的期望。如果还是认为"要是这么麻烦的话,还不如就像'公司主义'那样,就算在上司面前抬不起头,只要工资能稍微上涨,生活能安定也就行了",那就永远也实现不了"市民社会"。[1] 不是这样吗? 企业组合主义导致了劳动者只会狭隘地关注本企业的业绩并营营于个人私利的获取,却"阉割"了其阶级连带的意识。而利益诱导政治的下层,正如请愿体系所体现的那样,各地方首长只关心如何依靠本地出身的族议员(所谓的"大先生"),并通过官僚为本地方谋取更多利益,力量大的自然多得,借政治学者富森叡儿的话来说,这叫作"肥水不流外人田",由此形成的不是以互助、公平、连带为特征的社会民主主义的"市民社会",而是一个根本上存在着不公平以及各地方、各社会群体利用人际关系营营于私利获取的"私民性"泛滥的社会,在此背景下形成的所谓地域意识也只是以"部落利己主义"为原型的"地域利己主义"[2]而已,与福利国家通过普遍性制度消除国民阶级阶层间差别从而形成连带性"市民社会"的结果全然不同。笔者曾指出,在从封建主义社会向资本主义社会的转变以及资本主义本身从野蛮走向成熟的过程中,以"人"为主体构成的社会也经历了从"臣民社会"到"私民社会"再到"市民社会"的漫长的进化演变。如此观看,日

---

[1] [日]高桥哲哉:《反哲学入门》,何慈毅、郭敏译,南京大学出版社2011年版,第128-129页。

[2] 居安正『政党派閥の社会学:大衆民主制の日本的展開』,244-245ページ。

本社会统合方式本身落后的结果就是造成了社会发展的相对滞后。在企业组合主义和利益诱导政治的功能替代下，本应发挥社会统合功能的日本国家层面普遍性社会保障与福利制度的建设明显滞后，形式虽具但实质内容却极为贫乏，社会保障的费用被作为总储蓄的源泉加以利用，成为了"高储蓄→高投资→高增长"机制形成的一个条件。[1]一言以蔽之，相对于经济中强势的资本积累结构，日本的社会结构和社会组织中隐藏着诸多前现代的残余要素，而且它们的有效运行完全依赖于经济的高速增长，内含着巨大的脆弱性。因此，随着经济赶超的完成，日本必须要完成社会自身的现代化转型。

1960年代末1970年代初，日本迎来了其战后发展史中可以说是最为重要的国家转型时机。此时的日本已经跻身于资本主义经济大国之列，完成了经济赶超目标，应当重新审视战后以来保守的依附发展主义路线，对外致力于恢复真正的独立自主，对内利用已经大量蓄积起来的经济财富充实社会建设，向成熟的资本主义国家过渡。对于日本国家的长期健康发展来说，这些都至关重要。此时世界体系的局势变化不仅为日本提供了摆脱对美依附的契机，国内经济以及社会层面也都出现了实施国家转型的迫切需求。以"尼克松主义"为标志，美国开始了其战略收缩，同时，《美日安保条约》亦面临到期。如果说该条约签订之时，日本尚处于美国占领之下且国力虚弱，自主选择存在一定困难的话，那么，此时的选择权则掌握在日本自己手中。国内高涨的反越战（反美）和以冲绳为中心的反基地风潮自不必说，美国的战略收缩以及日本自身国力的增强也为日本走向真正的独立自主提供了巨大的可能空间。即使单纯地从经济角度考虑，日本也应当重新审视对美依附的实际价值。吉田茂为了获得来自美国的经济利益而将日本全面置于美国附庸国地位的做法是典型的经济功利主义路线，而以1971年的"尼克松冲击"为契机，美国开始从"宽容"变得"自利"，日元相对于美元的逐步升值以及美国贸易保护主义的抬头都在提醒着日本：美国的怀抱已经开始变得令人窒息了！在这样的情况下，延续吉田式的经济功利主义路线从而继续对美国实施"以邻为壑"式的出口最终只会招致内桥克人所说的"自己勒自己脖颈"

---

[1] 経済企画庁編『昭和47年版経済白書：新福祉社会の建設』，177–178ページ。

的结果。明智的选择则是如同欧洲国家合作推进区域内统合[1]那样,与亚洲国家一道合作开拓区域内市场,这才是符合日本国家长期利益的选择,而这样做的前提是日本必须摆脱美国的捆绑、获得自主从而真正地回归和融入亚洲。与此同时,日本国内经济中生产过剩/过度积累的危机已经凸显出来,长期高速经济发展所带来的负面社会效应——诸如环境恶化以及住宅拥挤、交通拥堵等——开始大量喷发,以革新自治体为代表的要求克服经济发展至上主义、转向充实社会建设、构建欧洲式福利国家的社会要求也日益高涨。在这样一个关键的历史转折时期,如果日本能够成功地实施国家转型,对外适时地摆脱对美依附,对内及时纠正经济与社会发展之间的失衡、转向"三方制"福利国家建设的话,那么,此后的经济过剩发展以及经济泡沫的膨胀应该是可以避免的,即使有后来资本主义体系经济全球化浪潮的冲击,想必来自美国的"讨债"压力——正如笔者前文中所阐明的那样,这种压力的产生以及对压力缺少抵抗力其实都是日本长期过度依附于美国的咎由自取——以及日本国内的新保守主义/新自由主义反动亦不致如此剧烈,而且,如果存在健全的劳动市场以及制度框架约束下的坚实的社会保障安全网的话,最终的社会结果更不至如此惨烈,欧洲的情形就充分说明了这一点。以撒切尔为代表的新保守主义/新自由主义改革是在欧洲福利国家得到充分发展的基础上产生的,是在滞胀危机背景下,借助哈耶克式的市场主义意识形态对市场与社会之间平衡关系的一次向右调整,但尽管如此,保罗·威尔逊的研究已经证明,实际上并未出现激进性的改革,福利国家的制度框架依旧坚固,1990年代中期以后,福利国家又纷纷回归,并在经济全球化加速进展的背景下开始摸索新的福利国家模式。

---

[1] 在 1960 年代末 1970 年代初的世界体系背景下,欧洲一方面加大了欧洲区域性合作的力度,1973 年欧共体实现了完全统一的对外贸易政策,并在德法两国的倡议下,1979 年成立了欧洲货币体系(创设了欧洲货币单位"艾居",建立了欧洲货币汇率机制"ERM"以及欧洲货币基金),在经济一体化方面取得了显著成就;另一方面,为实现自立自强,欧洲政治联合——虽然是一条艰难崎岖的道路——的步伐亦开始加速。经过 1970 年的《卢森堡报告》以及 1973 年的《哥本哈根报告》,以外交协商合作为基础的欧洲政治合作制度正式建立起来,并同时提出了建立欧洲联盟的长远目标。而霸权国美国为了抑制欧洲的离心倾向,提出了《大西洋关系宣言》,企图将欧洲重新拉回到自己的全球战略中去。然而,联邦德国总理勃兰特也好,法国总统蓬皮杜也好,欧洲各国首脑对此反应冷淡,反而更强调"欧洲特性"。所以虽然《宣言》最终得以签署(1974 年),但在欧共体提出的草案中,既不提"相互依赖",也不提"伙伴关系",而是明确要求美国承认欧共体在世界事务中是一个"独立的实体"。参见方连庆、王炳元、刘金质主编:《国际关系史》战后卷·上册,北京大学出版社 2006 年版,第 454–466 页。

而发端于中曾根时代的日本新保守主义/新自由主义反动却是在过度经济发展→泡沫膨胀→泡沫崩溃之后的过剩清算这一过程中出现的产物，是在日本福利国家并未得到充分发展——如前所述，日本福利问题研究专家二宫厚美就指出日本充其量还只是一个"未发育成熟的半福利国家"——情况下的向右转向，并在世界体系经济全球化潮流的助推之下，烈度不断升级。对此，经济评论家内桥克人看得极为透彻，他指出1990年代以来日本经济社会长期停滞的根本原因在于"过度（过剩）负担"。具体而言，就是"生产设备过剩"、"不良债权过剩"以及"雇佣过剩"，而导致"过度负担"的原因则是此前的"过度扩大"，即企业过度的设备投资、银行的过度贷款以及终身雇佣等企业经营制度。"过度扩大"必然导致"过度负担"，解决"过度负担"问题则意味着残酷的调整。而造成"过度扩大"的深层原因则存在于日本战后的经济结构之中，经济泡沫只不过是这种"过度扩大"超过阈值而到达爆炸点的具体表现。泡沫破灭后，此前长期累积的诸多过剩全面显现，日本便进入对"过度负担"的清算过程，并出现了"日本型停滞"。[1] 可以说，日本的新保守主义/新自由主义兴起是针对此前经济"过度扩大"——这种"过度扩大"一方面招致了美国的不满和"外压"，另一方面则带来了严重的生产过剩/过度积累危机以及其后的经济泡沫——的一种反动。笔者说过，"过度扩大"的作用力有多大，则清算的反作用力就有多大，中曾根时代的改革不过是这一反动的"序幕"（或者用渡边治的说法，叫做"早熟的原型"），而随着1990年代以来体系经济全球化的加速发展以及国内经济泡沫破灭之后新保守主义/新自由主义势力的全面得势，这种反作用力则被进一步加剧。而对于美国主导下的经济全球化以及作为其上层建筑的美国所推行的"帝国"式新世界秩序，日本之所以会毫无抵抗地全面"顺从"——而非欧洲式的"应对"——则又与日本对美国深度的结构性依附息息相关，金子胜教授把日本这种全面迎合美国全球化战略而缺少自主性应对的现象称作"主体性丧失症候群"，而这正是日本战后以来对美国长期过度依附的产物。同时也必须看到，这种对于经济全球化的全面"顺从"其实也是被日本垄断资本的利益所规定的，1960年代末1970年代初以来便深陷生产过剩/过度积累危机且在经济泡沫破灭之后危机状态被进一步加剧的日本垄断资本已经逐渐地跨出国界，走向了"全球规模的积累"，迎合全球化乃是其根本利益之所在。在此，或许有必要加上一句，战后日本的保守主义政治势力——无论是

---

[1] 内橋克人『同時代への発言：九 年代不況の帰結』，4-5ページ。

旧保守的还是新保守的——是通过依附于美国以及国内垄断资本而得以获取并长期垄断国家政权的，所以，这二者也是其对外对内政策始终围绕的轴心，只不过如内田健三所言，相较于旧保守主义来说，新保守主义更具"进攻性"，更加赤裸裸而已（无论对外还是对内），而就其政策所要达到的目标而言，其实都是一脉相承的，那就是：追随美国"主子"（并在依附之下谋取一些民族主义利益），为垄断企业的资本积累服务。于是，在这种对于体系潮流全面迎合的背景下，上述对于过剩的清算也从"钱"（对过度借贷的清算，体现为银行系统不良债权的巨额累积以及企业债务的增加）、"物"（对过剩设备的清算，体现为国内设备投资需求的骤减）的层次逐渐深入到了"人"（对企业过剩雇佣的清算，体现为雇佣层面的"结构改革"）的层面，最终导致了国内经济社会结构的全面崩塌，经济萧条也逐渐深化到了社会停滞。而新保守主义/新自由主义势力克服经济社会危机的做法则是借助"结构改革"一味地挤压社会支出、释放市场力量（宣传口号便是"放松管制"、"自立自助"、"责任自负"），针对于此，政治学家山口二郎曾警告说："（但是）虽然欧洲国家正在进行对福利国家的再审视，日本却不应该将这种做法原封不动地加以引进，因为日本和欧洲福利国家所达到的（社会保障和福利）水准原本就相差巨大，日本并未完成福利国家的建设，因而也不能实施所谓的再审视。"[1] 但是，对于社会结构以及社会保障机制的拆解毕竟大规模地展开了，问题是，同样面对体系经济全球化以及国内新保守主义/新自由主义的冲击，相对于欧洲福利国家框架的依旧坚实稳固，日本的新保守主义/新自由主义反动所引发的社会后果为何会如此惨烈？归根结底，原因还是在于日本保守发展主义体制下的社会结构以及社会组织机制本身的脆弱性。

企业组合主义是一种劳动者对资本高度依附的生产关系模式，而且——正如经济学家岛田晴雄所言——它并非正式的制度而只是一种"惯例"而已。所以，在垄断资本对过剩雇佣的清算过程中很容易就遭到了肢解，而企业组合主义长期坚持之下日本同质性统一劳动市场的缺失以及"同工同酬"

---

[1] 山口二郎『戦後政治の崩壊』，208ページ。

这一制动装置的缺失则让雇佣全面向下流动,工资等劳动条件严重恶化;[1]利益诱导政治也是缺少正规制度框架约束的依靠人情关系网络运作的"法外"体系,且是渎职腐败滋生的温床,所以,随着经济泡沫破灭之后旧保守主义势力的衰败,并借助国民对腐败渎职的憎恶情感,随经济泡沫一同鼓胀的利益诱导政治"泡沫"最终也分崩离析。在保守发展主义体制中,日本的社会结构以及社会统合正是建筑在这两大支柱的支撑之上的,二者的崩溃最终引发的是日本既有社会结构的全面崩塌以及社会统合功能的几近瘫痪,而国家层面普遍性社会保障与福利安全网的贫弱乃至进一步的弱化则让国民生活整体陷入了不安定状态,贫富差距以及社会矛盾逐渐显露并日益深化。

综上所述,我们不难看到,导致日本1990年代以来深陷内外困局而难以自拔的深层根源其实就在于1960年代末1970年代初国家转型的失败,正是这一失败为其后的日本国家发展留下了巨大的遗患。诚如金子胜等学者所言,历史发展中存在着许多节点,在历史转折时期,人们持有什么样的政治社会意识,采取何种行动,将会带来不同的历史结果。[2] 欧洲与日本战后不同的发展轨迹及其历史结果很好地诠释了这一点,二者对比之下,轩轾立现。

正如笔者在导论中所指出的那样,今天的日本无疑又站在一个选择未来国家发展路向的历史节点上,或如金子胜教授所言,是走向衰退还是在危机中重生,日本正站在一个十字路口。[3] 何去何从,针对已然给日本带来了深重的内外危机的保守主义路线,许多有责任感的学者们都在大声疾呼着所谓的"对抗理念"。这并非笔者出自主观的有意夸大日本危机的虚言妄语,为了说明这一点,在此有必要对这些日本本国学者们出于对国家命运的忧虑而发出的"声音"做一些客观性的引述。

首先,关于国家对外战略,金子胜、藤原归一等学者警告说,日本已经站在自我毁灭的边缘,要克服危机,重塑国家政治、经济与社会体制,首先

---

[1] 木下武男指出:日本企业组合主义中的工龄工资制是综合考虑职工年龄、工作年限以及个人能力等因素后由各企业自主决定的企业内工资,因此它原本就不具备超越个别企业的社会基准,而工资决定的社会基准的缺失与(1990年代以后)工资的下降有很大的关联,也即缺少了阻止工资下降的制动装置。而欧洲劳动市场中的"同工同酬"原则却形成了超越个别企业层次的工资社会标准,也成为阻止工资随意下降的制动装置。参见後藤道夫編『日本の時代史28:岐路に立つ日本』,150ページ。

[2] 金子勝、藤原帰一、山口二郎編『東南アジアで生きよう!経済構想・共生社会・歴史認識』,233ページ。

[3] 金子勝『新・反グローバリズム:金融資本主義を超えて』,121ページ。

需要做的就是摆脱日本对于美国的政治经济依附。[1] 具体言之，就是积极构筑立足于亚洲区域的包括实物层面以及金融层面的"自立自律"的经济圈，加强区域内宏观经济政策以及社会政策方面的相互监督与支援，以防止外部冲击和减轻社会代价，不良债权问题的早期解决，同样需要区域内国家之间的通力协作。这些都需要日本摆脱两国间安全保障的束缚，致力于构建区域性安全保障体系以保障亚洲的和平稳定。[2] 东亚地区应该学习欧盟（EU），致力于成为对抗美国全球主义权力结构的集团性力量。区域内各国中已经出现诸如建立亚洲货币基金（AMF）、ASEAN结算同盟构想以及货币统一等要求加强区域内团结合作的要求声音，但东亚的发展动向却是与欧盟形成鲜明对照。这其中，作为核心国家日本的战略缺失导致了许多负面效果，1997年之后的所谓双边自由贸易协定（FTA）战略也好，以东亚为中心的"日元圈构想"也罢，都不过是日本自我中心主义的对策，并非站在与东亚诸国对等的立场上谋求风险共担的产物。在国内低迷的经济社会状况下，日本逐渐向单边主义（民族主义）倾斜，并一味迎合美国战略，从而加深了东亚地区的割裂与对立，导致该地区越来越背离本来应有的情形。[3] 山口二郎则主要立足于政治视野，同样强调说，以世界上唯一的超级大国美国为对手追求本国利益，仅靠一国之力是困难的，只有像欧洲那样进行区域内国家的共同合作才有可能真正实现国家利益。要实现日本的和平与可持续的经济发展（以及实现环境保护等目标），不可欠缺的就是亚洲区域合作，日本有必要与亚洲邻国共同构筑这一框架。[4] 而阻止经济增长潜力巨大的东亚国家之间的合作，即东亚的欧盟（EU）化，在美国与东亚国家之间维持《美日安保条约》之类的双边安全保障条约，其实符合美国的利益，美国并非是日本所自认为的"善意的保护者"。日本要实现自身的国家利益，就必须摆脱思考停滞的状态，自主地做出发展选择，譬如，在东亚地区构建经济以及安全保障方面的区域性合作机构。虽然亚洲地区存在许多欧洲所没有的难题，但最关键的是政治家和官僚是否持有这样的区域合作构想。如若日本在"美国追随绝对主

---

〔1〕 参见金子勝、藤原帰一、山口二郎編『東南アジアで生きよう！経済構想・共生社会・歴史認識』，233－236ページ。

〔2〕 参见金子勝、藤原帰一、山口二郎編『東南アジアで生きよう！経済構想・共生社会・歴史認識』，13－83ページ。

〔3〕 参见金子勝、藤原帰一、山口二郎編『東南アジアで生きよう！経済構想・共生社会・歴史認識』，231－232ページ。

〔4〕 参见山口二郎『戦後政治の崩壊』，168ページ、215－216ページ。

义"的原则下一直处于思考停滞的状态,则不会生发出任何积极的理念,对待亚洲邻国所采取的"幼稚的自我中心主义"以及对美绝对追随所导致的思考停滞只会带来高涨的民族主义以及不断加深的对美依附。[1] 而诸如靖国神社参拜之类的民族主义宣示,则只会让日本在亚洲越来越孤立,最终走进对美依附的死胡同。[2] 资深政治记者本泽二郎则说得更直截了当:"哪怕是只考虑经济利益,亚洲对于日本亦是极端重要的。现代版的福泽谕吉式的'脱亚入欧'论——强化美日同盟——无疑是在自掘坟墓,唯有'脱欧入亚'('脱美入亚')才是正途。"[3]

其次,正如政治学者安世舟所言,如今的日本社会已然到了无法继续维持下去的紧要关头,如何重建濒临崩溃边缘的社会,则是难题中的难题,这个难题得不到解决的话,日本便会静静地走向衰退。直面这种国内社会状况,奔走疾呼着"对抗理念"的学者更是涉及各个领域,而关注的焦点则出奇一致地集中在日本劳动市场和社会保障与福利制度的建设两个方面。譬如,经济学家金子胜就一再强调,造成日本目前经济社会危机不断深化的最大问题在于日本社会安全网的脆弱,因此,要摆脱危机,一方面要伴随新能源革命实施相关产业转换,另一方面则要实施制度改革,而起点就是以雇佣和社会保障为主轴重新构筑社会安全网,形成劳动市场与社会保障方面的社会共同规则。[4] 这种观点与日本劳动问题研究专家熊泽诚、木下武男等人的主张不谋而合。譬如,熊泽诚重点关注劳动市场的构筑问题,认为在雇佣流动化、横向开放的劳动市场逐渐成为主流的今天,遭到"放逐"的人们中绝大部分在自由竞争的劳动市场中只能处于不利的境况,他们为了生计而挣扎,所谓"个性的尊重"、"自由"、"自立"不过是奢谈。因此,日本应当学习欧洲模式,致力于构筑有规制标准化的横向劳动市场,从而保证劳动者在任何地方都可能从事相同工作并享受到相同的劳动条件(即"同工同酬"——笔者注)。[5] 木下武男则在对欧洲福利国家的发展历史进行追溯并对其基本原理进行剖析的基础上指出,作为克服目前经济社会危机的对抗战略,日本必须走向欧洲式福利国家的道路从而为社会提供制度性保障。首先要构筑起横断

---

[1] 参见山口二郎『戦後政治の崩壊』,63-65ページ。
[2] 参见山口二郎『戦後政治の崩壊』,168ページ。
[3] 本澤二郎『平成の妖怪:大勲位・中曽根康弘』,326ページ。
[4] 参见金子勝『新・反グローバリズム:金融資本主義を超えて』,101ページ、123ページ、276ページ。
[5] 参见熊沢誠『能力主義と企業社会』岩波書店1997年版,193-194ページ、198ページ。

统一的劳动市场，并辅以职业介绍、职业培训等劳动市场政策，同时贯彻"同工同酬"的原则。[1] 并在此基础之上，通过国家政策的展开（即通过国家层面普遍性社会保障与福利制度的构筑），充实对育儿、住宅、养老金等领域的公共性补贴与扶助。[2]

综观这些旨在让日本摆脱1990年代以来不断深化的经济社会危机的对外对内战略选择谏言，我们不禁要说的是：这不正是对外谋求独立自主与和平主义，对内谋求经济与社会均衡发展的社会民主主义道路吗？这难道不也正是日本在1960年代末1970年代初这一历史转折时期早就应该做出的国家"战略选择"吗？由此可见，对历史的欠债终归是需要后世来偿还的（记得某部香港电影中有句经常被人引用的台词这样说道："出来混，迟早要还的！"用在日本的身上倒显得颇为贴切）。在笔者看来，日本在1960年代末1970年代初做出向独立自主的"三方制"福利国家转型的选择应该叫作"积极的"变革，因为彼时的日本对外对内皆有余力，然而如今，在对外对内已经"负债累累"的情况之下，日本要实施这种转型无疑难度极大。首先，在新保守主义/新自由主义势力主导下被进一步深化的"美国追随绝对主义"以及"美国依附之下的民族主义"对外路线已经严重恶化了日本与其亚洲邻国之间的信赖关系。[3] 尤其是与亚洲地区另一个核心国家中国之间关系的恶化，无疑给亚洲区域性合作的未来前景蒙上了一层巨大的阴影（对比战后德国在改善德法之间关系并积极推动欧洲区域性合作中所采取的做法，说得不客气

---

〔1〕 二宫厚美指出，要确立"同工同酬"原则，前提是建立横断式的统一的劳动市场，而最为重要的是劳动工会必须超越企业层次而成为产业横断式的，从而具备强大的交涉能力；也就是说，劳资关系的调节必须超越企业层次而实现社会化，形成社会统一规制。参见二宫厚美『憲法25条＋9条の新福祉国家』かもがわ出版社2005年版，166－167ページ。而这种劳资关系社会规制的建立则必须通过国家的积极介入，在国家层面形成国家、资本和劳动三方的协商机制，这其实就是要求将罗伯特·考克斯所说的"三方制"设定为国家主导性的生产社会关系模式。熊泽诚在阐述构筑横向劳动市场以及"同工同酬"原则必要性的时候，同样强调这需要"政治的"、"法律的"的规制。参见熊沢誠『能力主義と企業社会』岩波書店1997年版198ページ。

〔2〕 参见渡辺治、後藤道夫編『講座現代日本4：日本社会の対抗と構想』，127－129ページ。

〔3〕 日本学者白井聪指出，"中国也好，韩国也好，对日本抱有不信任感的根源就在于日本自身'无主体性的对美从属'。日本何时曾有过摆脱'背后有美国存在'这一意识而与这些国家进行对话的行动吗？历史认识确是很大的因素，但（与从属于美国这一因素相比起来）也不过是还在其次的因素"。参见『週刊エコノミスト』2015年8月11·18日合併号，每日新聞出版，100ページ；《朝日新闻》2015年8月15日的社论同样批判道："……损害（日本与中韩等国家之间）信任关系的原因是由日本一手制造的。"

点,日本确实给人一种"烂泥糊不上墙"的感觉[1]。澳大利亚学者加文·麦考马克这样说道:"当亚洲致力于形成一个有共同认同和目标的、面向21世纪的共同体时,日本却一方面深陷美国依附的漩涡中不可自拔,另一方面又要通过民族主义宣扬来摆脱自卑意识。从逻辑和理性的角度看,这种内在分裂的理念构成亚洲区域一体化发展的严重障碍,1930年代如此,1945年之后亦是如此,冷战的大部分时间里,日本都站在与亚洲背道而驰的立场上。"[2] 冷战结束之后,这种情况非但没有得到改变,反而被不断地升级与深化,时至今日的安倍晋三政权,这种"内在分裂"更是达到了极端。对此,日本学者白井聪写道,"战后日本一方面在固化政治经济军事层面对美国的从属地位,另一方面则由于不承认战败而以与战前相同的精神构造与亚洲邻国相交接,日本一直抱有这样的扭曲性",如今的安倍政权(依旧)"处于'思考停滞'的状态并选择了对美盲从"。……安倍政权企图通过依附于美国恢复战前式的军事强国以及通过"安倍经济学"再造经济大国,可这二者不过都只是"陈旧的梦幻"罢了,"今天的日本正面临着民族的国家的

---

[1] 联邦德国总理勃兰特在1970年代就展开积极的独立自主的"东方外交",并对二战中德国纳粹所犯下的罪行进行了深刻的反省和忏悔,他本人亦因此获得了诺贝尔和平奖;1990年代,科尔总理又强调:"我们将自觉反思过去的历史,开展对包括苏联以及东欧在内的积极援助,注意让统一后的德国不会变成东西欧洲新的威胁。"德国统一后,魏茨泽克总统同样表示:"无视过去的历史最终会导致今天的盲目。"正是在这样的一贯努力下,德国最终获得了欧盟(EU)加盟国的信赖与尊敬,并成为欧盟内部的领导者。在对照上述德国外交姿态的基础上,经济学家宫崎义一教授指出,相比于德国,日本战后的外交政策路线则相形见绌,对于战争责任的自觉性认知极端不足,因此也始终无法从根本上获得亚洲国家的信赖和尊敬。而对21世纪的日本来说,应当选择的经济发展框架无疑是APEC,而要回归亚洲,日本则必须向德国学习,正视历史并追问自身的历史责任,在此基础上构建与亚洲国家之间的信赖关系。参见宫崎义一『ポスト複合不況:21世紀日本経済の選択』,54-55ページ。政治学者安世舟同样指出:"虽说已经跨国化了,但只要日本的垄断企业仍然需要周边国家作为主要的经济活动舞台,那么,日本就有必要同东亚、东南亚国家一道,建设类似欧盟初期——欧共体——那种程度的地域经济共同体,并成为其中领导者。日本有必要像联邦德国所做过的那样,主动解决历史问题,以周边国家能够从心底里接受的方式,做好面对建设地域经济共同体所面临的各种问题的心理准备。"参见[日]安世舟:《漂流的日本政治》,高克译,社会科学文献出版社2011年版,第198页。

[2] [澳]加文·麦考马克:《附庸国:美国怀抱中的日本》,于占杰、许春山译,社会科学文献出版社2008年版,第11页。

'自我认同危机'（identity crisis）"。[1] 可尽管如此，安倍政权一方面顽固坚守着《美日安保条约》框架并实现了安保关联法案的通过以及对自卫队的解禁，接下去又要彻底捣毁和平宪法，另一方面则置普通国民百姓的利益于不顾而近乎无节操地阿谀迎合美国所倡导的TPP（关于TPP中所蕴含的危险性，请参照本书第四章第一节中的相关说明），不如说日本的对美依附已然是无药可救地"病入膏肓"了。而除去对外层面变革的几近无望，要在国内建设福利国家又谈何容易！且不论政府意欲如何（新保守主义本身是"反福利国家"的，关于这一点，笔者在前文中已经阐明，在此不做赘述），只就能力而言的话，日本当下日益加剧的少子化、老龄化以及国家财政濒临破产的状况——目前日本国家财政上的负债已经达到了GNP的230%左右——都将成为巨大的掣肘因素，曾经的泱泱经济大国以至于此，说来不禁令人心酸！

而更为重要的是，正如藤原归一以及高原明生等人所总结的那样，归根结底，日本能否出现坚持民主主义的、对过去历史做出彻底清算并指向区域合作方向的政府乃是区域构想能否得以实现的最后以及最大的课题。[2] 二宫厚美亦同样强调指出，要建立和平主义的福利国家，无法回避国家权力，福利国家终究不会自动出现，政治的变革是必要的，需要作为推动力量的政治势力，[3] 亦需要对抗性民众运动的推动。[4] 换言之，上述内外两面"对抗理念"的付诸实践皆需要国家政治层面作为对抗势力的社会民主主义政党以及相应的基层社会力量作为主要推手，否则，缺少了践行主体的理念最终也只能停留在理念的层面，而不可能转化成为真正的历史实践，正如马克思曾在《德意志意识形态》中所要阐明的那样，精神、理念层面的自我完善终究只是形而上的唯心主义，无法真正战胜现实世界中的"恶"，而要铲除之，理念固然重要，但理念的达成不能脱离现实的经济政治斗争，毕竟它不会自动实现其自身。[5] 当代新马克思主义理论家罗伯特·考克斯非常清楚地论断

---

〔1〕『週刊エコノミスト』2015年8月11·18日合併号，每日新聞出版，100–101ページ。日本前内阁官房副长官候补柳泽协二同样认为，"重要的是日本要考虑自己的定位，在追问'我是谁?'这一问题的时候，除了'日本是美国的盟国'这一回答之外，日本找不到其他的国家姿态，这才是真正的问题。从现状来考虑的话，日本应当把与亚洲各国之间的政治协作作为基本来考虑"。参见『週刊エコノミスト』2015年8月11·18日合併号，每日新聞出版，103ページ。

〔2〕金子勝、藤原帰一、山口二郎編『東南アジアで生きよう！経済構想·共生社会·歴史認識』，83ページ。

〔3〕二宮厚美『日本経済の危機と新福祉国家への道』，106–107ページ。

〔4〕参见渡辺治、後藤道夫編『講座現代日本4：日本社会の対抗と構想』，411–412ページ。

〔5〕参见中央编译局编译：《德意志意识形态》（节选本），人民出版社2003年版。

道：国家性质或国家体制的形成取决于掌握政治霸权的历史集团的性质。而针对日本今天的现状，学者高桥哲哉也直言不讳地指出，想要对抗所谓的"时代洪流"（对今天的日本来说，这一"时代洪流"恐怕就是新保守主义/新自由主义潮流），只有产生出向另外一个方向运动的合力，除此以外别无他法。[1] 政治学家山口二郎则主要站在维护和平主义与民主主义宪法的立场上，同样强调说："有必要创造出能够让无视宪法的当权者在选举中遭到国民惩罚的机制，为此则必须创造出能够替代自民党的政治主体。"[2] 然而，遗憾的是，正如笔者业已指出的那样（本书第五章），1960年代末1970年代初日本国家转型的失败以及保守主义势力的全面复权——必须再次强调的是，旧保守主义以及其后的新保守主义都是以对外依附于体系霸权国美国以及对内依附于垄断资本作为立足之根本，"新"与"旧"也只是存在形式上的区别，骨子里却是一脉相承的——进一步侵蚀了日本原本就非常脆弱的社会民主主义根基，曾经作为国家政治权力结构中抗衡力量的日本社会党最终分崩离析，而劳动工会则以"连合"的成立为终结，最终完全消融在了企业的经营伦理之中，丧失了作为革新社会力量的实际意义。可以说，日本国家中的社会民主主义力量——包括政治层面的政党势力以及社会层面的基础性力量——已经近乎销声匿迹。如此情况很难让人期待在可预见的未来日本国内会出现一个能够逆转保守主义国家体制的进步的"历史集团"，[3] 更无法让人期待日本可以脱胎换骨成为一个崭新的国家，这也是为什么尽管众多有危机感和使命感的学者在大声地疾呼着"对抗理念"，然而日本却仍旧执迷于错误而危险的国家方向且愈行愈远的原因之所在，或许这才是1960年代末1970年代初国家转型失败带给日本的最大的悲剧，因为，它除去让日本最终陷入了日益深化的经济社会危机状态之外，甚至更"阉割"了日本国家未来重生的希望。高桥哲哉这样痛彻地批判道：曾接近旧政权的战后日本保守主

---

[1] [日]高桥哲哉：《反哲学入门》，何慈毅、郭敏译，南京大学出版社2011年版，第137页。

[2] 『週刊東洋経済』2015年8月29日，東洋経済新報社，99ページ。

[3] 2016年初，日本民主党、维新会以及改革集结会等共同结成了新的"民进党"，主张废除《美日安保条约》，纠正社会各个方面——包括育儿、教育以及雇佣等——的差距扩大，声言要成为自民党的对抗势力。但据日本NHK电视台2016年3月所做的舆论调查结果显示，日本国民认为新政党在人事上"没有新意"，对于新政党表示"并不期待"的人数占到了全体的70%；针对这一调查结果，NHK电视台3月29日的时事分析性栏目《时论公论》的分析员这样说："这依稀让人回想起当年自民党由于'利库路德'丑闻而陷入危机时伊东前外相所说的话，'只更换封皮而不更换内容是不行的'。"上述内容引自『時論公論』http://nhkworldpremium.com，访问时间：2016年3月29日。

结　论

义势力借美日同盟而复活，重新恢复了权力，战后日本其实与战前、战时有着紧密的沿袭性，这就是战后日本国家（体制）的"胚胎"，战后所谓的和平主义与民主主义不过是一层美丽的"镀金"。而今，可以真切地感受到这层"镀金"正在慢慢脱落，并露出了内里的"胚胎"。[1]从旧保守主义到新保守主义，战后日本的保守势力之所以会变得愈来愈肆无忌惮和面目狰狞，革新性制衡力量的日渐凋零以至最终的几近覆灭实是主因。诚如高桥哲哉所言，如果不把这"胚胎"本身打破，真正的和平主义与民主主义是不会到来的。[2]再进一步说，这样的日本国家的存在，对于整个亚洲区域未来的健康发展来说，非但不能成为一个积极的建设性的力量，反而会成为一个极大的扰乱乃至破坏性的因素，而这无疑将是一个更大的悲剧——整个亚洲的悲剧。

笔者在导论中曾经说道，希望日本的教训可以对其他后发工业化国家带来一些有益的启示，在本书的最后，笔者希望可以对此做一简要阐述。日本给我们带来的启示有二：其一，对于在世界体系中谋求长期健康发展的民族国家来说，首先需要确立一个独立自主的姿态，这是国家在世界体系变幻的政治经济背景下做出合理"战略选择"或者说"战略应对"的前提。譬如，针对发端于1970年代初而从1990年代初以来获得飞速发展的经济全球化这一资本主义体系的重大背景变化，相较于日本，欧洲国家之所以在巨大的冲击之下依然保持了较好的现状和发展前景，积极推进区域性合作乃至区域统合从而抵御体系性冲击的战略选择可谓功不可没，而这一现实合理的方案[3]之所以能够得到切实有力的推进，则与欧洲国家极力维护自身的独立性以及建立在这种独立性之上的自主理性判断密不可分。反观日本，在自身已然成长为经济强国而经济全球化亦开始发端之际，却仍然一味地倒在美国怀抱中"撒娇"，结果却正如内桥克人所言，是"自己勒自己脖颈"形成的最终"窒

---

[1]　[日]高桥哲哉：《反哲学入门》，何慈毅、郭敏译，南京大学出版社2011年版，第139页。
[2]　[日]高桥哲哉：《反哲学入门》，何慈毅、郭敏译，南京大学出版社2011年版，第141页。
[3]　戴维·柯茨以及萨米尔·阿明等学者都指出，在国际体系中央政府缺位的情况下，要抵御经济全球化的巨大冲击，发展区域性合作应当是一个比较现实合理的替代性方案。参见［加拿大］罗伯特·阿尔布里坦、[日]伊藤诚、[巴哈马]李查德·威西拉特等：《资本主义的发展阶段：繁荣、危机和全球化》，张余文等译，经济科学出版社2003年版；以及[埃及]萨米尔·阿明：《全球化时代的资本主义：对当代社会的管理》，丁开杰等译，中国人民大学出版社2005年版。尽管欧盟目前由于难民问题以及英国脱欧等问题而面临着极大的困境，但这里笔者仍要再次表明个人的看法，那就是不能仅仅根据短期事象就轻易地唱衰欧洲，而必须在长期的历史视野中审视之，对应资本主义体系经济全球化的时代，欧洲区域性统合所遵循的原理和理念是正确的，而实践层面人类历史的进步向来不是笔直的坦途，有时甚至可能出现一时的历史倒退，"螺旋式的前进"才是常态。

息";而在 1990 年代初经济全球化开始飞速发展时,日本又罔顾其对国内经济社会可能带来的巨大拆解作用,犹如"飞蛾扑火"一般地跃入其中,结果导致国内经济社会危机状态的固化以及不断深化。经济学家金子胜把此举比喻成将原本就患有肺炎的病人不加任何保护地推入鄂霍次克海冰冷的海水中游泳,并声称这样可以强身健体,但结果却只能是加速病人的死亡。而之所以如此,对美深度依附所带来的国家独立自主性的丧失——如前所述,金子胜教授称之为"主体性丧失症候群"——进而国家战略视野的缺失乃是重要原因(在深度依附的状态下,日本即使有战略,恐怕也只能是"美国战略之下的战略"),而在世界体系中,战略大视野缺失的国家也终将难成大器。作为后发工业化国家,为实现经济赶超而依附于体系霸权国的经济功利主义做法——"依附之下的发展"——或可成为特定历史时期的一种选择(但也只是一种"无奈的选择"而已),但在适当的历史时点上却不思摆脱依附,反而将依附永久化的做法却只能是愚蠢的作茧自缚,最终只会将整个国家置于一种进退维谷的悲剧性困境,日本的案例充分证明了这一点。正如高桥哲哉所言,(在世界体系中)一味地从属于某一个国家的这种关系只能说是一种扭曲的关系,会引发各种各样的问题,所以说战后日本对美国的从属(依附)是个大问题。[1] 在此意义上,日本也的确可以算是世界史中的"奇葩"国家了!其二,维护国家内部经济与社会之间的平衡发展至关重要。正如卡尔·波兰尼所警告的那样,经济发展逻辑必须嵌入整个社会组织的逻辑之中,反之则会导致社会的毁灭。这并非危言耸听,日本的教训已经充分说明,对经济发展/资本积累逻辑的过度伸张或者说对"物"与"钱"的积累的过度偏执反而最终会带来经济发展自身的困境以及"人"的社会的瓦解危机,这和由于经济发展不足而导致社会危机的情形恰构成两个极端,所谓"物极必反"的辩证转化在这里可以得到充分的印证。国家真正的强大并非单纯地取决于经济指标(这也是许多人认识上的误区),而是来源于整体社会的强大。所以,对于许多后发工业化国家来说,适时地转换经济与社会发展严重失衡的所谓经济赶超型国家模式、走向经济与社会均衡发展的成熟国家模式就显得极其重要。而归根结底,国家能否成功实施上述国家转型则从根本上取决于国家政治层面的进化,换言之,政治乃是决定国家体制进而国家发展路向的关键性的变量。

---

〔1〕 [日]高桥哲哉:《反哲学入门》,何慈毅、郭敏译,南京大学出版社 2011 年版,第 141 页。

参考文献

一、日文文献（按五十音图排序）

1. 青木重数『日本の金融不安』リーベル1999年版。
2. 梓澤和幸、岩上安身、澤藤統一郎『前夜：日本国憲法と自民党改憲案を読み解く』現代書館2016年版。
3. 安藤喜久雄、石川晃弘編『日本的経営の転機：年功制と終身雇用はどうなるか』有斐閣昭和55年版。
4. 石川真澄、広瀬道貞『自民党：長期支配の構造』岩波書店1989年版。
5. 伊藤誠『日本資本主義の岐路』青木書店1995年版。
6. 伊藤誠『日本経済を考え直す』岩波書店1998年版。
7. 飯田経夫『日本の反省：豊かさは終わったか』PHP新書1996年版。
8. 犬丸義一、辻岡靖仁、平野義政『戦後日本労働運動史』学習の友社1989年版。
9. 猪口孝『現代日本政治経済の構図：政府と市場』東洋経済新報社1983年版。
10. 居安正『政党派閥の社会学：大衆民主制の日本的展開』世界思想社1983年版。
11. 植田浩史『現代日本の中小企業』岩波書店2004年版。
12. 内田公三『経団連と日本経済の50年：もう一つの産業政策史』日本経済新聞社1996年版。
13. 内田健三『現代日本の保守政治』岩波書店1989年版。
14. 内橋克人『同時代への発言1：日本改革論の虚実』岩波書店1998年版。
15. 内橋克人『同時代への発言1：九　年代不況の帰結』岩波書店1999年版。
16. 内橋克人、奥村宏、佐高信編『日本的経営と国際社会』岩波書店1994年版。
17. 内橋克人、奥村宏、佐高信編『企業社会の行方』岩波書店1994年版。
18. 内橋克人、ジェーン・ケルシー、大脇雅子、中野麻美『規制緩和：何をもたらすか』岩波ブックレット。
19. 江田三郎『私の日本改造構想』読売新聞社昭和47年版。

20. 遠藤湘吉『財政投融資』岩波書店 1966 年版。
21. 大内力、五味健吉編『日本農業年報第 34 集：経済摩擦下の日本農業』御茶ノ水書房 1986 年版。
22. 大沢真理『現代日本の生活保障システム：座標と行方』岩波書店 2007 年版。
23. 大瀧雅之『平成不況の本質：雇用と金融から考える』岩波書店 2011 年版。
24. 大嶽秀夫『高度成長期の政治学』東京大学出版会 1999 年版。
25. 大嶽秀夫『二つの戦後：ドイツと日本』日本放送出版協会 1992 年版。
26. 奥村宏『株式会社はどこへ行く：株主資本主義批判』岩波書店 2000 年版。
27. 奥村宏『法人資本主義の構造』岩波書店 2005 年版。
28. 小沢一郎『日本改造計画』講談社 1993 年版。
29. 尾西正美『日本型人事政策のダイナミズム：終身雇用・年功序列・能力主義の虚実』学文社 1997 年版。
30. 小野耕二『日本政治の転換点』青木書店 1998 年版。
31. 勝又寿良『戦後 50 年の日本経済：金融・財政・産業・独禁政策と財界・官僚の功罪』東洋経済新報社 1995 年版。
32. 加藤哲郎『ジャパメリカの時代に』花伝社 1988 年版。
33. 加藤哲郎『人間の歴史を考える 9：社会と国家』岩波書店 1992 年版。
34. 加藤秀雄『変革期の日本産業：海外生産と産業空洞化』新評論 1994 年版。
35. 加藤佑治『現代日本における不安定就業労働者（上）（下）』御茶ノ水書房 1980 年版。
36. 金子勝『長期停滞』筑摩書房 2002 年版。
37. 金子勝、藤原帰一、山口二郎編『東南アジアで生きよう！経済思想・共存社会・歴史認識』岩波書店 2003 年版。
38. 金子勝『新・反グローバリズム：金融資本主義を超えて』岩波書店 2010 年版。
39. 金子勝、橘木俊詔、武者陵司『グローバル資本主義と日本の選択：富と貧困の拡大の中で』岩波ブックレット。
40. 蒲島郁夫『戦後政治の軌跡：自民党システムの形成と変容』岩波書店 2004 年版。
41. 加茂利男『日本型政治システム：集権構造と分権改革』有斐閣 1993 年版。
42. カレル・バン・ウオルフレン著、藤原勝訳『日本権力構造の謎（上）（下）』早川書房 1990 年版。
43. カレル・バン・ウオルフレン著、藤原勝訳『人間を幸福にしない日本というシステム』毎日新聞社 1994 年版。
44. 北川隆吉『日本の支配機構：日経連』労働旬報社 1968 年版。
45. 木下真志『転換期の戦後政治と政治学：社会党の動向を中心として』敬文堂 2003 年版。

46. 金融財政事情研究会編『金融自由化と円の国際化：日本の金融界に何が起こりつつあるのか』金融財政事情研究会昭和60年版。

47. 熊沢誠『能力主義と企業社会』岩波書店1997年版。

48. 熊沢誠『格差社会日本で働くということ：雇用と労働の行方を見つめて』岩波書店2007年版。

49. 栗原源太『日本資本主義の二重構造：独占資本形成期から多国籍企業化までの実証分析』御茶ノ水書房1989年版。

50. 経済企画庁編『昭和42年度経済白書：能率と福祉の向上』大蔵省印刷局昭和42年版。

51. 経済企画庁編『昭和46年版経済白書：内外均衡達成への道』大蔵省印刷局昭和46年版。

52. 経済企画庁編『昭和47年版経済白書：新しい福祉社会の建設』大蔵省印刷局昭和47年版。

53. 経済企画庁編『昭和63年版経済白書：内需型成長の持続と国際社会への貢献』大蔵省印刷局昭和63年版。

54. ケント・E. カルダー著、淑子カルダー訳『自民党長期政権の研究：危機と補助金』文芸春秋1989年版。

55. 後藤道夫編『日本の時代史28：岐路に立つ日本』吉川弘文館2004年版。

56. 小宮隆太郎、奥野正寛、鈴村興太郎編『日本の産業政策』東京大学出版会1984年版。

57. 衣川恵『現代日本の金融経済（改定増補版）』中央大学出版部2000年版。

58. 坂井昭夫『日米経済摩擦と政策協調：揺らぐ国家主権』有斐閣1991年版。

59. 坂野潤治、宮地正人、高村直助、安田浩、渡辺治編『シリーズ日本近現代史—構造と変動4：戦後改革と現代社会の形成』岩波書店1994年版。

60. 坂本二郎『日本型福祉国家の構想：選択の方向とその課題』ぺりかん社1970年版。

61. 佐藤英夫『日米経済摩擦1945-1990年』平凡社1991年版。

62. 佐野真一『官僚、冬の時代』プレジデント社1985年版。

63. 佐和隆光『市場主義の終焉：日本経済をどうするのか』岩波書店2000年版。

64. ジェラルド・カーティス著、山岡清二訳『日本型政治の本質：自民党支配の民主主義』TBSブリタニカ1987年版。

65. 氏原正治郎『日本経済と雇用政策』東京大学出版会1988年版。

66. 島田晴雄『日本の雇用：21世紀への再設計』筑摩書房1994年版。

67. 下村治『経済大国日本の選択』東洋経済新報社昭和46年版。

68. 社会政策学会年報第28集『行財政改革と労働問題』御茶ノ水書房1984年版。

69. 社会政策学会年報第33集『産業空洞化と雇用問題』御茶ノ水書房1989年版。

70. 生源寺真一『農業再建：真価問われる日本の農政』岩波書店 2008 年版。
71. ジョージ・フイールズ、唐津一、内橋克人編『日本解剖 2：QC 運動・なぜ日本で成功したか/小企業・日本産業の影武者』日本放送出版協会昭和 62 年版。
72. 白井泰四郎『企業別組合』中央公論社昭和 43 年版。
73. 新藤宗幸『福祉行政と官僚制』岩波書店 1996 年版。
74. 水津雄三『地域を支える中小企業：新日本列島改造計画批判』森山書店 1991 年版。
75. 瀬藤嶺二『日本企業の多国籍化過程』文真堂平成 7 年版。
76. 高木郁郎『春闘論：その分析・展開と課題』労働旬報社昭和 51 年版。
77. 高田亮爾『現代中小企業の構造分析：雇用変動と新たな二重構造』新評論 1989 年版。
78. 高梨昌『新たな雇用政策の展開：昭和 50 年代の雇用政策』労務行政研究所 1989 年版。
79. 高橋伸彰『グローバル化と日本の課題』岩波書店 2005 年版。
80. 高橋彦博『日本の社会民主主義政党：構造的特質の分析』法政大学出版局 1977 年版。
81. 田代洋一『戦後レジームからの脱却農政』筑波書房 2014 年版。
82. 田中角栄『日本列島改造論』日刊工業新聞社昭和 47 年版。
83. 田辺昇一『創破し明日へ挑む』田辺経営平成 6 年版。
84. 谷本寛治『企業社会のリコンストラクション』千倉書房 2002 年版。
85. 中央大学経済研究所編『戦後の日本経済：高度成長とその評価』中央大学出版部昭和 50 年版。
86. 通商産業省・産業構造審議会編『80 年代の通商政策ビジョン』通商産業調査会昭和 55 年版。
87. 通商産業省『90 年代の通商政策ビジョン』通商産業調査会 1990 年版。
88. 都留重人『市場には心がない：成長なくて改革をこそ』岩波書店 2006 年版。
89. デビッド・ハーベイ著、森田成也・木下ちがや・大屋定晴・中村好孝訳『新自由主義：その歴史的展開と現在』作品社 2007 年版。
90. 暉峻淑子『格差社会を超えて』岩波ブックレット。
91. 暉峻衆三『日本資本主義と農業保護政策：農基法成立後の日本農業の再編過程』御茶ノ水書房 1990 年版。
92. 東京大学社会科学研究所編『福祉国家 5：日本の経済と福祉』東京大学出版会 1985 年版。
93. 富永健一『日本産業社会の転機』東京大学出版会 1988 年版。
94. 富森叡児『日本型民主主義の構図』朝日新聞社 1993 年版。
95. 中北浩爾『日本労働政治の国際関係史 1945－1964：社会民主主義という選択

肢』岩波書店 2008 年版。

96. 中村精『中小企業と大企業：日本の産業発展と準垂直的統合』東洋経済新報社 1983 年版。

97. 中村正則『人間の歴史を考える11：経済発展と民主主義』岩波書店 1993 年版。

98. 新川敏光『戦後日本政治と社会民主主義：社会党・総評ブロックの興亡』法律文化社 1999 年版。

99. 日本中小企業学会『日本中小企業学会論集 7：産業構造調整と中小企業』同友館昭和 63 年版。

100. 野村正実『終身雇用』岩波書店 1994 年版。

101. 間広『日本の使用者団体と労使関係：社会史的研究』日本労働協会昭和 56 年版。

102. 蓮見音彦、山本英治、高橋明善編『日本の社会 1：変動する日本社会』東京大学出版会 1987 年版。

103. 蓮見音彦、山本英治、高橋明善編『日本の社会 2：社会問題と公共政策』東京大学出版会 1987 年版。

104. 広瀬道貞『補助金と政権党』朝日新聞社 1981 年版。

105. 広瀬道貞『政治とカネ』岩波書店 1989 年版。

106. 樋渡展洋『戦後日本の市場と政治』東京大学出版会 1991 年版。

107. 樋渡由美『戦後政治と日米関係』東京大学出版会 1990 年版。

108. 福島久一、角田収、三宅忠和、斉藤重雄編『日本資本主義と産業構造の転換：日本産業の国際的調整』新評論 1990 年版。

109. 福武直『日本社会の構造（第二版）』東京大学出版会 1987 年版。

110. 福永文夫『占領下中道政権の形成と崩壊：GHQ 民政局と日本社会党』岩波書店 1997 年版。

111. 藤井光男、丸山恵也編『日本的経営の構造：日本資本主義と企業』大月書店 1985 年版。

112. 堀利宏『日本の財政赤字』岩波書店 2004 年版。

113. 二宮厚美『憲法 25 条 +9 条の新福祉国家』かもがわ出版 2005 年版。

114. 二宮厚美『日本経済の危機と新福祉国家への道』新日本出版社 2002 年版。

115. 法政大学比較経済研究所川上忠雄、増田寿男編『新保守主義の経済社会政策：レーガン、サッチャー、中曽根三政権の比較研究』法政大学出版局 1989 年版。

116. 保坂正康『占領下日本の教訓』朝日新聞出版 2009 年版。

117. 本澤二郎『大勲位・中曽根康弘：平成の妖怪』健友館 2003 年版。

118. 本所次郎『経団連：財界総本山の素顔』東洋経済新報社昭和 60 年版。

119. 升味準之輔『現代政治（下）：1955 年以後』東京大学出版会 1985 年版。

120. 松葉正文『現代日本資本主義試論：統計による概観』ミネルバ書房 1987

年版。

121. 丸茂明則『変わり行く日本の産業構造：日米経済摩擦とその影響』ジャパンタイムズ1989年版。

122. 水木楊『思い邪なし：下村治と激動の昭和経済』講談社1992年版。

123. 三宅一郎、山口定、松村岐夫、進藤栄一編『日本政治の座標：戦後40年の歩み』有斐閣1985年版。

124. 宮崎義一、篠原一、平田清明、中山茂『21世紀への思索：続・転換期の思想』新地書房1986年版。

125. 宮崎義一『複合不況：ポスト・バブルの処方箋を求めて』中央公論社1992年版。

126. 宮崎義一『ポスト複合不況：21世紀日本経済の選択』岩波ブックレット。

127. 宮本憲一『日本社会の可能性：維持可能な社会へ』岩波書店2000年版。

128. 宮本太郎『生活保障：排除しない社会へ』岩波書店2009年版。

129. 向寿一『現代日本企業と多国籍総合金融機関：資本過剰下の三位一体的資本輸出の理論と実証』同文館平成2年版。

130. 村上泰亮『新中間大衆の時代：戦後日本の解剖学』中央公論社1987年版。

131. 村上泰亮『反古典の政治経済学（上）：進歩史観の黄昏』中央公論社1992年版。

132. 村上泰亮『反古典の政治経済学（下）：二十一世紀への序説』中央公論社1992年版。

133. 山口二郎『戦後政治の崩壊』岩波書店2004年版。

134. 山口二郎『ポスト戦後政治への対抗軸』岩波書店2007年版。

135. 山口二郎『政権交代論』岩波書店2009年版。

136. 山田昌弘『希望格差社会：負け組の絶望感が日本を引き裂く』筑摩書房2004年版。

137. 横山和彦、田多英編『日本社会保障の歴史』学文社1991年版。

138. 吉川洋『転換期の日本経済』岩波書店1999年版。

139. 吉田和男『日本型経営システムの功罪』東洋経済新報社1993年版。

140. 山家悠紀夫『構造改革という幻想：経済危機からどう脱出するか』岩波書店2001年版。

141. 歴史学研究会日本史研究会『日本史講座10：戦後日本論』東京大学出版会2005年版。

142. 渡辺治『現代日本の支配構造分析：基軸と周辺』花伝社1988年版。

143. 渡辺治『企業支配と国家』青木書店1991年版。

144. 渡辺治『政治改革と憲法改正：中曽根から小沢一郎へ』青木書店1994年版。

145. 渡辺治、後藤道夫編『講座現代日本4：日本社会の対抗と構想』大月書店

1997 年版。

146. 渡辺治『企業社会・日本はどこへ行くのか：再編の時代・日本の社会分析』教育史料出版会 1999 年版。

147. 渡辺治『憲法改正：軍事大国化・構造改革から改憲へ』旬報社 2005 年版。

148. 渡辺治『安倍政権論：新自由主義から新保守主義へ』旬報社 2007 年版。

二、中文文献（按汉语拼音排序）

1. ［美］阿列克斯·科尔：《犬与鬼：现代日本的坠落》，周保雄等译，中信出版社 2006 年版。

2. ［英］安德鲁·格林编：《新自由主义时代的社会民主主义：1980 年以来的左翼和经济政策》，刘庸安、马瑞译，重庆出版社 2010 年版。

3. ［英］安德鲁·莫劳夫奇克：《欧洲的抉择——社会目标和政府权力：从墨西拿到马斯特里赫特》（上、下），赵晨、陈志瑞译，社会科学文献出版社 2008 年版。

4. ［美］安东尼·奥罗姆：《政治社会学导论》（第 4 版），张华青、何俊志、孙嘉明等译，上海人民出版社 2006 年版。

5. ［英］安东尼·吉登斯：《资本主义与现代社会理论：对马克思、涂尔干和韦伯著作的分析》，郭忠华、潘华凌译，上海译文出版社 2007 年版。

6. ［英］安东尼·吉登斯：《超越左与右：激进政治的未来》，李惠斌、杨雪冬译，社会科学文献出版社 2009 年版。

7. ［日］安世舟：《漂流的日本政治》，高克译，社会科学文献出版社 2011 年版。

8. ［美］保罗·克鲁格曼：《萧条经济学的回归和 2008 年经济危机》，刘波译，中信出版社 2009 年版。

9. ［美］保罗·肯尼迪：《大国的兴衰：1500 – 2000 年的经济变迁与军事冲突》，陈景彪等译，国际文化出版公司 2005 年版。

10. ［英］保罗·皮尔逊编：《福利制度的新政治学》，汪淳波译，商务印书馆 2004 年版。

11. ［英］保罗·皮尔逊：《拆散福利国家：里根、撒切尔和紧缩政治学》，舒绍福译，吉林出版集团有限责任公司 2007 年版。

12. ［日］浜野洁、井奥成彦、中村宗悦等：《日本经济史（1600 – 2000）》，彭曦、刘姝含、韩秋燕等译，南京大学出版社 2010 年版。

13. ［美］贝弗利·J. 西尔弗：《劳工的力量：1870 年以来的工人运动与全球化》，张璐译，社会科学文献出版社 2012 年版。

14. ［美］本杰明·M. 弗里德曼：《经济增长的道德意义》，李天友译，中国人民大学出版社 2008 年版。

15. ［丹麦］本特·格雷夫编：《比较福利制度：变革时期的斯堪的纳维亚模式》，许耀桐译，重庆出版社 2006 年版。

16. ［美］彼得·古勒维奇：《艰难时世下的政治：五国应对世界经济危机的政策比较》，袁明旭、朱天飙译，吉林出版集团有限责任公司 2007 年版。

17. ［美］彼得·J. 卡岑斯坦编：《权力与财富之间》，陈刚译，吉林出版集团有限责任公司 2007 年版。

18. ［美］布拉德利·W. 贝特曼、平井俊明、玛利亚·克里斯蒂娜、马尔古佐：《回归凯恩斯》，丁志杰、张红地等译，中国金融出版社 2011 年版。

19. ［英］查尔斯·P. 金德尔伯格：《1929—1939 年世界经济萧条》，宋承先、洪文达译，上海译文出版社 1986 年版。

20. ［英］查尔斯·P. 金德尔伯格：《疯狂、惊恐和崩溃：金融危机史》（第四版），朱隽、叶翔译，中国金融出版社 2006 年版。

21. ［美］查默斯·约翰逊：《通产省与日本奇迹：产业政策的成长（1925—1975）》，金毅、许鸿艳、唐吉洪译，吉林出版集团有限责任公司 2010 年版。

22. 戴启秀：《德国模式解读：建构对社会和生态负责任的经济秩序》，同济大学出版社 2008 年版。

23. ［英］戴维·柯茨：《资本主义的模式》，耿修林、宗兆昌译，江苏人民出版社 2001 年版。

24. ［日］大前研一：《M 型社会：中产阶级消失的危机与商机》，刘锦秀、江裕真译，中信出版社 2007 年版。

25. ［日］大前研一：《真实的日本》，陈鸿斌译，青岛出版社 2010 年版。

26. ［日］大前研一：《生·死：日本的迷惘与绝望》，王柏静译，中信出版社 2013 年版。

27. ［英］大卫·哈维：《新帝国主义》，初立忠、沈晓雷译，社会科学文献出版社 2009 年版。

28. ［日］大野健一：《从江户到平成：解密日本经济发展之路》，臧馨、臧新远译，中信出版社 2006 年版。

29. ［日］渡边雅男：《现代日本的阶层差别及其固定化》，陆泽军等译，中央编译出版社 1998 年版。

30. ［日］渡边洋三：《日本国宪法的精神》，魏晓阳译，译林出版社 2009 年版。

31. ［法］E. 迪尔凯姆：《社会学方法的准则》，狄玉明译，商务印书馆 1995 年版。

32. ［法］E. 迪尔凯姆：《自杀论：社会学研究》，冯韵文译，商务印书馆 1996 年版。

33. ［美］埃兹拉·沃格尔：《日本名列第一：对美国的教训》，谷英、张柯、丹柳译，世界知识出版社 1980 年版。

34. 方连庆、王炳元、刘金质主编：《国际关系史》（战后卷）上、下，北京大学出版社 2006 年版。

35. ［法］费尔南·布罗代尔：《论历史》，刘北成、周立红译，北京大学出版社 2008

年版。

36. [英] 菲利普·布朗、休·劳德：《资本主义与社会进步：经济全球化及人类社会未来》，刘榜离、张潮译，中国社会科学出版社 2006 年版。

37. [德] 弗兰茨·瓦尔特：《德国社会民主党：从无产阶级到新中间》，张文红译，重庆出版社 2008 年版。

38. 弗朗西斯科·洛佩斯·塞格雷拉主编：《全球化与世界体系》（上、下），白凤森、徐文渊、苏振兴等译，社会科学文献出版社 2003 年版。

39. 付丽颖：《日元国际化与东亚货币合作》，商务印书馆 2010 年版。

40. [日] 富永健一：《日本的现代化与社会变迁》，李国庆、刘畅译，商务印书馆 2004 年版。

41. [日] 福泽谕吉：《文明论概略》，北京编译社译，九州出版社 2008 年版。

42. [美] 高柏：《日本经济的悖论：繁荣与停滞的制度性根源》，刘耳译，商务印书馆 2004 年版。

43. [美] 高柏：《经济意识形态与日本产业政策：1931 – 1965 年的发展主义》，安佳译，上海人民出版社 2008 年版。

44. [日] 高桥哲哉：《反哲学入门》，何慈毅、郭敏译，南京大学出版社 2011 年版。

45. [丹麦] 哥斯塔·埃斯平 – 安德森：《福利资本主义的三个世界》，苗正民、滕玉英译，商务印书馆 2010 年版。

46. [日] 宫崎义一：《日本经济的结构和演变：战后 40 年日本经济发展的轨迹》，孙汉超等译，中国对外经济贸易出版社 1990 年版。

47. [日] 宫崎勇：《日本经济政策亲历者实录》，孙晓燕译，中信出版社 2009 年版。

48. [日] 关谷俊作：《日本的农地制度》，金洪云译，生活·读书·新知三联书店 2004 年版。

49. 归永涛：《赖肖尔与美国对日政策：战后日本历史观中的美国因素》，重庆出版社 2008 年版。

50. [美] 海曼·P. 明斯基：《稳定不稳定的经济：一种金融不稳定视角》，石宝峰、张慧卉译，清华大学出版社 2010 年版。

51. [德] 亨利希·库诺：《马克思的历史、社会和国家学说：马克思的社会学的基本要点》，袁志英译，上海译文出版社 2006 年版。

52. [日] 河西宏祐、[美] 罗斯·摩尔：《日本劳动社会学》，华东师范大学出版社 2010 年版。

53. 黄大慧：《日本大国化趋势与中日关系》，社会科学文献出版社 2008 年版。

54. 黄仁宇：《资本主义与二十一世纪》，生活·读书·新知三联书店 1997 年版。

55. 黄亚南：《谁能拯救日本：个体社会的启示》，上海辞书出版社 2009 年版。

56. [英] 霍布斯：《利维坦》，黎思复、黎廷弼译，商务印书馆 1985 年版。

57. 姜琳：《美国保守主义及其全球战略》，社会科学文献出版社 2008 年版。

58. ［澳］加文·麦考马克：《附庸国：美国怀抱中的日本》，于占杰、许春山译，社会科学文献出版社 2008 年版。

59. ［意］杰奥瓦尼·阿锐基：《漫长的 20 世纪：金钱、权力与我们社会的根源》，姚乃强、严维明、韩振荣译，江苏人民出版社 2001 年版。

60. ［美］杰弗里·弗里登：《20 世纪全球资本主义的兴衰》，杨宇光等译，上海人民出版社 2009 年版。

61. ［日］经济企划厅编：《国民收入倍增计划（1961 – 1970 年度）》，孙执中、郭士信译，商务印书馆 1980 年版。

62. ［日］井上清：《日本历史》，闫伯纬译，陕西人民出版社 2011 年版。

63. 金泰相、张赤宸：《战后日本垄断资本》，航空工业出版社 1988 年版。

64. ［日］吉田和男：《金融大海啸：日本经济的重创》，范作申译，生活·读书·新知三联书店 1999 年版。

65. ［英］J. 罗杰斯·霍林斯沃斯、罗伯特·博耶编：《当代资本主义：制度的移植》，许耀桐等译，重庆出版社 2001 年版。

66. ［日］橘木俊昭：《日本的贫富差距：从收入与资产进行分析》，丁宏卫译，商务印书馆 2003 年版。

67. ［英］卡尔·波兰尼：《大转型：我们时代的政治与经济起源》，冯钢、刘阳译，浙江人民出版社 2007 年版。

68. ［德］卡尔·曼海姆：《重建时代的人与社会：现代社会结构研究》，张旅平译，译林出版社 2011 年版。

69. ［英］克拉克：《经济危机的理论：马克思的视角》，杨健生译，北京师范大学出版集团 2011 年版。

70. ［美］理查德·J. 塞缪尔斯：《日本大战略与东亚的未来》，刘铁娃译，上海人民出版社 2010 年版。

71. ［澳］琳达·维斯、约翰·M. 霍布森：《国家与经济发展：一个比较及历史性的分析》，黄兆辉、廖志强译，吉林出版集团有限责任公司 2009 年版。

72. 林尚立：《政党政治与现代化：日本的历史与现实》，上海人民出版社 1998 年版。

73. ［日］林直道：《怎样看日本经济》，翁庆宗译，中国对外经济贸易出版社 2002 年版。

74. ［日］林直道：《危机与萧条的经济理论：对日、美及东亚经济衰退的剖析》，江瑞平等译，中国人民大学出版社 2005 年版。

75. 厉以宁：《工业化和制度调整：西欧经济史研究》，商务印书馆 2010 年版。

76. 李卓：《日本近现代社会史》，世界知识出版社 2010 年版。

77. ［日］泷田洋一：《日美货币谈判：内幕 20 年》，李春梅译，清华大学出版社 2009 年版。

78. ［加拿大］罗伯特·阿尔布里坦、［日］伊藤诚、［巴哈马］李查德·威西拉特等：《资本主义的发展阶段：繁荣、危机和全球化》，张余文等译，经济科学出版社 2003 年版。

79. ［美］罗伯特·布伦纳：《繁荣与泡沫：全球视角中的美国经济》，王生升译，经济科学出版社 2003 年版。

80. ［美］罗伯特·吉尔平：《全球政治经济学：解读国际经济秩序》，杨宇光、杨炯译，上海人民出版社 2006 年版。

81. ［美］罗伯特·吉尔平：《国际关系政治经济学》，杨宇光等译，上海人民出版社 2006 年版。

82. ［美］罗伯特·基欧汉编：《新现实主义及其批判》，郭树勇译，北京大学出版社 2002 年版。

83. ［美］罗伯特·基欧汉、海伦·米尔纳主编：《国际化与国内政治》，姜鹏、董素华译，北京大学出版社 2003 年版。

84. ［加拿大］罗伯特·W. 考克斯：《生产、权力和世界秩序：社会力量在缔造历史中的作用》，林华译，世界知识出版社 2004 年版。

85. ［美］罗纳德·I. 麦金农、［日］大野健一：《美元与日元：化解美日两国的经济冲突》，王信译，上海远东出版社 1998 年版。

86. ［法］卢梭：《社会契约论》，何兆武译，商务印书馆 2003 年版。

87. 吕耀东：《冷战后日本的总体保守化》，中国社会科学出版社 2004 年版。

88. ［英］马丁·鲍威尔编：《新工党，新福利国家？英国社会政策中的"第三条道路"》，林德山、李资姿、吕楠译，重庆出版社 2010 年版。

89. ［美］迈克尔·哈特、［意］安东尼奥·奈格里：《帝国》，杨建国、范一亭译，江苏人民出版社 2003 年版。

90. ［美］迈克尔·L. 格拉克：《联盟资本主义：日本企业的社会组织》，林德山译，重庆出版社 2003 年版。

91. ［美］马克·R. 图尔、沃伦·J. 塞缪尔斯主编：《作为一个权力体系的经济》，张荐华、邓铭译，商务印书馆 2012 年版。

92. ［德］马克斯·韦伯：《经济与社会》（第 1 卷），阎克文译，上海人民出版社 2010 年版。

93. ［德］马克斯·韦伯：《经济与社会》（第 2 卷），阎克文译，上海人民出版社 2010 年版。

94. ［英］梅格纳德·德赛：《马克思的复仇：资本主义的复苏和苏联集权社会主义的灭亡》，汪澄清译，中国人民大学出版社 2008 年版。

95. ［日］NHK 特别节目录制组合：《无缘社会》，高培明译，上海译文出版社 2014 年版。

96. ［希腊］尼科斯·波朗查斯：《政治权力与社会阶级》，叶林、王宏周、马清文译，中国社会科学出版社 1982 年版。

97. ［加拿大］诺曼·赫伯特：《日本维新史》，姚曾廙译，吉林出版集团有限责任公司 2007 年版。

98. ［英］帕特里克·邓利维、布伦登·奥利里：《国家理论：自由民主的政治学》，欧阳景根、尹冬华、孙云竹译，浙江人民出版社 2007 年版。

99. ［日］浅井基文：《日本新保守主义》，刘建平译，新华出版社 1998 年版。

100. 日本经济研究中心编：《2000 年的国际经济和日本》，史楚译，时事出版社 1992 年版。

101. ［意］乔万尼·阿瑞吉、贝弗里·J. 西尔弗等：《现代世界体系的混沌与治理》，王宇洁译，生活·读书·新知三联书店 2003 年版。

102. ［埃及］萨米尔·阿明：《全球化时代的资本主义：对当代社会的管理》，丁开杰等译，中国人民大学出版社 2005 年版。

103. ［日］三浦展：《下流社会：一个新社会阶层的出现》，陆求实、戴铮译，文汇出版社 2007 年版。

104. ［日］升味准之辅：《日本政治史（第四册）：占领下的改革、自民党的统治》，董果良译，商务印书馆 1997 年版。

105. ［日］辻清明：《日本官僚制研究》，王仲涛译，商务印书馆 2008 年版。

106. ［日］石原享一：《世界往何处去？》，梁憬君译，世界知识出版社 2013 年版。

107. ［英］斯图亚特·柯尔比、［日］竹内宏：《八十年代的日本：日本经济的实力和未来》，郑国仕、路虹译，世界知识出版社 1982 年版。

108. 孙川：《日本中小企业与大企业关系研究》，人民出版社 2006 年版。

109. 孙立平：《重建社会：转型社会的秩序再造》，社会科学文献出版社 2009 年版。

110. ［日］孙崎享：《日美同盟真相》，郭一娜译，新华出版社 2014 年版。

111. 孙政：《战后日本新国家主义研究》，人民出版社 2005 年版。

112. 孙执中：《战后日本财政》，航空工业出版社 1988 年版。

113. ［美］苏珊·伯杰、罗纳德·多尔主编：《国家的多样性和全球的资本主义》，韩胜军、张敦敏、周云帆等译，重庆出版社 2002 年版。

114. ［英］苏珊·斯特兰奇：《赌场资本主义》，李红梅译，社会科学文献出版社 2000 年版。

115. ［英］苏珊·斯特兰奇：《国家与市场》（第二版），杨宇光等译，上海人民出版社 2006 年版。

116. ［日］泰萨·莫里斯－铃木：《日本经济思想史》，厉江译，商务印书馆 2000 年版。

117. ［英］唐纳德·萨松：《欧洲社会主义百年史》（上、下），姜辉、于海青、庞晓明译，社会科学文献出版社 2008 年版。

118. ［美］陶幕廉：《战前日本的社会民主运动》，赵晨译，中国友谊出版公司 1987 年版。

119. ［巴西］特奥托尼奥·多斯桑托斯：《新自由主义的兴衰》，郝名玮译，社会科学文献出版社 2012 年版。

120. ［美］特伦斯·K. 霍普金斯、伊曼纽尔·沃勒斯坦：《转型时代：世界体系的发展轨迹（1945－2025）》，吴英译，高等教育出版社 2001 年版。

121. 田中景：《日本经济：过去·现状·未来》，中国经济出版社 2004 年版。

122. 王云龙、陈界、胡鹏：《福利国家：欧洲再现代化的经历与经验》，北京大学出版社 2010 年版。

123. 王正毅、张岩贵：《国际政治经济学：理论范式与现实经验研究》，商务印书馆 2003 年版。

124. 王正毅：《世界体系与国家兴衰》，北京大学出版社 2006 年版。

125. 王正毅：《国际政治经济学通论》，北京大学出版社 2010 年版。

126. ［日］丸山真男：《日本的思想》，区建英、刘岳兵译，生活·读书·新知三联书店 2009 年版。

127. ［美］威廉·格雷德：《资本主义全球化的疯狂逻辑》，张定准、周新琦、夏家驷译，社会科学文献出版社 2003 年版。

128. ［美］威廉·I. 罗宾逊：《全球资本主义论：跨国世界中的生产、阶级与国家》，高明秀译，社会科学文献出版社 2009 年版。

129. ［日］五百旗头真主编：《日本外交史（1945－2005）》，吴万虹译，世界知识出版社 2007 年版。

130. ［日］小山弘健、清水慎三编：《日本社会党史》，上海人民出版社 1973 年版。

131. ［美］谢尔登·S. 沃林：《政治与构想：西方政治思想的延续和创新》，辛亨复译，上海人民出版社 2009 年版。

132. ［美］休·帕特里克、亨利·罗索夫斯基主编：《亚洲新巨人：日本的经济是怎样运行的》（上、下），《亚洲新巨人》编译组译，上海译文出版社 1980 年版。

133. ［日］西尾胜：《日本地方分权改革》，张青松、刁榴译，社会科学文献出版社 2013 年版。

134. 徐平：《苦涩的日本：从"赶超"时代到"后赶超"时代》，北京大学出版社 2012 年版。

135. ［美］亚历山大·格申克龙：《经济落后的历史透视》，张凤林译，商务印书馆 2009 年版。

136. ［日］野口悠纪雄：《泡沫经济学》，曾寅初译，生活·读书·新知三联书店 2005 年版。

137. ［日］野口悠纪雄：《世界经济危机：日本的罪与罚》，贾成中、黄金峰译，东方出版社 2010 年版。

138. ［美］伊曼纽尔·华勒斯坦：《历史资本主义》，路爱国、丁浩金译，社会科学文献出版社 1999 年版。

139. [美] 伊曼纽尔·沃勒斯坦：《现代世界体系（第一卷）：16 世纪的资本主义农业与欧洲世界经济体的起源》，尤来寅、路爱国、朱青浦等译，高等教育出版社 2003 年版。

140. [美] 伊曼纽尔·沃勒斯坦：《现代世界体系（第二卷）：重商主义与欧洲世界经济体的巩固（1600–1750）》，吕丹、刘海龙、侯树栋、王勇译，高等教育出版社 2003 年版。

141. [美] 伊曼纽尔·沃勒斯坦：《现代世界体系（第三卷）：资本主义世界经济大扩张的第二个时代（18 世纪 30 年代–19 世纪 40 年代）》，孙立田、丹拥军、王紫兴等译，高等教育出版社 2003 年版。

142. [美] 伊曼纽尔·沃勒斯坦：《沃勒斯坦精粹》，黄光耀、洪霞译，南京大学出版社 2003 年版。

143. [日] 伊藤诚：《幻想破灭的资本主义》，孙仲涛、宋颖、韩玲译，社会科学文献出版社 2008 年版。

144. [日] 伊藤贤次：《国际经营：日本企业的国际化及对东亚的投资》，张青松译，中国社会科学出版社 2008 年版。

145. [英] 约翰·洛克：《政府论两篇》，赵伯英译，陕西人民出版社 2004 年版。

146. [英] 约翰·梅纳德·凯恩斯：《就业、利息和货币通论》，魏埙译，陕西人民出版社 2004 年版。

147. [美] 约翰·内森：《无约束的日本》，周小进译，华东师范大学出版社 2005 年版。

148. [美] 约翰·齐斯曼：《政府、市场与增长：金融体系与产业变迁的政治》，刘娟凤、刘骥译，吉林出版集团有限责任公司 2009 年版。

149. [英] 约翰·斯科特：《公司经营与资本家阶级》，张峰译，重庆出版社 2002 年版。

150. 张广宇：《冷战后日本的新保守主义与政治右倾化》，北京大学出版社 2005 年版。

151. 张季风：《日本国土综合开发论》，世界知识出版社 2004 年版。

152. [美] 詹姆斯·米奇利：《社会发展：社会福利视角下的发展观》，苗正民译，格致出版社、上海人民出版社 2009 年版。

153. 张沛：《凤凰涅槃：德国西占区民主化改造研究》，上海人民出版社 2007 年版。

154. 赵永清：《德国民主社会主义模式研究》，北京大学出版社 2005 年版。

155. 赵旭梅、夏占友：《日本企业集团的金融制度》，对外经济贸易大学出版社 2006 年版。

156. [日] 正村公宏：《战后日本经济政治史》，上海社会科学院世界经济研究所日本经济研究室译，上海人民出版社 1991 年版。

157. [日] 中村隆英：《日本昭和经济史》，刘多田译，河北教育出版社 1992 年版。

158. ［日］中村隆英、尾高煌之助编：《日本经济史 6：双重结构》，许向东、张雪译，生活·读书·新知三联书店 1997 年版。

159. ［日］中村政则：《日本战后史》，张英莉译，中国人民大学出版社 2008 年版。

160. ［日］中谷岩：《资本主义为什么会自我崩溃？新自由主义者的忏悔》，郑萍译，社会科学文献出版社 2010 年版。

161. ［日］中牧弘允：《日本会社文化：昔日的大名、今日的会社》，何芳译，北京大学出版社 2011 年版。

162. 中央编译局编译：《德意志意识形态》（节选本），人民出版社 2003 年版。

163. 中共中央马克思恩格斯列宁斯大林著作编译局：《马克思恩格斯选集》（第一卷），人民出版社 1972 年版。

164. 中共中央马克思恩格斯列宁斯大林著作编译局：《资本论》（节选本），人民出版社 1998 年版。

165. ［日］中曾根康弘：《新的保守理论》，金苏城、张和平译，世界知识出版社 1984 年版。

166. 周穗明：《20 世纪西方新马克思主义发展史》（上、下），学习出版社 2004 年版。

167. ［日］猪口孝主编：《国家与社会》，高增杰译，经济日报出版社 1989 年版。

168. 朱立南：《战后日本的对外开放》，当代中国出版社 1993 年版。

169. 朱光明：《日本面向 21 世纪的选择：桥本内阁行政改革评析》，中国社会出版社 2003 年版。

170. ［日］竹内宏：《日本现代经济发展史》，吴京英译，中信出版社 1993 年版。

171. ［日］竹中平藏：《解读日本经济与改革》，［日］林光江译，新华出版社 2010 年版。

172. ［日］佐藤俊树：《不平等的日本：告别"全民中产"社会》，王奕红译，南京大学出版社 2008 年版。

三、英文文献（按英文字母排序）

1. Cox, Robert W. , *Production, Power, and World Order*：*Social Forces in the Making of History*, Beijing：Peking University Press, 2006.

2. Held, David, *Introduction to Critical Theory*：*Horkheimer to Habermas*, California：University of California Press, 1980.

3. Janos, Andrew C. , *Politics and Paradigms*：*Changing Theories of Changing in Social Science*, California：Stanford University Press, 1986.

4. Keohane, Robert O. , Joseph S. Nye, *Power and Interdependence*（Third Edition）, Beijing：Peking University Press, 2004.

5. Krasner, Stephen D. , *International Regimes*, Ithaca and London：Cornell University

Press, 1982.

6. Rawls, John, *A Theory of Justice*, Harvard: Harvard University Press, 1971.

7. So, Alvin Y. , *Social Change and Development: Modernization, Dependency, and World - System Theories*, California: SAGE Publications, 1990.

四、杂志、网站

1. 『週間エコノミスト』2015 年 8 月 11・18 日合併号,每日新聞出版。
2. 『週間東洋経済』2015 年 8 月 29 日,東洋経済新聞社。
3. http: //nhkworldpremium. com.

附录：二战后日本历届内阁

（昭和时代）

东久迩宫内阁	1945 年 8 月 17 日 – 1945 年 10 月 9 日	皇族，陆军军人（驻日美军占领下）
币原喜重郎内阁	1945 年 10 月 9 日 – 1946 年 5 月 22 日	外务官僚，贵族院议员（驻日美军占领下）
吉田茂内阁（第 1 次）	1946 年 5 月 22 日 – 1947 年 5 月 24 日	外务官僚，贵族院议员（驻日美军占领下）
片山哲内阁	1947 年 5 月 24 日 – 1948 年 3 月 10 日	日本社会党（驻日美军占领下）
芦田均内阁	1948 年 3 月 10 日 – 1948 年 10 月 15 日	民主党，外务官僚（驻日美军占领下）
吉田茂内阁（第 2 次）	1948 年 10 月 15 日 – 1949 年 2 月 16 日	民主自由党（第 2 次担任首相，驻日美军占领下）
吉田茂内阁（第 3 次）	1949 年 2 月 16 日 – 1952 年 10 月 30 日	民主自由党（至 1950 年），自由党（自 1950 年）
吉田茂内阁（第 4 次）	1952 年 10 月 30 日 – 1953 年 5 月 21 日	自由党
吉田茂内阁（第 5 次）	1953 年 5 月 21 日 – 1954 年 12 月 10 日	自由党
鸠山一郎内阁（第 1 次）	1954 年 12 月 10 日 – 1955 年 3 月 19 日	日本民主党
鸠山一郎内阁（第 2 次）	1955 年 3 月 19 日 – 1955 年 11 月 22 日	日本民主党

鸠山一郎内阁（第3次）	1955年11月22日–1956年12月23日	自由民主党
石桥湛山内阁	1956年12月23日–1957年2月25日	自由民主党
岸信介内阁（第1次）	1957年2月25日–1958年6月12日	自由民主党
岸信介内阁（第2次）	1958年6月12日–1960年7月19日	自由民主党
池田勇人内阁（第1次）	1960年7月19日–1960年12月8日	自由民主党
池田勇人内阁（第2次）	1960年12月8日–1963年12月9日	自由民主党
池田勇人内阁（第3次）	1963年12月9日–1964年11月9日	自由民主党
佐藤荣作内阁（第1次）	1964年11月9日–1967年2月17日	自由民主党
佐藤荣作内阁（第2次）	1967年2月17日–1970年1月14日	自由民主党
佐藤荣作内阁（第3次）	1970年1月14日–1972年7月7日	自由民主党
田中角荣内阁（第1次）	1972年7月7日–1972年12月22日	自由民主党
田中角荣内阁（第2次）	1972年12月22日–1974年12月9日	自由民主党
三木武夫内阁	1974年12月9日–1976年12月24日	自由民主党
福田赳夫内阁	1976年12月24日–1978年12月7日	自由民主党
大平正芳内阁（第1次）	1978年12月7日–1979年11月9日	自由民主党
大平正芳内阁（第2次）	1979年11月9日–1980年6月12日	自由民主党（在任中突然死于心肌梗塞）；代理

伊东正义	1980年6月12日－1980年7月17日	自由民主党（时任内阁官房长官，临时代理首相职务）
铃木善幸内阁	1980年7月17日－1982年11月27日	自由民主党
中曾根康弘内阁（第1次）	1982年11月27日－1983年12月27日	自由民主党
中曾根康弘内阁（第2次）	1983年12月27日－1986年7月22日	自由民主党
中曾根康弘内阁（第3次）	1986年7月22日－1987年11月6日	自由民主党

（平成时代）

竹下登内阁	1987年11月6日－1989年6月3日	自由民主党
宇野宗佑内阁	1989年6月3日－1989年8月9日	自由民主党
海部俊树内阁（第1次）	1989年8月10日－1990年2月28日	自由民主党
海部俊树内阁（第2次）	1990年2月28日－1991年11月5日	自由民主党
宫泽喜一内阁	1991年11月5日－1993年8月9日	自由民主党
细川护熙内阁	1993年8月9日－1994年4月28日	日本新党
羽田孜内阁	1994年4月28日－1994年6月30日	新生党
村山富市内阁	1994年6月30日－1996年1月11日	日本社会党
桥本龙太郎内阁（第1次）	1996年1月11日－1996年11月7日	自由民主党

桥本龙太郎内阁（第2次）	1996年11月7日－1998年7月30日	自由民主党
小渊惠三内阁	1998年7月30日－2000年4月5日	自由民主党（在任中中风，辞职后去世）
森喜郎内阁（第1次）	2000年4月5日－2000年7月4日	自由民主党
森喜郎内阁（第2次）	2000年7月4日－2001年4月26日	自由民主党
小泉纯一郎内阁（第1次）	2001年4月26日－2003年11月19日	自由民主党
小泉纯一郎内阁（第2次）	2003年11月19日－2005年9月21日	自由民主党
小泉纯一郎内阁（第3次）	2005年9月21日－2006年9月26日	自由民主党
安倍晋三内阁（第1次）	2006年9月26日－2007年9月25日	自由民主党
福田康夫内阁	2007年9月25日－2008年9月1日	自由民主党
麻生太郎内阁	2008年9月24日－2009年9月16日	自由民主党
鸠山由纪夫内阁	2009年9月16日－2010年6月2日	民主党
菅直人内阁	2010年6月8日－2011年8月26日	民主党
野田佳彦内阁	2011年9月2日－2012年12月26日	民主党
安倍晋三内阁（第2次）	2012年12月26日－2014年12月24日	自由民主党
安倍晋三内阁（第3次）	2014年12月24日至今	自由民主党